中国文化四季

马新 主编

兼容并包

中国传统信仰

贾艳红 著

山东大学出版社

山东省中华优秀传统文化传承发展工程重点项目
中华优秀传统文化传承书系

课题组负责人

马　新

课题组成员

（以姓氏笔画为序）

马丽娅	王文清	王玉喜	王红莲
王思萍	巩宝平	刘娅萍	齐廉允
李仲信	李沈阳	吴　欣	宋述林
陈树淑	陈新岗	张　森	金洪霞
赵建民	贾艳红	徐思民	郭　浩
郭海燕	董莉莉	韩仲秋	谭景玉

總序

中国传统文化是中国历史发展中物质文化与精神文化的结晶，也是人类文明史上唯一没有中断的独具特色的文化体系，是中国历史带给当今中国与世界的文化遗产。

早在遥远的旧石器时代，我们的先民为了生存，打制着各式各样的石器，也击打出最初的文化的火花。随着新石器时代的到来，以农业生产为前提的农业文明发生了，我们的先民筚路蓝缕，耕耘着文明的处女地，孕育着中国文化的萌芽，绚烂多姿的彩陶文化与精致绝伦的玉石文化是这一时代的文化地标，原始宗教与信仰、语言、审美及创世神话也纷纷出现。

进入文明的门槛后，先民们开始了艰辛的文化积淀。商周时代的礼乐文明与青铜文化代表了这一时代的杰出成就，甲骨文与金文则成为这一时代的文化符号。至春秋战国，中国文化史上的“寒武纪大爆发”开始了，无论是物质文化，还是精神文化，都进入一个创造和迸发的时代：这一时代，出现了“百家争鸣”，从孔子、老子、墨子到孙子、孟子、庄子等贤哲，无一不在纵横捭阖，挥斥方遒，发散出理性的光芒。这一时代，出现了《诗经》《楚辞》，还出现了《左传》与《国语》以及不可胜数的人文经典。这一时代，又是科学与技术的辉煌时代，铁器与牛耕技术的出现，奠定了此后 2000 多年中国农耕文明的基础；扁鹊的医术与《黄帝内经》的理论，成为中医药文化的基石；墨子、鲁班、甘德 、石申，启迪了我们的科学探索，民间无数的工匠们在纺织织造、建筑交通以及各种手工工艺上都进行了卓越的创造。春秋战国时代既是中国文化的启蒙时代，也是中国文化的奠基时代。

随着秦汉时代的到来，海内为一，中国文化进入凝炼时代，形成了大一统的文化特色。这一时代，不仅有了大规模的驰道、长城以及宫殿的兴建，还有了统一的度量衡与文字；这一时代，不仅牛耕技术继续向全国推进，还有了精耕细作技术，使其成为中国农耕文化的首要特征;这一时代，不仅有“独尊儒术”与经学的繁荣，也有汉大赋的飞扬与汉乐府的古朴；这一时代，商品贸易“周流天下”，工商政策与商业理论富有特色，全社会在衣、食、住、行方面的水平明显提高。生活的精致化与生活水平的不断提高，使得 20 世纪的权威史学家汤因比也动了想去中国汉代生活的念头。

魏晋南北朝与隋唐时代，是中国文化史上的交融与繁荣时代，周边游牧民族文化的涌入，西部世界的宗教文化及其他各种文化的东来，使这一时代形成了空前的中西文化碰撞与冲击。在此后到隋唐时代的融合发展中，实现了文化的大繁荣。道教虽产生于汉代，但其发展与传播则是在魏晋南北朝与隋唐时代；佛教也是在汉代传入，它的发展与繁荣同样是在魏晋南北朝与隋唐时代。这一时代，玄学与禅宗是思想史上的两大硕果，书法、绘画、雕塑以及音乐、舞蹈方面，更是群星闪耀，唐诗的地位在文学史上是无可替代的，唐三彩的艺术魅力同样穿越千古。这一时期的农耕文化、工商文化以及其他各文化形态也都取得了长足的发展，特别是中外文化交流之活跃、之丰富，使中国文化与外部世界的文化产生了有力互动，隋唐长安城是当时世界文明的中心所在。

宋元明清时代是中国文化的扩展时代。随着文明的进步与文化手段的变化，随着市民社会的兴起与社会结构的变化，面向民间、面向市民与普通民众的文化形态迅速扩展。宋明理学的主旨是给民众套上牢牢的精神枷锁，但是与汉代经学相比，它也是儒学民间化的一种体现。从宋词到元曲，从“三言二拍”到话本小说，再到戏剧的兴起和四大文学名著的问世，无不体现着这一特色。这一时代，既有明末清初试图开启民智的三大启蒙思想家，又有直接面向社会生产与社会生活的《天工开物》《本草纲目》以及《农政全书》。这一时代，中国文化在积淀着中国文明丰厚底蕴的同时，也在准备着自己的转身，准备着与新文化的拥抱。

从中国文化的发展可以看出，其历史之悠久、内容之丰富、价值之巨大，可谓蔚为大观，令人叹服。在新的历史时期，把握与了解这些渐行渐远的文化宝藏，并将其传承给青年一代，是摆在我们面前的世纪难题。

自 20 世纪 80 年代以来，学术界与文化界一直在孜孜不倦地去破解与完成这一难题，为此付出了艰辛的努力，推出了一批又一批面向青少年群体的“中国传统文化”类读物或教材，可谓琳琅满目，数目繁多。毋庸置疑，文化学者们的这些努力，对于研究与普及中国传统文化发挥了重要作用。但是，若作为当今面向青少年群体的普及性著作还有若干不适应之处。比如，有的著作篇幅过大，往往动辄四五十万字甚至上百万字；有的著作理论性偏强，在理论性与知识性的结合上还不够；还有的著作对有关知识点的叙述不够均衡，轻重不一。更为重要的是，随着社会主义核心价值体系建设的推进，尤其是习近平总书记所提出的对中国传统文化的“四个讲清楚”，对中国传统文化的研究和普及提出了更高的要求。为此，我们组织了 10 余所高校的相关研究人员，共同编写了这套适合当代青少年阅读的中国传统文化读物——《中国文化四季》，旨在为青少年提供一套富有时代特色的中国传统文化专题知识图书。

在编写过程中，我们深刻地感受到中国传统文化源远流长、博大精深，是中国文明 5000 年进程的辉煌结晶——既有筚路蓝缕的春耕，又有勤勤恳恳的夏耘；既有金色灿然的秋获，又有条理升华的冬藏。所以，我们以“中国文化四季”

作为总领，旨在体现 5000 年文明进展中最具代表性的精华篇章。在专题确定与内容安排上，也着重体现中国文化在春耕、夏耘、秋获、冬藏各个演进环节上的标志性成就。整套丛书由 16 册组成，包括：

《精耕细作：中国传统农耕文化》

《货殖列传：中国传统商贸文化》

《大匠良造：中国传统匠作文化》

《巧夺天工：中国传统工艺文化》

《衣冠楚楚：中国传统服饰文化》

《五味杂陈：中国传统饮食文化》

《雕梁画栋：中国传统建筑文化》

《周流天下：中国传统交通文化》

《人文荟萃：中国传统文学》

《神逸妙能：中国传统艺术》

《南腔北调：中国传统戏曲》

《兼容并包：中国传统信仰》

《天人之际：中国传统思想》

《格物致知：中国传统科技》

《传道授业：中国传统教育》

《止戈为武：中国传统兵学》

我们希望通过各专题的介绍，使读者既可以有选择地了解中国传统文化的有关知识，又可以全面地把握传统文化的基本构成。

为适应青少年的阅读需求，我们吸取了以往此类图书的优点，尽量避免其缺陷与不足。在全书的内容设计上，打破了传统的章节子目式的编排方式，每章之下设置专题，以分类叙述各门类知识；在写作时，尽量避免以往一些读物的“高深”与“生冷”现象，以叙述性文字为主，做到通俗、易懂、生动;另外，各册都精心配备了一些与各章内容相对应的中国传统文化图片等，做到了图文并茂。

需要说明的是，这套丛书作为“中华优秀传统文化传承书系”被纳入山东省“中华优秀传统文化传承发展工程”重点项目，得到中共山东省委宣传部和有关专家的大力支持与指导 。为不负重托，我和20余位中青年学者共同合作，以对中国传统文化的挚爱为基点，精心施工，孜孜不倦，以打造一套中国传统文化的精品作为出发点和最终目的。全书首先由我提出编写主旨、编写体例与专题划分；各专题作者拟出编写大纲后，我对各册大纲进行修订、调整，把握各专题相关内容的平衡与交叉，以更好地体现中国传统文化的四季风情；然后交给各专题作者分头撰写初稿；初稿提交后，由我统一审稿、统稿、定稿，并补充与调整书内插图。这套丛书若能蒙读者朋友错爱，起到应有的作用，功在各位作者；若有缺失与不足之处，我当然不辞其咎。

我们由衷地希望通过全体作者的努力，使本书不再只是枯燥乏味的知识叙述，而是青少年真正的学习伙伴，让中国优秀传统文化能够浸润到每一个青少年的心灵深处。

马　新

2017 年 3 月于山大高阁书斋

目錄

概　述

第一章　传统民间信仰

第二章　传统道教信仰

第三章　传统佛教信仰

第四章　传统民间秘密宗教

第五章　传统民间巫术

第六章　传统民间占卜

概述

中国传统信仰源远流长，内容丰富。早在旧石器时代晚期（距今四五万年至10000年），中国的原始信仰就已萌发。原始信仰与崇拜是人类最早的精神活动之一，也是远古人们对自然与人类本身的最初认知。原始崇拜主要分为自然崇拜、祖先崇拜、鬼魂崇拜、生殖崇拜、图腾崇拜等。随着时代的发展，到新石器时代（距今12000～4000年），祖先崇拜逐渐占据主导地位，与自然崇拜、灵魂崇拜一起，构成了中国原始信仰的三大基本内容。

在文明起源至文明时代的前期，聚落内部及聚落间的人际关系较为平等，社会中没有集中的权力，也没有对天地神灵沟通的限制，属于“民神杂糅”“夫人作享，家为巫史”[①]，也就是人人可通神的时代。随着社会的进步及社会组织、公共权力的出现，聚落有了共同的信仰和祭祀活动，进而有了管理者和专职巫觋。他们垄断了神人之际的权力。颛顼时代，乃命重、黎，“绝地天通”的神话传说表明了神人之际演化进程中独断沟通时代的到来。权力的集中与私有带来了社会阶层的分化，造就了上层社会与民间社会的分野；而权力的垄断与神人之际的垄断又必然产生信仰的分化。神人之际的垄断也使传统的神人之际的沟通者——“巫”发生了明显分化：一部分上升为依附于权力的上层之巫，另一部分则留在了民间，成为民间社会的医巫。[②]

先秦时代（即夏商周与春秋战国时期，公元前21世纪～前221年），随着国家政权的建立和人间等级制度的不断完善，意识形态领域也随之出现重大变化。原始时代众神平等的信仰格局被打破，出现了超自然色彩的至上神——“帝”“昊天上帝”以及受其支配统领的下属神，从而实现了原始自发信仰向早期人为宗教的过渡。

夏商时期的人相信超自然的力量，人们创造出鬼神，又匍匐在自己所创

① 《国语·楚语下》，上海古籍出版社 1988 年版。

② 参见马新：《试论文明前夜民间社会的出现与民间信仰的生成》，《齐鲁学刊》2010 年第 3 期。

造的神灵脚下，甘愿受其支配和指挥，由此产生神权政治。神权和政权合一，王既是政治领袖，又是群巫之长。一些重大的祭祀仪式仍由王亲自主持，他可以按照自己的意志和愿望祭祀上帝祖先神。神与民众互不来往，也不直接发生联系。同时，尊神是殷人意识形态的主要特点，神在殷人的政治生活中具有举足轻重的作用。卜祭文化是社会意识形态的主流。人们笃信鬼神，神祇地位很高。正如《礼记·表记》所说："殷人尊神，率民以事神，先鬼而后礼。"殷商是一个以神为本、神权统治的时代，神鬼的意志远远高于人的意志，决策权掌握在神鬼的手里。

周代统治者一方面继承了殷商的神权政治思想，以神道设教，把敬事鬼神作为加强思想统治、巩固政权的手段。同时，鉴于殷灭亡的经验教训，又根据时代的需要加以修正改造，从而建立起了具有周代特色的神权政治秩序：一是提出了"以德配天"的君权神授说。统治者的权力是"天"授予的，这是"天命"，但它不是固定不变的。如果君主无德，不与天合德，天命就会丧失。只有有德者才可承受天命，失德就会失去天命。二是形成了"敬天保民""敬礼重德"思想与神人合一的世界观。在周人看来，天命是可以变化的。上帝神鬼是否保佑周王朝，不是单凭上帝神鬼的意志和愿望，也要根据民的意愿来决定。天与民心灵相通，总是首先考虑民的愿望和要求。这些都说明周初统治者已经意识到：单一的重视上帝神鬼已不是进行精神统治的唯一有效手段，下层民众才是政治活动所要围绕的中心，这实际上是一种"天人合一"的新思维，也是重民思想的萌芽。自周公"制礼作乐"开始，中国即进入了以礼乐为标志的理性文明阶段。旧的巫术宗教文化逐渐被取代，礼乐文化成为主流。周代的思想家通过敬礼重德的方式，完成了理性文化对原始文化的突破。敬礼重德的理性精神，使人类社会和人本身的地位得到了肯定，也使殷商时期浓厚的神鬼宗教色彩有所减弱。

祖先崇拜发展到周代已经十分成熟，这主要体现在周人建立了与其宗法制

相适应的祭祖制度，通过宗教性的祭祀祖先的等级制安排，昭示大宗嫡长子在国家和宗族中的特殊地位，将“敬天法祖”两种宗教信仰有机结合在一起，宣称只有他们的祖先能够“配天”。祖先崇拜不只是统治者独享的权力，宗法制的特点是按照亲疏长幼的差别来分配财产与权利，以血缘关系为社会其他关系的纽带，以宗族和家族为最重要的社会组织形式，这就决定了与宗法制有着融通关系的祖先崇拜是一种能适应于全社会不同阶层的宗教信仰，故国有太庙，族有宗祠，家有祖龛。①

春秋战国时期，列国的封建化改革与变法运动使奴隶制的井田制、封邑制、世袭制趋于瓦解，封建的租税制、俸禄制代之而起。这不仅是一场经济、政治革命，而且也是一场思想革命。从春秋时期开始，神的地位更是每况愈下，失去了昔日的尊荣。人的地位和作用有了大幅度提高，被置于天道与神权之上。重民轻神思潮的出现昭示着人类理性的觉醒，它极大地冲击了正统的天命神鬼观，深刻地影响了当时人们的信仰观念，使人们从对神的绝对崇拜和依赖中逐渐解脱出来，更加关注人本身的需要。人们开始用一种新的思想理念来看待神人关系，神开始依附于人，服务于人。由此标志着思想领域一统神权的倾覆，并奠定了宗教信仰实用主义的思想基础。

春秋战国时期，随着社会体制的重大变化，人们的思想观念也随之发生变化，在民间信仰方面也出现了新的发展，这就是神灵的人格化、世俗化发展趋势。神的人格化，不仅是指神与人同形，更重要的是指神与人同“性”，即神有与人相同或相似的特性，如思想、情感、意欲等。神的世俗化，是指神逐渐摆脱神圣、超然的自然特质，日益遵从尘世习俗风尚，更加关注人的愿望，不断满足人自身需要的发展趋势。从功能来讲，这一时期神灵的自然属性逐渐消退，社会功能日益增强。神灵始终围绕在百姓周围，在其日常生活的方方面面

---

① 参见徐小跃：《论中国古代宗教的特点》，《江苏行政学院学报》2012 年第 4 期。

各显神通。从人们的信仰态度来看，对超自然神灵的笃信程度日渐减弱。人们祭祀神灵已不再是发自内心的尊崇敬畏，而主要是为了现实的实用，由虔诚崇拜转变为实际利用。神祇由过去控制人们意识和生活的主宰者变成了人们用来求福禳灾、达成目的、实现愿望的工具。

战国秦汉时期是中国历史上造神运动的高峰。秦汉大一统帝国的建立，尤其是汉代的统一，为神的汇集和改造提供了前所未有的条件。这一时期不仅对原先各地民间信仰兼收并蓄，而且不断创造新的神祇，同时以胡巫进入宫廷为标志，少数民族的信仰也传入内地，经过整合、改造，逐步融合为汉代的神祇崇拜。

两汉时期，随着大一统封建帝国的建立，与世俗社会的专制皇权相呼应，天国也出现了统一的至上神——太（泰）一神，成为汉代天国众神体系中的上帝。天国众神主要包括日月星辰、风雨雷电等气象诸神。汉代人认为，日月星辰主宰人事，昭示吉凶。除日月、五星、北斗七星、二十八宿外，见于汉代典籍记载的天神还有天极星、文昌宫六星、岁星、辰星、太白、荧惑、南斗、灵星、太岁、织女、河鼓、赤星、东君、云中君、老人星、四时、风伯、雨师、雷公等。天神在至上神的统领之下，各司其职。

与天神相配合，地祇诸神体系也逐渐建立了起来。地祇以后土最为尊贵，帝王亲自祠祀后土成为祭祀地祇的重要仪式。其次是社稷和名山大川。汉代社祠自上而下遍及全国，不同的等级身份有不同的祭祀规格。汉代稷神多为郡县之祭，规格低于社祭。名山大川亦纳入官方祭祀，其中泰山与黄河因地位特殊而受到特别重视。再次为一般山、林、川、泽之神。古人认为山林川泽皆可兴云致雨，各有神灵主宰，皆得致祭。小山川皆非国家统一组织祭祀，而是由当地郡县就近而祭，呈现出地方性的特点。小山川无论在祭祀规格还是时间、祭品方面，都低于名山大川。再往下是百物之神，包括户、灶、中霤、门、行等“五祀”及各地杂神。

两汉时期，人们不只为天上、地上的神灵构建了有序的神祇社会，还按照人间模式人为地构建了一个地下神鬼世界。地下神鬼世界的最高统治者是“天孙”或“泰山府君”。

祖先神是汉代更为重视的神灵，祭祀祖先是汉代信仰的重要内容。汉代的祖先崇拜日益规整细密，呈现扩展和深化的趋势，这是汉代社会结构中家族具有重要地位的反映。祖先崇拜在汉朝国家体制中表现为严格的宗庙制度。在民间，祖先崇拜较之先秦也更加强化。

两汉时期，发端于古印度的佛教逐渐传入中原地区，依托中原固有的传统信仰，扩散蔓延。东汉末年，太平道和五斗米道等原始道教出现，它以修道成仙的思想为核心，在民间信仰的基础上逐渐形成。原始道教以跪拜首过、符水疗疾为手段吸引徒众，壮大势力，在社会下层迅速流传。

魏晋以后，道教开始分化，一部分继续流行于民间，为广大百姓信奉；一部分经寇谦之、陆修静等上层道士的改造，大道清虚为本，专以礼度为首，而加以服食闭练，完善科戒、仪式和组织制度，受到帝王及上层贵族的信奉与扶植，成为维护封建统治的御用工具。而以祖先崇拜、自然崇拜、灵魂崇拜为核心的传统信仰在后世发展过程中也不断充实创新。它们与佛教、道教既相互排斥，又相互吸收、融合，共同构成中国传统宗教信仰的组成部分。

魏晋时期，佛教势力逐渐强大，开始以独立形态面世，并积极吸收中国传统信仰，不断进行整合改造。佛教东传是一次影响极为深远的异文化移入。在异域生成的佛教带给中国人的是过去未曾听说的知识体系。佛教对宇宙、社会与人生的理解、解释和应对策略逐渐在民间流布，魏晋南北朝时期的民众的思想面貌随之发生了众多变化，很多新观念开始融入民心。在众多佛教学说中，对中国人产生最大的心理冲击的是以灵魂不灭为前提下的因果报应学说和六道轮回理论，并与中国传统观念相结合奠定了佛教世俗化的基础，造就了唐宋以降民间信仰的心理基础。

隋唐五代时期，佛教加快了与道教、儒家思想的合流。它不断吸收儒家思想，把儒家的伦理道德观念内化为佛教教义的组成部分。同时，大力吸收道教神灵进入自己的神灵体系，使佛、道两教不再泾渭分明，民间神灵也成为佛教神灵的组成部分，三教之间的相互融合吸收已经取代竞争成为主流。佛教在唐代已完成其中国化的进程，成为中国传统文化的一个重要组成部分。

隋唐五代时期的社会、经济结构发生了较大的变化，这种历史大背景的变迁也影响着传统民间信仰。随着商品经济的发展，工商业兴起，各行各业的行业神应运而生，如陆羽被奉为茶神，杜康被奉为酒神，泰伯庙的“三让王”是金陵各行会都尊奉的行业守护神。由行首率领同行之人祭祀行业神是行会的大事。行业神的出现为民间信仰的神灵队伍增加了新鲜血液。

商品经济的发达促进了隋唐五代城市的发展。与城市发展相适应的是城市保护神——城隍得到广泛的祭祀。城隍崇拜虽然在六朝时就已经出现，但在民间信仰中占据重要的位置还是在隋唐时期。

随着科举制的发达，士人们也开始寻求护佑自己获取功名禄位的神灵。秦汉以来掌福、禄、寿的文昌诸星成了主文运的星宿，为读书人所祭祀。蜀地梓潼七曲山有梓潼神张亚子，两晋南北朝时即有人立庙祭祀。唐僖宗避乱入蜀，亲自祭祀梓潼神，并追封张亚子为济顺王。梓潼神因而声名远播，逐渐由地方神成为天下通祭的大神。北宋时，梓潼神与文昌星神合二为一，成为文昌帝君。

宋代，佛教、道教均趋于世俗化和平民化。佛教的变化主要表现为新禅宗（南宗禅）的崛起，新禅宗平民化的教义、简易便捷的顿悟法门、入世的宗教精神，使之能够在宋代以后的平民社会风靡于世。在宋代社会生活的各个方面，几乎都能看到佛教的影子。与唐朝相比较，佛教对于宋代社会的影响要广泛和深入得多。道教的变化主要表现为神仙信仰的动摇、内丹术取代外丹术以及南宋金元时期新道教的兴盛，道教从上层社会走向民间社会，民众道教成为

主流。[①]

明清时期是中国由古代向近现代社会变迁的历史时期，产生了诸多与传统社会发展相异的因素，如资本主义萌芽的出现、向外自发移民等。这些异质因素导致人们社会心理的普遍不适，从而为宗教拯救意识的产生提供了沃壤。明清时期，在社会中下层兴起了具有秘密结社性质的民间宗教组织。它们大量吸收和利用佛、道、儒的理论和教义，但有别于正统宗教，因此往往受到官方的排斥和打击。尽管如此，民间秘密宗教组织仍绵绵不绝，并在整体上影响中国下层社会的民众，成为民间信仰的重要组成部分。

中国传统宗教信仰的突出特点是神权一直依附于王权，没有形成政教合一的制度。[②]在“国之大事，在祀与戎”的中国古代社会里，王把持祭祀上帝祖先百神的大权。王既是政治领袖，又是群巫之长。一些重大的祭祀仪式仍由他们亲自主持。而巫觋是王权的附庸，既没有特权，也没有形成为一种独立的社会力量。巫觋扮演的是为王权服务的角色。他们围绕在王的周围，或贞卜祭祀，或舞雩求雨，或驱除厉疫，或降神占梦。《礼记・礼运》所描述的“王前巫而后史，卜筮瞽侑皆在左右。王中心无为也，以守至正”，就说明了巫官集团对王权的依附性。由于中国的祭司阶层始终未能独立，这种身份上的从属性就决定了他们社会地位的附庸性和社会职能的不稳定性。一旦王权衰落，神权政治的格局被打破，作为依附者的巫在政治生活中的重要性必然随之降低，身份地位的下降也就在所难免。在中国，从来没有产生独立于王权之外的祭司阶层，这是中国巫与世界其他民族祭司阶层的不同之处。也正因为如此，在中国没有发生过正面的宗教冲突和宗教战争。

中国传统宗教信仰具有融合性，各种宗教信仰之间相互影响、吸收和补

① 参见刘浦江：《宋代宗教的世俗化与平民化》，《中国史研究》2003 年第 2 期。
② 本部分参考楼宇烈《中国宗教的特点》（《中国宗教》2014 年第 1 期）之观点。

充，但同时又保持着各自的特色。佛教作为一种外来宗教，初期就是依附于中原本土神仙信仰而开始传播的，在融入中土文化和发展壮大的过程中，佛教着力强调其忠孝功能、世教功能，汲取儒家的心性说和道家的自然说以及民间信仰的元素，从而实现佛教中国化的转型。兴起于社会下层的道教通过不断地自我清整、自我完善以屈服于国家的需要，最终进入社会主流意识，成为官方宗教。至隋唐时代，佛、道两教与儒家文化相交融，实现了三教合流。统治者对传统宗教信仰则采取相对宽容的政策，使之能够平稳发展，在发展过程中既保持着各自的特色，又相互影响、补充。

中国传统宗教信仰属于多神崇拜。自然崇拜与祖先崇拜是中国原始崇拜的两大基本内容。自然万物供给人们食物，祖先赐予人的生命，所以要报答酬恩，其表现方式便是敬天祭祖。这种以自然和祖先为主体的信仰对后世中国的传统信仰产生了深远的影响。自然崇拜伴随着早期人类最初的自觉而产生，无论是山河湖海、日月星辰、雷电风雨，还是草木禽兽，都可能会成为人们的崇拜物，这是典型的泛神崇拜。随着农业文明的出现，自然崇拜也发生了一系列新的变化。不同地区、不同行业的人们开始形成相对集中的崇拜对象，由泛神崇拜向多神崇拜演进。随着社会分工的日益细化以及人们需求的不断增加，相关的神灵也被不断创造出来，以满足不同层次、不同行业人们的不同需求。这就使得传统信仰的多神崇拜色彩越来越浓厚。列入国家祀典的神灵已十分庞杂，民间祭祀的神祇更是难计其数。一般说来，人们所崇拜的神灵虽有神力，却不是万能的，各种神灵的职能只体现在某个特定的范围之内或某一方面，超越了这个范围，神也就不灵了。每个神都只能替人解决一方面或一两个问题而没有万能的神力。有什么事要办，就得去找相应的神灵，一切从个人的功利目的出发。民众造神、信神的原则是实用，有用的就拿来，没用的就舍弃，或是按照自己的要求再作适当改造，一切概不深究，但求眼前实用。结果，神越造越多，导致数目庞杂。为了求得神灵的保佑，中国民众常常将“有求必应”作

为最佳效应，只要“灵验”有效，就会趋之若鹜。由于传统信仰具有传承性和创新性的特点，崇拜对象总在不断扩大、丰富，传统神灵信仰呈现多元化发展趋势。不仅前代创造出来的神灵绝大多数流传了下来，而且随着人们需求的增多，大量新的神灵也被塑造出来，与原有的神灵一起，构成了庙宇林立的宗教鬼神世界。

中国的传统宗教信仰分为不同的层次，有官方信仰和民间信仰之分。上层统治者为维护自己的特权和地位，垄断了神祇中的所谓大神、要神的祭祀权，不同阶层的人们只能按规定祭祀自己阶层祭祀范围之内的神灵。天帝及名山大川只有天子才能祭祀，作为社会下层的普通百姓则只能按等级祭祀自己的祖先和一些在统治者看来微不足道的小神。祭祀了本不应该自己祭祀的神祇叫作“淫祀”，达不到祠祀的目的，因为“神不歆非类”①。这种以贵祭贵、以贱祭贱的祭祀崇拜等级制经过代代相袭，基本格局逐渐固定化、规范化，形成官方信仰和民间信仰的区别。官方信仰和民间信仰在宗教信仰的表现方式上是完全不同的，但又是相互影响的。

中国传统宗教信仰具有功利性和实用性的特点。传统信仰的神祇众多，功能不一，所有神灵都是人们实用的产物，与人们的生产生活密不可分。人们祭祀、祈祷神灵的目的也是实用性的，不外乎健康长寿、子孙繁衍、驱邪除病、平安幸福、富贵尊荣等。如人们祭祀门神主要是为了避邪疫，御凶邪，吓退鬼魅，保卫居者平安；祭祀灶神主要是为了让灶神“上天言好事”，多为自己说好话，以祈福祥与富贵尊荣；祭祀司命是为了乞求长寿；祭祀社神主要是为了丰收及解决各种实际困难；奉祀四灵是为了生活如意，死后灵魂升天；拜祭西王母主要是为了长寿、长生和升仙。民众只在乎与其平时生产生活息息相关的神祇。另外，古代民众的信仰方式是重视现世，淡

① 《左传·僖公十年》，中华书局 1980 年版。

漠来世，一切讲究实用。生活在社会下层的百姓一向并不注重深远的哲学思考，而是孜孜以求眼前的实际生活，只不过是想生活得好一些，寿命更长一些，如此而已。这就使他们的信仰带有强烈的功利目的和实用主义色彩，尤其注重浅近的、眼前的功利目的。

总体来看，与西方以神为本的神道宗教不同，中国传统宗教信仰是人道宗教，以人为本，体现的是一种人文精神。

第一章 传统民间信仰

根据考古发现，中国的信仰史已经有上万年的历史。民间信仰作为传统文化的重要组成部分，亦具有悠久的历史，它是在原始时代末期，伴随着中国古代社会结构的分化、民间社会正式生成而同时形成的。中国古代已出现与民间信仰相关的概念，如唐代佛教文献多有“信仰”一词，其含义是指敬神的宗教情感。民间信仰是在长期的历史发展过程中，在民众中自发产生的一套神灵崇拜观念、行为习惯和相应的仪式制度。其产生主要为了满足民间大众对世界的认知和情感的需要。

民间信仰是中国传统文化的重要组成部分，是探索和研究乡村民众思想意识的基点，也是俗文化的核心。对民间信仰的正确把握有助于我们更深刻地理解中国古代的乡村社会。在不同的发展阶段，中国古代民间信仰的表现形式、深层内涵也各不相同。先秦时期，人们的信仰受原始图腾崇拜影响很深，主要崇尚自然神，神的原始性特征非常明显。自然崇拜至汉代达到高峰，在万物有灵观念的支配下，人们对先秦时期的各种神灵兼收并蓄，广泛吸收；同时又根据需要创造了大量更加贴近百姓生活的神灵，形成多神崇拜。这一时期，神灵崇拜的实用性和世俗性大大增强。民间信仰的神灵大多与日常生活紧密相连，信仰的目的带有强烈的功利色彩。同时,祭祀仪式也由“娱神”逐渐转向“自娱”，开始向娱乐化和节庆化方向发展。汉代也是自然崇拜由盛转衰的时期。随着原始道教的形成，西方佛教的传入，宗教神与社会神逐渐挤占了自然神灵的地盘，成为魏晋以后民间信仰的主流。可以说，汉代是民间信仰的转型时期。此后，中国古代社会的民间信仰一直表现出信仰对象的多元性、信仰人群的广泛性和信仰的地域性等特点，成为中国传统文化中独特的、重要的组成部分。

民间信仰在社会生活中有极强的生命力和威慑力。民间信仰与官方信仰既有协调一致的一面，也有背离冲突的一面。可以说，民间信仰是一把双刃剑，既能凝聚人心，维护团结与和谐，又能稳定地方政局，同时也能在某一特殊时期被利用来聚徒结社，反抗政府，破坏地方治安。因此，民间信仰虽然流行于中

下层社会，属于俗文化的范畴，但国家从未放弃对其干预和影响，或通过行政手段引导支持，或借鉴利用，或排斥打击。这主要取决于民间信仰是否从根本上影响了社会秩序和百姓生产生活以及是否与官方信仰与主流文化相抵触。不管官方态度如何，作为一种强大的民间力量，民间信仰以其特有的方式参与地方政治，与地方官府相互影响、相互补充，形成既配合又抗衡的互动局面，并以顽强的生命力代代传承、发展。

一、昊天上帝信仰

原始时代的信仰属于自然崇拜，众神平等。进入文明时代后，随着人间等级制的确立，神界也逐渐产生了一个能够凌驾于众神之上，比原有自然神灵更为强大的天神，即超自然的“帝”。“帝”或“上帝”观念的产生，大概起自夏代，深化于商代。上帝崇拜的出现，是原始自发宗教向早期人为宗教成熟过渡的重要分水岭，也是社会形态变革和人间关系在宗教领域的反映。

在宗教信仰中，帝是高高在上的，具有较大的权威，既可以支配自然界，又能“令雨”“令风”“令雷”“降旱”[①]等。帝通过控制自然而影响年成，既可以造福人间，使庄稼丰收，也可以损害收成，为害人间；帝还可以干预人们的社会生活，既能降灾降祸，也可保佑征伐。因而，在人们心目中帝是至高无上的。为祈求福佑，殷人常虔诚地祭祀上帝。

周代建立了以分封制和宗法制为主要内容的等级体系，在信仰领域也出现了高居于众神之上的至上神——“昊天上帝”及受其管束的下属神。昊天上帝在周人的观念中已经居于独尊的位置。《周礼·大宗伯》曰：“以禋祀祀昊天上帝。”

---

① 参见郭沫若主编，中国社会科学院历史研究所编集：《甲骨文合集》，中华书局1978～1982年版，第14138、672、14127、10168幅。

祭祀上帝要用规格最高、最为隆重的“禋祀”，先燔柴升烟，再加牲体或玉帛于柴上焚烧以祭。

西周后期，随着奴隶制的衰落和王权的下降，天命的权威摇摇欲坠，上帝神的重要性也有所下降。春秋战国时代，列国纷争，诸侯割据，上帝神的权威性和统一性也被芸芸众神削弱、分割。人间的分裂反映在神权意识上则是统一的天帝也为各方之帝所代替。如“皇天上帝”是秦人心目中地位最高的神灵，包括白、青、黄、赤四帝，秦用四畤祠上帝。秦始皇统一中国，建立起从中央到地方的封建专制主义中央集权的政治制度，奠定了中国古代政治体制的基本模式。但意识形态的发展往往落后于社会改革的步伐。秦始皇虽然创立了至高无上的皇权，在信仰上还是继承战国时期的“四帝”观念。秦人还未及加以改进，便短命而亡了。

汉初，天国最高神位仍是由各帝分享，只是汉高祖增加北畤黑帝，使“秦四帝”变成“汉五帝”以与当时流行的五行之说相配合。北畤的确立使五色帝最终齐备，成为国家祭祀中最尊神灵。其祀法也继承了秦的故旧。汉文帝、景帝实行无为而治，尊而行之。至汉武继嗣，国富民强，遂抛弃汉初的无为思想，实行了一系列旨在加强中央集权的举措，在信仰方面则重新恢复天上等级秩序，重建官方正统神学体系。与地上的专制皇权相呼应，天国也重新出现了统一的至上神——太（泰）一神，成为汉代的上帝。太一神是吸收了战国楚地尊神“太”而建立的。元鼎五年（前 112 年），汉武帝在甘泉建立泰一坛，同年十一月，举行隆重的仪式，郊拜泰一。甘泉太一成为当时的祭天中心。自此，正式确立了太一至上神的地位。此后三年一郊祀成为定制。每逢战事，出征之前都要告祷太一，以祈求佑护，称为“兵祷”。除筑坛祭祀外，汉代还绘刻太一像作为供奉。武帝时就曾建甘泉宫，中为台室，画天地太一诸鬼神，而置祭祀之具以致天神。1973 年，湖南长沙马王堆 3 号汉墓出土了丝帛《太一神图书》。此丝帛上的图由青、赤、黄、黑等颜色绘成，“图”与“书”紧密结合。整幅图分为三层。最上层有三个神像：居中

图 1–1 《太一神书》（湖南长沙马王堆汉墓出土）

神像最大，是整幅图的主神，标有神名曰“太一”;右边一神像侧脸朝右，题名曰“雨师”;左边一神像脸微侧左向，题名曰“雷（公）”。[①]（见图 1–1）可见，在汉武帝时期，太一神是人们信仰中的至上神。东汉时期，朝廷正式确立“皇天上帝”（昊天上帝）之名，并制定了三年一次南郊祭天的郊祀制度，历代王朝奉行不辍，直至清代。北京的天坛就是皇室祭天的专用祭拜场所。

在民间,往往将至上神尊称为“天”“天公”或“老天爷”，天的信仰存在于人们的思想深处，人们在孤苦无助、走投无路或感到不公平时都要向天祈祷、申诉，祈祷脱离困境，转危为安，并希望天能扬善抑恶、主持公道。在古代民间，百姓对天的信仰是虔诚且崇敬的。

二、女娲信仰

女娲作为人类的始祖，早在甲骨文中已见诸记载。甲骨文所祭女神有神名“㛱”。郭沫若《卜辞通纂》从罗振玉之说，释此字为“娥”，即帝俊之妻娥皇。日本学者赤冢忠也曾指出“㛱”即“女娲”。[②] 就现存文献资料来看，女娲之名最早见于战国时期。屈原《离骚·天问》曰：“女娲有体，孰制匠之？”汉代王逸注曰:“传言女娲人头蛇身，一日七十化。”《说文解字》释“娲”:“古之神圣女，

① 参见江林昌:《图与书：先秦两汉时期有关山川神怪类文献的分析——以〈山海经〉〈楚辞〉〈淮南子〉为例》，《文学遗产》2008 年第 6 期。

② 参见何新：《诸神的起源》，时事出版社 2002 年版，第 81 ～ 82 页。

化万物者也。”“化”即化育、孕育之意，皆源自母系氏族公社时期的女性崇拜。人类很早就将神话传说中的女娲作为开天辟地、孕育人类的始祖。相传女娲炼五色石以补苍天，断鳌足以立四极；天地开辟，未有人民，女娲抟黄土为人，创造了人类社会。至汉代，女娲以创世、造人、婚姻和生育之功能已被尊为“三皇”之一，登上地位最高的神坛。

在先秦文献典籍中，伏羲与女娲多分而言之，表明女娲与伏羲原本分属两个不同的神话传说系统。二名并称始见于《淮南子·览冥训》，表明汉代将二人并列为至德有功的先圣先王。迟至东汉，二人皆跻身“三皇”系列，且进一步成为兄妹关系。东汉应劭《风俗通义》云：“女娲，伏牺（伏羲）之妹，祷神祇，置婚姻，合夫妇也。”但在汉画像石中，伏羲、女娲主要以对偶神的形象出现。

作为人类的始祖神，伏羲、女娲是汉画像石的主要内容之一。（见图 1–2）全国各地发现的伏羲、女娲像数量很多。据统计，在山东、四川、河南、江苏、陕北等几个主要汉画像产地有这类形象约百幅。汉代的伏羲、女娲像有地区特点：山东地区多为人首蛇身，手执规矩，意在说明他们是规天矩地、创造万物的始祖神；南阳地区多为人首龙体，手执芝草或规矩，赋予始祖神庇护众生、长寿延年的功能；徐州、四川地区多为人首蛇身，手捧日月，以表明他们是协调阴阳的日月之神。[①] 汉画把多种功能和神性集中到伏羲、女娲身上，说明在人们心目中，

图 1–2 汉代伏羲女娲画像石（山东嘉祥武氏祠文物保管所藏）

① 参见李陈广：《汉画伏羲女娲的形象特征及其意义》，《中原文物》1992 年第 1 期。

已把他们看作分执规矩、共管乾坤，分掌日月、共理阴阳的始祖神，也是人类死后的保护神，因此大都绘制或雕刻在棺前和墓室的前方，以护卫死者。汉画像中的伏羲、女娲人首蛇尾画面体现着神性的意蕴，即把伏羲、女娲作为人类的始祖神加以崇拜。

图 1–3　伏羲、女娲执规矩图像摹本（山东武祠堂前石室）

在汉画像石中，女娲和伏羲多被刻画为人面龙身或蛇身形象，他们或交尾，或相对而立，身躯为细长的蛇状，也有带足的龙身 。伏羲、女娲形象较早见于山东长清孝堂山郭氏墓祠（见图 1–3）[①]。伏羲位于东壁上部三角尖顶处，人身蛇尾，面北执矩而立。其北侧有一赤身小儿跳舞。女娲在西壁山墙的三角尖顶部分，人首蛇身，手持规状物。旁有一对男女相向而跪。其北侧亦有一裸身童子作跳跃之态。画面寓意为伏羲、女娲创造了人类。[②] 南阳画像石中画面左刻伏羲，右刻女娲，二人皆人首蛇躯，头束发髻，身着儒服，合抱一株灵芝，相向交尾而立。[③]在大多数汉代画像石中，伏羲、女娲都是两尾相交，寓意他们与人类婚配嫁娶、子孙繁衍密切相关。这表明他们作为人类的始祖神和生育神，在人们心目中已占有不可替代的神圣地位，成为人们的共同信仰及精神支柱。

此后，女娲信仰在中国传统社会一直被传承下来。五代杜光庭在《录异记》卷八中记载，在陈州东关城内，有伏羲女娲庙。直到今天，中原地区有关女娲

① 选自张从军：《黄河下游的汉画像石艺术》，齐鲁书社 2004 年版，第 382 页。

② 参见王戈：《从伏羲、女娲到东王公、西王母——山东地区汉代墓祠画像石神话题材》，《美术研究》1993 年第 2 期。

③ 参见王玉金：《南阳汉画与汉史研究》，《南都学坛》1999 年第 1 期。

的遗迹也很多，如河南西华的女娲城、河北涉县的娲皇宫、陕西骊山的人祖庙、山西交城的女娲殿等都颇负盛名。2007 年，在甘肃天水还举行了公祭人文始祖女娲的大典。另外，现在的苗族、侗族等少数民族也一直将女娲作为本民族的始祖加以崇拜。

三、社神信仰

社神即土地神，发端于农耕先民对土地的自然崇拜，后来演变为对土地神的祭祀活动和组织。西周时代，为适应分封制的需要，周人建立了完善的社祠体制："王为群姓立社，曰大社。王自为立社，曰王社。诸侯为百姓立社，曰国社。诸侯自为立社，曰侯社。大夫以下成群立社，曰置社。"[①]社成为各级宗法贵族土地所有权的象征。

秦汉继承了先秦时期的社祠制度。为了适应中央集权的需要，汉代形成了多种不同等级、不同层面的社：天子之社，由皇帝主持祭祀；诸侯之社，由各诸侯王主持祭祀；郡县之社，由郡县守令主持祠祀；乡村里社，由各地里正（社正）主持祠祀。其中，县以上的社为公社，由政府长官负责祭祀，费用由官府承担，与百姓关系不大。真正与民间百姓生活息息相关的是乡社、里社及民间自发组织的私社。

社祭的基本目的是春祈秋报。春社向土地神卜稼，祈求丰收；秋社向土地神报功，酬谢护佑。社祭是乡里间一年两度的大事，都是与农业生产密切相关的重大节日，所以得到乡村百姓的普遍重视。此外，社神进一步向百姓日常生活靠拢，其功能也延伸至社会生活的各个领域。除了大的自然灾害如祈雨止雨、日食月食、火灾地震等官府会组织百姓统一祭社之外，人们平时祭社主要为祈求

① 《礼记·祭法》，《十三经注疏》本，中华书局 1980 年版。。

福佑，在生活中遇到各种困难时都会祈祷社神。如生病时向社神祈求康复，向社神盟约发誓等。社神是百姓解决实际困难时求助的主要对象。与官方祭祀相比，民间社神不再呈现肃穆、威严、令人敬畏之面目，而是日益贴近百姓日常生活，成为乡村社会生活的庇护神。

图 1-4　土地神（陕西凤翔年画）

社神也经历了由土地崇拜到人格化社神的转变。先秦时期，受祭的社神是曾为氏族或部落的农业生产做出杰出贡献的始祖，如句龙、夏禹等。社神地位很高，社祭是最隆重的祭祀典礼。秦汉以来，随着社会生产力的发展，人们对自然的依赖程度有所减弱，认识水平也不断上升，社神的神圣色彩开始逐渐消退。社神在百姓心目中不再是敬畏崇高而是亲切自然，地位呈逐步下降之趋势。社神从高高在上的神坛逐渐步入民间，融入百姓的日常生活，变得日益世俗化。汉代普遍称社神为“社公”，后世民间则称为“土地爷”，先前的社坛、社树也被各种土地庙所取代。（见图 1-4）

先秦时期，人们庆祝社日的活动已具有相当的规模，迎神聚会，击鼓、奏瑟、弹琴，有一定的组织形式，并伴以一定的场面与声势。而汉代以来，随着社神地位的逐步下降，社祭时庄严肃穆的气氛越来越淡，从作乐以祀农神的娱神逐渐向自娱自乐转化。社祭时，邻里之男女老幼都结集起来，举行仪式祭祀社神，杀牛宰羊献祭酒，在社树下搭棚屋，先祭神，然后共同享用祭祀用过的酒肉。社祭时有鼓乐烘托祭祀时的热闹气氛，人们载歌载舞，尽情狂欢，使社日真正成为民间娱乐的盛会。

后世承袭了先秦秦汉时期的祭祀传统，如唐玄宗天宝元年（742 年）十月九

日敕："其百姓私社，亦宜与官社同日致祭，所由检校。"[①] 社神是国家和民众共同祭祀的神灵。官方社祭严肃正统，民间社祭隆重热烈。王维《凉州郊外游望》诗中"婆娑依里社，箫鼓赛田神"[②]一句描写的就是当地百姓社祭的盛况。

随着时代的变迁，土地神的职能与管辖范围也日渐细化。人们居住的各种场所都有负责保境安民、护佑一方的土地神。

四、灶神信仰

灶神是从原始社会火崇拜基础上发展而来的一种神祇崇拜。最初的火神就是自然火或人工维护燃烧的火，后来加以人格化。传说炎帝、祝融、回禄皆为司火之官，都被奉为火神。火神这一自然崇拜物，随火一起进入民宅，登堂入室后，与灶发生了密不可分的关系——灶成为它的居所。久而久之，火神就逐渐演化为灶神，原为火神的炎帝和祝融、回禄演变为灶神，经过漫长的岁月变迁，其神性已变得与火关系不大，原先作为火神的特征也已经淡化，而更多地折射出复杂的人际关系，日益世俗化、人格化。汉代许慎《五经异义》云："灶神姓苏，名吉利。妇姓王，名抟颊。"此时灶神是一个完全世俗化的家庭神祇。

自周代起，灶神已成为上自王公下至庶民百姓都可以祭祀的神祇，并逐渐分化为官方祀典与民间信仰两种。二者在职能、祭祀时间、祭仪、发展趋势等各方面都有很大的区别。

在民间，灶神备受重视，这主要是由于民间所祀之灶，其神性已发生了根本性变化。早在春秋战国时代，灶神就已经以监察大员的身份入住各家，上传民情，下达神旨。灶神是天帝派驻各家各户的"专使"，每年向天帝报告该户人家的举止

① （宋）王溥：《唐会要》卷二二《社稷》，中华书局 1955 年版。
② （唐）王维著，曹中孚标点：《王维全集》卷八，上海古籍出版社 1997 年版，第 44 页。

行为，以决定施予祸福灾祥。每户人家要尽量讨好灶神，否则他就会向天帝告状。西汉时，已有“灶神晦日归天，白人罪”[①]的说法，灶神负责监督家庭中每个成员的善恶功过，并在每月的最后一天向天帝汇报，天帝据此进行奖惩。到东晋，就明确有了灶神上天告状而使人减寿的说法。葛洪《抱朴子·微旨》曰：“灶神上天白人罪状。大者夺纪，纪者，三百日；小者夺算，算者，三日。”大罪减寿 300 天，小罪减寿 3 天，这种现式报式的惩罚实在是让人畏惧。

灶神还能给人们带来富贵尊荣，与家庭福运密切相关。西汉时就已有阴子方在腊月祭灶神而暴富的传说。自此之后，灶神赐福之说不胫而走，腊日祭灶也在民间成为风俗。后世祭灶基本固定在每年腊月二十三或二十四。祭灶的早期形式为血祭，即将动物或人血洒于地表，使其浸透至地下。汉代以犬祭灶，阴子方就是以黄羊祭灶而致富的。黄羊，指黄犬，古代用狗作祭牲时，称为“黄羊”[②]。南朝则以豚、酒祭灶神。南朝梁宗懔《荆楚岁时记》云：“十二月八日为腊日……其日，并以豚酒祭灶神。”后世祭灶时则多用怡糖和糯米团子之类，目的是黏住灶神之口，以免他上天奏人恶事。这便是后来民间所称“上天言好事，下界保平安”之所本。

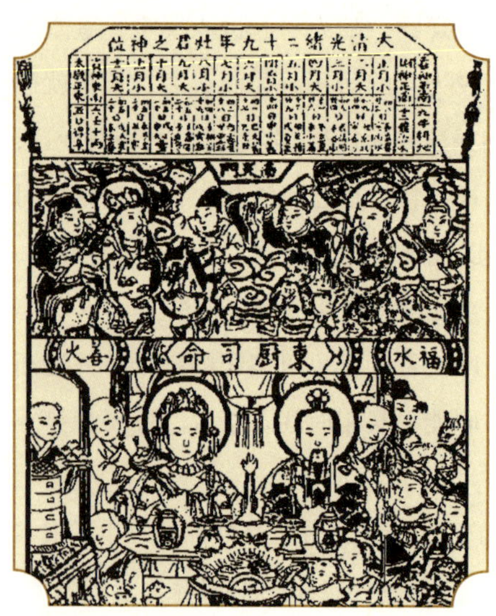

图 1–5　清代灶神（王红旗、孙晓琴编著《天地人鬼神图鉴》）

在民间，对灶神的信仰呈扩大之趋势。汉代，灶神已成为人们家庭中举足

① （宋）李昉等：《太平御览》卷一八六引《淮南万毕术》，中华书局 1960 年版。

② （南朝·梁）宗懔：《荆楚岁时记》曰：“汉阴子方，腊日见灶神，以黄犬祭之，谓为黄羊。”

轻重的神祇。其后则势力渐大，地位日高。汉代灶神称为“灶鬼”，至唐时已有“灶王”“灶君皇帝”之名。清代民间称之为“灶君”（见图 1–5）。灶神成为家家奉祀的主神。

五、门神信仰

“门神”一词最早见于《礼记 · 丧大记》“君释菜”郑玄注：“释菜，礼门神也。必礼门神者，礼，君非问疾吊丧不入诸臣之家也。”关于门神信仰传说的最早记载，则见于《山海经》佚文：“沧海之中，有度朔之山，上有二神人，一曰神荼，一曰郁垒，主阅领万鬼。恶害之鬼，执以苇索，而以食虎。于是黄帝乃作礼以时驱之，立大桃人，门户画神荼、郁垒与虎，悬苇索以御。”①（见图 1–6）自先秦时期，民间就普遍把能捉鬼、治鬼的神荼、郁垒二神当作门神加以崇拜。在门户之上画神荼、郁垒像，并将苇索、桃人等厌胜之物装饰在门户上以镇魅御凶、保障居者平安的做法在战国秦汉时期的民间也已非常流行了。除此之外，汉代也有以历史上著名将军武士为门神者，如广川王刘去就曾在殿门上画古勇士成庆像，短衣大绔长剑。唐代，大将秦叔宝和尉迟敬德也被奉为门神。据《三教源流搜神大全》记载：唐太宗夜梦恶鬼邪魅作祟，以告

图 1–6　神荼、郁垒

---

① （汉）王充：《论衡 · 订鬼》。据袁珂先生研究，此段文字不见于今本《山海经》，当属佚文。（参见袁珂编著：《中国神话传说辞典》，上海辞书出版社 1985 年版，第 302 页）

群臣。秦琼与尉迟恭戎装守卫在宫门两旁，夜间无恙。太宗大喜，命画工画二人介胄执革、怒目发威之像，悬于宫门两旁。此后，邪祟全消。后世沿袭，兴盛不衰。元明时期，一些历史上的将帅如孙武、庞涓、赵云、秦琼、岳飞等也成为民间信奉的门神。

随着社会的发展，仅有驱鬼镇邪功能的武将门神，已不能满足人们的需要了。人们更注重现世的功利，希望升官发财，福寿绵长。于是，又创造出了文官门神和祈福门神。文官门神大多为天、地、水三官，号“赐福紫微帝君”，这类门神多贴于院内堂屋门上，含有升官进财之意。祈福门神以祈福纳祥为目的，福、禄、寿、喜成为人们乐于表现的题材。常见的祈福门神有：五谷丰登、连年有鱼、天仙送子、和合二仙、招财进宝、福禄寿三星等。

秦汉时期，民间祭祀门神的时间尚不固定，只是注重选择吉日，呈现出多样性与地方性的特征。至南北朝时期，民间祭祀门神的时间基本固定在正月十五，并传承后世。

在民间，祭祀门神的方式各有不同，祭仪、祭品较为随意、朴素。汉代，磔鸡于门以禳恶气的习俗非常盛行，也流行以犬血涂门，辟除不祥。至南北朝时期，民间对门神的祭祀之仪逐渐固定。南朝梁宗懔《荆楚岁时记》记载：“正月十五日，作豆糜，加油膏其上，以祠门户。”据《齐谐记》记载，其方法是先以杨枝插于左右门上，随杨枝所指的方向，再以酒脯饮食及豆粥、糕糜插箸而祭之。后世继承南朝民俗，确定在正月十五日以豆粥祠祭门神。

六、司命信仰

司命神源于古代的天体崇拜。按照汉代郑玄的说法：“司命，文昌宫星也。”[①]

① 《周礼·春官宗伯·大宗伯》郑玄注：“以槱燎祀司中、司命、风师、雨师。”

司命是文昌宫星，属文昌宫第四星。在周代祀典中，司命神地位很高，祠祀司命用槱燎之祭。槱燎，是指堆积柴薪焚烧作为祭品的牲畜的方法，又叫“燔柴”，是上古最隆重的祭礼。

在汉代，司命作为至上神“太一”的辅佐，被纳入官方祀典。在民间，司命地位很高，影响很大。司命的神性已明确为督察人命，而且还是辅天行化、诛恶护善的正义之神，因而得到社会上下的普遍信奉。官方以时致祭，民间更是崇奉有加。据汉代应劭《风俗通·祀典》记载，民间独祀司命，以猪为祭品，司命神待遇不菲。汉代司命神为长 1.2 尺（约合 3.6 厘米）的木刻人像，已是人格化、世俗化的神祇，日益贴近百姓日常生活。1957 年，山东省文物管理处在山东济宁收集到一件汉代石雕人像，其像作半身立状，头大，戴冠，面部丰盈，博衣大袖；左手抱一婴儿，右手持一长方形物，右腕下并悬一物。孙作云先生认为此像即司命神像。石雕人像右手所持之物应是记载人们寿夭的生死簿。[①]汉代祭祀司命，不仅另作小屋，而且分春、秋两季按时祭祀。即便外出时也随身携带司命木刻像，盖以之护身，保佑平安。司命神虽是汉代民间普遍信奉的神祇，但各地重视程度也有区别。齐地、汝南诸郡最为笃信，侍奉最谨，体现了民间信仰的地方性差异。 司命虽为小神，但职责甚重，督察人命，管人寿夭，直接关系到人们的生死，因而普遍受到百姓的敬祀。这说明在两汉时期司命已渗透进人们的日常生活之中。

汉代以后，司命神在民间呈两种发展趋势：一是被佛教所吸收和引用。佛教传入中国后，僧侣在翻译佛经时，利用了司命神督察人命、主人生死的职能，将印度的“追命鬼”翻译为“司命鬼”。随着佛教在民众中的广泛传播和普及，司命神从天上降至阴间，由神变成鬼。唐代以后，佛教司命鬼索命之说盛行。佛经文献中也有大量“伺（司）命”出现。唐宋以后，司命鬼

① 参见孙作云：《汉代司命神像的发现》，《光明日报》1963 年 12 月 4 日。

随着佛教的盛行而日益深入人心。二是被灶神吸收和融合。先秦时期，司命神的地位很高。在周代的“七祀”中，司命神居于首位，灶神位居最末。后来，司命“督察人命”的功能被灶神所取代，唐宋时期，司命的名衔也逐渐被灶神吸收。唐人所著的《辇下岁时记》记有民间“以酒糟抹于灶门之上，谓之醉司命”① 的说法。原来意义上的司命神在民间逐渐消失，或被取而代之，或渐与他神融合了。

七、泰山府君信仰

在古代，山神崇拜盛行。山神，尤其是岳神地位很高，一直是国家祭祀的重要神灵。泰山为五岳之长，是地位最高、影响最大的山神。在官方祀典中，泰山是兴云布雨的登天之所和皇帝的封禅之地。汉武帝、唐高宗、唐玄宗、宋真宗等都曾在泰山举行过封禅大典。泰山因是天子的封禅之地而备受官方的重视。故泰山神又被称为“东岳大帝”，被视为泰山的化身。

而在民间信仰中，自汉代开始，泰山神便主宰人的生死寿夭。据《风俗通·正失》记载：“岱宗上有金箧玉策，能知人年寿修短。武帝探策得十八，因读曰八十，其后果用耆长。”《后汉书·许曼传》记许曼的祖父许峻少年时病重，三年不愈，于是谒泰山请命。唐代李贤解释说：泰山主人生死，所以到泰山请命。在此基础上，人死后魂归泰山，泰山治鬼的信仰也逐渐在乡村社会流传开来。在东汉陵墓出土的镇墓券中，常有“生人属西长安，死属泰山”的说法。灵帝熹平四年（175 年）陶瓶解除文云：“生人属西长安，死人属东太山。”②长安为西汉都城，是繁荣昌盛的象征。泰山是冥府所在地，是人死后鬼魂的归宿之地。

---

① （元）陶宗仪辑：《说郛三种》卷六九，上海古籍出版社 1988 年版，第 3219 页。

② 罗振玉：《辽居杂著丙篇·古器物识小录》，《罗雪堂先生全集初编》第 7 册，（台北）文华出版公司 1968 年版，第 2885 ～ 2887 页。

泰山与长安，一为死人里，一为生人都。汉代人们普遍相信人死魂归泰山，泰山神是阴间的主司。三国时魏术士管辂曾说：泰山“治鬼不得治生人”[①]。晋皇甫谧《帝王世纪》也有“太山稽鬼”的说法。

两汉魏晋时期是泰山神人格化进程中的重要阶段。泰山是冥界最高统治者的居住地和治所，泰山神也有名有姓。汉代纬书《龙鱼河图》曰：“东方泰山君神，姓圆名常龙。”《孝经援神契》云：“泰山曰天孙。”这句话的意思是泰山是天帝之孙。汉代镇墓文中称泰山神为“泰山君”,即后来的“泰山府君”。晋干宝《搜神记》卷四记载，泰山人胡母班行至泰山，被泰山府君召见，请其传书与已嫁为河伯妇的女儿。胡母班在泰山曾看见已经死亡的父亲戴械为徒，困苦不堪。于是向泰山府君求情，免除父亲的苦役，府君于是让班父做了土地神。从记载中可以看出，泰山府君是阴司的主宰，“主召人魂魄”，专门治鬼，主管鬼神的簿籍。祈求泰山府君可以延长人的寿命；泰山府君是完全人格化的神灵，不仅完全具备喜、怒、哀、乐等人的情感，而且还拥有家庭和子女。可以说，泰山府君的出现，使泰山神人格化的形象更加清晰，其功能也进一步向冥界主管转化。

南北朝时期，道教把民间信仰的泰山府君也吸收进自己的神鬼队伍，建立了鬼官系统,完善了道教的地下世界。梁陶弘景《洞玄灵宝真灵位业图》云:“泰山君秦，字景倩，为四镇，领鬼兵万人，有长史、司马，复有小镇数百，各领鬼兵数千万。”[②]后来，佛教的地狱说又与汉民族的泰山地府说相结合，取代了泰山治鬼之说，并很快在汉民族中兴盛，在一定程度上促进了汉民族地府观念的完善。

---

① 《三国志·魏书·管辂传》，中华书局 1959 年版。
② 《道藏》第 3 册，第 281 页。

八、城隍信仰

“城”“隍”二字，最早见于《周易正义》卷二四《泰》卦：“城复于隍，勿用师。”范土为城，依城凿池曰隍。《说文解字》释“隍”曰：“隍，城池也。有水曰池，无水曰隍。”城隍是指城壁（城墙）与城下池（护城河）。

从起源上说，城隍神来自于上古城池之神水庸，属于自然神。据《礼记·郊特牲》记载，周代，天子岁末蜡祭八神，水庸居第七位。水庸就是城隍。

“城隍”作为一词，最早见于《后汉书·班彪传》：“京师修起宫室，浚缮城隍。”在这里城隍指的是城池。真正见诸正史记载的城隍神祠是在南北朝。据《北史·慕容俨传》记载，北齐大将慕容俨镇守郧城，梁朝军队水陆围攻，情况危急。当时城中有城隍神祠一所，慕容俨顺士卒之心，向城隍神祷告，果然不久惊涛涌激，如有神助，守城士卒信心大增，最终击退梁军围攻，城内百姓得以保全。这说明迟至南北朝时期，城隍神信仰已经正式形成。随着城隍信仰范围的不断扩大，到唐代中期，各州郡皆有城隍。人们在水旱、疾病发生时也向城隍神祈祷，城隍的职能不断扩大，由以前单一的城池保护扩展至生活的方方面面。唐末五代时期，城隍已经有了各种封号，如杭州城隍神封为顺义保宁王、湖州城隍神封阜俗安城王、鄂州城隍神封万胜镇安王等。

宋代，城隍神已列为国家祀典。朝廷对城隍不断赐封名号，以示尊崇。城隆神在屡次加封之后，名为辅正康济明德广圣王。

明代，城隍神信仰更加普遍化和制度化。《明太祖实录》卷三八记载，洪武二年（1369 年），朱元璋下诏，敕封京都及天下城隍神：封京都城隍为承天鉴国司民升福明灵王，开封、临濠、太平、和州、滁州城隍亦封为王，秩正一品；其余府为鉴察司民城隆威灵公，秩正二品；州为灵佑侯，秩三品；县为显佑伯，秩四品。都、府、州、县城隍各赐王、公、侯、伯之号，并配制相应的衮章冕旒。

城隍神被设定为五类等级，并建立了上下统属的城隍神祀系统。洪武三年（1370 年）又定庙制，府、州、县城隍庙与当地官署正衙高广相当，而且政府明确规定，地方官吏到任，首先要去城隍庙拜神。清代的城隍庙则分为首都、府、州（县）三级，每逢建都分县，都必定要建城隍庙。城隍神的选定也遵循了中国传统的祭祀原则：能御大灾，捍大患，功德昭著者死后被奉为神灵。如春申君、彭越、萧何、英布、灌婴、纪信、周苛、范增、霍光、文天祥等都曾被奉为城隍神。明清时期祭祀城隍的日期是清明、中元、十月初一，这是明太祖钦定的祭祀时间。

图 1–7　城隍（王红旗、孙晓琴编著《天地人鬼神图鉴》）

民间的城隍神信仰更为普遍，其中尤以吴越地区、北京地区的城隍信仰最为典型，奉祀香火甚盛（见图 1–7）。在各地城隍信仰行为中，除了祀神，最热闹的就是以演戏娱神为主的庙会活动。

九、关羽信仰

关羽是东汉末三国时期蜀国大将，辅佐刘备建立蜀汉政权，死后谥为壮缪侯。当地人常在其死处湖北当阳玉泉山祠祀关羽。自三国至隋朝，关羽只是荆州地区民间祠祀的神灵之一，影响不大，而且从未获得过朝廷的封赠。

配祀武成王庙是关羽享受国家祀典的开始。唐德宗建中三年（782 年），礼仪使颜真卿奏治武成王庙，主祀姜尚，拣选历代名将 64 人从祀，关羽以“蜀

前将军汉寿亭侯”的身份入选。直至宋初，关羽也只是武成王庙信仰体系中的配角之一。自宋仁宗时期开始，关羽就不断得到朝廷封赠，如哲宗绍圣二年(1095年）五月赐额“显烈”，徽宗崇宁元年（1102 年）十二月封武惠公，大观二年（1108 年）进封武安王。① 南宋时关羽又得到两次加封：建炎三年（1129 年），高宗敕封壮缪义勇王;淳熙十五年（1188 年),孝宗加封为壮缪义勇武安英济王。元朝统一后，世祖、文宗皆给关羽增添了新封号,至文宗时,关羽的爵号已达“壮缪义勇武安英济显灵”10 个字。通过多次加封，关羽在国家祀典中的地位不断提高。明洪武二十一年（1388 年），武成王庙罢祭，姜太公被削去王号，移入历代名臣从祀，而关庙上升为京师的九庙之一，并载入祀典成为官祭之庙，至此关羽成为国家祀典中的正神，成为封建体制当中的重要神祇。而官方的推崇褒溢，必然促使整个社会关羽崇拜的形成，也直接推动了关羽信仰在全国的兴盛。（见图 1–8）

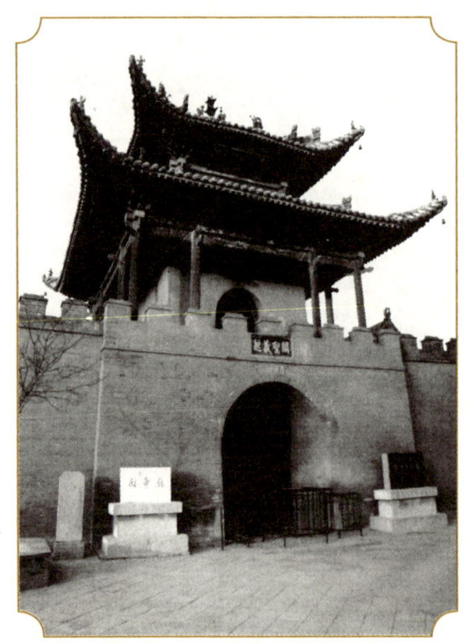

图 1–8 山西解州关帝庙

佛教对关羽信仰的利用在唐代就开始了。唐德宗贞元十八年（802 年），董侹撰《荆南节度使江陵尹裴公重修玉泉山关庙记》载，陈朝光大年间，天台宗创始人智𫖮到荆州传法布道，于当阳玉泉山立精舍，山神关羽曾驱使鬼神，助建玉泉寺。宋神宗元丰四年（1081 年），张商英《重建关将军庙记》中也有关羽筑寺受戒的记载。释志磐著《佛祖统纪》，其中《智者大师传》首次将“关羽神

① 参见（清）徐松辑：《宋会要辑稿 · 礼二十》，中华书局 1959 年影印本。

造玉泉寺”写入佛教文献。元代，关羽护持佛法的说法得到了官方的认可。元世祖正式封关羽为伽蓝神。

关羽和道教相关的传说，最早是宋徽宗崇宁二年（1103 年），关羽帮助龙虎山真人张继先于山西解州盐池铲除蚩尤，受封为崇宁真君。《正统道藏》之《道法会元·地祇馘魔关元帅秘法》记载，关羽为北极紫微大帝之主将，被称为“雷部斩邪使”“兴风拔云上将”“馘魔大将”“护国都统军”“平章政事”“崇宁真君关元帅”。

皇帝的赐封及佛、道二教的利用和宣传推动了全国性关羽信仰的形成，在民众心目中关羽成了驱邪降魔、无所不能的圣神。因而，民间信徒愈益众多，关羽信仰也愈益世俗化。郡邑村镇都建有关帝庙，每年春、秋两季和关羽诞辰，人们都要举行隆重的酬神活动。民间信仰关羽的目的主要是去灾免难，祈保平安，植福增寿，求富聚财。因而，民间把关羽视为保护神、财神及万能之神。

十、梓潼神信仰

梓潼神最初是蜀地信仰的主管仕禄、文运的民间小神。据东晋常璩《华阳国志》卷二记载：梓潼县有善板祠，一名恶子祠。百姓每年供奉“雷杼”十枚，年终，雷杼不复见，即认为被雷神取去。雷杼是雷神殛人的武器，则善板祠祭祀的应是雷神。还有一说，据宋孙光宪《北梦琐言》卷四载：“梓潼县张蝁子神，乃五丁拔蛇之所也。或云嶲州张生所养之蛇，因而祠，时人谓之张蝁子。其神甚灵。”张蝁子初系氐羌人的蛇图腾，后转为人格化神灵，生于越嶲，因报母仇而徙居剑州七曲山，仕晋而战残，祠为地方保护神，多主兵革之事。

在十六国时期，梓潼神张恶子曾因预言羌人姚苌称帝而受到统治者重视。北魏崔鸿《十六国春秋·后秦录》载：前秦建元十二年（376 年），姚苌至梓潼

七曲山，见一神人，预言他将取代前秦成为后秦的国主，姚苌请其姓氏，答曰：张恶子。至姚苌称帝，即在七曲山立张相公庙祠之。

张亚子的名称是梓潼神张恶子与张育祠融合的产物。据《资治通鉴》卷一三〇载：东晋孝武帝宁康二年（374 年），蜀人张育起兵抗击前秦王苻坚，张育自号蜀王，率领义军一度攻围成都，后战死绵竹。蜀人在梓潼七曲山兴建张育祠以示纪念。恶子祠与张育祠均修建于七曲山，时间一久，两祠遂合二为一，成为张亚子祠。

唐代安史之乱爆发后，天宝十五年（756 年），唐玄宗避乱入蜀，路经七曲山，有感于张亚子抗击前秦之忠烈，遂亲自祠祭梓潼神，追封张亚子为左丞相。广明元年（880 年），黄巢义军攻占长安，唐僖宗逃至蜀地，亲临梓潼神庙，解剑以赠神，封张亚子为济顺王。由于受到唐代皇帝的敕封，梓潼神的影响逐渐扩大，而且其功能也在发生变化。

自隋唐科举制兴起后，科举成为文人仕进的必由之路。唐代后期开始，梓潼神的神性职能也与科举仕进联系起来。梓潼祠地处蜀道，是蜀中举子进京的必经之地。唐代举子孙樵在宣宗大中年间进京考试，经过七曲山，遇风雨阻路，幸得梓潼神护佑，最后金榜题名为进士。[①] 此后，梓潼神主文运仕进之说流传开来。

宋徽宗时翰林学士叶梦得《岩下放言》记有一则故事：真宗大中祥符中，西蜀有二举人夜过梓潼神庙，风雪阻程，就庙内席地而寝。梓潼神以托梦的方法，把状元考题及赋文告诉了他们。此后，凡蜀地士子入京应试者，必祷于祠下，以问得失，无不应验。北宋蔡绦《铁围山丛谈》卷四载：长安西去蜀道有梓潼神祠，非常灵验。士大夫过之，得风雨，必至宰相；进士过之，得风雨则必殿魁，无一失者。士人往往慕名进庙，祈求梓潼神显灵保佑。如此，

① 参见（清）董诰等编：《全唐文》卷七九六，中华书局 1983 年版，第 9 册第 8341 页。

梓潼神在蜀地取代了原来掌管文运的紫微宫文昌星神，二者职能合二为一了。宋高宗绍兴二十七年（1157 年），加封梓潼神为英显武列忠佑广济王，此为梓潼神开始进入国家的神祠系统的标志。

与此同时，梓潼神也被道教吸收，与文昌神一起合称为“文昌帝君”。元仁宗延佑三年（1316 年），加封文昌帝君为辅元开化文昌司禄宏仁帝君。至明清时期，士人对专注禄籍的文昌帝君（见图 1-9）信仰弥笃，文昌庙几遍天下。

图 1-9　文昌帝君（王红旗、孙晓琴编者《天地人鬼神图鉴》）

十一、龙王信仰

龙的形象由来已久，应是原始时代龙蛇图腾崇拜与自然崇拜整合的产物。1995 年，在辽宁阜新查海发现了距今约 8000 年，长达 19.7 米的石堆巨龙。① 1996 年，在辽宁葫芦岛杨家洼遗址发现了两条距今约 8000 年的土塑龙，其一扁嘴，丫字尾，其二昂首，展翅欲飞。② 这都说明早在远古时期，中国就已经产生了龙的崇拜与信仰。

先秦时期，在龙蛇崇拜基础上产生了四海之神。《山海经》记载，东海海神名禺虢，南海海神名不廷胡余，西海海神名弇兹，北海海神名禺强，他们大都是人面鸟身，珥两蛇，践两蛇，呈现半人半鸟（兽）的状态。这是上古时期龙

① 参见辛岩：《查海遗址发掘再获重大成果》，《中国文物报》1995 年 3 月 19 日。

② 参见高美璇：《辽宁八千年前新石器时代遗址中发现龙图腾》，《中国文物报》1997 年 6 月 8 日。

蛇图腾信仰的特征。后来逐渐人格化和世俗化。汉代纬书《龙鱼河图》中的四海之神是东海君姓冯名修青，夫人姓朱名隐娥；南海君姓视名赤，夫人姓翳名逸寥；西海君姓勾大名丘百，夫人姓灵名素简；北海君姓视名禹帐里，夫人姓结名连翘。四海神有姓有名，拥有家庭，人格化迹象明显增强。

图 1-10　应龙（古本《山海经》）

古代信仰中的龙具有司雨的功能，卜辞中就有向龙卜问雨水有无的记载。[①]《山海经·大荒东经》载："大荒东北隅中，有山名曰凶犁土丘。应龙处南极，杀蚩尤与夸父，不得复上，故天下数旱。旱而为应龙之状，可得大雨。"（见图 1-10）应龙因为帮助黄帝战胜了蚩尤和夸父，因而上不了天，导致人间大旱。大旱时装饰成应龙的形状，就可以使天降雨。应龙所到之处，就会多雨。人们认为龙可以行云布雨，所以旱灾发生时要饰龙祈雨。饰龙祈雨属于模拟巫术的范畴，基于相似的事物可以产生相同结果的原理。

汉代认为应龙是有翼的飞龙，汉画中应龙数量很多，多表现为腾云驾雾、呼风唤雨的形象。龙在祈雨时经常使用。山东沂水汉画像石中刻有人类祭龙求雨的场面。画中有一双首龙，龙头下垂，下面各有一人头顶大盆盛接由龙口中倾下的雨水。[②] 汉代官方和民间都设土龙以招雨。如《后汉书·礼仪中》记载：旱灾发生时，公卿长官按次序行雩礼，关闭各种阳性之物，穿黑色衣，兴土龙求雨。汉代还承袭了先秦时期作五色龙以祈雨的方式。汉董仲舒《春秋繁露·求雨》载，春旱求雨，以甲乙日造一大苍龙，长八丈，居中央，造七条小龙，各长四丈，

① "其作龙于凡田，又雨？" "乙未卜：龙亡其雨？"（参见郭沫若主编，中国社会科学院历史研究所编集：《甲骨文合集》29990、13002。）

② 参见王明丽、牛天伟：《从汉画看古代雷神形象的演变》，《中原文物》2002 年第 4 期。

置于东方，皆东向，其间相隔八尺。丙丁日制大赤龙一、小赤龙六。戊己日制大黄龙一、小黄龙四。庚辛日制大白龙一、小白龙八，按年龄分组舞之。夏秋求雨，亦设土龙，夏时土龙南向，秋时土龙西向。这种以龙祈雨的信仰和巫术在后世一直流传，后因吸收了佛教龙王信仰的元素而更加兴盛。

佛教也有关于龙王的信仰，传说佛祖释迦牟尼出生时就有九龙吐水洗浴之，浴佛节由此而来。《佛说海龙王经》《佛为海龙王说法印经》《佛为娑伽罗龙王所说大乘经》等多部佛教经典中的龙王具有护持佛法、卫护众生、兴云布雨的职能。佛教传入中国后，佛教关于龙王的信仰也随之而来，并逐渐与中国本土对四海之神的信仰相融合，从而形成中国化的龙王信仰。

龙王信仰至唐代已经出现。据唐代杜佑《通典》记载：唐玄宗赐封号予四海龙王，以东海为广德王，南海为广利王，西海为广润王，北海为广泽王。到宋代，宋仁宗加封东海龙王为渊圣广德王。宋徽宗诏天下五龙神皆封为王爵，青龙神封广仁王，赤龙神封嘉泽王，黄龙神封孚应王，白龙神封义济王，黑龙神封灵泽王。朝廷的册封使得龙王的地位大大提高。

在民间，龙王信仰不断深化，龙王司雨的观念更加普及。由于中国是一个农业国家，农民要靠天吃饭，最大的愿望就是风调雨顺，所以，能够行云布雨的龙王就备受民间百姓的推崇。每逢久旱不雨，百姓便向龙王祈求甘霖。至元明清时期，龙王庙遍及全国，成为民间最普遍的信仰。成书于明代的《西游记》中的四海龙王是东海龙王敖广、南海龙王敖钦、北海龙王敖顺、西海龙王敖闰。其中，东海龙王居于东海龙宫，地位最高，沿海居民所普遍崇拜、祭祀的主要就是东海龙王。

十二、妈祖信仰

妈祖是中国沿海地区民间信仰的主要神灵之一。关于妈祖的出生年代、出

图 1-11　妈祖像（福建湄洲岛）

生地点、身份等，历来均有不同的看法。大多数学者认为，妈祖于宋太祖建隆元年（960 年）生于今福建莆田湄洲屿，是“莆田九牧”林氏后裔，姓林名默娘。（见图 1-11）妈祖生前是一名从事神事活动的巫女，生而神异，能言人休咎，知人祸福，在湄洲屿及附近地区有一定影响；死后被神化为该岛民众奉祀崇拜的对象，并制造了不少灵验的传说，为妈祖信仰向岛外发展打下基础。①

此后，妈祖信仰从海岛传到大陆，逐渐在宁海、莆田、仙游、泉州、浙江等地传播，如宁海建有圣堆庙，莆田有白湖顺济庙，仙游有妃庙等。在官方和地方势力的共同推动下，妈祖在两宋时期共得到朝廷所赐封号 10 多次，如宣和五年（1122 年）宋徽宗赐封庙号顺济，宋孝宗淳熙时封为灵惠昭应崇福善利夫人，宋光宗绍熙元年（1190 年）封灵惠妃。

元代，朝廷为祈求妈祖庇佑王朝漕运，对其多次加封，并首次把封号提高到至高无上的“天妃”。至元十五年（1278 年），元世祖加封为护国明著灵惠协正善庆显济天妃，至元十八年（1281 年）诏封护国明著天妃，至元二十六年（1289 年）封护国显佑明著天妃；大德三年（1299 年），元成宗加封辅圣庇民明著天妃；延佑元年（1314 年），元仁宗加封护国庇民广济明著天妃；天历二年（1329 年），元文宗封护国庇民广济福惠明著天妃；至正十四年（1354 年），元惠宗封辅国护圣庇民广济福惠明著天妃。朝廷的封赏将妈祖从诸多海神信仰中突出出来，成为海运和内河航运的第一守护神，也使妈祖信仰的传播进入一个空前繁荣的时期。

明代为避倭寇，朝廷推行严格的海禁政策，福建沿海一线人民被强迫内迁，妈祖信仰一度受到影响。但郑和七下西洋及与海外各国的交流也将妈祖信仰传

① 参见朱天顺：《妈祖信仰的起源及其在宋代的传播》，《厦门大学学报》1986 年第 2 期。

播到东南亚及琉球、日本等地区。

清代，妈祖信仰发展迅速，这与政府采取鼓励传播的政策密不可分。康熙二十三年（1684 年）赐封妈祖为护国庇民妙灵昭应仁慈天后，乾隆三年（1738 年）加封为天后圣母，嘉庆十年（1805 年）敕封天上圣母无极元君。从妈祖在历代官府地位的升迁可以看出，自宋至清代，历代皇帝册封妈祖达 40 多次，由夫人—妃—天妃—天后—圣母，封号不断升级。在历代封建王朝的推崇下，妈祖的地位被追捧到无以复加的地步。

民间对妈祖的崇敬起因主要是：在当时的科技条件下，海上航行的船只经常受到风浪的袭击而船毁人亡，人们在征服自然的能力有限时，特别希望借助神灵的护佑以确保航程平安、顺利。而官方对妈祖的推崇又进一步深化了妈祖信仰的传播。许多地方纷纷建筑了妈祖神庙（见图 1-12）。据《世界妈祖庙大全》提供的最新数据，目前，全世界已有妈祖庙近 5000 座，遍布 20 多个国家和地区，信奉者近 2 亿人。其中，仅台湾一地就有妈祖庙 510 座，其中有庙史可考者 40 座，建于明代的 3 座，建于清代的 37 座，妈祖成为台湾地区最普遍信仰的神灵之一。2009 年 9 月 30 日，联合国教科文组织非物质文化遗产委员会决定，将妈祖信俗列入《人类非物质文化遗产代表名录》，妈祖信俗成为我国获得的首个信俗类世界遗产，这标志着妈祖信仰已经成为世界性的文化遗产。[①]

图 1-12　福建泉州天后宫宫门牌匾

① 参见吴晓红：《妈祖信仰的形成与传布》，《长江大学学报》2011 年 12 期。

十三、北斗信仰

北斗在太微北，由天枢、璇、玑、权、玉衡、开阳、瑶光七星组成。古人很早就有了对北斗的认识和记载。考古发现的距今五六千年前的濮阳西水坡45号墓葬，墓主头南脚北仰卧，脚端北侧有一个用两根人胫骨和蚌壳摆塑的略呈三角形的北斗星的图案，显示了当时人们已经初步建立起以北斗为中心的古老天文学体系。[①]《夏小正》记载，六月初昏，斗柄正在上，记述了对初昏斗柄的观测以定时节。

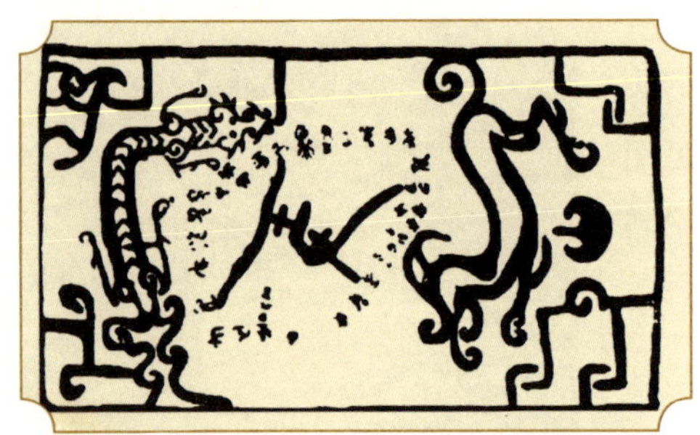

图1–13　曾侯乙墓斗字漆箱盖面图像摹本

先秦秦汉时期，人们不仅利用北斗观测节候，而且在此基础上形成了对北斗的信仰与崇拜。北斗在古代王朝祭祀体系中占有重要的位置，殷墟卜辞中就有商王祭祀北斗的记载。1978年，在湖北随县擂鼓墩发掘的战国早期曾侯乙墓，在墓的东室一件漆箱（E66）盖的面上，有用粗笔书写成的篆文大“斗”字，环绕中心的“斗”字，有一圈二十八宿的古代名称，盖面两端绘有青龙、白虎的图像。（见图1–13）[②]秦国都城雍（今陕西凤翔）也建有北斗、南斗祀庙。

在汉代官方信仰中，不仅将北斗视为天帝的御车，天帝经常驾它巡狩四方，而且还将北斗与阴阳五行、四时联系起来。山东武氏祠后石室画像中，有一幅

① 参见冯时：《濮阳西水坡45号墓的天文学研究》，《文物》1990年第3期。

② 参见朱磊、李楠：《殷周北斗信仰初探》，《中原文物》2014年第2期；该图采自王健民等：《曾侯乙墓出土的二十八宿青龙白虎图像》，《文物》1979年第7期。

北斗图：斗杓四星变成车舆，中间坐着天帝，斗下有云朵作为车轮，斗柄三星联线变成车辕，车后还有三个神人持板送行。[①]这与《史记·天官书》记载的“斗为帝车，运于中央”完全一致。

人们崇拜北斗，主要是因为北斗既主化育生长，也主收藏杀伐。“北斗主杀”的观念对古代方术影响很深，方士和兵家讲顺斗、逆斗，以斗柄所在为胜，所指为败，用式盘模拟宇宙的运行，以推定凶吉。北斗的向背在这种宇宙论中占有重要的方术意义。

北斗主生杀，在此信仰基础上又创造出一系列与之相关的厌劾之术。如甘肃天水放马滩秦简《日书》甲种简记有，出门远行时举行巫术仪式，以咒语祈祷向北斗获取神力，保佑行者路途平安。这种厌劾之术在汉代非常盛行。《汉书·王莽传》记载：天凤四年（17年）八月，王莽亲自到南郊，铸作威斗。威斗是铜质镇物，形状似北斗，长约83厘米，目的是压制各地义军。地皇四年（23年），绿林军攻入长安，王莽随斗柄方向而坐，说：“天归德于我，汉兵能把我怎么样呢？”时人认为斗柄所指可厌胜众兵，故王莽希望以北斗厌劾之术解除兵祸，化解危机。1973年，长沙马王堆3号汉墓出土的“神祇图”题记，内容就是向北斗盟誓的厌劾之术。

在民间，北斗主生死，祠北斗求长生的信仰也非常普遍。如汉代赵壹恃才傲物，得罪乡党，差点丢掉性命，幸得友人相救。赵壹作书向友人谢恩，说自己几乎被北斗收走。这说明汉代认为北斗为司命之神。三国时吴国吕蒙病重，孙权命道士于星辰下为之请命。三国时魏术士管辂曾教授颜超祈北斗延长寿命。北魏的高门士族崔浩也曾在家乡向北斗祈祷，希望能延长父亲的寿命。

可见，在传统的信仰观念中，南斗主生，北斗主死。凡人受胎，皆从南斗过北斗。所有祈求，皆向北斗。在汉代的画像砖中也经常可以看到这种主题的

① 参见李发林：《汉画考释和研究》，中国文联出版社2000年版，第330页。

图像。如陕西咸阳出土的东汉陶瓶上面有一幅北斗七星图，星间有连线，斗魁内有 3 颗星，连成等腰三角形，斗柄下有 4 颗星，连成菱形。右下侧有 6 颗星，两两相连，相互平行。左侧朱书 5 行 24 字：“生人有乡，死人有墓。生人前行，死人却行。死生异路，毋复相忤。”[①]北斗因主宰生死而为人们所推崇。

后来，北斗神被道教吸收，认为北斗司生司杀，凡有情之人，禀天地之气、阴阳之令，为男为女，可寿可夭，皆出北斗之政命。北斗信仰也随之愈演愈烈，并发展出完整的斋醮仪式，如《北斗七元星灯仪》《北斗本命延寿灯仪》等，都是道教祭祀北斗的斋醮科仪。

十四、太岁信仰

太岁是古人为计时需要虚拟出的星辰，与岁星相应。《周礼・春官宗伯》记载有冯相氏，掌“十有二岁”，负责观察岁星的运行；有保章氏，根据岁星的运行判断天下的妖祥。岁星所对冲之星就是太岁。两者之间是阴阳、实虚的相对关系。太岁每 12 年一循环。逢甲子年，甲子即是太岁；乙丑年，乙丑即是太岁，以此类推，至癸亥年止。故《尔雅・释天》有太岁在甲、在乙、在子、在丑之说。

太岁是人为定义的假想天体，以太岁方位占卜征伐之事的做法迟至在战国时期已经出现。《尸子》记载，武王伐纣，鱼辛进谏曰：“岁在北方，不北征。”武王不从。《荀子・儒效》也说，武王伐纣，以兵忌之日行兵，东面逆太岁而行，出兵三日而招致五灾。1960 年，湖北荆门东桥大坝地区的一座战国竖穴土坑墓中出土了戈、剑各一。戈两面各有铭文二字，有学者把戈上的铭文释为“兵避太岁”，即太岁所在，不可用兵征伐之意。铜戈援部的图像是神人通身鳞甲，头上插羽，两耳珥蛇，腰缠两蛇，左手握龙，右手操一双头动物，胯下有一龙，

① 刘卫鹏、李朝阳：《咸阳窑店出土的东汉朱书陶瓶》，《文物》2004 年第 2 期。

足踏日月。（见图 1-14）戈铭的意思是说打仗要避开太岁，那么铜戈的神人当是太岁神。[①]

图 1-14 “兵避太岁”戈（湖北荆门战国墓出土）

先秦秦汉时期，人们对太岁非常重视，认为太岁移动方位与人间祸福密切相关。《史记·天官书》中称太岁为“岁阴”，岁阴移动至不同的方位，即预示人间会出现不同征象，甚至产生水、旱、兵、疾等灾祸。《淮南子·天文训》也说：“岁星之所居，五谷丰昌，其对为冲，岁乃有殃。”许多禁忌习俗遂由此产生。如军事方面，国家出师略地，要回避太岁所在，太岁迎者辱，背者强，左者衰，右者昌；不可迎，而可背，不可左，而可右。军队出兵时，太岁所在之方，可背不可向，背者才能取得胜利。另外，日常生活的很多方面都会受到太岁信仰的影响。如睡虎地秦简《日书》甲种《岁》有相关记载，与岁星运行的不同方位相对应，人间不同方位也相应有吉凶。人们迁徙、嫁娶、建房造屋都要考虑太岁的移动方位，并由此出现了专门的方伎之书——《移徙法》。“东西相与为冲，而南北相与为抵。”《移徙法》规定：“徙抵太岁凶，负大岁亦凶。”“抵太岁名曰岁下，负（背）太岁名曰岁破，故皆凶也。”[②]假如太岁在甲子，天下之人皆不得南北徙，起宅嫁娶也要避之；如太岁在北方，则不可由北徙南。岁下、岁破皆被视为迁徙大忌。

古代，无论是当政者，还是民间老百姓，对太岁移徙及方位带来的影响都

① 参见俞伟超、李家浩：《论“兵避太岁”戈》，《出土文献研究》第 1 辑，文物出版社 1985 年版，第 138 ～ 145 页。

② （汉）王充：《论衡·难岁》，中华书局 1990 年版。

深信不疑，故小心行事。《汉书·匈奴传》记载，元寿二年（前1年），匈奴单于来朝，哀帝让单于住在处于太岁之位的上林苑蒲陶宫，目的是以太岁厌胜所在，解除匈奴对汉王朝的威胁。王充在《论衡·调时》中则描述了汉代民间社会崇信太岁的情况："世俗起土兴功，岁月有所食，所食之地必有死者。假令太岁在子，岁食于酉，正月建寅，月食于巳，子、寅地兴功，则酉、巳之家见食矣。见食之家，作起厌胜，以五行之物悬金木水火。假令岁月食西家，西家悬金，岁月食东家，东家悬炭。设祭祀以除其凶，或空亡徙以辟其殃。连相仿效，皆谓之然。"起土兴工不能触犯太岁，否则会有性命之忧。如果有触犯，就要悬挂炭、金等五行之物作厌胜，还要祭祀神灵，免除殃咎，或迁徙他地以避其害。

据《通典》卷五五记载，北魏道武帝时立岁神十二，以十月祭岁神，用一牛、三鸡为祭品。这说明古代对太岁神的信仰长期沿袭，笃信愈深。

十五、四神信仰

四神又称"四宫"或"四灵"，最早来源于原始社会氏族部落时期的图腾，属于原始自然崇拜的范畴，后来与天象相结合。中国古代把沿古天球黄、赤道带分布的主要星象定名为"二十八宿"，又把二十八星宿分成四大星区，分属东、南、西、北四方中的一方，每一方由七宿组成，并与古人认为的四个神灵结合起来，形成东方苍龙七宿（角、亢、氐、房、心、尾、箕）、南方朱雀七宿（井、鬼、柳、星、张、翼、轸）、西方白虎七宿（奎、娄、胃、昴、毕、觜、参），北方玄武七宿（斗、牛、女、虚、危、室、壁）。《史记·天官书》和《汉书·天文志》把这四大区域叫作"四官"或"四宫"。四灵便成为二十八宿的物象化形态。四灵作为天象形态最早见于仰韶文化时期的濮阳西水坡遗址，其45号墓用蚌壳摆放的龙

和虎，虽然仅有东、西二宫，但已与天象结合。[①]在考古发现中，最早的比较完备的四灵形象是陕西西安国棉五厂汉墓 M6 中出土的一件铜温酒炉。该炉四面镂刻四灵纹，其中玄武为一龟的俯视图（见图 1–15）[②]。汉代茂陵及其陪葬冢附近出土的画像空心砖上，四灵俱全，玄武为蛇缠龟状。四宫二十八宿的形成是天文学与兵学、阴阳学相互作用的结果。《礼记·曲礼上》云:“（行军时）前朱鸟而后玄武，左青龙而右白虎，招摇在上，急缮其怒。进退有度，左右有局，各司其局。”《吴子·治兵》亦云:“必左青龙，右白虎，前朱雀，后玄武，招摇在上，从事于下。”自战国时代起，人们把龙、虎、凤、龟四大神物配合于四方，形成左青龙、右白虎、前朱雀、后玄武的方位格局，四灵分别管理四个方位。《三辅黄图》卷三曰：“苍龙、白虎、朱雀、玄武，天之四灵，以正四方。”它们分布在天上的东、西、南、北，起着“定四方”的作用。

图 1–15　铜温酒炉（陕西西安国棉五厂汉墓出土）

四灵在古代往往被人们画在门户上，用以驱邪避鬼，守护住宅。古人认为虎能食鬼，因而具有使鬼魅畏惧的功能。汉画像资料上有虎食女魃的图像。汉应昭《风俗通义 · 祀典》曰：“县官常以腊除夕饰桃人，垂苇茭，画虎于门，皆追放于前事，冀以御凶魅。”

苍龙又名“青龙”，亦能辟邪。汉代，青龙、白虎都被列为宅中十二主神，护卫住宅。南阳画像石有一幅楼阁图，在大门左边饰龙，右边饰虎，取“左龙右虎辟不祥”之义。

朱雀或称“凤凰”，也有抵御魑魅侵害、守卫门户的功能。画朱雀置于门户

① 参见冯时：《河南濮阳西水坡 45 号墓的天文学研究》，《文物》1990 年第 3 期。

② 参见呼林贵等：《西安东郊国棉五厂汉墓发掘简报》，《文博》1991 年第 4 期。

之间，魑魅丑类自然退伏。

关于玄武有两种说法：一是龟，二是龟、蛇合体。玄武作为四灵之一，亦是抗灾保平安的护卫之神。

图 1-16　陕西绥德张家砭墓门上的四神铺首衔环图

由于古代相信人死后会在地下重新生活，而地下世界鬼魅众多，为确保平安，人们遂将四灵的这种防御功能进一步延伸，使之成为地下墓门的守护神，保护墓主不受魑魅的侵扰。古代墓葬中常见苍龙、白虎、朱雀图，将朱雀或白虎与铺首衔环雕（见图 1-16）绘于墓门之上，成为驱邪护墓、保卫死者的神物。如四川芦山石羊上村王晖墓出土的石棺画像。该棺棺盖前端画有铺首衔环，棺身左、右两侧画有青龙、白虎，后端画有玄武，画像的用意是驱鬼镇墓。[①]

另外，古代常见的还有将四神刻绘在铜镜上，并用铭文来表达他们的信仰与愿望。常见铭文为："左龙右虎辟不祥，朱雀玄武顺阴阳。"也有把四神用文字雕刻于石上的，以祈禳消灾免祸。

古代还把四神与神仙信仰结合起来。如四川成都新津出土的两具画像石棺，生动地描绘了墓主人在四神簇拥下乘轺车升天而去的情景。[②] 山东苍山桓帝元嘉元年（151 年）画像石墓中出土的二石题记，表达了墓主人在四灵的接引和陪伴下尽快升天的愿望。[③] 石家庄市博物馆馆藏东汉尚方四神博局铜镜，在 TLV 形博局纹中间浮雕有青龙、白虎、朱雀、玄武四神纹。四神装饰的外区有一圈铭文："尚方佳镜真大好，上有仙人不知老，渴饮玉泉饥食枣，浮游天下敖四海，寿如

① 参见罗二虎：《中国西南汉代画像内容组合》，《社会科学研究》2002 年第 1 期。
② 参见郑卫：《新津县出土两具汉代画像石棺》，《四川文物》1996 年第 5 期。
③ 参见李发林：《山东汉画像石研究》，齐鲁书社 1982 年，第 95 页。

金石为国保。”[①]四神配以仙人为主题的镜铭，反映了古代升仙思想的普遍流行。

道教兴起后，四灵被纳入道教神谱体系，成为道教的护法大神。

十六、西王母信仰

西王母本是位于西方的一个原始部族的名称，其具体地理位置，一说在昆仑山，一说在玉山。盖当时此部族尚处于原始社会母系氏族阶段，其首领为女性，故中原地区的人称其首领为西王母。

西王母从部落首领演变为后来的女仙之宗，经历了一个发展过程，其形象、身份、职能等也随之有了很大变化。

关于西王母的初始形象，较早记录在《山海经》中：蓬发、戴胜、虎齿、豹尾，并且善啸、穴处，是一副半人半兽的模样。西王母部族可能是以豹或虎为图腾神，所以在装饰形态上才会给人以人兽参半的印象。

至汉代，人们将西王母纳入神灵体系，并且将其人格化、世俗化，因此西王母的形象也随之发生改变——由半人半兽变成白发老妪。如司马相如在《大人赋》中刻画西王母形象为“皓然白首”，《淮南子·览冥训》中称其为“西老”。从“皓然白首”的体貌特征到“西老”的称呼，西王母给人的印象是白发苍苍的老人。汉武帝十分迷恋神仙之道，在他统治期间，掀起了一股求仙热潮。手握不死之药的西王母自然成为人们崇拜、向往的对象。从这一时期开始，西王母又逐渐变为年三十许、容颜倾世的绝代佳人。在汉画艺术中，西王母也是以端庄、华贵的美丽女神形象出现的。西王母形象的发展变化，一方面是源于人们审美观念的进步，理想中的人物与美应是高度统一的，西王母既然是人们心目中的至善女神，在外形上也应集各种美于一身；另一方面，也是人们由求长生到求不老心态的自然流露。

① 张巍：《东汉尚方四神博局纹铜镜》，《文物春秋》2000 年第 1 期。

西王母被人们神化以后，呈现的是人兽同体的形象，人们赋予她的最初职能是司刑罚，是一位“司天之厉及五残”的瘟神与凶神，能降灾祸于人，夺取人的生命。战国时期，神仙观念兴起，西王母又被人们仙化，由神灵渐变而为仙人。如《庄子·大宗师》把西王母描绘成得道的仙人。人们认为昆仑山上有不死树和不死药。昆仑山正是西王母的居住地，于是人们便赋予了西王母掌不死之药，使人长生不死，并且拥有度人成仙的特权。西王母也由瘟杀之神一变而成为使人长生的吉神。西王母掌不死之药的说法在汉代流传甚广。如张衡《灵宪》曰：“羿请无死之药于西王母，姮娥窃之以奔月。”西王母的威望就是建立在拥有不死药的基础上的。据说此药是从昆仑山不死树上采摘下来，再经玉兔加工炼制而成。汉乐府诗曰：“采取神药若木端，白兔长跪捣药虾蟆丸。奉上陛下一玉柈。服此药可得神仙。”[①]尽管自古以来只有后羿一人得到过不死药，但在汉代，人们对不死药的存在还是深信不疑。在这种背景下，拥有不死药的西王母自然为社会上下所景仰和崇拜。社会上层力求长生不死，对西王母尊奉有加，各地都设有西王母祠，有专门的祭祀之礼：祭西王母于石室，地方行政长官亲自主持祭祀。西王母更是民间大众崇奉的偶像。汉代民间祭祀西王母的习俗非常盛行，聚会歌舞，以求不死，颇为隆重。可见，西王母在人们心目中的地位和人们对她的重视程度。

西王母从掌不死之药逐渐具有了长生、长寿、不老的神性特征，经常出现于汉代镜铭之中：“寿如东王公西王母，长宜子孙，位至三公，君宜高官。”[②]得道升天必须先拜西王母和东王公。

西王母还可化险去灾，祛除不祥，拥有助人度过灾厄的神力。汉焦延寿《焦氏易林》卷二中就有“灵巫拜祷，祸不成灾”“西见王母，不忧不殆”的记载。

---

① 逯钦立辑校：《先秦汉魏晋南北朝诗·董逃行》，中华书局 1983 年版，第 264 页。
② 引自王子今、周苏平：《汉代民间的西王母崇拜》，《世界宗教研究》1999 年第 2 期。

西王母由于拥有上述神性职能而受到世俗世界的狂热崇拜和景仰。大约从西汉末起，在铜镜纹饰、器物花纹和画像砖中，西王母的图像开始大量出现，而且分布广泛。这说明在西汉末期的群众性造仙运动开始后不久，西王母信仰就已经迅速蔓延至全国，甚至远达朝鲜半岛。从西汉末开始，西王母不仅作为昆仑山仙人世界的主人公形象开始出现在祠堂画像中，而且从一出现就成为祠堂画像的不变内容而配置在祠堂西侧壁的最上部。如建于东汉桓帝元嘉元年（151年）的山东嘉祥武氏祠中的武梁祠堂侧壁最上部的仙人图像。东壁为东王公图，西壁为西王母图，两位主仙双肩生翼，作为中心人物在画面中央正襟危坐，其他有翼仙人侍奉在左右，九尾狐、开明兽、三足乌、蟾蜍和捣制不死之药的玉兔等昆仑山上众多仙禽神兽配置在画面两侧。（见图 1–17）将西王母和东王公等仙人图像配置在祠堂中，绝不仅仅是为了装饰祠堂，它表达了祠堂建造者希望祠主死后升仙到昆仑山的强烈愿望。[①]

1. 东王公图（山东嘉祥武梁祠堂东壁）　2. 西王母图（山东嘉祥武梁祠堂西壁）

图 1–17　汉代仙人图摹本

汉代以后，西王母又被道教吸纳，成为女仙之宗。南朝梁陶弘景在《真灵位业图》中构建了七阶位的神谱体系，突出了西王母的崇高地位，西王母统领

① 参见信立祥：《汉代画像石综合研究》，文物出版社 2000 年版，第 148 ～ 156 页。

女真位，位列女仙之首。唐末杜光庭《墉城集仙录》最终确立了西王母“女仙之尊”的地位。随着道教的流行，作为道教尊神的西王母也得到了民间大众更广泛的尊崇，历代盛行不衰。

十七、行神信仰

西周时期，行神是贵族阶层祭祀的“七祀”之一。《礼记·祭法》曰“王立七祀”，分别祭祀司命、中霤、国门、国行、泰厉、户、灶；“士立二祀”，分别祭祀门神、行神。行神的祭祀范围限于王、诸侯、大夫、士等统治阶层，庶人只立一祀，或祀户，或祀灶。祭祀行神的时间固定在春秋时节。

至战国时期，行神的祭祀权逐渐下移至民间社会。民间经常祭祀的行神是“常行”或“大常行”。凡出门远行时，必举行专门的祭祀仪式：东南行，祠道路左侧；西北行，祠道路右侧，为大常行奉上祭品，祝祷行神享用祭品，多投福报。①

民间祭祀行神的时间似不固定，但有宜忌。秦简《日书》记载：祠常行时，以甲辰、甲申、庚申、壬辰、壬申为吉日。同时还形成了出行的时日禁忌：“凡有大行、远行，勿以正月上旬午，二月上旬亥，三月上旬申，四月上旬丑，五月上旬戌，六月上旬卯，七月上旬子，八月上旬巳，九月上旬寅，十月上旬未，十一月上旬辰，十二月上旬酉。”另外，还规定“勿以辛壬东南行，勿以癸甲西南行，勿以乙丙西北行，勿以丁庚东北行”。以上都是出行的忌日。

先秦秦汉时期，人们在出门远行时，为祈求路途平安，一定要举行仪式，祭祀路（道）神，称为“祖”。路神、道神也是行神，区别在于路（道）神是出行之祭，行则祭之，不行不祭。《史记·五宗世家》载，景帝之子、临江王刘荣被征召入京，出行时，祖于江陵北陵。

---

① 参见吴小强：《秦简日书集释》，岳麓书社2000年版，第223页。

祖用軷祭，称“犯軷”。祭祀时或立坛树茅，或封土为山，以菩刍棘柏为附有神灵的神主，以犬或羊作牺牲。即将远行的人向路神供奉酒和牺牲，祭后以车轮辗过牺牲或菩刍棘柏，取行道无艰险之意。

祖神的人格化代表有二：一是共工之子修。应劭《风俗通义祀典》云：“共工之子曰修，好远游，舟车所至，足迹所达，靡不穷览，故祀以为祖神。”二是黄帝之子嫘祖。《宋书·律历志中》云：“黄帝之子曰累（嫘）祖，好远游，死道路，故祀以为道神。”

与社祭一样，民间祖祭也是敛钱以祭。居延汉简中就有关于祖道敛钱的记载。

祖道作为行前的求吉之祭，在西周春秋时期已非常流行。《诗经·大雅·韩奕》云：“韩侯出祖，出宿于屠。显父饯之，清酒百壶。”《左传·昭公七年》载：昭公将往楚国，梦见“襄公祖而行”。诸侯将行，先于国城之外祭行道之神。战国时期，荆轲刺秦王，至易水上，也是先祭祖，然后取道而行。

到两汉时期，祖道之祭成为各阶层的社会风尚，自天子至庶人，莫不咸用。如汉武帝时，贰师将军李广利将出兵击匈奴，丞相刘屈氂为祖道，因设宴饮，送至渭桥。昭帝元凤四年（前 77 年），汉立尉屠耆为鄯善王，为刻印章，备车骑辎重，丞相率百官送至横门外，为设祖道之礼，祖而遣之，让行神保佑行者一路平安。王莽遣使征颍川太守严诩，官属数百人为设祖道。东汉时陈留吴祐举孝廉，将行，郡中为祖道，设坛而祭。这种“行而祭之”的不定期的出祖仪式保留了祖祭的原始意义。

汉代以后，祭祀祖神以期“行道无艰险”的原始意义逐渐淡化，民间祖祭开始向着节日化、民俗化的方向发展。

后来，道教吸收了民间的行神信仰，将其纳入神谱体系，并被人们奉为行路安全的保护神。

第二章 传统道教信仰

道教是中国土生土长的宗教，它以修道成仙的思想为核心，以老子关于“道”的学说为最高信仰，吸收中国古代社会鬼神崇拜、阴阳五行、谶纬神学等思想元素，由方仙道和黄老道演化而来。道教在发展过程中逐渐分化为多个派别。因该教认为宇宙万物都是由“道”化生而成，故名“道教”。

道教形成于东汉中叶，主要流传于民间。早期道教的主要派别是五斗米道和太平道。东汉顺帝时，张道陵于西蜀鹤鸣山（今四川大邑北）创立五斗米道，尊老子为教主，以《老子五千文》为主要经典，教人奉道悔过，修行符箓咒祝、三官手书，因奉道者须出米五斗，故被称为“五斗米道”。张道陵在四川设置二十四治（传道教区），以祭酒统领道民。其后继者张鲁因之在汉中建立了政教合一的地方政权。

汉灵帝时，张角在中原地区创立太平道，奉《太平经》为主要经典，以符水咒说治病疗疾，发展了几十万信徒，建立三十六方进行军事管理。中平元年（184年），张角率领信徒发动了旨在推翻东汉政权的黄巾起义，后遭到统治者镇压，太平道也因之衰微，终至销声匿迹。

魏晋以后，道教开始分化，一部分继续流行于民间，为广大百姓信奉；一部分经寇谦之、陆修静等上层道士的改造，大道清虚为本，专以礼度为首，而加以服食闭练，完善科戒、仪式和组织制度，受到帝王及上层贵族的信奉与扶植，成为维护封建统治的御用工具。

唐朝以神权巩固皇权，奉老子为先祖，高宗尊老子为“太上玄元皇帝”，奉道教为国教，使道教发展到全盛。钟离权、吕洞宾等倡导内丹修炼术，杜光庭修订并完善了斋醮科仪，茅山宗成为道教主流。

金元时期，道教分衍宗派。金大定七年（1167年），王重阳创立全真道，重三教合一，强调精气神的修炼，其弟子丘处机见重于元太祖，被拜为国师，掌管天下道教，为全真道的大发展奠定了基础。再经尹志平、李志长相继掌

教，全真道进入鼎盛期。与此同时，天师道为与之争夺教权，与上清、灵宝、净明等各派逐渐合流。大德八年（1304年），元成宗扶植张与材为“正一教主”，标志着正一道正式形成。从此，道教分为全真（清修派）、正一（符箓派）两大宗派，南北分立。道教各派在发展过程中也各自形成了系统的理论体系，建构了层次分明、等级森严，神、仙、鬼无所不包的神祇谱系，并整合、发展、完善了修道方法，成为能与儒、佛鼎足而立的大型宗教。

明清时期，张三丰创立武当道，崇祀真武大帝，强调三教归一，重内丹修炼。武当道后并入全真道。明中叶以后，官方道教日趋衰微，民间道教较为活跃，道教日益世俗化和民间化。

一、太平道与五斗米道

太平道是道教早期教派之一，东汉灵帝熹平年间，由河北巨鹿人张角创立，因奉持《太平经》（见图2-1）而得名。张角自称“大贤良师”，以“善道”教化天下，以叩头思过、符水咒说治病，十几年间，道徒达到数十万人，遍布青、徐、幽、冀、荆、扬、兖、豫八州。张角将全国太平道划分为三十六方，大方万余人，小方六七千，各立渠帅，建立了宗教与军事合一的组织。中平元年（184年），张角提出“苍天已死，黄天当立，岁在甲子，天下大吉”[①]的口号，发动了旨在推翻汉朝统治的黄巾起义。张角自称“天公将军”，其弟张梁称“地公将军”，张宝称“人公将军”。起义者皆头戴黄巾，攻占州郡，焚烧官府，旬月之间，天下响应，京师震动。东汉政府派重兵围剿，经过10个月激战，张角病死，张梁、张宝阵亡，起义最终失败。此后，太平道组织解体，但其思想和道术对后世仍有相当的影响。

① 《后汉书·皇甫嵩传》，中华书局 1965 年版。

五斗米道是早期道教另一个重要派别，东汉顺帝时由张道陵在四川鹤鸣山（今四川大邑县北）创立。教徒共尊张道陵为“天师”，因此五斗米道又称“天师道”。张陵奉老子为教主，以《老子五千文》（即《道德经》）为主要经典。五斗米道初入道者称“鬼卒”，骨干称“祭酒”，以“治”为传道单位。

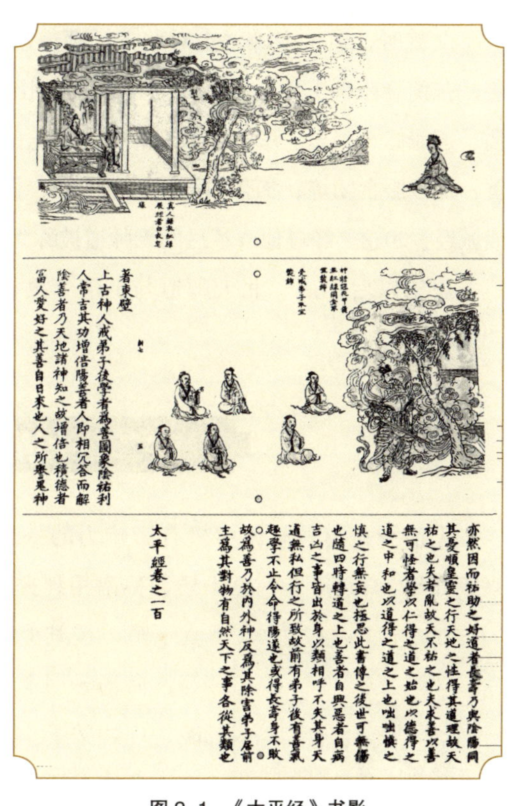

著東壁
上古神人戒弟子後學者爲善圖象陰祐利
人常吉其功增倍陽善者人即相冗答而解
陰善者乃天地諸神知之故增倍也積德者
富人愛好之其善自日來也人之所舉鬼神

亦然因而祐助之好道者長壽乃與陰陽同
其憂順皇靈之行天地之性得其道理故天
祐之也夫者亂故天不祐之也夫求善以善
無可怪者學以仁得之道之始也以德得之
道之中和也以道得之道之上也咄咄慎之
慎之行無妄也極思此書傳之後世可無傷
也隨四時轉道之上也善者自興惡者自病
吉凶之事皆出於身以類相呼不失其身天
道無私但行之所致故前有弟子後有善氣
趣學不止令命得陽遂也或得長壽身不敗
○故爲善乃於內外神反爲其除害弟子居前
主爲其對物有自然天下之事各從其類也

太平經卷之一百

图 2–1　《太平经》书影

张道陵死后，传其子张衡，张衡传子张鲁。东汉末年，张鲁雄踞巴汉，建立政教合一的政权，持续近30年。后张鲁投降曹操，受封为阆中侯、镇南将军，迁往北方，从而使五斗米道北传，进而逐渐在全国范围传播开来。西晋后，五斗米道逐渐分化，一部分向上层，特别是门阀士族中迅速扩展；另一部分仍活动于民间，并经常与农民起义相结合。如东晋末期，五斗米道领袖孙恩、卢循领导了长达10余年的农民起义。起义虽然失败，但对东晋门阀士族造成沉重打击。南朝刘宋开国皇帝刘裕是通过镇压孙恩、卢循起义而逐步取得政权的，必然对五斗米道怀有很大的戒心。为适应新的形势，道士陆修静对南方的天师道进行了改革，他整顿了道教的组织形式，将《灵宝经》《上清经》等吸纳为自派经典，使民间道教逐渐发展为以奉持三洞经典科戒为特征的官方新道教，称为“南天师道”。

北魏时，道士寇谦之也对北方天师道进行改革：清整道教，除去三张（张陵、张衡、张鲁）伪法，废除天师道征收租米钱税制度及男女合气之术 ；主张儒、道兼修，用忠、孝等儒家思想作为道士的行为准则；大道清虚，应以礼度为首，加以服食闭炼；加强戒律，整顿组织；修订戒律、科仪，并且撰写《老君音诵诫经》20卷。经过他改革后的天师道被称为“北天师道”或“新天师道”。

唐宋以后，南、北天师道与上清、灵宝等道派逐渐合流，到元代演变为“正一道”。

二、上清派

上清派是道教教派中极有影响力的一个派别，始创于东晋中期。晋哀帝兴宁二年（364年），道士杨羲称南岳魏夫人（即天师道祭酒魏华存）与众仙真下降，授其上清众经31卷及诸真传记、修行杂事等，命杨羲用隶书写出，传与句容（今属江苏）许谧、许翙父子。东晋末，又经道教徒王灵期改写增广，造作上清经法至50余篇，遂广泛流传，信奉者日多。江东道士争相传抄，故在江东地区形成一个新道派——传授修习上清经法的上清派。[①]

图 2-2　陶弘景像（台北“故宫博物院”藏）

上清派以南岳魏夫人为第一代宗师，杨羲为第二代宗师。杨羲以下依经法传授。第九代上清派宗师是陶弘景。（见图2-2）齐梁时，陶弘景隐居茅山，搜集杨羲、许谧手书《上清经》真迹，在此基础上编写《真诰》，记录《上清经》的传授历程和修道养生

① 参见刘琳：《上清派》，《宗教学研究》1983 年第 2 期。

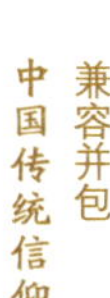

之术。陶弘景纂集上清法术，撰《登真隐诀》，使上清经法更为完备。陶弘景和弟子在茅山经营数十年，传授上清经法，开创茅山宗，从而使茅山成为上清派的中心，故后世也称上清派为“茅山宗”。

在唐代，以茅山宗迅速发展。茅山宗第十代宗师是王远知，他隐居茅山，修陶弘景上清经法，唐太宗为秦王时曾微服拜谒，从其受三洞经法。玄宗即位后在茅山为王知远造大平观，并命李含光在太平观造影堂写真像，以旌仙迹。王远知为茅山宗的兴盛奠定了基础。王远知弟子最著者有潘师正、徐道邈等。

潘师正在茅山修道后，受师命北上嵩山弘传道教50年，在北方大力发展茅山宗。他的弟子司马承祯、吴筠承师之教，成为一代名道。司马承祯的《坐忘论》，为道教从外丹转为内丹奠定了基础，被尊为茅山宗第十二代宗师。吴筠撰《玄纲论》和《神仙可学论》，对后世影响很大。

茅山宗经历朝发展逐渐成为全国地位最高的道派，历代宗师都得到过朝廷封号。宋哲宗绍圣四年（1097年），朝廷下令，封以龙虎山、茅山、阁皂山为本山的正一、上清、灵宝三大派为“经箓三山”。此后，上清派逐渐与其他道派合流，归并于正一道中。

上清派以元始天王和太上大道君为最高神灵，以存思、服气为主要修行方法，辅以诵经、修功德。上清派认为通过存思，天地之神可以进入人体，人体之神与天地之神混融，即可长生不老，飞登上清。上清派的存神、服气、咽津、念咒、佩符等修持方法，对道教斋醮仪式影响甚大。

上清派代表性经典是《上清大洞真经》和《黄庭经》。《上清大洞真经》被上清派奉为诸经之首，全书共有39章，以歌诀形式叙述存神方法，比较典型地反映了上清派的修习方术。《黄庭经》是茅山派的重要经典，共36章，包括《黄庭内景经》和《黄庭外景经》。书中认为人体各处都有神仙，首次提出了三丹田的理论，介绍了许多存思观想的方法，不仅是前代修炼养生经验的总结，也是后代全真道派的功课经，为后世的内修提供了基本理论和方法。

三、灵宝派

灵宝派系道教三山符箓道派之一，始创于东晋末年，以传承古《灵宝经》而得名。东晋安帝隆安时期，著名道士葛洪的从孙葛巢甫在古《灵宝经》传授基础上进一步造作“灵宝”类经典30余卷，并勾勒出一个上自元始天尊、下至葛玄及其后嗣的传经谱系，逐渐形成以此经书命名的灵宝派。灵宝派奉三国东吴道士葛玄为祖师，道门尊称葛玄为“太极葛仙公”。葛玄早年居天台山修道，后游历名山，晚年在江西清江阁皂山建庵传道。葛玄成为《灵宝经》出世与传授的关键人物，于宋徽宗崇宁三年（1104年）被封为冲应真人。葛玄传道郑思远，郑思远传葛洪。葛玄、葛洪祖孙二人并称“葛家道”。阁皂山因有葛仙公修道灵迹，故成为灵宝派道士所信向的祖庭。

葛巢甫是葛洪的再传弟子，是编撰《灵宝经》的重要人物，传授道士任延庆、徐灵期。至南朝宋时，灵宝派的重要传人是陆修静，他祖述“三张”（张陵、张衡、张鲁），弘衍“二葛”（葛玄、葛洪），自称“三洞弟子”，是南朝道教改革的关键人物。他对《灵宝经》进行了系统整理，剔除伪经，编撰《灵宝经目》，对某些《灵宝经》进行阐释，使《灵宝经》在道经中自成一体。他还系统地编订了斋醮科仪，特别是灵宝斋仪。南朝的高门士族纷纷接受他传度的灵宝法箓。经陆修静的弘扬，“灵宝之教，大行于世”[①]。陆修静奠定了灵宝斋仪的主导地位，灵宝斋法从此风行江南。此后的道教科仪经典，所载斋法皆以灵宝为宗，甚至有“非灵宝不可以度人”[②]之说。

在唐代，阁皂山已成为“道教七十二福地”之一。宋代阁皂山的灵宝法

① 《太上洞玄灵宝大纲钞》，《道藏》第6册，第376页。

② 《上清灵宝济度大成金书》卷二三，《藏外道书》第17册，巴蜀书社1995年版，第1页。

箓成为“道教三山符箓”之一，被称为“阁皂宗”。元朝曾赐封其第四十六代宗师杨伯为太玄崇德翊教真人。元代以后，灵宝派逐渐归并于正一道。

图 2-3　元始天尊

灵宝派尊奉元始天尊（见图2-3）、太上道君、太上老君为最高神，后称“三清”。灵宝派重视众生性命，以劝善度人为立教宗旨，这是它区别于其他道派的重要特点。它比侧重个人修炼的上清派拥有更多的信徒。受上清派的影响，灵宝派提倡存神、诵经，但更为重视斋直功德，以斋醮祭炼见长，用以召神役鬼，祛病消灾，也用之上通天神，使修道者名登仙籍。灵宝派注重符箓科仪，以斋戒为立德之本，其斋戒礼拜仪式在道教各派中最为完备。

灵宝派所奉经典，以较早出世的《灵宝五符序》和稍后出世的《灵宝度人经》最为重要。《灵宝度人经》全称《太上洞玄灵宝无量度人上品妙经》，产生于东晋，主要内容是宣扬“仙道贵生，无量度人”。因劝善度人是该派立教旨，故《灵宝度人经》被奉为灵宝派的祖经，并被明代《正统道藏》收作第一部经书。①

四、楼观派

楼观派是我国早期道教的一大流派，魏晋时期兴起于北方关陇地区，传

① 参见张泽洪：《阁皂山灵宝派初探》，《中国道教》2004 年第 2 期。

播中心在楼观。楼观位于陕西周至东南终南山麓，为周代关令尹喜之故宅，因结草为楼，观星望气，故名“楼观”。据道书《历世真仙体道通鉴·梁湛传》记载：三国魏元帝时，道士梁谌师从郑法师（履道）于楼观，晋惠帝时，托言老君命真人尹轨（尹喜之后）降于楼观，授梁湛“水石还丹术”“炼气隐形之法”“六甲符”和《日月黄华上经》《楼观先生本起内传》。梁谌卒于东晋初。接着又有王嘉、孙彻、马俭等，活跃于东晋十六国。

到北魏初，楼观派已具规模。道士尹通师事马俭，道术精进，渐获令誉。魏太武帝拓跋焘好道，常派使者致香烛，供其建斋行道。北朝道士多栖止于此。北魏孝文帝时期，道士王道义大修观宇，并购集真经万余卷，置于观内。西魏文帝时亲信楼观道士陈宝炽，召入延英殿问道，士大夫皆从而师之。又召其弟子李顺兴至都城，试以法术。楼观道在统治者的支持下，逐渐成为北朝道法重镇。

李唐王朝奉老子为圣祖，大力尊崇道教。楼观道士岐晖曾赞助李渊起兵，因此楼观道受到朝廷的大力扶持，成为全国道教中心，达到极盛。唐高祖敕修楼观宫宇，诏改楼观为宗圣观，并亲诣楼观，祀老子，建《大唐宗圣观记》碑，命欧阳询撰书。唐高宗时，宗圣观兼事尹文操奉敕撰《玄元皇帝圣纪》10卷，授银青光禄大夫，行太常少卿事。

安史之乱后，楼观道趋于衰落，至两宋盛况不复。宋太宗端拱元年（988年）曾改楼观为顺天兴国观。至金哀宗时期，因遭兵燹，累代宫宇焚毁殆尽。元代，全真道加以修复，并主持楼观。楼观道遂并入全真道。

楼观派道法受南方上清、灵宝派影响，杂采众家之长，修持以融内炼与符法方术为特征，对诵经思神、行气咽液、炼丹服饵、符箓斋醮等方术皆兼而行之，即符箓与丹鼎皆习，二者兼修兼用。如马俭晓遁甲占候之法，不仅服药、断谷、行气、导引，还能制役群邪，役使万灵，驱使六丁二十四神。其他楼观道士大抵如此，但服食药物则更为普遍。

楼观派奉持的主要经典是《道德经》《化胡经》和《西升经》。因为楼观道尊奉老子和无上真人尹喜，而《道德经》据传是老子应尹喜之请而作，故为该派必修经典。为与佛教相抗衡，楼观派力主老子化胡说，王浮的《老子化胡经》和《老子西升经》等具有鲜明的崇道抑佛色彩的经书为该派所重视。它们主要宣扬“老子西升，开道竺乾，化胡成佛”等内容，又运用老子之道讲说炼形之术，从学术高度演说长生之道，重视清静守一，提倡真道养神，使魏晋道教在教义方面不断得以完善和发展。这也说明楼观派道在道经发展史上占有重要位置。①

五、全真道

全真道的创始人王喆（1112～1170年），号重阳子，陕西咸阳人。自幼学习儒家经典。金海陵王正隆四年（1159年），声称于甘河镇遇仙，得授金丹口诀，遂弃儒从道，隐居终南山修道。金世宗大定七年（1167年）去山东传教，在宁海立全真庵，创立全真道。他先后招收了七大弟子：马钰、谭处端、刘处玄、丘处机、王处一、郝大通、孙不二，即后来的“北七真”，北七真门下的弟子又分别形成了全真遇仙派、南无派、随山派、龙门派、仑山派、华山派、清静派等。

全真教主张儒、释、道三教合一，以《道德经》《般若心经》《孝经》为信徒必读圣典，以清修练养为唯一正道。修行方术以内丹为主，兼修外丹符箓，主张性命双修。全真道规定道士须出家住观，严守戒律，苦己利人。

北宋熙宁八年（1075年），张伯端依据《参同契》理论作《悟真篇》，主张修命练养，倡内丹为中心的三教合一思想，组织教团，被尊为

① 参见卿希泰：《楼观派》，《宗教学研究》1983年第2期。

图 2-4　丘处机像（北京白云观藏）

"紫阳真人"。由于张伯端之丹鼎派与王重阳的全真道均重练养，又都依托东华少阳君、钟离权、吕岩为祖师，故而被称为南、北两宗。

全真派在元以后发展的支派很多，以丘处机所创龙门派最为兴盛。丘处机，字通密，山东登州栖霞人，自幼孤苦，19岁出家学道，拜王重阳为师，号长春子。（见图2-4）丘处机继刘处玄成为全真道掌教人，以栖霞太虚观为中心，建立宗教活动基地。丘处机积极进行社会活动，特别注意争取朝廷的承认和支持。大定二十八年（1188年），金世宗召丘处机进京问道。金章宗也对其礼遇有加。全真道势力日渐强大。蒙古族崛起后，与宋、金争夺中原，三方都极力笼络丘处机全真道。成吉思汗在西域大雪山，遣使求之。丘处机审时度势，认定金朝朽败将亡，宋廷气数已尽，遂以70多岁的高龄，率领弟子万里跋涉，历经四载到达成吉思汗的军营。成吉思汗慰勉有加，并作长谈，问以为治之方及长生久视之道。丘处机劝其敬天、爱民、止杀，奉行清静无为之道，深得成吉思汗礼敬，被尊称为"丘神仙"。后遣使送还，不断降旨褒扬，令其掌管天下道教，并赦免全真门下道士差役赋税。由于长期受到朝廷的重视和礼遇，丘处机遂成为北方道教的风云人物，龙门派社会影响较大，信徒众多。其所居长春宫也成为全真道活动的中心。①

元统一中国后，全真道北宗势力不断扩大，并渡江南传，与江南原有的金丹派南宗相遇，并在元代中后期完成了二宗的合并。此后全真道又融合了

① 参见李养正：《道教概说》，中华书局 1989 年版，第 370 ～ 371 页。

真大道、楼观道和部分净明道，成为唯一的丹鼎大派，与符箓大派正一道并立发展。

六、正一道

正一道是以五斗米道创教人张道陵后嗣为首领，以龙虎宗为核心，联合其他符箓道派而形成的。

东汉顺帝时期，张道陵在西蜀鹤鸣山（今四川大邑北）创立五斗米道，称太上老君教以“正一新出道法”，授“正一科术要道法文”及“正一盟威妙经三业六通之诀”，以伐诛邪伪。[①] 后经张衡、张鲁承道，并在汉中建立了政教合一的政权。建安二十年（215年），张鲁降曹，五斗米道也随之传往中原地区。

据《元史·释老传》记载：张道陵之后四代张盛，来居江西信州龙虎山，尊张陵为“正一天师”，开龙虎山正一宗坛，传授弟子，是为道教之龙虎宗，创立时间为汉末。还有另一种说法。据《全唐诗外编》记载，唐宪宗元和初，信州人吴武陵写有《龙虎山》诗，有“五斗米仙真有道”之句；唐懿宗咸通十二年（871年），茅山道士邓启霞诣龙虎山拜访十九代天师，参授正一法箓。此上记载说明龙虎宗开创于唐中后期。

在宋代，龙虎山天师世系受到朝廷封赠。北宋真宗大中祥符九年（1016年），赐张正随贞静先生；仁宗天圣八年（1030年），赐张乾曜澄素先生；徽宗重合元年（1118年），以张虚白为通元冲妙先生。龙虎宗与茅山、阁皂二宗并称“三山符箓”，皆受到朝廷的礼遇和支持，势力相当。

元世祖忽必烈为灭南宋，曾派人密赴江南与三十五代天师张可大联系，张

① 参见赵宗诚：《正一道》，《宗教学研究》1983 年第 2 期。

可大预言忽必烈20年后将统一天下。公元1268～1279年，元朝灭南宋，统一全国，张可大预言成为现实。作为回馈，也为稳定朝廷在南方的统治，元世祖忽必烈遂命三十六代天师张宗演提举龙虎山、茅山、阁皂山三山符箓，主领江南道教，并赐二品银印。元成宗大德八年（1304年），敕封三十八代天师张与材为正一教主，主领三山符箓，标志着正一道的成立。元武宗时特授张与材金紫光禄大夫，封留国公，赐金印。此后，天师世系被元政府授予“正一教主”头衔，统领上清、灵宝等江南诸派符箓，主领江南道教。正一道成为与全真道并重的两大道派之一。

图 2-5 张天师像

明代前中期，张道陵后嗣继续被朝廷尊宠。洪武元年（1368年），朱元璋登基，张正常入贺，被授予正一教主、嗣汉四十二代天师、护国阐祖通诚崇道弘德大真人之号，俾领道教事，给以银印，视二品。（见图2-5）其后继者代代被封为正一嗣教大真人，爵位视二品。明中叶后，封建制度动摇，道教难以调整适应。清统治者信奉佛教，故正一道走向衰落。

正一道是由各符箓派组合而成，包括龙虎宗、茅山宗、阁皂宗、太一道、净明道以及神霄、清微、东华、天心诸小派；奉持《正一经》为主要经典；以画符念咒、祈祷驱鬼为主旨，兼内丹炼养；不重修持；崇拜神仙；道士可以不住宫观，可以娶妻生子，故又被称为火居道士；宫观规模较全真道为小，戒律也不十分严格。

七、太一道

太一道由道士萧抱珍创立于南宋高宗绍兴八年（1138年），其教传太一三元法箓之术，崇奉太一神，所以又名“太一教”。太一道重视伦理道德，并行符箓、禁咒之术，属于符箓派与儒家思想相结合的新道派。[①]

萧抱珍，卫州（今河南卫辉）人，早年修道，吸收了传统的神仙信仰和方术，以仙圣所授符咒秘箓济人，以老子之学修身，金熙宗天眷初，其法大行，萧抱珍成为太一道第一代教主。他将神仙世界划分为神人、真人、仙人、道人、圣人、贤人六个等级，神人主天，真人主地，仙人主风雨，道人主教化吉凶，圣人、贤人辅主治理百姓。萧抱珍即为真人，为人去厄求福。最初，萧抱珍只是在家传教，后信徒日益增多，便于卫州东三清院故址草建茅庵而居，后扩展至山东、河北一带，弟子们建有太一堂、太一宫、万寿宫等，发展迅速。金皇统八年（1148年），熙宗召赴阙，尤加礼敬，赐所居之庵名“太一万寿观”。金大定六年（1166年），萧抱珍羽化。元宪宗二年（1252年），被追赠为太悟真人。

弟子萧道熙嗣教，为第二代教主。萧道熙，字光远，本姓韩氏，举族修太一教，嗣教后改姓萧。大定九年（1169年），金世宗敕立万寿额碑于观内，此时太一教声名大振，门徒日增，众至数万。大定十四年（1174年），应金世宗诏，萧道熙居中都天长观，次年辞归乡里，后住赵州太清观。大定二十六年（1186年），萧道熙仙逝，世宗追赠其为重明真人。

三祖萧道冲，本姓王，博州（今山东聊城）堂邑人，祖、父并授其太一法箓。道冲16岁时拜萧道熙为师，嗣教后改姓萧，信徒甚众，求教者接踵。金章

① 参见耿玉儒：《北方太一道的发祥与兴亡》，《河南师范大学学报》1993年第1期。

宗泰和（1201～1208年）年间，因设醮祈皇嗣及驱蝗“有验”，诏赐号元通大师，自号玄朴子。

四祖萧辅道，字公弼，号东瀛子，为萧抱珍之再从孙，元世祖忽必烈曾以安车来聘，赐号中和仁靖真人。元世祖两次召见萧辅道，并追封初祖萧抱珍真人号，升万寿观为太一广福万寿宫。元王朝的支持为太一道在元代的发展奠定了基础。

五祖萧居寿，本姓李，字伯仁，道号淳然子，自幼喜道家之学，13岁拜萧辅道为师，典符箓科式等事，传嗣为五代祖，易姓为萧。宪宗九年（1259年），忽必烈南巡，曾亲临汲县太一万寿宫。元世祖特赐号太一演化贞常真人，授紫衣。元世祖至元十一年（1274年），在两京建太一广福万寿宫，标志着太一道的核心由汲县迁至京城，对太一道的发展非常有利。至元十三年（1276年），赐太一掌教宗师印。至元十七年（1280年）羽化。

六祖为萧全岭，原姓李，至元三年（1266年），受封观妙大师，嗣教后加封承化纯一真人。

七祖萧天岭，原姓蔡，被称为太一崇玄体素演道真人。其后不见嗣教和太一道之活动，表明太一道已经合并于正一道中。

八、真大道教

真大道教，原名“大道教”，创于金初，创始人为刘德仁。刘德仁，沧州乐陵（今山东乐陵）人，生于北宋宣和四年（1122年），幼年丧父，6岁时遭“靖康之变”。北宋灭亡后，随家徙居盐山太平乡。皇统二年（1142年），刘德仁21岁时，托言遇一老者，乘青犊车至，授以《道德经要言》或《玄妙道诀》，能役使鬼神，治疗疾病，呵禁不祥，于是乡人患疾病者远近皆来请治，信者甚众，遂创大道正教。

真大道教以《道德经》为宗旨，同时汲取儒、释思想，立教旨九项：一曰视物犹己，勿萌戕害凶嗔之心；二曰忠于君，孝于亲，诚于人，辞无绮语，口无恶声；三曰除邪淫，守清静；四曰远势利，安贱贫，力耕而食，量入为用；五曰毋事博弈，毋习盗窃；六曰毋饮酒茹荤，衣会取足，毋为骄盈；七曰虚心而弱志，和光而同尘；八曰毋恃强梁，谦尊而光；九曰知足不辱，知止不殆。① 该教以无为清静为宗，救民利物为务，在当时战乱频仍、百姓困苦无助的情况下，受到民间大众的信奉。

刘德仁行教38年，逝于大定二十年（1180年）。继任掌教的是二祖陈师正、三祖张信真、四祖毛希琮。真大道教早期主要在河北传播，其真正扩展则始于五祖郦希成。从郦希成开始，真大道教分裂为天宝宫系和玉虚宫系两个派系。郦希成所属的以大都天宝宫为中心的天宝宫系坚守祖训，不尚符箓；李希安所属以大都玉虚宫为中心的玉虚宫系崇尚正一天师符箓之法。后来郦希成天宝宫系取得大道教的正统地位，并得到了蒙古朝廷的支持。1254年，元宪宗特降玺书，赐名“真大道”，天宝宫系遂改名为“真大道教”，传播范围已从河北传至山东、河南、四川等地。

从五祖郦希成起，掌教均由元朝皇帝授予真人称号，命其统辖诸路真大道教，即由元政府确认其在教内的最高地位。到成宗元贞元年（1295年），又追封前四代祖师为真人，加封刘德仁为真君。

到八祖岳德文掌教时，更是西出关陇，至于蜀，东望齐鲁，至于海滨，南极江淮之表，从关陇到蜀地都有广泛传播与分布，庵观四百，真大道教获得了较大的发展。

大德八年（1304年），赐号十一祖郑进元为演教大宗师。到十二祖张清志时，其教益盛，他本人亦被授演教大宗师。张真人掌教后，整顿其教，5年宿弊

① 参见羊华荣：《真大道教》，《宗教学研究》1983 年第 2 期。

悉除。张清志掌教近20年，教风日盛。此后，真大道并入全真道。

真大道教的掌教，教内称“祖师”，代代相传。虞集在《岳真人碑》中说：“国朝之制，凡为其教之师者，必得在禁近，号其人曰真人，给以印章，得行文书视官府。”在长期的掌教传承中，逐渐形成了一套比较完整的体系。核心机构是大都天宝宫，为历代掌教所居之地，掌教的助手有教门诸路都提点、教门举正，以辅助掌教工作，其他还有从教门都提点、诸路真大道教提点、从教门提点、诸路真大道教所知书等，协助掌教处理各种来往文书。地方则根据元代的行政区划设立教区与道职，大致分三级：跨行省范围，设提点都举正；路一级，设道录、道判；州一级，有道正。大道教的基层就是各所宫观。[①]真大道教道士必须出家，不讲飞升化炼之术，不尚符箓，不化缘乞食。

九、斋醮科仪

道教的斋醮科仪俗称“道场”“法事”，源于古代的祭祀仪式。斋，是指祭祀前达到身、口、心三静，即必须沐浴更衣，不食荤酒，不居内寝，心诚专一。醮，意为祭祀、祈祷，后来专指祭祀仪礼。斋醮科仪指道教醮祷活动所依据的一定法规。

斋醮科仪的种类随着道教的发展日益增多。南北朝道经《正一论》认为，张道陵创教时已有“涂炭斋”与“旨教斋”。涂炭斋是五斗米道自缚悔罪的斋戒方式，奉道者通过自我服罪的体罚，向神灵忏悔所犯罪过而求得自新。东晋释道安在《二教论·服法非老》“苦妄度厄”条注有具体方法：“涂炭斋，事起张鲁，驴辗泥中，黄土涂面，摘头悬柳，埏埴使熟。”[②]祈祷者用黄土涂

① 参见陈智超：《金元真大道教史补》，《历史研究》1986年第6期。

② 释道宣：《广弘明集》卷八，《大正新修大藏经》第52册，第140页。

面，仪式比较原始、简单。早期正一道还行用“旨教斋”法，旨教斋在道经中又称为“指教斋”，与涂炭斋一样皆用于救病，是张陵在蜀中创教时行用的斋仪，《正一论》认为“旨教斋法虽真而古拙”。二者共同构成早期道教济世度人的科仪格式。①

经南北朝上清、灵宝两派和南、北天师道道士的推演，斋醮科仪逐渐繁复。如北魏时期，寇谦之提倡礼度，改诵经“直诵”为“音诵”，从此斋醮诵经有了音乐的内容。寇谦之著《云中音诵新科之诫》和《箓图·真经》，使科仪得到进一步的发展和完善。南朝刘宋灵宝派道士陆修静在撰写三洞经典的基础上，修整了斋醮科仪。他曾撰著斋醮科仪百余卷，有关灵宝六斋、九斋、十二斋等不同斋仪及《升玄步虚章》等斋醮乐章多种。经寇谦之和陆修静整编修订后，斋醮科仪逐渐定型并走向完善。

唐末五代道门领袖杜光庭是道教斋醮科仪的集大成者，他整理、编纂了南北朝以来的各种科仪，在此基础上又新修了《太上正一阅箓仪》《洞神三皇七十二君斋方忏仪》《道门科范大全集》等10多种近200卷科醮书。杜光庭所整理的道场威仪包括道场设置、斋仪、醮仪和一般仪式。道场设置主要有法服法器、道场经文、道官六职等。斋仪主要有金箓斋、黄箓斋、明真斋、神咒斋等。醮仪主要有延生醮、礼斗醮、阅箓醮、周天大醮、罗天大醮等。一般仪式主要有礼灯仪、忏方仪、投龙璧仪等。杜光庭通过整理、撰写道教斋醮科仪之书，推进了道教斋醮科仪向系统化、规范化方面发展，影响深远。②

道教斋醮科仪内容广泛，举行一项斋醮活动，往往要通过建坛、设置用品、诵经拜忏、踏罡步斗、掐诀念咒等来共同完成。具体来说主要包括设坛、上供、烧香、升坛、礼师存念如法、高功宣卫灵咒、鸣鼓、发炉、降神、迎驾、奏乐、

① 参见张泽洪：《早期正一道斋仪的内涵及文化意义》，《四川大学学报》2014年第2期。
② 参见孙亦平：《论杜光庭对道教斋醮科仪的发展与贡献》，《宗教学研究》2006年第4期。

献茶、散花、步虚、赞颂、宣词、复炉、唱礼、祝神、送神等，并配以烛灯、禹步、唱礼和音乐。通过各种仪式祭告神灵，祈求消灾赐福、超度亡灵等。①

不同的斋醮仪式其祭祷内容、对象和目的各有不同。一般有阳事与阴事，即清醮与幽醮之分。清醮有祝国迎祥、祈福谢恩、祈晴祷雨、祝寿庆贺、却病延寿、解厄禳灾等，属“太平醮”之类的法事。幽醮有炼度施食、沐浴度桥、摄召亡魂、破狱破湖等，属“济幽度亡”之类的法事。另外，宫观道众每逢朔望日、重要节日、祖师圣诞等都要举行祝寿、庆贺典礼，这些常行的仪规统属斋醮科仪。

不同道派或同一道派不同区域的醮仪略有差异。全真派太平醮科仪包括发奏、发檄、拜表、诸天供、斋供、迎圣、祝寿、开光、玉皇朝科、三清朝科、接驾朝科等20多种。济幽度亡的朝科包括发文、宿启、开路、破狱、度桥、萨祖铁罐施食、祭炼等20多种。

正一道常用科仪包括表仪、朝仪、献仪、灯仪、解星仪、祭天仪等13类。其他如五方镇宅，翻解、立狱、群仙会、皇坛三宝、召孤魂、行香放灯、送表等20多种。②

斋醮道场少者1天，多者49天。斋醮仪式名目繁多，条文繁琐。通过各种祭祷仪式，宫观道士在人为渲染的宗教气氛中充当着神人交通的媒介，既为他人祛病延寿、消灾祈福，也约制身心，督促加强自身的修炼。

十、戒律清规

道教的戒律是对道士和奉道者行为举止的规范，是道士区别俗人的显著

① 参见李养正：《道教概说》，第277页。
② 参见负信常：《道教斋醮略述》，《中国道教》1991年第1期。

特征之一。戒律源于我国古代的斋戒，由道诫发展而来。道诫最早见于《太平经》“不孝不可久生诫”“贪财色灾及胞中诫”等。《老子想尔注》中亦强调奉守“道诫”的重要性。此时的戒律属于一种劝谏而尚未形成严格的禁制。魏晋南北朝时期，道教先后创制了《老君说五戒》《八戒》《女青鬼律》和《玄都律文》等戒规律文。经过东晋葛洪、南北朝寇谦之与陆修静的改造，道教教规仪范逐渐定型。到唐代，道教戒律有了充分发展，当时道教已有16种戒律。宋代的《云笈七签》《要修科仪戒律钞》等经籍中出现了更多的大部戒律，如“老君二十七戒”和“老君说一百八十戒”等。道教戒律的内容得到了系统化和规范化。金、元以后的全真道更加重视教制与戒律。丘处机开创传戒制度，公开设坛说戒，凡愿入道者必须受戒方为道士。他制定“三堂大戒”，由“初真戒”“中极戒”与“天仙大戒”三部分组成，为全真道授受传承之根本戒律。受此三戒之道士，戒期为100天。初订之时，仅单传密授，不得广行，至明末清初，全真龙门派传戒道士王常月变此旧制，改以公开传授。此后，道教戒律日渐松弛，逐渐失去原有的约束力、影响力和宗教意义。

总体来说，戒律是教团借天神之名，用以约制教徒思想言行，防止“恶心邪欲”“乖言戾行”的规定。道教戒律种类很多，律条有简有繁，制约有松有紧，少者五戒，繁者一千二百戒，普通的约有300条，分为上品戒、中品戒、下品戒。如五戒：一不得杀生；二不得荤酒；三不得口是心非；四不得偷盗；五不得邪淫。八戒：在五戒之外加：六不得杂卧高广大床；七不得普习香油，以为华饰；八不得耽著歌舞，以作倡伎。此外还有“十戒”“老君二十七戒”“老君说一百八十戒”等。

戒律以老子思想为基础而开演，主旨为戒贪欲、守清静，内容皆以维护儒家伦理道德，尤以名教纲常为核心。道教通过戒律的规范，使奉道者改正不良之习，清净心身，精进修行，最终体合正道。现存道教戒律主要收入《正统道藏》三洞之戒律类。各种戒律经文有数十种之多，较著名者有《太上经律》

图 2-6　武当山元和观

《洞玄灵宝天尊说十戒经》《太上老君经律》《天仙大戒》《初真戒》《中极戒》等。

道教清规是指道教对违犯戒律道士的惩罚条例。清规形成于明清之际，由各道观自己订立，按道士所犯过失的轻重进行处罚，轻者跪香（罚跪一柱香的时间）、催单（劝离）、革出（驱逐）、杖革（责杖）、重者火化（处死）。如白云观于清咸丰元年（1856年）公布的清规《执事榜》中数条：

> 开静贪睡不起者，跪香；早晚功课不随班者，跪香；上殿诵经礼斗，不恭敬者，跪香；本堂喧哗惊众，两相争者，跪香；三五成群，交头结党者，迁单（驱逐）；公报私仇，假传命令，重责迁单；毁谤大众，怒骂斗殴，杖责驱出；茹荤饮酒，不顾道体者，逐出；违犯国法，奸盗邪淫，坏教败宗，顶清规，火化示众。

制订清规的目的是约束道士持守道教戒律，惩戒“乖言戾行”[①]，始建于元代的武当山元和观（见图2-6）即道教处罚违犯清规戒律道人的司法机构。

十一、《道藏》

《道藏》是汇集收藏道教经典、论著和文献的大丛书。

道教经籍成藏，始于唐代。玄宗先天中，敕京都太清观主史崇玄等40余人，据京中藏内经书撰《一切道经音义》。开元年间，玄宗发使搜访道经，由

① 参见李养正《道教概说》，中华书局 1989 年版，第 272 ～ 276 页。

张仙庭主其事，纂修成藏，目曰《三洞琼纲》，总计3744卷，这是道教史上第一部道书总集，因成藏于开元年间，故名《开元道藏》。《开元道藏》的编纂体例采取三洞分类法，分三洞36部，即洞真、洞玄、洞神各12部。天宝七年（748年）诏令传写，以广流布。至唐末五代，毁于兵火。

宋朝先后五次收集整理道书，重修《道藏》。宋太宗时期，搜求道书7000余卷，命徐铉、王禹偁删其重复，得3737卷。大中祥符年间，宋真宗命宰臣王钦若总领，道士朱益谦、冯德之修校，在徐、王校订的基础上，加以增补，共4359卷，撰为篇目进上，赐名《宝文统录》，今佚。由于其间内容颇有参差，真宗时海宁谪官张君房主持再次校修，采用千字文编号，得4565卷，编成7部，题曰《大宋天宫宝藏》。张君房又撮其精要，写成《云笈七签》120卷，这是我们了解与研究《大宋天宫宝藏》的主要内容。宋徽宗崇宁年间，再次诏令搜访天下道教遗书，令道士校订，至5387卷，称为《崇宁重校道藏》。政和年间又校订增补至5481卷，称《政和万寿道藏》，并雕版印刷，这是道书全藏雕版印刷的开始，《道藏》自此有正式刊本。可惜《政和万寿道藏》印本至今并无幸存。南宋孝宗淳熙年间，第五次修藏，称为《琼章宝藏》。

金朝章宗明昌元年（1190年）诏令刻印《道藏》，三年后刻成，共6455卷，称为《大金玄都宝藏》，存于北京天长观。泰和二年（1202年），天长观惨遭火灾，此版烧毁，金藏印本至今亦无存。

元太祖成吉思汗崇奉道教，全真道士宋德方奉旨主持编刻《大元玄都宝藏》，共计7800余卷。元朝建国后，世祖忽必烈尊信喇嘛教，打击道教，下令焚毁《道藏》经版。元《道藏》全部被烧毁，印本仅存《云笈七签》及《太清风露经》，现存于国家图书馆。[1]

经过元宪宗、元世祖时期的焚经之祸，藏经亡佚很多，现存者为《正统道

① 参见刘华：《〈道藏〉的编纂及史料研究价值》，《图书情报工作网刊》2011年12期。

藏》。明成祖即位之初，命第四十三代天师张宇初重编《道藏》，张宇初去世后，诏令第四十四代天师张宇清继续主持编藏，通妙真人邵以正校正增补，直到英宗正统九年（1444年）才开始刊版，次年刊刻完竣，名曰《正统道藏》，共计5305卷。明神宗万历三十五年（1607年），第五十代天师张国祥奉命续补《道藏》，名曰《万历续道藏》，凡32函，共180卷。正、续《道藏》合计5485卷，共收入各类道书1476种，分装成512函，每函依《千字文》顺序编号。典籍按三洞四辅（太玄部、太平部、太清部和正一部）的七部分类方法编排。三洞之中，每洞又分本文、神符、玉诀、灵图、谱录、戒律、威仪、方法、众数、记传、赞颂、表奏12类。明版《正统道藏》（见图2-7）是我国现存唯一的官修道藏，是明英宗于正统十二年（1447年）御赐北京白云观的，现已缺佚，只剩半部。[①] 清代光绪年间，经羽士郑永祥募金补钞，于道光二十五年（1845年）竣工。

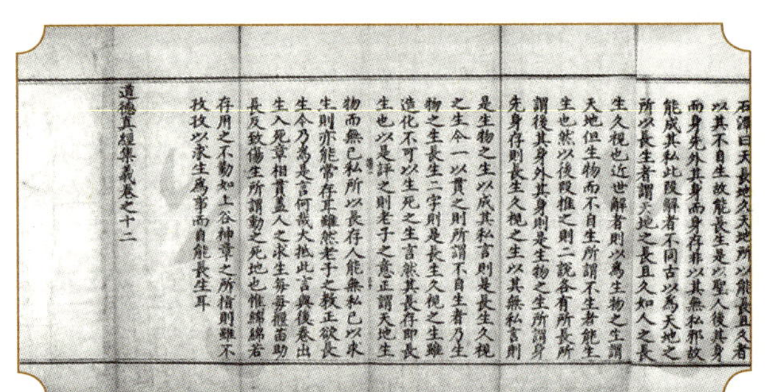

石潭曰天長地久天地所以能長且久者
以其不自生故能長生是以聖人後其身
而身先外其身而身存非以其無私邪故
能成其私此段解者不同古以爲天地之
所以長生者謂天地之長且久如人之長
生久視也近世解者則以爲生物之生謂
天地但生物而不自生所謂不生者能生
生也然以後段推之則二說各有所長所
謂後其身外其身則是生物之生所謂身
先身存則長生久視之生以其無私言則
是生物之生以成其私言則是長生久視
之生今一以貫之則所謂不自生者乃生
物之生長生二字則是長生久視之生雖
造化不可以生死之生言然其長存即長
生也以是評之則老子之意正謂天地生
物而無己私所以長存人能無私己以求
生則亦能常存其雖然老子之教正欲長
生今乃爲是言何哉大抵此言與後卷出
生入死章相貫蓋人之求生每每揠苗助
長反致傷生所謂動之死地也惟綿綿若
存用之不勤如上谷神章之所指則雖不
孜孜以求生爲事而自能長生耳

道德真經集義卷之十二

图 2-7　《正统道藏》书影（涵芬楼影印）

1923～1926年，徐世昌、傅增湘等主持《道藏》的整理工作，以《正统道藏》《万历续道藏》为底本，由上海商务印书馆影印线装缩印本，称为“涵芬楼影印《道藏》”，每部为1120册，为学者研究提供了极大的便利。

道藏收书种类很多，内容非常庞杂，不仅包含大量道教经、论、戒律、法术、人物传记，而且还包括诸子百家和古代科技著作，如医药养生、外丹黄白、天文历法等，为保存中国传统文化做出了极大的贡献。

① 参见王宜峨：《北京白云观与明〈正统道藏〉》，《中国宗教》2007 年第 3 期。

十二、道教教义

道教最根本的教理教义[①]是道和德，具体包括：

尊道贵德 道是道教最根本的信仰，一切教理教义都由此衍化而生。道是无所不在、无所不包的，它是生化宇宙万物的原动力和造化之根。道无形无象，而又生育天地万物。宇宙是由道演化出来的，有了道才能生成宇宙，宇宙中的元气构成了天地、阴阳、四时，由此而化生万物。道又是神明之本，由三元之气化为三清，聚形为太上老君。

德是从道中分化出来的，万物化生都必须有德。道是总体，德是个体，是道的最高体现。道和德是共性与特性的关系。道之在我者就是德。道是造化之根、神明之本。但人们信道修道，必须以德为根基，才能证道成道。道教中人重视修道养德，并将道和德作为其信仰及行动的总准则，必须做到既要修道，又要积德，修道养德可以使人返本还原，长生久安，生活康乐。

仙道贵生 这是道教信仰的核心。仙道，指的是道教所追求的成仙得道。道教认为神仙都是得道的真人，他们通过自我修行，可以达到长存不亡、长生久视。修行包括心性品德的修养和身形生命的修炼两个方面，即“性命双修”，神形兼备。道教重视生命，提倡贵生、重生、乐生。修道的目的就是“唯愿长生”“生生不息”。通过修炼，人的物质生命可以延续，精神生命也可以升华，最终成仙得道，长生久安。

清静寡欲 清静是指修养过程中获得成功的一种境界，也是指理想社会与领导者的一种政治风格。以清静的思想修身治世，人们将休养生息，生命得以升华，世界得以和谐。这种境界就是道的“无为而无不为”。学道之人，若做到

① 参见黎遇航：《道教的信仰及教理教义》，《中国道教》1987 年第 1 期。

常应常静，说明就已达到了“清静”的最高境界，实现修行得道的追求。而要进入清静境界的修养方法就是见素抱朴、少私寡欲，即放弃对名利、财货、声色的非分念头和过分追求，以寡欲为行为准则，以能做到无欲为最佳。

柔弱无为 老子曰：“弱者道之用。”柔弱是道的作用，柔能克刚，弱能胜强。人之生也柔弱，其死也坚强。一切行为都不要太刚强，刚者易受摧缺，强者易先屈折。信道学道之人要维护好生命的柔性，重视柔弱的修炼，专气致柔。具体来说，就是要保持身和神的平和安静，和弱其气，呼吸中和，持养身神，以求长生久视。

道教尊行 这是无为的处世方法。所谓无为，并不是消极不为，而是要遵循自然规律，保持天然本性而不人为做作，从而达到“无为而无不为”的境界。无为的态度既可用于国家层面的政策方针，也可用于个人层面的修身养性。

天道承负 即相信天道有循环，善恶有承负。祖先积德行善，则可荫及子孙；若先人屡屡犯过作恶，后人将无辜蒙受灾祸。承负报应，是因人作恶和贪欲造成的，为免后人遭受危害和灾祸，人们应当学道、修道，积功累德，好善利人，鼓励人们追求积极向上的人生观。

另外，道教还提倡抱一、抱朴、坐忘、真我、不争等修养方法和行为准则，以品德修养为根基，保养精气神，通过内服外练追求神形合同，成仙得道。

十三、道教方术

方术亦称“道法”“道术”。道教方术很多，如内丹外丹术、养神之术、养气之术、养精之术、养食之术及占卜、符箓、禁咒诸术等。

外丹术 也称“金丹术”“黄白术”，指用鼎炉烧炼丹砂等矿石药物，服食后使人长生不死的法术。它包括三种烧炼术：神丹、金液、黄白。魏伯阳的《周易参同契》是道教重要的外丹术文献，著名的炼丹家葛洪记录于《抱朴子

内篇》之《金丹》《黄白》《仙药》等篇中的丹法，达四五十种。据唐代丹书所记，烧炼丹药使用的原材料包括矿石和草木药物达200种以上，炼丹方法100种左右。《正统道藏》洞神部众术类保存有炼丹经书数十篇。

内丹术　它是指以人体为鼎炉修炼精气神，经过下丹田炼精化气，中丹田炼气化神，上丹田炼神还虚，逐层修炼，在人体内结丹而成仙的法术。经持久修炼而成的内丹又称“阳神”，是无形无象而又实际存在的，同于大道的“虚”。它平时存在于人体内，必要时也可脱离人体而外出，这种现象被称为“阳神出游”。一般修到炼精化气、炼气化神阶段，即能延命长寿，少数道术精湛者可以进修炼神还虚功夫，达到“阳神出游”的境界。[①]

养神之术　它是指集中意念来调整身心，清静无为而长生久视，包括守一、存思、心斋、内观、守静诸术。守一，指闭目静思，把意念集中到身体的某一部位，守气守神，静身存神。存思，又称“存想”“存神”。道教认为神无所不在，无所不存，身内身外皆有神，用存思之法可以使外游之神返回身中，并接引外界五行诸神入人身中。心斋，指摒除杂念，使心境虚静纯一。心斋为道教斋法（供斋、节食斋、心斋）的最高层。内观指在修炼中用意念或慧光观照体内五脏六腑等各部位。内观之道，静神定心，闭目思寻，表里虚寂，神道微深。外观万境，内察一心。了然明静，静乱俱息。按照修炼的不同层次，内观有高低之分。《黄庭经》提出观照八景神二十四真人的内观方法。守静使神不出游。人要清静自居，除去妄想俗念，便可使神长存于身，百病不加，凶邪不侵。

养气之术　道教素重练气之法，认为元气为生气之源，气在则神随生。人的活力之源在于体内之气，所以要保持和充实体内元气，希望通过养气之道而达到祛病延年、长生久视的目的。

养气之术中最基本、最重要的是服气法，即呼吸吐纳之法，吸收天地

---

① 参见李养正：《道教概说》，第288～317页。

间之生气。服气是在意念指导下的吐故纳新。吐故为口吐浊气，有吹、呼、唏、呵、嘘、呬六种方法；纳新为纳清气，有服五牙气法、服六戊气法、服三五七九气法、养五脏五行气法等多种功法。

行气 亦称“炼气”，亦指一切气法。行气是服气的继续，是气体进入人体后的修炼，重点在以己之心，使己之气，养己之体，攻己之疾，从而延年益寿。行气的方法很多，一般要点是呼吸细慢匀长、吸多呼少、夹以闭息等。

胎息 指炼气能不以口鼻呼吸，如在胞胎之中，自服内气，握固守一，是名胎息。就是一种通过意念诱导的高度柔和的腹式呼吸法。服气行气需吸外界之气，胎息则是指服自身内气。胎息的法诀很多，如“茅山贤者内气诀”“胎息根旨要诀”“胎息口诀”“胎息杂诀”等。

导引 亦作“道引”，是肢体运动和行气、漱咽、按摩相配合的养生术，指呼吸俯仰，屈伸手足，使血气流通，以达到益寿长生的目的。道教导引之法众多，如华佗导引法、彭祖导引法、王子乔导引法、太清导引养生法等。各宗各派亦自有秘法。长沙马王堆3号汉墓出土了一张绘有各种运动姿势的帛画，共有图像40余幅。图前没有总名，每幅图侧均有简短说明。经学者研究，认为是属于西汉早期的导引图（见图2–8、图2–9）[①]。

养精之术 道教主要通过房中术进行养精。房中术，即男女合气养精之术，也称“御女术”“黄赤术”，是讲保精固气、节欲保真、房中禁忌的房事交合术，用来补救伤损，攻治众病，采阴益阳，增年益寿，更重要的是要还精补脑。房中术把性与养生、气功结合在一起，以追求延年益寿，长生成仙。

养食之术，包括辟谷、服饵、鼓漱等功。

辟谷 也称“断谷”“绝谷”“绝粒”“休粮”等，指不食五谷以清除秽

① 采自中医研究院医史文献研究室：《马王堆三号汉墓帛画导引图的初步研究》，《文物》1975年第6期。

图 2–8　马王堆 3 号汉墓帛画导引图摹本（中医研究院医史文献研究室藏）

气，斩断三尸。道教认为，人体中有三尸（三虫），常住人脾，是欲望的根源、毒害人体的邪魔。而三尸在人体中靠谷气生存，人不食五谷，断其谷气，三尸就不能生存，人体也就灭除了邪魔，所以要益寿长生，必须辟谷。辟谷可用食气之术，以服气、胎息之法达到绝粒。辟谷是不食五谷和肉类，而非不吃食物，仍可饮水或服食茯苓、黄精、大枣、蜂蜜等药物。

图2–9　马王堆3号汉墓帛画导引图摹本（中医研究院医史文献研究室藏）

服饵　指服食丹药，如丹砂、黄金、白银、诸芝、五玉、云母、明珠、雄黄、太乙禹余粮、石中黄子、石桂、石英、石脑、硫黄、松柏脂，茯苓、地黄之属，服之皆可驻年却老，长生长寿，是道家养生延年之术。

鼓漱　是道士每日必做的基本功，隋唐以后盛行于世。它包括叩齿、搅舌、鼓漱和咽唾几个连续过程，被明清名医认为是养生良方。

占卜 占卜为即以火烧龟甲，龟甲裂纹的开头通常被认为是天神表达的意旨。道教承袭了古代巫觋之风，以占卜为沟通神意之术，求神预示吉凶。后世道教演变为卜卦、抽签、测字等。香火道士往往以此术骗财坑人，早已为清修道士所不为。

符箓 符，信也；丰箓，录也。符箓是天神的旨令与诸神之名录，可以役使鬼神、排除邪魔。道教符箓大致分为吞符、佩符两种。吞符是天神之旨入人体中；佩符则是有天神护祐，有病自除，邪魔不侵。符箓使用范围十分广泛，斋醮法事，更离不开符箓。

禁咒 在坛醮祈禳等宗教活动中，常与符箓并用的还有禁咒、令、印。禁咒，亦称“神咒”“神祝”，即天神的语言。对患病者念神咒，便能召神为之除疾。令，即仿照官府公文口气对鬼神下命令，坛醮法器中有令，道士念咒中常有“急急如律令”之语。印，仿照官府之印所刻的天神之印，其作用略与符同。

十四、道教尊神

道教尊神是道教信奉的主要神祇。东汉时，道教初创，奉老子为教主，尊崇天官（赐福）、地官（赦罪）、水官（解厄）三官。南朝梁陶弘景撰《真灵位业图》，将神仙分为七个等级，每个等级都有一位主神位于中央，第一等级以元始天尊为主神和最高尊神。李唐王朝为神化皇权，尊老子李耳为始祖，称“太上玄元皇帝”，并以三清为最高尊神。宋代又在三清之下尊奉四御及真武帝君。明清沿袭。另外，道教尊神还有日月五星、四方之神等。

“三清”之称始于六朝，开始仅指三清仙境。《太上苍元上录经》云：“三清者，玉清、上清、太清也。”后来也指居于三清境的三位尊神，即玉清元始天尊、上清灵宝天尊、太清道德天尊即（太上老君)。三位尊神名号虽殊，

本同为一，都是道的化身。“三清”作为道教尊神，是伴随着道教三洞经书说逐渐形成的。《道教义枢》卷二载：但知洞真法天宝君住玉清境，洞玄法灵宝君住上清境，洞神法神宝君住太清境。道教宫观中的三清殿都设有“三清”之神像或神位。

“元始”原是道家论述世界本源的哲学用语，后来被神化，演变成道教最高尊神，居于三清之首。元始天尊，也称“玉清元始天尊”“元始天王”，是道教开天辟地之神，为上古盘古氏尊谓。《历代神仙通鉴》称他为“主持天界之祖”。元始天尊地位虽然高，但出现的时间却比太上老君要晚。“元始”之名最早出现于晋葛洪《枕中书》中。南朝梁陶弘景《真灵位业图》始有“元始天尊”之号。该书共分7个神阶，元始天尊列为第一神阶的中位。北京白云观藏有清代元始天尊像轴，元始天尊左手持混元宝珠，坐于“玉蕊敷华御化宝床”之上。（见图2-10）①

图 2-10　清代元始天尊像轴（北京白云观藏）

灵宝天尊原称“上清高圣太上玉晨元皇大道君”，唐代时称为“太上大道君”，宋代起才称“灵宝天尊”。《真灵位业图》将其列在第二神阶之中位。道经说他是在宇宙未形成之前，由混沌状态产生的元气所化生，以灵宝之法，随世度人。天尊有三十六变、七十二化，随感而应，分身即到。北京白云观藏有明代晚期灵宝天尊像轴，灵宝天尊头戴碧玉冠，手持如意。（见图2-11）

道德天尊即太上老君，居三清尊神的第三位，是道教初期崇奉的至高神。

① 《北京白云观三清像轴》，《中国宗教》2009 年第 2 期。

图 2-11　明代晚期灵宝天尊像轴（北京白云观藏）

图 2-12　明代晚期道德天尊像轴（北京白云观藏）

《真灵位业图》定太上老君为第四神阶的中位。唐代崇道，天宝年间，玄宗尊其为太上玄元皇帝。宋大中祥符六年（1013年），加号为“太上老君混元上德皇帝”。道教尊老子为教主，但在三清中，道德天尊地位最低，与道教信仰有悖，因而又产生老子一气化三清之说。北京白云观藏有明代晚期道德天尊像轴，道德天尊须发皆白，手执八卦扇。（见图2-12）

道教宫观里的三清殿中，元始天尊一般是头罩神光，手执红色丹丸，或左手虚拈，右手虚捧，象征天地未形，混沌未开时的无极状态。灵宝天尊常手捧如意，居右位，道德天尊手执蒲扇，居左位。

四御是仅次于三清尊神的主宰天地万物的四位天帝。四御所指是哪几位天帝，说法不一。一种说法认为是玉皇大帝、中天紫微北极大帝、勾陈上宫天皇大帝和后土皇地祇。在道教神谱中，一为玉皇大帝。“玉皇”之名，首见于南朝梁陶弘景《真灵位业图》。他是道教所奉总执天道的大神，位居三清之后的四御之首。宋代崇道，对玉帝尊崇有加。二为中天紫微北极大帝，为协助玉皇执掌天经

地纬、日月星辰、四时气候之神。三为勾陈上宫天皇大帝，为协助玉皇执掌南北极与天地人三才，统御诸星，并主持人间兵革之神.四为后土皇地祇，协助玉皇执掌阴阳生育、万物生长，主宰大地山川之神。

还有一种说法认为四御即四极大帝，是指北方北极紫微大帝，总御万星；南方南极长生大帝，总御万灵；西方太极天皇大帝，总御万神；东方东极青华大帝，总御万类。

日月五星源于原始时代人们对日月星辰的自然崇拜。战国以后，日月星辰逐渐被人格化，被赋予了主宰人事、昭示吉凶的神性职能。道教在兴起和确立的过程中，吸收传统信仰中的神灵，并将其改造为道教尊神。日为大明之神，作男像，以金色太阳为饰。月为夜明之神，作女像，以白色月光为饰。五星为岁星（木星）、镇星（土星）、太白星（金星）、辰星（水星）、荧惑星（火星）。五星又称“五曜”，和日、月合称“七曜”。

汉代人认为天上的北斗星和人的生死有关，把北斗看作掌人生死的神灵。如宝鸡出土的陶瓶上写有“黄神北斗”。有的镇墓文中有“死人北，生人南”①之语，即人死后归北斗管属。汉以后，人们常向北斗祈祷以求延命，北斗也成为道教尊崇的星神。《度人经》称人能礼斗朝真，即可消灾解厄，增福延年。道藏中有《北斗七元星灯仪》《北斗本命延寿灯仪》等。向北斗祈禳以延寿的信仰成为道教中一项重要的传统性宗教仪式。

四方之神指青龙、朱雀、白虎、玄武，源于原始自然崇拜，后来与天象相结合，成为二十八宿的物象化形态。自战国时代起，人们把四神配合四方，形成左青龙、右白虎、前朱雀、后玄武的方位格局。它们分布在天上的东西南北，起着“定四方”的作用。道教吸收了传统的四神信仰，常以四神作护卫神，以壮威仪。尤其尊崇北方玄武七宿，唐代出现了专门祠祭玄武的宫观。北

① 吴荣曾：《镇墓文中所见到的东汉道巫关系》，《文物》1981 年第 3 期。

宋改玄武为真武，宋真宗时，真武加号为镇天真武灵应佑圣真君。明代，由于统治者的大力提倡，真武信仰迅速遍及全国，香火极盛，成为仅次于三清、玉皇的道教大神。①

十五、道教俗神

道教是多神宗教，信奉的神祇很多，大都是承袭民间信仰的神灵，并在此基础上加工改造的神祇。大致可分为：在原始自然崇拜基础上发展而来的自然神，如雷神、风伯、电母等；由生前有功德者或殉国难者转化而成的神灵，如关帝、文昌等；贴近人们日常生活的守护神，如门神、灶神、城隍、土地、妈祖等；有特定职能的行业神和功能神，如药王、财神等。②

雷神 雷神可能是某个氏族的图腾，指雷本身具有的自然神性，属自然崇拜的性质。后来逐渐演变，《山海经》中，雷神或为兽形，或为人首龙身。汉代，雷神则完全人格化了，形象也由半人半兽变为力士之容，又称“雷公”。在徐州汉画中，既有乘坐雷车的雷公，又可见肩扛“五连鼓”的力士形象与雷公相处一画中。（见图2-13）道教沿袭民间信仰中的雷神，奉为天神，称之为“九天应元雷声普化天尊”，主天之灾福，司生司杀。普化天尊麾下有三十六雷公，分天雷十二、地雷十二、人雷十二。《正统道藏》收有《太上说朝天谢雷真经》。

门神 门神信仰起源很早，最初的门户崇拜带有原始自然崇拜的性质，后来发生人格变化。道教吸收了民间的门神信仰，晋葛洪《枕中书》中将神荼、郁垒合二为一，称为“蔡郁垒”，为东方鬼帝，列入道教神谱。而《无上黄箓大斋立

---

① 参见古存云：《道教尊神》，《宗教学研究》1983 年第 2 期。
② 参见古存云：《道教俗神》，《宗教学研究》1983 年第 2 期。

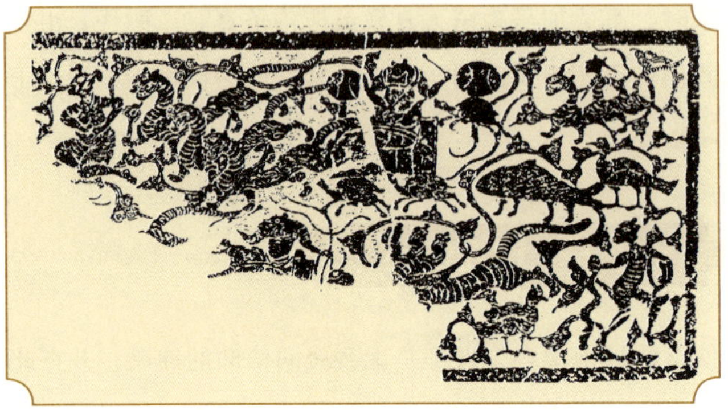

图 2-13　江苏徐州汉画像石中的雷神（拓片）

成仪》则将神荼、郁垒列于神祇之最下位。

灶神　灶神是从原始社会火崇拜基础上发展而来的一种神祇崇拜。道教吸收了民间的灶神信仰，并进一步明确了灶神上天白人罪而使人损身减寿的说法。葛洪在《抱朴子·微旨》中说灶神上天白人罪状。大罪减寿300日，小罪减寿3日，人们寿命长短，系于灶神之口。《东厨司命灯仪》又进一步加以发挥：灶神职重，在天为七元之使者，一灶各立一名，五方或称“五帝”，群分部属，迭主阴阳，善恶是非，必恭纪录。《太上灵宝补谢灶王经》称灶神为“种火老母”，是奉元始天尊之命，下界监察人间的，因而民间对灶神既敬且畏，定期祭祀。（见图2-14）

图 2-14　灶神　（清·河南朱仙镇年画）

土地神　土地神发端于农耕先民对土地的自然崇拜，后来演变为对土地神的祭祀活动和组织。先秦时期，社神作为土地神，祭祀的基本目的是春祈秋报。春社向土地神卜稼，祈求丰收；秋社向土地神报功，酬谢护佑。这些都是与农业生产密切相关的祭祀活动，所以得到

民间百姓的普遍重视和欢迎。先秦时期的社神都是曾为氏族或部落的农业生产做出杰出贡献的始祖，如句龙、夏禹等，地位很高，社祭也是最隆重的祭祀典礼。秦汉以后，社神的神圣色彩逐渐消退，社神在人们心目中不再是敬畏崇高而是亲切自然，地位呈逐步下降趋势，变得日益世俗化。道教中的土地神地位较低，如道书《无上黄箓大斋立成仪》就把土地神列于最后之位。由于土地神的职能是负责一方土地的平安，所以地位虽然卑微，香火还颇为旺盛。

城隍　城隍起源于古代对“水庸”的祭祀。早在周代，水庸已经作为保护城市的神灵接受人们的祭祀了。迟至南北朝时期，城隍神信仰已经正式形成，《北齐书·慕容俨传》中有关于城隍神名称和城隍神显灵护城的记载。此后，城隍作为城市守护神的形象也渐趋完善。人们把生前有功德者或殉国难者如纪信、彭越、萧何、张骞、灌婴等当作各地城隍神加以奉祀。道教奉祀城隍约始于唐代。在唐杜光庭删定的《道门科范大全集》之祈求雨雪斋仪中，城隍社令即为祈请神灵之一。道经《灵宝领教济度金书》列城隍神位于坛前正门外之左右。《续道藏》中有《太上老君说城隍感应消灾集福妙经》。

文昌　本星名，原为古代对文昌六星的总称。文昌六星在北斗魁前，“一曰上将，二曰次将，三曰贵相，四曰司命，五曰司中，六曰司禄”。各自的职能是“上将建威武，次将正左右，贵相理文绪，司禄赏功进士，司命主老幼，司灾主灾咎也”[①]，古代星相家认为它是吉星，主大贵。后被道教奉为掌管士人功名禄位之神。传说文昌神姓张名亚子（或名恶子），蜀之梓潼称“梓潼神”，居蜀之七曲山，仕晋，战殁，人为立庙祀之。唐玄宗时追封其为左丞相。唐僖宗避乱入蜀时亲祀梓潼神，封为济顺王。宋太祖加封忠烈仁武孝德圣烈王，宋真宗封英显武烈王。元仁宗延佑三年（1316年）敕封张亚子为辅元开化文昌司禄宏仁帝君。于是梓潼神与文昌星神合二为一，被称为“文昌帝君”，成为主

① 《史记·天官书》“文昌宫”司马贞《索隐》引《春秋元命苞》。

宰天下文教之神，士人多立祠祀之。南宋道士假称为文昌帝君的“天启”，作了《文昌帝君阴骘文》行世，其实是一本托名文昌帝君让世人行善积德的劝善书，在明清时广为流行。

十六、道教仙境

道教信仰中的仙境是神仙所居的胜境。神仙不同于凡人，所居之处不与世人相杂，或在天上，或在海中，或在名山洞府。

道教认为神仙所居之最佳境界在云天之上。此说始于东晋，《度人经》最早提出“三十二天说”。至南北朝时，道士严东为《度人经》作注，汲取佛教三界（欲界、色界、无色界）思想，将《度人经》的三十二天分割为欲界六天、色界十二天、无色界十天、无色界上四天四个层次；并在三十二天之上，再加黄、苍、青三天，成三十五天。至唐初，李少微对三十二天又作了重新划分：欲界六天、色界十八天、无色界四天、种民天四天。其上有三清（太清、上清、玉清）、大罗。三清境各有宫殿、官署及诸品级之天官，太上老君为太清天仙之首，太上大道君为上清众真之尊，元始天尊居玉清之上。大罗天为诸天最高境界，为玉皇所统治。其后，茅山道士潘师正对以往诸说进行修正补充，提出了系统完整的三十六天说：（1）欲界六天，包括太皇黄曾天、太明玉完天、清明何童天、玄胎平育天、元明文举天、七曜摩夷天；（2）色界十八天，包括虚无越衡天、太极蒙翳天、赤明和阳天、玄明恭华天、曜明宗飘天、竺落皇笳天、虚明堂曜天、观明端靖天、玄明恭庆天、太焕极瑶天、元载孔升天、太安皇崖天、显定极风天、始黄孝芒天、太黄翁重天、无思江由天、上揲阮乐天、无极昙誓天；（3）无色界四天，包括皓庭霄度天、渊通元洞天、翰宠妙成天、秀乐禁上天；（4）四梵天，即四种民天，分别为无上常融天、玉隆腾胜天、龙变梵度天、平育贾奕天；（5）三清天，即太清天、上清天、玉清天；（6）大罗天。这

是天上仙境的完整图画。后世道教以此说为定论，长期沿袭不变。

神仙居海中，盖出于海市蜃楼的启示。据《史记·秦始皇本纪》记载，早在战国时，即有方士宣称，“海中有三神山，名曰蓬莱、方丈、瀛洲，仙人居之”。齐威王、齐宣王、燕昭王及秦皇、汉武，先后派人入海求之，皆不得。道教继承了方士的海上神山信仰并加以扩充，成为“十洲三岛”。“十洲三岛”说大约形成于东晋以后，总结并阐述这一仙境体系的道教典籍是《十洲记》。《十洲记》托名汉东方朔所著，实际是六朝道徒所作。据《十洲记》记载，海中有祖、瀛、玄、炎、长、元、流、生、凤麟、聚窟等十洲和昆仑、方丈、蓬丘等三岛，皆为神仙栖息之地。《云笈七签》定三岛为昆仑、方丈、蓬莱丘。唐末五代道士杜光庭的《洞天福地岳渎名山记》也对海上仙境作过整理，列举出了十一洲一岛，增加了穆洲，岛仅有沧海岛，跟《十洲记》略有不同。可见，道教中的海上仙境并非只有一个体系。

神仙也居人迹罕至的名山，称“洞天福地”。“洞”，言通也，洞室可以通达上天，居山修道可以成神通天。“福”，指福祥，谓就地修道可得福度世。“洞天福地”几乎分布于中国境内的名山之中。早在魏晋六朝时期，在道教中即产生了名山中藏有仙境的思想。东晋的《道迹经》进一步提出了“十大洞天”的说法，声称五岳及名山皆有洞室。到唐代，道士司马承祯的《天地宫府图》对洞天福地仙境体系进行了系统整理。此后，杜光庭《洞天福地岳渎名山记》又略有增改。他们都把洞天福地分为十大洞天三十六小洞天和七十二福地三个系统。洞天福地最重要的特点是它们分布于真实的山水之中，几乎都有明确的地理位置。因此，道士大多立足于“洞天福地”诸名山中修炼，而以海中仙境和天上仙境作为得道成真的最后归宿。[①]

---

① 参见卿希泰主编：《中国道教》第 4 卷第 9 编《仙境宫观》，东方出版中心 1994 年版，第 113 页。

十七、道教名山

道教的理想是修炼成仙，往往选择幽静深远的著名山岳作为修真养性之地。[1] 其中，武当山、龙虎山、齐云山和青城山被称为“四大道教名山”。

武当山　又名“太和山”，位于湖北西部丹江口，为道教“七十二福地”之一。（见图2–15）武当山的道教信奉玄天真武大帝，据说“武当”二字即“非真武不足以当之”之意。相传东汉阴长生、晋谢允、唐吕洞宾、五代宋初陈抟、明代张三丰等，均曾在此修炼。明成祖尊真武为帝，改称武当山为“太岳太和山”。永乐十年（1412年）曾于山上建宫观，历时7年，建成净乐、迎恩、遇真、玉虚、紫霄、五龙、南岩、太和等8宫，元和、复真2观，36庵堂，72岩庙等规模宏伟的道教宫观建筑群。其中，金殿（亦称“金顶”）和真武等神像，全系铜铸，外鎏赤金，最为著名。这里既是道教名山，又是张三丰武当派及武当内家拳的发源地。

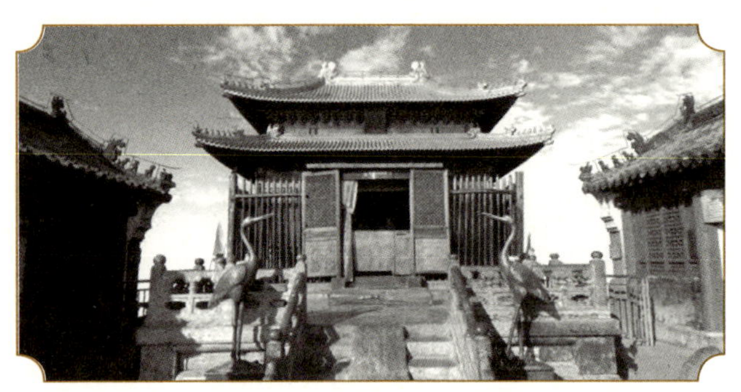

图 2–15　武当山太和宫金殿

龙虎山　位于江西鹰潭西南，为中国道教发祥地，道教称“第三十二福地”“正一派祖庭”。传说张道陵曾在此炼丹修道，丹成而龙虎现，山因此而得名。从汉末第四代天师张盛始，历代天师华居此地，均得到历代封建王朝的崇奉

① 参见钱安靖：《道教名山》，《宗教学研究》1983 年第 2 期。

和册封。其祀神之所为上清宫，南唐时期建有正一观，南宋理宗时建有真应观，元代建有乾元观、崇禧观、玉清观、冲玄观、先天观、佑圣观、繁禧观等。龙虎山在道教鼎盛时期，先后建有十大道宫，81座道观，50座道院，10座道庵，宫府的建筑面积、规模、布局、数量、规格创道教建筑史之最。

青城山 位于四川都江堰西南，为中国道教发源地之一，被道教列为“第五洞天”。相传张道陵在鹤鸣山结茅传五斗米道，晚年显道于青城山，并在此羽化。其子张衡、孙张鲁亦嗣法于此。此后，青城山成为天师道的祖山。唐末，著名道士杜光庭来青城山，使天师道与上清道相结合。明代以后，青城山道教所传属于全真道龙门派。全山道教宫观以天师洞为核心，包括建福宫、上清宫、祖师殿、圆明宫、老君阁、玉清宫、朝阳洞等，极盛时有道观70余处，胜景108处。

齐云山 位于安徽黄山休宁城西，为皖南正一派道教名山。齐云山开辟为道教名山、皇家镇岳，当始于南宋。宋理宗宝庆二年（1226年），道士余道元来齐云山，建观奉祀玄武神，创殿一所，名曰“佑圣真武祠”。宋度宗咸淳二年（1266年），朝廷下令正式建筑道院，奠定了齐云山道教沿革的基础。明朝嘉靖、万历皇帝都以崇奉道教而闻名，也使齐云山道教发展到鼎盛，兴建宫观、道院、祠、殿及神仙洞府百余处，嘉靖帝重修真武圣殿，敕名“玄天太素宫”，并亲题“齐云山”匾额。齐云山真武道场列入国家祀典，受皇帝敕旨保护。随着齐云山道教名声的传播，在民间也形成了前来朝山进香的风俗。

十八、道教宫观

宫观是道宫和道观的合称，是道士修道、祀神、传教和举行宗教仪式的场所。中国著名的道教宫观主要有：

白云观 位于北京西便门外，是全真道三大祖庭之一。白云观的前身是唐

代天长观。开元时期，唐玄宗为斋心敬道、奉祀老子而建此观。金正隆五年（1160年），北方契丹族南侵，天长观遭兵火，焚烧殆尽。金世宗于大定七年（1167年）敕令重修，命户部尚书张仲愈督办，历时四载，规模比以前更加宏大，改称“十方大天长观”，落成时举行三昼夜盛大道场，世宗亲自观礼，延请名道阎德源做住持，开坛说戒。道教传戒制度从此开始。金章宗泰和二年（1202年），十方大天长观不慎再毁于火。次年敕命重建，改称“太极宫”。元初，全真派道长丘处机奉元太祖之诏驻太极宫，掌管全国道教，遂更名为“长春宫”。元太祖二十二年（1227年），丘处机逝世，弟子尹志平等在宫东建立道院，取名为“白云观”。丘处机的“仙蜕”（遗体）即葬于白云观处顺堂。元末，长春宫毁于兵燹，白云观独存。明洪武二十七年（1394年），明太祖敕令修缮白云观，以处顺堂为前殿，又修建了后殿和一些附属建筑，从此白云观替代长春宫成为“全真第一丛林”。宣宗宣德三年（1428年），太监刘顺在观内建三清房。英宗正统三年（1438年），道士倪正道募建玉皇阁。五年（1440年）复建处顺堂。八年（1443年）建延庆殿，重修四帅殿和山门，更建权星门。经过朝廷和住观道士多次重建和添建，白云观获得了空前未有的规制。明末，白云观复毁于火。清初，著名道士王常月方丈对白云观进行了大规模的重修与扩建，今白云观的整体布局和主要殿阁规制即形成于此时。王常月逝后葬于观西偏地。康熙四十五年（1706年），皇帝敕命追赠王常月为“抱一高士”，在墓上修建了响堂，并塑以法像，每年遣官致祭。王常月的响堂就是后来白云观中的祠堂，龙门历代嗣师的牌位都供奉在此。乾隆、光绪年间，白云观也有修缮和少量添建。民国期间，观内建筑大都因年久失修而残破不堪。1956年，政府拨款进行修缮，1957年定为中国道教协会会址。1966～1976年“文革”期间，白云观再次受到破坏，1981年全面修葺，并对外开放。1979年，白云观被定为北京市文物保护单位。

白云观的建筑代表中国道观建筑的特点，分中路与东、西二路，主要殿宇全

建在中路中轴线上。中路以山门外的照壁为起点，依次有照壁、华表、山门、窝风桥、钟鼓楼、三官殿、财神殿、玉皇殿、老律堂、三清阁及四御殿。西路有神特、祠堂院、八仙殿、吕祖殿、元君殿、文昌殿、元辰殿等。东路有罗公塔、三星殿、慈航殿、真武殿和雷祖殿。（见图2–16）

图 2–16　北京白云观

白云观内收藏着大量的珍贵文物，最著名的是道教三宝：明版《正统道藏》、唐石雕老子坐像及元代著名书法家赵孟頫书写的《道德经》《阴符经》等石刻经文。①

楼观　全国道教重点宫观之一，位于陕西周至终南山中。传说楼观是周康王大夫关令尹喜的故宅，尹喜结草为楼，观星望气，因名楼观，是道教最古老的宫观。隋末，李渊晋阳起兵，楼观道士岐晖给予物资赞助。李渊即位后，对楼观赏赐有加，敕命修葺楼观，并于武德三年（620年）改称“宗圣观”。北宋端拱元年（988年）改称“顺天兴国观”。元中统元年（1260年）改称“宗圣宫”。金、元、明诸代屡有修葺。清康熙二十年（1681年）重建。有说经台、炼丹炉、系牛柏、栖真亭、宗圣宫等道教圣迹。

太清宫　位于辽宁沈阳，清康熙二年（1663年），由全真道龙门派道士郭守真创建。据《奉天通志》记载，康熙二年春，盛京（今辽宁沈阳）大旱，盛京将军乌库礼请来辽东铁刹山道士郭守真沈祈雨，有验。将军遂令将盛京西门外水泡子填平，建造庙宇，原名“三教堂”。太清宫初建时规模很小，经过乾隆

① 参见董中基：《北京白云观及其殿堂》，《道协会刊》1986 年 17 期。

三十二年（1767年）的扩建和改建，祠宇达88楹，规模始备，遂改名为“太清宫”。以后，嘉庆、光绪、民国年间都有过扩建和重修。太清宫整体布局为四合院对称轴式格局，有各种殿堂房屋102间，院内建筑主要有“三楼五殿”，即玉皇楼、邱祖楼、吕祖楼三楼和郭祖殿、三官殿、太上老君殿、关帝殿及灵官殿五殿。太清宫为全真道十方丛林，也是东北地区道教活动的中心。[①]

玄妙观　位于江苏苏州，始建于晋武帝咸宁二年（276年），迄今已有1700余年的历史。初名“真庆道院”，唐代改称“开元宫”，元成宗元贞元年（1295年）敕令改为“玄妙观”。明代称“正一丛林”。清代为避清圣祖玄烨之讳，一度改称“圆妙观”，民国元年（1912年）复称“玄妙观”。玄妙观极盛时有殿宇30余座，是当时全国最大的道观。现有山门、三清殿、弥罗宝阁及21座配殿。三清殿重建于南宋淳熙六年（1179年），是江南规模最大的一座南宋木结构殿堂建筑。三清殿内有宋刻《老子像碑》，是一块复刻名画碑，唐玄宗曾题御赞，大书法家颜真卿手书。老子画像由唐代画圣吴道子所绘，像碑系宋代勒石高手张允迪摹刻，距今已有770多年的历史。[②] 玄妙观是道教正一教派的主要道观。

青羊宫　位于四川成都，据学者考证，三国时已于此地建造了青羊观。到唐代，青羊观已颇具规模。安史之乱时，唐玄宗幸蜀，即住其中。唐末黄巢起义，唐僖宗避难于蜀，曾将此作为行宫。僖宗返京后，下诏增建，改名“青羊宫”，赐内外库钱200万，大兴殿堂，奠定了青羊宫的基本格局。至明代，青羊宫已残颓破败。现存建筑大多为清代重建，主要圣迹有铜制青羊、说法台、降生台、紫金台、青羊桥等。青羊宫是西南地区规模最大的一座道教宫观，被誉为“西南第一丛林”。

---

① 参见袁会元：《东北道教第一丛林——沈阳太清宫》，《中国道教》1993 年第 3 期。

② 参见任俊臣：《苏州玄妙观三清殿和老子像碑》，《中国道教》1999 年第 4 期。

洞霄宫 位于浙江杭州余杭以南大涤、天柱两山之间，因岩壑深秀、古迹甚多，道教列为“三十六小洞”“七十二福地”之一。汉武帝时，始建宫坛于大涤洞前，以作祈福之所。唐高宗弘道元年（683年）敕命建天柱观。乾宁二年（895年），吴越武肃王钱镠改建后称“天柱宫”。宋大中祥符五年（1012年），奉敕改名“洞霄宫”。宋仁宗天圣四年（1026年），诏道院详定天下名山洞府凡20处，杭州洞霄宫大涤洞排在第五位。元代屡经扩建，规模日益壮观，是当时全国著名的道教宫观之一。元末，洞霄宫毁于兵火。明代洪武初年重建.清代乾隆年间再次焚毁，今尚存遗址。①

三元宫 位于广州越秀山南麓，始建于东晋元帝大兴二年（319年），南海郡太守鲍靓创建为其独生女潜光（世称鲍姑）修道之地，初名“越岗院”，因地处市北，后人又称为“北庙”。明代崇祯十六年（1643年）改建后更名“三元宫”，祀奉三元（上元、中元、下元）大帝，塑三元神像于正殿，移鲍姑像于偏殿。康熙三十九年（1700年）扩建，头门灵官殿，正殿为三元殿，殿左、右为钟鼓楼，东偏为吕祖殿，西偏为鲍姑殿。增建三进为老君殿，最后增一列小殿，安玉皇、斗姥等，从此三元宫规模宏敞，殿宇巍峨，成为岭南著名道教宫观，全真丛林之一。至今已有1600余年的历史。② 现存主要建筑为明清时重修。

玉隆万寿宫 位于江西抚州文昌桥东头，大公东路南侧。据《临川县志》记载，抚州玉隆万寿宫历史悠久，最早称“文兴庵”，为抚州名寺正觉寺的下院。始建于明洪武中期，后毁。清嘉庆年间在此重建。嘉庆十六年（1811年），为纪念东晋时期的水利家、道学大师许逊，抚州府所属六县民众在文兴庵右侧捐建许旌阳祠，即现在的中宫，并塑有许逊神像以供祭祀。嘉庆二十二

① 参见奚柳芳：《洞霄宫遗址考实》，《浙江师范学院学报》1985 年第 1 期。
② 参见谢宗晖：《广州市三元宫》，《中国道教》1988 年第 4 期。

年（1817年），临川知县又在此领建火神庙。光绪八年（1882年），对文兴庵、许旌阳祠、火神庙进行维修，并重新布局，将三者合为一体。光绪十二年（1886年），抚州所属六县商人再次筹资扩建，命名为“玉隆万寿宫”。整组建筑由前庭、石门坊、乐楼、前厅、南北耳楼、旌阳祠、火神庙、文兴庵和后楼阁九部分组成，呈现了中国古代建筑的对称之美。从文兴庵旧址所在的地理位置及所供奉的神祇，表现了清代道教活动走向民间、走向市镇与民众密切联系的特点。①

道教的著名宫观还有很多，它们多分布于五岳名山，如东岳泰山有岱庙和碧霞元君祠等，中岳嵩山有中岳庙、崇福宫等，西岳华山有玉泉院、东道院、镇岳宫等，南岳衡山有南岳庙、黄庭观等，北岳恒山有北岳庙、会仙府等，这些都是著名的道教宫观。

十九、八　仙

“八仙”一词，最早可追溯到东汉。牟融《理惑论》有“八仙之篆”，此处“八仙”指的是列仙。

关于八仙，最早有两个传说：一是“淮南八仙”，即“淮南八公”，指八老翁拜谒淮南王化为童子的传说；二是“蜀中八仙”，指道教传说中在蜀地得道成仙的容成公、李耳、董仲舒、张道陵、庄君平、李八百、范长生、尔朱先生八位仙人。

此后道教八仙即在民间广为流传，八仙的故事也屡见唐、宋、元、明文人的记载之中。唐代有《八仙图》与《八仙传》，元朝马致远的《岳阳楼》、范

① 李育远、何江等:《江西抚州玉隆万寿宫文兴庵旧址考古调查与发掘简报》,《南方文物》2015 年第 1 期。

子安的《竹叶船》和谷子敬的《城南柳》等杂剧也有他们的形象。八仙姓名，明代以前众说不一，所列神仙各不相同。至明吴元泰《上洞八仙传》（《八仙出处东游记》）始定为：铁拐李、汉钟离、张果老、何仙姑、蓝采和、吕洞宾、韩湘子、曹国舅八人。

八仙中的张果老、韩湘子、吕洞宾均见于唐代史料记载中。《旧唐书·方伎传》称张果老为恒州人，唐玄宗曾赐予他银青光禄大夫之衔，号通玄先生。韩湘子是唐代著名文学家韩愈的侄孙，唐宗长庆三年（823年）登进士第。韩愈被贬潮州时，韩湘相随南行，一生中没有学道成仙之事。他之所以能成为神仙，完全是民间传说附会而成，最早见于唐代段成式的《酉阳杂俎》之中。吕洞宾姓吕名岩，唐末人。《全唐诗》《词综》中都收有他的诗作。

图 2–17　元·朱好古等《钟离权度吕洞宾图》壁画

汉钟离（钟离权）的神仙传说起于北宋时，与吕洞宾的传说差不多同时。北宋郑景望的《蒙斋笔谈》较早地提到钟离权，说吕洞宾在五代时期从钟离权得道（见图2–17）。从南宋曾慥《集仙传》、陆游《入蜀记》记载来看，钟离权应是唐末人，他与吕洞宾是师徒，他的形象在元、明、清时期进一步完善。

何仙姑见于北宋文献记载，说法不一。北宋魏泰的《东轩笔录》记载，宋代永州何氏女幼时遇到“异人”与桃食之，遂能知人祸福，被乡里神化，谓之何仙姑。赵彦衡《云麓漫钞》卷二称扬州也有一位何仙姑，出现于北宋元祐年间，与钟离权、吕洞宾都有交往。何仙姑的事迹在明清时期还有比较大的变化。

蓝采和的事迹最早见于南唐沈汾《续仙传》，书中内容是作者据见闻撰成。由此可见，蓝采和故事至少在沈汾成书以前已流传于民间。八仙中的曹国舅叫曹友。但史书记载宋代仅有一位曹姓国舅叫曹佾，宋仁宗曹皇后之弟，但并无好神仙修炼的记载。铁拐李未见史籍记载，他的故事最早见于元代岳伯川《吕洞宾度铁拐李岳》杂剧，讲的是宋朝郑州六案都孔目岳寿病死，吕洞宾救其复活，因尸体焚化，遂借刚死屠夫李某的尸体还魂之事。

八仙由唐宋时期的单个神仙被组合成一个人们喜闻乐见的神仙群体，经过历代人们的多次修改、加工、提炼，八仙故事越来越丰富多样，形象也越来越丰满生动。而神仙崇拜和信仰是人们能把八仙组合在一起的宗教基础。[①]

二十、真武大帝

真武本称“玄武”。关于玄武有两种说法：一是龟。“玄武，龟也，龟有甲，能御侮用也。”[②]宋俞琰曰：“玄武即乌龟之异名。龟水族也，水属北，其色黑，故曰玄；龟有甲能捍御，故曰武。”[③]二是龟蛇合体。“玄武，北方之神，龟蛇合体。”[④]玄武作为四神之一，最早来源于原始社会氏族部落时期的图腾，属于原始自然崇拜的范畴，后来与天象相结合，是二十八宿中北方七宿的合称，代表北方天文方位，成为古代民间崇奉的北方之神。

道教产生后，吸收了民间崇拜中的四神信仰，玄武则成为道教所奉之神，并常与青龙、白虎、朱雀作为护卫神，以壮威仪。

唐代崇道，在京师紫宸殿北面的玄武门内建有玄武观。宋太宗太平兴国六

① 参考龙士靖：《八仙的来历》，《道教与传统文化》，中华书局 1992 年版，第 232 页。
② 《礼记·曲礼》“前朱雀而后玄武”孔颖达疏。
③ （宋）俞琰：《席上腐谈》，商务印书馆 1936 年版，第 11 页。
④ 《后汉书·王梁传》“王梁主卫作玄武”李贤注。

年（981年），封玄武神为翊盛将军。宋真宗时因受北方契丹的威胁，欲借神力以安定人心，巩固统治，自言梦见神人下降，颁赐天书，乃北方大神玄武护佑，因避所尊圣祖赵玄朗讳，改玄武为真武。大中祥符（1008～1016年）年间尊为镇天真武灵应帝君。天禧二年（1018年），宋真宗封其为镇天真武灵应佑圣真君。宋徽宗大观二年（1108年），又封为佑圣真武灵应真君南宋虽偏安一隅，但对真武崇奉依旧。宁宗嘉定二年（1209年）封真武为北极佑圣助顺真武灵应福德真君。理宗宝祐五年（1257年）封真武为北极佑圣助顺真武福德衍庆仁济正烈真君。随着宋代对真武神屡加封赏，由国家出资修建的庙宇也大量出现。如宋太祖建隆三年（962年），朝廷即于内廷建报恩真武御容殿，宋真宗时立真武宫观，宋仁宗于内廷立真武祠堂等，崇奉有加。

元代同样将真武作为王朝的保护神而加以崇奉。元成宗大德八年（1304年），封真武为玄天元圣仁威上帝，对真武的尊崇又进了一步。

图 2–18　天蓬、天猷、翊圣、玄武真君（明代山西宝宁寺水陆画）

明太祖朱元璋在建立政权的过程中打着“君权神佑”的旗号，对真武神崇敬有加。明王朝建立后，在南京建真武庙，祀奉真武神。燕王朱棣是通过“靖难之役”武力夺取的皇位，同样以“神佑”为借口，为了表明自己是朱氏皇权的正统继承人，效法朱元璋，尊真武神为北极真武玄大上帝，钦定每年春、秋两季祭祀真武；御用的监、局、司、厂、库等衙门中，都建有真武庙；大修武当山道教宫观，将其作为皇家道场，建成8宫、2观、36庵堂、72岩庙、39桥、12亭的庞大道教建筑群，并在天柱峰顶修建金殿，奉祀真武大帝神像，使武当山成为著名的道教圣地。除武当山外，在全国各地大

修真武庙，供奉真武大帝像，将朝廷对真武神的信仰推崇到登峰造极的地步。如明代山西宝宁寺水陆画《天蓬、天猷、翊圣、玄武真君》（见图2–18），画中玄武正面披发执剑，金甲外皂黑袍，与诩圣等其他三位护法天将组合在同一画面中。[①]真武成为明朝的护国神，是最有影响的道教大神之一。

至清代，真武帝的官方地位较之明代大为削弱，但在民众精神生活中影响仍然很大。

二十一、碧霞元君

碧霞元君，道经称为“天仙玉女碧霞护世弘济真人”“天仙玉女保生真人宏德碧霞元君”，因其道场在五岳之尊的泰山，因此又被尊称为“泰山圣母碧霞元君”，俗称“泰山娘娘”“泰山老母”等，是道教中的重要女神，也是中国历史上影响最大的女神之一。（见图2–19）

图 2–19　泰山碧霞祠

关于碧霞元君的来历，说法不一，有黄帝所遣之玉女说、汉代民女石玉叶说、东岳大帝之女说，等等。根据顾炎武先生的观点，泰山女是碧霞元君最早的原型，晋代张华的《博物志》、干宝的《搜神记》均有记载。

大中祥符元年（1008年），宋真宗东巡封禅时，亲临玉女泉，易玉女石像，为泰山玉女信仰的进一步扩展奠定了基础。

① 参见张明学：《真武信仰在造型艺术中的体现》，《中华文化论坛》2011 年第 4 期。

元太宗时期，道士张志纯重修泰山祠宇，重修后的玉女祠改称“昭真观”，泰山玉女被纳入道教神仙体系，成为道教女仙。到元末明初，《元始天尊说东岳化身济生度死拔罪解冤保命玄范浩咒妙经》等道教文献正式将泰山玉女改造成碧霞元君。元君是道教对女仙中仙位较高者的尊称，位列第九级。碧霞元君在道教神仙体系中的地位得到较大提高，其职权是掌岳府之神兵，管人间善恶，拥有普济保生、护国庇民的能力。《碧霞元君护国庇民普济保生妙经》正式册封碧霞元君亦为泰山之主，得与东岳大帝并驾齐驱。道教的吸纳与重塑，使碧霞元君得到社会各阶层的认可，成为道教、民间、官方共同信奉的神灵。

明代皇帝大都崇奉道教，重用道士，被道教吸收改造的碧霞元君信仰也得到官方的肯定和推崇，朝廷多次敕修其庙宇。明宪宗成化十九年（1483年），昭真观重修后，赐额“碧霞灵应宫”。太后、妃主、皇子、侍臣等也不断遣使致祭。清代，皇室致祭、赐额元君庙的情况亦屡有发生。乾隆曾先后六次登临泰山，拈香碧霞宫，修葺元君祠。明清时期官方的大力推崇，使得碧霞元君成为一位声名显赫的道教女神。

在民间，碧霞元君更是香火最为旺盛的女神。由于碧霞元君被赋予送生保育、护祐妇孺、祛病防疾等神性职能，因而其信徒不断增加，她在普通民众中的地位已经逐渐超过了泰山神东岳大帝。到嘉靖、万历时期，碧霞元君的祠庙已遍及全国，信仰的中心是在泰山，有上、中、下三庙。上庙即碧霞祠，建于宋真宗大中祥符元年（1008年）；中庙即泰山红门宫西院，创建年代不详；下庙即山下之灵应宫，创建年代无考，明万历三十九年（1611年）奉敕拓建。此外，泰山周围地区还有很多碧霞元君行宫，而在全国各地还建有许多娘娘庙（见图2–20）。据不完全统计，全国19个省共建有上千处碧霞元君庙，其中数量最多的是山东、直隶两省，均在300处以上。① 终日香客云集，烟雾缭绕，碧霞元君信仰越来越世俗化，每年元

① 参见田承军：《碧霞元君与碧霞元君庙》，《史学月刊》2004 年第 4 期。

图 2-20　护佑京城的五顶娘娘庙之一——北顶娘娘庙

君圣诞（有正月十五，三月十五、四月初八、四月十八四种说法）前后，各地均有不同规模的庙会活动。道教节日与民俗相结合，既满足了宗教需要，又满足了娱乐要求，成为人们社会生活的重要组成部分。

二十二、南五祖

南五祖是道教全真派尊奉的南宗五位祖师，即张紫阳、石泰、薛式、陈楠、白玉蟾。

张紫阳　名伯端，字平叔，天台（今属浙江）人，自幼博览经书，涉猎方术。曾为府吏，后谪戍岭南。宋英宗治平年间，随陆诜自桂林赴成都，遇异人授以“金液还丹诀”，遂修炼成道，术业大成。熙宁八年（1075年）著《悟真篇》，认为道、儒、释。“教虽分三，道乃归一”，宣扬“三教一理”，主张内丹修炼，先修命，后修性，推崇佛教禅宗“明性”境界。道教奉其为南宗五祖之首，称“紫阳真人”①。

石泰　字得之，号杏林，宋代常州（今属江苏）人。石泰乐善好施，常以医药救人，不受酬谢，唯愿病愈者植一杏树，久则成林，世人故称“石杏林”。师从张伯端学习内丹修炼之术，主张以内丹修炼为主，积精化气，合先天真元之炁以成内丹。强调“只寻身内药，不用检丹书”。后传道于薛道光。宋高宗

① 卿希泰：《张紫阳》，《宗教学研究》1983 年第 2 期。

绍兴二十八年（1158年）仙逝。南宗第二代传人，著有《还源篇》。

薛式 又名薛道光，字太源，北宋阆州（今四川阆中）人，一说为陕西鸡足山人，曾出家为僧，法号紫贤，又号毗陵禅师，居福安寺，参修长老，深明佛法。宋徽宗崇宁五年（1106年），遇石泰，得授口诀真要，遂弃佛入道。以金丹导养术著称，为道教南宗第三代传人，道教称为“紫贤真人”，著有《丹髓歌》《还丹复命篇》《悟真篇注》。

陈楠 字南木，号翠虚，惠州博罗（今广东博罗）人，从师薛道光学习金丹法诀，遂入道。陈楠将内丹分为上、中、下三品，强调练功者必须采先天真铅为药，按炼精、炼气的过程循序渐进，重以气为本。后又得景霄大雷琅书于黎姆山神人，兼修雷法，以内炼金丹与外用符箓合而为一，开创南宗“清修派”，从此南宗内丹与雷法并传，为南宗最终形成有广大信徒的教派奠定了基础。陈楠继承南宗传统，秉承“大隐混俗”，不倡出家，明确主张“独身清修”，反对房中御女术，著有《翠虚篇》《翠虚妙悟全集》《罗浮翠虚吟》等。

白玉蟾 字如晦、紫清，号海琼子、武夷散人，南宋福建闽清人，师侍陈楠9年。陈楠逝后，白玉蟾游历天下，后隐居著述，致力于传播丹道，为南宗第五代传人。白玉蟾师承陈楠的内丹及雷法，又兼通大洞法箓，斋醮科仪，尤以神霄雷法著称。其内丹学说的基本理论为宇宙生成论和精、气、神的修为，主张性命双修，先性后命，融道教修命之术与佛教养神之方于丹道之中；主张以内炼为基础，雷法与内丹术相结合，是金丹派南宗正式创立者。门下弟子有彭耜、留元长、赵汝渠、叶古熙等，建宗传法，创立南宗道教社团，著有《玉隆集》《上清集》《武夷集》。

南五祖继承钟离权、吕洞宾的内丹思想，认为三教同源一理，而以修炼内丹，即性、命为主，认为修炼到神全气和、阴尽阳纯的境地，则金丹可成。南五祖的内丹理论具有内炼成丹、外用成法的特点，对全真道修炼方术有较大影响。

二十三、北五祖

北五祖是全真道尊奉的北宗五位祖师，即王玄甫、钟离权、吕洞宾、刘海蟾、王重阳。

全真道为表明本宗历史源远流长，打造该派道统传承体系：太上老君传道于金母—白云上真—王玄甫—钟离权—吕洞宾、刘海蟾—王重阳—北七真，将全真道统上溯至老子，尊王玄甫为全真道始祖。经元世祖、武宗的诏封，王玄甫等遂被全真道奉为五祖。全真道有南、北宗之分，王重阳等属北宗，故名“北五祖”。①

王玄甫 一作王元甫，号华阳真人，又号东华帝君、紫府少君，为全真教北宗首祖。其生活年代众说不一：《历世真仙体道通鉴》谓其为汉代东海（今山东兖州）人，《徐州志》谓其为晋代人，《道谱源流》谓其为春秋时人。师从白云上真学道，居紫府洞天，被尊为“全真道之第一祖”。授度门人钟离权，嗣宏法教。元世祖时敕封东华紫府少阳帝君。元武宗时加封为东华紫府辅元立极大帝君。

钟离权 有关钟离权的记载，约出现在五代、宋初之际。钟离权，号正阳子，也称“正阳帝君”，五代京兆咸阳（今陕西咸阳）人，传其于终南山石壁间得《灵宝经》，遂悟道。复隐晋州羊角山，于正阳洞修炼登仙。全真道尊他为“正阳祖师”，强调内丹炼养，创内丹道之先声，故被全真教尊为“北派第二祖”。从施肩吾《钟吕传道集》看，钟离权与吕洞宾是改金丹与黄白烧炼之术为内丹的关键性人物，是他们建立了内丹道的系统理论与方法。元世祖尊其为“正阳开悟传道真君”，元武宗又尊为“正阳开悟传道重教帝君”。

---

① 参见羊华荣：《北五祖》，《宗教学研究》1983 年第 2 期。

吕洞宾 号纯阳子，京兆（西安）人。唐末举进士不第，因游华山，遇钟离权向其传授金丹大药之道，因此而得道法。吕洞宾强调内丹炼养，在人体内部通过存精保神运气，以结成“圣胎”“内丹”，从而使内丹成为道教炼养方术的主流。道教尊吕洞宾为仙人，称“纯阳祖师”。宋徽宗宣和元年（1161年）诏封其为妙通真人。元世祖至元六年（1269年），封其为纯阳演正警化真君。元武宗至大三年（1310年），加封其为纯阳演正警化孚佑帝君。王重阳创立全真道后，又被奉为“北五祖之一”，世人尊称他为“吕祖”。（见图2-21）

图2-21　宋·佚名《吕洞宾过洞庭图》

刘海蟾 五代道士，燕山（今北京西南）人，一说后梁广陵（今江苏扬州）人，全真道北五祖之一。《历世真仙体道通鉴》卷四九载刘海蟾在辽应举，中甲科进士，事五代燕主刘守光，官至丞相。好黄老之学，后弃官寻道，遇吕纯阳，授以清静无为、养性修命及金液还丹诸法，得道仙去。著有《还金篇》《黄帝阴符经集解》等。元世祖封其为海蟾明悟弘道真君，元武宗加封为海蟾明悟弘道纯佑帝君。

王重阳 金代道士，全真道创始人。今陕西咸阳人。王重阳出生于庶族地主家庭，早年为儒生，善属文，又擅骑射，应武选，中甲科后弃家外游。相传，他48岁时于甘河镇遇仙人授以内炼真诀，遂悟道出家。金世宗大定七年（1167年），前往山东宁海等地布教，收马钰、孙不二、谭处端、刘处玄、丘处机、郝大通、王处一为弟子，先后建立三教三光会、三教玉华会、三教七宝会、三教金莲会、三教平等会等，史称“三教五会”，遂创立全真教团。大定十年

（1170年），王重阳携弟子马钰、谭处端、刘处玄、丘处机4人返回关中，途中病逝于开封，葬于终南刘蒋村故庵（今陕西户县祖庵镇），金章宗赐庵名为“灵虚观”，元太宗加封为重阳万寿宫，全真道尊为祖庵或祖庭。元世祖至元六年（1269年）封为重阳全真开化真君，至大三年（1310年）又加封为重阳全真开化辅极帝君。

王重阳糅合道、儒、释三家思想，主张三教合一，认为修道即修心，修行就要除情去欲，存思静定、心地清静。其传世著作有《重阳全真集》《重阳立教十五论》《重阳教化集》《分梨十化集》等，均收入明代《正统道藏》。

二十四、北七真

北七真是指全真道创始人王重阳的7位嫡传弟子，即马钰（丹阳子）、丘处机（长春子）、谭处端（长真子）、王处一（玉阳子）、郝大通（太古子）、刘处玄（长生子）和马钰之妻孙不二（清静散人），因对全真道的传播和发展做出突出贡献被尊为“真人”，并得到元世祖的诏封。

图 2-22　《宝善卷》全真宗祖图之孙不二形象

马钰　字玄宝，号丹阳，山东宁海（今山东牟平）人。金大定七年（1167年），王重阳到宁海布道，马钰遂与妻孙不二（见图2-22）出家，同拜王重阳为师，潜心修炼，矢志宏道，创全真遇仙派，后在莱阳游仙宫羽化。元世祖至元六年（1269年），赠封丹阳抱一无为真人。著有《洞玄金玉集》《神光灿》《渐悟集》等，均收入《正统道藏》太平部。

谭处端　字通正，号长真子，原名玉，字伯玉，

山东宁海人。金大定年间师事王重阳，于马钰后继任掌教，为全真道南无派创立者，主张忠孝仁慈胜出家，在家也可修行，使全真道得到迅速发展。大定二十五年（1185年），谭处端仙逝于洛阳乾元宫。元世祖赠长真云水蕴德真人，世称长真真人。著有《水云集》等。弟子有王道明、董尚志等。

刘处玄　字通妙，号长生子，莱州人。大定九年（1169年）师从王重阳，大定十五年（1175年）继掌全真教，次年返回掖县（今山东莱州）老家，大弘教法，创全真随山派。承安三年（1198年），金章宗闻风征请，待如上宾，次年乞请还山，章宗赐名“灵虚”。泰和三年（1203年）仙逝。至元六年（1269年），元世祖诏赠“长生辅化明德真人”，世称长生真人。著有《仙乐集》《至真语录》等。门下弟子众多，著名者有大弟子“离峰老人”和于道显。

丘处机　字通密，号长春子，山东栖霞人。金代全真道掌教人、龙门派祖师。19岁出家，20岁拜王重阳为师。王重阳羽化后，他在陕西石爵溪洞穴苦心修道6年，后又隐居龙门山励志精修7年，创全真龙门派，主张清心寡欲为修道之本。元太祖闻其名，派使者召请，丘处机率弟子18人长途跋涉2年，抵达西域大雪山，力劝太祖“清心寡欲”“敬天爱民”“好生止杀”。返归燕京后，太祖赐以虎符玺书，命他掌管天下道教。元太祖二十二年（1227年），丘处机羽化于宝玄堂，殡于白云观处顺堂。元世祖诏赠长春演道主教真人，元武宗加封长春全德神化明应真君，后世称长春真人。著有《潘溪集》《大丹直指》《摄生消息论》等。

王处一　号玉阳子，山东宁海（今山东牟平）人。金大定八年（1168年），师从王重阳，隐居昆嵛山云光洞修行9年，终得大道之要。王处一主张无为，放弃所有世事，只修心性，并创立了全真道嵛山派。金宣宗贞佑五年（1217年）仙逝。元世祖至元六年（1269年），赠封玉阳体玄广度真人。著有《云光集》等。

郝大通　号广宁，山东宁海人，好黄老之道，擅卜筮之术。金大定八年

（1168年），师从王重阳学道，为全真道华山派创立者。崇庆元年（1212年）于宁海先天观羽化。元世祖至元六年（1269年），赠封广宁通玄太古真人。著有《太古集》等。

图 2-23　孙不二

孙不二　号清静散人，世称孙仙姑（见图2-23），金朝宁海（今山东牟平）人，马丹阳之妻。金大定九年（1169年）度化出家，王重阳授其修道秘诀。后来创全真教清净派，游历伊、洛，传道度人，为后世坤丹道法之祖。大定二十二年（1182年）于洛阳羽化。元世祖至和六年（1269年）赐封为清静渊真顺德真人，元武宗加封为清净渊贞玄虚顺化元君。著有《不二元君法语》。

北七真多出身于世家大族，具有较高的文化修养和社会地位。金人南侵，社会动乱，使他们感到人生无常，因而弃家修道，先后皈依王重阳门下，清静寡欲，炼气养神。他们师承王重阳三教合一思想，并在此基础上补充、完善，又各创宗派，推动了全真道的发展和兴盛。①

二十五、钟吕内丹道

钟吕内丹道是道教仙人钟离权、吕洞宾所倡导的内丹修炼术，即以人体自身为炉鼎，以体内精、气为药物，运用神去烧炼，通过胎息、导引、行气、存想等内养方术，可使精、气、神凝为“圣胎”，圣胎可以离开躯体而为身外之身，永世长存。

隋代之前，道教本无内丹之说，只有胎息、导引、行气、存想等内养方

① 参见羊华荣：《北七真》，《宗教学研究》1983 年第 2 期。

术。隋文帝开皇年间（581～600年），罗浮山道士青霞子苏元朗始倡内丹之道，以后便把葛洪所倡导的金丹相对而称为“外丹”。

内丹道到唐代已有相当大的影响，内丹道书纷纷出现。唐末五代倡导内丹道的著名人物是钟离权与吕洞宾。（见图2-24）从施肩吾《钟吕传道集》看，钟离权与吕洞宾是改金丹与黄白烧炼之术为内丹的关键性人物，他们建立了内丹道的系统理论与方法。①

图 2-24　南宋・梁楷《吕洞宾像》

钟吕著作中以《灵宝毕法》《钟吕传道集》《西山群仙会真记》对内丹的论述最为详备。在这些著述中，钟吕的内丹修炼理为“论丹道十八论”，涉及真仙、大道、天地、日月等18个方面的问题，内容丰富，几乎囊括了内丹学说的全部领域，反映了钟吕内丹理论已相当完备、成熟。钟吕还提出渐次修炼的三乘丹法：小乘为安乐延年法，共有四门；中乘为长生不死法，共有三门；大乘为超凡入圣法，共有三门。自下而上，渐入圣境。钟吕对以前的各种内修方术作了批判总结和创造性发展，不仅斥外丹，而且认为服食、导引、房中等术为傍门小法，养性可也，但不能成其仙道。他们认为，只有以金液还丹为正道，性命双修，形神并炼，炼成纯阳之体，才能不惧寒暑，百病不侵。

钟吕系统地建构了一个通过人体生命炼丹来实现长生成仙的信仰体系，使内丹成为道教炼养方术的主流。钟吕内丹理论体系的建立，是道教内丹学走向成熟的重要标志。至今重内丹修炼的全真道仍尊钟离权与吕洞宾为祖师。

隋唐出现的内丹成为后世道教丹鼎派教义的核心。宋初，陈抟得钟吕丹

① 参见华颐：《略述钟吕金丹道之崛起》，《中国道教》1988 年第 4 期。

法，著有《指玄篇》，共计81章，言导养及还丹之事，以阴阳交感的观点阐明宇宙万物的生成。到北宋，张伯端（紫阳真人）继承钟吕内丹思想又另具特色，著有《悟真篇》《青华秘文》和《金丹四百字》，赞同三教合一之说，主张性命兼修，先命后性为修道之不二法门。此后内丹道更为盛行，成为道教主要的修仙之法。

二十六、张三丰武当道

张三丰是全真武当派祖师。“三丰”代表道家乾坤合一、阴阳变化之义。关于其生平事迹，诸书记载甚多，同异相参。据《明史·张三丰传》《张三丰外传》《张神仙祠堂记》所载，张三丰是一位在内炼养生上有着高深造诣之人，受到明代诸帝的屡次寻访召请和褒奖追封。英宗时赐封通微显化真人，宪宗封其为韬光尚志真仙，世宗封其清虚元妙真君。（见图2–25）

图2–25　明·张三丰铜铸鎏金神像（武当山博物馆藏）

明初，张三丰创武当道，以真武大帝为祖师，在教义上主张三教合一，修持上注重内丹炼养。其内丹修炼以《太极图说》为理论根据，以无极而太极，太极动静生阴阳五行之宇宙生成论，比附于人之性命生育。其丹法分清修和双修两大部分，清修对象是道教徒，双修对象是世俗成年人。张三丰内丹修炼主要体现在《金丹直指》《金丹秘诀》《大道论》《玄机直讲》《玄要篇》中。

张三丰是武当内家拳创始人。其拳法源自早期道教导引术。该拳术把道教

思想中自然、无为、虚静的宗旨融入到武术当中，具有尚意贵柔的独特风格。内家拳技的形意拳、八卦掌，太极拳、大成拳、武当剑等的定名、路数、目的，都是从道经内容衍绎引申而来的。内家拳法讲究以静为主，动静结合，以静制动；以内为要，内外兼备，以内御外；以神为帅，神形相融，以神统形；以人为先，人我相随，后发而先制人；其上可通天，其下可达地，其内可强身，其外可御敌。[①]内家拳成为道教徒修持体道的重要内容，也是民间人士养生健体、延年益寿、防身御敌之重要方法。

张三丰门下弟子甚多，著名的有武当高道邱玄清、孙碧云、王宗道以及“太和四仙”（卢秋云、周真德、杨善澄、刘古泉），而且皆为三丰派嫡传弟子。武林中人宋远桥、俞莲舟、张松溪、俞代岩、段利享、莫声谷等7人拜于张三丰门下，成为武当弟子，得其太极拳与武当内家拳剑法之真传，世称“武当七侠”，自是武当剑与内家拳法名声益显。其中张松溪为最，后来开创了武当松溪门派，武当武术因此盛行于浙江、福建一带，影响日盛，故有“北少林，南武当”之说。明永乐以后，朝廷钦选的各地各派道士400多人皆以张三丰为祖师，其丹法武功迅速流传开来。于是以张三丰为核心的武当派逐渐形成，在道教和武林中享有极高的威望。

明清以降，自称遇见张三丰传道授法、开创道派的道士、道派甚多。仅据北京白云观《诸真宗派总簿》所录，以张三丰为祖师的道派就有8支，如三丰自然派、邀遏派、日新派、蓬莱派、松溪派等。直至清道光年间，还有川人李西月自称得张三丰隐仙派之传，创内丹西派。这些道派至清末民初时仍在流传。

① 参见王道国：《张三丰考论》，《郧阳师范高等专科学校学报》2005 年第 2 期。

第三章 传统佛教信仰

佛教产生于公元前 6 ～前 5 世纪的古印度，创始人是悉达多 · 乔达摩（即释迦牟尼）。随着自身的发展和分化，佛教也逐渐向外传播。佛教传入中国的时间，说法不一，中国佛教协会确定以西汉哀帝元寿元年（前 2 年）博士弟子景卢受大月氏使臣伊存口授《浮图经》为标志。由于传入的时间、路线、民族等因素的不同，中国佛教形成三大教派，即汉传佛教、藏传佛教、上座部佛教。

两汉之际是佛教的初传时期，佛教被视为一种方术，主要流行于以宫廷贵族为主的上层社会，还未普及至民间。此时佛教主要的活动是译经，著名僧人都来自印度和西域，还没有正式的汉籍僧人，更没有中国高僧。从南北朝时期开始，中国佛教进入兴盛发展阶段。译经数量大增，译经质量也大为提高，中国的佛教高僧如道安、慧远、法显、道生、僧肇等展开了对佛教理论即义理之学的研究。同时，佛教寺院日渐增多，标志着中国佛教初具规模。

隋唐是中国佛教的鼎盛时期。中国佛学逐步发展成熟，出现了适应时代需要的、具有中国风格和特点的各个佛教宗派，如三论宗、华严宗、天台宗、法相宗、律宗、禅宗、净土宗、密宗等，标志着佛教已经完成了其中国化的进程。宋元以后，佛教走向世俗化。佛教信仰深入民间，成为中国传统文化的一个重要组成部分。

7 世纪，佛教开始传入藏区，与当地苯教信仰等经过 100 多年的碰撞、融合，最终形成了具有西藏特色的藏传佛教。15 世纪初，宗喀巴开始改革宗教，创立了格鲁派。至清代，格鲁派得到了清朝政府的大力扶植，册封其最大的两个活佛为整个藏区精神和世俗领袖，并分别统领前、后藏僧俗事务，形成藏区政教合一的社会制度。

上座部佛教约在 7 世纪由缅甸传入云南傣族地区，后因战乱消失。12 世纪，佛教从泰国清迈、景海一带传入西双版纳。明穆宗时，缅甸公主出嫁宣慰使刀应勐，缅国王派僧团携三藏典籍及佛像随行传教。从此上座部教在云南有了较大发展。

从思想上说来，佛教分为小乘和大乘两大系统。小乘佛教是早期佛教，保

持了佛教的原始形态，以自我完善与解脱为宗旨，其最高果位为阿罗汉果及辟支佛果。大乘佛教是后起佛教，以慈悲平等、普度众生、自觉觉他为目的，大乘佛教的精神是利益众生，将众生从苦难中解救出来。这也是佛陀教诲的根本精神所在。在修持与教理体系上，大乘佛教更精深圆满，修行果位直趋无上菩提。

汉时，大、小乘佛教都已传来中国。东汉至南北朝，小乘佛教学说还曾一度流行。自隋唐时期佛教“大乘八宗”相继创立后，除律宗和小乘律之外，在思想理论上基本是大乘独尊。

一、汉传佛教

汉传佛教也称“北传佛教”，主要流传于中国、日本、朝鲜半岛等地，主要以大乘佛教为主。

汉传佛教始于西汉。到东汉明帝时期，派郎中蔡愔、博士弟子秦景等往天竺求法。明帝永平十年（67 年），天竺僧人摄摩腾、竺法兰以白马驮经像来华，宣扬佛教。明帝时出现中国第一座佛寺——白马寺，被后世佛门弟子尊为释源，二僧翻译的《四十二章经》，也成为中国第一部汉译佛经。

魏晋时期，玄学盛行，佛教般若“性空”之学在思辨方法上与玄学“贵无”思想契合，因而在士大夫阶层迅速传播。西晋末期，北方十六国建立割据政权，大力提倡佛教。如后赵石勒、石虎支持佛图澄开启佛教的弘传，佛教因而大行于华北，建有佛寺 890 所，受业门徒万计，著名者有道安、竺法雅等。到了后秦，鸠摩罗什在姚兴的护持下大兴译经事业，门生弟子 3000，其中以道生、僧肇、僧叡、道融最为杰出。在南方传教者有竺道潜与支道林，其后有庐山的慧远，为南方佛学领袖。

隋唐是中国佛教史上经典翻译、宗派竞立的巅峰时期。唐朝皇帝除武宗外，对佛教多采取保护政策。太宗时玄奘西行求法，归国后，创立唯识宗。高宗、武则天

时期开凿龙门石窟（见图 3–1），对神秀大师予以礼遇，使禅宗大盛；诏令新译《八十华严》，直接促成法藏创立华严宗。玄宗对善无畏、金刚智、不空礼敬有加，使密宗兴盛一时。宪宗迎佛骨于凤翔法门寺，更掀起崇佛热潮。在唐代，中国佛学逐步发展成熟，形成天台、三论、法相、华严、密、禅、净、律等八大宗派。由于国家的组织和护持，唐代译经的质量与数量皆为历朝之冠。著名译师有玄奘、义净、不空等。经过唐武宗、后周世宗两次灭佛以及朝代更迭战乱，佛教受到严重打击，鼎盛时期也随之结束。除禅、净二宗犹能盛行外，其余各宗渐没。

图 3–1　龙门石窟之奉先寺卢舍那大佛

元朝时佛教与朝廷关系密切，元世祖迎请西藏萨迦派八思巴入京，萨迦派僧侣世代为国师，遂使喇嘛教成为元代的国教，在宫廷中流行。民间则以禅、净二宗最为盛行，禅、僧多兼修净土，仍延续宋代禅净并修的风潮。

明太祖朱元璋曾为皇觉寺僧，故对佛教崇敬有加。此后诸帝无不奉佛，使禅、净二宗与喇嘛教并行。世宗信道，再次毁佛。明末，佛教力图复兴，莲池、紫柏、憨山、蕅益等四大师辈出，儒家士大夫向佛者也日益增加，增长了居士佛教的力量。

清代皇室崇信喇嘛教，在西藏以达赖、班禅治前、后藏，将皇宫中的雍和宫改为喇嘛寺。康熙帝迎请各宗派高僧入京，促进佛教的复兴；雍正亲事章嘉活佛，自号圆明居士，主张禅、教、净调和论，对近世以念佛为主的禅、净共修影响甚大。

清末，太平天国以信仰上帝为号召，起而反清，军行所至，佛寺、经像焚毁殆尽。佛教的发展也随着清王朝的覆灭渐趋衰落。

二、藏传佛教

藏传佛教历史分前弘期和后弘期。7世纪左右，佛教经由印度、尼泊尔、于阗及东部的大唐王朝传入当时的吐蕃，开藏传佛教前弘期的先河。关于佛教传入西藏的时间，藏文文献中有两种记载：一是拉脱脱日年赞时期（约公元3世纪），一是松赞干布时期（629～650年）。大多数人认为佛教正式传入西藏应该在后一时期。佛教传入西藏之后，曾经与当地的苯教进行过激烈的斗争，并被排斥和打压。9世纪中叶，朗达玛大举灭佛，佛教遭到毁灭性的打击。其后100多年，佛教在藏区几乎灭绝。

到10世纪，佛教分别由康多和阿里重新传入西藏，史称“下路弘传”和“上路弘传”，藏传佛教于后弘期发端，正式形成了具有西藏特色的藏传佛教，主要有宁玛派（红教）、噶当派（后并入格鲁派）、萨迦派（花教）、噶举派（白教）、格鲁派（黄教）等10多个教派，形成诸教派共存的局面。

13世纪中期，萨迦派五祖八思巴受到元世祖忽必烈赏识。1260年，忽必烈即大汗位后，封八思巴为国师，授玉印，掌管天下释教僧徒和蕃地事务。同年秋，忽必烈从八思巴受萨迦派吉祥喜金刚灌顶，正式皈依藏传佛教。1269年，忽必烈又晋封八思巴为帝师、大宝法王。此后，元朝历代一直奉藏传佛教为国教，设立帝师制。在朝廷的扶植下，以萨迦派为代表的藏传佛教得以迅速传播。

14世纪时，噶举派的两大支派帕竹噶举和噶玛噶举上层喇嘛受元、明两朝册封，相继执掌地方政权。

15世纪初，宗喀巴（见图3-2）改革宗教，创立了格鲁派。格鲁派主张缘起性空，一切法均无自性，从缘而起；修行上采取“止观双运”的修行方法，即主张止住修、观察修两种轮次修习，并强调先显后密的修习次第和显密兼修的方法。采用活佛转世制度是格鲁派走向兴盛的转折点。至清代，格鲁派形成达赖、班禅、章

嘉活佛（内蒙古）、哲布尊丹巴（蒙古）四大活佛转世系统。格鲁派得到清帝的大力扶植，清朝正式承认格鲁派的活佛转承。顺治十年(1653年）正式册封五世达赖为西天大善自在佛所领天下释教普通瓦赤喇怛达赖喇嘛，并赐金印金册；康熙五十二年（1713年）正式册封五世班禅为班禅额尔德尼，令其分别统领前、后藏僧俗事务，成为藏区精神和世俗领袖，逐步形成藏区政教合一的社会制度。

图 3–2　甘丹寺内的师徒三尊像

藏传佛教具有多元一体的宇宙论。在偶像崇拜上，藏传佛教是多元论的，既有释迦牟尼的10种化身，又有菩萨、金刚、度母等众多形象，这体现了它从多神崇拜的原始宗教向一神崇拜的高级宗教发展的过程。佛教的到来，无疑使藏民对宇宙和终极世界的认识得到了提升，使他们认识到宇宙的万事万物是一个相互联系的整体，在那里有一个最高神主宰着一切；在认识论上，藏传佛教相信光亮学说，用光亮来比喻人心中的智慧和道德，认为只要用瑜伽方法进行修炼，人心中的光亮就会诱发出来，把周围的事物照亮；藏传佛教属于以瑜伽、秘咒为主要修持方法的密教。在认识论的指引下，所谓修行就是追求从空到达光明的同一性。①

藏传佛教大小乘兼学，显密双修。显宗以龙树中观派为最发达。密宗分为事部、行部、瑜伽部、无上瑜伽部等四部，各宗派多以无上瑜伽部的二次第、四大灌顶、十四根本戒等为主要修行法门。

① 参见姜芃：《藏传佛教与印度佛教》，《山东社会科学》2013年第1期。

三、上座部佛教

上座部佛教流传于云南地区。根据历史记载，该地区佛教发展变化，可以分为两个时期：佛教初传时期，时间约在 7 ～ 12 世纪；佛教发展时期，大约是公元 13 世纪。

关于佛教由缅甸传入我国云南地区的时间，目前说法不一。据 20 世纪 50 年代保存在勐混总佛寺的《佛陀之教史话》一书记载，隋大业十一年（615 年），佛教自缅甸孟族地区传入西双版纳，取代本地原有的祭祀祖先的社神，建立了这里的第一所佛寺——瓦巴姐寺。

959 ～ 1079 年，缅甸蒲甘王朝和泰国连续发生几次战争，波及西双版纳及附近地区，人们逃离家园，致使西双版纳地区两次变成荒废之地，佛教亦随之衰落。12 世纪后，随着战事平息和商业繁盛，佛教再次从泰国北部清迈经缅甸的景栋传入西双版纳，同时传入"泰润文"佛经，不仅建造塔寺，而且还建立了僧伽制度。

12 世纪以后是佛教发展时期。明隆庆三年（1569 年），缅甸金莲公主嫁与第 19 代宣慰使刀应勐时，缅国王派僧团携三藏典籍及佛像随行传教。从此上座部佛教在云南有了较大发展。

云南上座部佛教分为润、摆庄、多列、左抵四派。其中，润派又分为摆罢、摆孙两个支派；多列派分为达拱旦、苏特曼、瑞竟、缅坐四个支派。上述各派在教义教制上基本相同，不同之处在于持戒的宽严、诵经的声调高低快慢之别。这些派别全都是在传入我国以前就已形成。其中，润派和摆庄派传入我国时间较早，分布区域较广，寺院和僧侣最多，经典基本齐全，教制更加完善，是云南上座部佛教的主体。近代以来，我国云南西部德宏州一带，缅甸摆庄派佛教势力兴起，流行较广。

云南上座部佛教傣文经典包括经藏、论藏和律藏，系南传巴利文三藏的音写。书写的文字有傣泐文、傣纳文、傣绷文、金平傣文四种文字，写在贝叶或构皮纸上。

图 3–3　云南勐海曼谢佛寺

寺院分为四等。最高佛寺是州总佛寺，负责协调佛教徒的佛事活动，颁布有关宗教法规等。下属各勐的总佛寺是二级寺院（见图 3–3），负责勐内的宗教事宜。三级寺院是中心佛寺，即以地域相连的 4 个及以上村寨佛寺组成，一般与行政区划相对应。中心佛寺主持比丘负责监督所属各寺比丘的持戒情况，负责协作主持本区各寺较大的佛事活动、批准和考核沙弥晋升比丘等。最基层的是村寨佛寺，除了日常的礼佛诵经外，主要是为在家信众做佛事、对学僧和青年僧侣进行佛学知识和文化教育、抄写佛经等。

云南上座部佛教是一个全民信仰的宗教。男性教徒终身至少到寺庙出家一次，既可以发心奉佛，又可以在寺庙里学习文化。出过家的人才能在社会上取得应有的地位，受到众人的尊重。重要的佛教节日有泼水节、雨安居、豪干节、供养经书节等。[①]

四、慧能与禅宗

禅宗是中国汉传佛教主导宗派，以菩提达摩为祖师，历经慧可、僧璨、道信、弘忍数代衣钵传承，不断发展变化，以求切合中国信众的需求。五祖弘忍

① 参见刀述仁：《南传上座部佛教在云南》，《法音》1985 年第 1 期。

门下弟子众多，有神秀、惠能、慧安、道明、智侁等。慧能幼年丧父，家境贫困，皈依弘忍禅师后以行者身份在碓房舂米，并随众听法，因所作之偈切合禅学意蕴，得到弘忍的赏识和衣钵传授。慧能将以前历代宗师的禅学理论与中国传统文化相结合，进一步发扬光大，从而成为禅宗的真正创始人（见图 3–4）。

图 3–4　六祖慧能驻锡的韶州曹溪宝林寺

禅宗的要义是明心见性，见性成佛，所以又叫“佛性禅”。慧能说：“佛是自性作，莫向身外求，不主张苦力修行，认为要想成佛，不必外求，直指本心即可。”“我心自有佛，自佛是真佛。”佛性是人心中的一种本性，人心即佛心，佛即在心中。只要将遮蔽佛性的私欲吹走，就可明心见性，即可成佛。[①]慧能提倡自悟，如想悟得佛法，除了自己努力，识得本心，别无他法。与以前的佛教派别的要义繁复庞杂相比，禅宗的简洁明快确实令人耳目一新。

慧能主张顿悟成佛，迷即众生，悟即佛，成佛成魔一念间。他认为“佛性常清净，何处有尘埃”，人的佛性本自内心，它天生清净，没有污染，只要见到了这个本心，便能顿悟成佛，这也是禅宗念佛的法门和诀窍。禅宗思想的精髓就在于把心外佛变成心内佛。

慧能的新禅法是定慧一体、平等双修，反对那种只重外在形式而忽视内心觉悟的偏颇，要求修持者表里如一，使内在的道德信念与外在的具体行为相一致。慧能禅宗强调意念的善恶，善行要发自内心，出于自觉，心口如一，表里一致，真正体现行为主体的道德自觉。

---

① 参见刘洋、连佩娜:《禅宗的成因及六祖慧能的创新思想》,《理论月刊》2007 年第 6 期。

禅宗主张不立文字，教外别传，强调要抛开一切教条，不受文字约束，不拘一格，随机说法。根据不同对象，采取不同方法进行传授。禅宗具有重人本、重自性、重顿悟等思想特色，这些特色就是佛教中国化的表现。

惠能先后在湖北、广东等地弘扬禅法近 30 年。他在韶州大梵寺的说法被门人编录为法语——《法宝坛经》，这是中国僧人作品中唯一称经的典籍，标志着中国禅宗的诞生，也标志着佛教的中国化。

慧能去世之后，禅宗分为五宗七派，即临济宗、曹洞宗、沩仰宗、云门宗、法眼宗等五宗，加上由临济宗分出的黄龙派和杨岐派，合称为“七派”。

禅宗的世俗化和非宗教化趋势也越来越明显：一来，禅宗提倡自悟、破除偶像、否定经典，打破佛教清规戒律，行为上更加无拘无束。二来，由于禅宗简捷易行，无须苦修即可顿悟成佛，降低了进入西方极乐世界的门槛，因而扩大了群众基础，得到了广泛传播。唐宋以后，禅宗几乎成了佛教的代名词，对中国文化产生了深远影响。

五、法藏与华严宗

华严宗是由唐代高僧法藏实际创立的中国佛教宗派，因宗奉《华严经》而得名。因法藏有“贤首大师”之称，故华严宗又被称为“贤首宗”，还因此宗以“法界缘起”为旨趣，亦称“法界宗”。

一般认为，华严宗的传法世系是杜顺—智俨—法藏—澄观—宗密。真正使华严宗成为教义完备、信徒众多的一大佛教宗派的重要人物是法藏。法藏俗姓康，康居国人（今中亚撒马尔罕），居洛阳，17 岁随智俨学习《华严经》经典，前后 9 年，深得真传。智俨去世后，法藏奉诏于太原寺讲《华严经》60 卷，武则天赐予法藏“贤首”之名。证圣元年（695 年），法藏重译《华严经》80 卷；同年，法藏又在洛阳佛授记寺开讲新译《华严》，他还为武则天专门讲解华严义理，其

讲授提纲后被整理成书，名为《华严金师子章》。此后，法藏著书立说，收徒传法，阐释华严义旨，最终创立了独具特色的新宗派——华严宗。法藏发挥《华严经》"法界缘起"的理论，并用"四法界""十玄门""六相圆融"等法门，进行更为具体深入的论证。法藏著述丰富，有关《华严》的著作就有35种之多，主要有《华严经探玄记》20卷、《华严经旨归》1卷、《华严策林》1卷、《华严经文义纲目》1卷、《华严一乘教义分齐章》4卷、《华严问答》2卷等。这一系列著述构成了华严宗系统的教观学说，在义理、判教、观行等各方面都作了独特的发挥，为华严宗的创立奠定了理论基础。

睿宗先天元年（712年），法藏在长安大荐福寺圆寂，年70岁，世称为"华严宗三祖"。其门人甚多，其中知名者有智光、慧苑等。此后，发明、弘扬法藏学说，并使华严宗产生广泛深远影响的是四祖澄观。

澄观俗姓夏侯，越州山阴（今浙江绍兴）人，11岁时于宝林寺出家，诵《法华经》。大历十一年（776年），澄观居五台山大华严寺，专讲《华严经》。澄观初生时，法藏已逝世27年，他虽非直承法藏的入室弟子，但澄观以恢复华严宗正统为己任。他有感于《华严经》的旧疏文繁义约，不便初学，遂重撰新疏《大方广佛华严经疏》20卷。后又奉诏于终南山草堂寺作疏解，撰成《贞元新译华严经疏》10卷。澄观因此有"华严疏主"之称。贞元十五年（799年），以德宗诞辰而召入内廷讲经，极为德宗所褒奖，赐号清凉国师。澄观把禅宗、天台及《大乘起信论》的思想引入华严教法，提倡融汇诸宗、禅教一致，体现了中唐以后诸宗相互参透的总趋向，成为法藏之后振兴华严的重要人物。澄观有门徒百余人，宗密、僧睿、法印和寂光被称为"门下四哲"，其中继承其法统的是宗密，被尊为"华严宗五祖"。

宗密死后4年，唐武宗灭佛，华严宗遭到沉重打击，逐渐衰微。后经彻微、海印、法灯数传，一直到宋初长水子璿，华严宗才有所复兴。净源继承长水法系，作疏倡导，又有道亭、观复、师会、希迪4位法师各作《华严一乘教义分齐章》

之注解，世称“宋代华严四大家”。元代有普瑞、盘谷，明代有德清、智旭，清代有续法等，研习传承华严学说。[①]

六、玄奘与唯识宗

唯识宗，又称“法相宗”，是建立于唐朝的第一个佛教宗派。创始人是著名的三藏法师玄奘（见图 3–5）及其弟子窥基。

图 3–5 玄奘画像（东京国立博物馆藏）

玄奘（602 ～ 664 年），本姓陈，洛州偃师（今河南偃师南）人，13 岁在洛阳净土寺出家，博涉经论，声望日隆。为求得佛学真谛，贞观三年（629 年），玄奘西行求法（见图 3–6），在印度游学 17 年，于贞观十九年（645 年）返回长安，随即开始广译经典，弘发唯识因明。在玄奘所译的经典里，多以瑜伽师地论、俱舍论、大般若经为中心的有关经典，被誉为“释门千里之驹”。显庆四年（659 年），玄奘率弟子将印度瑜伽行学派十大论师各自所作的《唯识三十颂释》译成《成唯识论》10 卷，成为其所创唯识宗的经典教义之一。

玄奘的基本佛学思想是唯识论，主张世界上的一切皆非独立存在的，而是由人的意识变现出来的。人的最根本的意识是阿赖耶识，又叫“藏识”，是收藏一切现象的种子仓库，是宇宙的本源；玄奘在印度因明说基础上提出真唯识量说，认为事物不能离开“识”而独立存在；玄奘对印度五种姓说作了进一步发挥，将芸芸众生划分为“五种性”：声闻乘种性、辟支佛种性、菩萨乘种性、不定乘种性、无种性。他认为人的先天素质可以决定修道的结果。

① 参见华方田：《中国佛教宗派——华严宗》，《佛教文化》2005 年第 4 期。

图3-6 玄奘《取经图》(甘肃瓜州榆林2窟壁画)

玄奘弟子众多，著名者有普光、嘉尚、神防、窥基等，佛教界称之为“奘门四哲”。这四人各有著作传世，其中成就最大的是窥基。

窥基（632～682年），俗姓尉迟，是唐初开国将军鄂国公尉迟敬德之侄。17岁奉敕为玄奘弟子，因常住慈恩寺，世称慈恩大师。他是玄奘后期主要译经助手之一。玄奘去世后，他继续研究本宗理论，因勤于著述，所以有“百本疏主”之称。他的代表作是《成唯识论述记》20卷，此外还有《成唯识论掌中枢要》4卷、《因明入正理论疏》3卷、《瑜伽师地论略纂》16卷、《唯识二十论述记》3卷、《唯识三十颂略释》1卷、《大乘阿毗达磨杂集论述记》10卷、《辨中边论述记》3卷、《弥勒上生经疏》2卷、《法华经玄赞》10卷、《大乘法苑义林章》7卷等。唯识宗的主要著述大都出自窥基之手。因此，一般认为，唯识宗创于玄奘，成于窥基。窥基的知名弟子有慧沼、智通、智达等。慧沼著有《了义灯》《慧日论》。智通、智达是日本入唐求法僧，回国后，成为法相宗在日本传播的重要力量。①

由于唯识宗思辨性很强，教义晦涩烦琐，又提倡种性说，与中国传统观念相冲突，因此只在玄奘、窥基时期盛极一时，经慧沼、智周数传后就急剧衰落了。

七、善无畏与密宗

佛教分大乘、小乘两大体系，大乘佛教中又分显宗和密宗。密宗自称受大

① 参见华方田：《中国佛教宗派——唯识宗》，《佛教文化》2005年第3期；游有维：《华严宗的起源、传承、演变与复兴》（上、下），《法音》1986年第5、6期。

日如来佛（法身佛）深奥秘密教旨，不经阿阇梨（导师）灌顶、传授，不得任意传习及显示别人，因此称为“密宗”。实际上密教是印度大乘佛教与当地婆罗门教相结合的产物。

传说大日如来佛传法金刚萨埵，释伽牟尼逝世800周年时，龙树菩萨开启南天铁塔，亲从金刚萨埵受法，后传龙智，龙智传金刚智和善无畏。唐开元年间，经善无畏、金刚智、不空传入中国，很快形成了中国佛教密宗的新宗派。

善无畏，中印度摩伽陀国人，在那烂陀寺拜达摩掬多为师，学习密教，受灌顶。后遵师命，携带佛经，绕道中亚，到中国传教。唐玄宗开元四年（716年），善无畏80岁高龄时到唐都长安，从事译经事业，先后译出《大日经》《苏婆呼童子经》《苏悉地揭罗经》等重要的密宗经典。同时，弟子一行依善无畏亲授《大日经》口诀，撰成《大日经疏》20卷。善无畏传授以胎藏界为主的密法，是为中国密教正式传授之始，故亦称善无畏为“汉地密教初祖”。善无畏被唐玄宗尊奉为教主，涅槃后其真身奉塔于洛阳广化寺之前庭。

金刚智，南印度摩赖耶国人，10岁出家于那烂陀寺，31岁时依南印度龙智菩萨受教，学习密宗经典。唐玄宗开元七年（719年）由海路到中国，先后译出《七俱抵佛母准提大明陀罗尼经》《金刚顶瑜伽中略出念诵经》《瑜伽瑜祇经》等密宗经典。后圆寂于洛阳广福寺，谥灌顶国师。门下弟子有不空等。

不空，15岁出家，师事金刚智，随同来洛阳，传五部密法。金刚智圆寂后，遵遗命于唐玄宗天宝二年（743年）重返印度，从龙智受“十八会金刚顶瑜伽”法门和“大毗卢遮那大悲胎藏”，建立坛法。天宝五年（746年）返唐，奉诏入宫，建曼陀罗，为玄宗灌顶，赐号智藏国师。译有《金刚顶经》《金刚顶瑜伽中发阿耨多罗三藐三菩提心论》《金刚顶五秘密修行念诵仪轨》等大乘显密经典共77部、120余卷。密教之盛，此时为最。

密宗主要供奉大日如来佛，主要经典是《大日经》《金刚顶经》，其基本教义是大日如来佛对自己的眷属所讲的奥秘大法，通过隐语、咒语等秘密传授。密

宗认为，通过念诵、咒语、供养作法，按其规定的礼仪进行修行，不需累世苦修，就可以即身成佛。密宗的主要特征是高度组织化的咒术、仪轨，不仅可以消灾祈福、伏魔降鬼，还可以医治百病，类似于我国古代的巫术。密宗的思想符合当时统治阶级的利益，受到他们的大力支持，因此，在唐代盛极一时。但自武宗灭佛后，密宗在我国中原地区的传播即呈颓势。唐末迄宋，虽然还有密宗传法、修法活动，但影响甚微。但在我国西藏地区，密宗却处于发展时期，这就是真言密教与当地传统信仰结合而形成的藏密。①

八、慧远与净土宗

净土宗是佛教宗派之一，因专修往生阿弥陀佛净土法门而得名。此宗奉东晋庐山慧远为初祖。

净土信仰最早是印度大乘佛教的基本信仰，大乘各宗多以净土为归。佛法西来，中国的净土信仰大致曾分为弥勒信仰和阿弥陀佛信仰两种。弥勒净土即以弥勒菩萨为主的兜率净土，由东晋道安首倡，在北朝前期发展十分迅速，但不久即衰。弥陀净土信仰始于东晋慧远。他于东晋太元十五年（390 年）在庐山东林寺建立莲社，提倡专修该往生净土的念佛法门，又称“莲宗”，是为净土宗在中国弘扬的开始。

图 3–7　东晋佛教高僧慧远

慧远俗姓贾，雁门郡楼烦县（今山西宁武附近）人，世代冠族，崇尚玄学，精通老庄。（见图 3–7）21 岁时，前往太行山聆听道安法师讲《般若经》，豁然开悟，遂皈依佛门，从道安修行长达 25 年，继

① 参见石世梁：《佛教密宗释论》，《西藏研究》1988 年第 3 期。

承了道安的佛学思想。后隐居庐山，聚徒讲学，翻译佛经。元兴元年（402 年），慧远率众于精舍无量寿佛像前建斋立誓，期生净土，结白莲社，一时参加者达 123 人之多，为他后来被推为净土宗初祖奠定了基础。

慧远继承了道安的三世报应和神不灭理论，又以玄学论证佛理，援玄入佛，其核心是因果报应说。慧远虽为净土信仰之先导，但他只是提出了信仰净土，未能在理论上加以阐释，真正为净土宗确立理论的是南北朝时期的昙鸾。

昙鸾是雁门人，曾随陶弘景学道教长生术，后随菩提流支归信弥陀净土。他的净土学说主要是“二道二力说”：“二道”是难行道和易行道，“二力”是自力和他力。在昙鸾看来，在五浊恶世中，依靠个人之力（自力）艰苦修行，很难达到觉悟境界，故称为“难行道”。只有信仰阿弥陀佛（他力），依靠恭敬念诵十方诸佛的名号，才能在死后被接引到弥陀净土，这就是“易行道”。经过昙鸾的倡导，弥陀信仰中的念佛法门从注重观想念佛开始向口称念佛转变。东魏孝静帝对他非常尊敬，称其为“神鸾”。昙鸾为了弘扬净土信仰，一生著述甚丰，其中《往生论注》2 卷、《无量寿经奉赞七言偈》1 卷、《安乐净土义》1 卷，是昙鸾阐发净土信仰，奠定中国净土宗理论基础的代表作。

唐代善导是净土宗的实际创始人。善导俗姓朱，临淄（今山东临淄）人，幼年出家，贞观十五年（641 年）始随昙鸾高徒道绰受业，听讲《观无量寿经》，道绰授以念佛往生法门。道绰卒后，善导入长安光明寺，传净土法门，正式创立净土宗。著有《观无量寿经疏》4 卷、《往生礼赞偈》1 卷、《净土法事赞》2 卷、《般舟赞》1 卷、《观念法门》1 卷等。善导把往生净土分作正、杂二行。正行指专依净土经典所作的修行，杂行是其余诸善万行。净土法门就是舍杂行而归正行，专念阿弥陀佛名号，念念相续不断，以往生净土为期。善导完备了净土宗的教义和行仪规则，把他力往生和称名念佛视为自宗的根本内容，建立了较为完备的净土思想体系。

善导之后，净土宗一直盛行不衰，名师辈出，唐代有怀感、少康、慧日、承远、

法照等。宋代以后，禅宗、天台宗、律宗的学者也多兼净土。净土教义随着中国佛教的东传也传入日本，源空创立日本净土宗，其后，日僧亲莺又开创支派——净土真宗。[①]

九、智𫖮与天台宗

天台宗是中国佛教创建最早的宗派，为隋朝天台山智𫖮大师所开创。因奉持的经典为《法华经》，所以也被称为“法华宗”。

天台宗佛学思想渊源于龙树。龙树（约 150 ～ 250 年），生于南天竺，创建以“缘起性空”为理论基础的中观学派，是大乘佛教的奠基者和传播者。其著作宏富，号称“千部论主”，主要有《中论》《百论》《十二门论》和阐释《大品般若经》的《大智度论》等。其学说在晋末传到中国，对天台宗的创立有直接影响，被尊为“天台宗初祖”。

天台宗奠基者为北齐慧文和南岳慧思。慧文潜心研究龙树阐释的《大智度论》，把智慧分成一切智、道种智和一切种智三个层次，创立“一心三观”法门，即空、假、中三观实在一心中得。慧思师事慧文，兼容南北，把“北禅”和“南义”结合起来，提出“禅义双修”“定慧并重”的主张，成为天台宗的思想先导。

图 3–8　智𫖮

天台宗的实际创建者智𫖮（538 ～ 598 年），世称“智者大师”，俗姓陈，字德安，颍川（今河南许昌）人。（见图 3–8）18 岁时投湘州果愿寺法绪出家，20 岁从慧旷法师受比丘戒，23 岁到河南光州大苏山，拜慧思为师，悉心研习佛学。后到天台山，于北峰佛陇创建

① 参见华方田：《中国佛教宗派——净土宗》，《佛教文化》2005 年第 5 期。

伽蓝,陈宣帝命名为“修禅寺”。隋文帝开皇十一年(591年),晋王杨广迎至扬州,授菩萨戒,自称弟子,赐号智者。开皇十七年(597年)病逝于石城(今浙江新昌)。

智𫖮的著作有“三大部”,即《法华玄义》20卷、《法华文句》20卷、《摩诃止观》20卷;“五小部”,即《观音玄义》2卷、《观音义疏》2卷、《金光明经玄义》2卷、《金光明经文句》6卷、《观无量寿佛经疏》1卷。其中,“三大部”是创建天台宗思想理论基础的著作。

智𫖮融会北方重禅法和南方论义理的佛教两大主流,建立了止观并重、不可偏废的宗教修行方法,发展了“一心三观”的圆顿观法,强调以观心为本,为天台宗的宗教实践提供了理论依据。智𫖮对《法华经》的“诸法实相”理论作了系统的阐发,发展、构建了“三谛圆融”的真理论和“一念三千”的实相论两重基本命题,提出了“五时八教”的判教学说,为天台宗的创立提供了经典和理论基础。

智𫖮门徒很多,最有名的是灌顶(561~632年)。灌顶7岁出家,20岁受具足戒,后师事智𫖮,继承师说,整理天台“三大部”和“五小部”。智𫖮的思想也多经他的传播才得以流传。灌顶著有《涅槃玄义》《涅槃经疏》《观心论疏》《天台八教大义》等。

灌顶之后,传法于智威,智威传慧威,慧威传玄朗,玄朗传湛然,法脉相承,延续不断。9世纪时,天台宗传入日本,创建了日本天台宗。13世纪时,日本的日莲宗也是由此派生的宗派。①

十、吉藏与三论宗

三论宗是隋唐时期较有影响的佛教宗派之一,该宗以印度大乘中观学派创

① 参见华方田:《中国佛教宗派——天台宗》,《佛教文化》2005年第1期。

始人龙树的代表作《中论》《十二门论》和提婆的《百论》为主要立宗依据。此宗以弘扬佛教正统的般若中观思想为主。三论宗的传承谱系依次是：鸠摩罗什—道生—昙济—道朗—僧诠—法朗—吉藏，共经七传。隋唐时期的吉藏是该宗的实际创始人。

龙树的《中论》《十二门论》，发挥“缘起性空”的学说，为大乘佛学建立了牢固的理论基础。其弟子提婆发扬龙树学说，著有《百论》。鸠摩罗什将此三论传译中土，并盛加弘传，三论学风由此盛行。吉藏以此三论为立宗依据，创立三论宗。

吉藏（549～623年），俗姓安，先世是西域安息人，后移居交广（今广西、越南一带），又迁居金陵（今江苏南京），7岁出家，师事法朗，曾住会稽嘉祥寺，宣讲三论，听众常千余，被尊称为“嘉祥大师”。他盛弘佛法，并著玄疏，于隋炀帝大业四年（608年）完成三论注疏——《中论疏》《十二门论疏》和《百论疏》，创立三论宗。唐初，被高祖尊为统领僧众的十大德之一，备受唐王室敬重。晚年住延兴寺，武德六年（623年）圆寂，时年75岁。

三论宗佛学的基本思想是以般若、三论为根本，真俗二谛为纲要，“缘起性空”为原理。吉藏对中观派根本论著进行了极为细致的研究和精辟的阐释，进一步推动了般若中观思想在中国的传播和发展。吉藏继承了龙树、提婆阐明般若中观学说的基本方法，特别看重“破邪显正”，认为三论的根本意义就在这两方面。区别“正”与“邪”的唯一标准就是“无得”（邪须破）与“有得”（正应申）。昭示佛法的正确方法是“唯破不立”“破邪显正”，在破斥邪见中显现正理，最终归于“心无所著”的无得之境。

最能体现吉藏“无得正观”学说精神的，是其重重否定、由浅而深的“四重二谛”说：第一，说有是俗谛，说空是真谛；第二，说有说空都是俗谛，说非有非空才是真谛；第三，说空有之二与非有非空之不二都是俗谛，非二非不二才是真谛；第四，以上三重二谛都是教门，超越了它们的无所得才是真谛。“四重二谛”由于所批判的对象不同，而建立起由低到高的四个不同的真理层次。

吉藏之所以提出“四重二谛”学说，是为了依次破除凡夫（第一重）、小乘（第二重）和大乘人的偏邪之病。其中，前面一重二谛必须被后面一重二谛所否定，而后一重二谛通过对前一重二谛的否定，从而包含了更多的真理成分，也就向着最高真实迈进一步，这样，通过无限的重重否定，呈现出由低到高的序列，最后达到言忘虑息、无得无依的境界。

吉藏去世后，三论宗虽有一些传人，如慧远、智拔、智命、硕法师、慧灌等，但其理论阐明和发展成就均未超过吉藏。三论宗在中土盛极而衰，但其思想却远传高丽、日本。[①]

十一、佛教戒律

戒律为梵文的意译，即“禁制”之意。相传释迦牟尼在世时，根据需要随机制定戒条，以规范僧尼。以后随着戒条的增加，逐渐形成专门的戒律书。从三国时期开始，戒律逐渐传入中国。到唐代，相继翻译出的主要戒律典籍有《十诵律》《四分律》《摩诃僧祇律》《五分律》等。这些律典属于小乘戒。后来，大乘佛教在此基础上产生了大乘菩萨戒。大、小乘戒律是有区别的，但都遵守最根本的佛教戒律即“五戒”。[②] 典籍中记载的具体戒条分很多种，对不同的人有不同的规定。经常提到的主要有“五戒”“八戒”“十戒”“具足戒”“菩萨戒”等。

“五戒”是佛教最基本的戒条：一不杀生，二不偷盗，三不邪淫，四不妄语，五不饮酒。五戒是佛教其他各种戒律的基础，是树立佛教信仰和从事修行的开端。

“八戒”又称“八关斋戒”，在五戒之上增加三戒，即不着香华鬘、不香油涂身，

① 参见华方田：《中国佛教宗派——三论宗》，《佛教文化》2005 年第 2 期。

② 参见袁升祺：《中国佛教戒律及其伦理意义》，《五台山研究》2007 年第 2 期。

不歌舞娼妓、不故往观听、不坐高广大床。

佛教五戒和八戒，只是消极地戒恶，而佛法的意义是要鼓励人们积极为善。因此戒律又细化为远离十种恶行的“十善业”:不杀生、不偷窃、不邪淫、不妄语、不两舌、不恶语、不绮语、不贪欲、不嗔恚、不邪见。这是佛教徒及在家信众所应遵守的规范。

十戒，也称“沙弥戒”，是不到 20 岁或初级出家者所应该遵守的戒条，包括不杀戒、不盗戒、不淫戒、不妄语戒、不饮酒戒、离高广大床戒、离花戒、离歌舞等戒、不蓄金银财宝戒、离非时食戒。

具足戒又称“大戒”,是比丘及比丘尼应守的戒条,与沙弥(尼)所受十戒相比，戒法具足，故称“具足戒”。通常比丘戒有 250 戒，比丘尼戒有 348 戒。这一层次的戒条十分完备，不仅具足了全面的佛教道德规范，而且还对受持者提出了更高的道德要求，具有普遍意义的道德准则，是佛教独具的行为规范。

“菩萨戒”是大乘佛教讲的戒律，是菩萨修行所应遵守的，其要旨是“三聚净戒”：一摄律仪戒，二摄善法戒，三饶益有情戒。菩萨戒以这三种戒为纲领，包括自度度人的所有法门。具体戒条有十重戒和四十八轻戒。

佛教戒律的核心内容是“一心向善，诸事莫恶”，是佛教信仰者必须坚守的。

中国佛教戒律不仅是规则，而且也是原则，体现着对欲望的彻底禁止；诸戒律面面俱到，体现着平等精神。无论哪一部戒律，它所有的条文都适用于每一位出家人，不管这位比丘或比丘尼在教团中或在社会上有何等地位，都须受同等的约束;戒律的条文体现着理性对欲念的束缚，并没有什么神秘主义的色彩;戒律是内在自我约束和外在规范的统一；戒律不仅是制恶的约束，还是行善的督约；戒律的实施与因果报应、六道轮回相关联。因此，流传在中土的佛教戒律不仅是佛教中国化的基础，而且具有中国特点的佛教戒律对中国社会的道德

与法律都产生了巨大的影响。[①]

另外，佛教禅宗还有清规。清规即“僧制”，是富有中国特色的佛门规制。唐宪宗时，怀海禅师创立禅宗丛林清规——《百丈清规》，成为后代禅宗清规发展演变的源头。清规是禅宗特有的行为规范，是约束出家的僧尼日常生活的具体规章制度，也是儒家传统伦理思想与佛教清规戒律高度结合的产物，以后历代皆依《百丈清规》为蓝本，根据实际情况增减调整。到元顺帝元统三年(1335年)，百丈山大智寿圣禅寺住持释德辉奉敕重修，著成《敕修百丈清规》，一直流传至今。

十二、佛事仪式

佛教仪式是指佛教为举行各种法事活动所拟定的各种行法和仪则，一般指为信徒、施主等修福、荐亡所做的各种法事。

水陆法会，全称为“法界圣凡水陆普度大斋胜会”，也叫“水陆会”“水陆斋”“水陆道场”“悲济会”等，是汉传佛教经忏法事中最隆重的一种，为超度水陆一切亡灵而设，以供奉饮食为主，主要目的是要通过佛法的威力，为亡者幽灵作追善菩提；以食施、法施为手段来救度六道所有众生，令其皆得解脱。

传说梁武帝在梦中得到神僧指点做水陆大斋，普济群灵。于是梁武帝便制作仪轨，于镇江金山寺修坛设会。至北周、隋代，此仪早已湮没不传。

水陆法会的广泛传播始于宋代。北宋神宗熙宁年间（1068～1077年），杨锷撰《水陆仪》3卷，流行于世。元丰间，佛印禅师住金山时，海贾到寺设水陆法会，佛印亲自主护，大为壮观，称“金山水陆”，也称“北水陆”。

南宋乾道九年（1173年），四明人史浩因慕金山水陆之盛，布施田地百亩，在四明月波山建四时水陆，以为报天地君亲之举。其所著仪文4卷刊行于世。

① 参见严耀中：《试论中国佛教戒律的特点》，《世界宗教研究》2005年第3期。

宋孝宗闻之，特赐“水陆无碍道场”寺额。其后志磐续成《水陆新仪》6卷，大兴普度之道，史称“南水陆”①。

水陆法会自从宋代流行以后，很快普及全国，特别是战争以后朝廷经常举行一种超度法会。到元明清时期，水陆法会依然盛行，如元延祐三年（1316年）、至治二年（1322年），朝廷于金山寺设水陆大会，参加僧众达1500人。明洪武时期，在南京多次设水陆法会，四方名德赴会说法，参加僧众超千人。太祖命宗泐作《赞佛乐章》8曲，使太常奏曲歌舞，影响甚大。

明末云栖袾宏法师，将志磐的《水陆新仪》重新加以修订，以广流通，这就是现在的6卷本《水陆仪轨》。《水陆仪轨》仪轨次第十分完整，是在七昼夜之间，主要为结界洒净、遣使发符、请上堂、供上堂、请下堂、供下堂、奉浴、施食、受戒、送圣等，向天上、空中、陆地、地狱诸圣凡发出符牒，然后召请三宝十位圣贤上堂，奉请圣凡十位神灵下堂，如此召请法界六道一切众生之后，修奉浴施食之法，继续则举行三皈依；三皈依后，忏悔、发愿、得戒。其次，敬礼三宝、涅槃三德（法身、般若、解脱）。然后，依《焰口经》举行施食饿鬼法，施甘露真言，宣诵四如来名号，宣唱四空四禅六欲诸天以及下堂十位名号、城隍列庙、寺观、官卫诸土主、施主家先祖代代姓名及最后供养受荐人，最后是一切水陆会的施食供养，至此则念回向偈：愿以此功德。普及于一切，我等与众生，皆共成佛道，告终。②

清代仪润法师依据云栖袾宏原意，详细叙述水陆法会的做法规则，撰成《法界圣凡水陆普度大斋会仪轨会本》6卷，成为现行水陆法会仪式的所依本。

忏法，是佛教徒忏悔罪过、求得解脱的仪则和行法，是中国佛教徒结合大乘经典中忏悔和礼赞的内容用于忏悔修行的宗教活动，又称“忏仪”。

---

① 李小荣：《水陆法会源流略说》，《法音》2006年第4期。

② 参见圣凯：《普度众生的水陆法会》，《世界宗教文化》2000年第4期。

忏法在东晋南朝时期已经流行，传说梁武帝为超度皇后郗氏，延请当时高僧制作而成《慈悲道场忏法》（简称《梁皇忏》），这是中国流行最久的忏法，对后世经忏仪规有着重要影响。

陈隋之际，智顗大师整理了4部忏法：依《法华经》和《普贤观经》撰成《法华三昧忏法》，作为修习止观的助道行法之一；依《金光明经》之《忏悔品》撰成《金光明忏法》，并曾为晋王杨广的重病妃子实施过金光明忏法；依《大方等陀罗尼经》撰成《方等三昧忏法》，是一种以持咒为要旨的密教修行法，陈文帝曾修习此法；《请观音忏法》，是以观音菩萨为本尊而修的忏悔供养法，因观音菩萨又称“圆通大士”，所以又称为“圆通忏法”。流行最广、影响最大的是宋代天台宗僧知礼编集的《大悲忏》1卷。

总体而言，历来通行的忏法有两类：一类是集诸经所说、忏悔罪过的仪则，依据经典所开示忏悔方法的不同，佛教各宗各派形成了不同的忏悔仪式，如药师忏、地藏忏、净土忏等；另一类是按照礼拜、忏悔、劝请、随喜、回向五悔法门，修习止观的行法。藏传佛教仪轨有“三十五佛礼忏法”等。

十三、僧官制度

僧官制度是封建社会朝廷任命僧官管理佛教僧尼事务的制度。僧官之设始于后秦。据《高僧传》卷六记载，秦主姚兴选道䂮为“国内僧主”，僧迁为“悦众”，法钦、慧斌为僧录，皆配给车舆、属吏和随从。国内僧主是全国最高僧官，依佛法戒律来管理僧尼。悦众为僧主之辅，协助管理僧尼，执掌庶务。僧录掌管僧籍，处理日常事务。

北朝各代所置僧官在职数或职名上或有不同，但在机构的设置上却大体相同：沙门统（或称“大统”“道人统”“沙门都统”）为全国最高僧官，由皇帝直接任命，统理全国僧团事务；沙门统之副职为都维那，除掌僧籍外，还维持僧

团纲纪；在各地方如州、郡等有州统、州都、郡统、郡维那及县维那等，管理地方僧尼，处理地方佛教僧团的日常事务。南朝的僧官体制大体承续后秦体制：在中央有僧正，它是僧团中职位最高的僧官，以佛法戒律规范僧尼行为；僧正之下有维那（悦众、京邑都维那），协助僧正统领僧众，侧重于维持僧团纲纪，监督戒律持守、寺规执行等。地方州郡也有相应的僧官设置。其中最高长官仍为僧正或僧主，由皇帝任命；下设维那为辅。[①] 南北朝僧官制度的实行标志着国家将宗教管理纳入国家法律管理体系，对僧徒的管理已经制度化。

隋文帝时中央僧官权力巨大，机构完备。但自隋炀帝后，中央僧务交由俗官办理，国家只向各寺院派监丞，自中央到基层的僧务都处在世俗政权的监督下，僧官权力大大削弱。唐代沿此趋势发展，曾一度将中央僧官取消，由祠部和功德使分掌僧务。唐宪宗时虽在功德使下设立左、右街僧录作为中央僧官，但僧录不过是功德使的属员而已。僧官机构逐步丧失了为教团谋独立发展的作用，彻底沦为官府操纵、统御佛教的工具。

宋代的僧官制度在前代基础上有所因革。在东、西两京设置中央僧官机构左、右街僧录司，以管理寺院僧尼账籍、僧官补授等教门公事；僧录司由左、右街的僧录、僧正、副僧录、首座、鉴义等10员组成，除10员之外，尚有非实职的恩宠性的都僧录一职。在地方，各州设僧正司，置有僧正、副僧正、僧判；自宋英宗时，在佛教隆盛之州，又于僧正之上设置都僧正。此外，在五台山和天台山还单独设置有五台山僧正和天台山门僧司、山门都僧正。宋代僧官制度中最具特色的是各地寺院多采用禅寺僧职规制，废三纲而置住持，寺务往往由住持选任的幕僚分担，因此寺院僧职结构产生了很大的变化。[②]

辽、金僧官制度的主要特点是僧人广任俗官，不仅管理僧务，而且主政管

---

① 参见刘苗：《南北朝佛教僧官制度初探》，《湖南工业职业技术学院学报》2010年第2期。
② 参见刘长东：《论宋代的僧官制度》，《世界宗教研究》2003年第3期。

军。僧官的选任则是僧俗并用，僧务机构与俗官官署交叉。中央有释教总统所、总制院、宣政院、功德使司等。地方僧署基本与路、府、州、县行政体制相适应，设有各级僧录司、僧正司、都纲司。

明代建立了一套严密而纲目齐备的僧官制度，明确厘定各级僧官的品阶俸禄，将僧官完全划入政府官员体系之中，从中央到地方，建立了与行政体制相适应的四级僧官体系：在京都设置僧录司，统理天下僧尼。但僧录司并不是一个独立自主的机构，而是隶属于礼部。其成员有左、右善世，正六品；左、右阐教，从六品；左、右讲经，正八品；左、右觉义，从八品。在地方上，府设僧纲司，有都纲、副都纲各一员；州设僧正司，内置僧正一员；县设僧会司，内置僧会一员。①清代僧官制度沿袭明朝，职别名称无异，只是在员额、职掌略有增减。另外，明清两代在藏传佛教地区实行番僧僧纲司制度，自成一个独立体系，是明清统治者在该地区实行羁縻政策的工具。

僧官制度作为中国历史上一种特殊的职官制度，存在了1500多年，至中华民国成立才被废除。

十四、活佛制度

活佛制度是藏传佛教遴选佛教领袖的制度。活佛，藏语叫“朱古”，本意为“化身”，活佛转世出自佛教灵魂不死、生死转回、佛以种种化身普度众生的观念。

活佛转世最早出现于噶举派的噶玛噶举支系。公元1193年，在康藏地区很有实力的噶玛噶举派创始人杜松钦巴辞世，11年后出生的噶玛拔希成为历史上第一位按上师预言产生的“转世活佛”。1256年，噶玛拔希被元宪宗封为国师，授金边黑帽和金印，该派即以御赐黑帽和金印为法契，以转世法传承法嗣，称“黑

① 参见志道：《中国古代的佛教僧官制度》，《佛教文化》2005年第2期。

帽系”，追认杜松钦巴为第一世活佛，噶玛拔希为第二世活佛，形成藏传佛教的第一个活佛转世系统。后有黑帽系僧人扎巴僧格受元王室御赐红色僧帽，于1333年在楚布寺东另建乃朗寺传教、授徒，由此形成“红帽系”，仍以转世法传承法嗣，形成第二个活佛转世系统。

到15世纪，宗喀巴改革喇嘛教，以噶丹派为基础糅合噶丹派、宁玛派、萨加派和噶举派的教义教规，创立格鲁派（黄教）。在宗教领袖的继承问题上，为避免因争夺领导权而产生内部纠纷，稳定集团最高领导层，黄教采取了噶玛噶举派的活佛转世制度，让黄教首领转世相承，不仅解决了宗教的法统问题，而且使有成就的喇嘛的地位、影响、财产统统承续下来，促使了黄教的发展，巩固了黄教在僧侣界的地位。这一制度在根登珠巴的弟子根登嘉措去世后开始形成。1546年，宗喀巴的大弟子根登珠巴的继承人、哲蚌寺的法台根登嘉措去世，根据宗喀巴的遗嘱，根登嘉措得以转世，年仅3岁的索南嘉措为转世灵童。从此，索南嘉措便被称为“活佛”，成为黄教领袖。他成年后，周游各地，广收门徒，大力传播黄教。为寻求强有力的社会支持，1578年，索南嘉措与蒙古土默特部的首领俺答汗在青海会晤。俺答赠索南嘉措尊号为“圣识一切瓦齐尔达赖喇嘛”，“达赖喇嘛”的称号由此出现。以后，黄教又追认根登珠巴为一世达赖，根登嘉措为二世达赖，索南嘉措则成为三世达赖。这样，达赖喇嘛活佛转世系统开始形成。1653年，清顺治帝册封五世达赖为“西天大善自在佛所领天下释教普通瓦赤喇怛喇达赖喇嘛”。此后，达赖在喇嘛教中的首领地位由中央政府确认，而且以后历世达赖转世，都须经中央政府承认和册封。达赖在西藏除宗教影响外，在地方政治中也起着举足轻重的作用。

1645年，统治西藏的固始汗授予扎什伦布寺的主持、五世达赖之师罗桑却吉坚赞“班禅博克多”的尊号。却吉坚赞死后，五世达赖罗桑嘉措为却吉坚赞选定转世灵童。格鲁派另一个大转世活佛系统班禅转世系统也正式确立，当时的罗桑却吉坚赞为四世班禅，依次追认罗桑丹珠、索南确朗为第三、第二世班禅，

追认宗喀巴弟子克珠杰为第一世班禅。达赖、班禅互为师徒，共同充当黄教首领。1713年，清康熙帝册封五世班禅罗桑益希为“班禅额尔德尼”。通过册封，班禅在喇嘛教中的领袖地位得到中央政府确认。以后历世班禅额尔德尼转世，也须由中央承认和册封。

另外，在蒙古地区有章嘉呼图克图和哲布尊丹巴两大系统。藏传佛教其他各派和一些主要寺院也有各自的活佛转世制度。[①]

十五、佛教经书

佛经，广义上指佛教的所有典籍，包括经、律、论“三藏”，结集佛所说教法的称“经藏”，包含制定戒条的称“律藏”，发挥佛法道理的称“论藏”；狭义上是特指“三藏”中“经藏”部分，被认为是释迦牟尼所说，并为后代记录整理的所有经典。这些经典一般都以“如是我闻”形式开头，表明经典内容是亲自听闻的佛语言。佛教典籍按文字划分，有梵文、巴利文、汉文、藏文等。其中汉文典籍是我国佛教典籍的主体，现存数量最庞大。中国佛教典籍的总集是“大藏经”。

佛教自西汉传入中国后，经历了南北朝和隋唐两个时期的长足发展，佛教典籍被大量译成汉文。佛教典籍汇集成编，最初称为《一切经》，是指汇辑汉文一切佛教经典的大型综合性丛书。隋朝灌顶所著《隋天台智者大师别传》中，首次使用“大藏经”一词，其后这一称谓被广泛采用，并成为一切文种佛教典籍丛书的代称，包括汉文、满文、藏文、蒙文、西夏文、巴利文、朝鲜文、日文《大藏经》等。[②]

① 参见罗润苍：《藏传佛教的活佛转世制度论析》，《中华文化论坛》1995年第2期。
② 参见向斯：《中国佛经总集〈大藏经〉》，《紫禁城》2001年第4期。

图 3-9　贝叶经

早期流行的《一切经》，基本上都是手抄本，卷子装（见图 3-9）。宋初产生了第一部木刻本《大藏经》。此后，有 20 多种版本的《大藏经》问世，主要有宋代的《开宝藏》《福州藏》《思溪藏》《碛砂藏》；金代的《赵城藏》；元代的《普宁藏》；明代的《南藏》《北藏》《嘉兴藏》；清代的《龙藏》和满文《大藏经》；近代的《频伽藏》；朝鲜的《高丽藏》，日本弘都书院《弘教藏》，京都藏经书院《卍正藏经》《卍续藏经》，大正一切经刊行会《大正藏》等。据 20 世纪 80 年代我国编辑《中华大藏经》（汉文部分）时的统计，汉文大藏经收经总数约在 4200 种，23000 卷。对中国汉地佛教影响较大的佛教经典主要有以下八种：

《般若波罗蜜多心经》，简称《心经》，是般若经系列中一部言简义丰、博大精深、提纲挈领经典的重要，为大乘教徒及居士日常诵读的佛经。

《金刚般若波罗蜜经》，简称《金刚经》，是大乘佛教般若部重要经典之一，以金刚比喻智慧之锐利、坚固，能断一切烦恼。此经采用对话体形式，是中国禅宗所依据的重要经典。

《大佛顶如来密因修证了义诸菩萨万行首楞严经》，简称《楞严经》，是一部佛教修行大经，在内容上包含了显密性相重要道理，横跨禅、净、密、律各派，是一部有名的破魔大全宝典。

《妙法莲华经》，简称《法华经》，是释迦牟尼佛晚年在王舍城灵鹫山所说教法，为大乘佛教初期经典之一。《法华经》共 28 品，8 万余字，主要讲述的是一佛乘思想，一切众生，无论三乘五乘，最终皆归于一佛乘，无有余乘。读诵此经是中国佛教徒最为普遍的修持方法。

《大方广佛华严经》，简称《华严经》，是大乘佛教重要经典之一，我国华严宗即以本经的立法界缘起、事事无碍等妙义为宗旨。

《佛说阿弥陀经》，简称《阿弥陀经》，是大乘佛教经典之一，是佛祖释迦牟尼不问自说的经典。其大义有三：说明极乐净土的依正庄严，发起我们愿往生的心；介绍往生的方法；对众佛的称赞。《阿弥陀经》为“净土宗三经”之一。

《佛说无量寿经》，简称《无量寿经》，是净土宗的基本经典之一。经书的要旨是发菩提心，一向专念，明信佛智与己善根，唯求往生乘愿再来，修诸功德普皆回向，拯济群萌圆成佛果。净土宗的大部分修行方法均可在该经中找到理论依据。

《地藏菩萨本愿经》，简称《地藏经》，是一部记载万物众生生老病死、如何改变命运、超拔过去求得解脱的因果经。《地藏经》以白话文来叙述佛陀的慈悲开示，教理浅显易懂。

十六、佛教教义

佛教的基本教义主要有四圣谛、八正道、十二因缘、三法印等。

四圣谛 是佛教教义的总纲，表达了佛教对一切有情生死痛苦与解脱安乐的看法与途径，是佛教的人生观、社会观和世界观。谛是真实不虚之意，即真理，包括苦、集、灭、道四谛。

苦谛，判定世间充满痛苦，种类很多，通常有八苦，即生、老、病、死、爱别离、怨憎会、求不得、五取蕴（即色、受、想、行、识）。

集谛，说明众生痛苦的根源在于无明，即对佛法真理、宇宙人生的无知。世人由于自心的无明，执着于无穷爱欲的满足，必然要在身、口、意三方面有所表现，这就是因惑造业，由此造成人生的痛苦和烦恼。造业产生果报，果报产生轮回，轮回就要重新受苦。循环相续，苦无尽头。

灭谛，主要是讲可以灭苦的根源。人生苦因在于欲爱，因此，灭苦因必然灭欲爱。欲爱灭则不造业，不造业则无果报，众生可以解脱生死流转，不再进入六道轮回，到达涅槃境界。

道谛，是讲灭苦的道路和达到涅槃境界的途径和方法，就是修行八正道。

八正道 包括正见，即远离妄见而正观佛理；正思维，即正确思考和理解佛教义理；正语，即修口业，不虚言、不恶口、不两舌等；正业，即正确的行为活动，三业清净，修持五戒；正命，即符合戒律的正当生活方式；正精进，即勤修涅槃之道法，精进不息；正念，即忆持正法，不忘佛理正道；正定，即禅定修持，专于一境，达到空如实在。八正道是通向涅槃境界的修道方法，最后可归结为戒、定、慧三学。大乘佛教又将三学发展为六度，即布施、持戒、忍辱、精进、禅定、智慧。

十二因缘 是佛教对人生苦难原因所作的系统说明，是四圣谛中苦谛与集谛的发展，也是佛教人生观的逻辑推演。因指原因，缘指条件，因缘就是产生结果的原因和条件。佛教用因果关系把人生分解为十二种因缘和合而成的环节。一是无明缘行，由于众生对佛法真理的无知，因而产生行，即意志活动。二是行缘识，意志活动产生心识。三是识缘名色，由于心识活动而形成精神和物质的胎质。四是名色缘六处，六处指眼、耳、鼻、舌、身、意六根，胎质逐渐成熟，即将诞生。五是六处缘触，指胎儿出生后，六根与外界接触。六是触缘受，由于身心逐渐发育，六根与六境频繁接触，而产生相应的或苦或乐的感受。七是受缘爱，在不断感受的基础上产生的分别心、爱恶情。八是爱缘取，贪爱导致对外界的执着追求。九是取缘有，即善、恶、无记三种“业”，由于执着，造作成业。十是有缘生，业会产生未来的果报，使人死后重新投胎，导致来世的再生。十一是生缘老死，有生则必然招致老、死。十二个环节互为因缘，构成了生命的不断循环序列和因果相生的链条，决定了众生过去、现在、未来三世不断流

转的过程。十二因缘说把众生轮回之苦的原因最后归结为无明，只有消除了无明才能获得解脱。

三法印 是佛教观察宇宙，用缘起说来否定世界万物实有而得出的“诸行无常，诸法无我，涅槃寂静”三大结论。

诸行无常，指事物本身并没有独立自存的本体，都是处在永恒的生灭变化之中，绝无常住。人生也是如此，生老病死、贫富贵贱都在流转不息。众生受无明之惑，总是追求常住的满足，因此陷于生死轮回的苦难中。诸法无我，指一切存在没有固有的本性。对人而言，人只是色、受、想、行、识“五蕴”的暂时和合，合则为生，分则为灭，没有独立的本体存在，谓之“人无我”；对客观世界来说，万物都是因缘会合而生，刹那生灭，决不存在常一主宰的实体，谓之“法无我”。涅槃寂静，指的是一种德行完满、绝对自由、高度和谐的境界。佛教强调诸行无常，诸法无我，其目的就是教人破除无明，舍弃贪欲，摆脱“我”的驱策和物的役使，停止作业，断生死，绝轮回，从而进入永恒境界，实现最终的解脱。①

十七、佛教名山

俗语曰：“天下名山僧占多。”名山空旷寂静，符合佛教潜心养性、远避尘嚣的要求，因而佛教的宗教活动大多集中在名山幽谷中，而山岳也因佛教的兴盛而扬名。其中最著名的是被誉为“佛教四大名山”的五台山、峨眉山、九华山、普陀山。②

五台山 地处山西五台境内，佛教文殊菩萨道场。五台山，方圆 3000 余平

① 参见汪建武：《佛教基本教义探析》，《湖北师范学院学报》2003 年第 2 期。
② 参见干树德：《中国佛教四大名山之说由何而来》，《文史知识》1998 年第 2 期。

方公里，由 5 座山峰环抱而成。峰顶平坦宽广，有如垒土之台，故名“五台山”或“五顶山”。由于五台山岁积坚冰，夏仍飞雪，曾无炎暑，故又称“清凉山”。佛教经典中所说的文殊菩萨住处“清凉山”“五顶山”，恰与五台山别称相同。因此，佛教徒便把五台山视为其信仰世界里的文殊菩萨住地。

五台山成为佛教圣地，是从唐代开始的。李唐王朝起兵太原，视五台山为李氏王朝的发迹地。唐太宗贞观九年（635 年）下诏：“五台山者，文殊秘宅，万圣幽栖，境系太原，实我祖宗植德之所，尤当建寺度僧，切宜只畏。”[①] 同年，五台山建 10 刹，度僧数百。武则天在争夺统治权的斗争中，非常重视佛教的作用。长寿二年（693 年），名僧菩提流志等新译《宝雨经》，称菩萨现女身，为武则天登基大造舆论。证圣元年（695 年），又命菩提流志和实叉难陀重新翻译《华严经》。新译《华严经》说：“东北方之处，名清凉山，现有文殊师利菩萨，与其眷属诸菩萨众一万人，俱常在其中而演说佛法。”长安二年（702 年），武则天自称“神游五顶（清凉五台山的五大高峰）”，敕命重建五台山的代表寺院清凉寺，命大德感法师为清凉寺住持，并封其为昌平县开国公，食邑一千户，主掌京国僧尼之事。这是五台山在全国佛教界取得统治地位的发端，也是五台山在统治者的利用和扶持下，发展成为名山圣地的开始。此后至德宗时期，唐王朝都对五台山佛教给予极大的支持和扶助。大历四年（769），唐代宗批准不空三藏所上奏疏，尊崇五台山文殊师利菩萨为“上座”，从政治上确定了该山的特殊地位。清凉国师澄观在贞元三年（787 年）撰成《华严经疏》，又从佛理上对五台山文殊道场作了阐释，直接把五台山与清凉山等同起来，五台山就成了佛教徒竞相朝礼的圣地，并借助李唐皇室的扶持而名扬中外。[②]

在唐代，五台山见诸记载的佛寺就有 70 余所，且规模十分宏伟。随着佛寺

① （明）镇澄：《清凉山志》卷五《帝王崇建·唐太宗》，王志勇主编，崔玉卿点校：《清凉山传志选粹》，山西人民出版社 2000 年版，第 265 页。

② 参见黄伟：《中国四大佛教名山之首：五台山》，《中国地名》2007 年第 6 期。

的兴建和扩大，五台山的僧侣人数亦日益增多。唐德宗贞元年间，五台山僧尼达万人之众。武宗会昌五年（845 年）下诏废佛，五台山僧侣散尽，寺庙被毁。宣宗即位，再兴佛教。政府统计五台山的度僧数仍达“五千僧”。实际上，加上私度和游方僧，要大大超过政府统计。同时，五台山也受到了印度、日本、朝鲜和斯里兰卡等国佛教徒的景仰，朝礼五台山和到五台山求取佛经佛法的外国僧侣众多。寺庙林立，僧侣若云，这是唐代五台山佛教圣地形成的一个标志。

峨眉山 位于今四川峨眉山西南 7 公里处，是佛教普贤菩萨道场。峨眉山佛寺的创建大约始于东晋。据南朝梁慧皎《高僧传・慧持传》记载，道安高徒慧持于隆安三年（399 年）入蜀传化，在峨眉山上创建普贤寺。唐代国师澄观曾前往峨眉，礼拜普贤。唐僖宗乾符三年（876 年），慧通禅师重修，更名“白水寺”。到唐末，一些重要寺宇皆已建成。南宋王象之《舆地纪胜·嘉定府·景物篇》写道：“前代于峨眉创六寺：一曰光相，二曰华藏，三曰普贤，四曰延福，五曰乾明，六曰华严。光相居山之绝顶而为游山之底；华严居山之前峰为游山之向导。”北宋时期，由于辽国控制了五台山，因此宋廷特别重视峨眉山，多次遣内侍前往扩建寺宇，修造佛像。如北宋太宗四年（979 年）扩建。次年二月，白水寺僧茂真奉诏入朝，太宗赵光义赐黄金 3000 两，谴使入蜀铸普贤菩萨骑六牙白象铜铸像，安置于普贤寺，并建大阁，改名“白水普贤寺”。明神宗万历二十七年（1599 年）毁于大火，次年慈圣皇太后赐金修复，明神宗为祝其母慈圣皇太后七十寿辰，御题“圣寿万年寺”，普贤寺易名“万年寺”。

金顶佛光也是峨眉山一大奇观，佛教徒说它是菩萨头上的光环。据说影入佛光，可获吉祥，故名“金顶佛光”。

普陀山 位于浙江普陀舟山群岛中部的一个小岛，是佛教观音菩萨的道场。“普陀”之名，据《华严经・入法界品》载：“于此南方，有山名补陀洛迦，彼有菩萨，名观自在。”“补陀洛迦”简称“普陀”，是佛教经典中观自在菩萨所居之地。

普陀山的佛教始于唐代。普陀舟山在唐以前称“梅岑山”，传说梅福与葛洪曾于山中寄隐修道。唐大中初，有梵僧至，于潮音洞亲睹观世音菩萨现身说法，授以七色宝石，遂视作观音大士显圣之地，并依佛经记载将其更名为“普陀洛伽山”，简称“普陀山”。五代后梁贞明二年（916 年），日本僧人慧锷来华再登五台山，得观音圣像将奉归东瀛，舟行至普陀山为风涛所阻，遂未去观音院供奉。至嘉定七年（1214 年），宋宁宗御赐普陀山宝陀寺“圆通宝殿”匾额，并指定山中各寺圆通殿均得供养观世音像，从政治上确定了普陀山观音道场的地位。明清两朝皆不断增修寺宇，最多时有寺庵 200 余座，僧尼 2000 余人。普陀山现存众多珍贵的佛教历史文物，有明万历皇帝颁赠给镇海禅寺（今法雨寺）的圣旨，清康熙、乾隆钦赐的海青袈裟，康熙御碑“海月常辉”的横额，光绪钦赐的玉印等。

九华山　位于安徽池州，为佛教地藏菩萨道场。唐开元年间，新罗国王子金乔觉航海来华，随处参访游化，后在九华山结庐苦修。唐至德二年（757 年），安徽青阳人诸葛节等在九华山中心山谷创建佛寺，将金乔觉从神光岭上请下入驻，九华山佛教始引起僧众和朝廷关注。唐德宗于建中二年（781 年）赐额“化城寺”，将它正式开辟为地藏道场。贞元十年（794 年），金乔觉 99 岁时圆寂，尸坐石函中 3 年不腐，被后人尊为地藏菩萨“应化”，遂建殿塔以资纪念。后经宋、元、明、清各朝增建，规模日益扩大，鼎盛时佛寺达 300 余所，僧众 4000 余人。九华山上的佛寺建筑，如抵园寺、百岁宫、东崖寺、甘露寺、闵园和天台寺等，都与地藏圣迹相关。

十八、佛教名寺

白马寺　位于河南洛阳老城以东 12 公里处，是佛教传入中国后兴建的第一座寺院，有中国佛教的“祖庭”和“释源”之称。东汉永平七年（64 年），明帝刘庄派使者羽林郎中秦景、博士弟子王遵等 13 人远赴西域，访求佛道。永平十

年（67年），他们携印度高僧迦叶摩腾和竺法兰返回洛阳，并历尽艰辛运回一批经书和佛像，《四十二章经》就是其中之一。次年，明帝敕令在首都洛阳雍门外建造僧院，以安置名僧、储藏经像，是为白马寺。此后，白马寺经历汉末董卓之乱、西晋八王之乱和永嘉之乱、唐代安史之乱以及“三武一宗”的灭佛运动，几度被毁，又几度重修。武周垂拱元年（685年），武则天命薛怀义为住持，敕修白马寺，达到白马寺历史上的黄金时代，有“跑马关山门”之说。宋太宗敕修白马寺，命苏易简撰写《重修西京白马寺记》石碑，白马寺殿堂辉煌之景再现。元太祖忽必烈两次下诏修建白马寺，由当时白马寺沙门文才撰《洛京白马寺祖庭记》，此碑在今山门内东侧，通高3.5米，凡22行，满行55字，碑额篆书“洛京白马寺祖庭记”8字，立于元代至顺四年（1333年），清代毕沅认为是由赵孟頫亲书之碑文。碑文称白马寺为“祖庭”和“释源”。[①]明嘉靖年间，太监黄锦在原址上重修，始形成今天的基本规模和格局。白马寺内主要建筑有天王殿、大佛殿、大雄殿、接引殿、毗卢阁、齐云塔等。

少林寺 位于河南登封城西北，始建于北魏时期。太和二十年（496年），孝文帝拓跋宏为安顿来中国传教的印度高僧跋陀，敕令在嵩山建造少林寺，供跋陀主持，传播佛法。因寺建于嵩山支脉的少室山阴密林丛处，故名“少林寺”。北周武帝禁佛，少林寺被毁，至宣帝时，少林寺重新修建，并被更名为“陟岵寺”。开皇元年（581年），杨坚代周称帝，下令恢复少林寺寺名。唐初，少林寺13僧人因助唐有功，受到唐太宗的封赏，从此，少林寺名扬天下，被誉为“天下第一名刹”。少林寺至今保存有唐代以来碑碣石刻300多块，其中“太宗文皇帝御书碑”记载了少林寺13僧勇救唐王李世民的史迹，碑文为唐太宗亲笔书写。

灵隐寺 又名“云林寺”，位于浙江杭州西湖畔，创建于东晋咸和元年（326年），印度僧人慧理来到杭州，确认此间是“仙灵所隐”之地，遂建寺并取名“灵

① 参见徐金星：《关于洛阳白马寺的几个问题》，《中原文物》1996年第4期。

隐”。唐代宗大历六年（771 年）曾兴修。唐武宗会昌灭佛，致使寺毁僧散。五代时期，吴越国王钱镠崇奉佛教，命延寿禅师重行扩建，造僧房 500 多间，改名“灵隐新寺”。钱俶时，灵隐寺大盛，全寺已有 9 楼、18 阁、72 殿堂、1300 余间房屋，3000 多僧人。其规模之宏大，居杭州“四大丛林”之首。北宋景德四年（1007 年），真宗赐名“景德灵隐禅寺”。南宋时期，僧人普济在灵隐寺编撰《五灯会元》，成为禅宗经典之一。此后 800 多年中，灵隐寺饱经沧桑。清顺治六年（1649 年），灵隐寺具德法师对寺院进行了大规模整修，历时 18 年，共建成 7 殿、12 堂、4 阁、3 轩，使灵隐寺成为“百拱千栌，金碧丹黝，为东南之冠”。康熙南巡时，四至灵隐寺，亲书“云林”2 字，赐寺名为“云林禅寺”①。乾隆时，巨涛法师再次大兴修建，历时 3 年，把灵隐寺建成一个规模宏大的宗教建筑群。咸丰十年（1860 年），太平军起义反清，灵隐寺毁于战火。后来宣统二年（1910 年）虽有修复，但盛况不再。现在的灵隐寺，主要是 1949 年后政府出资重建的。

寒山寺 位于江苏苏州城西阊门外 5000 米的枫桥旁，因此又称“枫桥寺”，始建于梁代天监年间（502 ～ 519 年），原名“妙利普明塔院”，相传唐代高僧寒山来此住持，故改名为“寒山寺”。唐代诗人张继题《枫桥夜泊》后，寺以诗名，成为吴中名刹。宋初，节度使孙承佑曾造七层宝塔。嘉祐中，宋仁宗赐号“普明禅院”。元末，寺与塔俱毁于火。明代洪武中重建，以后再毁再修。寒山寺殿宇大多为清代建筑，主要有大雄宝殿、藏经楼、钟楼、碑文《枫桥夜泊》、枫江第一楼等。

隆兴寺 位于河北正定城内，始建于隋开皇六年（586 年），原名“龙藏寺”，唐朝改名“龙兴寺”。北宋初，太祖赵匡胤敕令在寺内铸造铜佛，并盖大悲宝阁。金、元、明各代对寺内建筑均有不同程度的修葺和增建。清康熙、乾隆年间，又两次奉敕大规模维修和增建，寺院发展到鼎盛时期。康熙四十九年（1710 年）

① 骆寄平：《杭州灵隐寺》，《浙江学刊》1992 年第 1 期。

赐额“隆兴寺”。寺内建筑主要有天王殿、摩尼殿、转轮藏阁、慈氏阁、大悲阁、御书楼、集庆阁、弥陀殿、康熙乾隆二御碑亭等。

大昭寺 位于拉萨老城区中心，是一座藏传佛教寺院，初名“惹刹”，始建于公元7世纪吐蕃王朝的鼎盛时期，是藏王松赞干布为弘扬佛法而兴建的，寺内供奉文成公主从大唐长安带去的释迦牟尼12岁时的等身像。此后大昭寺成了历代赞普继承佛法的主要寺庙。9世纪，赞普朗达玛发起禁佛运动，大昭寺沦为屠宰场。11世纪，大译师帕巴西绕和堆穷廓尔苯一起对大昭寺进行了较大规模的修整。1409年，格鲁教派创始人宗喀巴为歌颂释迦牟尼功德，召集藏传佛教各派僧众，在寺院举行了传昭大法会，后寺院改名为“大昭寺”。所谓“大昭”指释迦牟尼佛，“大昭寺”意思是释迦牟尼像的佛堂。五世达赖喇嘛执政期间，用了近30多年的时间，对大昭寺的建筑格局进行了大规模的改造和扩建，使其建筑功能日趋合理。五世达赖圆寂后，第巴·桑结嘉措又陆续扩建，增设了许多佛堂。[①]经过历朝屡加修改扩建，才形成了现今的规模。寺院内的佛殿主要有释迦牟尼殿、宗喀巴大师殿、松赞干布殿、班旦拉姆殿、神羊热姆杰姆殿、藏王殿等。

卧佛寺 位于北京西山北的寿牛山南麓、香山东侧，始建于唐贞观年间，原名“兜率寺”，之后历代都有修建，寺名也随之变化。先是元代对卧佛寺进行了大规模整修，依次改名为“寿安寺”“昭孝寺”“洪庆寺”。至明代，寺名改为“寿安禅寺”“永安寺”，历经宣德、正统、成化、嘉靖、万历等朝5次较大的修建，卧佛寺的规模趋于完整。其中，成化十八年（1482年），明宪宗还在寺前建起了一座如来宝塔。据载，此塔高23米，宽18米，深11.7米。塔内藏有舍利。清雍正十二年（1734年）重修，世宗赐卧佛寺名为“十方普觉寺”。乾隆时，又对卧佛寺进行了大修。香檀卧佛之殿改为三世佛殿。新建了西路行宫院和琉璃牌坊，成为现今的格局。由于唐代寺内就有檀木雕成的卧佛，后来元英宗又在寺内铸

① 参见桑吉扎西：《雪域首刹——大昭寺》，《法音》2007年第3期。

造了一尊巨大的释迦牟尼涅槃铜像，因此，一般人都把这座寺院叫作“卧佛寺”。由于此寺秋季树叶多为黄色，故在文人笔下又称之为“黄叶寺”。

金山寺 位于江苏镇江区西北，始建于东晋，初名“泽心寺”，距今已有1600多年的历史。梁武帝天监四年（505年）在寺内设水陆道场。相传唐代僧人裴头陀在山边掘得一批黄金献给皇帝，皇帝让他用来扩建寺庙。因开山得金，故名“金山”，寺也因山而名。北宋天禧年间，真宗因梦游金山寺，又赐名“龙游寺”。元代延佑三年（1316年），朝廷设水陆法会于金山寺，命诸师说法，参加僧众1000余人。清康熙皇帝赐名“江大禅寺”，成为佛教禅宗名寺。寺宇规模宏大，全盛时有和尚3000多人，参禅僧侣数以万计。清代金山寺与普陀寺、文殊寺、大明寺并列为“中国四大名寺”。

塔尔寺 位于青海湟中，是青海最大的佛教寺院，也是我国西藏佛教格鲁派六大寺院之一。塔尔寺得名于大金瓦殿内的大银塔，据传宗喀巴诞生后，其胎衣埋在现在的银塔下。信徒们为纪念宗喀巴，于明洪武十二年（1379年）在此地建塔。嘉靖三十九年（1560年），当地信徒仁庆宗哲尖措又在此地建寺，定名为“贡本嘉巴林”，这是修建塔尔寺的开始，先有喇嘛10余人，后增到40余人。明万历五年（1577年），又建一座弥勒佛殿，塑佛像12尊，称“贡本贤巴”，即今日之塔尔寺的藏名。[①] 寺院目前建筑有大金瓦寺、小金瓦寺、大经堂、花寺、九间殿、大拉浪、如意塔、菩提塔、太平塔、过门塔等1000多座大小院落，4500多间殿宇僧舍，规模宏大，是中国西北地区藏传佛教的活动中心。油塑、绘画堆绣和木刻被誉为塔尔寺“三绝”艺术。

扎什伦布寺 位于西藏日喀则以西的尼玛山上。该寺创建于明正统十二年（1447年），由格鲁派祖师宗喀巴的弟子、一世达赖根敦珠巴主持兴建，根敦珠巴成为第一任法台。他在任25年，声名显赫，弟子众多。1600年，罗桑却吉接

---

① 参见王册：《塔尔寺概述》，《西藏研究》1983年第1期。

任扎什伦布寺第十六任法台。他效法大昭寺，创立了扎什伦布寺的传昭大法会，还大量制作佛像、修建佛殿、新建僧舍，对寺院进行了大规模扩建。到 1959 年，此寺法台共延续了 21 任。经历代班禅的不断修缮、扩建，遂有今日规模。在扎什伦布寺最兴盛时，僧人多达 4000 余人，寺房总数达 3000 余间，下属寺庙 50 余座，成为格鲁派在后藏地区最大的寺院。

十九、如来佛

如来佛，即释迦牟尼佛，也称为“释迦如来”（见图 3–10）。如来，即是“佛”，佛是掌握着绝对真理来到世上说法以普渡众生的圣者。

图 3–10　元代铜镀金释迦牟尼佛像

释迦牟尼在历史上确有其人，就是古印度迦毗罗卫国的王子乔达摩・悉达多。悉达多出生于公元前 6 世纪，从小接受婆罗门学者的正规教育，并练习骑马射箭。其父净饭王希望他以后能继承王位，成为一位英明的君主。但社会的动荡使他感到困惑，婆罗门教种姓制使他感到不满，人的生老病死等现象也引起他的深思，为寻求解脱苦恼之道，他很早就萌发了出家修行的念头。净饭王发觉后，为其娶妻生子，提供优越舒适的生活条件，但这些都没能阻止他修行的念头。29 岁时，悉达多脱下太子华贵的服饰，换上粗布衣，剃去须发，离开宫殿，先后寻访一些著名学者，跟从他们学习，但并未找到真正的解脱之道。后来，他来到尼连禅河畔的从林中，与那里的苦行者一起修行。经过 6 年苦修，悉达多不仅身体枯瘦如柴，精神上也毫无收获。于是他决定放弃苦修，走出从林，

到尼连禅河中沐浴，洗掉6年的积垢，并接受了一位牧女供养的乳粥，恢复了体力。当时随从多年的5个侍者见他放弃了苦修，感到十分失望，便离开了他。悉达多独自走到附近一棵毕钵罗树（后称“菩提树”）下，铺上吉祥草，盘腿打坐，发誓说：“我如不证得无上大觉，终不起此座。”经过七天七夜的苦思冥想，他战胜了来自各方面的烦恼和干扰，终于大彻大悟，悟出了“四谛”的真理。这标志他真正觉悟成道了，因而被称为“佛陀”，意思是“觉悟者”，他也被尊称为“释迦牟尼”，即释迦族的圣人。这一年他35岁。

释迦牟尼成道之后，便起身赶到鹿野苑（印度瓦腊那西城西北）找到那5位随从，向他们宣说自己觉悟的人生解脱的道理——“四谛”“八正道”，收他们为最初的弟子。佛经称这是“初转法轮”，即第一次宣说佛法。按释迦牟尼29岁出家，苦行6年计算，他成道时是35岁，直到80岁去世，在45年的时间内到处传教说法，足迹涉及恒河中下游许多地区，建立了以他为首，由比丘（和尚）、比丘尼（尼姑）、优婆塞（善男）、优婆夷（信女）等四部人众组成的佛教教团。在婆罗门教和各种沙门学派之外创立了佛教教团。80岁那年，释迦牟尼在拘尸那迦逝世。佛教传说，附近8个国家听说释迦牟尼逝世的消息，纷纷来到拘尸那迦，按印度习俗把释迦牟尼的遗体火化后，把舍利分成8份，各自携回建塔供养。后来佛教传播的范围逐渐扩大，在释迦牟尼死后又随着时代不断发展，从最初的原始佛教发展为部派佛教，又从小乘当中产生了大乘佛教。

在佛教迅速发展的同时，佛教的创立者释迦牟尼也不断被佛教徒神化。《妙法莲华经》尊其有十大名号：如来、应供、正遍知、明行足、善逝（世间解）、无上士、调御丈夫、天人师、佛、世尊。在这十大名号中，以如来和世尊最为常用。[①]

---

① 参考http：//baike.baidu.com。

二十、阿弥陀佛

阿弥陀佛是中国民间最具影响、知名度最高的佛之一。佛经说他是西方极乐世界的教主，能接引念佛众生往生西方净土，故又称“接引佛”。阿弥陀佛像一般是结跏趺坐于莲台上，双手叠置于足上，作弥陀定印，掌中有一莲台，表示接引众生往生之意。（见图 3–11）

图 3–11　阿弥陀佛图像（山西太原永宁寺明代壁画）

阿弥陀是梵语的音译，意思是“无量”，一曰无量寿，二曰无量光。阿弥陀佛即“无量佛”，他有 13 个名号，即无量寿佛、无量光佛、无边光佛、无碍光佛、无对光佛、焰王光佛、清净光佛、欢喜光佛、智慧光佛、不断光佛、难思光佛、无称光佛、超日月光佛。在这些名号中，以无量寿佛和无量光佛最重要，也最著名。

佛教认为，我们所居住的世间是“秽土”，与此相对，佛所居住的地方是“净土”。世俗世界到处充满烦恼和苦难，但在佛国净土中，没有烦恼，没有争夺，自由自在，美妙无比。大乘佛教认为，十方世界有无量无数诸佛，因此佛所居住的净土亦有无量无数。其中，影响最大的就是以阿弥陀佛为教主的西方净土，又称“西方极乐世界”。根据《阿弥陀经》《观无量寿经》的说法，西方极乐世界无上庄严，大地、树木、房屋、衣服、器具等皆由金、银、琉璃、珊瑚、琥珀、砗磲、玛瑙等自然七宝铺成，居住在这里唯受诸乐，没有烦恼和痛苦，寿命无限，生活富足。

大乘经中关于阿弥陀佛及其极乐净土之著作多达 200 余部，它们认为，转

生至极乐世界的方法是非常简单的。其中,《无量寿经》认为可通过三种方式转生到极乐世界:第一种出家作沙门,一心专念“阿弥陀佛”名号,修持各种功德,就可以转生净土;第二种无须出家,但专念“无量寿佛”,并兴修各种功德,如建塔造像、施舍济生等,也可以往生净土;第三种只要专心一意念诵“无量寿佛”,就可以死后转生极乐世界。发端于东晋慧远、创宗于唐的中国佛教净土宗,就是专以阿弥陀佛为信仰对象,主张通过不断口念“阿弥陀佛”的名号,即可往生西方极乐世界。净土宗的念佛法门是佛教诸多法门中功高易成的最胜法门,“不用三祇修福慧,只将六字出乾坤”,这6个字就是“南无阿弥陀佛”。“南无阿弥陀佛”是梵语的音译,“南无”有“致敬”“归命”之意。“南无阿弥陀佛”即“礼敬阿弥陀佛”“归命阿弥陀佛”。净土宗因简便易行、简单速成而深得中国民众的喜爱,流传甚广,影响巨大。

阿弥陀佛为西方极乐世界的教主,在密教中则是象征其教主大日如来法身的妙观察智,故又名“甘露王”。[①]

二十一、四大菩萨

菩萨全称“菩提萨埵”,意译为“觉有情”“道众生”“道心众生”“大士”“高士”。在大乘佛教中,菩萨的地位仅次于佛,释迦牟尼成佛之前即以菩萨为号。佛教传入中国后,中土的信徒从众多的菩萨中选出四位,组成“四大菩萨”。文殊代表大智,普贤代表大行,观音代表大悲,地藏代表大愿。中国的信徒还为他们选择和建立了各自的道场,即山西五台山文殊道场,四川峨眉山普贤道场,浙江普陀山观音道场,安徽九华山地藏道场。这四大道场又称“中国佛教四大名山”。

观世音菩萨 是佛教神祇中知名度最高、影响最大的一位。“观世音”是梵

① 参见黄玉雄:《阿弥陀佛》,《五台山研究》1993年第1期。

文的意译，又译为“光世音”“观自在”“观世自在”等[①]，意指佛、菩萨已破除尘世的种种烦恼，进入到永恒、恬静、自在和清净的境界。唐代避太宗讳，略称“观音”，是阿弥陀佛的左胁侍，西方三圣之一。据传，观音菩萨以大慈大悲为德性，苦难众生只要念诵其名号，菩萨即时观其音声，前往拯救解脱，故又被称为“大悲菩萨”。

观世音的原型是古印度的双马童神，后为佛教所吸纳。观世音在印度本为相貌英俊、身材伟岸的威猛丈夫。初传中国之时，观音塑像多是男子造型。如 1975 年在西安未央汉城公社（乡）中官亭村出土的北周观世音菩萨像，青石，高 42 厘米，菩萨面型丰满圆润，面带笑容，五官清秀，神态静穆安详，亭亭玉立。正面有铭文题记：“保定五年（585 年）九月二十七日佛弟子赵颠造观世音像一区。”此尊造像男性特征较为明显。[②] 唐代以后，观音菩萨的造像逐渐以温柔慈祥的美妇人形象为主（见图 3–12）。

图 3–12　明代铜观音菩萨像

据说观音有多种化身，如六观音、七观音、三十三观音等。这些化身随缘应现，为救度世间众生，随三界六道之不同状况和需要而变化为适宜的形象和身份。

普贤菩萨　普贤，音译“三曼多跋陀罗”，意译为“贤胜”。普贤与文殊为释迦牟尼佛的二胁士，普贤侍右，主侍定德门；文殊侍左，主侍智德门，表示如来教法是解行并进，定慧双修。据说普贤有延命之德，发过十种广大行愿，进行佛教弘法工作。

① 参见陈星桥：《观世音菩萨在中国》，《法音》1996 年 12 期。

② 参见王乐庆：《从西安博物院藏观音菩萨造像看民间观音崇拜》，《文博》2014 年第 4 期。

西晋居士聂道真所译《三曼陀跋陀罗菩萨经》是佛教传入中国后第一部有关普贤菩萨信仰的汉译佛典，对汉地普贤信仰的传播起了奠基作用。晋隆安三年（399 年），慧持和尚从庐山入蜀，在此修建普贤寺，供奉普贤菩萨，弘扬普贤行愿，遂使峨眉山成为普贤菩萨道场。唐高宗咸亨三年（672）发愿开凿洛阳龙门石窟，第 19 窟（奉先寺洞）主尊为高 17 米以上的卢舍那佛，西壁南侧则为普贤像。普贤双眼微睁，冷静地注视着前来膜拜的众生(见图 3–13)。[①] 盛唐时期，在成都大圣慈寺建有普贤阁与菩贤菩萨像，德宗贞元十七年（801 年），韦皋再铸金铜普贤菩萨像置于大圣慈寺。在宝历寺、圣寿寺、中兴寺和崇真禅院都有绘于中晚唐时期的普贤菩萨壁画。

图 3–13　龙门石窟之普贤菩萨像

太平兴国五年（980 年），宋太宗敕内侍张仁赞往成都铸金铜普贤像，于峨眉山普贤寺，建大阁以覆之，这就是峨眉山圣寿万年寺无梁砖殿中的普贤乘六牙白象塑像，高 714 米，重约 62 吨，金铜塑造，普贤头戴五佛全冠，身披袈裟，右手执如意，左手放膝前，全身贴金，结跏趺坐于仰莲宝座之上，神态庄重。所骑白象，高 313 米，身披鞍辔，足踏千朵莲花。单尊普贤像最显著的特征就是骑乘六牙白象。

文殊菩萨　文殊师利，梵文音译，略称“文殊”，意为妙德、妙吉祥，和释迦牟尼是同时代人，公元前 6 世纪，生于舍卫国多罗聚落婆罗门族姓中，传说

① 参见张子开:《普贤信仰及大乘普贤形象的演化》,《西南民族大学学报》2010 年第 7 期。

从母右胁而生，堕地能语，有七宝盖，随覆其上。文殊具有 32 相，80 种随形好，与佛相同。文殊师利于释迦牟尼出家学道后，就随其四处游化，弘扬大乘佛法，为释迦牟尼的菩萨弟子。因为佛教的规矩，一佛出世，万佛拥护，二尊不并化，故尊他为“菩萨”。文殊菩萨是大乘空宗的奠基人，也是密教的祖师。

在大乘佛教里，文殊是诸菩萨上首，常与普贤侍佛左右，佛弟子都把文殊当成智慧的化身。常见的文殊像，顶有五髻，表示五智无上无得之相；左手执莲花，花中安放《般若经》一部，表示般若一尘不染；右手执宝剑，表示大智，能断一切无明烦恼，喻金刚宝剑，能斩群魔。或坐莲花台，表示清净；或乘狮子与孔雀，表示威猛。（见图 3–14）

图 3–14　西夏文殊菩萨像（榆林窟第 3 窟东壁）

地藏菩萨　“地藏”一词，即“含藏于地”或“地中之藏”之意。《地藏本愿经》说，释迦佛召地藏大士，令其永为幽冥教主，使世人有亲者，皆得极本荐亲，共登极乐世界。地藏受此重托，遂在佛前立下大愿：“为是罪苦六道众生广设方便，尽令解脱，而我自身方成佛道。”（《忉利天宫神通品》）地藏发宏愿，要救度六道轮回众生，拯救各种苦难，否则决不成佛，由此获得“大愿地藏”的美称。为了实现其大愿，地藏常变现无数化身，济度众生，并应众生所求而消灾增福，以成熟众生之善根，故有“千体地藏”之称。[①]

① 参见田军：《地藏菩萨及其信仰》，《紫禁城》1999 年第 3 期。

“地藏菩萨”之名早在公元3世纪中叶时已出现并被传入中土，在汉译佛典中，《罗摩伽经》最早提及地藏菩萨。在佛驮跋陀罗所译《大方广佛华严经》卷五五“入法界品”中有“勇猛精进至佛地藏菩萨受生法”，在10种菩萨受生法中，地藏菩萨受生法为最后一种，也是最高的一种。修持菩萨行，达此种受生法，可以随时成佛。可见，地藏在诸菩萨中地位已相当高，是佛的重要候补者。在中国佛教寺院中，地藏菩萨的形象多是光头或头戴毗卢冠，身披袈裟，一手持锡杖，一手持莲花，或手持幡幢、宝珠等。

二十二、罗　汉

罗汉，全称“阿罗汉”。阿罗汉，是梵文音译，即得道者、圣者的意思，为小乘佛教修行的最高果位。按照小乘佛教的说法，阿罗汉为小乘声闻四果的第四果，也称“无极果”，达到阿罗汉果位即能断尽一切烦恼，超脱生死轮回并受到天人供养，是小乘佛教追求的最终目标。

早期佛教认为，佛陀就是一位阿罗汉，而一切修行最终都是为了达到阿罗汉果位。如《律藏》中曾记有一段佛与外道的对话，当佛陀刚成道不久，遇到一位邪命外道优婆伽，那位邪命外道一看到佛陀的庄严，便好奇欲知佛陀的导师是谁？佛陀为谁出家？或喜欢谁的法？佛陀答曰：自己是世界上的阿罗汉，无有师。根据南传佛教的定义，阿罗汉包括佛陀、辟支佛和声闻阿罗汉，在巴利文献中，有多处将佛陀记载为阿罗汉的诠释。《如是语》的注书中说明了阿罗汉的五种定义：因已远离烦恼故为阿罗汉；因已杀除一切烦恼敌故为阿罗汉；因已破轮回故为阿罗汉；因有资格受资具等供养（应供）故为阿罗汉；因对恶行无隐秘故为阿罗汉。[①] 注书对佛陀与阿罗汉的定义，几乎完全相同。

---

① 参见释阿难：《原始佛教“阿罗汉观”》，《法音》2014年第1期。

但大乘佛教不认为佛陀是阿罗汉。大乘佛教中的阿罗汉可指大阿罗汉，为十地菩萨中的第十地，实际位阶为大乘法云地菩萨，修行境界仅次于圆满佛果与等觉菩萨。释迦牟尼佛的常随十大弟子皆为大阿罗汉。阿罗汉也可指小乘四果阿罗汉，小乘阿罗汉的果位次于菩萨，为协助佛和菩萨普救世人，各有其护持的主要对象，有十六罗汉（见图 3–15）、十八罗汉、五百罗汉之说。

图 3–15　《十六罗汉图》（部分）

罗汉从印度传入中国时为 16 尊，称“十六尊者”，其名称来自唐代高僧玄奘翻译的《大阿罗汉难提密多罗所说法住记》。据该书记载，罗汉受佛祖的嘱托，不入涅槃，常住世间，护持正法。该书还详细记载了十六罗汉的名称和居住地。随着佛教的流传，十六罗汉信仰也为中国百姓接受，并按照传统文化逐渐被中国化。到唐末五代时，又增添了两位，成为十八罗汉。十八罗汉之说在民间得到普遍盛行，佛教寺院里一般均塑十八罗汉像。他们分别是骑鹿罗汉（宾头卢波罗堕尊者）、喜庆罗汉（迦诺迦伐蹉尊者）、举钵罗汉（迦诺迦跋厘堕阇者）、托搭罗汉（苏频陀尊者）、静坐罗汉（诺距罗尊者）、过江罗汉（跋陀罗尊者）、骑象罗汉（迦理迦尊者）、笑狮罗汉（伐阇罗弗多罗尊）、开心罗汉（戌博迦尊者）、探手罗汉（半托迦尊者）、沉思罗汉（罗怙罗尊者）、挖耳罗汉（那迦犀那尊者）、布袋罗汉（因揭陀尊者）、芭蕉罗汉（伐那婆斯尊者）、长眉罗汉（阿氏多尊者）、看门罗汉（注荼半托迦尊者）、降龙罗汉（庆友尊者）、伏虎罗汉（宾头卢尊者）。①

① 参见徐华铛：《十八罗汉考》，《包装世界》1995 年第 2 期。

五百罗汉的传说在佛经中是常见的，如西晋竺法护译有《佛五百弟子自说本起经》。《舍利弗问经》记载，弗沙秘多罗王毁灭佛法后，有五百罗汉重兴圣教等。古代印度常用“五百”“八万四千”等来形容众多之意，五百罗汉一般指释迦牟尼去世后参加第一次佛经结集的500比丘，除知名的十大弟子外，一般没有名号的记载。随着佛教的传入，五百罗汉信仰也深入民间，五百罗汉像在五代时期已见于绘画和雕塑，人们还为五百罗汉落实了名号，民间甚至把护法弘经的康熙、乾隆皇帝及济公和尚都列入五百罗汉的行列，在北京碧云寺的罗汉堂内便有他们的造像。

中国各地佛寺均建有罗汉堂，最著名的有北京碧云寺、成都宝光寺、苏州西园寺、上海龙华寺、武汉归元寺、昆明筇竹寺、广州南华寺的罗汉堂。

二十三、弥勒佛

弥勒，是梵文音译，意译“慈氏”。据说弥勒出生在古印度南天竺的一个大婆罗门家庭，父名修梵摩，为大臣，母名梵摩越，为公主。“慈氏”是他的姓，名为“阿逸多”，意为“无能胜”。弥勒出家后，成为释迦牟尼佛的弟子。按照佛教的说法，佛国世界有三位相连续的佛。第一位是释迦牟尼的老师，称“过去佛”（燃灯佛）；第二位是释迦牟尼，称“现在佛”；第三位就是弥勒佛，称“未来佛”。

弥勒的名字在早期的《阿含经》中就已经出现了，是继释迦牟尼之后出世的未来佛。弥勒信仰随着佛教传入中国，西晋竺法护译的《观弥勒菩萨下生经》、前秦鸠摩罗什译的《弥勒成佛经》、刘宋沮渠京声译的《观弥勒菩萨上生兜率天经》都是集中表述弥勒信仰的佛教经典，号称“弥勒三部经”。再加上鸠摩罗什《弥勒下生经》、《弥勒大成佛经》、唐代义净译《弥勒下生成佛经》及译者不详的《弥勒来时经》，称为“弥勒六部经”。六部经典集中叙述了弥勒菩萨上生兜率天、自兜率天下生阎浮提成佛时，其国土、时节、种族、出家、成道、转法轮之事，

是宣扬弥勒信仰的主要经典。

弥勒信仰主要包括上生信仰与下生信仰两种。《观弥勒菩萨上生兜率天经》等经表达的主要是上生信仰。弥勒菩萨是释迦牟尼佛弟子，颇受佛的器重，但他享寿不高，先佛灭度，居住在六欲天中的兜率天宫，在那里讲经说法。世人只要持戒修禅、积累功德，或称念弥勒名字，死后即可不入轮回，往生弥勒净土，将来能与弥勒一同下生世间，解脱成道。上生信仰主要是对弥勒菩萨的信仰，死后即可往生。但此处只是解脱的中转站，并不是最终的目的地。

下生信仰见于《弥勒下生经》《弥勒成佛经》等。据佛经记载，弥勒在兜率天涅槃4000岁（相当于人间57亿6千万年）后，便下生人间，在华林园龙华树下成佛，救助众生，人们就会受度解脱。这对于生活在苦难中的百姓来说，吸引力是巨大的，因此下生信仰很快便取代了早期流行的上生信仰，成为弥勒信仰的主流。[①]

图 3–16　清代弥勒菩萨像

弥勒信仰在中国也经历了世俗化与民族化的过程。最初的弥勒信仰基本上完全照搬印度佛教，信奉者主要是佛教高僧和士大夫。弥勒造像严格按照佛经要求制作，多为头戴天冠、身披璎珞的“金身弥勒”，庄严肃穆，眼观鼻，鼻观心，超凡脱俗，悲天悯人，带有浓郁的印度风格（见图 3–16）。现在北京

① 参见徐文明：《漫话弥勒佛》，《世界宗教文化》2001 年第 4 期。

图 3–17　[日] 冈木大更 · 布袋和尚画像

广济寺、苏州灵岩山寺、浙江新昌寺等供奉的仍是大冠弥勒佛像。[①] 随着弥勒下生信仰的逐渐流行，弥勒形象也在发生变化，南北朝至隋唐时期，民间秘密流传白衣长发的居士作为弥勒佛的化身。五代之后，以契此为原型的“大肚弥勒”流行起来，成为最受百姓欢迎的中国弥勒佛。

契此是五代后梁时一个下层游方僧人，明州奉化（今属浙江宁波）人。他身宽体胖，肚子奇大，由于经常背着一个布袋四处化缘，所以被称为“布袋和尚”。他见物就乞，随地寝卧，如颠似痴。相传他善知天地阴阳，能预示吉凶，为人驱邪避灾。后梁贞明三年（917 年），契此于奉化岳林寺圆寂。临终前说偈：“弥勒真弥勒，分身千百亿。时时示世人，世人总不识。”人们恍然大悟，以为他是真弥勒的化身，于是在他的墓地上建了一座弥勒庵加以祭祀，此后许多寺庙中的弥勒都以矮身大肚、蹙鼻笑口的布袋和尚为原型了（见图 3–17）。元符元年（1098 年），宋哲宗赐号定应大师。崇宁三年（1104 年），岳林寺住持建阁时，将弥勒菩萨塑于寺内，宋徽宗赐阁名为“崇宁”，近千年来香火持续不断。

① 参见杨畅：《弥勒佛、布袋和尚与蒋摩诃》，《文史杂志》2011 年第 4 期。

第四章 传统民间秘密宗教

所谓民间秘密宗教，是指流行于社会中下层、未经当局认可的，在民间秘密流传的各种教派，它们作为佛教、道教等正统宗教的异端，为下层民众所崇奉，属于下层文化系统的范畴，是整个民间信仰的有机组成部分。民间秘密宗教除了具备宗教的一般属性外，还有不同于一般宗教的特性，即主要流行于民间，并常常带有隐秘、神秘的特点。

关于中国民间秘密宗教，最早可以追溯到东汉末年的五斗米道和太平道，自宋代开始，尤其到了明清时期，民间秘密宗教便以燎原之势迅猛发展。民间秘密宗教的信仰主体都是社会下层民众。他们生活在社会的最底层，对现实的残酷和社会的不公有着最为深切的体会。面对统治者的压迫、剥削，面对生活的艰辛、无助，他们有改变命运的强烈要求和愿望。同时，他们中绝大多数人没有受过良好的教育，认识水平低下，易于迷信鬼神，迫切希望借助神秘力量改变现状，获得幸福。因此，民间秘密宗教所宣扬的通过茹素诵经可以消灾祈福，通过互济互助可以自卫抗暴等信念，对贫苦无助的下层百姓具有巨大的诱惑力和吸引力。可以说，民间秘密宗教是下层民众面对苦难寻找出路，向往光明和美好世界的一种真实反映和心灵寄托。

历史上的民间秘密宗教五花八门，数量众多。据中国第一历史档案馆清廷军机处奏折统计，仅清代秘密宗教就有200多种，其中最为著名的有白莲教、罗教、黄天教、弘阳教、闻香教、圆顿教、八卦教，以及它们所派生衍变的各种教派，如无为、大乘、混元、龙天、龙华、收元、清水、长生、皇极金丹、天理、清茶门、白阳、青莲、圆教等。在这些民间秘密宗教中，早期的五斗米道、太平道经过加工改造，演变为正统宗教，还有一少部分被统治者所利用，逐渐由秘密走向公开，而绝大部分被统治者视为“邪教”，受到严厉打击和镇压。

民间秘密宗教之所以被视为邪教，主要是因为它们大都视现实社会为黑暗、邪恶的末劫世界，具有叛逆的因素，是被压迫群众反抗统治阶级的秘密组织和精神纽带。不少民间秘密宗教常为流民、农民利用，作为组织起义的工具，如

明初的唐赛儿起义、明后期的徐鸿儒起义、清中叶川楚白莲教起义以及北方地区的天理教起义等，都对封建王朝造成了严重威胁。有的甚至被利用来推翻前政权，如朱元璋依靠奉弥勒聚众起义的红巾队伍倾覆了元帝国，建立了大明王朝。另外，它们的说教也大多离经叛道，为主流文化所排斥。因此，它们总是受到封建政权的取缔与镇压。但政府的高压政策并没有让秘密宗教销声匿迹，一些教派在受到打击后，或改头换面，或衍化分支，仍在秘密进行传教活动，教派的反抗斗争在古代社会也始终没有停息。

一、白莲教

白莲教是元末以来流传最久、影响最大的民间宗教教派。白莲教前身为白莲宗，属于佛教净土宗的一个支派，其创始人为茅子元。

茅子元，吴郡昆山（今江苏昆山）人，19 岁出家为僧，从天台宗修习禅法，后来改宗净土。南宋绍兴初年，茅子元在净土结社的基础上创立白莲忏堂，称“白莲宗”，即白莲教。茅子元自称“白莲导师”，其徒号“白莲菜人”。茅子元创立的白莲教崇拜阿弥陀佛，以往生净土为修行目的，宣扬不舍家缘，不修禅定，念佛五声，临终弥陀接引。信众不必出家，可家居火宅，娶妻生子，并可男女同修净业。

白莲教创立不久，便以“事魔之罪”被朝廷取缔，茅子元也被流放江州（今江西九江）。南宋孝宗乾道二年（1166 年），诏至德寿殿，演说净土法门，并特赐“劝修净业白莲尊师慈照宗主”称号，使白莲教宗风大振。终南宋一朝，白莲教一直在公开活动，没有被明令禁止。

元代是白莲教大发展的时代，白莲教徒改称“白莲道人”，在修持上改定时集会为居住忏堂，遂使忏堂成为独立教团的活动中心。白莲堂聚徒多至千人，少者不下百人，栋宇宏丽，遍布各地，规模堪比佛寺道观。元中叶以后，依托

白莲教造反的事件不断发生，元政府遂指白莲教为邪教，左道乱政，下令禁断白莲社，毁其祠宇，信众恢复民籍。此后，白莲教转入地下活动，并开始与弥勒教、明教合流，逐渐蜕变为民间宗教教派。

此时的白莲教吸收了弥勒教、明教的基本教义，将其融合为“明王出世，弥勒下生”，作为其教义宗旨，标志着其背离了佛教弥陀净土信仰，蜕变为一个新的民间宗教，成为反元者用以组织民众的工具。至正十一年（1351 年），以韩山童、刘福通为首的北方红巾军和以徐寿辉、邹普胜为首的南方红巾军，将弥勒下生救世思想与白莲教组织紧密结合，利用白莲教宣传、组织群众，掀起了一场推翻元朝统治的革命风暴。顺帝时在袁州（今江西宜春）发动反元起义的彭莹玉与其徒周子旺也出自白莲教门。

明朝建立后，白莲教又策动并领导了连绵不断的暴动和起义。其中，最为著名的有明初唐赛儿起义和明中叶刘通、石龙领导的荆襄流民大起义。这些反抗运动冲击着大明帝国的统治根基，构成了明代最为严重的社会问题之一。

明中叶以后，白莲教内部开始分化：一方面形成了一批以传教敛钱为职业的宗教首领，另一方面部分领导人宣扬元末以来白莲教的斗争精神，使白莲教继续发挥组织与鼓动农民起义的作用，并将这种抗争思想延续下去，成为后起教派反抗封建专制压迫的思想基础，对后世民间宗教产生了深远的影响。嘉靖、万历以后，由于统治集团的严厉禁止和残酷镇压，白莲教逐渐分散活动，形成了许多支派，如收元教、混元教、白阳教、八卦教、大乘教、红阳教等。

清代，直接或间接利用白莲教发动起义的次数比明代多，较著名的有山东的王伦起义，川楚陕的白莲教大起义，冀豫鲁的林清、李文成起义，山西的曹顺起义，贵州的白黄红青号军起义，等等。

白莲教之所以有如此强大的生命力和广泛的群众基础，主要原因是它的教义不像一般宗教那样深奥、玄秘，而是非常浅显、现实，并且很容易与农民反压迫的要求相结合。特别是在天灾人祸频仍、官民矛盾严重的时候，白莲教教

义就成为下层民众解灾救难、推翻腐朽统治的理论武器。直到近代，白莲教的活动仍未消失，中华人民共和国成立之前，在个别地区尚存有少数白莲教支派，但已被反动阶级利用，沦为会道门组织。①

二、摩尼教

摩尼教是公元 3 世纪中叶在波斯兴起的世界性宗教，因创始人摩尼而得名。在瓦赫兰一世、二世时期，摩尼教被视为异端，摩尼被钉死在十字架上，摩尼教徒也遭到迫害，大量逃亡国外，从而将摩尼教信仰传播到世界各地，形成世界性宗教。

摩尼教的最高之神为大明神，教义的核心是“二宗三际”说。“二宗”是指光明与黑暗，即善与恶，善神清净而光明，恶魔污浊而黑暗，人宜弃暗趋明；“三际”是将宇宙的历史分为初际、中际和后际三个阶段，分别代表过去、现在和未来。

关于摩尼教传入中国的时间，海内外学者意见不一，大多都将时间界定于南北朝至唐代之间。摩尼教因崇拜光明（见图 4–1），故在中国又有“明教”之称。

唐朝延载元年（694 年），武则天在长安召见摩尼教拂多诞（传法者），允许摩尼教作为合法宗教在我国公开传播，汉人也有皈依信奉者。在佛教、道教的联合抵制下，唐玄宗于开元二十年（732 年）七月颁布敕令，禁止汉人信奉摩尼教，只许在移民中国的西域胡人中自行流传。

图 4–1　福建晋江草庵摩尼光佛石雕像

安史之乱爆发，回鹘数次派兵助唐平叛，

① 参见濮文起：《白莲教》，《中国民族报》2004 年 6 月 22 日。

得到唐王朝的礼遇。回鹘登里可汗带兵助攻洛阳，得遇数名摩尼师相助，受其感化，遂皈依摩尼教，并把该教尊为国教。由是，摩尼教借助回鹘的势力在中国迅速扩张。大历三年（768 年），唐代宗颁布敕令，允许摩尼师在京师长安设置寺院，并赐额“大云光明寺”。大历六年（771 年），又应回纥所请，在荆州、扬州、洪州、越州建大光明寺，信徒穿白衣、戴白冠。宪宗元和三年（807 年），又在河南府和太原府设置 3 座摩尼寺。至此，摩尼教流传到中国广大地区。从大历三年直到唐武宗会昌年间（841 ～ 846 年），约 70 余年间，是摩尼教在中国最风光的时期。其时，在传入中国的诸多外来宗教中，摩尼教声势之盛仅次于佛教。

会昌三年（843 年），唐武宗颁布敕令，禁止摩尼教在华传播。摩尼教经此一劫，严重受挫，残存于中国内地的教徒，无论是胡人，还是汉人，都不能公开从事宗教活动了。摩尼教遂产生分化，一部分依附佛教、道教，借佛寺、道观从事秘密活动；一部分演化为民间宗教，在下层社会秘密流传。①

由于摩尼教教义宣扬善与恶、明与暗的斗争，提倡男女平等、分财互助，不吃荤酒等，在长夜难明的苦难年代，这种教义曾鼓舞了人们争取光明、战胜黑暗的斗志，因此得到下层群众的欢迎，逐渐发展成为秘密结社的宗教。两宋时期，摩尼教发展非常迅速，流行于淮南、两浙、江西、福建等地。“淮南谓之二襘子，两浙谓之牟尼教，江东谓之四果，江西谓之金刚禅，福建谓之民教、揭谛斋等，名号不一。”② 如温州，凡行明教者都号为“行者”，他们在各地乡村建立屋宇，号曰“斋堂”，温州就有 40 余所斋堂。凡教徒聚集之时，侍者、听者、姑婆、斋姐等人，建立道场，夜聚晓散，而所刻之经名目甚多。③

① 参见濮文起：《摩尼教》，《中国民族报》2004 年 6 月 11 日。

② （宋）陆游：《渭南文集》卷五《条对状一》。

③ 参见芮传明：《论宋代江南之“吃菜事魔”信仰》，《史林》1999 年第 3 期。

图 4-2　福建晋江草庵摩尼教遗址

福建晋江草庵摩尼教遗址（见图 4-2）[①]是世界现存唯一的摩尼教寺庙遗址。草庵创建于宋代，是摩尼教活动的据点。摩尼教经常被一些农民起义利用来号召与组织民众。据《佛祖统记》记载，梁贞明六年（902 年），陈州“末尼”反，立毋乙为天子。北宋时期，方腊起义军中就有许多人信仰摩尼教。一些农民起义也引用了“圣王”“明法王”为称号，崇尚白色，燃灯祭祀等。从两宋至明代，摩尼教曾多次被用来组织起义，因此被官方视为鼓动叛乱的邪教加以镇压。

明代之后，由于统治者的打击迫害，摩尼教作为一个独立的宗教已经不存在了，最终融入中国民间宗教之中，有的与弥勒教相融合，有的并入白莲教中。

三、天理教

天理教，是清初创立的八卦教支派之一，又名“荣华会”“红阳会”“白阳会”，嘉庆十三年（1808 年），林清出任掌教后，改称“天理教”。

嘉庆时期，封建统治日益腐朽，社会矛盾日趋尖锐，京畿大兴县人林清决定利用民间秘密宗教的组织来发动群众，进行反清斗争。林清是八卦教“坎卦”的头目，自命“掌理天盘八卦开法后天祖师”。嘉庆十一年（1806 年）开始传教，

① 选自李玉昆：《福建晋江草庵摩尼教遗址》，《寻根》2006 年第 1 期。

经过努力，林清首先联合京畿地区部分白莲教支派成员，组成了白阳教；同时又多次到河南，与以震、离二卦为核心的八卦教首领李文成、冯克善等人联络，促成了三股势力的大联合，联合后的教派即定名为“天理教”。因此，天理教是林清、李文成、冯克善将京畿地区的白阳教、坎卦教和直隶、豫、鲁三省交界地区的八卦教联合之后形成的新组织。

天理教以“真空家乡，无生父母”为八字真言，命其教徒日夕拜诵，宣称念诵这个咒语可免刀兵水火之厄，免遭劫运，富贵无穷。天理教宝卷《三佛应劫书》提倡“两宗三际”说。“两宗”指明、暗两种斗争的势力，“三际”指青洋（阳）、红洋（阳）和白洋（阳）三个时期。“无生父母”在三个时期分别派燃灯佛、释迦佛和弥勒佛来统治人类世界。宣扬红阳劫尽，白阳当兴。红阳时期，黑暗势力占据上风，形成大患，招致“白阳劫”的来临，弥勒佛随之降生，领导人们驱走黑暗，赢得光明。这就成为广大农民试图摆脱苦难、寻求出路的精神寄托，传习天理教的人很多，教徒遍布冀、晋、豫、鲁等省。

天理教是清代中叶阶级矛盾日趋尖锐的产物。天理教的各教派在不同程度上都具有反清思想。正是在这一共同目标的指引下，天理教才得以形成，并在短时期内爆发了一场疾风骤雨般的反清斗争，给清朝统治者以沉重的打击。

天理教起义主要集中在两个战场：一个是京畿，一个是直隶、鲁、豫三省交界地区。嘉庆十八年（1813 年），经过一定时间的准备，林清、李文成等约定在农历九月十五日八方共起反清，并由河南派人支援河北，一起进攻北京。由于河南滑县起义机密泄漏，李文成被捕下狱。滑县教徒于九月初七提前起义，救出李文成，占领县城，建立了农民政权。起义军又攻取了山东定陶、曹县。清廷调军镇压。十一月初，李文成转战辉县，战败自焚而死。滑县起义将领大部分战死，河南、山东起义失败。

河北林清等人仍然按原计划起义，于九月十四日派人分成两个小队混入北京城。九月十五日，攻入皇宫，与清军展开激战。起义军寡不敌众，退出皇宫。

九月十七日，因叛徒告密，林清在黄村被捕遇害。起义失败。

天理教起义尽管历时仅 3 个多月，但由于它将斗争矛头直指清廷统治核心地区，这就沉重打击了清王朝的统治，加速了清朝的衰败和瓦解。[①]

四、罗　教

罗教，始称“无为教”，是罗梦鸿于明代成化年间创立的一个民间宗教派别。后世信徒尊称罗梦鸿为“罗祖”。

罗清，亦名梦鸿，生于明正统七年（1442 年），祖籍山东莱州府即墨县，家境贫寒，世代隶军籍。14 岁戍守北直隶密云卫，饱尝人间苦难。成化六年（1470 年），他脱离军籍，进行宗教参修。罗清先修习佛教净土与南禅，后又杂糅道教清静无为和宋明理学思想，经过 13 年的努力，终于在成化十八年（1482 年）省悟出“无为大道”，并因此将其所创教派命名为“无为教”。

罗清创教后，先在密云卫建造经堂，传法布道，后又到北京传教度人，引起了官府的注意，于正德初年被逮捕入狱。在牢中，他怀着布道救世的信念，决心把自己体悟出来的教义真理，写成宝卷，流通天下，普度群迷。在皈依罗教的太监张永的协助下，罗清把他的两位徒弟福恩和福报从五台山接到牢中。罗梦鸿口授经文，两位弟子依言笔录，终于写成了流传后世的《罗祖五部经》。这 5 部 6 册宝卷在正德四年（1509 年）刊版刷印流通，罗教也因此而大行于世。

其后，罗梦鸿在张永、党尚书等人帮助下，脱离牢狱之灾，并得到正德皇帝的召见，封他为无为宗师。

罗梦鸿获释后仍在密云一带传教。嘉靖六年（1527 年）正月，罗梦鸿在密云卫司马台坐化，享年 85 岁，葬于镇东北罗氏墓地，坟前建塔立碑，称“无为境”，

① 参见卢善焕：《略论李文成领导的京畿天理教起义》，《历史教学》1980 年第 1 期。

成为后世罗教信徒朝拜的“圣地”。

罗梦鸿的宗教思想，集中体现在《罗祖五部经》中。

第一部经典是《苦功悟道卷》，不分品，1 卷 1 册，共 8867 字。该卷具体叙述了罗梦鸿 13 年刻苦参悟无为正道的 18 个过程，又称“十八参”。

第二部经典是《叹世无为卷》，不分品，1 卷 1 册，共计 11754 字，该经卷充满对社会和人生无尽苦难的哀叹，宣扬世人要想脱离苦海，超脱生死，只有赶快参拜“明师”，加入无为教一途。

第三部经典是《破邪显正钥匙卷》，24 品，上、下 2 卷 2 册，共计 23487 字。该经卷认为“一切有为之法”均属邪见偏执，必须破除，同时弘扬罗祖参悟的无为正法，以此作为打开通向悟道明心大门的钥匙，交给信奉者。

第四部经典是《正信除疑无修正自在宝卷》，24 品，1 卷 1 册，共计 13959 字。该部经卷从正面全面阐述了无为教教义，以坚定信奉者对无极正道的信心，并批判白莲教、弥勒教等为害人邪法，告诫信徒不可轻信上当。

第五部经典是《巍巍不动泰山深根结果宝卷》，24 品，1 卷 1 册，共计 14298 字。该部经卷探讨了宇宙本原、世界生成；教导人们要识得本来面目，见性成佛；告诫信徒要像泰山那样坚定地崇奉无为教主与无为大道，绝不动摇。

五部经是一套既通俗易懂又具有内在逻辑联系的完整的宗教思想体系，为世人指出了一条开悟成佛的简捷之路，对民众有极大的吸引力，传播非常迅速，几乎未受到封建政权的严厉阻遏。它不仅传遍其发源地北方，而且也传入江浙及东南数省。

罗梦鸿去世后，其传人主要有两支：一支是罗氏世袭传教家族。罗梦鸿有一子一女，子罗佛正继承教权，此后，经罗清孙罗文举、重孙罗从善，七传至罗明忠，后有罗国柱、罗德林，皆为无为教主。至乾隆三十三年（1768 年），罗氏家族遭清政府搜查抄检，传教中断。罗梦鸿之女罗佛广在他死后，从密云来到蓟州（今天津蓟县）盘山出家为尼，建无为庵一座，前殿供佛家，后殿供罗祖，

自创教派，取名“大乘教”，继续传播无为大道，被后世信众尊为“机留女”。

第二支传人主要是外姓弟子衣钵传授。第二代李心安，著有《三乘语录》，以后传人分别是秦洞山、宋孤舟、孙真空、于昆冈、徐玄空，至第八代明空，著有《佛说大藏显性了义宝卷》等。他们均有自己编撰的宝卷，对罗教教义进行阐释和发展。

明中叶著名的佛教僧侣释大宁也是罗教传人。经过他们的继承与发展，到万历年间，罗教逐步形成了一套完整的思想体系，以无生老母为最高崇拜，以真空家乡为理想境界，以龙华三会与未来佛（弥勒佛）为信仰核心。

罗教的支派流裔，逐渐繁衍出众多的民间教派，如江南斋教、黄天教、西大乘教、弘阳教、圆顿教、青莲教、先天教、归根道、一贯道等，都以罗祖为本教的祖师。

另外，还有在大运河运粮军工中传播者。运河贯通南北，是交通运输的大动脉，罗教通过运河水手快速传播到南方数省。后来，水手中的罗教信徒逐渐发展为清朝时著名的青帮。①

五、三一教

三一教是由明代思想家林兆恩于嘉靖年间在福建莆田创立的，是一支由学术团体转化而成的教派。

林兆恩（1517～1598年），字懋勋，号龙江，福建莆田人，出生于官宦世家，因屡试不第，遂放弃功名，专心学道，研求心身性命之学。嘉靖三十年（1551年），林兆恩35岁，在王阳明心学的理论指导下，开始创立三一教。

所谓“三一”，就是儒、释、道三教合一，而“心”是三教的本源，三教要

① 参见韩秉方：《罗教及其社会影响》，《世界宗教研究》1994年第1期。

统一在“心”之上，唯一的办法就是把三教之道混于一身之内，互相贯通，融合一体。最能体现三教会通性质的是林兆恩独创的“九序心法”。它集伦理和丹道于一体，以儒家的纲常伦理为“立本”，以道教的修身炼性为“入门”，以佛教的虚空本体为“极则”。规定门徒入教后的修习程序为：始以立本明人伦；继之以入门，以明心法；继之以极则，以体太虚。林兆恩认为要恢复心之虚明的本体，必须先立本，次入门，终极则，循序渐进，缺一不可。

林兆恩自创立三一教，一直致力于设教传道活动。初期招收门徒较为严格，主要是诸生，他们除了学习道术外，更重要的是以举业为务。这一时期三一教的性质是学术团体，即儒家读书人的结社占主导地位。

从嘉靖四十五年（1566年）开始，随着三一教影响的不断扩大，其性质也开始向宗教方向发展。儒家读书人的结社性质消失了，招收的门徒包括士农工商及僧侣、道士等，扩大到社会各个阶层，人数众多，其中“门贤”就有800人之多。

三一教的宗教活动场所“三教堂”也出现了。从万历十二年（1584年）开始，莆田、仙游、福清、金陵四地就建造了18座三教堂，如宗孔堂、琼岛祠等。堂祠正厅当中供奉教主坐像，戴三纲巾，着五常履、三纲五常衣，两手拱太极。较大的堂祠也有作“三身合一像”的，坐像儒衣儒冠象征孔子，左肩出一头戴道冠象征老子，右肩出一头戴僧帽象征释迦。门徒把孔、老、释迦和林兆恩的画像供奉在三教堂中，定期祭祀。

三一教宣称“大道总归一夏，真空遍满三千”，以“夏”字总括三教归一之大义，故亦名“夏教”，并尊教主为“夏午尼氏”。三一教的经典义理为《夏午尼经》，并且具有基本的教规、教仪。

林兆恩的传教活动十分活跃，不仅在福建各地区传教，而且也活跃于江西、浙江、湖北、南京等地。三一教在以莆田为中心的江南大部分省区流传，祠堂林立，信徒成千上万，尤其在福建的影响最大。

明万历二十六年（1598年）正月十四日，林兆恩病逝，享年82岁。其后

门徒分裂为两大派别：一派以林兆恩的族弟林兆坷为代表，从学术方面继承了林兆恩的思想。由于这一派带有比较浓厚的学术色彩，不易为普通百姓所接受，在民间影响不大，到清初基本上就湮没无闻了。

另一派从宗教的角度继承并改造了林兆恩的思想。他们以三一教为夏教，奉林兆恩为三一教主，其中最有影响的有三支：以嫡传弟子卢文辉、再传弟子陈衷瑜、三传弟子董史为首，在以莆田、仙游为中心的福建各地传教；以陈标、王兴为首，在浙江、安徽、福州、金陵等地传教；以张洪都、真懒为首，发展于金陵、直隶及北京等地。他们积极弘扬三一教，通过神化林兆恩、发展宗教观、充实三一教仪规、大量修建三一祠堂等方式，将三一教彻底改造为民间秘密宗教。经过其传人的苦心经营，三一教获得迅速发展，到明末清初，三一教已经成为一个活跃于江南各省并远及北直隶的大教派。

清康熙、乾隆年间，三一教因遭清廷的查禁而衰落，在莆田、仙游以外的流传一度中断。19 世纪中叶，清政府内外交困，无暇顾及各种民间宗教活动，于是流传了 100 多年的三一教，在陈智达、梁普耀、刘开怀等三一教传人的努力下，于清末民初又在莆、仙一带重新活跃起来。近代，随着莆田海外移民的足迹，三一教传入我国台湾省和东南亚的新加坡与马来西亚，在当地华人中传播，至今不衰。[①]

六、闻香教

闻香教原属无为教的一个分支，也称“大乘教”“东大乘教”，清代多称“清茶门教”，创立者为明代北直隶顺天府蓟州（今天津蓟县）人王森。

① 参见林国平：《略论林兆恩的三教合一思想和三一教》，《福建师范大学学报》1986 年第 2 期。

王森（1536～1619年），原名石自然，后改名王森、王道森。青年时，在蓟州做皮匠。此时蓟州民间流行的是无为教分支，由罗教始祖罗梦鸿之女罗佛广所创的大乘教。王森拜罗佛广为师，习大乘教。明嘉靖四十三年（1564年），王森离开蓟州，到外地开荒拓教，遂自创教派，也以大乘教命其教名。他在直隶、北京等地传教，后立足于永平府滦州（今河北滦县）石佛口，自称“法王石佛”。因其发祥地在北京东部，故名“东大乘教”。据闻香教经典《皇极金丹九莲正信归真还乡宝卷》所记，老母佛广派王森开荒拓教，赐予他九莲信香，凡闻此香者，心即迷惑，妄有所见。王森依其术创教，自称“闻香教主”。因此，东大乘教也称“闻香教”。

至明万历中期，闻香教信众已遍布北直隶、河南、山东、山西、陕西、四川，不下200万人。王森以信徒所献香金购地置产，富比王侯，形成一个秘密宗教王国，引起朝廷的注意。明万历二十三年（1595年），王森被捕入狱，判绞罪。后用重贿方才获释。出狱后，王森开始交结权贵以为庇护，他攀附皇后的父亲王伟，在石佛口王氏家族的族谱中，王伟为王森的长兄，王氏家族变成了皇亲国戚。王森同时也结交宦官王德祥，作为内援，由此教势大振。

万历四十年（1612年），王森将信徒所献巨万香金托付弟子李国用，但被李国用贪没，由此两人反目，李国用自立教派，利用道教符咒招揽教众，与王森分庭抗礼，王森教内弟子大量前往投奔。两个教派势不两立，经常械斗仇杀。万历四十二年（1615年），王森第二次入狱，万历四十七年（1619年）在狱中自杀。

王森生前没有留下经卷，闻香教的传教经典《皇极金丹九莲正信归真还乡宝卷》系其门徒所撰，其核心思想是继承发展无为教的三世三佛理论，向往弥陀治世。

王森生有三子，他死后，三子王好贤及徒徐鸿儒继续传教，势力迅猛发展。明熹宗天启二年（1622年），徐鸿儒发动了反明大起义，给明王朝以极大打击。起义失败后，徐鸿儒和王好贤先后被处死，闻香教也处于分崩离析的状态。到

了明崇祯时，闻香教实力逐渐复苏，当时掌教者为王森之孙、二子王好义的之子王可就。清兵入关后，王可就率众降清。在清初镇压山东、陕西、浙江一带的抗清活动中，王可就立下汗马功劳，受到清廷的赏识。“三藩之乱”时，康熙帝两次召见王可就，委以密查耿精忠的重任。后王可就被刺身亡，康熙帝恩赐祭葬，并荫封其二子。王森也被追封为荣禄大夫、昭勇将军，在滦州石佛口钦赐诰命碑，以示褒仪。此后，二子王好义的子孙走上攀附权贵之路，不再参与宗教活动。闻香教由王森长子王好礼、三子王好贤后代继续传承。

清初，闻香教为躲避官府查禁，改名“清茶门教”，信徒在密室内神佛前供奉清茶，以此清茶治病救人，“清茶门”的名称即来源于此。清茶门教在直隶、河南、山西、湖北、江南等省传播，广收徒众，兴盛一时。顺治年间，由于王好贤后裔大力宣扬弥勒救世和反清复明思想，清茶门教受到清政府的严厉清查和残酷镇压。嘉庆十八年（1813 年），清政府对清茶门教进行全面清剿，历时 200 多年的王氏教家就此湮灭，清茶门教也随之衰微。

此后，由闻香教衍生出大乘天真圆领教、棒棰会、龙天道等宗支派系，在清代至民国时期继续传播闻香教的教义思想。①

七、黄天教

黄天教也称“黄天道”“皇天道”，创立于明朝嘉靖年间，是中国北方及东北地区长期存在并一直持续到近代的一种民间宗教。创教者是直隶怀安县（今河北怀安）人李宾。

李宾早年应征入伍，驻守边防，于战争中失去一目，后离开军队，求道访真数十年，于嘉靖三十二年（1553 年）得遇“明人”，传其修炼内功之法，次年

① 参考马西沙：《中国民间宗教简史》，上海人民出版社 2005 年版，第 128 ～ 132 页。

修成内丹，遂以佛教思想为中心，吸收无为教教义，创立黄天教。李宾在万全卫膳房堡的碧天寺内讲经说法，进行传教活动，法号普明。

之后李宾在宣化府属万全卫、怀安县、蔚州等地讲经说法，传教度人。李宾共建有 24 会，各设会主，每会又有 8 个分会，共计 192 个分会。教徒入会后必须在每年的四时八节参加总会或分会举行的做会，每年 12 次。做会时有吃斋、敬供、诵经等内容，与佛教的教事活动非常接近。平时在家也要每日做会，一天 3 次对日叩头。其教义主要是宣传因果报应，倡导善良正义；鼓吹天有劫难，信教者可免灾避祸。

嘉靖四十一年（1562 年），李宾死于膳房堡，葬于碧天寺明光塔。李宾被教内尊为“普明佛”“普明老祖”“普明如来佛”“无为祖”“太阳圣翁”等。

李宾死后，黄天道由其妻王氏与其两女传承。王氏曾与李宾一起吃斋念佛，共同创立了黄天教,通传妙法,法号普光,死后被教内尊为“普光祖”“普光如来佛”“太阴圣母”，与李宾合葬碧天寺，从此，碧天寺成为黄天道圣地，香火不绝。

李宾夫妇无子，生有二女，由其女承继教权，她们也自立佛号，大女儿法号普静，次女法号普照，普照之女法号普贤，相递接承黄天教首。这就是黄天道内崇拜的五位佛祖，即普明佛、普光佛、普净佛、普照佛、普贤佛。普贤死后，由李宾胞兄李宸四世孙李蔚执掌,被信众尊为“普慧佛”。李蔚死后,传其弟李贲，李贲传其孙李昌年。李昌年死，教权由李蔚孙李遐年继承，直到乾隆二十八年（1763 年）清当局严办黄天道止，教权一直掌握在李氏家族手中。

黄天道另一传人是郑光祖，他拜李宾夫妇为师，法号普静。万历六年（1578 年）开始传教，万历十四年（1586 年）去世，教内奉为普净佛，尊为“黄天道九祖”，是李氏家族之外的另一支黄天道教首，曾使黄天道远播江南，并衍生出著名的长生教和老官斋教。

随着黄天教的发展，教徒人数不断增多，逐渐引起统治者的注意，其教义中浓烈的愤世、叛逆思想及该教所宣扬的劫难说都不利于封建政权的稳定。所以，

自雍正时起，该教就不断遭到清朝政府的镇压和打击。道光初年，华北的黄天教活动已大为收敛，开始转为地下活动。到光绪时期，黄天道又再度兴盛，碧天寺重建落成，更名普明寺。直到民国时期，膳房堡仍有为数众多的黄天道寺庙。[①]

八、弘阳教

弘阳教又称“混元教”“源沌教”，是明清时期出现的一支重要的民间宗教教派，创立者是韩太湖。

韩太湖（1570～1598年），北直广平府曲周县（今河北曲周）人，自幼随父母吃斋念佛，一家虔诚修行，但无法解决生死问题。因此，韩太湖在19岁时离开家乡，访师学道。他先在河南王师父门下学习混元门弘阳教，后脱离师门，走上了一条自行参悟、自创教派之路。明万历二十二年（1594年），年仅24岁的韩太湖在太虎山悟道，立教开宗，创立教派，亦名弘阳教，是为弘阳新教，并在太虎山舍九莲宝台，集会说法，广收门徒，建立组织。弘阳教尊混元老祖为创世主，尊称韩太湖为“飘高祖”。

韩太湖自创教派后，于明万历二十三年（1595年）北上京师，通过结纳宦官寻求支持，结识了御马监程公、内经厂石公、盔甲厂张公等人作为护法者，争取到宫中权贵支持，韩太湖所创弘阳教由此盛行京师。韩太湖仿照罗教《罗祖五部经》撰写了弘阳教五部经，他在内经厂印造大量经卷，布道收徒，遂使弘阳教声望日著，流传甚广，显赫一时。随着韩太湖弘阳教的创立与盛行，河南王师父弘阳旧教逐渐湮没无闻。

明万历二十六年（1598年），韩太湖英年早逝。教徒借机对他进行神化，使该教益盛。韩太湖没有子嗣，门徒在其家乡建立韩祖庙，定时礼拜祭祀。

① 参见马西沙：《中国民间宗教简史》，上海人民出版社2005年版，第247～257页。

弘阳教教义核心是“红阳劫尽，白阳当兴”，认为弘阳末劫即将到来，这是自创世以来人类面临的最大也是最后一次劫难。届时，刀兵水火风灾齐降，东土众生无处躲藏，只有加入弘阳教，才能躲劫避难，进入无限美好的白阳世界。

弘阳教是一个多神崇拜的教派，弘阳教宝卷中记载了好多尊神，如老祖、真人、佛、菩萨等，凡信仰世界的天神地祇无所不奉。但在弘阳教庞大的神灵谱系中，即混元老祖、无生老母、飘高老祖三位尊神是主要崇拜偶像。飘高祖是无极老祖第五子，受命降生东土，担负着普度众生脱离苦海的任务，是现实社会中的救世主。

弘阳教倡三教合一，认为儒、佛、道三教同出一源，相互贯通。许多经卷中都绘有释迦居中、老君居左、孔子居右的三教圣人并排而坐的画像。三者中释迦地位稍高、图像稍大。弘阳教深受佛教影响，认为人死后魂魄不灭，会因生前罪孽打入地狱受相应诸苦，再根据罪孽轻重转托四生。

弘阳教创立之初，其信徒多为社会上层人士，后来走向民间，以农民、手工业者、城市贫民为主，而妇女又占据相当数量。她们入教后，大多习医，为人治病，并从事传教活动。《血湖宝忏》就是专为超度将要落难的妇女而准备的，对妇女表示了极大的关心。

弘阳教在明末传播范围遍及华北、东北、湖南、四川等地区。清代，弘阳教被政府列入申禁的邪教范围内。嘉庆十八年（1813 年）九月十五日，以刘兴礼为首的京畿地区弘阳教团参与了天理教攻打皇宫的战斗，嘉庆帝震怒，敕命各地官府彻底清查、铲除弘阳教。道光十九年（1839 年），清政府平毁曲周县的韩祖庙，掘墓焚骨。经过严厉打击，弘阳教势力锐减，但散落在各地的弘阳教仍在民间秘密活动。[①]

---

① 参见别美卉：《弘阳教的信仰世界和实用化倾向》，《山西师大学报》（社会科学版）2012 年第 1 期。

第五章 传统民间巫术

巫术是万物有灵观念发展的历史产物，是原始人企图利用和战胜“超自然力”的一种技术和愿望。先民们相信通过施行一定的仪式和手段，就能接神通鬼，操纵某种超人的神秘力量，达到祈福禳灾或致害仇敌的某种具体目的。

巫术的分类，按构成巫术的原理和法则，可分为顺势巫术和接触巫术；根据巫术社会功能的道德价值，可把巫术分为白巫术和黑巫术；按照施术者对待灾异、邪祟的态度和攻击力度的不同，巫术可分为预测、禁忌和禳除三大类。按照弗雷泽的观点，顺势巫术和接触巫术都属于交感巫术，交感巫术的体系包含积极性规则和大量消极规则。积极性规则是法术，是通过各种法术趋利避害，即用符咒、仪式等迫使自然力和自然物服从自己的意志。中国古代积极巫术主要分为祈求、驱鬼、辟邪、祛病、祭祀等形态。消极性规则是禁忌。禁忌是一种社会心理层面上的民俗信仰，起源于灵魂观念，它是人们敬畏神灵而自发地约束自己行为的产物，是人们趋利避害的本能使然。禁忌在古代社会中占有很重要的位置，并以巨大的约束力控制着人们的思维方式和生产生活。积极的巫术或法术的目的在于获得一个希望得到的结果，而消极的巫术或禁忌的目的则在于要避免不希望得到的结果。

巫术活动早在旧石器时代就已经出现，如山顶洞遗址发现的人骨周围撒有很多赤铁矿粉末。这种巫术正是中国古代盛行的朱色辟邪术的最早源头。伴随着巫术活动的出现，巫也产生了。在颛顼之前的时代，民神杂糅，家有巫史，人人可通神。颛顼对宗教祭祀进行了制度化改革，命南正重司天以属神，命火正黎司地以属民，绝地天通，实现了少数权力阶层对天人之际的垄断。巫觋成为沟通神人的主要媒介。

进入阶级社会后，统治者以神道设教，利用神权巩固王权。氏族首领兼任的巫作为宗教新贵与世俗新贵相结合，逐渐形成了一个新的集团——祭司集团。祭司集团也可称为“巫官集团”，是王权的组成部分，协助国王交通神灵及管理

祭祀的各项具体事宜。西周时期，由于“敬德保民”思想的出现，神权政治开始衰落。上层社会的巫术文化遭到礼乐文化的排斥而逐渐衰落。相反，巫术的根基仍深深扎在下层社会的深层土壤之中，而且非常活跃，具有极大的市场和影响力。巫术渗透在民众生活的各个方面，诸如生老病死、婚丧嫁娶、衣食住行、岁时节令等无不留下巫术文化深刻的烙印。

巫术是人类试图直接控制超自然神秘力量的尝试，也是一种有效的社会控制手段，具有重要的文化功能。它在古代社会曾长期影响着人们的思维方式、价值观念和心理状态，也曾对社会的政治、军事、法律、文化、民俗等方面产生过深刻的影响。随着历史的发展和文明的进步，巫术的负面作用也日益明显，从而丧失了其存在的价值。

一、降神视鬼

降神是中国古代巫的基本功能之一。许慎《说文解字》释“巫”曰:“祝也。女能事无形，以舞降神者。”降神的方法是巫通过神灵附体来传达神的意旨，代表鬼神发言。《国语・周语上》记载，周惠王十五年（前662年），有神降于莘。时人认为神明都是通过附体于巫而降临人间的。《左传・僖公十年》记载，晋故太子与狐突的交流就是通过附体于巫者来完成的。

后世巫仍保有这一职能。或通过下神给人治病，如汉武帝曾得重病，巫医无所不至。术士游水发根说上郡有巫,病而鬼下之,能为人治病,武帝即召之入宫。或通过下神传达神意。如东汉王充《论衡・实知》曰:“鬼神用巫之口告人。”《论死》曰:“巫叩元弦下死人魂，因巫口谈。”元弦是巫用来引魂的法器。巫弹元弦，招来死人魂，魂附于巫之身，借巫之口说话。据《汉书・郊祀志上》载，汉武帝在上林苑为死去的长陵女子“神君”立祠，神君通过巫之口表达自己的意愿。又据《汉书・武五子传》载，汉昭帝时，广陵王刘胥有觊觎皇位之心，迎女巫

李女须，使下神祝诅。已故的孝武帝借女巫之口，传达欲以广陵王刘胥为天子的命令。从女巫下神时左右皆伏的描述看，时人对巫的降神功能还是深信不疑的。 或通过下神消灾去祸。《汉书 · 景十三王传》载，汉武帝时，江都王刘建专为淫虐，国中多欲告之者，刘建自知罪多，恐诛，心内不安，与其后成光共使越婢下神，希望神灵保佑，免除祸患。 或通过下神求福获利。据《汉书 · 杜周传》记载，汉成帝时，师丹亲荐邑子丞相史能使巫下神，为国求福，几获大利。《三国志·魏书·董卓传》裴注引《献帝起居注》言：“（李）傕性喜鬼怪左道之术，常有道人及女巫歌讴击鼓下神。”李傕让女巫歌讴击鼓下神的目的是求得鬼神的帮助，加官晋爵后，厚赏下神诸巫，以示酬谢。

巫还有一种与降神密切相关的功能，即视鬼，它也是一种传统巫术。春秋时期鲁国宗伯夏父弗忌曾宣称他所看见的新鬼大、故鬼小；晋国桑田巫能描述晋景公梦中所见恶鬼的形象。① 古人认为人得病是鬼祟所致，巫通过视鬼找出作祟之鬼，并将其驱赶，使之离开病者身体，患者即可痊愈。如据《史记 · 魏其武安侯列传》载，武安侯田蚡得病，神志恍惚，呼喊谢罪，使巫视鬼者视之，看到屈死之鬼魂魏其侯窦婴、灌夫围绕在田蚡周围，向其复仇索命。可能对于这种冤死索命之鬼，巫的法术作用有限，因而未能挽救田蚡性命。这与《论衡·薄葬》所说的病且终者、墓中死人来与相见的说法一致，反映了汉代人的鬼神观。据《汉书 · 江充传》记载，汉武帝时，丞相江充让胡巫掘地求偶人、视鬼。江充让胡巫视鬼是让他找出“蛊气”所在地，通过巫术手段而达到政治目的。巫觋不仅能自己视鬼，而且还有“使人见鬼之术”，可以让鬼自现其形。如东汉颍川人刘根就是通过法术，能令人见鬼的巫术之士。

唐宋至明清时期，巫依然活跃于社会各阶层，沟通神鬼，传达神意，驱除鬼魅。如唐玄宗宠妃武惠妃构陷太子及鄂王瑶、光王据致死，后宫常闻有鬼哭声，武

① 参见《左传 · 文公二年》《左传 · 成公十年》。

惠妃恐惧不安，召有视鬼本领的女巫施行巫术，以驱除作祟厉鬼。据北宋李昉等编写的《太平广记》卷四百七十记载："村民有沈某者，其女患魅发狂……腹渐大，若人之妊者。父母患之，迎薛巫以辨之。既至，设坛于室，卧患者于坛内，旁置大火坑，烧铁釜赫然。巫遂盛服奏乐，鼓舞请神。须臾神下，观者再拜。"经过一系列请神、视鬼、驱鬼的仪式，"患者昏睡。翌日乃释然"，魅病痊愈。

巫在古代社会是一支非常活跃的特殊群体，民众的鬼神观念则是其大量存在的社会基础。

二、祝　诅

祝诅主要是祈求鬼神加祸于敌对之人。《尚书·无逸》孔颖达疏曰："诅祝，告神明令加殃咎也；以言告神谓之祝，请神加殃谓之诅。"巫常常代表神灵发号施令，他们的语言体现着神灵的意志，他们的恐吓与诅咒被认为是具有超自然力的巫术咒语（见图 5–1）。其中，越巫的祝诅术最为有名。王充在《论衡·言毒》中认为："南郡极热之地，其人祝树树枯，唾鸟鸟坠。"汉武帝将越巫引进宫廷，就曾令巫祝诅董仲舒，以验其方术是否有效。祝诅时往往同时祠祭，以加强效果。祝诅之术往往流行于上层社会，使用的目的主要涉及以下几种情况：有的是争权夺利，觊觎天子之位。如《汉书·宣元六王传》记载，汉哀帝时，东平王云贪欲君位，使巫傅恭、婢合欢等祠祭诅祝哀帝，为云求为天子，欲求非分之望。又据《汉书·武五子传》，汉昭帝时，广陵王胥觊觎帝位，让女巫下神祝诅。有的是后宫争宠，以媚道求主，驱使医巫，外求方技。如汉武帝陈皇后为与卫子夫

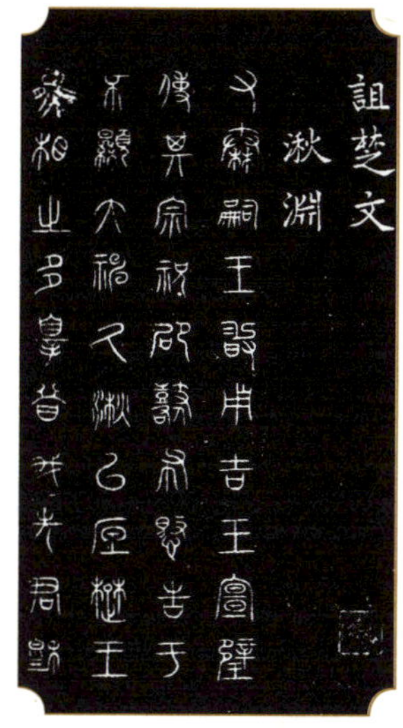

图 5–1　诅楚文（选自李零《中国方术续考》）

争宠，令女巫楚服等巫蛊祠祭祝诅，事发被废。[①] 孝成许皇后宠衰，而后宫多新爱，后姊平安刚侯夫人谒等为媚道祝诅后宫有身孕者王美人及王凤等，事觉被废。[②] 有的用于战争，通过祝诅请神加祸于敌方。汉军在对西域、匈奴、越人作战时，就曾使用祝诅术。汉武帝太初元年（前 104 年），西伐大宛，丁夫人、洛阳虞初等以方祠祝诅匈奴、大宛。祝诅术在少数民族中也很流行。匈奴在与汉军交战时就曾使用此术，匈奴闻汉军来，使巫埋羊牛所出诸道及水上以诅军。[③]

由于祝诅属于能给别人带来危害的黑巫术，因此，统治者对祝诅之术严厉禁止，有犯禁者，从重惩罚，决不姑息。这也为有些人以此陷害对手提供了机会。如汉成帝鸿嘉三年（前 18 年），赵飞燕诬告许皇后、班婕妤挟媚道，祝诅后宫，詈及君主。许皇后被废。[④] 傅昭仪与中山孝王母冯太后并侍元帝，相互争宠。汉哀帝时，傅氏为太后，追怨冯太后，诬陷以祝诅罪，令自杀。[⑤] 汉武帝时，丞相公孙贺逐捕京师大侠朱安世，以赎其子敬声之罪，反被朱安世诬陷使巫祭祠诅上，当驰道埋偶人，祝诅有恶言，落得身死族灭的下场。[⑥] 东汉明帝时，有人上书告阜陵质王延与姬兄谢弇等招奸猾，作图谶，祠祭祝诅，连累致死者甚众。[⑦] 在这里，祝诅术成为打击对手、剪除政敌、达到目的的有效手段，其结果往往株连多人，甚至家灭国除，作法之巫也往往成为统治集团内部争权夺利斗争的牺牲品。祝诅术在后世社会继续流传。《红楼梦》第二十五回写道，赵姨娘指使马道婆使用“魇魔法”陷害王熙凤和贾宝玉。魇魔法即偶像祝诅术，马道婆对代表着王熙凤和贾宝玉的两个纸人“偶像”实施诅咒和攻击，借以打击偶像所代表的人物，

① 参见《汉书・孝武陈皇后传》，中华书局 1962 年版。
② 参见《汉书・孝成许皇后传》。
③ 参见《汉书・西域传》。
④ 参见《汉书・孝成班婕妤传》。
⑤ 参见《汉书・孝元傅昭仪传》。
⑥ 参见《汉书・公孙贺传》。
⑦ 参见《后汉书・阜陵质王延传》。

使之遭殃。祝诅术是传统巫文化的组成部分，被马道婆使用，表明了巫文化与道教文化的合流。[①]

三、巫　蛊

巫蛊是一种通过埋置偶人祝诅仇敌的伤害巫术行为。古人认为，通过破坏或毁掉敌人的偶像，就能达到伤害或消灭敌人的目的。他们相信，仇人在其偶像受到创伤或毁掉的同时，本人也会受到伤害或死去。先秦时期有武乙射天、太公射画、苌弘射狸首、宋康王射木人的记载，都属于偶像伤害术。按弗雷泽的分类理论，其所依据的巫术原理是“相似律”，彼此相似的事物可以产生同样的效果，作用于一个就可以使另一个受到同样的影响。先秦时期与汉代的偶像伤害术在表现形式上有所不同：先秦偶像伤害的方式主要是箭射，较为直接。此术在汉代少数民族中还在使用。汉成帝时，夜郎王兴与句町王禹、漏卧侯俞互相攻伐，汉政府派太中大夫张匡持节和解，王兴等不从命，“刻木像汉吏，立道旁射之”[②]。这应是先秦偶像伤害术的遗迹。而汉代主要表现形式是埋葬与祝诅，更加隐蔽与阴险，是先秦偶像伤害的发展形态。关于巫蛊的具体方法，瞿兑之先生在《汉代风俗制度史》中有过描述：“巫蛊之术，盖以桐木为人埋地中，以针刺之，诅其死也。”[③] 古代巫蛊之术的过程大体如下：先以桐木削刻为仇人之形貌，再以针刺入桐人身体，然后将其埋入地下，最后由巫师念咒语，即能达到置人于死地的目的。在施蛊的过程中，巫觋的祝诅至关重要。因此，巫蛊往往与祝诅之术相连并用。

在古代，蛊道巫术经常被统治者利用，成为政治斗争的工具。最为有名的便

① 参见于歌：《马道婆的“魇魔法”》，《青年文学家》2009 年第 5 期。
② 《汉书·西南夷传》。
③ 瞿兑之：《汉代风俗制度史》，上海文艺出版社 1991 年版，第 230 页。

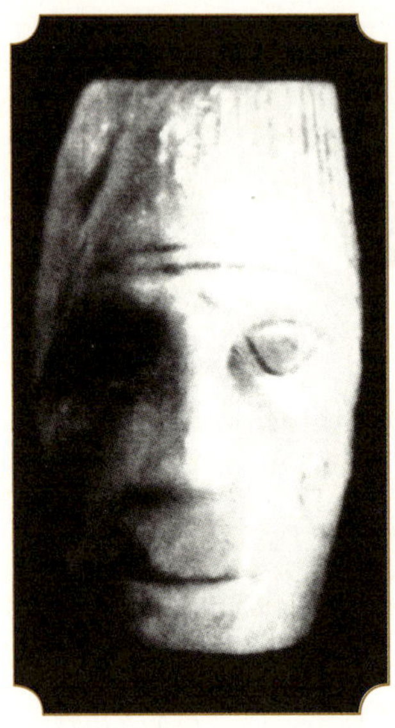

图 5-2　召陈胡巫像（选自李零《中国方术续考》）

是汉武帝时期由丞相江充一手制造的“巫蛊之狱”。据史载，武帝末年，卫皇后宠衰，江充用事，与太子及卫后有矛盾。江充让胡巫（见图 5-2）掘蛊于太子宫，得桐木人，诬陷太子，太子被迫起兵，双方在京城大战，最后太子战败自杀。这次巫蛊之祸使斗争双方身死族灭，京师横尸数万。由此可以看出，人们对于蛊道巫术是信之不疑的。正因如此，对于这种能加害他人并能置人于死地的黑巫术，统治者实行严厉打击的政策。汉武帝征和四年（前 89 年），初置司隶校尉，其职能是“捕巫蛊，督大奸猾”[①]。可见，司隶校尉是在巫蛊之祸最严重时设立的，目的就是为了惩治巫蛊。行巫蛊之术者一旦事发，往往会破家灭族。如汉武帝时公孙敖妻为巫蛊，遭到灭族。涅野侯赵破奴坐巫蛊，灭族。女巫楚服等为孝武陈皇后巫蛊祠祭祝诅，大逆不道，相连及诛者 300 余人。楚服枭首于市。和帝永元十四年（102 年），阴皇后巫蛊事发，连累多人致死。

蛊道巫术的另一种方式是通过蓄养蛊虫加害他人。这种培养可使人致死的蛊虫并用咒语加以控制的黑巫术先秦时期就已存在，此后广泛流传。《周礼·秋官司寇·庶氏》曰：“庶氏掌除毒蛊，以攻说禬之，嘉草攻之。”周代专门有掌除毒蛊之官“庶氏”，其除蛊方法是祭祀祈祷与药物治疗相结合。汉代《贼律》曰：“敢蛊人及教令者，弃市。”可见，汉代是以弃市之重罪对待施蛊者及传播者的。

古代社会上层流行的主要是偶像伤害巫蛊之术，至于毒蛊可能主要在民间

① 《汉书·百官公卿表上》。

传播。由于毒蛊是一种损人利己的黑巫术，因此被政府明令禁止。对于制蛊施蛊的基本方法，古代史籍亦因此多隐晦不书，只在《隋书·地理志下》《通志·六书略》等书中有一些记载，如“造蛊之法，以百虫置皿中，俾相啖食，其存者为蛊”。造蛊之法是将百虫聚于一处，令其互相噬食，最后存留之虫即为蛊。蛊集百虫之毒于一身，故能害人。蛊的种类很多，有犬蛊、蛇蛊、虱蛊等，以存留的最后之虫而定。施蛊的方法主要是通过饮食进入人体。有人专门蓄蛊，以此致富。一旦蓄蛊，豢养者的命运就与蛊虫紧密联系在一起。如果长时间不施蛊，或豢养不慎，蓄蛊者就会自遭其殃。

豢养者通过驱使蛊进入人体内，将其内脏縻碎，从而达到加害对方、致其死地的目的。如果不幸中蛊，则需巫觋施术除蛊或用草药才能解除（见图5-3）。[①]此种巫术同样被官方严令禁止。如隋文帝在开皇十八年（598年）下诏禁止蓄蛊：“诏蓄猫鬼蛊毒厌魅野道之家，并投于四裔。”[②]宋仁宗甚至因福建蛊毒案频发，于庆历八年（1048年）特意颁行了介绍治蛊方法的《庆历善治方》。此后，巫蛊主要在我国南方一些少数民族地区流传，并深刻影响着当地人们的生活及宗教活动。

图 5-3 “除蛊”画像（山东嘉祥武氏祠）

① 参见（晋）干宝撰，汪绍楹校注：《搜神记》卷十二，中华书局 1979 年版，第 146 ～ 157 页。
② 《北史·隋本纪上》，中华书局 1974 年版。

四、解　除

解除是巫觋的基本职能之一，汉代王充《论衡·解除》对汉代的解除方术及影响作过论述：世人信祭祀，谓祭祀必有福；又信解除，谓解除必去凶。可见，解除是通过对鬼神的祭祀驱赶而除去凶灾。

解除是从古代逐疫之礼发展而来的。传说“颛顼氏有子三人，生而皆亡，一居江水为虐鬼，一居若水为魍魉，一居欧隅之间主疫病人。故岁终事毕，驱逐疫鬼，因以送陈、迎新、纳吉也。世代仿效，故有解除”[①]。解除在民间非常流行，解除的目的是去凶延命，使用的手段是先礼后兵之术。解除之礼，先设祭祀，像人们招待宾客一样，先为宾客设膳食；然后，驱以刃杖。解除时先由巫祝祈祷祭祀，唱祝辞。北周甄鸾《笑道论》所说的“解奏之曲”正是巫觋在行术时的唱奏之辞。祭祀完毕再以刃杖进行驱赶，通过软硬结合的方式以除祸殃。与祭祀相比，解除所需时间较短，终食之间，即吃顿饭的功夫即可完成。解除的方法也各种各样。如驱除宅中恶鬼叫“解宅”。“索室驱疫”“击鼓驱疫”[②]是解宅的主要方式。巫师或手执戈矛，或击鼓狂呼，入室搜索疫鬼，将其逐于室外。

古人忌讳破土，认为破土是对土神的冒犯与亵渎，有可能招致祸祟。因此，修宅治舍、凿地动土时要进行解除，以解谢土神。如汉代钟离意为堂邑令，用俸钱建造房屋，功作既毕，为解土，祝曰：“兴功役者是县令，与百姓无关。如有祸祟，县令自当之。”[③]希望通过祝祷免除祸祟。王充在《论衡·解除》中介绍了汉代解土的具体过程：“世间缮治宅舍，凿地掘土，功成作毕，解谢土神，名曰解土。为土偶人，以像鬼形，令巫祝延以解土神。”解土时要做一个象征为祸

① （汉）王充：《论衡·解除》。
② 《周礼·夏官司马·方相氏》。
③ 《后汉书·钟离意传》李贤注引《东观记》。

作乱之鬼的土偶人，令巫行祝延之术，以祓不祥；并向土神祈祷祭祀，以谢动土之罪。“已祭之后，心快意喜，谓鬼神解谢，殃祸除去。”睡虎地秦简《日书》中也有以土偶代鬼怪的作法，用模拟巫术来达到驱鬼解除的目的。

将死者安葬入土时也要举行解除，其目的是为死者解除罪谪，为生人除去殃咎。解除时由巫祝唱颂祝词，此类祝辞称“解除文”，也叫“镇墓文”，一般朱书或墨书于陶瓶上，与死者一起埋入墓中，用于镇墓，以护卫死者。如汉献帝初平四年（193年）王氏朱书陶瓶上镇墓文云：“谨奉黄金千斤两，用填（镇）冢门，地下死籍，消除文，他央咎。”[①] 从1944年开始，敦煌地区的墓葬中陆续出土了大量西晋十六国时期的镇墓文。墓葬题记所反映的是人们对死者的恐惧和他们想利用道教仪式分隔生人与死人的愿望。

图 5-4　天帝敕告文石刻（四川成都宋墓出土）

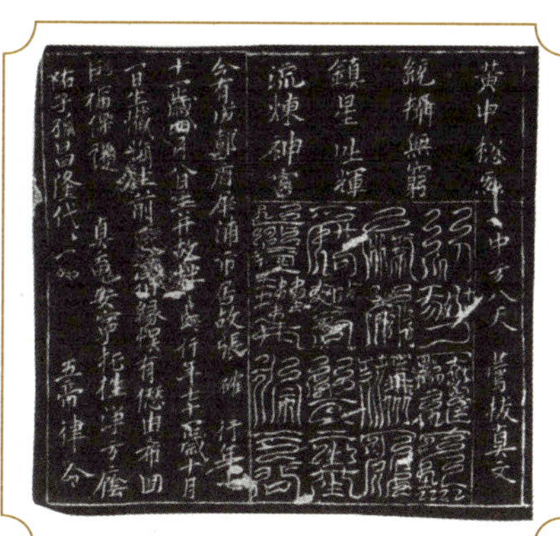

图 5-5　“中方八天荐拔真文”石刻（四川成都宋张确墓出土）

陕西、河南的唐墓和四川西部成都附近的两宋墓，也曾先后出土过几种带有铭文的镇墓文石刻，有的全用普通汉字刻写，称“敕告文”（见图 5-4）、“华盖宫文”；有的主体部分用道教特有的符书字体刻成，称“镇墓真文”（见图 5-5）[②]。它们的主要功能都是镇墓安宅，即隔绝死者与其在世亲人的关系，祈求死者家

① 唐金裕：《汉初平四年王氏朱书陶瓶》，《文物》1980年第1期。

② 张勋燎：《川西宋墓和陕西、河南唐墓出土镇墓文石刻之研究——道教考古专题研究之三》，童恩正主编：《南方民族考古》第5辑，四川科学技术出版社1993年版，第119～148页。

墓稳定，生者家宅安宁。总之，在禁忌林立的古代，解除可以使人们在心理上达到自我安慰的平衡状态。

五、驱　傩

驱傩逐疫是古代经常隆重举行的巫术活动，属于驱赶巫术，目的是为了把危害人们生活的疫鬼赶走。驱傩是在鬼神观念的基础上产生的，在殷周时已形成一种固定的用以驱逐疫鬼的祭祀仪式（见图 5–6）。《周礼·夏官司马·方相氏》曰："方相氏：掌蒙熊皮，黄金四目，玄衣朱裳，执戈扬盾，帅百隶而时难，以索室驱疫。大丧，先柩；及墓，入圹，以戈击四隅，驱方良。"驱傩包括为生者"索室驱疫"和为死者大丧时举行的驱鬼仪式，其主角都是方相氏，方相氏即头戴面具驱疫逐鬼的巫。

图 5–6　商代青铜傩鼓（选自林河《中国巫傩史》）

后世继承并发展了先秦的驱傩活动。如汉代既有宫廷大傩，也有民间傩。与先秦相比，宫廷大傩的场面更加宏大、壮观。其具体过程在《后汉书·礼仪志》中有详细记载。驱傩活动在汉代壁画中也多有反映。1954 年发掘的山东沂南汉画像石墓前室北壁横额上有一大傩图，画面上刻有十几个面目狰狞、身长毛羽的神兽，正在驱逐异兽（表示疫鬼），有的正在追杀，有的正在吞食，而异兽则作四散逃奔状。画面下部排列类似面具的兽头装饰。这正是汉代大傩之俗中打鬼的头目方相氏及十二神兽驱鬼逐疫的具体描绘（见

图 5–7）[①]。洛阳西汉壁画墓中的大傩图（见图 5–8）是迄今所见到的最完整、最系统、最生动的大傩图。后墙壁画是打鬼仪式准备图：后墙当中，有一个形体庞大的怪物——熊头，环眼，头与身皆作兰青色，手与足有长毛，跣足，盘坐，右手持角杯，作饮酒状，左手斜放在左腿上，他就是打鬼的主角方相氏。在他右边，还有三个人——有兽足，皆手持兵器，手和腕皆有长毛，正合“方相氏狂夫四人”。在主室当中隔墙上的彩绘雕砖则是打鬼的正式场面。此处长方形雕砖当中的兽头怪人，即后墙壁画当中大方相氏的再现。他着朱裳，即方相氏“玄衣朱裳”，作跳舞状。在他头上，有一人掐腰，扭动身体跳舞。在方相氏左肩上，有一人执圆形物，即“鼗”，打鬼时摇之。在两侧的三角形彩绘雕砖中，中部有一熊，人立，作追逐状。此熊非真熊，乃人扮的熊，实即方相氏。又有一怪兽，着绿色短衣、红裤，持刀，作奔走状。在三角形雕砖的下部角端，又各有一人，露顶、浓眉大眼，露齿、有髭，作呼喊奔走状，脚部皆为兽足。此四人即后墙方相氏四人的再现。在墓门上额背面有神虎吃女魃图。此墓主要的壁画都是打鬼图，合起来即为一套连环画，是现在所能见到的最完整的一套打鬼图[②]。在南阳汉

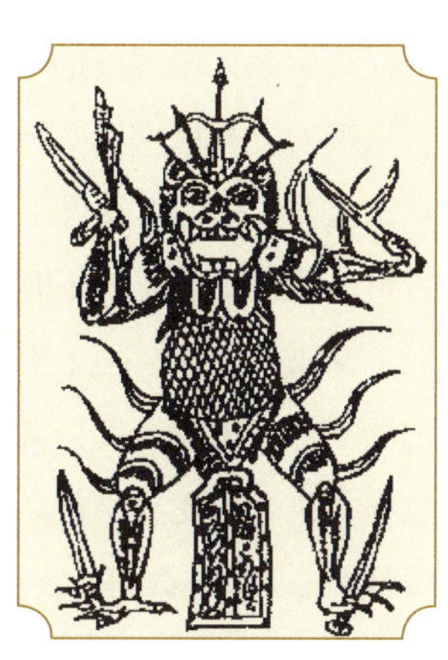

图 5–7 “方相氏”画像石（山东沂南汉墓出土）

图 5–8 大傩图（河南洛阳西汉壁画）

① 参见王玉金：《从汉画看汉代辟邪风俗》，《民俗研究》2000 年第 2 期。
② 参见孙作云：《洛阳西汉壁画墓中的傩仪图》，《郑州大学学报》1977 年第 4 期。

画像石所刻大傩逐疫的场面中，有身蒙熊皮的方相氏率十二神相斗的傩舞，也有执钺的方相氏率十二神相斗的傩舞。还有一幅送恶鬼的画像，图下方刻两官吏执金吾，上刻人首兽躯、上肢高举的两鬼，正是送恶鬼至洛水的反映。[①]由官方组织的大傩逐疫如此重要，可见傩文化在汉代已发展至鼎盛阶段。

从汉至唐宋，均于岁末行傩事逐疫驱鬼。据宋孟元老《东京梦华录·除夕》记载：东京每值除夜，“禁中呈大傩仪，并用皇城亲事官。诸班直戴假面，绣画色衣，执金枪龙旗。教坊使孟景初身品魁伟，贯全副金镀铜甲，装将军。用镇殿将军二人，亦介胄，装门神。教坊南河炭丑恶魁肥，装判官。又装钟馗、小妹、土地、灶神之类，共千余人，自禁中驱祟出南薰门外转龙弯，谓之‘埋祟’而罢”。宋徽宗政和年间，曾对旧傩仪进行改革，新创禁中傩仪。宋室南渡后，宫廷仍沿袭除夜驱傩之俗。

民间傩从规模上不及宫廷大傩，但也是岁终必须进行的逐疫活动。《论语·乡党》曰：“乡人傩，朝服而立于阼阶。”何晏《集解》云：“傩，驱逐鬼疫。恐惊先祖，故朝服而立于庙之阼阶。”孔子恭恭敬敬地穿上朝服，站在台阶上恭迎傩队，表示了对民间傩的重视。东汉高诱注《吕氏春秋·季冬纪》曰：“傩，散宫室中区隅幽暗之处，击鼓大呼，以逐不祥之气，如今驱疫逐除是也。”可知，汉代民间傩称为“逐除”，是在腊岁前一天进行的逐鬼驱疫活动。鼓在逐疫中是必不可少的。《荆楚岁时记》记载：“十二月八日为腊日……村人并击细腰鼓、戴胡公头及作金刚力士以逐疫。”古代民间驱傩的仪式一般为：首先由巫觋戴“魌头”面具，装扮成打鬼的方相氏，由乡民跟随参加，组成驱傩队伍；然后在方相氏的带领下，逐门逐户进行搜索，击鼓呐喊以驱逐室内疫疠之鬼；最后，在门户上画神荼、郁垒两门神，门户两旁设桃梗，垂苇茭，以防止疠鬼卷土重来。在驱傩的整个过程中，巫觋始终起主导作用。

---

① 参见陈迪：《从南阳汉画像看汉代的傩文化》，《中原文物》2002 年第 1 期。

六、疗　疾

上古时期，由于思维发展水平所限，人们认为疾病产生的原因是鬼神作祟。通过祈祷或驱赶，即可将其驱除，病者就会痊愈。因此，能够事鬼神的巫觋就理所当然地成为驱鬼治病的主角。《吕氏春秋·勿躬》曰："巫彭作医。"可知上古巫、医不分，巫是最早的医者。夏商周时期的医皆是由巫担任的。甲骨文中就有巫觋为病人御除疾殃的记载。至周代，男巫的职能之一即是"春招弭，以除疾病"[①]。

春秋战国以来，随着人们医药知识的丰富和思维水平的进步，用针灸和草药为人治病的巫医逐渐摆脱了巫术的束缚，逐渐独立出来，巫与医开始分离。如《左传·成公十年》记载，晋侯用巫释梦，用医治病，说明此时巫、医已分。但在鬼神观念浓厚的古代，人们对巫觋驱鬼治病之术仍笃信有加。"信巫不信医"仍是人们的普遍心态。即使扁鹊这样真正的天下良医，都不能与灵巫争用。汉代百姓生病时亦弃药不敢饮，而求助巫觋，笃信巫祝可以疗疾。至魏晋时期，人们生病时仍然"不务药石之救，惟专祝祭之谬，祈祷无已，问卜不倦"[②]。

在此情况下，许多巫觋仍然充当着医的角色。如据《后汉书·许杨传》载，许杨少好术数。王莽篡位，"杨乃变姓名为巫医，逃匿它界"。京兆长陵人安丘望之道德深重，成帝常宗师之。"望之不以见敬为高，愈日损退，为巫医于民间。"[③]

巫觋治病的方式，主要有以下几种：一是祝祷祭祀。《韩诗外传》卷十载：上古医曰茅父。茅父治病的方式是北面而祝祷，标准的巫术行为。古代医学中有"祝由术"，即是通过祝祷疗病。马王堆汉墓帛书《五十二病方》中就有不少"祝由术"的记载。

---

① 《周礼·春官宗伯·男巫》。
② （晋）葛洪：《抱朴子·道意》，中华书局 1985 年版。
③ （晋）皇甫谧：《高士传》卷中，中华书局 1985 年版，第 75 页。

二是咒说法，即用恐吓性、威胁性的巫术语言来驱除致病鬼魅。《五十二病方》中治疗“颓”（即疝病）的方法即属于“咒说”法。这里的诅咒已被认为赋予了神秘性的力量，具有制服妖鬼的神力。

三是符水疗疾，烧灵符为灰，和水饮之，即可见效。《五十二病方》就有利用符水治疗疾病的记载。又据《后汉书·皇甫嵩传》记载，汉末疾疫起，巫者张角、张修等就以符水咒说以疗病，从而吸收了众多信徒。这种以符水治病的方式被道教吸收，成为符箓派的主要法术，在下层百姓中具有较大的影响。

四是巫术并配有神性的驱鬼工具。在古代，人们认为某些东西，诸如桃杖（梗）、柏、苇（索）、桑杖、牡棘、白茅、刍矢等，本身具有驱鬼避邪的功能，皆鬼所惧之物，而且是随手可得，随处可见，所以在驱鬼时经常配合巫术使用。如《五十二病方》驱“小儿鬼”用禹步、桃枝驱鬼疗疾法。巫医不仅在民间有广阔的市场，即便是天子贵胄得病，也依然笃信巫术的神力。

七、雩　祭

雩祭，是官方组织的求雨祭祀活动。《说文解字》释“雩”：“夏祭乐于赤帝，以祈甘雨也。雩，羽舞也。”雩祭是求雨之祭，在先秦时期即已出现，商代卜辞中有很多舞雩的记载，卜辞中出现的“舞”，目的几乎都是为了祈雨。周代专门设“司巫”一职，“掌群巫之政令。若国大旱，则帅巫而舞雩”[①]。天旱时由巫觋率领群巫舞雩求雨，这说明舞雩是先秦巫的基本职能之一。

雩祭分为两种：一种是定时的“正雩”，无论天旱与否，照例在夏历四月举行一次雩祭。正雩带有预防旱灾的性质，其仪式比较隆重，又称“大雩”。一种是不定时的“旱雩”，遇旱则祭，不旱不祭。董仲舒《春秋繁露·精华》云：“大

① 《周礼·春官宗伯·司巫》。

旱雩祭而请雨，大水鸣鼓而攻社。”

巫是雩祭活动的主角，主要通过歌舞祝祷的方式祈雨。古代的雩祭活动是一种由官方组织、巫唱主角、百姓参加的集体性信仰行为。据《春秋繁露·求雨》记载，春旱不雨时，“择巫之洁清辩利者以为祝。祝斋三日，服苍衣，先再拜，乃跪陈，复再拜，乃起。祝曰：昊天生五谷以养人，今五谷病旱，恐不成实，敬进清酒、膊脯，再拜请雨”。董仲舒把许多传统巫术杂糅起来，并按阴阳五行的模式相互搭配，使雩祭成为一种井然有序且被后世长期传承的巫术仪式。[①]

雩祭也使用“暴巫”，甚至焚巫等巫术手段。巫主接神，是雩祭的主角，在久祷无效的情况下，即采取焚巫或曝晒巫的方式，目的是希望天神哀而雨之。在商代，焚巫的求雨法称为“烄”。卜辞中有不少焚巫的记载。[②]《左传·僖公二十一年》载：“夏，大旱。公欲焚巫、尪。”巫指女巫，尪指有残疾的男巫。最初这两种人在久旱不雨时都要被烧死，后来因遭到越来越多的反对而演变为曝晒巫尪求雨。《山海经·大荒西经》《海外西经》都有关于暴巫求雨的描述。后世继承了此种巫术。《春秋繁露·求雨》云：春旱不雨时，“令县邑以水日祷社稷、山川，家人祀户，勿伐名木，勿斩山林。暴巫聚尪八日”。秋旱不雨，则暴巫尪至九日。东汉王充《论衡·订鬼》也说：“大雩之祭，舞童暴巫。”古人从阴阳五行观念出发，认为旱灾是阳气太重，阳盛阴衰的结果，而童子、巫皆含阳气，因此，大雩之祭，使童男童女舞而呼雩，并曝晒巫觋，以倍阴合阳。

唐代重修雩礼，玄宗“开元礼”规定，孟夏雩祀昊天上帝于圆丘，是为常雩；另有“时旱祈太庙”“时旱祈于太社”“时旱祈岳镇以下于北郊”“时旱就祈岳镇海渎”四项，视旱情轻重及时间长短依次举行，是为大雩。主要雩祭昊天上帝、后土、五岳、四镇、四海、四渎等 20 位大神。

---

① 参见胡新生：《巫卜祈禳》，山东友谊出版社 2000 年版，第 111 ～ 112 页。
② 胡厚宣主编：《甲骨文合集释文》30172、30167。

宋代孟夏祭祀昊天上帝，为常雩；时旱也祈于佛道寺院及境内杂神、祆教之神。[①]金元以降，历代雩祭沿袭唐宋之礼，基本定型。

八、祈　禳

祈，即祝祷，祷告神灵以求福庆延长。禳，又称“禳解”，行法术消除灾殃。祈禳就是祈福禳灾的祭祀活动。

古代人们相信万物有灵，崇拜多种神灵，祭祀则是神灵崇拜的载体和表现方式。最早记载祭祀方式的文献是《尚书·舜典》,舜用不同方式和规格祭祀上帝、六宗、山川和群神。

殷商时期见于卜辞记载的祭祀活动频繁，而且形式多样。如对日神的祭祀方式主要有：侑（报德之祭）、宾（迎神之祭）、即（来就享祀之祭）、既（以生物为献之祭）、御（禳除灾祸之祭）、卯（杀牲之祭）、饮（荐酒之祭）、禘（驾木以燔而祭）等。对月神主要是宾祭，远不如祭日隆重。对雨神最常见的祭法有两种：一是舞，用奏乐、唱歌、跳舞来祭神；二是烄，即焚人祭神以求雨。对风神的祭法主要有禘、饮、宁。祭雷神常用祰祭。祭雪神用燎祭（积薪烧柴而祭）。以上都是对天上诸神的祭祀方式。

地上诸神祭法颇多,祭品丰富,礼仪隆重。对社神的祭祀方式主要有燎、宜(杀牲之祭)、卯、沈（沉牲于河川中）、御、侑、伐（用人牲之祭）、饮、岁（割杀牺牲以祭）、告、桒、宅（裂其肢体而杀以祭）等。对山岳的祭法有燎、取（积木燎之以祭）、舞、奏、代、侑、饮、即、禘、既、祝、宁、桒。对河神的祭祀方式有燎、沈、埋、祊、侑、御、舞、饮、既、取、禘、告、奏、礿、桒等。[②]

---

① 参见冯俊杰：《旱灾与雩祭》，《山西区域社会史研讨会论文集》，2003 年 11 月。
② 参见张玉强：《简论殷商多神崇拜》，《四川大学学报》1996 年第 3 期。

殷代是祖先崇拜的高峰期，其显著特点是用牲数量多，且用人牲，祭典隆重。周祭是殷人最重要的祭祖礼。

周代，随着人间等级体系的确立，在信仰领域也逐渐突破了原始时代众神平等的信仰模式，神界也被人为划分等级，祭祀等级制随之建立起来，只有王有祭天地的权利，而大夫以下的庶人只有祭祀其祖先的权利。建立在等级制基础上的祭祀方式也是多种多样的。周人以燔柴燎祭祭天，用瘗埋祭法祭地。周代的祖先祭祀有祫禘之祭。

与上层社会祭祀的政治性、礼仪性相比，民间祭祀则更强调实用性与娱乐性。如楚俗信鬼而好祀，祭祀必使巫觋作乐，歌舞以娱神。《九歌》即是一组祭神乐歌，共 11 章，是巫觋作法对唱的歌词，用以邀神、娱神、送神。所祭之神有至尊神东皇太一、云中君、大司命、少司命、东君、湘君、湘夫人、河伯、山鬼、国殇等。

秦简《日书》也记载了民间的祭祀活动，时日不同，祭祀所用祭品各不相同，或用黑肉，或用狗肉，或用干肉，或用赤肉，或用鲜鱼。主持祭祀的人脸色不同，穿衣戴帽的颜色要求也不一样。[①] 与上层社会隆重繁琐的祭祀场面和精美丰盛的祭品相比，民间下层社会的祭仪简朴，祭品简单。

中国古代巫术观念占据主导地位。人们相信可以用法术控制和利用超自然的神秘力量来改变自然，进而达到自己的目的。因此，当灾害发生后，人们往往不是坐以待毙，而是积极行动起来，与自然灾害进行顽强的抗争。由于当时人们还不可能了解灾害产生的真正原因，因而在万物有灵观念的支配下，人们一方面依靠对神灵的祈祷，而更多的则是运用各种巫术手段以禳除灾害。各种巫术手段运用如下：

第一，饰龙祈雨。古人认为龙具有降雨的神力，饰龙祈雨属于模拟巫术的

① 参见吴小强：《秦简日书集释》，第 228 ～ 229 页。

范畴，基于相似的事物可以产生相同结果的原理。如果祈雨无效，人们还会“暴龙”以示惩罚。

第二，驱逐旱魃。古人认为，天旱不雨是旱神女魃作祟的结果。为了避免旱灾，人们想方设法对付旱魃：一是驱逐，其仪式是——“所欲逐之者，令曰：‘神北行！’先除水道，决通沟渎”[①]。通过大喝“神北行”的咒语巫术驱逐旱魃是秦汉魏晋时期经常举行的求雨仪式。在南阳汉画像石中就有驱除旱魃的画像。[②]二是将旱鬼溺于水中，以求免灾。三是虎食。汉代人们把虎视为噬食鬼魅的神兽，常常用画虎食魃的方式，希望能消除旱灾。洛阳西汉壁画墓门上额背面绘有神虎吃女魃图：此图前画树木，叶子稀疏而红，表示树叶焦枯。又有一鸟在树上飞过，表示连鸟儿也无停留之处，以着重表示天旱。树旁有一女子，头发吊在树上，脸作紫色，闭目，裸上体，乳下垂，横卧，皮肤也发紫。身后有一带翼老虎，瞪巨目，一脚踩女子之身，张口食女子之肩。此女子即女魃。[③]唐河针织厂汉画像石墓中有数块画像石上雕有神虎吃女魃图。[④]在河南南阳独山出土的东汉驱魃耕耘画像石，画面分上、中、下三层，下层中间刻一白虎，其左前方刻一神态慌恐女子，白虎昂首挺胸，巨口长舌，扑向该女。这位慌恐女子便是致旱的鬼祟——女魃。此画面也是虎食女魃。[⑤]这类女魃图，还见于南阳北郊达土营的耕耘汉画像石及山东嘉祥武氏祠画像石中。达土营汉画中把虎食女魃与耕耘同刊一石，其反映旱象之意义显而可见。[⑥]

第三，攻阴止雨。古代阴阳五行观念盛行，人们认为阴雨过甚是由于阴盛阳衰，止雨就应该用巫术手段助阳抑阴，攻阴杀阴。社神是“众阴之长”，因此

---

① 《山海经 · 大荒北经》，上海古籍出版社 1980 年版。
② 参见陈迪：《从南阳汉画像看汉代的傩文化》，《中原文物》2002 年第 1 期。
③ 参见孙作云：《洛阳西汉壁画墓中的傩仪图》，《郑州大学学报》1977 年第 4 期。
④ 参见周到、李京华：《唐河针织厂汉画像石墓的发掘》，《文物》1973 年第 6 期。
⑤ 参见曹建强：《驱魃耕耘画像石（拓片）》，《古今农业》2000 年第 4 期。
⑥ 参见赫玉建：《汉代旱涝疫灾在汉画中的反映》，《中原文物》2002 年第 1 期。

成为大水时人们攻击的首选目标。同时，凡是被人们认为属阴性的动物如兔、蟾蜍、螺、蚄等都成为攻击的对象。

第四，自罚求雨。自罚求雨术带有惩罚巫术的性质，在先秦就已存在。人们相信，干旱是人的罪过导致的。自罚可以与神灵交感，从而解除旱情。相传商汤时，连续 7 年大旱，商汤剪发断肢，以身为牲，祷于桑林之社，终得大雨。[①] 后世继承了先秦的求雨方式，地方官在祈祷无效时往往做出自焚的样子，以此“要挟”上天，迫其降雨。

第五，埋骨祈雨。古人讲究入土为安，人死后须埋入地下，进行安葬，鬼魂才得以安息。如果无人埋葬，死者就会变成厉鬼，危害生人。疾病、干旱都是厉鬼作祟的结果。汉人把无人葬埋的尸骨视为致旱原因之一，因而在干旱降临时采取收葬客死骸骨的方式来祈雨。

第六，巫术咒语驱除灾害。《礼记·郊特牲》所载《蜡辞》记载一则巫术咒语：“土反其宅，水归其壑，昆虫毋作，草木归其泽！”人们认为，通过巫术咒语可以使自然听从人类的指挥，土堤坚固，水不要横流，害虫不要危害庄稼，草木不要在田里乱长。

尽管这些信仰行为实际上并不能起到现实的效果，也不会真正解除灾情，但它却增强了人类应对自然灾害的信心和勇气，是人类对自身能力的肯定。以巫术的方式禳灾逐疫，能够给人们带来一定的精神安慰和自信力量，使人们有信心通过自己的努力，与大自然抗争，以实现禳除灾害的最终目的。

九、招　魂

招魂是中国古代盛行的一种召唤灵魂回复到躯体中来的巫术形式，是在古

① 参见《吕氏春秋·顺民》，巴蜀书社 2002 年版。

代灵魂不死和死后魂魄两分观念的基础上形成的。招魂有招死者之魂和招生者之魂两种。

招死者之魂，战国之前称为“复”，意为召唤死者的灵魂复归于形体，以恢复生命。复在古代被视为孝子爱亲之道，希望通过招魂仪式使死者复生。它是古代丧葬中必不可少的程序。

《楚辞·招魂》中，所招之魂应为楚怀王。楚怀王客死秦国，所以招魂者告诉巫阳“有人在下，魂魄离散”；秦将怀王尸体归还后，楚国就为之招魂，巫阳拿着盛放灵魂的竹篓，倒退着，引导灵魂返归其家乡，招魂之后再进行安葬。

据《仪礼·士丧礼》记载，招魂的仪式大致为：招魂者头戴爵弁，身穿朝服，从东边的飞檐登上屋顶，至中间面朝北，手里拿着亡者生前所穿衣服，向着北方口呼“皋某复”三次，然后将衣服投于前庭竹箧中，招魂者则从屋子西边飞檐而下。前庭受衣者登上台阶，将衣服覆盖到死者身上。如果死者不复活，下一步就正式办理丧事。因此，“复”是为了让死者得魂气以复活而举行的巫术仪式。

除用上服招魂外，还有以箭招魂的。鲁僖公二十二年（前638年）秋，邾国在升陉作战，死伤甚多，以矢（箭）招魂。唐代孔颖达认为，邾人志在胜敌，矢是将士心爱之物，用心爱之物招魂，希望其魂复反。此后，邾国遂形成以矢招魂的风俗。汉代也有巫觋以“元弦”招魂的。元弦是祭祀时使用的一种乐器，被巫师用作引魂的法器。[①] 也有以魌头招魂的。魌头是古时打鬼驱疫时用的面具，被认为可以存亡者之魂气。[②] 以魌头招魂的习俗一直延续到唐代。

招魂一般在人临终时举行，也有的地区在固定时节招魂。如郑国之俗，“三月上巳，之溱、洧两水之上，招魂续魄。秉兰草，拂不祥”[③]。

从汉代开始，招魂葬逐渐盛行（见图5-9）。东汉光武帝刘秀的姐姐刘元是

---

① 参见（汉）王充：《论衡·论死》。

② 参见（汉）应劭：《风俗通义·丧祭》，天津古籍出版社1980年版。

③ （南朝梁）沈约：《宋书》卷十五《礼》引《韩诗》，中华书局1974年版。

邓晨之妻，在刘秀起兵时被害，后来邓晨因功封侯，邓晨死后，刘秀追尊刘元为公主，招其魂与邓晨合葬，此为招魂葬之始。[①]到两晋南北朝时期，社会动荡，战乱不已，战死沙场不得其尸者甚众，招魂葬因此也盛行起来。如东海王司马越死后，裴妃为其招魂而葬；尚书仆射曹馥死后，其孙为其招魂而葬。招魂葬到唐代更为普遍，成为唐代墓葬的一种重要形式。

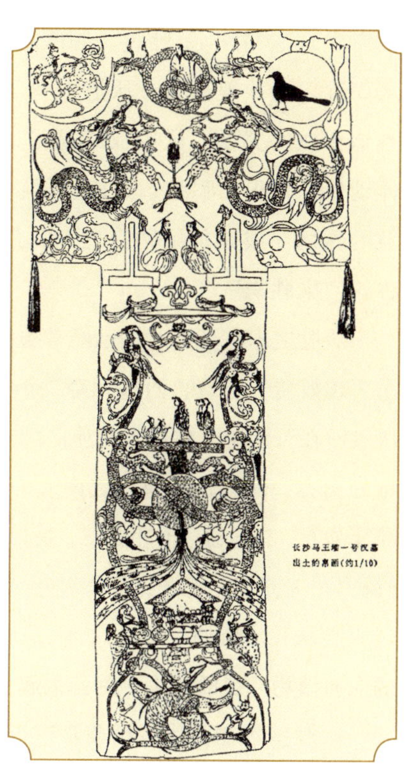

图 5-9　招魂（湖南长沙马王堆汉墓出土帛画）

古人招魂之礼，并非仅限于死者，生者生病或受惊，魂不守舍，四处游荡，也有招魂之举。谢灵运《山居赋》中说“招惊魂于殆化，收危形于将阑”，杜甫《彭衙行》也有“暖汤濯我足，剪纸召我魂”之句，这都是古代招自己生魂的事例。因为古人认为灵魂离窍是遭灾致病的主因，因此就有招生魂的习俗。

总之，招魂习俗是古人灵魂观的具体体现，也是古代丧葬文化中的重要环节。招魂习俗在我国云南纳西族、彝族及湖北土家族等少数民族中一直延续，盛行不衰。

十、厌　胜

厌胜是古代常用巫术之一。“厌”通“压”音（yā），镇压、镇服、压抑、

① 参见（清）赵翼撰，王树民校证：《廿二史札记校证》，中华书局 1984 年版，第 406 页。

禳灾之意；“胜”是胜过、制服之意。厌胜就是通过巫术给某人某物以压迫，从而胜之。一般而言，厌胜包含了“厌胜仪式”与“厌胜物”两者，其间有相辅相成的关系。厌胜仪式是指通过特定的法术过程，运用以手势为主的肢体动作、音乐、唱腔、咒语、器物、水火等所发挥的“力量”，来达到驱邪避煞的作用；或是加诸物品之上，使之能发挥厌胜的功能。这些物品即一般通称的“厌胜物”①。

厌胜之术在先秦时期已经常被使用。“厌胜”一词则最早见于汉代文献。据《汉书·匈奴传》记载，西汉元寿二年（前1年），匈奴王单于来朝，哀帝以“太岁厌胜所在”，让单于住进上林苑蒲陶宫。古代有避太岁之说，单于来朝时太岁在申，申处南方，蒲陶宫处皇宫之南，为凶位。哀帝让单于住在处于太岁之位的上林苑蒲陶宫，有压镇、诅咒之意，是为解除匈奴对汉王朝的威胁而实施的巫术行为。《汉书·王莽传》记载，天凤四年（14年），王莽亲自到南郊，铸作“威斗”，欲以厌胜众兵。所谓“威斗”，就是形状像北斗、长2尺5寸（约合今57.5厘米）的铜质镇物，目的是为压制各地起义军。

厌胜巫术在古代运用非常广泛。在政治斗争中，帝王大臣经常以此作为护卫权力、防止他人争夺的手段。秦始皇常说“东南有天子气”，于是“东游以厌之”，目的是以自己的君王气势压制来自东南方向的威胁。齐高帝萧道成祖坟在武进县彭山，其上常有五色云，又有龙出现，宋明帝非常担心，于是派相墓工高灵文前往占视，并派人在坟墓左右校猎，以大铁钉长五六尺钉墓之四维，以为厌胜。后妃则经常以此求宠，陈后主宠爱的贵妃张丽华即好厌魅之术。厌胜之术也常被用作陷害他人、巩固地位的手段。汉章帝时，宋贵人因产下皇太子而得宠，因此招致窦皇后的妒恨，被诬告“作蛊道祝诅，以菟为厌胜之术，日夜毁谮”②。

① 谢宗荣：《台湾传统空间厌胜物的艺术风貌》，《历史月刊》1999年第1期。
② 《后汉书·章帝八王传》。

贵人母子逐渐失宠而被疏远。

厌胜之术也经常用于军事方面，成为克敌制胜的法宝。如王莽篡汉，建立新朝，招致刘姓宗室纷纷起兵，宗室刘茂自号“厌新将军”，率众归降刘秀，被封为中山王。王莽号新室，“厌新将军”就是用语言厌胜之。再如，西晋赵王司马伦及其部下孙秀利用巫术谋逆，篡夺皇位。齐王冏等三王起兵讨伐，檄文传来，司马伦、孙秀大为恐惧，派孙辅为上军将军，率7000士兵从延寿关出战。孙秀则在家中每天祭祀，作厌胜之文，让巫祝选择作战的日期。厌胜之文应该是作为攻击敌军用的符书，结果还是兵败被杀。[①]东晋末年，孙恩起义爆发，会稽王司马道子无谋略，不积极应战，终日祷祠蒋侯庙为厌胜之术。在作战时运用厌胜之术的做法一直延续到后世。《宋史·艺文志》兵书类就著录有《六十甲子厌胜法》《军秘禳厌术》《六十甲子禳敌克应决胜术》等。

厌胜术也被用于日常生活的方方面面。比如有疗疾厌胜术。齐明帝病重时，身穿绛衣，服饰皆赤，以为厌胜。再如预防火灾厌胜术，采用的方法是重新大兴土木，建筑宫室以压之。如汉武帝时，越巫勇对武帝说，越国有火灾，就会大起宫室以厌胜之，所以汉武帝建有宏伟高大的建章宫。

再如厌胜钱。厌胜钱是指形状类似钱币的避邪或吉利物，是佩物厌胜巫术与咒语厌胜巫术相结合的产物。常被用来驱除妖邪、保佑富贵平安、镇宅等。

厌胜钱最早见于汉代。1968年在河北满城发掘的西汉中山靖王刘胜墓中出土的一枚“五谷成”钱，形制同汉武帝时的四株半两钱相似，据考证为宫中行乐钱，这是我国最早将祈祝吉语用钱币形式来表现的厌胜钱。[②]王莽时期也曾出土“天凤货布厌胜钱”。

厌胜钱的种类主要分为厌胜正品、厌胜吉语、厌胜神佛和厌胜生肖花钱等。

---

① 参见《晋书·孙秀传》，中华书局1974年版。

② 参见徐力民：《论宗教与我国古代的厌胜钱——兼谈宗教对货币经济的影响》，《中原文物》1988年第3期。

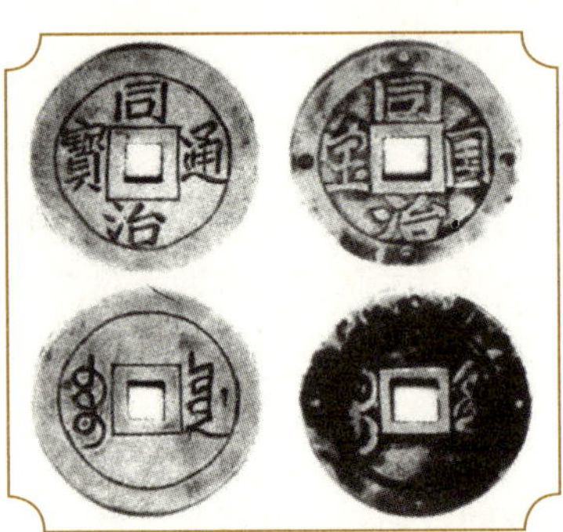

图 5-10　清代“同治”银质厌胜钱（辽宁辽中城南田氏墓出土，田俊岭摄）

厌胜钱的材质繁杂，既有金、银、铜、铁、铅等金属的，也有玉石、象牙、陶泥、竹木或骨质等非金属的。厌胜钱的用途大致可以归纳为神明辟邪、喜丧图语、生肖花钱，主要是用于占卜、丧葬祭祀、馈赠玩赏、婚育和佩饰等。除建造房屋有时埋藏使用外，大都是以悬挂或佩饰的形式使用，丧葬祭祀活动中也经常选用各种厌胜钱作为陪葬的冥品 。（见图 5-10）①

① 参见曲彦斌：《“厌胜”“厌胜钱”概说》，《寻根》2000 年第 3 期。

第六章 传统民间占卜

预知是通过神秘方法来推断预测对象未来的走势和结果，是萌发于原始宗教和原始巫术的一种原生的文化形态。它是人们崇拜超自然力量而怀疑自身能力的文化心态下的产物。远古先民的认识水平和生产能力都十分有限，他们无法驾驭变幻莫测的大自然，更无法把握自己的未来和命运，于是便转而相信天命，迷信鬼神，通过某种灵物的操演来沟通超现实的力量，乞求神灵发出相应的先兆之象，以决定自己的行止。传统民间占卜和星相术都具有预知的功效。

占卜术起源很早，在距今4000多年的龙山文化遗址和稍晚的二里头文化遗址中，出土了大量用于占卜的猪、羊、牛、鹿的肩胛骨。占卜术起源于原始宗教中的前兆迷信，属于巫术占验范畴。人们在与自然世界的交往中，往往把一些没有因果联系的事项的偶合，视为神所示征兆，久之就利用各种占卜工具，进行人神之间的沟通，人为地制造兆象，根据兆象以测未来的吉凶祸福。

中国历史上的占卜星相术种类繁多，《汉书·艺文志》“术数略”中已分出六大类:天文、历谱、五行、蓍龟、形法和杂占等。天文即日月、星辰、云气之占；历谱即根据时历来判定吉凶；五行就是按金、木、水、火、土五行的生克关系推断休咎；筮龟就是蓍草卜和龟甲卜；形法是对地形、人、器物和六畜的各种相术；杂占内容广泛，凡不在前述五类之中的占卜方法都包括在内。

两汉时期是我国占卜术发展阶段中的一个关键时期，后世大多数占卜术都是在此时奠定基础的。刘向、刘歆父子整理《七略》，其中“数术略”中收集的占卜术典籍共有2528卷。班固的《汉书·五行志》内容就是专讲祯祥灾异前兆迷信的。司马迁的《史记·天官书》也是早期的占星术著作。焦延寿的《易林》喜推灾异，以自然灾害解释卦象，推衍人事，汉代《易》学流变为术数，焦延寿是始作俑者。京房则开创了京氏《易》学，把灾异与政治相联系。汉武帝时，术数已经有了较为细致的划分，术数名家有五行家、堪舆家、建除家、丛辰家、

历家、天人家、太一家[①]等，各行其术，各有分职。

魏晋南北朝时期，占卜术继续发展，衍生出棋占和钱占，更加简便易行。相术也有长足进步，东晋郭璞的《葬书》是专讲相阴宅的风水理论专著。郭璞也被后世风水先生奉为鼻祖。

唐宋时期，我国的占卜星相术达到了顶峰。唐高宗显庆时期，李淳风撰《乙巳占》，杂采前代诸多占星著作编撰而成，保留了许多可贵的占星学史料，是一部综合性的占星学著作。唐玄宗时期，瞿昙悉达撰《开元占经》，全书共120卷，集中收录了中国古代有关的星占术文献以及天文学家关于宇宙理论、天体运动、各种天文现象等的论述，是集大成的星占术专书。南唐宋齐邱的《玉管神照局》则系统论述相法，所相有形有神，既相五官，又看身形；既论气色，又分四时。书中还收录了72幅掌纹图。该书是相法著作中较早的一部，保存了丰富的相法资料。《太清神鉴》旧本题后周王朴撰，相法重骨法、气色和精神。书中有论有歌，便于理解掌握，在我国相术学发展史上有着重要影响，是《四库全书·子部》所收录的四部相术学著作中最重要的一部，被公认为中国古代相术学集大成之作。

元明清时期，占卜星相术依然盛行，但理论和方法都没有大的突破。清代《四库全书·子部·术数类》把占卜术数分成数学、占候、相宅相墓、占卜、命书相书、阴阳五行、杂技术七类，这些内容大多可在《汉书·艺文志》的分类中找到原型。

此外，各少数民族也都有自己独特的占卜术。

一、龟卜

在卜法中，龟卜起源很早，在新石器时代早期偏晚阶段就已出现。出于对龟较长寿命的认识，古人视龟为灵物之首，能上通天意，下达人事，预测未来

① 《史记·日者列传》。

休咎，在此基础上产生的龟卜也逐渐成为先秦时期，尤其是商代最“灵验”、最流行的占卜方式，无论是在国家大事还是日常生活中，它们都起着决定性的作用。从殷墟大量发掘的甲骨可以证明这一点。

在商代早期仍然以骨卜为主，武丁以后，卜甲大量出现。殷人龟卜的方法包括从取材到占验一系列复杂的程序，大致说来有三大环节：

第一环节是准备阶段，分为取龟和攻龟。占卜用龟的来源有两种渠道——中央收集和地方进贡，而以诸侯国的贡纳为主，龟甲大多数来自南方的进贡。一般在秋天取龟，然后将龟之内脏和肉去掉，留下空壳。龟壳经过一个冬天，到第二年春天时，潮湿的龟甲晾干了水分，变得坚硬，然后再进行一系列的攻治。攻龟指对龟甲的锯、刮、错、磨等整治手续，也有一定的季节性，春天风气燥达之时攻龟，龟甲不易损伤。经过攻龟程序之后，就可以制作出规则平整、版面平滑圆润的龟板，这就是合格的卜用龟甲。然后，按照龟的不同种类分别归类。王朝有专门贮藏龟甲的地方，称为“龟室”。①

为了求其灵验，使占卜的兆象充分体现天意，遵神的殷人在每年开春，还要举行用血液涂抹龟甲的“衅龟”仪式，以增加龟甲在占卜活动中的灵异性。

第二环节是操作阶段，分为钻凿和灼兆。钻是在龟甲上用钻子钻成圆形的窝。凿是用凿子凿成口宽底窄梭形长槽。钻窝和凿槽是为了使甲骨变薄而易于加热见兆。钻凿时不能穿透骨面，而且每块甲骨上钻凿的数量不定，少的几个，多的几十个甚至上百个。窝、槽形成后，用火炷烧灼槽穴，有钻者灼于钻之中处，无钻者灼于凿之左或右，龟甲就自然发生裂纹，即“兆”。“卜”字的造型和读音也是以灼兆活动为依据的。

第三个环节是占验阶段，即刻辞。见兆之后，卜者依裂纹（兆）的形状、气色判断吉凶，然后刻上卜辞。一条完整的卜辞通常包括前辞（叙辞）、命辞、

---

① 参见陈兰兰：《由〈周礼〉谈商周龟卜的取龟与攻龟》，《华夏文化》2002年第3期。

占辞、验辞四部分。前辞是日期和占卜者，命辞是要贞问的事，占辞是依兆而得到的吉凶内容，验辞是占问的应验记录。

夏商时期，举凡祭祀征伐、宴饮祝祷、生死存亡、婚丧嫁娶、建居宫室、农业渔猎等，上至国家大事，下至生活琐事，无不用卜，以决犹豫，占祸福，问吉凶，进行预测。殷墟发现的甲骨刻辞就是商代统治集团的占卜记录。由于占卜频繁，所以商代用龟数量甚巨。据胡厚宣先生统计，仅在殷墟发现的龟甲就有 160030 片，如果以龟甲 10 片为一全龟计算，至少用全龟 16003 只。[①] 商王朝的甲骨占卜有分工，并非由卜者一人包揽，占卜的礼程分卜前的整治、卜时的命龟及卜后的刻辞、记验、入档等。

周代继承了殷商的龟卜制度，灼龟观兆，以卜决疑。早在周代建都之初，周人的祖先古公亶父就曾偕同姜女亲至岐地察看地形，并通过龟卜预测迁居的吉凶。周代还有专门的占卜机构，有专司其职的卜官——龟人。《周礼·春官宗伯·龟人》云：“龟人：掌六龟之属，各有名物。”龟人负责祭祀时奉龟以供卜事。

龟卜在春秋战国时期仍然非常流行。《太平御览·方术部六》记载，《左传》中龟卜的材料有 26 条之多。可见，这一时期统治集团频繁使用龟卜，并有一整套关于龟卜的使用方法。

春秋战国以后，随着天命观的动摇以及人的理性精神的突显，龟卜逐渐走向衰落。

二、蓍 占

筮是指以蓍草为工具来预测休咎的占卜方法，又称“筮占”。甲骨是根据兆

① 参见胡厚宣：《殷代卜龟之来源》，《甲骨学商史论丛初集》，齐鲁大学国学研究所 1944 年石印本，第 623 ～ 624 页。

象断吉凶，而筮占则是以蓍草所得数字变化定祸福。所谓“揲策定数，灼龟观兆”[①]是也。《吕氏春秋·勿躬》曰：“巫咸作筮。”说明筮占起源是很早的。到目前为止，陆续发现的刻在陶器、磨石、甲骨等上面的殷周“易卦”有近百个。以时代而论，有殷代、西周，甚至还有新石器时代的；以卦型而论，有单卦（经卦），有重卦（别卦）；以族属而论，有殷人，有周人，可能还有他族之人。[②]这说明至少殷商时期就有了筮法。迄今为止，商代易卦和骨刻辞上的最完整的遗存，当推20世纪80年代初在殷墟小屯南地所发现的商代末年易卦卜甲。[③]从商代晚期多次出现的“今占巫（筮）九各（卦）”的卜辞可以推断，占筮九卦已经成为商末正式场合占筮的固定模式。当时每一卦都是一个重卦，合乎《周易》六十四卦的范围。如果与“卜筮不过三”的古训相联系，可以推测，当时的九卦，要由三位占筮者每人占筮三次，合为九卦。卜辞记载的情况表明筮在卜先，商王最后要以龟卜结果来作最后的决定。从商代卦数符号的实物看，商代易卦和筮法里还没有出现后世那样的卦画符号“—”和“--”，所谓的卦象是由数字来表示的（见图6-1）[④]。

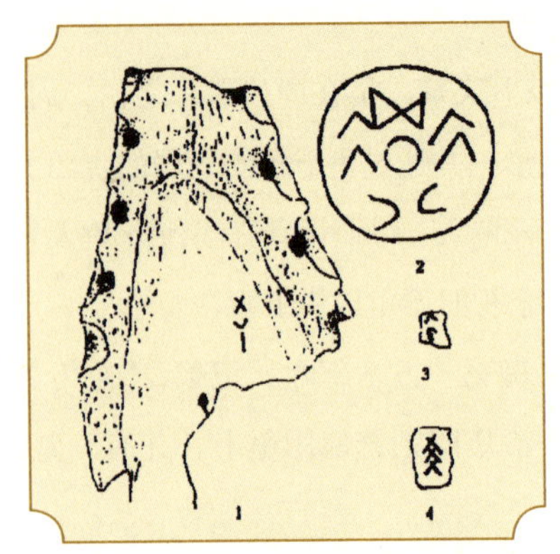

图6-1　商周数字卦中的“十”

西周是筮占发展的重要阶段，有专门为王占筮的职官“筮人”。《周礼·春官宗伯·筮人》载：“筮人：掌三易，以辨九筮之名。……九筮之名：一曰巫更，二曰巫咸，三曰巫式，四曰巫目，五曰巫易，六曰巫比，七曰巫祠，八曰巫参，九曰巫环，以辨吉凶。”九筮，就是以九位筮

① 《史记·龟策列传》。
② 参见曹定云：《新发现的殷周“易卦”及其意义》，《考古与文物》1994年第1期。
③ 参见肖楠：《安阳殷墟发现“易卦”卜甲》，《考古》1989年第1期。
④ 参见晁福林：《商代易卦筮法初探》《考古与文物》1997年第5期。

者的名字命名的筮法。[①] 周代筮法逐渐系统化，卦爻辞的整理和加工反映了占筮理论的完成。就卦象而言，西周后期已经由数字趋于用卦画符号来表示。从西周时期社会情况看，使用筮法的频繁程度已经远远超过甲骨占卜，《周易》一书也于西周时期基本完成。[②] 这均表明周代筮占的发展。

春秋战国时期的筮占是依《周易》之卦来进行的。《左传》一书中有多处都明确讲到使用《周易》预占。如《左传·僖公十五年》记载："卜徒父筮之，吉：'涉河，侯车败。'诘之，对曰：'乃大吉也。三败，必获晋君。其卦遇《蛊》䷑，曰：'千乘三去，三去之余，获其雄狐。'夫狐《蛊》，必其君也。《蛊》之贞，风也；其悔，山也。岁云秋矣，我落其实，而取其材，所以克也。实落、材亡，不败，何待？'" 秦伯（秦穆公）伐晋，秦国卜官卜徒父用蓍草为秦伯占了一卦，得到《蛊》卦，大吉，预言秦胜晋败。这种仅就一卦本身预占吉凶的占法，只是对《周易》卦的简单运用，更主要的是用变卦来作预占。类似例子还见于书中其他各处。用变卦来作预占，涉及一卦与另一卦之间的变化与联系，进而可用更多的卦象来解释同一事件，这种占法无疑较仅就一卦本身言吉凶要复杂得多。它被春秋时期人们大量采用，应当是春秋时期筮占所盛行的占法，是对仅就一卦本身言吉凶的占法的一大发展。[③]

卜占和筮占作为两种独立的预占方术，地位并不等同。《礼记·表记》云："天子无筮。"郑注云："谓征伐出师若巡守，天子至尊，大事皆用卜也。"是天子出行，唯卜无筮。大事卜，小事筮。这说明上层统治者更多的是用卜占。但在实际操作过程中，往往是卜、筮两种预知方法同时使用。[④] 商代可能先筮而后卜，最后以卜为决断。西周以后，一般是先卜后筮。卜与筮在多数场合下都是一致的，

---

① 参见陈来：《古代宗教与伦理》，三联书店 1996 年，第 76 页。

② 参见晁福林：《先秦民俗史》，上海人民出版社 2002 年版，第 315 页。

③ 参见黄开国：《春秋时期的预占》，《甘肃社会科学》1997 年第 1 期。

④ 参见曹定云：《新发现的殷周"易卦"及其意义》，《考古与文物》1994 年第 1 期。

当二者发生矛盾时，则有从卜不从筮之说。这说明龟卜和筮法虽然都是当时决定吉凶所采用的手段，但人们更加看重卜龟，重卜轻筮。

战国以后，一些深受道家和儒家学说影响的学者开始把物极必反观念、阴阳矛盾统一观念及道德自新等思想融入《易经》体系中，从哲学角度对筮占做出了新的解释，增强了筮占的理论色彩，从而使筮占逐渐超过卜占，成为术数之首。

三、扶　箕

扶箕，又称“扶乩”“扶鸾”“请仙”“卜紫姑”“降笔”等，是唐宋以后盛行的一种占卜方法。卜者以箕召仙，通过观察箕之动静或箕所划之文字，来卜问事情的行止和吉凶。

扶箕的起源与紫姑崇拜有关。南朝刘敬叔《异苑》卷五载：紫姑本是某家的妾，年轻貌美，生性嫉妒的大妇常常支配她去做又脏又累的活，紫姑女不堪凌辱，在正月十五日这天含恨而死。后来，每到正月十五夜间，人们就把紫姑偶像放在厕所或猪栏边迎接紫姑女归来，祝祷时说：你丈夫子胥不在，大妇曹姑亦回娘家，小姑可出。然后提紫姑偶像。如果感觉它变沉重，就意味着紫姑降临了，就要摆设酒水果品祭奠她，通过偶人自跳等各种状态来占卜未来吉凶休咎，卜问蚕桑渔猎诸事。此后民间便有了迎紫姑的风俗，主要用来卜蚕桑，同时兼游乐。

唐宋时期，紫姑信仰开始向扶箕术转化，出现了专业的扶箕人士，人们所问的内容也更加广泛，仕途功名、婚丧嫁娶、农耕商贸、祸福休咎无所不问。同时，扶箕的时间、地点发生了变化。沈括在《梦溪笔谈》卷二一载：“旧俗，正月望夜迎厕神，谓之紫姑。亦不必正月，常时皆可召。”地点也由厕所移至正房。早期的箕仙多为紫姑神，后来各路神仙、名人（如吕纯阳、济公、邱处机、白玉蟾、

老子、关羽、文天祥等）或家族的祖先也能降箕。经过文人和道士、巫师操纵后，扶箕已成为一种宗教仪式和巫术。

明清时期，扶箕在士大夫中广泛流行，成为最盛行的占卜方式，甚至变为一种社会风尚，上至帝王将相，下至平民百姓，都热衷于扶箕之术，事无巨细都先问箕后定行止。清纪昀在《阅微草堂笔记》中就记述了近 40 个关于扶乩的小故事，其内容涉及生活的各个方面，地域遍及大江南北。

据《阅微草堂笔记》和其他文献记载，清代扶箕的具体操作过程一般为：首先，用一张桌子作为乩坛，以摆放占卜的用具；在乩坛上，放一个撒有细沙的木盘，细沙也可用灰土或面粉来代替；将木条搭成的丁字形或三角形作为乩架，有的地方用箕箩、筛子也可；把乩笔固定在乩架上，由“扶乩手”或“乩童”扶住摆动的木杆或箕箩，乩笔就会在沙盘上写出汉字或画出字符，还有的会直接作画。按照扶乩手的人数分为一人乩和二人乩。一人乩是由一个人用两手扶住乩架；二人乩则是由两个人分别用手扶住乩架，并以其中一人为主，为主的扶乩手在扶乩开始时要念咒请神，等神明上身后称“起乩”，附身的神灵谓之乩仙。有的乩仙会自报家门，但也有很多乩仙不愿透露姓名。据说所谓的乩仙其实多为好事的“灵鬼”。乩仙降笔后，即可回答问乩者所问之事了。有专人记录下乩语，经主扶乩人整理后向问乩者解释或传达神灵的指示。在整个过程中，主扶乩人扮演着最为重要的角色，他表面看上去是被神灵附体，口中念念有词，实际上是在按照自己的意识控制乩身。[①]

明清科举时代，金榜题名和做官从政是读书人的梦想，因此，问宦途成了人们扶乩的一个重要内容，几乎每府每县都有箕坛，清代福建漳州府城就有专祀箕仙的大愿堂。可见，扶箕在古代社会有着相当的群众基础和广泛的社会影响力。

---

① 参见张志倩：《〈阅微草堂笔记〉中的民俗文化“扶乩”》，《时代文学》2009 年第 2 期。

四、星　占

星占术，是通过观察天体的运动变化，来预言附会人间吉凶祸福的方法，是在我国古代“天人合一”观和阴阳五行思想基础上产生的。

传说黄帝时代已经有了考定星历的官员。颛顼时代有重、黎掌天文，帝尧的天文官有羲和等，他们根据日月星辰的运行制定历法，指导生产，并逐渐将星象与人事有机结合起来，从而创造出一系列星占的方法，如恒星占、五星占、日占、月占、日月食占和异常天象占等。（见图 6–2）

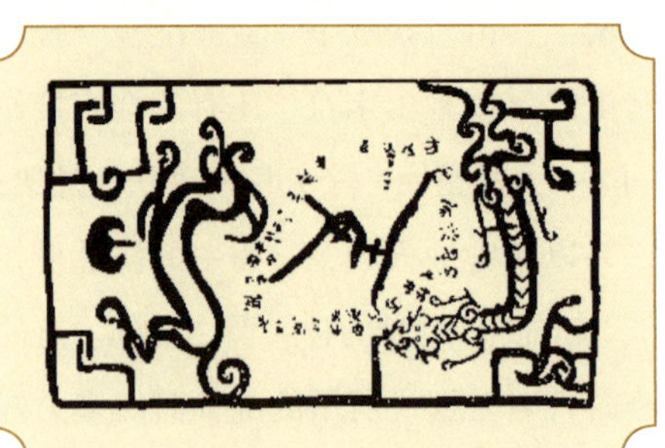

图 6–2　战国漆箱盖上的二十八星宿图（湖北随县曾侯乙墓出土）

周初就有了专掌星占之官——保章氏，据《周礼·春官·保章氏》载，保章氏掌天星，负责观察、记录星辰日月的变动情况，将其与社会变迁相联系，以判断吉凶；以星辰分野分辨九州之地，以封域上空分星的变化来观察妖祥。也就是说，星占术是以分野为主要依据和方法，观察天空中天象的变化及其所在的区域，以占卜该区域所对应的国、州将发生的事件及其吉凶。《易·系辞上》曰:“天垂象，见吉凶，圣人象之。”就是说，当人间政治发生问题时，昊天上帝就在天空中显示异常天象，通过显示吉凶予以警告。地上的圣人凭借异常天象，作出分析、判断，并及时调整政策，纠正错误。占星术主要运用于国运的兴衰、政治的得失、统治者命运的臧否等，主要为当权者服务，维护他们的统治地位。

战国时期，星占家为观测天象和行星的运行，选取二十八宿作为观测的标志，将星宿划分为为十二个星区，与地面上九州十二国相对应，以星辰的变化

来推测对应区域人事的吉凶。如当金、木、水、火、土五大行星汇聚在一起，出现五星聚合特殊天象时，在占星学上，往往被当作王朝更迭、明君圣主出现的祥瑞征兆。传说五星聚房，殷亡周兴；齐桓公称霸，五星聚箕。现存“五星聚”最早的记录，是长沙马王堆3号墓中出土的帛书《五星占》所言：“汉之兴，五星聚于东井。”刘邦刚入秦，就出现五星聚于东井的天象，是刘氏将得天下的征兆。因为东井属于秦的分野，谁先入秦，谁就处在五星之下，就能作为圣人统一全国。

占星术中很重要的基本观念就是“星职说”，认为天上星辰各司其职，各显神通。据《史记·天官书》记载：亢星主疾，氐星主疫。辰星理四时。荧惑星是执法星，主罚。文昌宫六星，一曰上将，建威武；二曰次将，正左右；三曰贵相，理文绪；四曰司命，主老幼；五曰司中，主灾咎；六曰司禄，赏功进士。“寿星，盖南极老人星也，见则天下理安，故祠之以祈福寿。”①星占家根据星辰的运行情况和明暗程度，来预测人事的吉凶祸福。

古代文献还经常提到妖星、灾星，一般都是指预兆灾祸的星。妖星种类繁多，一般多由五星之精流散而成。最典型的妖星就是彗星，民间称之为“扫帚星”，它的出现预示着灾难的降临。《左传·文公十四年》（前613年）记载，在公元前613年秋七月，“有星孛入于北斗”。这是世界上哈雷彗星的最早记载。周朝的内史叔服据此星象预言：不出7年，宋、齐、晋三国国君都将死于内乱。记述此事的人认为叔服的预言后来都应验了。现在看来虽属巧合，但说明古代人们对此还是信之不疑的。

从南北朝开始，在正史中有关星占术的记录逐渐减少，这表明星占术逐渐走向衰微。唐宋以后，星占术对国家的军政大事几乎不再起关键性作用了。

---

①《史记·封禅书》。

五、望气

望气是根据云气的变动以附会人事，并综合气象、环境和社会等因素来预言凶吉祸福的占卜法。

望气起源较早，最初是因为农业生产和战争的需要，所以对云气进行观察和预测，后来也附会人事，把云气的变化与人事相联系起来。春秋各国都有官方主持观测云气的风俗，根据云气的形态和颜色，判断未来可能会出现的灾祸。据《左传》记载，鲁僖公五年（前655）冬至那天，鲁僖公曾亲率百官登台望气，并特命天文官将观测结果记录下来。这说明统治者对此颇为重视。春秋各国都特设高台以供望气之用，鲁僖公“登观台以望”即是。望气之台一般称之为“灵台”。《诗经·大雅·灵台》描述的就是周邦族积极响应文王号召，很快建成一座灵台的场景。

《左传》中有大量望气的记载，如昭公十八年（前524年）五月，郑大夫里析告诉子产将有大祥，即变异之气，预示着民震动，国畿亡。这就是附会人事的望气。据《史记·高祖本纪》记载，秦统一后，最担心来自东南方的威胁。秦始皇常说：东南有天子气，于是东游以厌之。后来刘邦起兵于东南沛县，灭秦建立汉朝。至魏晋时期，此说仍在起作用。《晋书·元帝纪》载，秦时望气者说“五百年后金陵有天子气”，始皇闻之大为不悦，将金陵改为秣陵，开凿北山以绝其势。建安十六年（211年），孙吴立足江东，成三国鼎立之势，将金陵改称“建业”。此后，金陵成为东晋和南朝宋、齐、梁、陈五代帝都，都是利用“东南有天子气”的神秘预言，将其作为改朝换代的政治工具。

望气最初主要由史职人员负责，太史治星望气，观天文，察人事。后来方术之士也从事望气活动。秦统一六国后，为秦始皇候星气者至有300人。西汉时，赵人新垣平以望气被文帝信任。东汉郎宗学《京氏易》，能望气，占候吉凶。他

们主要围绕在帝王、将相身边，为统治者服务。

古代望气家对日旁云气最为关注，通过观察日旁光气推断吉凶。在先秦时代已经有了一套完整的方法。据《周礼》记载，周代专门设有望气预言灾祥之官——眡祲，“眡祲掌十烜之法，以观妖祥，辨吉凶。一曰祲，二曰象，三曰鑴，四曰监，五曰暗，六曰瞢，七曰弥，八曰叙，九曰隮，十曰想”①。十烜就是十种日旁光气：一曰祲，阴阳五色之气相互冲突；二曰象，云气像红色的鸟夹日而飞；三曰鑴，日旁之气刺向太阳；四曰监，云气覆盖太阳之上；五曰暗，谓太阳隐没不见；六曰瞢，日色不光明；七曰弥，白虹贯日；八曰序，气像山而在日上，及云层重叠排列日旁；九曰隮，谓晕及虹；十曰想，云气呈五色，像各种人兽之形象。总起来说，十烜就是各种妖祥善恶之征，视祲根据十烜的具体情况来观妖祥、辨吉凶。

在汉代出土文物中，有一批表现望气内容的画像石，在南阳、齐鲁、晋陕、川滇、苏浙等地均有出土，尤以南阳为多。通过对千余幅汉代望气画像石拓片的归类整理，汉代星象云气的表现形态主要有三种：第一种是日旁云气。该类图像在出土的汉代望气资料中所占的比重最大，已收集到 375 幅，达到总量的 1/3 以上。汉代人在刻绘这类图像时，一般是于石头的右端刻绘月轮，月轮内刻蟾蜍，月轮周围以东方苍龙的星宿相环绕（见图 6–3）。在望气术中，此气为吉祥的上善之气，被归在“云气入星官”之中，具有较高的气格。如果占获此气，那么以后的富贵将无法估量。有此气盈宅必主富贵发达。第二种是日月同辉。该类画像石已收集到 297 幅，也是汉代墓室中出土数量较

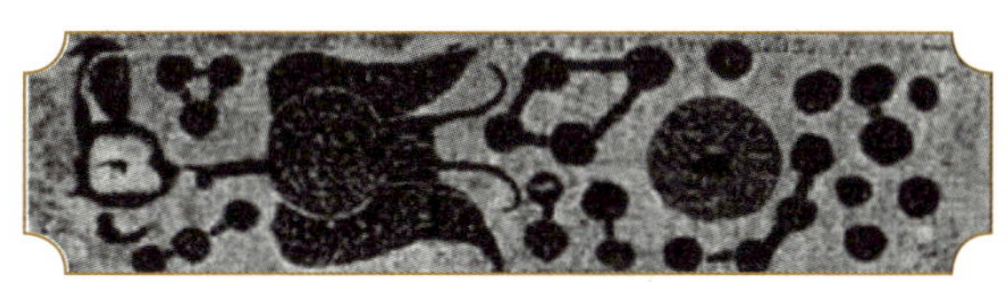

图 6–3　日旁云气（汉画像石中的望气图）

① 孙诒让：《周礼正义》卷四八《眡祲》，中华书局 2013 年版。

多的品种，其流行地域十分广泛，全国各个汉画像石产区中几乎都有出土。从出土的情况来看，该类画像石在构图时，通常是于长条石的左端刻上日轮，日轮内刻绘金乌，石头的另一端刻绘月轮和心宿，月轮中刻绘蟾蜍，心宿的三星在月亮的右侧自上而下排列成弧形，日、月之间弥漫着缭绕的云气（见图 6–4）。在望气者看来，这种云气是一种祥和的大气和瑞气，在朝可喻君臣相和，政治清明；在野可喻家和人旺，家财万贯，是难得的祥瑞之气。第三种是月衔苍龙玄武光。月衔苍龙玄武光是汉代人比较重视的一种星云构图。从收集到的 189 幅相关画像来看，基本上都是于石头的正中刻月轮，月轮内刻蟾蜍。月左刻 11 星，月右刻 7 星，分别代表北方玄武的女宿和东方苍龙的尾宿，星间分布有云气（见图 6–5）。在望气者看来，月衔苍龙玄武光中的气能给女子带来好运，占住该气并与该气合一，女子未来生活将会美满幸福。[①]

图 6–4　日月同辉（汉画像石中的望气图）

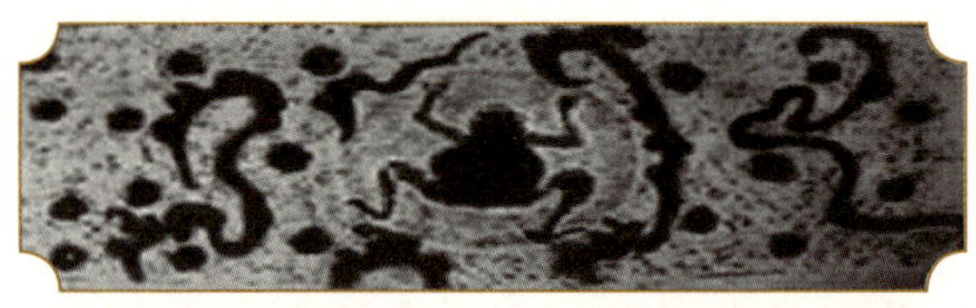

图 6–5　月衔苍龙玄武光（汉画像石中的望气图）

望气术在我国古代军事方面运用也十分广泛。如汉武帝攻打匈奴时就把望气作为战略参考。三国时期，魏司马懿欲攻打孙吴诸葛恪之军，孙权欲发兵应援，望气者以为不利，于是孙权让诸葛恪移军于柴桑，暂避其锋。又如《南史·梁宗室传上》载，天监四年（505 年），梁武帝派萧宏率军进攻北魏，萧宏在前军攻占梁城后畏敌，迟疑不进。魏大将奚康生主张趁机反击，主帅元

① 参见刘克：《出土汉代望气图谱的搜集整理与研究》，《宗教学研究》2013 年第 2 期。

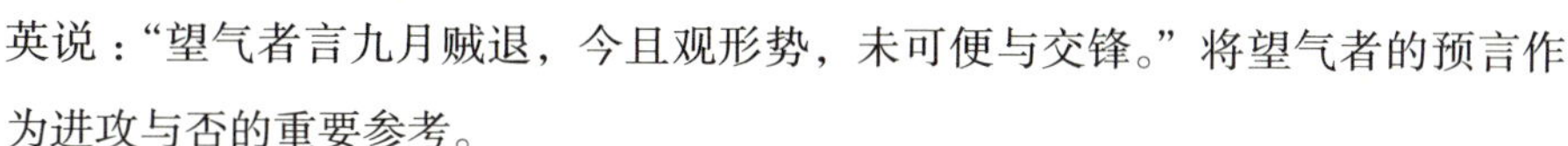

英说："望气者言九月贼退，今且观形势，未可便与交锋。"将望气者的预言作为进攻与否的重要参考。

望气是古代天文家经常使用的方术，在政治、军事、社会事务等方面被广泛运用，作为行事、作战、决策的重要依据。

六、梦　占

梦占是以万物有灵、神魂观念为基础，是神鬼对人类传达有关未来人事信息的一种途径。古人把它视之为一种人神或人鬼的交流方式。

中国古代梦占起源很早，传说黄帝通过梦占得到风后、力牧两位名臣。

在商代的甲骨卜辞中，有关殷王梦占的记载很多。殷人视梦占为接受神谕的重要方式。发出神谕者有先王、先公、先妣等鬼神。梦占是对梦中情境进行解读，根据梦兆预测吉凶。

周代是梦占的兴盛时期。周人非常重视梦占，将梦占与国家政治密切联系起来，除了巫、史、卜等，还配备了专职的占梦之官。据《周礼・春官宗伯・占梦》记载，周代的占梦官有8人，掌其岁时，观天地之会，辨阴阳之气，以日月星辰占六梦之吉凶。六梦就是把梦分为六类：一曰正梦，二曰噩梦，三曰思梦，四曰寤梦，五曰喜梦，六曰惧梦。每年年终，由占梦官向周王询问梦像，经过分析之后把吉梦献给周王，王拜而受之。同时举行仪式，把噩梦及与之相关的疫厉之鬼赶走。《周礼・春官大伯・太卜》载周代占梦的方法有三种："一曰致梦，二曰觭梦，三曰咸陟。"说明这一时期的占梦活动已逐步形成体系。

简单的梦依据梦象本身即可推测事情的吉凶。如《左传・成公二年》记载，前589年，齐晋鞍之战，韩厥梦见父亲子舆对自己说："明天早晨不要站在兵车的左右两侧。"次日，韩厥按照父亲梦中告诫行事，从而保全了性命。这里车中吉、车左右凶的结果直接依梦象得出，无须复杂的占卜。较复杂的梦则需要借助一

定的梦占经验和社会知识。如襄公十八年（前 555 年）秋，晋国卿大夫荀偃将伐齐，梦中与厉公争讼，不胜，厉公以戈击之，头坠于地，荀偃捧起头逃走了。后来路遇梗阳之巫皋，把梦中情境告知。巫皋梦占而知荀偃必死，亦占得出兵东方必胜。巫皋有一定医学知识，判断生病的荀偃不久会病发而亡。而当时齐晋用兵，晋强齐弱，所以出兵东方的齐国可以获胜。

秦汉时期，梦占活动依然受到重视。岳麓书院珍藏秦简中有 40 余枚是与梦占有关的内容，这是我国现存最早的梦书文本。从其所载内容可知，秦国的占梦术，主要依据五行理论，参照做梦的时间与梦中景象，将两者有机结合，两者相应则为吉，相冲则为凶。这种方法主要按照梦象与时日五行的协调与否判断吉凶，因而更便于掌握和操作。①

汉代，对梦的解释基本都围绕梦兆而展开。如汉高祖刘邦的母亲刘媪是一位普通百姓，梦与神遇，因而怀孕，产子刘邦，是圣人之前兆。汉文帝、汉武帝的出生也都有梦兆，以说明其当皇帝是天命所归。随着梦占的流传不衰，占梦书籍也日渐增多。汉代的占梦专著有《黄帝长柳占梦》11 卷、《甘德长柳占梦》20 卷等。如今这两部占梦书都已亡佚。

《隋书·经籍志》著录魏晋至隋代的占梦书共有 8 部。其中记有《解梦书》，在敦煌文书中出土有《解梦书》残卷 7 件，最长的 S620 号长达 159 行，共有 4600 余字。按行均二事计算，共有 300 余条。7 件文书中有 2 件题“解梦书”，作者逸；1 件题“周公解梦书”，但这里的周公恐为后人托名。从格式看，7 件文书完全相同，但分类篇章各异，应是民间流传的《解梦书》的不同版本。其中有几件文书避“治”讳，知为唐高宗以后的抄本。7 件文书涉及的门类，粗略统计有 30 余门，如日月、地理、器服、财物、舍室、市、四时、冢墓、棺槨、水、火、

① 王勇：《五行与梦占——岳麓书院藏秦简〈占梦书〉的占梦术》，《史学集刊》2010 年第 4 期。

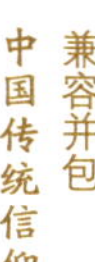

飞鸟、龙蛇、六畜、龟鳖、林木、言语、沐浴、桥道门户、船车避行、文武职官、鬼魅、五谷、斗伤、刑罚、佛法仙，等等。其格式皆为“梦见 ×××（则）‘×’”。如“梦见田宅有喜事”“梦见棺木得官，吉”“梦见身落地失官位，忧凶”“梦见门开妇有外心”等，文词语言极通俗。[①]

唐代至明清，几乎每朝都有新的占梦书出现，从侧面也说明了占梦理论和占梦方法的不断演进。

七、相　术

相术，也称“相命”“相人术”，是一种观人以测吉凶的占卜术，属于测命文化，依据的是人体征兆，包括手相术、面相术、颅相术、骨相术、形体相术等。

与星占、望气、卜筮相比，相术起源较晚，在春秋时期才出现。相术操作比较简单，神秘化程度不深，主要根据面相、音色、性格、姿态、举止、言行等来进行预言。[②] 据《左传》记载，周内史叔服能相人，鲁国大夫公孙敖请他为两个儿子谷、难占相。叔服根据谷丰满的下颌，断言谷的后代将成为宗子，主持宗族的祭祀——这是相面。晋国大夫叔向的儿子伯石刚出生时，叔向之母前去探望，走到堂屋，听见伯石的哭声如同“豺狼之声”[③]，就预言伯石将来会导致整个宗族遭受灭族之灾——这是相声音。晋国大夫伯宗每次上朝，其妻都要告诫他，并预言他会因“好直言”[④] 的性格而被害，后来伯宗果然被郤錡等谗害而死——这是相性格。楚国的莫敖屈瑕帅兵征伐，斗伯比送之。返回，告诉其车夫说：“莫敖必败，举趾高，心不固。”根据莫敖趾高气扬的举止，预言他出

① 参见黄正建：《唐代占卜之一——梦占》，《敦煌学辑刊》1986 年第 2 期。
② 参考陈筱芳：《春秋相术与相术预言》，《西南民族大学学报》2009 年第 9 期。
③ 《左传·昭公二十八年》。
④ 《左传·成公十五年》。

战必败——这是相姿态。昭公元年（前 541 年），诸侯虢之会，郑国子羽依据盟会时各国大夫对楚公子围的服饰仪仗所发表的评论特点，预言了七国卿大夫的命运——这是相言行。内史过奉周天子之命赐命晋惠公，晋惠公在受命典礼上无精打采，内史过据此预言晋惠公将无后——这是相举止。

战国时期，开始出现专职相士。郑国的姑布子卿就是一位著名的职业相士，据说他曾为孔子看过相。姑布子卿为赵简子的几个儿子看相，预言只有赵简子的贱妾所生的赵无恤将来能做将军。

秦汉时期，相术广泛流传，上至君王，下至百姓，莫不信从。汉代典籍中有关相士活动的记载很多，他们活跃于社会的各个阶层，既有职业相士，也有非职业相士。如《汉书 · 高帝纪》记载，汉高祖刘邦微贱时，其妻吕后及两子在田间劳动，有一老父经过，讨水喝，吕后予之。老父为吕后相面，预言她是天下贵人。请其为两子看相，见孝惠帝，说夫人之所以贵者，是因为此子。相鲁元公主，亦皆贵。老父说完离去。此时刘邦从旁舍来，吕后具言其事，刘邦急忙追赶老父，请其为自己看相，老父说："夫人、儿子皆因君而贵，君之相，贵不可言。"刘邦听后大喜。再如《汉书 · 李陵传》记载，汉武帝时，李陵击匈奴战败，消息传来，汉武帝希望李陵死战，召李陵母亲、妻子，令相士为其相面，没有死丧之色。后李陵降匈奴。又如《后汉书 · 皇后纪下》，东汉顺烈梁皇后，永建三年（128 年）选入掖庭，时年 13 岁，相工茅通见之，认为其面相"日角偃月"，将来必定大福大贵。汉代的相法主要是根据面部、手足、行步、声响等方面的体貌特征进行判断和预测。随着相术的流行，总结相

图 6–6　明代相术书中的"贵相图""富相图"

术经验的专门书籍也出现了。《汉书·艺文志》“术数略”著录有《相人》24卷。

汉代以后，相术在社会生活中异常繁盛，成为最流行的方数。相术本身也朝着神秘化、细致化的方向发展（见图6–6）。魏晋南北朝和隋代的相书达到七八种。至南宋，郑樵《通志·艺文略》著录的相书有73种，共195卷。仅唐初著名相士袁天罡所著和托名所著就有四五种。

相术深深植根于中国传统社会土壤中，对官方政治和民间社会都产生了深刻而又广泛的影响。

主要参考书目

1. 汤用彤：《隋唐佛教史稿》，中华书局 1982 年版。

2. 任继愈主编：《中国佛教史》，中国社会科学出版社 1985 年版。

3. 葛兆光：《道教与中国文化》，上海人民出版社 1987 年版。

4. 李养正：《道教概说》，中华书局 1989 年版。

5. 吕大吉主编：《宗教学通论》，中国社会科学出版社 1989 年版。

6. 宋兆麟：《巫与巫术》，四川民族出版社 1989 年版。

7. 史知识编辑部：《道教与传统文化》，中华书局 1992 年版。

8. 周燮藩、牟钟鉴等：《中国宗教纵览》，江苏文艺出版社 1992 年版

9. 高寿仙：《中国宗教礼俗》，天津人民出版社 1992 年版。

10. 刘玉建：《传统文化溯源：中国古代龟卜文化》，广西师范大学出版社 1992 年版。

11. 宋镇豪：《夏商社会生活史》，中国社会科学出版社 1994 年版。

12. 卿希泰主编：《中国道教》，知识出版社 1994 年版。

13. 史仲文主编：《中国全史·宗教史》，人民出版社 1994 年版。

14. 萧登福：《道教与佛教》，东大图书公司 1995 年版。

15. 王明：《道家与传统文化研究》，中国社会科学出版社 1995 年版。

16. 张泽洪：《道教斋醮科仪研究》，巴蜀书社 1999 年版。

17. 胡新生、刘明芝、聂慧哲：《巫卜祈禳》，山东友谊出版社 2000 年版。

18. 信立祥：《汉代画像石综合研究》，文物出版社 2000 年版。

19. 李零：《中国方术续考》，东方出版社 2000 年版。

20. 李零：《中国方术考》，东方出版社 2001 年版。

21. 任继愈主编：《中国道教史》，中国社会科学出版社 2001 年。

22. 马西沙、韩秉方：《中国民间宗教史》，中国社会科学出版社 2004 年版。

23. 牟钟鉴、张践：《中国宗教通史》，中国社会科学出版社 2007 年版。

24. 马新、贾艳红、李浩:《中国古代民间信仰》，上海人民出版社 2010 年版。

图书在版编目（CIP）数据

兼容并包：中国传统信仰 / 贾艳红著 .
—济南：山东大学出版社，2017.10
（中国文化四季 / 马新主编）
ISBN 978-7-5607-5728-5

Ⅰ.①兼… Ⅱ.①贾… Ⅲ.①原始宗教—研究—中国 Ⅳ.① B933

中国版本图书馆CIP数据核字(2017)第197066号

责任编辑：张　瑞
装帧设计：牛　钧

出版发行：山东大学出版社
社址：山东省济南市山大南路 20 号
邮编：250100
电话：市场部（0531）88364466
经销：山东省新华书店
印刷：山东华鑫天成印刷有限公司
规格：787 毫米 ×1092 毫米　1/16
　　　15.25 印张　214 千字
版次：2017 年 10 月第 1 版
印次：2017 年 10 月第 1 次印刷
定价：38.00 元

作者简介

江立华 华中师范大学社会学院常务副院长，教授、博士生导师。湖北省社会学会副会长，湖北省人口学会副会长，教育部马克思主义理论研究与建设工程教材《中国社会学史》首席专家，教育部“新世纪优秀人才”。2011年9月至2012年9月在美国加州大学（UCI）做访问学者。近年来主要从事城市社会学和人口社会学的研究，主持国家社科基金重大招标项目和重点项目多项，出版有《农民工的转型与政府的政策选择》、《中国农民工权益保障研究》、《中国城市社区福利》和《转型期留守儿童问题研究》等专著，发表论文百余篇，其中多篇被《新华文摘》、《中国社会科学文摘》转载。

孙洪涛 原河北大学历史系教授、河北软件职业技术学院党委书记，多年来一直从事中国古代史研究，发表论文数十篇。

湖北省学术著作出版专项资金资助项目

中国专门史文库

中国流民史（古代卷）

江立华　孙洪涛　著

武汉大学出版社
WUHAN UNIVERSITY PRESS

图书在版编目(CIP)数据

中国流民史.古代卷/江立华,孙洪涛著.—武汉:武汉大学出版社,2017.3

中国专门史文库

ISBN 978-7-307-16850-3

Ⅰ.中… Ⅱ.①江… ②孙… Ⅲ.人口流动—研究—中国—古代
Ⅳ.C924.24

中国版本图书馆 CIP 数据核字(2015)第 222691 号

责任编辑:李 琼　　责任校对:李孟潇　　版式设计:马 佳

出版发行:**武汉大学出版社** (430072 武昌 珞珈山)
(电子邮件:cbs22@ whu. edu. cn 网址:www. wdp. whu. edu. cn)
印刷:武汉中远印务有限公司
开本:720×1000 1/16 印张:21.75 字数:311 千字 插页:3
版次:2017 年 3 月第 1 版 2017 年 3 月第 1 次印刷
ISBN 978-7-307-16850-3 定价:88.00 元

总　　序

冯天瑜

人类历史是一个有机整体的发展历程，社会、经济、政治、文化等要素彼此交融、相互渗透在这个整体之中，起伏跌宕、波澜壮阔地向前推进。因此，历史研究不能满足于现象的“个体描述”，而应当关注“总体历史”，关注社会综合结构（社会形态）的演化，从而发现历史大势及其规律，诚如太史公所称，他治史绝非满足于枝节性的记载，其宏远目标是“究天人之际，通古今之变”。

然而，“总体”由“专门”综合而成，“一般”植根于“个别”之中，对于“总体历史”的认识、对于社会结构的真切把握，必须建立在历史现象分门别类的深入辨析的基础之上。太史公通过“本纪”探究自五帝、夏、商、周、秦，直至汉武帝的纵向专史进程；通过“世家”开辟横向的列国专史；又以八“书”，并述礼、乐、律、历、天官、封禅、河渠、平准，开文化、科技、财经等专门史之先河；“大宛列传”、“货殖列传”实为民族史、中外交通史、商业史之雏形……正是有了诸多专门史具体而微的考实，太史公方能造就整体史学大业，“成一家之言”。《汉书》以下的正史又将《史记》的

“书”扩设为“志”(律历志、礼乐志、刑法志、食货志、天文志、地理志、艺文志，等等)，形成较为翔实、细密的专史篇章。

中国史学有着深厚的专门史传统，不仅表现在《史记》、《汉书》等正史为其保留较充分的展开空间，而且自成格局的专志也纷至沓来，如后魏郦道元《水经注》是专论山川地理的志书发轫，两宋以下，各种专史(如金石志、画谱、学案、盐政、畴人传，等等)相继从通史中独立出来，斐然成章，构筑一个大的学术门类。中国的专史之早成、之丰硕，置之古代世界史坛，亦足称先进。

时至近现代，随着学术分科向广度与深度拓展，专门史更成为历史研究蓬勃兴盛的领域。上世纪前半叶，商务印书馆出版王云五主编的《中国文化史丛书》，在“大文化”名目下，囊括了各类专门史论著，从《文学史》、《美术史》到《财政史》、《赋税史》、《中外交通史》，以至《赌博史》、《娼妓史》，尽纳其中，反映了古今中西文化激荡之际的民国学界专史研究的实绩。上世纪80年代，上海人民出版社推出新的《中国文化史丛书》，收入“文化热”时期的数十种论著(包括《小学史》、《甲骨史》、《杂技史》、《园林史》、《染织史》等以往少见的分科史著)，是我国专门史成果的又一次结集。

近年来，专门史研究有新的发展，在高等教育的一级学科历史学之下，设置专门史二级学科，多所大学及科研院所设立经济史、文化史、社会史等专门史研究机构，探究领域有所拓殖，新史料的开掘、新方法的运用皆有创获，人才成长、论著涌现，蔚然大观。武汉大学出版社推出的《中国专门史文库》便在此种新气象之下应运而生。

本文库以几种早年蜚声学坛的专史作为引领篇什，更多地选入近十年来的专史佳品，其中又分两类，一为曾经出版，现经作者认真修订补充，二为新作。本文库拟分数辑，分批推出，期以共襄专门史研习之大业。

2011年10月19日　书于武昌珞珈山

目　　录

引　言

流民是人类进入阶级社会之后普遍存在的一种人口现象和社会现象。约在公元前 21 世纪，中国建立起第一个奴隶制国家——夏朝，流民亦随之在中国大地上出现。随着岁月的流逝与社会的演进，流民问题不仅未能消除，反而变得越来越严重，越来越复杂，并对政治、经济、文化及社会生产和生活诸方面产生着广泛而深刻的影响。

"流民"一词很早就出现在中国古代典籍中，如《史记·万石君列传》曰："元封四年中，关东流民二百万口，无名数者四十万，公卿议欲请徙流民于边以适之。"《汉书·食货志上》称："至昭帝时，流民稍还，田野益辟，颇有蓄积。"汉之后的各种文献中，"流民"一词出现的频率就更高了。笔者曾用计算机对李焘《续资治通鉴长编》进行检索，"流民"一词竟出现了 121 处之多。与流民一词意思相同或相近的词在古文献中还有很多。如"流亡"，《诗·大雅·召旻》曰："瘨我饥馑，民卒流亡。""流人"，《后汉书·贾逵传》曰："后累迁为鲁相，以德教化，百姓称之，流人归者八九千户。"汉桓宽《盐铁论·执务》曰："赋敛省而农不失时，则百姓足而流人归其田里。"（在古文献中，“流人”又指有罪被流放之人，不属于我们讨论的范围。）“流冗”，《汉书·成帝纪》：“水旱为灾，关东流冗者众，青、幽、冀部尤剧。”颜师古注曰：“冗，散失其事业也。”唐杜甫《杜工部草堂诗笺·夏日叹》：“万人尚流冗，举目唯蒿莱。”“流户”，《新唐书·殷侑传》曰：“于时痍荒之余……以仁惠为治。岁中，流户襁属而还。”“流离”，《后汉书·和殇帝纪》：“黎民流离，困于道路。”《汉书·蒯通传》：“今刘项分争，使人肝脑涂地，流离中野，不可胜数。”“流者”，《后汉书·来歙传》：“陇西虽平，而人饥，流者相望。”李贤注：“流，谓流离以就食也。”“流移”，《后汉书·东夷传》：“会稽东冶县人有入海行遭风，流移至澶州者。所在绝远，不可往来。”《后汉书·桓帝纪》：“民有不能自振及流移者，禀谷如科。”“流庸”、“流佣”，《汉书·昭帝纪》：“比岁不登，民匮于食，流庸未尽还。”颜师古注：“流庸，谓去其本乡而行，为人庸作。”《宋书·何偃传》：“然淮泗数州，实亦凋耗，流佣未归，创痍未起。”“流寓”，《后汉书·廉范传》：“范父遭丧乱，客死于蜀汉，范遂流寓西州。”《周书·庾信传》：“南北流寓之士，各许还其旧国。”《晋书·范甯传》：“昔中原丧乱，流寓江左，庶有旋反之期，故许其挟注本郡。”“流逋”，唐韩愈《昌黎集·柳州罗池庙碑》：“流逋回归，乐生兴事。”“流徙”，《管子·侈靡》：“广其德以轻上位，不能使之而流徙。”《史记·张汤列传》：“山东水旱，贫民流徙。”明刘基《诚意伯集·北上感怀》：“维时连年歉，道路多流徙。”“流瘠”，《新唐书·白居易传》：“以旱甚，下诏有所蠲贷……即建言乞尽免江淮两赋，以救流瘠。”诸如此类，不一而足。

其实，人口的机械流动自人类产生之日起就经常发生。人口流动包括很多类型，并非所有的流动人口都是流民，流民仅是流动人口之一类。那么，对流民如何界定呢？或者说流民是指哪一种类型的流动人口呢？“流民”一词在古文献中虽然出现的频率很高，但对其含义并未进行严格的界定。现代一些工具书对流民的解释也不尽一致。《辞海》的解释是：“因自然灾害或战乱而流亡在外的人。”《现代汉语词典》的解释是：“因遭遇灾害而流亡外地，生活没有着落的人。”上述定义确实涵盖了流民特别是古代流民的主体部分，但并非流民的全部。因为还有相当一部分流民流动的原因并非自然灾害和战乱。例如，因人口压力而造成的人口流动，因赋役繁重等苛政而造成的人口流动，因城市吸纳而造成的人口流动等。《辞源》中“流民”条下的解释是：“流浪外地的人。”这一解释更接近于我们所讨论的流民范围。我们认为，流民是指在某种力量(主要是推力和拉力)的作用下，自发地流徙到外地，尚未定居的那一部分流动人口。像军队(或准军事组织)的调动、官府有组织的移民、部族的迁移、流放外地的犯人、赴外地任职的官员、被征发到外地服役的人、贸迁各地的行商、被掳掠到外地的人口、出外求学求仕之人、到外地探亲访友之人等则不应包含在流民之内。流民的基本特征大致可以概括为以下几个方面：

第一，自发性和无序性。流民背井离乡，流徙外地，并非官府的强制，亦非官府的组织，而是一种自发行为。他们的流动处于无序状态。所谓无序主要是指两个方面：一是他们在流动过程中，暂时脱离了政府的行政管理系统，成为失去行政权力控制的人口；二是流民内部没有正式的组织管理体系，他们各自为政，互不统属，且带有很大的盲目性。

第二，流民的主体是“民”，最主要的是农民。“民”是这类流动人口的一个显著特点。当然，也有一部分流民此前的身份并非民，如一些原政府官员、士大夫、逃亡的罪犯和士兵等，特别是大的战乱发生时，此类人口便纷纷加入流民大军。但是，一方面他们在流民中所占的比例很小，另一方面当他们加入到流民行列后，实际上已失去了先前的身份地位，脱离了原来的组织系统，更多地具备了流民的特征，我们不妨称之为“准流民”或“亚流民”。

第三，过渡性和暂时性。流民是一定数量的人口，在离开原居住地和放弃原谋生手段后形成的临时性特殊人口群体。在从离乡背井到重新定居之前，这一群体流移不定，无正常稳定的生产和生活手段，呈现出过渡性特征。一般而言，他们中的大多数经过或长或短的流浪生活后，有的重返故里，有的定居于新地，重新获得正当稳定的生产和生活手段，退出流民队伍。流民群体总是处于一种不断有人退出又不断有人加入的动态中。

以上是流民的三个基本特征。换言之，具备了这三个特征的流动人口，就属于流民的范畴。同时，我们也应该看到，社会实际情况要比任何归纳和概括复杂得多，有些流动人口具有边际性，即处于亦此亦彼的边缘状态，这就需要在研究中具体情况具体分析了。

前已提及，流民是国家产生后普遍存在的一种人口现象和社会现象。流民问题不仅存在于古代社会，也存在于近代、现代社会，还会在一个相当长的历史时期继续存在下去。历史是一条奔腾不息的长河，上游、中游与下游是不可分割的整体；历史是一个连续不断的过程，昨天、今天与明天是紧密联系在一起的；历史是一面镜子，洞察历史有助于准确地把握现实和科学地预见事物的发展趋势。当然，历史的长河中没有完全相同的两朵浪花，在不同的社会发展阶段，在不同的历史条件下，流民问题既有其共性，也有其个性，把握好它们之间的联系与区别，是研究工作中必须重视的一个问题。本卷是中国流民问题研究的古代部分，与近代和现代部分共同构成一个整体，对中国流民问题进行贯通古今的探讨。本书写作的主要目的，就是通过对中国古代流民问题的探研，为现实提供一些可资借鉴的历史经验或历史启示。

在此还需要说明的是，在本课题立项时，作者已考虑到完成它的难度。在实际研究中，作者对其艰巨性则有了更深切的体会。一是学术背景问题。关于中国古代流民问题，尽管古代的政治家和学者有过不少议论，近代的学者也进行过研究探讨，特别是改革开放以来，随着流民潮的涌动，这一领域的研究日益引起学术界的重视，成果不断问世。然而，从总体上看，它仍是一个相当薄弱的研究领域，专著和论文的数量还很少。可以说，流民研究目前仍处于初级阶段，还没有形成本学科较为成熟的理论、方法体系及学科规范。即使像流民这样最基本的概念，学术界不仅没有形成比较一致的认识，而且也没有展开深入的讨论研究。二是资料问题。资料方面的问题很多。其一，有关中国古代流民史的资料并不少，但散见于各种文献、考古资料、口碑以及民风民俗之中，搜集和整理起来难度极大，而前人在这方面所做的工作又非常少。其二，文献资料的严重不平衡性。在文献资料中，因严重天灾和大战乱引发的流民记载得比较多，因苛政引发的流民则记载得比较少，而其他原因(如城市和工商业发展产生的拉力、人口相对过剩和生态环境恶化等产生的推力)引发的流民的记载就更少了。这给研究工作带来很大困难。其三，由于流民的主体是下层人民，在古代史书中关于下层人民的记载本来就十分缺乏，更何况他们已游离于正常的社会组织管理系统之外。所以，有关流民的记载显得十分零散杂乱，缺乏完整性和系统性。从目前我们搜集到的资料来看，绝大多数是笼统的、推测性的和描述性的记载。根据这些资料，要对流民的实际生活状况、生存方式、流动路线、类别等作出准确的判断，是十分困难的。要准确地掌握各个时期流民的数量及其分布，进行定量分析，简直是不可能的。至于古史研究中通常遇到的史料方面的困难，在流民史研究中同样存在。

除客观方面存在的种种短期内难以克服的困难外，从作者主观方面而言，也存在诸多不足。作者涉足或者说专门从事流民史研究的时间不长，在学术积累、知识结构、专业素养等方面均有缺陷。之所以有勇气来承担这一课题并下决心完成它，最主要的是一种强烈社会责任感的驱使。历经春秋寒暑，酸甜苦辣，本书终于面世了。此时，作者的心情并不轻松，反而更加沉重。现在摆在读者面前的这部书，是作者在流民史领域探索的初步成果，肯定存在着种种不足甚至讹误。好在路是人走出来的，孩童学步，虽然蹒跚，但又不可逾越。本书所存在的不周之处，作者将在今后的研究中不断加以弥补。

最后还想说明的一点是，流民是一个十分复杂的社会现象，对流民问题的研究不仅涉及人口学、社会学、经济学、文化学、历史学等诸多社会科学的知识，同时还涉及地理学、气象学、生态学等诸多自然科学的知识。人们可以从不同的角度，运用不同学科的理论和方法进行研究，也可以运用多学科的知识进行综合性研究。本书并不是一部全面系统的流民史著作，从本书的框架结构来看，没有按照一般的写史方法，依历史发展的顺序或王朝的先后次序来构建，而是集中讨论若干问题。本书把流民问题放在整个社会大背景下，侧重讨论流民产生的机制、流民的地域和职业流向、流民的生活方式、流民对社会诸方面的影响以及政府的流民对策等。

第一章

潮起潮落：古代流民潮回眸

自公元前2070年夏朝建立至1840年鸦片战争爆发，在这一漫长的历史时期，流民问题始终存在，从未间断。然而，流民并不像一条风平浪静的小溪，而是如同大江大海一般，时而潮起，时而潮落，呈波澜起伏之势。当政治清明、社会安定之时，百姓安居乐业。此时虽有流民存在，但规模较小，波及地区有限，加上政府及时采取措施进行救助安抚，一般不会对社会产生大的影响。而当政治昏乱，社会动荡，天灾与人祸并发之时，流民潮便会聚起，对社会产生强烈冲击，甚而酿成社会的大动乱。在中国古代史上，不少王朝就曾被流民狂潮所淹没。本章依时间顺序，对中国古代流民作一概要的介绍。

第一节　先秦时期的流民

先秦包括从原始社会到秦朝建立这一漫长的历史时期。但流民的出现是在国家出现以后，生产力有了一定发展，社会划分为统治阶级和被统治阶级，产生了贫富分化。这一时期的流民，我们分四个阶段来叙述，即夏代、商代、西周和春秋战国时期。

一、夏代的流民

人口的迁移流动是伴随着人类的产生而出现的。在漫长的原始社会时期，人口的流动是经常的、频繁的。但是，由于原始社会时期生产力十分落后，人们利用自然、改造自然的能力以及自身的生存能力均十分低下，当时的社会组织只能是以血缘为纽带结成的群体。《吕氏春秋·恃君览》称："凡人之性，爪牙不足以自守卫，肌肤不足以捍寒暑，筋骨不足以从利辟害，勇敢不足以却猛禁悍。"这段记载形象地反映了原始社会时期人类生存能力之低下。在这种情况下，社会成员必须依靠群体的力量来弥补个体生存能力的不足，血缘群体成为原始人类生产和生活的基本单位，以及赖以生存的唯一组织形式。任何个体都不可能脱离血缘群体而生存下来。另外，在原始社会时期，没有阶级，没有剥削，没有压迫，生产和生活资料共有，人人平等，有福同享，有难同当，彼此依存，每一个体都不存在脱离血缘群体的意念和可能。诚如《吕氏春秋·恃君览》所云："昔太古尝无君矣，其民聚生群处。"

由于上述原因，在原始社会时期，人口的迁移流动只能是以血缘组织为单位的群体性迁移。这种血缘群体的迁移，不属于流民的范畴。因此，我们可以断言，在漫长的原始社会时期，不存在流民产生的最基本条件，因而也就不存在流民问题。

多数学者认为，约在公元前21世纪，我国中原地区发生了一场具有划时代意义的巨大社会变革，产生了中国历史上第一个国家——夏王朝，从此中国进入了文明时代。伴随着国家的出现，流民也产生了。

由于夏代史料极其缺乏，我们难以找到有关夏代流民的直接史料，从而也难以对夏代的流民作出哪怕是最简单的描述。但是，我们可以从当时的社会背景和历史条件中，间接地对夏代流民作一简单推测和分析。我们之所以断定夏代有流民存在，是基于以下理由：

第一，在夏代，定居生活有了很大的发展。流民是相对于定居而言的，没有定居也就不存在流民。因此，定居是流民产生的前提条件之一。考古资料表明，大约在距今 1 万年前，我国的原始先民进入了新石器时代，原始农业开始出现，与此同时，原始先民们也开始了定居生活。到了氏族公社繁荣时期，人口较多、规模较大的村落形成，像西安半坡、临潼姜寨等就是比较典型的母系氏族公社村落遗址。降及夏代，农业生产有了更大发展，并成为最主要的产业部门和国民经济的基础。农业的进步必然推动定居生活的发展，在夏朝统治的中心区域内，大部分人口已过上了定居生活。

第二，血缘组织的解体是夏代流民产生的又一条件。国家产生的过程，即为原始社会血缘组织衰落与解体的过程。恩格斯曾指出："国家和旧的氏族组织不同的地方，第一点就是它按地区来划分它的国民。由血缘关系形成和保持下去的旧的氏族公社，正如我们已经看到的，已经很不够了，这多半是因为它们是以氏族成员与一定地区的联系为前提的，而这种联系早已不复存在。地区依然，但人们已经是流动的了。因此，按地区来划分就被作为出发点，并允许公民在他们居住的地方实现他们的公共权利和义务，不管他们属于哪一氏族或哪一部落。这种按照居住地组织国民的办法，是一切国家共同的。"①在夏朝，按地区来划分国民和公共权力的设立这两个特征已经基本具备。国家的行政区划已经出现，公共权力系统逐步代替血缘组织对社会生产和生活进行有效的组织与管理。尽管血缘组织还以残余的形态在一定程度和一定范围内存在并发挥作用，但毕竟已不再占主导地位。在这种情况下，社会某些成员由于诸种原因，有可能也有条件离开原先的血缘群体，自发地进行流动。就像恩格斯所说的"人们已经是流动的了"。

第三，国家产生的最根本原因是生产力的发展，而国家的出现，又大大促进了生产力的发展。在夏代，随着生产工具的进步和生产技术的提高，人们就有可能不再依赖原先的血缘群体而进行生产和生活。于是，个体家庭逐渐代替血缘群体，成为社会的基本细

---

① 恩格斯：《家庭、私有制和国家的起源》，《马克思恩格斯选集》第 4 卷，人民出版社 1972 年版，第 166~167 页。

胞。个体劳动逐渐代替群体劳动，成为生产的主要形式。然而，个体家庭极其脆弱，一遇天灾人祸或其他变故，就会大量破产，失去起码的生产和生活条件，被迫流浪他乡。

第四，从根本上说，阶级压迫、阶级剥削是阶级社会产生流民的最主要社会根源，亦是阶级社会流民的重要特征。夏朝是中国历史上第一个奴隶制国家。奴隶主为了占有更多的社会财富，一方面用极端残酷的手段强迫奴隶从事生产，用延长劳动时间和增加劳动强度的方式迫使奴隶生产更多的财富，并占有奴隶的全部剩余产品甚至必要产品；另一方面，奴隶本身就是一种财产，谁占有更多的奴隶，谁就等于增加了自身的财产。所以，奴隶主之间互相争夺奴隶就成为争夺财富的一个重要方面。尽管奴隶制国家为了维护正常的统治秩序，也建立了一套抑制奴隶主互相争夺奴隶的制度和规范，但在剥削阶级固有的贪欲的驱使下，这种争夺是不可避免的，奴隶逃亡不断发生。

从以上分析我们可以作出这样的推测，在夏代，流民问题已经产生，流民的主要来源：一是破产失业的个体劳动者，二是不堪忍受奴隶主剥削和压迫的逃亡奴隶。但夏代流民的数量和规模不会很大，没有形成像后世那样的流民潮。群体性的部族迁徙仍然是人口流动的主要方式。其理由如下：

第一，夏代的生产力仍十分低下，生产者到外地谋生的手段和方式十分有限，绝大多数人不会选择流亡的道路。

第二，夏代是直接从氏族公社发展而来的，血缘组织还在以残余的形态顽强地存在着，血缘关系在社会组织和管理中仍然起相当大的作用。因此，人口流动仍以部族迁移为主要流动方式，自发的个体流动不占主导地位。

第三，在中国古代，引发大规模流民潮的主要因素有二：一是自然因素，主要指天灾。夏代，由于生产力低下，人类活动对生态环境的影响不大，如黄河中上游的植被没有遭到大的破坏。因此，当时的旱灾和水灾比后世要轻，破坏性也小。即使是发生了严重的天灾，引起的往往是部族群体性的迁徙。二是社会因素，主要指战乱和苛政。当时的战争与后世相比，不仅规模和破坏性小，而且主要是在部族与部族之间发生。这种战争所导致的或是整个部族被征服，或是部族群体性迁徙。

二、商代"众"的逃亡

约公元前16世纪，我国古老的东方部落商族兴起，到了成汤为首领时，灭掉夏朝，建立起中国历史上第二个奴隶制国家——商代（或殷商）。

商代时期，社会生产力进一步发展，政治设施进一步完备和加强，血缘组织进一步解体，产生流民的因素不断增加。由于商代有了可靠的文字史料和考古资料，为我们研究探讨当时的流民问题提供了有利条件。尽管商代的史料十分有限，依据现有资料还不足以对当时的流民问题作较系统的研究，但与夏代相比，毕竟可以认识得清晰一些了。在商代史料中，反映流民问题比较集中的是有关"丧众"的记载。甲骨文载：

> 贞：我其丧衆人。①
> 贞：并亡灾，不丧衆。②
> 贞：𠂤其丧衆。③

"丧"字《玉篇》作"亡"，《正韵》作"失"，即逃亡、丧失之意。关于"众"的身份，史学界存在不同意见，有的学者认为是奴隶，有的学者认为是平民。但有一点是可以肯定的，即"众"是下层劳动人民。"丧众"，就是下层劳动人民的逃亡事件。这些逃亡之人，无疑就沦为流民。甲骨文中多次出现"丧众"、"不丧众"的记载，足以说明，下层劳动人民的逃亡事件已经不是个别现象，流民已成为统治阶级关注的问题。

另外，殷墟出土的三具奴隶陶俑，手上都带有木梏，女的梏在

① 《佚》487。
② 《后》下35・1。
③ 《佚》549。

胸前，男的梏在背后。这三具陶俑所蕴含的历史信息，尽管我们现在还难以作出准确的判断，但是，防止奴隶逃亡，不失为一种较为合理的解释。

甲骨卜辞中，还有关于商王派人追捕逃亡奴隶的记载。例如，《合》109："癸酉卜亘贞，臣得？王固曰：'其得，惟甲、乙。'甲戌臣涉，舟徣𨑖，弗告。旬又五日丁亥执。十二月。"《合》95："癸巳卜㝠贞，臣执？王固曰：'吉！其执，惟乙、丁。'七日丁亥既执。"这两条材料记的是同一件事，武丁时期有成批奴隶逃亡，武丁派人追捕，预计在三日内追回来。结果逃亡的奴隶渡过了河，经过15天，才把这批逃奴捉回来。由此看来，这批逃亡的奴隶人数较多，逃出的距离较远。

胡厚宣先生认为，甲骨卜辞"𡉚"字，义为逃亡。据载有刍奴逃亡，羌奴逃亡。甲骨卜辞中有"贞乎追宰及"的记载，即卜问能否把手工业奴隶追回来，此外还有"贞呼追仆及"，即卜问能否把逃亡的"仆"追回来；"贞𡉚自圉，不其得"①？即卜问能否把从监狱里逃跑的奴隶追回来。为了对付奴隶的逃亡，奴隶主贵族采用断足等酷刑来惩处逃亡的奴隶。从卜辞中，我们知道一次就断足十人，甚至百人之多②。

商朝到帝辛(纣王)为王时，社会危机全面爆发，奴隶、平民等下层民众纷纷逃亡，甚而发生武装暴动。《左传》昭公七年载："纣为天下逋逃主，萃渊薮。"这条材料表明，奴隶主之间争夺劳动人口的斗争十分激烈，容留逃亡是争夺劳动人口的重要内容。"昭公七年"条下又载："周文王之法曰'有亡荒阅'，所以得天下也。"荒，大也；阅，搜查也。"有亡荒阅"，就是清查逃亡的奴隶，将其归还原主。周文王在灭商过程中，采取的这项措施得到奴隶主的广泛拥护，因此"得天下"。

从上述材料来看，在商代特别是其后期，奴隶逃亡现象非常普遍，相当严重，其人数和规模远远超过夏代。尽管这些逃亡之人最

---

① 《珠》1007。

② 王明阁：《先秦史》，黑龙江人民出版社1983年版，第147~148页。

终或被原主追回，或落入其他奴隶主之手，逃亡的时间不会很久，逃亡的距离也不会很远，但他们在逃亡期间，暂时摆脱了原组织系统的控制，当属流民无疑。

三、西周时期下层民众的逃亡

商王朝末年，统治集团内部分崩离析，众叛亲离，下层民众起而反抗，整个社会出现了“如蜩如螗，如沸如羹”①的动荡局面。原商的属国周乘此时机联合各种反商力量，攻灭了商朝，建立周朝。

西周立国之初，统治并不巩固。周人灭商，是“小邦国”代替“大邑商”，那些失去政权的商朝奴隶主贵族，伺机进行反叛。如何处置殷遗民，成为摆在周初统治者面前的一个事关大局的政治问题。武王采纳了周公的意见，对殷民采取怀柔政策，“振鹿台之钱，散巨桥之粟”、“释箕子之囚”、“封比干之墓”，并让殷民居住在原地，不改变他们的生活方式和基本的部族组织，让商纣王的儿子武庚到商都旧地统治殷人，派管叔、蔡叔和霍叔来加以监视（史称“三监”）。周朝虽然是通过大规模战争而建立的，但是由于得到一部分贵族和广大下层民众的拥护，所以没有造成大规模的流民运动。

从现有史料看，西周前期虽然有流民存在，但规模不大，没有形成严重的社会问题。《竹书纪年》云：“成康之际，天下安宁，刑措四十年不用。”到了西周后期，流民问题日益严重起来。

西周昭王时，曾大规模举兵南征。穆王继位后，又举兵西征。这些战争消耗了大量的人力、物力。懿王以后，社会矛盾日益尖锐，国势日衰。史载：“懿王之时，王室遂衰。”②“夷（懿）王衰弱，荒服不朝。”③周厉王时，为了增加财政收入，实行“专利”政策，

---

① 《尚书・微子》。

② 司马迁：《史记》卷4，《周本纪》，见《二十四史》，中华书局点校本。后引此书均同此版本。

③ 《古本竹书纪年》。

增加人民的负担，又采取政治高压政策“防民之口”。共和元年（前841年）爆发国人暴动，厉王被流放到彘（今山西霍县）。宣王时，由于劳动人口大量逃亡，许多公田无人耕种，变成“维莠骄骄”、“维莠桀桀”的荒田。宣王三十九年（前789年），周军与姜氏之戎战于千亩，王师败绩。《国语·周语》说：“宣王既丧南国之师，乃料民于太原。”料民，即检查和登记户口。这是中国历史上第一次出现的关于进行人口调查和人口登记的记载。因为此时人口流动已达到一定规模，民户逃亡已成为严重的社会问题，所以政府采取“料民”措施，以掌握当地的人口数量，加强对人口的控制，防止民众逃亡。

幽王姬宫涅即位后，社会危机进一步加深。他即位第二年（前783年），关中发生大地震，《诗·小雅·十月之交》云：“百川沸腾，山冢崒崩，高岸为谷，深谷为陵。”旱灾同时发生，带来大饥。《诗·大雅·召旻》曰：“瘨我饥馑，民卒流亡，我居圉卒荒。”《诗·小雅·谷风》云：“无草不死，无木不萎。”天灾与人祸并发，社会急剧动荡，“臣妾逋逃”①的现象不断发生。

从各种迹象看，西周后期流民数量日益增多，及至末年，形成一股规模较大的流民潮，其数量、规模以及对社会的影响都远远超过夏、商两代。就深层次原因而言，首先，西周后期，社会组织结构发生异变，王室衰微，政治制度疲乏，以宗法血缘关系为基础的社会组织结构遭到破坏，奴隶主贵族内部分化加剧，国家对社会的控制力减弱。其次，社会成员特别是劳动人民的主体意识增强，他们对统治阶级“不稼不穑”、“不狩不猎”②而占有大量社会财富，劳动人民整日辛劳却饥寒交迫的现实产生了不满和怀疑。《诗经·魏风·硕鼠》曰：“硕鼠硕鼠，无食我黍！三岁贯女，莫我肯顾，逝将去女，适彼乐土。乐土乐土，爰得我所。”“去女”即“离开你”，亦即逃亡。

从常规原因来看，主要是政治黑暗，劳动人民所受剥削和压迫

① 《尚书·费誓》。

② 《诗经·魏风·伐檀》。

加重，加上频繁的自然灾害，劳动人民的生产条件、生存环境和生活状况恶化。另外，西周时期生产力有了进一步提高，劳动者创造的剩余产品增多，当时又有大量的荒地可供开垦，从而加剧了统治者之间对劳动人口的争夺，他们大量容留、招纳逃亡人口，大量开拓"私田"，这必然会引起流亡人口的增加。同时，一些劳动者逃亡出来后，私自开垦荒地，成为人身相对自由的个体农民。总之，在西周末期，由于社会控制力弱化，劳动人民在推力和拉力的共同作用下，纷纷逃亡，致使流民大量出现。

四、春秋战国时期的流民

公元前 771 年，申侯联合缯、西夷和犬戎等进攻宗周，西周灭亡。公元前 770 年，周平王宜臼迁都雒邑，史称东周。从公元前 770 年周室东迁至公元前 476 年，这一阶段的历史大体与孔子修订的《春秋》年代相当，所以历史上称为春秋时期。

春秋时期，以铁制农具和牛耕的使用与普及为标志，社会生产力有了很大发展。在生产力的推动下，生产关系和社会组织结构发生着深刻的变革，表现为旧的政治秩序和社会组织系统正在瓦解，而新的政治秩序和社会组织系统尚未确立起来，因此出现了许多真空地带。在这一特定历史条件下，流民不仅更加普遍和严重，而且呈现出新的特点。在社会变革的历史潮流中，流民自觉不自觉地扮演了重要角色。

劳动生产率的提高，使剥削阶级占有土地和劳动人口的欲望更加强烈。他们疯狂地占田夺地，千方百计地招诱逃亡人口，在"公田"之外大量开辟"私田"，或变"公田"为"私田"，争夺无主土地的事件层出不穷。在争田夺地的狂潮中，大量平民失去土地，加入流民队伍。这是春秋时期流民的一个重要来源。奴隶逃亡的现象更为普遍，更为严重。同时，生产力的发展，为个体小农的出现提供了物质条件。春秋时有大量未开垦的荒地，不少失去土地的平民和不堪忍受残酷压迫的奴隶，流亡到荒野山林，开垦土地，成为个体农民。

周王室地位的一落千丈，丧失了控制全国的能力，各诸侯国之间弱肉强食，为争夺土地和人口展开了错综复杂的斗争。仅据《春秋》记载，在242年间，列国进行的战争共483次，朝聘盟会450次。即使在各诸侯国内部，不同政治力量之间的斗争也时隐时现，此起彼伏。社会的动荡必然引起民众的流离。西周时期实行的是贵族等级制，宗法血缘关系是社会组织系统的基础，到春秋时期遭到空前的破坏，社会成员摆脱宗法血缘群体的倾向越来越严重。

从现有史料来看，春秋时期直接或间接反映流民的记载比西周要丰富得多。公元前563年，郑国贵族子西出走归来，“臣妾多逃，器用多丧”①。公元前546年，齐国贵族崔杼“其众皆逃”②。公元前644年，齐国征发十国庶民修筑城，役人在夜间一哄而散。公元前641年，梁国发生了大规模民溃事件；公元前660年有“邢人溃”事件；公元前656年有“蔡溃”事件；公元前654年有“沈溃”事件，等等。《左传》文公三年：“凡民逃其上曰溃，在上曰逃。”春秋时期关于民逃和民溃的记载不绝于书，可见其问题的普遍性和严重性。这些逃亡和溃散之人，成为流民的主要来源。许多诸侯国制定逮捕和惩治逃亡的法律，规定“逃徙者刑”，结果还是“上不能止”。

春秋末年，统治阶级内部争夺人口的斗争相当激烈。如晋国“庶民罢敝，而宫室滋侈，道殣相望，而女富溢尤，民闻公命，如逃寇仇”。齐国陈氏趁机施以恩惠，收买人心，结果是民“归之如流水”③。人口的大量流亡，对政权构成了直接威胁。为了巩固政权，稳定统治，不少诸侯国进行了改革。春秋时期兴起的改革大潮，涉及政治、经济、文化、军事等方面，其中有很多内容是直接针对流民问题的。例如：公元前685年，齐桓公任用管仲为相，改革内政。改革的第一项内容是“修旧法，择其善者而业用之，遂滋民与无财，而敬百姓”④，即救济安抚贫困，防止民众流亡，增加

① 《左传》襄公十年。

② 《左传》襄公二十七年。

③ 《左传》昭公三年。

④ 《国语·齐语》。

劳动人口。第二项内容是“叁其国而伍其鄙”，其目的之一就是对社会基层组织进行整合，强化对居民的控制，防止人口迁徙流亡。第三项改革是“相地而衰征”，即按照土地的肥瘠程度，划分为不同的等级，征收不同数量的赋税。管仲改革，收到了安抚和控制民众、发展生产的目的，使流民问题得到初步解决。晋文公在位时实行“弃责薄敛”、“救乏振滞”、“通商宽农”的政策，其重要目的也是安定民众，发展生产，防止人口流亡。此外，公元前645年，晋进行了“作爰田”改革；公元前594年，鲁国进行了“初税亩”改革；公元前543年，郑国进行了“田有封洫，庐井有伍”改革。春秋时期各国纷纷进行改革，其重要原因之一就是由于大量人口流亡迁徙，土地占有状况、劳动力分布状况以及生产资料与生产者的结合方式发生了重大变化。改革的共同点是根据社会出现的新情况、新问题，采取措施把大量游离于社会组织系统之外的人口重新纳入到新的社会控制系统中，实现土地与劳动力的稳定结合。

安土重迁的观念在战国时代得到进一步强化。孟子说：“诸侯之宝三：土地、人民、政事。”①安土重迁观念不仅深深地扎根于农民的头脑中，而且为统治者所极力倡导。这是因为在农业社会中，土地是最基本、最主要的生产资料。但是仅有土地是创造不出财富的，只有土地和劳动力相结合，才能创造出社会财富。土地和农民的牢固结合，是封建社会赖以存在的基础和前提。两者结合的程度和状况，很大程度上决定着国家的治乱兴衰。战国时代，随着土地私有制的发展和封建生产关系的确立，土地买卖和地权转移随时随地都在发生，生产基础极为脆弱的小农随时随地都有破产失业的危险。另外，由于生产力的进步(铁农具的广泛推广、耕犁得到进一步改进、水利事业的发展)和生产者人身地位的提高，农民选择生存方式与生活空间的自由度要比奴隶大得多。这些意味着产生流民的社会因素要比奴隶制时代更多、更不确定。地主阶级深知，农民大量流亡和流民大量出现，不仅仅会减少剩余产品的生产，而且会产生一系列严重的社会问题，甚至危及政权的生存。因此他们希望

① 《孟子·尽心下》。

把农民牢固地附着在土地上。就农民而言，由于在当时谋生的手段仍极其有限，拥有一小块土地，过着自给自足的自然经济生活，成为最理想的选择。不到万不得已，他们不愿离开赖以生存的土地和家乡热土。安土重迁观念的产生和强化，恰好反映出战国时代导致劳动者流亡迁徙因素的增多。

西汉学者刘向在概括战国时期特点时说："并大兼小，暴师经岁，流血满野。父子不相亲，兄弟不相安，夫妇离散，莫保其命……晚世益甚。万乘之国七，千乘之国五，敌侔争权，盖为战国。"①这说明战国时期连绵不断的战争，引起大量人口流离失所。

魏国的李悝所撰《法经》将盗贼列为首条，作为法律惩治的主要对象，可见盗贼问题已相当严重和普遍。盗贼与流民有直接关系，或者说两者的相关度很高。流民是盗贼的渊薮，很多"盗"本身就是流民，或由流民转化而来。商鞅变法中与流民问题直接相关的内容是建立什伍连坐制和设立县级地方政权组织。通过推行县制和什伍组织，建立起一套新的社会控制系统与机制，禁止农民自由流动。秦国实行如此严密的组织和如此严厉的措施本身说明，人口的无序流动已成为严重的社会问题。其他国家的变法也有不少是针对流民问题的内容。

城市的兴起与城市人口的迅速增长，亦反映出流民的大量存在。齐都临淄在齐宣王(前319—前301年)时，约7万户人家，壮年男子21万。苏秦描述其繁荣景象时说："临淄之途，车毂击，人肩摩，连衽成帷，举袂成幕，挥汗成雨，家敦而富，志高而扬。"②可见临淄是一个相当繁荣、人口众多的城市。再如赵的邯郸、燕的蓟、韩的荥阳、楚的郢、秦的咸阳等都发展成为规模较大的城市。城市的人口相当集中，其中除官吏、驻军外，必有很大一部分是流民或由流民转化而来的居民。

战国时代，个体农民成为最基本的生产者。小农经济极不稳定，一遇天灾人祸，便大量破产失业，沦为流民。李悝说："今一

① 《战国策·叙》。

② 《战国策·齐策一》。

夫挟五口，治田百亩。岁收亩一石半，为粟百五十石。除十一之税十五石，余百三十五石。食，人月一石半，五人终岁，为粟九十石，余有四十五石。石三十，为钱千三百五十，除社闾尝新春秋之祠，用钱三百。余千五十，衣人率用钱三百，五人终岁用千五百，不足四百五十。不幸疾病死丧之费及上赋敛又未与此。此农夫所以常困，有不劝耕之心。"①若加上统治阶级的横征暴敛，农民的生活就更为悲惨。《韩非子·诡使》曰："士卒之逃事伏匿，附托有威之门以避徭赋，而上不得者万数。"《孟子·公孙丑下》曰："凶年饥岁，子之民，老羸转于沟壑，壮者散而之四方者，几千人矣。"

第二节　秦汉时期的流民

秦汉时期，中国建立起统一的多民族封建国家，疆域迅速扩大，汉民族正式形成，封建生产关系在全国范围内得到空前发展。这一时期的流民，我们分三个阶段来阐述，即秦朝、西汉和东汉。

一、秦朝的流民

公元前221年，秦始皇吞并六国，建立起中国历史上第一个统一的多民族封建国家。秦的统一，是通过大规模战争实现的。大规模战争所引发的流民潮，在秦统一之初仍余波未平，当时社会上存在着大量形形色色的流民。因此，秦始皇统一全国不久，便着手建立更加严密的社会控制体系，并继续推行"上计"制。法律规定：居民不得私自迁徙流动；居民外出，须得到官府的批准，并持官府颁发的符券。否则，就是违法行为，要受到罚处。

政府对人口自发流动进行如此严密的控制和防范，恰好说明当时引发人口自发流动的因素很多。秦朝流民的情况大致可以归纳为以下几个方面：

其一，赋税徭役之繁重所引发的流民。秦朝统一全国后，饱经战乱之苦的人民企盼着过上和平安定的生活，满目疮痍的社会经济

---

① 《汉书》卷24，《食货志》。

也需要有一个宽松稳定的社会环境来恢复和发展。然而，秦朝统治者却反其道而行之，统一战争的硝烟刚散，就大量征发徭役，大肆兴建土木工程，仅离宫别馆就达700余所，遍布函谷关内外及渭水南北两岸，消耗了大量的人力、物力。有学者估计，当时经常性服役的人不下200万。其时，全国约有2000万人口，服役人口占全国人口的10%。为此，政府横征暴敛，加重农民的赋税负担，“力罢不能胜其役，财尽不能胜其求”①，服役者在统治阶级的残暴压迫下，劳动强度超过了生理极限。他们为了求生，不顾法禁，大量逃亡，沦为流民。秦末农民起义的直接导火线就是繁重的劳役兵役负担。

其二，刑罚之严酷残烈所引发的流民。《史记·秦始皇本纪》曰：“始皇为人……专任狱吏，狱吏得亲幸……以刑杀为威。”从秦简中可以看出，秦的刑法极为残酷，仅刑名就有赀、笞、迁、耐、髡、劓、斩左趾、宫或腐、戮、弃市等。刑徒不仅名目多，数量也很大。《汉书·刑法志》曰：“秦用商鞅连相坐之法，造参夷之诛，增加肉刑、大辟，有凿颠、抽肋、镬烹之刑。至于秦始皇，兼吞六国，遂毁先王之法，灭礼谊之官，专任刑罚。”实行这种高压政策的结果是：“奸邪并生，赭衣塞路，囹圄成市，天下愁怨，溃而叛之。”②“自君卿以下至于众庶，人怀自危之心。”③秦朝实行严刑峻法的后果是人人自危，众庶亡散，流民大量产生。

司马迁在总结秦亡原因时说：“秦王怀贪鄙之心，行自奋之智，不信功臣，不亲士民，废王道而立私权，焚文书而酷刑法，先诈力而后仁义，以暴虐为天下始。……(二世)重之以无道，坏宗庙与民，更始作阿房宫，繁刑严诛，吏治深刻，赏罚不当，赋敛无度，天下多事，吏弗能纪，百姓困穷而主弗收恤。然后奸伪并起，而上下相遁，蒙罪者众，刑戮相望于道，而天下苦之。自君卿以下至于众庶，人怀自危之心，亲处穷苦之实，咸不安其位，故易动

① 《汉书》卷51，《贾山传》。

② 《汉书》卷23，《刑法志》。

③ 《史记》卷6，《秦始皇本纪》。

也。是以陈涉不用汤、武之贤，不藉公侯之尊，奋臂于大泽而天下响应者，其民危也。”①董仲舒在《限民名田疏》中说得更为具体：“至秦则不然，用商鞅之法，改帝王之制，除井田，民得买卖，富者田连阡陌，贫者亡立锥之地。又颛川泽之利，管山林之饶。荒淫越制，逾侈以相高；邑有人君之尊，里有公侯之富，小民安得不困？又加月为更卒，已，复为正，一岁屯戍，一岁力役，三十倍于古；田租、口赋、盐铁之利，二十倍于古。或耕豪民之田，见税什五。故贫民常衣牛马之衣，而食犬彘之食。重以贪暴之吏，刑戮妄加，民愁亡聊，亡逃山林，转为盗贼，赭衣半道，断狱岁以千万数。”②这两段记载可以作为上面分析归纳的佐证，说明秦代“亡逃”者的数量很大，并源源不断地加入到流民行列中。造成农民大量破产流亡的主要原因，是土地兼并加剧、农民赋役负担加重和官府的严刑峻法，而严重的流民问题是导致秦朝社会剧烈动荡并最终灭亡的主要因素。

二、西汉时期的流民潮

从公元前209年秦末农民战争爆发，到公元前202年楚汉战争结束，前后经历了近7年时间。在这7年中，战火持续不断，遍及全国各地。战争虽然推翻了秦王朝的残暴统治，并最终实现了西汉的统一，但是劳动人民在战争中亦付出了沉重的代价。这场旷日持久的战乱，引发了有史以来最大的流民潮。加入这一流民潮的主要有以下几部分人口：一是秦朝后期，特别是秦二世统治时期形成的流民。他们中的一部分加入到农民起义队伍中，一部分死于战乱和饥寒疾疫，但仍有相当大的一部分在辗转流徙，四处求生。二是战争中逃亡的士兵和战败后溃散的士兵，流落到各地，变成流民。如昌邑人彭越在秦末农民战争中，“乃行略地，收诸侯散卒，得千余人”③。项羽“徇齐至北海，多所残灭。齐人相聚而叛之。于是田

① 《史记》卷6，《秦始皇本纪》。

② 《汉书》卷24，《食货志》。

③ 《史记》卷90，《彭越列传》。

荣弟田横收齐亡卒得数万人，反城阳”①。彭越一次收得流亡士卒千余人，田横收得齐亡卒数万人，可见此类流亡者不在少数。三是战火波及地区的居民，为避战乱，纷纷外逃，成为流民。“楚汉久相持未决”，“天下匈匈数岁”②，大量人口避难流亡。四是原来的官、私奴婢，官营手工业中的工匠，各种刑徒、罪犯及各类应役之人，在秦朝的统治被推翻后，纷纷流散到各地，转化成流民。

西汉统一全国后，从总的趋势来看，流民在逐渐减少。但初年流民问题仍相当严重。饱受战乱破坏的社会经济恢复和发展起来，需要一段较长的时间，所以安置和消化数量庞大的流民也需要一个较长的过程。同时，社会经济的凋敝，加上自然灾害不断发生，又产生了一些新的流民。当然，也有其他诸多原因造成的流民。如景帝平定吴楚七国之乱，“吴大败，士卒多饥死叛散”③。这场内乱必定会造成相当大数量的流民。

大量流民存在，不仅严重影响社会经济的恢复和政府的财政收入，而且严重影响社会的稳定。西汉前期的统治者，为了巩固新生政权，医治战争创伤，恢复和发展社会经济，安定百姓生活，对流民问题十分重视，采取了一系列轻徭薄赋、休养生息、招抚流亡的政策措施。史载：“汉兴，接秦之敝，诸侯并起，民失作业而大饥馑。凡米石五千，人相食，死者过半。高祖乃令民得卖子，就食蜀、汉。天下既定，民亡盖藏，自天子不能具醇驷，而将相或乘牛车。上于是约法省禁，轻田租，什五而税一；量吏禄，度官用，以赋于民。而山川、园池、市肆租税之入，自天子以至封君汤沐邑，皆各为私奉养，不领于天子之经费。漕转关东粟以给中都官，岁不过数十万石。”④孝惠、高后、文帝、景帝诸朝进一步推行轻徭薄赋、约法省禁政策，社会经济得到迅速恢复和发展，流民渐次返乡或在新地定居。据史书记载，汉初的人口，较之秦代大大减少，大

① 《史记》卷 7，《项羽本纪》。

② 《史记》卷 7，《项羽本纪》。

③ 《汉书》卷 35，《吴王刘濞传》。

④ 《汉书》卷 24，《食货志》。

城市人口仅剩下十分之二三。经过西汉前期的恢复和发展，流民潮平息，人口统计数量大增。《后汉书·郡国一》注引《帝王世纪》云："至汉祖定天下，民之死伤，亦数百万。是以平城之卒，不过三十万，方之六国，五损其二。自孝惠至文、景，与民休息，六十余岁，民众大增，是以太仓有不食之粟，都内有朽贯之钱。"秦末以来形成的这次流民潮，经过西汉前期的招抚安置，到文景时期基本得到平息。

汉武帝即位后，西汉王朝发展到鼎盛时期。与此同时，各种社会矛盾也暴露出来，并日益尖锐，汉王朝开始从兴盛走向衰落。汉武帝统治时期，由于对匈奴的大规模用兵，大肆修筑豪华宫殿，多次巡狩、封禅、寻神仙、求仙药等，加重了人民的赋役负担。史称："武帝征伐四夷，重赋于民，民产子三岁，则出口赋，故民重困，至于生子辄杀，甚可悲痛。"①官僚贵族、豪强地主、富商大贾则利用政治和经济优势，大量兼并土地和占有奴婢，小农大量破产，流民潮再度出现。

《汉书·贡禹传》曰："武帝始临天下，尊贤用士，辟地广境数千里，自见功大威行，遂纵耆欲……是以天下奢侈，官乱民贫，盗贼并起，亡命者众。"《汉书》记载元狩四年(前119年)关东的流民情况时说："大兴兵伐匈奴，山东水旱，贫民流徙。"②"关东流民二百万口，无名数四十万。"③(征和二年，前91年)"乃以边为援，使内郡自省作车，又令耕者自转，以困农烦扰畜者，重马伤耗，武备衰减，下吏妄赋，百姓流亡。"④《后汉书·郡国一》注引《帝王世记》曰："武帝乘其资畜，军征三十余岁，地广万里，天下之众亦减半矣。"

流民大量增加，导致社会的动荡不安。为了缓和矛盾，武帝不得不对统治政策作重大调整，于征和四年(前89年)下著名的轮台罪己诏。武帝死后，昭帝、宣帝相继即位，进一步推行缓和社会矛

① 《汉书》卷72，《贡禹传》。
② 《汉书》卷59，《张汤传》。
③ 《汉书》卷46，《石庆传》。
④ 《汉书》卷66，《刘屈氂传》。

盾的政策措施，宽缓刑狱、奖廉黜贪、轻徭薄赋。经过昭宣时期的治理，流民问题得到缓解，故有昭宣中兴之誉。

宣帝以后的元、成、哀、平四朝，由于政治昏乱，朝纲不振，官僚队伍腐败，皇族、贵戚、官僚和豪强地主依仗政治、经济特权，疯狂兼并土地，强占民田，而农民负担日益加重，水旱之灾连年并发，流民又呈上升趋势。史载："元帝即位，谷贵民流。"①"上始即位，关东连年被灾害，民流入关……关东流民饥寒疾疫，已诏吏转漕，虚仓廪开府臧相振救。"②(初元元年，前48年)捐之对曰："今天下独有关东，关东大者独有齐楚，民众久困，连年流离，离其城郭，相枕席于道路。"③(河平元年，前28年)"三月，流民入函谷关。"④(鸿嘉四年，前17年)"关东流冗者众，青、幽、冀部尤剧。"⑤(永始二年，前15年)"发徒起邑，并治宫馆，大兴徭役，重增赋敛，征发如雨……百姓财竭力尽，愁恨感天，灾异屡降，饥馑仍臻，流散冗食，馁死于道，以百万数。"⑥(建平元年，前6年)"寒暑失常，变异屡臻，山崩地震，河决泉涌，流杀人民，百姓流连，无所归心。"⑦(建平二年，前5年)"岁比不登，天下空虚，百姓饥馑，父子分散，流离道路，以十万数。"⑧(元始二年，2年)"郡国大旱、蝗，青州尤甚，民流亡。"⑨

西汉末年，统治集团陷入严重的危机之中，各地农民的反抗斗争不断发生。正是在这种社会背景下，王莽篡汉建立新朝。王莽上台后，为了挽救社会危机，进行改制。王莽改制非但没有缓和当时的社会矛盾，反而给劳动人民带来更大的灾难，使社会矛盾更加尖

---

① 《汉书》卷60，《杜缓传》。
② 《汉书》卷71，《于定国传》。
③ 《汉书》卷64下，《贾捐之传》。
④ 《汉书》卷26，《天文志》。
⑤ 《汉书》卷10，《成帝纪》。
⑥ 《汉书》卷85，《谷永传》。
⑦ 《汉书》卷86，《师丹传》。
⑧ 《汉书》卷81，《孔光传》。
⑨ 《汉书》卷12，《平帝纪》。

锐化，最终导致了大规模农民战争的爆发，新莽政权被推翻。新莽政权灭亡后，各武装力量之间又展开了争斗。公元40年，刘秀完成了全国的统一。

三、东汉时期的流民潮

从王莽统治时期的社会大动荡到东汉刘秀统一全国，兵连祸接，大规模的战争持续了10余年，战乱波及黄河、长江流域的广大地区，造成了又一次流民大潮。史载：(始建国三年，11年)“诸将在边，须大众集，吏士放纵，而内郡愁于征发，民弃城郭流亡为盗贼……毒蠚并作，农民离散。”①(天凤元年，14年)“边民流入内郡，为人奴婢。”(天凤六年，19年)“青、徐民多弃乡里流亡，老弱死道路，壮者入贼中。”②(地皇三年，22年)“枯旱霜蝗，饥馑荐臻，百姓困乏，流离道路，于春尤甚。”③“安定、北地、上郡流人避凶饥者，归之不绝。”④

到光武帝刘秀统一全国时，经济萧条，人口锐减，一片残破景象。史称：“及王莽篡位，续以更始、赤眉之乱，至光武中兴，百姓虚耗，十有二存。”⑤在籍人口只有西汉元始二年(2年)人口数的20%。当然这并不是实有人口数。在耗减的人口中，除了死于战乱、疾疫、灾荒者外，有相当多的人口成为脱籍流民。所以，东汉王朝建立后，如何解决流民问题，成为统治者面临的一大社会问题。为了恢复和发展经济，重建和稳定统治秩序，巩固新政权，东汉统治者采取了一些积极的政策措施。如释放奴婢和囚徒、组织军队屯田、精兵简政、赈济饥民、招抚安辑流民等。对于重新定居向政府登记户口的流民，给予赐爵一级的优待。同时，“假民公田”，即把国有荒地、苑囿以及山林川泽租借给流民耕种。据史书记载，

---

① 《汉书》卷99，《王莽传》。

② 《汉书》卷99，《王莽传》。

③ 《汉书》卷99，《王莽传》。

④ 《后汉书》卷23，《窦融传》。

⑤ 《后汉书》志第19，《郡国一》注引《帝王世纪》。

从永平九年（66 年）到元兴元年（105 年）的 40 年间，东汉政府假民公田近 20 次，有大量流民被安置在国有土地上。史载光武帝时期：（李忠）“迁丹阳太守……垦田增多，三岁间流民占著者五万余口。”①“于是役省劳息，奸吏杜绝，流民稍还，渐成聚邑，使输租赋，同之平民。”②

东汉统治者招抚流民、赈济穷困的政策措施收到了积极的效果，流民问题逐渐得到缓解。史载：“永平、建初之际，天下无事，务在养民，迄于孝和，民户滋殖。及孝安永初、元初之间，兵饥之苦，民人复损。至于孝桓，颇增于前。永寿二年，户千六百七万九百六，口五千六万六千八百五十六人，垦田亦多。”③需要指出的是，东汉时期社会经济的恢复和发展比较缓慢，流民问题成为困扰东汉统治者的一个严重社会问题。其主要原因是，作为东汉政权统治基础的豪强地主，凭借政治、经济地位的优势，疯狂兼并土地。与西汉相比，东汉土地集中问题显得更为突出。

东汉王朝从光武中兴到和帝，是相对稳定发展时期。和帝之后，东汉政权陷入深深的危机之中，政治极端黑暗，外戚宦官交替专政。上至朝廷，下至各级地方官，整个官场贿赂公行，贪赃枉法，搜刮民财。豪强势力的膨胀，占有大量土地和劳动者——宗族、宾客、徒附和奴婢，许多自耕农失去土地，有的变成流民，有的成为豪强地主的依附人口。再加上频繁的自然灾害，农民更是流离失所。如在安帝一朝 19 年中水灾即达 11 次，旱灾 7 次，蝗灾 5 次，受灾范围达 41 郡国。永兴元年（153 年），全国有三分之一的郡县遭受水灾、蝗灾，有几十万户倾家荡产，流浪在外。

东汉末年爆发了黄巾大起义。起义虽然后来被镇压下去了，但东汉王朝在农民起义的打击下也名存实亡。地方割据势力迅速崛起，军阀混战连年不断，流民大潮再次出现。先是袁绍、袁术带兵入宫，杀宦官 2000 多人。接着董卓领兵入洛阳，废少帝，立刘协

① 《后汉书》卷 21，《李忠传》。

② 《后汉书》卷 76，《循吏・卫飒传》。

③ 《后汉书》志第 19，《郡国一》注引《帝王世纪》。

为傀儡皇帝(汉献帝)，完全控制了中央大权。董卓入洛阳后，纵兵烧杀抢掠，大量人口惨遭杀戮。190年，各地州郡牧守推戴袁绍为盟主，共同讨伐董卓，东汉末年军阀混乱的序幕正式拉开。董卓挟持汉献帝，并强迫洛阳几十万人口西迁长安。临行前将洛阳宫庙、官府、民宅全部放火烧毁，繁荣的洛阳变成了“二百里内无复孑遗”的空荒地区。192年，王允收买董卓部将吕布，合谋杀掉董卓。董卓部将率兵杀进长安，逼死王允，赶走吕布。之后，长安及其附近的关中地区，成为军阀互相征杀的战场，居民逃散，一片狼藉。关西军阀失败后，混战随即在关东军阀之间继续展开。长期的军阀混战使社会生产遭到严重破坏，人口大量死亡或逃散，“二三年间，关中无复人迹”①。曹操攻陷彭城(今江苏徐州市)，“坑杀男女数万口于泗水，水为不流”②。一些北方地区呈现出“出门无所见，白骨蔽平原”③的悲惨景象。与战争相伴随的是疾病，“家家有强尸之痛，室室有号泣之哀，或阖门而殪，或覆族而丧”④。幸存者大批逃往战祸较轻的南方或内地。北方“名都空而不居，百里绝而无民者，不可胜数”⑤，“中原户口，十不存一”。东汉时涿郡有10万余户，鄢陵县有五六万户，兵祸后前者剩3千户，后者仅剩数百户。辽阔的黄河流域变成了一片荆棘丛生的荒原，尤其是两汉的经济文化中心关中及关东地区，遭受破坏最甚。

《后汉书》关于流民的记载很多，我们举数例以窥全豹：安帝永初元年(107年)，“民讹言相惊，弃捐旧居，老弱相携，穷困道路”⑥，“方今西州流民扰动，而征发不绝，水潦不休，地力不复”⑦，“时饥荒之余，人庶流迸，家户且尽”⑧。永初四年(110

① 《后汉书》卷72，《董卓传》。
② 《三国志》卷10，《荀彧传》注引《曹瞒传》。
③ 王粲：《七哀诗》。
④ 《太平御览》卷742，引曹植：《说疫气》。
⑤ 《后汉书》卷79，《仲长统传》。
⑥ 《后汉书》卷5，《安帝纪》。
⑦ 《后汉书》卷51，《庞参传》。
⑧ 《后汉书》卷32，《樊准传》。

年)，“三辅比遭寇乱，人庶流冗”①。“安定、北地、上郡皆被羌寇，谷贵人流，不能自立。”②元初二年(115 年)，“诏禀三辅及并、凉六郡流冗贫人”③。永建六年(131 年)，“连年灾潦，冀部尤甚……流亡不绝”④。永熹元年(145 年)，“兵役连年，死亡流离”⑤。“永兴元年，河溢，漂害人庶数十万户，百姓荒馑，流移道路，冀州盗贼尤多。”⑥灵帝末，“黄巾余党郭太等复起西河白波谷，转寇太原，遂破河东，百姓流转三辅，号为白波贼，众十余万”⑦。献帝时，“青、徐士庶避黄巾之难归虞者百余万口，皆收视温恤，为安立生业，流民皆忘其迁徙”⑧。

第三节 魏晋南北朝时期的流民

魏晋南北朝是中国历史上长期分裂的时期。连绵不断的战乱，少数民族的大量内迁，诸政权的并存和频繁更迭，使北方社会经济遭到严重破坏，流民潮此起彼伏，规模和数量达到了空前的程度。这一时期流民，我们分四个阶段来论述，即三国时期、西晋时期、东晋十六国时期和南北朝时期。

一、三国时期流民潮的短期回落

魏、蜀、吴三国鼎立局面形成之后，各政权为了巩固自己的统治，采取了发展经济、安辑流民、稳定社会的政策措施。加之这一时期战乱减少，使东汉末年以来严重的流民问题初步得到缓解。

北方是东汉末年遭受战乱破坏最严重的地区，人口流失，土地

---

① 《后汉书》卷 5，《安帝纪》。
② 《后汉书》卷 47，《梁慬传》。
③ 《后汉书》卷 5，《安帝纪》。
④ 《后汉书》卷 6，《顺帝纪》。
⑤ 《后汉书》卷 6，《质帝纪》。
⑥ 《后汉书》卷 43，《朱穆传》。
⑦ 《后汉书》卷 72，《董卓传》。
⑧ 《后汉书》卷 73，《刘虞传》。

荒芜，流民遍地，都邑残破，惨不忍睹。为了扭转这种局面，曹魏政权采取了一系列措施。其一，推行屯田。自196年曹操在许昌始行民屯成功后，第二年便下令“州郡例置田官”，把民屯制度推广到其他地区。民屯大多分布于土地肥沃、水利条件较好或是在军事上有重要意义的地区。当时在洛阳、颍川、河内、南阳、弘农、上党等地都设有民屯组织。民屯的生产者，是通过招募或强制迁移来的流民，称为屯田客。除民屯外，军屯的规模亦很大。史载：“自寿春到京师，农官兵田，鸡犬之声，阡陌相属。”①军屯的生产者大概最初来源亦主要是流民。曹操大力推行屯田，使大量荒地得到耕种，大量流民重新与土地结合，促进了北方经济的恢复，减轻了流民的压力。其二，进行税制改革，减轻人民负担。为了稳定自耕农，防止农民重新流亡，曹魏政权对赋税制度进行改革，规定：“收田租亩四升，户出绢二匹、绵二斤。”“郡国守相明检察之，无令强民有所隐藏，而弱民兼赋也。”同时废除了汉代征收的口赋、算赋。② 曹魏实行的赋税制度，租额比较固定，依户等征收，农民的负担比东汉有所减轻。这对吸引流民还乡、稳定自耕农产生了积极作用。其三，招抚流亡。曹魏政权为了恢复经济、稳定社会，大力推行招抚流民、劝课农桑的政策，收到了明显效果。如张既为京兆尹，“招怀流民，兴复县邑”③。苏则为金城太守，“与民分粮而食，旬月之间，流民皆归，得数千家”④。钟繇治关中，招抚流亡，“数年间，民户稍实”⑤。

曹魏政权所采取的政策收到了积极效果，北方凋敝不堪的经济逐渐得到恢复，流民渐归乡里。东汉末关中避乱逃往荆州的十余万家流民，“闻本土安宁，皆企望思归”⑥，“流人果还，关中丰

---

① 《晋书》卷26，《食货志》。

② 《三国志》卷1，《武帝纪》注引《魏书》。

③ 《三国志》卷15，《张既传》。

④ 《三国志》卷16，《苏则传》。

⑤ 《三国志》卷13，《钟繇传》。

⑥ 《三国志》卷21，《卫觊传》。

实”①。避难辽东的青州流民，也纷纷回归乡里。被董卓焚毁一空的洛阳，又呈现出繁荣景象。

蜀汉统治区，“土地肥美，有江水沃野、山林竹木、蔬食果实之饶”，东汉末年没有遭到大的战乱破坏，是流民流入的主要地区之一。在刘备入蜀以前，南阳、三辅等地的流民就大量涌入这一地区。诸葛亮治蜀期间，修良政治，兴复水利，安定民生，发展生产，成都平原出现了“沟洫脉散，疆理绮错，黍稷油油，粳稻莫莫”②的兴旺景象。

孙吴政权统治下的南方，是北方流民流入最集中的地区。东汉末年，广大北方地区成为军阀混战的战场，而江南地区则比较安定，所以大量北方人口渡江南流。仅213年一次，淮南人民渡江南下的就有10余万户。由于北方人口的大量南下，给江南地区带来了先进生产工具和先进生产技术，增加了南方的劳动力，加快了南方地区的开发，促进了南方社会经济的发展，拉开了中国经济重心南移的序幕。

二、西晋时期的流民运动

曹魏政权自明帝即位后，迅速衰败，司马氏逐渐控制了军政大权。魏咸熙二年(265年)，司马炎废魏元帝曹奂，自称皇帝(晋武帝)，改国号为晋，西晋政权建立。280年，晋武帝灭掉吴，统一了全国。当时全国有户近246万，人口1616万，比魏末三国总户数增加了100万，但只抵东汉时的三分之一。

司马氏代魏，在很大程度上是靠门阀势力的支持。结果，门阀政治对西晋王朝产生了重要影响，形成“公门有公，卿门有卿”③和“上品无寒门，下品无势族”④的局面。西晋统治集团从一开始就表现出腐朽性，政治上不求进取，无所作为，生活上侈奢腐败，

---

① 《晋书》卷26，《食货志》。
② 左思：《蜀都赋》。
③ 《晋书》卷92，《王沈传》。
④ 《晋书》卷45，《刘毅传》。

挥金如土，农民生活十分贫困，破产失业现象相当严重。曹魏所推行的屯田制，到魏末已遭到破坏，屯田客大量逃亡。266年，晋武帝下令“罢农官为郡县”①，民屯制度正式被废除，官田和屯田客大多被贵族、官僚、豪门所占有，农业荒废，国家控制的劳动人口减少。为此，西晋王朝在平吴后，颁布了占田制。据载，280年西晋有户246万，282年增加到377万，两三年间增加了130多万户，这与占田制实行后，大量流民垦占荒地，重新定居有密切关系。但是，占田制又加重了自耕农的赋税负担。与曹魏时期相比，户调增加了二分之一，田租增加了一倍。随着大土地所有制的发展，自耕农的经济状况日趋恶化，破产流亡者日众。

永熙元年(290年)，司马炎死，惠帝司马衷即位。惠帝是个白痴，由外戚杨骏辅政，汝南王司马亮被赶回许昌。永康元年(300年)，赵王伦设计借贾后之手杀太子，然后又以替太子报仇为名，杀贾后及其党羽，由此开始了历史上所谓的“八王之乱”。齐王冏、成都王颖、河间王颙、东海王越等，为争夺中央统治权展开反复争斗。战场从洛阳、长安蔓延到黄河南北，造成数十万人被杀，上百万人流亡，北方经济再次遭到严重摧残。

在战争、灾荒、饥饿的打击下，流民大量出现。永嘉(307—312年)丧乱，“雍州以东，人多饥乏，更相鬻卖，奔迸流移，不可胜数。幽、并、司、冀、秦、雍六州大蝗，草木及牛马毛皆尽。又大疾疫，兼以饥馑……流尸满河，白骨蔽野”②。中原民户近者流至梁、益、荆、扬、豫等州，远者流至宁州、交州。据统计，见于记载的流亡户数在30万以上，约占西晋总户数的十二分之一，而实际流亡户要远远超过此数。流民离乡背井，四处求生，生活极其悲惨，死神时刻在伴随着他们。为了求生，不少流民铤而走险，走上武装斗争的道路。西晋末年，发生了多起规模较大的流民起义。如李特起义、杜弢起义、张昌起义和王如起义等。

西晋的流民运动有以下几个特点：其一，流民数量大，成分复

① 《晋书》卷3，《武帝纪》。

② 《晋书》卷26，《食货志》。

杂。流民的主体是广大劳动人民，但也有一些大族之家和西晋下级官吏。从民族成分来看，汉族是主体，人数最多，但也有不少其他民族之人。其二，分布集中。流出地主要是受战乱破坏严重的关中地区和中原地区，流入地主要是社会环境较为安定、生存环境相对较好的江南地区。其三，这次流民潮由于时间和人员比较集中，不少流民自发地结成一些群体，有一定的组织形式。士家大族往往是举族流迁，并形成特殊的家族组织。其四，流民中有许多官僚士大夫、文人学者等，他们具有较高的文化素养。他们流迁到南方后，推动了南北文化的交流和南方文化的发展。流民的集中涌入，也给当地带来了许多社会问题，而统治者又采取错误的、激化矛盾的措施，因而导致了大规模流民起义。

永兴元年(304年)，匈奴人刘渊起兵反晋，并州一带各族人民纷纷起而响应。不久，刘渊称汉王，建国号汉。相继攻陷了太原、泫氏、屯留、长子、平阳(今山西临汾)等地，并迁都于蒲子(今山西隰县)。留在河东一带的一些豪强大族，也投靠了刘渊。永嘉三年(309年)，刘渊称帝，迁都平阳，正式建立起匈奴汉国。建兴四年(316年)，刘曜攻破长安，俘晋愍帝，西晋灭亡。

三、东晋十六国时期的流民潮

自西晋灭亡到北魏统一北方，北方地区陷入长期的分裂和战乱状态，史称十六国时期。这一时期，政权更迭频繁，民族关系错综复杂。战乱连绵不绝，社会经济遭到更大的破坏。在诸多矛盾的作用下，流民问题相当严重。

西晋灭亡后，在黄河中下游地区建立起来的匈奴汉国，把各族人民大批迁到平阳，从事半奴隶的劳动，造成人民饥困流离，死亡相继。都城平阳“流叛死亡，十之五六”①。司隶部所属汉人，20万户流亡到河北，3万人流亡到河南；被强迫迁来的十几万氐羌人，因不满汉国的控制，也在伺机逃离。后赵(319年建立)建立者石勒，在起兵的初期，大量屠杀汉人，西晋官吏、大族、百姓纷纷

① 《晋书》卷102，《刘聪载记》。

南逃。后来，石勒为了巩固统治，稳定社会秩序，调整和改变了政策，制定封建的赋税制度，督劝农桑，遣还流民，赏赐“力田者”等，收到了积极效果。335年，石勒的侄子石虎自立为帝，迁都于邺。石虎是一个极其残暴的统治者，在其统治的15年中，各族人民惨遭屠杀和折磨，社会生产遭到严重破坏，流民再度大量出现。石虎死后，其诸子为争夺皇位而互相残杀。石虎养孙、汉人冉闵和大将李农控制了后赵政权。冉闵下令禁止“六夷”(指匈奴、羯、羌、鲜卑、氐、巴氐)携带武器，违者处斩。“六夷”恐慌，纷纷斩关逾城而出，无法禁止。冉闵又下令：“与官同心者住，不同心者各任所之。”①于是邺城百里内的汉人纷纷进城，“六夷”则纷纷逃出城外。冉闵看到“胡”人与己不同心，便下令大杀“胡”人，共杀20多万人。许多“胡”人为免遭杀戮，四处逃亡，沦为流民。350年，冉闵自立为帝，改国号为魏，史称冉魏，后赵灭亡。

晋末中原大乱时，大批汉人投奔慕容廆。他设立侨郡县安置流民。337年，慕容廆之子慕容皝自称燕王，建立了前燕，迁都龙城。当时境内比较安定，流民大量涌入。慕容皝撤销苑囿，把土地分给无地贫民，并仿照魏晋制度实行屯田。许多来自中原的流民定居下来，对这一地区的社会经济发展产生了重要影响。升平四年(360年)，慕容暐继位，政治日益腐败，对百姓残暴掠夺，民户四处逃亡，大量流民出现。当前燕进入中原时，氐部首领苻健在关中建立了前秦。苻健减轻赋税，发展生产，优待士族，人民生活比较安定。

西晋末，安定乌氏(今甘肃平凉市西北)人张轨为凉州刺史。晋室南渡后，张轨悉心治理凉州，史载“中州避难来者日月相继”②。凉州一带成为中原流民的重要聚集地。张轨及其后裔在凉州踞76年，史称前凉。前凉末年，政治日坏，内乱频起。太元元年(376年)，苻坚灭前凉。此后，自384年至439年，北方先后出现了13个政权，再度陷入分裂和混乱之中。连年的战乱和民族的

① 《晋书》卷107，《石季龙载记》。

② 《晋书》卷86，《张轨传》。

压迫，使社会生产受到严重破坏，北方的生存环境长期恶化，流民潮此起彼伏。中原、关中地区的人民为避战乱，除继续南流外，还大量向战乱较少、地广人稀的巴蜀、河西、辽东流动。

在南方，建武元年(317年)，司马睿建立东晋。西晋末年和东晋初年，由于北方战乱频繁以及晋政权的南迁，大批北方汉人纷纷流向南方，“中州士女避乱江左者十六七”①，把流民潮推向一个新高潮。

东晋政权是典型的门阀政治，政治黑暗，吏治腐败。士家大族占有大量的土地和依附人口，享有免租役之特权，广大自耕农的赋役负担十分沉重。淝水之战后，东晋中央政府能直接控制的地区实际上只有会稽等八郡，东晋政府便把一切负担压在这八郡人民的身上。加上士族地主在这里大肆掠夺土地，建立田庄，更促使这一地区的农民大量破产流亡。在咸安、太元的十几年间，逃亡的人口有十之三。如海陵县青蒲湖泽中就有大量逃亡农民，东晋政府派兵围剿时，逼出逃亡者近万户。山遐为余姚令时，大力检括户口，搜出被豪强隐匿的户口万余人。庾冰执政时核实户口，查出无户籍者万余人。东晋末，流民大量出现，阶级矛盾激化，爆发了农民起义。隆安三年(399年)，流亡海上的孙恩率众起义，大量破产农民纷纷响应，“旬日之中，众数十万”②。在阶级矛盾激化的同时，统治集团内部的斗争也达到白热化。420年，权臣刘裕废晋帝，自立为帝，国号宋，东晋灭亡。

四、南北朝时期的流民运动

从420年到589年，中国南方先后出现过4个政权，即宋(420—479年)、齐(479—502年)、梁(502—557年)、陈(557—589年)，它们均定都建康(今南京市)，史称“南朝”。

从西晋永嘉年间到刘宋末，北方人口为避战乱持续南下，形成大规模的流民潮。在流民潮中，不仅有平民百姓，还有为数不少的

---

① 《晋书》卷65，《王导传》。

② 《晋书》卷100，《孙恩传》。

士家大族以及文人学士、手工匠人、商人等。如此大规模的、成分复杂的流民南移，给南方地区经济文化的发展注入了活力。

南朝时期，北魏统一了北方，北方的社会秩序逐渐恢复正常，流民潮逐渐回落、流入南方的人口大大减少。原来进入南方的流民经过艰苦斗争和辛勤劳动，不少人逐渐拥有了基本的生产资料，结束了流浪生活，定居下来，成为国家的编户齐民。从总体来看，南朝时期虽然程度不同地存在流民问题，有时甚至出现较大的反弹，但数量和规模要小得多，持续的时间和流动的距离也短得多。

刘宋政权前期，采取了一些积极的政策措施，如抑制士族、重用寒人、禁止豪强隐匿户口、赦免“亡叛”等，到宋文帝元嘉年间(424—453年)，出现了社会安定、生产发展的局面。后期，政权日益腐败，内部矛盾尖锐化，农民大量破产流亡，流民问题再次突出起来，各地爆发了农民起义。

刘宋政权统治危机加深之际，禁军统帅萧道成乘机夺取政权，改国号为齐，史称南齐。萧道成立国之初，社会问题严重，大量民户破产，脱漏版籍，成为流民。齐政权为了整顿封建统治秩序，扩大赋役来源，便大力整顿户籍，解决流民问题。但由于政治腐败，官吏贪残，加之方法不当，反而引起社会动荡，旧的流民还没解决，又出现了新的流民。

代齐而起的梁朝从一开始就十分腐败，皇帝萧衍贪财如命，“献物多者，便云称职，所贡微少，言为弱惰”①。各级官吏贪污成风，贿赂公行，肆意搜刮民财，造成农民破产，户口逃亡，帑藏空虚，国家衰弱。萧梁时期，还爆发了一场大规模的内乱——侯景之乱。侯景军极其残暴野蛮，所到之处，大肆烧杀抢掠，当地居民或死于兵锋之下，或避难流移，沦为流民，许多人口繁庶、经济发达的地方经此浩劫，一片残破景象，“千里绝烟，人迹罕见，白骨成聚，如丘陇焉”②。侯景之乱使南方的社会经济遭到极大破坏，户口锐减，流民问题变得更为严重。

① 《魏书》卷98，《岛夷萧衍传》。

② 《南史》卷80，《侯景传》。

557年，陈霸先废梁帝自立，国号陈。陈朝在文帝、宣帝时，政治有所改善，经济有所恢复。583年，后主陈叔宝继位，他荒淫无道，不理朝政，大修宫室，奢侈无度，使刚刚开始恢复的社会经济又遭破坏，“百姓流离，僵尸蔽野，货赂公行，帑藏损耗。神怒民怨，众叛亲离”①。589年，隋军攻入建康，陈朝灭亡，南朝至此结束。

北魏自建国到统一北方(386—534年)，其间大肆掠夺人口为奴，奴隶在生产中占有很大比重。同时，还存在着大量的接近于奴隶的隶户，这些人多数是汉族人。北魏初期的奴隶回潮和生产关系的倒退，必然引起人民的反抗。他们或进行武装斗争，或大量逃亡。孝文帝在位期间，采取了一系列改革措施。485年，颁布均田令，规定：男子年15岁以上受露田40亩，妇人20亩，为了轮种露田加倍或加两倍授给。露田不准买卖，年老免课及身死后还田。男子每人给桑田20亩，作为世业，终生不还。推行新的租调制，规定：一夫一妇每年出帛(麻乡出布)1匹、粟2石。

孝文帝改革对安定百姓生活、解决流民问题产生了显著的效果。农民失去土地，是产生流民最经常、最一般的原因。均田制推行后，大量无地农民获得了一份土地，同时对土地买卖做了较为严格的限制，并鼓励狭乡之民到土旷人稀之处耕垦。这些措施的实行，一方面使大量流民定居下来，另一方面使土地兼并受到抑制，有利于稳定自耕农的地位，减少农民的破产失业。新租调制的颁行，在一定程度上解决了“九品混通”制的弊端，使赋役制度进一步规范化和相对合理化。此外，新租调制的征收额比旧制有所减少，农民的负担有所减轻，从而为解决流民问题创造了有利条件。到孝明帝神龟年间，北魏的户口数比西晋太康元年(280年)增加了一倍多，有500多万户，3000多万口。在增加的户数和口数中，有相当一部分是定居的流民。

北魏后期，政治黑暗，吏治腐败，均田制遭到严重破坏，土地兼并加剧，农民大量破产失业，流民潮再次兴起。北方各地燃起农

---

① 《陈书》卷30，《傅縡传》。

民起义的烈火。其中规模较大的起义有北方边镇起义、河北起义、山东起义和关陇起义。这些起义与流民有着直接的关系。严重的流民问题是起义的直接导因之一，起义军中流民占很大比例。同时，战争又使流民数量大为增加。

东魏(534—550 年)和北齐(550—577 年)时期，政治昏暗，贪污之风日甚一日，土地兼并愈演愈烈，农民破产流亡者不可胜数。为了巩固统治，解决农民破产流亡问题，北齐于河清三年(564 年)颁布均田令，但收效甚微。至北齐后期，农民破产逃亡的现象更为严重，齐政权陷入深深的统治危机之中。与东魏、北齐相比，西魏(535—556 年)和北周(557—581 年)政权要稳定得多，政治比较清明，均田制得到较好的推行，人民生活比较安定。

第四节　隋唐五代时期的流民

隋唐是中国封建社会走向繁荣和成熟的时期。对这一时期的流民，我们大致划分为三个阶段来论述，即隋与唐前期、唐后期和五代十国时期。

一、隋朝与唐朝前期的流民

北周末期，由于统治集团的腐败，不仅导致了阶级矛盾的尖锐化，而且引起了统治集团内部的分裂。580 年，周宣帝死后，杨坚控制了北周朝政。581 年，杨坚代周，建立隋朝。隋朝在稳定了北方的统治后，从 587 年开始进兵南方，590 年统一全国，结束了长期分裂的状态。从北周末年到隋朝初年，由于农民生活的恶化和战乱的发生，流民在一些地区呈增多趋势。

隋朝前期，采取了一系列巩固统治、安定百姓的政策措施。与解决流民问题有直接关系的就是推行均田制和整顿赋役与户籍。均田制规定：农民一夫一妇受露田 120 亩，丁男受永业桑田或麻田 20 亩。均田制的实行，使大量无地农民得到一小块土地，许多流民重新回到土地上，定居下来，成为编户齐民，纳入封建政权的控制系统。隋朝的赋役有租、调和力役。丁男(18～60 岁为丁)一年纳租粟1石，调桑田纳绢1匹和绵3两，麻田纳布1端和麻3斤。单丁和奴婢纳一半租调。丁男每年服役1个月，583年改为21岁起役，役期20天。整顿户籍实行里党制，强化了基层管理系统和对居民的控制。585年在全国“大索貌阅”，检括出户口“计账进四十四万三千丁，新附一百六十四万一千五百口”①。同时，实行输籍法，即将人民所输租税，依每家资财情况定出缴纳标准，从轻定额，制成“定簿”，每年正月五日官府派人查核。既防止人民逃税，又防止地方官徇私舞弊。赋役及户籍的整顿，一方面有利于规范各级官府征收赋役的行为，减轻了农民的赋役负担，对于吸引流民定居并防止流民的大量出现均起到了积极作用。由于上述措施，隋前期流民的数量大幅度减少，流民问题得到很大的缓解。

但好景不长，隋王朝经过一段时间的稳定发展之后，局势急转直下。到隋炀帝统治时期，阶级矛盾迅速激化，流民问题呈日益严重之势。隋炀帝是历史上有名的暴君，在执政期间，一是统治阶级特别是统治集团上层急剧堕落，他们生活极端奢侈腐化，大肆挥霍社会财富，疯狂兼并土地；二是穷兵黩武，几次大规模出兵高丽，“增置军府，扫地为兵”②，大量劳动力和不计其数的财力物力投入战争，死伤逃亡者众多；三是农民的赋役负担大幅度增加，使本来就十分脆弱的小农纷纷破产失业。结果，造成“耕稼失时，田畴多荒”③，“行者不归，居者失业”④，“黄河之北，则千里无烟；江淮之间，则鞠为茂草”⑤的局面。

流民问题的严重和阶级矛盾的激化，最终导致了农民大起义的爆发。611年，受害最深的山东地区首先爆发了王薄领导的农民起义，“避征役者多往归之”⑥。此后，中国又进入了战争频繁时期。一是农民起义在各地陆续爆发，如江浙一带有刘元进和朱燮、管崇

---

① 《隋书》卷24，《食货志》。

② 《隋书》卷24，《食货志》。

③ 《资治通鉴》卷181。

④ 《隋书》卷3，《炀帝纪》。

⑤ 《隋书》卷70，《杨玄感传》。

⑥ 《资治通鉴》卷180。

等领导的农民起义军，“亡命者云集，众至数万”①。从农民起义军的成分看，流民占很大比重，所谓“避征役者”、“亡命者”绝大多数当属流民。“多往归之”、“云集”，说明数量很大。二是统治集团内部的战争。613 年，隋将杨玄感于黎阳起兵反隋，表明统治集团内部出现了严重分裂。之后，统治集团内部举兵反隋的势力陆续出现，如李渊集团。三是隋朝对高丽的战争。613 年和 614 年，隋炀帝又两次发动对高丽的战争，结果是“士卒在道，亡者相续”②，劳民伤财，无功而归。统治集团内部的分裂和隋炀帝发动的对高丽的战争，加深了隋朝的统治危机，同时也进一步激化了阶级矛盾。农民起义的烈火越燃越旺，遍及全国各地。在农民起义的打击下，隋王朝土崩瓦解。618 年，司马德戡、宇文化及发动兵变，杀死隋炀帝，隋朝灭亡。

从上述情况来看，隋后期的暴政引发了流民潮的出现，而大量流民的出现则为隋末农民大起义埋下了伏笔，准备了条件。在起义军中，流民占有很大比例。另外，隋末大规模的战争，反过来又引发了更大的流民潮。

617 年，隋太原留守李渊起兵反隋，向隋都长安进发，一路势如破竹，年底攻克长安，次年称帝，唐王朝建立。唐朝建立之始，所面临的形势十分严峻。一是饱受战争创伤、满目疮痍的社会，二是各种武装力量和割据势力的威胁。唐初统治者立足长安后，便马不停蹄地展开了统一战争。628 年，统一战争基本结束。

从流民情况来看，隋后期出现的流民潮，随着社会的大动荡和战乱的不断升级而越来越严重。唐朝建立后，虽然也采取了一些修明政治、稳定社会、安抚百姓、发展生产的政策措施。但是，统一全国毕竟是当务之急，唐初的统治者把主要精力放在了统一战争上。再加上唐初连年的战争，因此，唐初的流民问题比较严重。这种情况到贞观时期才发生根本性变化。

626 年，中国历史上杰出的政治家唐太宗李世民登基，次年改

① 《资治通鉴》卷 182。

② 《资治通鉴》卷 182。

年号为贞观。此时，统一战争已接近尾声，国家统一，社会获得安定。一方面面对大量的劳动人口脱离土地成为流民，另一方面又有大量的土地荒废无人耕种、劳动力与生产资料严重分离的局面，唐太宗推行均田制和租庸调制。为了保证这项基本经济制度的贯彻落实，他还从法律上作了严格规定。唐律对官僚地主"占田过限"、"妄认盗卖公私田"、"在官侵夺私田"等不法行为，定有惩治律条。规定州、县等地方官须依均田令进行土地还授，"若应受而不授，应还而不收"，将依法治罪。官吏"诸差科赋役违法及不均平，杖六十"，擅自加重赋敛的以坐赃或枉法论罪等①。均田制的全面推行，较好地解决了劳动力与土地相分离的问题，无地或少地的农民得到一份可以养家糊口的土地，具备了维持简单再生产的起码条件，大量流民回到土地上。隋末以来长期持续的流民潮，在贞观年间回落到了谷底。

贞观之后，统治集团内部特别是其上层发生过比较激烈的权力斗争，并出现过局部的内乱。如武则天执政时期，出现了柳州司马徐敬业、越王李贞等兴兵讨武事件；从武则天死后到唐玄宗上台，皇室内部争斗激烈，政局一度动荡不安。这一时期也发生过比较大的自然灾害，关东、江淮一带的农民一度因饥馑而大量流亡，蜀川地区诸州逃亡者曾达到 3 万余户，其中一部分凭借山林进行武装斗争。另外，在武则天执政时，均田制出现了破坏的苗头，"豪富兼并，贫者失业"②的现象时有发生。654 年贾敦颐任洛州刺史时，"豪富之室，皆籍外占田。敦颐都括获三千余顷，以给贫乏"③。721 年，唐玄宗任命宇文融为劝农使，检括各地逃户和籍外田，共括出客户 80 余万。这些客户虽不完全是流民，但肯定有相当一部分属于流民或是由流民转化而来。不过，这一时期流民问题是局部的，贞观时期的基本经济制度和社会政策没有倒退，社会经济继续发展，没有形成大的、影响全局的流民潮。唐玄宗上台后，励精图

① 《唐律疏议》卷 13，《户婚》。

② 《新唐书》卷 51，《食货志》。

③ 《旧唐书》卷 185 上，《贾敦颐传》。

治，锐意进取，裁汰冗官，整顿吏治，抑制食封贵族，压制佛教势力，重视发展农业生产，妥善安置客户。到开元年间(713—741年)，唐朝进入鼎盛时期，经济发展，户口数不断上升。武德初(618年)户数2000000；天宝元年(742年)户数8973634，口数50975543；到天宝十三年(754年)户数增至9069154，口数达到52880488。① 这个统计数字虽不一定准确，但可以说明唐前期流民问题并不严重。

二、唐后期流民问题的日趋严重

开元年间，唐王朝发展到鼎盛时期。然而，在其表面繁荣的背后，潜伏着深刻的社会危机。到了天宝年间，各种矛盾日益暴露出来。唐玄宗丧失了昔日的进取精神，沉溺于声色犬马之中，荒于政事，朝政大权掌握在李林甫、杨国忠等奸佞手中，致使朝纲紊乱，政治昏乱。均田制趋于瓦解，土地兼并加剧，各级官吏聚敛成性，贪污成风，巧立名目，横征暴敛，人民不堪重负，破产失业者日众，流民问题越来越突出。

755年至763年历时7年的安史之乱，唐军与安史叛军在中原地区反复激战，经济发达、人口稠密的中原大地饱经战乱的洗劫摧残，特别是河南一带受害最深。中原人民为避战乱，纷纷逃亡，形成巨大的流民潮。史称："东周之地，久陷贼中，宫室焚烧，十不存一，百曹荒废，曾无尺椽。中间畿内，不满千户，井邑榛棘，豺狼所号。既乏军储，又鲜人力，东至郑汴，达于徐方，北自覃怀，经于相土，为人烟断绝，千里萧条。"②"草木牛畜毛，靡有孑遗。关辅已东，谷大贵，饿馑枕道。"③"军营日益，闾井日空，凋瘵日穷，徭役日甚。"④流民有的流向北方和西北方的边远地区；有的流

① 吴枫、陈伯岩编著：《隋唐五代史》，辽宁人民出版社1984年版，第168页。

② 《旧唐书》卷120，《郭子仪传》。

③ 《旧唐书》卷37，《五行志》。

④ 《陆宣公集》卷5，《奉天遣使宣慰诸道诏》。

向西南地区，主要是成都平原一带；有的流向黄河以北和江、淮一带。这次流民潮的规模之大，持续时间之长，在历史上也属少见，并对中国社会经济的发展特别是生产力布局产生了深远的影响。

安史之乱后，唐王朝由兴盛转向衰落。朝政极端腐败，宦官专权，朋党之争，政局动荡不安。地方上则是藩镇拥兵割据，导致北方持续的战乱。如 781 年，发生了“四镇之乱”。814 年，淮西镇兵四出攻掠，关东地区“为其杀伤驱剽者千里”①。藩镇对辖区内的人民实行极其残暴的统治。如田承嗣在魏博“重加税率”，以“老弱事耕稼，丁壮从征役”②。因此，藩镇统治下的人民所受的剥削和压迫倍加沉重。另外，均田制和租庸调制在唐后期彻底瓦解。前文已说，均田制在武则天时就开始遭到破坏，到开元、天宝年间破坏得更为严重，有人惊呼道：“兼并之弊，有逾于汉成、哀之间。”③安史之乱后，地主阶级兼并土地的狂潮一浪高过一浪，“富者兼地数万亩，贫者无容足之居”④成为普遍现象。土地兼并的加剧与均田制瓦解的直接后果，就是大量农民失去赖以生存的土地，变成流民。《唐会要·租税》记载唐后期的情况时说：“天下残瘁，荡为浮人，乡居地著者，百不四五。”760 年，刘晏任盐铁使时的情况是：“天下户口，什亡八九。”⑤764 年唐政府下令：“如有浮客，情愿编附，请射逃人物业者，便准式据丁口给授。”⑥766 年又下令：“百姓先贷卖田宅尽者，宜委本州县取逃死户田宅，量丁口充给。”⑦760 年人口数仅为 16990386，其中纳税人口为 2370799，与 755 年相比，人数减少了 35938733，纳税人口减少了 5210432。⑧ 760 年距 755 年仅 5 年，而人口数竟减少了 3000 多万。这里当然不排除

① 《旧唐书》卷 145，《吴少诚传》附《吴元济传》。
② 《旧唐书》卷 141，《田承嗣传》。
③ 《通典》卷 2，《食货·田制下》。
④ 《陆宣公集》卷 22，《均节赋税恤百姓第六条》。
⑤ 《资治通鉴》卷 226。
⑥ 《唐会要》卷 85，《逃户》。
⑦ 《唐会要》卷 85，《逃户》。
⑧ 《通典》卷 7，《食货·历代盛衰户口》。

非正常死亡增加的因素，但大多数成为“王役不供，簿籍不挂”的流亡人口。

由于均田制的瓦解和农民的大量逃亡，土地占有状况和人口分布发生了重大变化，政府控制的纳税人口急剧减少，财政出现严重危机。为此，唐政府于780年进行税制改革，宣布废除租庸调制，推行两税法。两税法的主要内容是，按户等高低征收户税，按占有土地的多少征收地税。唐政府在推行两税法时，曾对全国户口进行统计核实，总计得土户180余万，客户130余万，隐户近200万。如果我们把这个数字与760年和755年的人口数进行比较，就会发现一个十分重要的问题。从780年的人口统计数字看，客户和隐户之和大致是土户的两倍。客户基本上是流民或由流民转化而来的民户，隐户中也有相当大的比例是来自流民。这就是说，流民或准流民占全国人口的三分之二左右，恰好与我们前面的估计相吻合。

唐朝末年，社会危机进一步加深，各级官吏贪污聚敛成风，土地兼并日甚一日，农民破产失业者不断增加，流民问题甚为严重。“天下百姓，哀号于道路，逃窜于山泽。夫妻不相活，父子不相救。”①859年，浙东地区爆发了裘甫领导的农民起义，逃亡农民纷纷加入。863年，又爆发了庞勋领导的徐泗地区农民起义，“亡命者从乱如归”②。这两次起义被镇压下去后，余众流散到各地，大部分转化成流民。873年，关东地区发生了大面积的严重旱灾，大量饥民衣食无着，只得四处流浪求生，流民数量骤增。875年，王仙芝领导农民在河南长垣起义，各地农民纷纷响应。唐末农民起义从875年爆发到884年失败，历时10年之久，众至60余万，席卷了大半个中国。其中很多起义者是流民。在农民起义的致命打击下，907年，最大的割据势力宣武节度使朱全忠废唐帝，自立为帝，建立梁朝，唐王朝宣告结束。

---

① 《全唐文》卷804，刘允章《直谏书》。

② 《新唐书》卷114，《崔融传》附《崔彦曾传》。

三、五代十国时期的流民

五代十国时期是唐朝末年藩镇割据局面的继续。唐朝灭亡以后，从907到960年，短短53年时间里，中原一带相继出现了后梁(907—923年)、后唐(923—936年)、后晋(936—947年)、后汉(947—950年)、后周(951—960年)五个朝代，共换了八姓十四君。与五代约略同时，在南方和河东地区，先后存在过十个割据政权：吴(892—937年)、南唐(937—975年)、吴越(893—978年)、前蜀(891—925年)、后蜀(925—965年)、南汉(905—971年)、楚(896—951年)、闽(893—945年)、南平(907—963年)、北汉(951—979年)，这还不包括一些小的割据势力。边疆地区，东北有契丹，西北有党项、回鹘，西南有大理、吐蕃等少数民族政权。

五代十国时期，政权更迭频繁，战争连绵不断，军阀混战下人民生活痛苦不堪。为逃避战祸、重赋、灾荒等，很多人背井离乡，流民问题十分突出。后梁建立后，朱全忠继续与军阀争权夺利，战乱不止，各地藩镇的骄横局面也没有多大改变，唐末以来出现的流民潮不仅没有得到控制，而且出现了许多新的流民。后唐时期，庄宗昏庸无知，亲信宦官和伶人，弄得众叛亲离。孙谦为租庸使，“峻法以剥下，厚敛以举上，民产虽竭，军食尚亏”①，人民流离失所。明宗即位后，战事减少，并废除苛敛法，削减宫内冗员，均平民间田税，人民获得短暂的喘息机会。后唐后期和后晋、后汉时期，战乱又起，政局混乱。各地军阀为了进行战争，加紧经济剥削，除田赋大量增加外，苛捐杂税多如牛毛。由于赋役苛繁，即使不遇灾荒，百姓也不堪忍受，很多人因此而逃亡。如北汉“土瘠民贫，内供军国，外奉契丹，赋繁役重，民不聊生，逃入周境者甚众”②。幽州节度使刘仁恭为了抵抗朱温的进攻，906年下令征发境内所有壮丁当兵，强迫他们自备粮食，每人脸上刺上“定霸都”三个字以防逃走。一遇天灾降临，流民问题就更加严重。后唐同光

① 《旧五代史》卷146，《食货志》。

② 《资治通鉴》卷290。

三年(925 年)，“两河大水，户口流亡者十四五，都下供馈不充，军士乏食，乃有鬻子去妻，老弱采食于野，殍踣于行路者”①。这次水灾造成的百姓流亡，一直到第二年仍势头未减。长兴三年(932 年)全国多处发生水灾，“经水涝逃户”，“或至来年春入务后”，还流浪在外未归②。后晋天福七年(942 年)、八年(943 年)，全国大面积连续发生蝗灾，“时蝗旱相继，人民流移，饥者盈路”③，逃户不可胜计。广大百姓本来在天灾面前已经束手无策，统治者还人为制造灾难，后梁朱温父子为阻止李克用父子的骑兵南下，以水代兵，曾先后三次掘开黄河堤防，造成山东、河南一代的大水灾，致使黄河流域耕地面积减少，人民流离死亡。

北方流民不断增多，除了战祸、重赋等原因外，还有一个因素是经常遭受契丹贵族的骚扰。如后唐末年，辽兵南下河东，俘去居民 15600 户。后晋末年，辽兵南下，致使河北、河南安阳河一带“千里之内，焚剽殆尽”④。南方虽然战祸少于北方，但在重赋和酷刑下，许多人仍是被迫破产流离。吴越钱氏，独霸一方，急征暴敛，“乡民多赤体……虽贫者亦家累(负债)千金”⑤。《咸淳临安志》记载，吴越人民虽“免于兵革之殃，而不免于赋敛之毒，叫嚣呻吟者八十年”。

流民的大量存在，影响着封建国家的赋税来源和社会秩序的安定。五代十国时期的统治者为解决流民问题也采取过一些措施，试图通过使流民返籍和就地安置将流民重新固着在土地上。后唐、后晋通过免赋役鼓励流民返籍。后唐天成三年(928 年)规定，逃户归业后，两年内放免两税科差。后晋天福八年(943 年)规定，流民中天福五年(940 年)已逃移者，放一年夏税一半秋税，并放一年杂差遣。后晋、后周采取了安抚流民的办法，后晋规定：“如归业者，

---

① 《旧五代史》卷 33，《唐书 · 庄宗本纪》。
② 《五代会要》卷 25，《逃户》。
③ 《旧五代史》卷 101，《五行志》。
④ 《新五代史》卷 72，《四夷附录》。
⑤ 郑文宝：《江表志》。

切在抚安，其浮寄人户，有桑土者，仍收为正户。”①后周太祖留心革除弊政，采取了严惩贪官污吏、奖励生产、废除苛捐杂税以及免除牛税等措施，农业生产得到了发展。世宗即位后继续革新政治，在经济方面，首先就是鼓励开垦荒地，中原无主荒地分配给逃亡人户耕种，并对逃户庄田颁布处理办法，优待从辽朝返回的逃户。这些措施对农业生产的恢复和发展起到了一定的作用，流民问题得到了一定程度的缓解。有时统治者对逃亡者加以迫害，禁止逃亡，如闽王昶时“诏民有隐年者杖，隐口者死，逃亡者族”②。但百姓都是在迫不得已的情况下才背井离乡的，所以禁止并不能解决问题。

第五节 宋元时期的流民

宋元时期是中国封建社会的高度发展时期。这一时期的流民，我们可以大致划分为三个阶段来论述，即北宋时期、南宋时期和元朝。

一、北宋的流民

宋代历史可分为北宋（960—1127 年）和南宋（1127—1279 年）两个阶段，共历 320 年。与宋王朝同时并存的还有中国各兄弟民族建立的许多政权，这是多个政权并存时期。

960 年，北周殿前都点检赵匡胤黄袍加身，取后周而代之，建立北宋王朝。通过一系列统一战争，结束了唐末五代以来长期的分裂割据局面。北宋承五代之弊，五代十国时期未能自行消化的流民问题，继续遗留到了北宋。北宋统一后，全国只有 300 多万户。土地荒芜、饥民流浪，是一个普遍的现象。当时北方地区有 80 多州，破坏尤甚，京城开封周围 23 州，幅员几千里，土地垦种者十才二三。陕西、河东、河北等路莫不如此。南方诸路，虽说战争破坏较

① 《五代会要》卷 20。

② 《资治通鉴》卷 281。

少，但由于封建剥削沉重，农民无法耕种，荒芜的土地也不少。宋太宗淳化年间(990—994 年)的诏令中说，江浙等路，李煜、钱俶统治时期，农民流亡，留下了许多旷闲土地。为了解决流民问题，北宋政府采取了一些措施。太祖、太宗时，曾多次以减免租赋的优惠条件招集和鼓励农民垦荒种地，并把能招集流亡、劝民垦田作为奖励地方官的依据。乾德四年(966 年)的诏令规定："自今百姓有能广植桑枣、开荒田者，并令只纳旧租，永不通检。"①为鼓励流民返籍，规定对返籍流民实行免租税政策。淳化四年(993 年)以前对流民免租税的政策相当优越，规定：流民"回归五年始令输租调如平民"，淮南、两浙等地，流民在五年之外"只令输十分之七"②。

旧的流民问题尚待解决，新的流民又在不断产生。北宋时期，流民问题一直存在。主要有几个方面的原因：

一是频繁战争所致。北宋王朝始终没有实现过真正的统一。在它的北边，有契丹族建立的辽政权(907—1125 年)。在它的西北边，有党项族建立的夏政权(1038—1127 年)。此外，还有云南的大理，西藏的吐蕃以及西北的高昌、龟兹、于阗等政权。北宋和辽、夏之间战争持续不断，每次都是宋屈膝求和，以给辽、夏送去大量的银、绢告终。北宋末年，东北地区一直受契丹族压迫的女真族强大起来，他们建立起金朝(1115—1234 年)，屡次打败辽朝。北宋企图借助金人力量收复燕、云，结果在与金联合灭辽后，最终被金所灭。频繁的战争是导致流民问题产生的一个重要原因。如靖康元年(1126 年)，金兵大举南侵，黄河中下游地区遭到惨重破坏，"民多流亡，土多旷闲，遗黎惴惴，何求不获"③。同年八月，宋军在今山西境内战败，"威胜、隆德、汾、晋、泽、绛民皆渡河南奔，州县皆空"④。

二是土地兼并和赋役苛重所致。北宋时期，不仅民族矛盾突

① 《宋大诏令集》卷 182，《劝栽植开垦诏》。

② 《宋大诏令集》卷 185，《招谕开封流民诏》。

③ 《金史》卷 46，《食货志》。

④ 《宋史》卷 23，《钦宗纪》。

出，阶级矛盾也很尖锐。北宋统治者采取不抑兼并的政策，纵容地主阶级兼并农民的土地，所以北宋前期土地兼并就已相当严重。太宗时已是“富者有弥望之田，贫者无立锥之地。有力者无田可耕，有田者无力可耕”①。仁宗时更是“势官富姓占田无限，兼并伪冒习以成俗，重禁莫能止”②。很多农民失去土地成为流民。王小波就是在失业农民集中的青城县首举义旗的。大土地所有者享有免役特权，还大量隐田、漏税。北宋政府控制的纳税土地日益减少，到英宗以后，仅占全国耕地面积的十分之三左右。为了解决战争费用和满足统治者奢侈生活的需要，北宋政府加紧压榨，各种苛捐杂税不可胜计，并且把负担都转移到贫苦农民身上。自耕农、半自耕农由于税重役苛和重利盘剥，有的沦为佃客，有的离开土地从事别种职业，更多的是沦为流民。

三是灾荒所致。当时阶级矛盾和民族矛盾错综复杂地交织在一起，广大劳动人民生活异常艰难，抵御自然灾害的能力大大减弱。一遇旱灾、蝗灾、水灾等，就无以为生，为了活命，他们便被迫四处逃荒，成为流民。这一时期逃荒的流民规模还特别大，如韩琦知益州时，岁饥，流民满道，凡抚活流亡共 190 万人。庆历三年(1043 年)，陕西的饥民相率东徙，韩琦发廪赈之，凡活 150 万人③。富弼知青州时，“河朔大水，民流就食”，富弼对流民加以救济，“凡活五十余万人，募为兵者万计”④。皇祐年间(1049—1053 年)，河北路的一次特大水灾，致使 30 多万流民迁入京东路。政和七年(1117 年)，黄河的河间、沧州段决口，100 多万人丧身鱼腹，数百万人避难迁徙。

为解决流民问题，北宋统治者采取了一些措施，主要有：赈济流民，为他们提供住处和一些粮食。元丰元年(1078 年)，神宗令

---

① 《续资治通鉴》卷 27。
② 《宋史》卷 173，《食货志》。
③ 《康济录》卷 3 下。
④ 《宋史》卷 313，《富弼传》。

青、齐、淄三州给流民粮食①。富弼曾为河朔流民腾出公私庐舍十余万间②。宋仁宗庆历八年(1048 年)下诏:“流民所过,官为舍止之。”③生活上的救济只能是暂时的、局部的,只是杯水车薪,不能解决根本问题。为招抚流民返籍或就地安置,北宋初期通过免租税的政策,鼓励流民返籍,已见前述。仁宗时的政策是:“民被灾而流者”,又“优其蠲复,缓其期招之”④。对无力还乡的流民,北宋政府给他们提供一些资助,以促使其回乡。熙宁七年(1074 年)神宗下诏,流民所在,令州县晓谕丁壮,各愿归业者,并听结保,经所属给银,每人给米豆一升,幼者半之,妇女准此⑤。宋真宗时曾赎还流民还乡,大中祥符三年(1010 年)下诏:“前岁陕西民饥,有鬻子者,官为购赎还其家。”⑥太祖、太宗时,曾多次以减免租赋的优惠条件招集和鼓励农民垦荒种地,并把能招集流亡、劝民垦田作为奖励地方官的依据。仁宗天圣年间(1023—1032 年),“帝每下赦令,辄以招辑流亡、募人耕垦为言”。这些措施收到了一定成效,如京西唐、邓一带原是“尚多旷土,入草莽者十八九”,后经地方官招集,“流民自归,及淮北之民至者二千余户,引水溉田几数万顷,变硗瘠为膏腴”⑦。此外,还在荒年招募流民为兵,以防止农民起义的发生。

与五代和北宋同时的辽(907—1125 年),流民问题也很突出。916 年,契丹族首领耶律阿保机建立辽政权。五代时期,契丹占领幽、云十六州,并继续南下,在 947 年一度攻占开封,使中原地区的社会经济受到严重破坏。辽与北宋战争不断,虽然战争多以北宋失败而告终,但频繁的战事也使其民众苦不堪言。五代十国时期,辽境百姓就曾因为饥荒流向中原。后汉乾祐元年(948 年),“七月

① 《宋史》卷 15,《神宗纪》。
② 《宋名臣言行录》五集。
③ 《宋史》卷 11,《仁宗纪》。
④ 《宋史》卷 173,《食货志》。
⑤ 《救荒活命书》卷 1。
⑥ 《宋史》卷 7,《真宗纪》。
⑦ 《宋史》卷 173,《食货志》。

后，幽州界投来人口凡五千一百四十七，北土饥故也”①。后周广顺元年(951 年)，“幽州饥，流人散入沧州界”②。后周广顺二年(952 年)，“契丹瀛、莫、幽州大水，流民入塞散居河北者数十万口”③。北宋时期，流向中原地区的流民更多。天圣七年(1029 年)，契丹岁大饥，辽境饥民大量流入宋境，诏河北转运使，“其令分送唐、邓、襄、汝州，以闲田处之，并令所过日人给米二升”④。宋张利一知保州、雄州时，辽征边地民为兵，并在其脸上刺字，民不堪辱，于是，有大姓举族南迁，募而来者至 2 万人。到辽朝末年，政治腐败，燕京地区“军民日益困，赋役日益重”，以致“民大失职，离乡内徙”⑤。

二、南宋的流民

北宋与金联合灭辽之后，金马上挥兵南下，直指北宋，于 1126 年年底攻破开封。1127 年 4 月，发生“靖康之难”，金兵北撤时，带走徽、钦二宗及所有财宝，北宋灭亡。1127 年 5 月，康王赵构于南京应天府即皇帝位，南宋建立。南宋时期(1127—1279 年)，流民问题自始至终都很突出，流动次数多、规模大。

首先是南逃过程中产生大量流民。南宋一建立，就受到金兵的严重威胁，北方义军的抗金活动牵制了金兵南下，使南宋政府保住了江南半壁江山。南宋政府对金采取屈辱投降政策，只有在投降而不可得的时候，才不得不对南下金兵进行反击，抗战派将领一再受到排挤。最后南宋朝廷节节南退，从扬州逃到杭州，然后奔越州、明州、定海、温州，逃入大海。1132 年，到处流浪的南宋政府才在临安(今杭州市)安顿下来。在南逃过程中，各种身份的人随之南逃，史书上说“高宗南渡，民从之者如归市”⑥。

---

① 《旧五代史》卷 101，《汉隐帝纪》。

② 《旧五代史》卷 111，《周太祖纪》。

③ 《资治通鉴》卷 291。

④ 《救荒活命书》。

⑤ 刘挚：《忠肃集》卷 6。

⑥ 《宋史》卷 178，《食货志》。

其次是频繁战争使得大量北民南迁。南宋与金长期对峙，战争不断。每次金兵南侵和南宋北伐都会使一大批人南渡。如在南宋初年的十几年时间里，“江、浙、湖、湘、闽、广，西北流寓之人遍满”①。隆兴元年(1163年)、二年(1164年)，金兵南侵时，南迁北人和淮南人民皆渡江避难，淮民流徙江南者分别为数十万和二三十万②。在南宋与蒙古军联合灭金后，蒙古军开始攻打南宋，襄阳一带难民多南迁江陵，四川流民多聚于公安③，有的还远奔两浙④。淮南难民多进入江南。蒙古军队占领北方后，滥杀无辜，残暴统治，迫使北方人民大量南逃。

再次是灾害和饥荒造成大量流民。嘉定元年(1208年)，“淮民大饥，食草木，流于江浙者百万人”。二年(1209年)，淮民因为饥荒“流入扬州者数千家，渡江者聚建康”⑤。这类记载数不胜数。饥荒流民的出现非常频繁。

南宋统治者为解决流民问题也采取了一些措施，包括临时救济、鼓励流民还乡和招流民为兵。嘉定元年(1208年)，临安知府受皇帝之命发米30万石赈粜于江淮流民。淳熙十年(1183年)，孝宗令江浙沿海郡县流民，“许于寺观及空闲官舍居住”。嘉定二年(1209年)三月，宁宗命浙西及沿河诸州“给流民病者药”⑥。为鼓励流民还乡，高宗时规定“两淮之民未复业者，复其租十年”⑦。条件很是优厚。嘉熙二年(1238年)，理宗利用流民力量抗击元军，从10余万流民中择强壮2万为兵⑧。

与南宋对峙的金朝同样存在大量流民。5—6世纪以来，女真族就居住在今黑龙江和松花江流域及长白山麓。1115年，金太祖

---

① 《鸡肋编》卷上。
② 《宋史》卷67，《五行志》；卷62，《五行志》。
③ 《宋史》卷412，《孟拱传》。
④ 《宋史》卷415，《程公许传》。
⑤ 《宋史》卷67，《五行志》；卷62，《五行志》。
⑥ 《续文献通考》卷32，《国用》3。
⑦ 《宋史》卷31，《高宗纪》。
⑧ 《宋史》卷42，《理宗纪》。

阿骨打称帝，正式建立金（1115—1234年）。之后，金经常对辽、宋发动战争，给战争地区和金统治区的人民带来了深重的灾难。战乱与饥荒是流民产生的一个重要原因。1144年，“陕西、蒲、解、汝、蔡等州岁饥，百姓流落典雇为驱”①。1165年，滦州、临潢等地民饥，流散逐食②。1187年，河东凶荒，“流亡相继”③。

国都南迁是产生大量流民的又一重要原因。金大安、崇庆年间（1209—1213年），因蒙古骑兵的南下攻掠及自然灾害的破坏，中都地区已是一派“民失稼穑，官无俸给，上下不安，皆欲逃窜”的荒乱景象④。贞祐二年（1214年），金宣宗将国都由燕京迁往开封。国都南迁，军政紊乱，民心摇动，“河北军户徙河南者几百万口”⑤。昔日的国都，“死徙之余，所在为虚矣”⑥。金宣宗南迁之后，皇室、官僚机构和军队的负担都压在河南民众的头上，“军费日急，赋敛繁重，皆仰给于河南，民不堪命，率弃庐田，相继亡去”，“禁之不能止也”⑦。当时河南“逋户太半，田野荒芜”。南京一路“饥民流离者太半，东西南路计亦如之”⑧。赋役增加到3倍以上，而政府还往往“预借”数年。征收期限严急，不能完纳即捶楚加之，农民被迫将未成熟的庄稼割掉以补不足。所以人民不得不弃田庐而逃。政府因国用匮乏，又迫使未逃亡者交纳逃户赋税，以致逃亡者越来越多。如亳州（今属安徽）原有6万户，自宣宗南迁后不过6年，人民因不胜负担，相继逃亡，剩下的还不到十分之一。为了解决农民大量逃亡造成的财政收入减少问题，金朝后期一改前期的政策，转而采取强制措施迫使流民还乡，宣宗于兴定元年（1217年）招逃户复出，限时一月，“违而不来者，然后捕获治罪，

① 《金史》卷46，《食货志》。
② 《金史》卷6，《世宗纪》。
③ 《金史》卷47，《食货志》。
④ 《金史》卷108，《侯挚传》。
⑤ 《金史》卷107，《高汝砺传》。
⑥ 《金史》卷46，《食货志》。
⑦ 《金史》卷47，《食货志》。
⑧ 《金史》卷46，《食货志》。

而以所移地赐人”。兴定四年(1220 年)，河南因饥荒，百姓逃亡，官方下令招徕，并限定期限，“至兴定五年三月不复业者论如律”①。但流民问题并没有得到真正解决。

三、元朝的流民

1206 年，铁木真被尊称为成吉思汗，建立蒙古国(1206—1368 年)，结束了蒙古草原上诸部混战不已的局面。蒙古军事封建政权确立之后，就开始向四邻攻掠，进军的主要对象首先是金、西夏和南宋。1227 年灭西夏，1234 年联合南宋灭金，1271 年忽必烈改国号为元。1279 年灭南宋。在蒙古对金作战期间，北方劳动人民大量逃散。蒙古统治者进入中原后，占领了大江以北的广大地区，造成了中国北部社会经济的严重倒退。人们无法忍受蒙古贵族和蒙汉军阀、官僚、地主的“非法赋敛”，纷纷逃亡。据 1283 年统计，中原百姓流移江南的，已有 15 万户②。

元朝实现了全国统一，结束了唐末五代以来辽宋夏金历代割据、对峙的分裂局面，为社会经济的发展创造了一定的条件。为解决长期战祸所形成的严重的流民问题，元世祖忽必烈继位后，采取了“均赋役，招流移”③的政策。中统二年(1261 年)，忽必烈发布诏书：“今后有能安集百姓、招诱逃户、比之上年增添户口、差发办集，各道宣抚司关部申省，别加迁赏；如不能安集百姓、招诱逃户、比之上年户口减损，差发不办，定加罪黜。”④同年，忽必烈颁布了流民还业免税一年，第二年减半的诏书。至元元年(1264 年)下诏：“逃户复业者免税三年。”至元十九年(1282 年)，“免诸路逃移户明年差税”。皇庆二年(1313 年)，“以保定、真定、河间民流不止，悉免今年差税”⑤。在蒙、金战争最激烈的黄河流域，劝农

① 《续文献通考》卷 12，《户口》1。

② 《元史》卷 173，《崔彧传》。

③ 《元史》卷 4，《世祖本纪》。

④ 《元典章》卷 19，《户部》5，《荒闲田地给还招收佃户》。

⑤ 《续文献通考》卷 17，《职役》3。

司实行了安集百姓、招诱逃亡的措施，使得此地在元朝初年已是“民间垦辟种艺之业，增前数倍”①。这些措施在一定程度上遏止了流民潮的发展，而且一时“流亡复归”、“辟田野以务稼穑”，但元朝新的流民问题又在不断产生。

一种是由土地兼并所致。元朝初年，土地兼并的趋势仍在继续发展。在北方，蒙古贵族和各族地主多用政治权势进行兼并，“或占民田近于千顷，不耕不稼，谓之草场，专放孳畜”②。在南方，元灭南宋后，大地主基本上保留下来了。南方地主在兼并土地手段上稍异于北方的是，先凭借财富来谋求政治地位，然后再依靠其权势保护与兼并土地。当时南方出现了汉族地主和蒙古贵族相互勾结又相互竞争的局面。在这种情况下，出现了“江南富户侵占民田，以致贫者流离转徙”的悲惨后果，阶级矛盾日益激化。

一种是由饥荒和赋敛加重所致。到忽必烈统治后期，赋敛加重，“国家徒知敛财之巧，不知生财之由，不惟不知生财，而敛财之酷又善于生财也”③。在这种情况下，广大劳动人民一遇灾荒，就只能流亡了。从元初到元末，饥荒流民的记载不绝于书。至元二十三年（1286 年），“汉民就食江南者多”；“平阳饥民就食邻郡”④。至元二十七年（1290 年），“江宁、宁国等路大水，民流移者四十五万八千四百七十八户”。至元二十八年（1291 年），“真定、河间、保定、平滦饥，平阳、太原尤甚，民流移就食者六万七千户，饥而死者三百七十一人”⑤。

元朝中后期，政治愈益黑暗，社会更加动荡，流民现象愈加严重。如大德六年（1302 年）江南“贫者流离转徙”⑥；至大二年（1309 年），“各处人民，饥荒转徙”⑦；至大三年（1310 年），“比岁赋敛

---

① 《农桑辑要序》。
② 《太平金镜策》卷上，《限田产》。
③ 《许文正公遗书》卷 7，《农桑学校》。
④ 《元史》卷 14，《世祖纪》。
⑤ 《元史》卷 16，《世祖纪》。
⑥ 《元史》卷 20，《成宗纪》。
⑦ 《元史》卷 23，《武宗纪》。

横出，漕户困乏，逃亡者有之”①；天历二年(1329年)，“陕西、河东、燕南、河北、河南诸路流民十数万，自嵩、汝至淮南”②。元朝统治者不重视农田水利，兼以年年破坏，从中叶以后，各地经常发生严重的水旱灾荒，造成大批流民。如1329年的灾荒，南北各地饥民当不下六七百万，仅江南及黄河中下游即各有60余万户，陕西有120余万人③。顺帝即位后，水旱之灾更加频繁，仅在他登基的第二年(1334年)，《元史·顺帝纪》记载的灾荒就有20余条，其中江浙饥民即达59万余户。1337年，江浙又受灾，受赈的饥民就有40万户。黄河又屡次决口，许多人颠沛流离。

元朝中叶以后，还常有大批蒙古族难民逃难到大都、通州等地。列为一、二等的蒙古、色目人中的广大下层劳动者，同样遭受残酷的封建奴役和压榨，破产的牧民、工匠和佃户等纷纷逃亡。1308年，从和林一带南下的流民达86.8万户。面对大量南来的流民，元政府用严厉禁止的办法，强制送回各部。如泰定帝时，“以舟代车，送亚当吉(蒙语指流散的贫民)北还”④。1324年又两度下令：“蒙古流民……擅徙者斩，藏匿者杖之。”可见流民问题之严重。

第六节　明清时期的流民

明清时期是中国封建社会的晚期。这一时期的流民大致划分为三个阶段来论述，即明朝前期、明朝中后期、清朝前期。

一、明朝前期的流民

1368年，朱元璋在应天即位，定国号为大明，建元洪武，宣布了明朝(1368—1644年)的建立。明朝初年，由于元末统治者残

---

① 《元史》卷23，《武宗纪》。

② 《元史》卷33，《文宗纪》。

③ 尚钺主编：《中国历史纲要》，人民出版社1980年版，第284页注。

④ 黄溍：《金华黄先生文集》卷24，《定国忠公神道第二碑》。

酷的政治压迫和经济剥削，加上长期的战乱，社会经济受到了严重破坏，到处呈现出“土地荒芜”、“居民鲜少”的荒凉景象，农民脱离户籍控制，沦为流民的问题十分严重。如昔日繁华的扬州，1357年，城中居民仅剩18家①。战争破坏最严重的山东、河南，竟“多是无人之地”②。从开封到河北，“道路皆榛塞，人烟断绝”③。

为了尽快恢复经济，稳固自己的统治，朱元璋采取了一系列发展生产的措施。首先，招诱流民和移徙农民开垦荒地。元末战乱，不少人或死或逃，留下大批荒田。广大农民进行开垦耕种，得到明政府的认可。1368年，明太祖令流民复业，开垦荒田，听为已业，免税3年。1370年，责成地方官，招徕无籍流民垦荒，官给耕牛、种子，“计民受田”，以实中原④。1372年，再次号召流民回乡，各就丁力耕种，“其间有丁少田多者，不许依前占据”，只许尽力耕垦为业⑤。1395年又下令，“新垦田地，不论多寡，俱不起科”⑥。其次，大力推行屯田。政府有计划地移徙流民或狭乡无田的农民到宽乡实行民屯，予以免税3年的优待。这样，通过鼓励开垦，调整土地分配，明确产权，元末逃离家乡的流民基本上得到了安置。

为了加强对农民的控制，朱元璋还建立了比较严密的、十年一修复的控制人口和土地以保证封建赋役科征的黄册制度。由于社会比较安定，政策措施比较得力，因此，明初社会生产力不仅较快地得到恢复，而且有明显发展。耕地面积不断增加，1393年，全国耕地面积达到850万顷，比洪武初年增长了4倍多。是年全国有户1605万，人口6054万，较元极盛时期增加340万户，700万人。

明初通过对土地占有关系的调整，农民的处境比元末有了改

① 《明太祖实录》卷33。

② 顾炎武：《日知录》卷10，《开垦荒地》。

③ 《明太祖实录》卷29。

④ 《续文献通考》卷2，《田赋》2。

⑤ 《大明会典》卷17，《户部》四，《田土》。

⑥ 《明太祖实录》卷243。

善，但一遇自然灾害，仍是颠沛流离。洪武末期就已经产生流民现象。如洞庭湖畔的龙阳县，有一年闹水灾，官府追逋赋数十万，“敲扑死者相踵”①。1391 年，太原五台县闹饥荒，“流移者众，田土荒弃”②。其后，建文时因平定藩王之乱的军需耗费和战争掠扰以及永乐初年改朝之后的政治牵连，使部分人逃离流移。这在朱棣篡位后的一篇敕文中得到反映：“近建文君信任匪人，改更成法，致兵祸连岁，军需百费皆出于民。有司又不能抚恤，嗟怨盈路，民无所控诉，致有潜避山林，保全性命。”③永乐初年，因经营北边的军事防御需要建设新京师，这不仅劳师动众，而且因扩展建筑需用征地，管事之人乃使“群辈工匠小人假托威势，驱迫移徙。号令方出，即欲其行……所徙之处，屋室方完，又复驱令他徙，至有三四迁移而不能定者”④。京师居民因此被迫逃移者不在少数。江南地区也出现了大量流民。据记载，永乐四年(1406 年)九月，苏、松、嘉、湖、常、杭六府未复业的流民不计在内，仅复业者就达 122900 户。每户以 5 口计，即有 60 余万人。永乐七年(1407 年)，山西平阳府安邑县奏言，逃徙者田已荒芜，而税粮尚责里甲赔纳⑤。据官方统计，洪武二十六年(1393 年)，全国田土 857 万余顷⑥，1065 余万户，6054 余万口。从洪熙元年(1425 年)起，全国田土一直只有 400 余万顷，990 余万户，5000 余万口。短短几十年，田土减少 400 余万顷，户减近百万，口减千余万。除册文讹误、豪强欺隐之外，农民逃亡，“田地荒芜”以及“流徙死亡”，应该说是一个重要原因。

不过，这时“流民的产生，基本上是自然灾害或是兵祸、土木

① 《明史》卷 140，《青文胜传》。
② 《明太祖实录》卷 212。
③ 《明太宗宝训》卷 2，《安民》，洪武三十五年八月甲子。
④ 陈子龙：《明经世文编》卷 21，邹缉：《奉天殿灾疏》。
⑤ 《明太宗宝训》卷 2，《宽赋》，永乐七年十二月丙寅。
⑥ 《诸司职掌 · 户部职掌》。一般认为此数偏大，实际为 600 万顷左右。

等偶然因素激成"①。流民还只是个别地区的现象。宣德(1426—1435年)以后，这种个别地区的现象更加频繁了。1431年又值编制黄册，但因有逃民"倚军卫屯堡及藏匿别府、州、县不回原籍者"，而无法正常进行，说明流民问题已很严重。流民群的主要集中地是苏、松地区。苏州府太仓州，1391年，里数67，户数8986；至1432年，里数降为10，实有户数只有738(黄册所载户数为1569)。实在户数还不及原来的十二分之一，人口流移异常严重。正统时期(1436—1449年)，社会矛盾进一步激化，流民问题开始遍布全国，成为严重的社会问题。正统元年(1436年)，行在礼部右侍郎王士嘉奏："顺天府所属州、县缺食，饥民流离困苦。"②邻郡保定府清苑县因"旱蝗无收，人民艰难，逃移者九百七十三户"③。1440年，由于巡抚官员的督励和地方官员的努力，在北直真定府冀州等22州、县和山西太原府代州等94州、县共招抚逃民达36640户。河南、山西巡抚于谦抚定诸省流民也有34230户④。两项相加，共计70870户，至少有30万人口。这说明，北直、河南、山西等地已成为当时流民的主要产出地。

1447年，监察御史陈璞等上奏："山东、湖广等布政司，直隶淮安等府、州、县，连被水旱，人民艰难。或采食野菜树皮苟度朝昏，或鬻卖妻妾子女不顾廉耻，或流移他乡趁食佣工骨肉离散，甚至相聚为盗。"⑤巡按山东的官员奏报，只"诸城一县，逃移者一万三百余户。民食不给，至扫草子削树皮为食。续又逃亡二千五百余家"。山东、山西和直隶淮安等地流民，"递年逃来河南者将及二十万，尚有行勘未尽之数"，致使河南"食不足以给，地不足以容"⑥。这些集聚在河南的流民，因衣食无着，不久又向人口稀少

---

① 牛建强：《明代人口流动与社会变迁》，河南大学出版社1997年版，第109页。

② 《明英宗实录》卷16，正统元年四月壬子。

③ 《明英宗实录》卷16，正统元年四月辛丑。

④ 《明英宗实录》卷63，正统五年正月甲子。

⑤ 《明英宗实录》卷153，正统十二年闰四月己卯。

⑥ 《明英宗实录》卷63；卷152；卷154。

的荆襄山区流动。南直隶的流民，除一部分向浙闽山区移动外，也有相当一部分流入荆襄地区。

林金树先生根据《明实录》中关于洪武二十四年(1391 年)到正统十二年(1447 年)的 22 次流民记载统计，山西、山东、北直隶、河南、湖广、陕西等处，包括复业和“累招不还”的逃亡之民，计为 898673 户，如按每户 5 口估算，总数为 4493365 人①。这算是一股不小的流民潮了。

二、明朝中后期的流民

1449 年，明朝发生“土木之变”。此后，朝政日非，国力衰退，土地兼并盛行，社会动荡不安，出现了新的流民潮。

15 世纪中叶以后，随着地主阶级政权的巩固和经济力量的不断增长，特别是在商品经济的刺激下，各级地主日益腐化，更加贪得无厌，形成了空前的土地兼并狂潮。皇帝和贵族带头建立皇庄、官庄，直接经营土地。1489 年皇庄只有 12800 多顷，1514 年增加到 37595 顷，25 年间增加了近两倍。到 1521 年增加到 200919 顷，7 年间又猛增 4 倍有余。亲王、权贵、宦官以及各地地主也不甘寂寞，“多倚势恃强，视细民为弱肉”，大肆兼并。在土地兼并的狂潮中，农民的封建负担越来越多，赋役、田租和额外剥削不断加重。户部侍郎韩文说：“正统以前，国家用俭，故凡百姓输纳皆不常额之外。自景泰至今，供应日盛，科需日增，有司应上之求，不得已往往额外加派征纳。如河南、山东等处之添纳边粮，浙江、云南等处之添买香烛，皆昔年所无者。”②正统(1436—1449 年)初，田赋部分改折银两交纳，原定粮 4 石折银一两；到成化(1465—1487 年)时每粮 1 石，征银一两，增加了 3 倍。而权贵地主又通过各种非法手段偷漏赋役，把负担转嫁到农民身上，形成“有地无立锥而籍逾顷亩者，有田连阡陌而版籍无担石者”的局面。更为严重

---

① 林金树：《明代农村的人口流动与农村经济变革》，《中国史研究》1994 年第 4 期。

② 《明臣奏议》卷 10，《会计足国裕民疏》。

的是国家为确保赋役征额，实行“陪纳”制度：“小户逃绝，令里长；里长逃绝，令粮长；粮长负累之久，亦皆归于逃且绝而已。”结果，在农民逃亡较多的地区，“陪纳”也随之日益严重，“陪纳”越重，逃亡也就越多，形成恶性循环。

农民在困扰于赋重役繁的同时，又遇上严重的自然灾害。这是加速农民大批逃亡流徙的催化剂。1447 年，山东青州府因地瘠民贫，差役繁重，再加上频年荒歉，粮食收成欠佳，造成大量农民逃离家乡，四处寻食。仅诸城一县即有逃移者 10300 余户。天顺初年(1457 年)，豫东、鲁西、南直北部地区又遭受特大涝灾。左佥都御史林聪，赈饥山东，活民达 45 万①。天顺初年至成化末年，南北直隶、河南、山东、陕西、江西、湖广、四川、福建等处水旱更为频仍。正所谓：“今天下赋敛横流，徭役山压。加以彼旱此涝，收田之人，不足以缓公府之追求，惟有破家去产而已。”②

正统末至景泰初，蒙古军队攻围京师，北方军民纷纷南逃，形成大量流民队伍，云集河南陈州、南直凤阳等地。景泰元年(1450 年)，自河南开封府陈州抚绥流民归来的叶盛就途中目击的情状向景帝作汇报说：“臣近奉敕于河南等处公干，往还之际，经过霸州等州、永清等县，备见所在人民逃亡者众，傍屋庐舍十空八九，桑枣多被斫伐，牛羊罕见成群。闻见居民扶老携幼，或扒砚以为食，或拾草以为粮。”接着他又说，闻悉北直八府和山东的一些地方的流民“大小车辆，草行路宿，流徙而南”③。

在南方，流民问题也同样严重，浙江金华府 7 县因农民流亡，户口锐减 102400 户；台州(治今浙江临海)4 县则锐减 125330 多户，安徽凤阳地区流民“动以万计，扶老携幼，风栖露宿”；福建延平(今南平)等府“千里一空，良民逃避，田地抛荒，租税无征”④。

---

① 《明史》卷 28，《五行志 · 水潦》。

② 《明孝宗实录》卷 172，弘治十四年二月癸亥条。

③ 《明臣奏议》卷 2，叶盛：《京畿民情疏》。

④ 《明英宗实录》卷 63；卷 85；卷 102；卷 175。

此后，不管是边疆、沿海，还是腹里内地，各省份的流民群纷纷出现，并且规模愈益扩大，遍及全国 13 个省份。最严重的地区有：北直隶、河南、山西、山东、南直隶、湖广、浙江、福建、云南 9 个省区，流民人数达几百万，他们集结成群，各处流动。自然流动的结果，渐渐形成一些流民集聚区。内陆地区主要有以荆襄地区为中心的豫、楚、川、陕交界山区，浙、闽、粤、赣南交界山区，豫东、鲁西和两直交界的黄河弯曲地区。沿海地区有南直、浙、闽、粤近海区域。此外，还有一些人流向西北、东北边疆地区。

成化年间(1465—1487 年)是流民爆发的高潮时期，仅北直隶顺天 8 府，流民就达 263000 多户，72 万余口。特别是聚集到荆襄地区的流民，“众至百五十万，结成巨党，杀伤官军”。明政府虽经全力镇压，“调发官军，动数十万”，但都无济于事①。流民移动，社会动荡，封建国家对户籍失去了控制，到弘治四年(1491 年)，在籍人口比明初减少了 700 多万②。

人民逃亡，田地抛荒，社会秩序陷于紊乱，生产很难正常进行，严重影响国家税收。为了稳固其统治基础，维护封建秩序，在迅猛发展的流民潮中，明朝统治者不得不采取招抚与镇压相结合的政策，并多次下令禁山，采取各种措施，竭力防止农民的流徙。英宗曾多次针对流民问题下诏，如“流民复业令”，“禁止隐占人口田地令”，对流民“赦罪令”等，号召“各处军民匠役人等，有因饥窘及受官司逼迫，不得已逃窜山林，或啸聚为匪者，诏书到日，悉宥其罪。令各复业着役，免其差徭二年”③。如果按照明朝的法律，人户逃移，罪至充军；啸聚山林，罪至杀头。但在流民问题日益严重的情况下，则一律赦免并鼓励复业。1441 年，在《大赦天下诏》中，又作了更大的让步，规定：除赦免逃移罪并免除拖欠钱粮外，更延长免除杂泛差役的期限为 3 年。在封建法令强制下，有相当一

① 《明经世文编》卷 46，项忠：《抚流民疏》。

② 《明世宗实录》卷 102，嘉靖八年六月癸酉。

③ 《明英宗实录》卷 1。

部分流民，被诱迫回到土地上去。如聚集在荆襄地区的150余万流民，成化时，经项忠督兵，招抚镇压，遣散出山复业达938000余人①。在反抗镇压中，有大批流民被屠杀、俘获，有的被解去往云贵等地充军。但荆襄地区的流民并没有在屠刀下屈服，他们“逐去复至”，依然“屯结如故”。在广大流民的坚持斗争下，明政府不得不于1476年在荆襄山区设立郧阳府，增置竹溪、郧西等7县，允许流民“自占旷土”，“附版籍为良民”。

世宗嘉靖年间(1522—1566年)，沿海地区因倭寇骚扰，居民纷纷内迁，许多村庄为之一空②。实际上，倭寇中大多是中国沿海的流民，他们勾结日本人，着日本国服，挂日本旗，四处抢掠，真“倭”不过十分之三。1555年，南京都察院湖广道御史屠仲律条陈御倭五事，在“绝乱源”中谈道：“海贼称乱，起于负海奸民通番互市。夷人十一，流人十二，宁(绍)十五，漳、泉、福人十九。虽概称倭夷，其实多编户之齐民也。”③

明代中后期还有一部分流民远涉重洋。江浙闽广等省，人多地狭，土地兼并激烈，赋税繁重，失去土地的农民无法生活，经常流离失所，一部分人不得不离乡背井，远涉重洋，流移到国外谋生。出海的人除农民外，还有商人和手工业者。他们到南洋去的最多。明朝初年，在三佛齐(今印尼的苏门答腊岛)一地居住的闽粤人有千余名④。在爪哇的杜板、新村、苏鲁马益和婆罗洲、美洛居、文莱、吕宋等地也有中国人侨居。随着郑和下西洋后，中国人去南洋的日益增多，如在马来半岛各地均有华人居住，在吕宋的福建商贩有数万人，往往久居不返。到了明代后期，在南洋各地的华侨大约有10万人以上。

明政府从万历四十六年(1618年)起借口用兵，开始加派“辽饷”、“练饷”和“剿饷”等苛捐杂税，而地主加紧用各种办法把赋税

① 《明经世文编》卷46，项忠：《报捷疏》。
② 归有光：《备倭事略》，《说郛续》。
③ 《明经世文编》卷282，屠仲律：《御倭五事疏》。
④ 李长傅：《中国殖民史》，商务印书馆1937年版，第126页。

转嫁给小农，水灾、蝗灾和瘟疫又连绵不断，流民潮进一步高涨。从万历到崇祯，半个多世纪，全国各地几乎连年遭灾。1590 年，湖北麻城死于瘟疫和饥饿的有 4 万人。1601 年，有人指出，数年来灾害不断，先秦晋，后河洛，继之齐、鲁、吴越、荆楚、三辅，老百姓有的吃土，有的吃雁粪，“老弱填委沟壑，壮者辗转就食”①。在此情况下，大量流民加入农民起义的队伍。在农民起义的猛烈打击下，明朝走向灭亡。

三、清朝前期的流民

自明末以来，先后出现的汉族地主镇压农民起义的战争，满族贵族的征服战争，延续了半个世纪之久。农民大量流离、死亡，土地严重荒废。过去经济比较发达的山东“有一户之中止存一二人，十亩之田止种一二亩者”②。腹心之地河南，“自明季以来，兵火相仍，郡邑丘墟，土田荆棘，户口减耗”③。山西经大兵之后，逃亡最多，“田地榛芜，生齿凋耗……有一甲止存数人，甚有一里一甲全然脱落，其侥幸如故者十不一二”。陕、甘一带，也是“民间所种熟田，不过近城平衍之处，其余则荒芜弥望，久无耕耨之迹”④。不仅北方处处荒凉，当时的南方也城乡萧条。属于南直隶的江宁城郊，“十室九空”⑤，江西万安至赣州一带沿途百余里，“庐舍俱付灰烬，人踪杳绝”，“田园鞠为茂草，郊原尽属丘墟”⑥。顺治八年(1651 年)，全国民赋田才 2908584 顷，仅占天启六年(1626 年)7439319 顷的三分之一。这说明农民失去土地，脱离国家户籍的情况非常严重。

清朝入关后，为了满足满族贵族对土地的贪欲，于顺治元年(1644 年)下令圈地，前后共圈占耕地面积达 166794 顷。失去土地

① 冯琦：《宗伯集》卷 51，《为灾害非常等事疏》。
② 《清世祖实录》卷 13，顺治二年正月己丑，总督河道杨方兴疏。
③ 贾汉复：顺治《河南通志》卷 11，《户口》。
④ 《明清史料》丙编第 3 本，《陕西三边总督孟乔芳揭帖》。
⑤ 《明清史料》丙编第 6 本，《江宁巡按毛九华揭帖》。
⑥ 《明清史料》丙编第 7 本，《户部残题本》。

的北京附近的农民只得携家逃难，流民问题更加严重。而满族贵族在圈占土地后，主要靠从辽东庄田上迁来的“庄丁”进行生产，另外，还强迫当地汉人“投充”。为了摆脱被压迫的处境，当地汉人纷纷逃亡。清统治者曾不断惊呼“逃亡已十之七”①。为了防止逃亡，他们以“逃人法”残酷地处分逃人，但逃亡仍与日俱增。

为了隔离沿海人民与郑成功和其他反清力量的联系，清统治者还在1661年颁布了“禁海”、“迁县移民”的命令，强迫山东、江苏、浙江、福建、广东、河北6省沿海及各岛屿的居民限日内迁15~25公里，在沿海一带形成一个无人区。结果，造成“四省濒海之民，老弱转死沟壑，少壮流离于四方者，不知几亿万人矣”②。

面对纳税人口日益减少，国家财政入不敷出的严峻局面，清朝统治者采取招民垦荒等多项措施恢复生产、发展经济。一是招民垦荒。顺治元年(1644年)，规定：“州县卫所荒地无主者，分给流民及官民屯种，有主者令原主开垦，无力者官给牛、种，三年起科。”③久荒者“三年起科”④，新荒“一年后供赋”⑤。招徕流民无力耕种者，官给牛具和种子。顺治六年(1649年)，又谕内三院：“凡各处逃亡民人，不论原籍、别籍，必广加招徕，编入保甲，俾之安居乐业。察本地方无主荒田，州县官给以印信执照，开垦耕地，永准为业。”⑥6年以后方议征收钱粮，派差役。以后，清廷多次重申垦种无主荒田“永准为业”的规定，起科年限也一再宽限。

二是停止圈地。1669年，清政府下令停止圈地。“自后圈占民间房地，永行停止，其今年所已圈者，悉令给还民间。”⑦

三是蠲免租赋。减免明末苛暴的“辽饷”、“练饷”和“剿饷”等加派。1646年，清廷以明万历时旧籍为准，编纂《赋役全书》，总

① 史惇：《恸余杂记·圈田》。
② 王澐：《漫游纪略》卷3。
③ 《清世祖实录》卷7，顺治元年八月己亥。
④ 康熙《大清会典》卷20，《户部·田土·开垦》。
⑤ 《清朝文献通考》卷1，《田赋一》。
⑥ 《清世祖实录》卷25。
⑦ 王先谦：《东华录》康熙八年。

载地亩、人丁、赋税定额及荒亡、开垦、招徕之数等。1654 年又加以订正，颁示天下，以为征赋准则。雍正时，又实行“摊丁入亩”的赋役改革。

通过这些措施，耕地面积得到了迅速扩大。顺治十八年(1661年)全国土田额 5493576 顷；到康熙二十四年(1685 年)，增加到 6088430 顷，为农业经济的发展奠定了基础。同时，也使大量流民得到了安置，培植了自耕农，稳定了封建秩序。如由直隶招徕失业贫民在河南开封等地认垦“永为己业”；湖南永州府“其民皆由乱定招徕而至，垦辟荒土，久而富饶，人皆世农，不言他事”①；四川大邑县自明末以来，“土著无几，率多秦楚豫赣之人，或以屯耕而卜居”，“五州杂处”②。清初在全国各省，这种“垦荒占田，遂为永业”③，或客居他乡，“插土为业”，开新庄、立新村的自耕农阶层人数均有所增加。

18 世纪中叶以后，随着社会经济的逐渐恢复，劳动力的增加，荒地的日益垦辟，清统治者加紧了对农民的剥削和掠夺。首先是侵占土地。到了嘉庆十七年(1812 年)，官庄、官田比清初扩展了两倍多，达 81 万余顷，占全国垦田 10%以上。像江南地区，“有田者什一，无田而为人佃作者什九”，有“一人而数十百顷，或数十百人而不一顷”。其次是赋税剥削繁重。清初虽然减免了明末三饷等加派，但田赋和其他加派的苛重几乎照旧，而且又不断增加。除了正常的赋税外，还有杂办、漕粮、漕项和火耗等各种加派，是“私派倍于官征，杂项浮于正额”。在如此沉重的剥削压榨下，农民苦不堪言。另外，由于人口的迅猛膨胀，这时许多地区出现了人多地少的局面，再加上水旱天灾、荒歉年景，无力偿租，大多数人便“弃地而逃”，走向背井离乡的凄惨道路。

这些流民有的漂海进岛(嘉庆时山东一省登岛者 2 万余口。广东、福建流民进入台湾地区的人数也相当可观，1759 年福建巡抚

① 道光《永州府志》卷 5，《风俗志》。

② 民国《大邑县志》卷 4，《风俗》。

③ 光绪《定远县志》1。

吴士功认为在台湾的内地单身汉人已达数十万①)；有的进深山(广东、福建、江西等地流民大量进入浙、赣、湘东和陕南山区)；有的北出“口外”，进入内蒙古地区(山东、山西、直隶、陕西等省的汉族人民，到内蒙古地区进行垦荒的就有数十万之多②)；有的进入城市谋生或乞讨。乾隆二十八年(1763年)，“近京数百里内受灾，乡村流户扶老携幼，纷纷至京逃荒求食”③。嘉庆即位不久，“流民散处北京城内外者，以万亿计”④。有的则漂洋过海，去了南洋等地(尽管清政府多次下令海禁，但广东、福建沿海地狭人稠，人口流向海外仍然是经常而普遍的)。其中规模最大的两股洪流是：山东和直隶等北方省区流民“闯关东”，湖广等南方省区的流民则“填四川”。清军入关后，清朝统治者把东北视为祖居圣地，列为“禁区”，甚至搞“柳条边”，阻挡和禁止汉人前往垦辟。但这项禁令并没有能阻止住汉人源源出关，直隶、山东和河南等地的广大贫苦汉族人民，为生活所迫，不顾清廷禁令，不断涌入东北地区进行开垦。乾隆以后禁令逐渐松弛。四川由于明末清初的战乱，使人口锐减，湖北、湖南、福建和广东等省的流民蜂拥而至，“泛宅齐入川”⑤。关于这两股流民潮的情况，我们将在后文中详述。

---

① 嘉庆《台湾县志》卷6，《奏疏》。

② 《清圣祖实录》卷240。

③ 顾光旭：《请除赈灾通弊疏》，《皇朝奏议》卷36，乾隆二十八年。

④ 《清经世文编》卷36，张士元：《农田议》。

⑤ 《清诗铎》。

第二章

生存与期望：古代流民的发生机制

土地是社会最基本的生产资料，是农民安身立命之本。因此，中国农民有着很深的“恋土”情结。再加上封建政府历来推行重农抑商的政策，反对甚至禁止农民流亡，以及传统儒家思想的影响，中国农民的“安土重迁”特性十分鲜明，“兄弟析炊，亦不远徙，祖宗庐墓，永以为依”①，过着“生于斯，长于斯，终老于斯”的生活。但中国自古以来又是一个流民众多的国度。这真是一个十分矛盾的现象。“安土重迁”的“编户齐民”何以会转变成“易动难安”的流民，下文我们分析一下中国社会内部存在的流民发生机制。

第一节　流民生成之“原”

一、古代政治家的认识

对流民来说，“逃亡”总是情非所愿之事。农民之所以背井离

① 《同治苏州府志》第3卷。

乡，步上流离之途，有许多驱动因素。面对禁而不绝、无法遏制的流民洪流，不少古代政治家进行了思考，对其发生的机制进行分析和总结。归纳起来可以分为两类，一类是唯心主义的，一类是唯物主义的。

唯心主义的解释是将流民产生的根源归诸天意，即认为流民的产生是上天安排的。在他们看来，人世间的事物与天上日月星辰的变化有着密切的对应关系。一旦日月星辰发生某种不常见的奇异变化，人世间就会降下某种灾害，从而造成流民。《诗经·大雅·召旻》说："旻天疾威，天笃降丧。瘨我饥馑，民卒流亡。"《汉书·天文志》说："月食填星，流民千里。"填星即土星。意思是说，当月亮遮蔽住土星时，就会发生流民现象。《晋书·天文志中》载："月犯岁星，在房。占曰：'其国兵饥，人流亡。'"《宋书·天文志二》载：(永和)"九年(353年)十二月，月在东井，犯岁星。占曰：'秦饥民流。'"该书还记载："若经天，天下革，民更王，是谓乱纪，人众流亡。"《隋书·天文志中》也说："流星，天使也……小流星百数，四面行者，庶人流移之象。"永嘉元年(307年)十二月丁亥，星流震散，是后天下果然大乱，百官万民，流移转死①。史书上有关这个方面的记载俯拾可得。诚然，流民的出现与自然灾害有着直接关系，水灾、旱灾、风灾、地震和瘟疫以及蝗灾，等等，都会对社会生产和人民生活带来巨大损害，从而造成农民的破产、流亡。自然灾害是不以人的意志为转移的，有着不可抗拒性。但是，如果把自然灾害的出现归结为是上天意志的反映，则是幼稚的，不科学的。《尚书·商书·微子》载："天毒降灾荒殷邦。"正是因为有这样的思想，所以要免除自然灾害就非向天帝祷禳以求宽恕不可。早在商朝时，就已有巫祝的存在。而后历代都有巫术祈雨和祭山川求雨之举。如两汉时，《通典》有云："汉承秦制，天正旱以太常祷天地庙。"《后汉书·礼仪志》更明确规定："自立春至立夏尽立秋，郡国上雨泽若少，府郡县各扫除社稷，其旱也，公卿官长以次行雩礼求雨。"从而，遇旱行雩礼求雨，成了汉朝定制。几千年后的清

① 《宋书》卷26，《天文志》。

代还率由旧章，经常运用巫术救灾的办法。凡遇水旱，或皇帝亲诣祈祷，或遣官将事。《清朝文献通考》说：“我朝凡遇水旱，或亲诣祈祷，或遣官将事，皆本诚意以相感格，不事虚文。初立神祇坛，以祷水旱，雩祀既举，礼仪修备。间或遣祷山川，悉准古典。”这种天命主义的禳灾习俗对中国社会产生的深刻影响，使疏忽防灾措施落实、延误抗灾时机的事时有发生，从而也使灾民流移奔迸。

古代也有一些有识之士看到了问题的症结所在，他们从自然和社会两个方面揭示流民产生的根源。如西汉哀帝时谏大夫鲍宣归纳出“七亡”之说：“凡民有七亡：阴阳不和，水旱为灾，一亡也；县官重责，更赋租税，二亡也；贪吏并公，受取不已，三亡也；豪强大姓，蚕食亡厌，四亡也；苛吏徭役，失农桑时，五亡也；部落鼓鸣，男女遮迣，六亡也；盗贼劫略，取民财物，七亡也。”①

唐朝懿宗时的翰林学士刘允章在《直谏书》中指出国有九破，民有八苦，人有五去。八苦是：官吏苛刻；私债征夺；赋税繁多；所由乞敛；替逃人差科；冤不得理，屈不得伸；冻无衣，饥无食；病不得医，死不得葬。五去是：势力侵夺，奸吏隐欺，破丁作兵，降人为客，避役出家。②

元代赵天麟则在其所著的《太平金镜策·宽逃民》中总结说：“逃民之故有五：一曰天，二曰官，三曰军，四曰钱，五曰愚。何谓天？有田之家，田为恒产，屡经饥馑，粮竭就食，如此而逃者，天所致也。何谓官？守令苛刻，役敛繁兴，富以赂免，贫难独任，如此而逃者，官所致也。何谓军？军资不赡，鬻卖田产，田产既尽矣，无以供给，如此而逃者，军所致也。何谓钱？生理不同，举债干没，子本增积而不能速偿，债主称辞而诉官急征，如此而逃者，钱所致也。何谓愚……陨坠遗业，悔恨不及，穷困失所，如此而逃者，愚所致也。逃民皆无奈之民，倘能存生，岂肯逃哉。”

无论是鲍宣的“七亡”之说，还是刘允章的“五去”、赵天麟的“五故”之论，都说明流民问题的发生机制是复杂而多元的，既有

① 《汉书》卷72，《鲍宣传》。

② 《全唐文》卷804，刘允章《直谏书》。

自然方面的原因，也有政治、军事和社会的原因，更有经济的原因，但在这诸多因素中，最令农民痛心疾首的莫过于失去土地了。失去土地意味着无所归依，意味着必须流移逃难。

二、流民生成之“原”——土地兼并

“土地是财富之母”，是农民的命根子，农民各种生活所需，都直接、间接地要从土地上获得。傅筑夫在《中国经济史论丛》(上)中说：土地“一直是社会的最主要的生产手段和财富的最稳妥保障，因而便一直是封建社会中各种形态财富的最后归宿”。在自给自足自然经济占统治地位的中国封建社会里，“三十亩地一头牛，老婆孩子热炕头”，一直是农民孜孜以求的小康生活图景。

土地对农民如此重要，农民和土地之间自然存在着特有的亲缘关系。美国学者金(King)在所著的《五十个世纪的农民》一书中，以土地为基础，对中国文化作了一番描述。他说：中国人“像是整个生态平衡里的一环。这个循环就是人和土的循环。人从土里出生，食物取之于土，泻物还之于土，一生结束，又回到土地，一代又一代，周而复始，靠着这个自然循环，人类在这块土地上生活了五千年。人成为这个循环的一部分。他们的农业不是和土地对立的农业，而是协和的农业”①。金的这段分析是生动而有根据的。

“民之为农者，莫不重迁，其坟墓庐舍桑麻果蔬牛羊耒耜，皆为子孙百年之计”②；对中国农民来说，与土地有着很深厚的感情，只要有一线生机，他们决不愿抛离故土，远走他乡。但在历史上，农民与土地的亲缘关系经常被无情地割断，流民不断出现，甚至演变成流民潮。正如元人胡祗遹所说：“汉人凿井而饮，耕田而食，蚕绩而衣，凡所以养生者，不地著则不得也。故安先世之田宅，服先畴之畎亩，守前人之世业，十世百世，非兵革易代，掳掠驱逐，则族坟墓、恋乡井，不忍移徙，此汉人之恒性，汉人之生理，古今

---

① 转引自池子华：《中国古代流民综观》，《历史教学》1999 年第 2 期，第 10 页。

② 《古今图书集成》第 4222 册。

不易者也。今也背乡井，弃世业，抛掷百器，远离亲戚姻娅，转徙东西南北而无定居，寄食于异乡异域，一去而不复返，此岂人之性也哉？有不得已焉耳矣！”①农民与土地的亲缘关系之所以经常被无情地割断，主要是由于“土地兼并”的恶作。“土地兼并”，可以说是古代流民生成之“原”。

中国封建社会土地制度的根本点，是土地私有和自由买卖。地利所在，人争趋之，在封建社会，购买土地是地主获得土地的基本手段，“奠基于土地买卖之上的土地兼并，从来就是大土地所有制产生和扩大的主要土壤”②。因此说，土地兼并是封建土地所有制无法割除的一个痼疾。只要我们翻一下史书，就可以发现，历朝历代无不有“土地兼并”狂潮的跌宕起伏。如西汉成帝、哀帝时出现了兼并狂潮，社会发生严重危机，导致“限田限奴”呼声的高涨和王莽实施改制。东汉由于豪强地主田庄的发展，土地兼并更为猛烈。此后历代不断有人千百次地重复“行王田”、“复井田”、“限民名田”等论调，但无不在土地兼并的客观事实面前失去效力，化为泡影。因为只要土地买卖存在，土地兼并就必然会如影随形般地出现。

参与到这支兼并队伍中的不仅有地主，而且有皇帝、贵族、官僚和商人。地主是兼并的主力，就一般地主个体来说，他们兼并土地的规模并不大，但就整个阶级来说，规模是十分惊人的，如元朝福建崇安，50余户地主占有全县耕地的六分之五③。地主兼并土地的手段多种多样，有的是明抢，他们“谋占小民田产，强牵牛马，准折良家子女为奴，甚至平治坟墓、抛弃骨殖而侵占贫民风水为业。小民只得吞声忍气而莫敢声言”④。有的是暗夺，趁农民破产之际，低价购买。也有的是通过高利贷从事兼并。结果，“贫民

① 胡祗遹：《紫山大全集》第22卷，《论逃户》。

② 胡如雷：《中国封建社会形态研究》，三联书店1979年版，第46页。

③ 虞集：《道园学古录》卷41，《建宁路崇安县尹邹君去思之碑》。

④ 戴金：《皇明条法事类纂》卷1，《职官有犯之四·禁革豪强以除民患》。

不得有寸土，缙绅之家，连田以数万计”。

皇帝、皇太子和诸王是历代土地兼并的带头人，如明孝宗统治初年，畿内皇庄有田 12800 顷，到他儿子统治的正德时期，皇庄田地已增加到 37596.46 顷①。已经就藩的诸王在各地拥有的王府庄田的规模更加令人吃惊。英宗时封国在长沙的吉王有田 13 万亩，嘉靖时封国在安陆的景王有田数万顷②，万历时封国在卫辉的潞王在湖广有田 40 万亩，封国在开封的福王在河南、山东、湖广有田 20 万亩③。崇祯时有人向皇帝报告说，湖南长沙、善化原额田地百万亩，其中七八十万亩已成为吉王府的庄田④。清统治者入关之后，对土地进行了疯狂的掠夺，顺治元年(1644 年)清廷下令圈地，前后几十年，共圈占耕地 166794 顷，占全国耕地总面积的三分之一，被圈土地分配给了皇室、王公和八旗官员等。失去土地的北京附近的农民只得携家逃难。

外戚、勋贵、宦官和权贵也是有力的大地产获得者。如西汉成帝舅父红阳侯王立侵占南阳草地数百顷。东汉章妻舅窦宪，“恃宫掖声势，遂以贱直夺沁水公主园田”⑤。公主园田尚见侵夺，一般百姓的土地就更无保障。这说明豪强地主兼并土地的疯狂性。明朝孝宗时赐淳安公主田 300 顷⑥，熹宗时遂平、宁德二公主庄田“动以万计”⑦。外戚张延龄、张鹤龄兄弟自弘治初年开始不断奏讨、占夺田产，到嘉靖时在顺天等处已有田地 5280 余顷⑧。万历时，成国公朱允祯的田地多达 9600 余顷⑨。天启年间(1621—1627

① 《明经世文编》卷 202，夏言：《勘报皇庄疏》。
② 《明史》卷 120，《景王载圳传》。
③ 《明神宗实录》卷 516。
④ 堵胤锡：《堵文忠文集》卷 2，《奏议 · 地方利病疏》。
⑤ 《后汉书》卷 22，《窦宪传》。
⑥ 《明史》卷 198，《王琼传》。
⑦ 《明史》卷 77，《食货志》。
⑧ 《明世宗实录》卷 211。
⑨ 《明史》卷 282，《王国传》。

年)，权阉魏忠贤一家赐田总额不下百万顷①。

官僚对土地的掠夺也很猖狂。如东汉刘秀的大司马吴汉，“尝出征，妻子在后买田宅”②。唐朝末年，河南一个小小的徐州长葛县令严部，就在当地兼并“良田万顷”③，大置庄园。北宋时期由于采取了“不抑兼并”和“田制不立”的政策，贵族地主对土地的兼并更是毫无顾忌，达到了“势官富姓，占田无限，兼并伪冒，习以成俗”的地步。南宋权贵及有资力者，掠夺土地往往“绵亘数百里”，或“阡陌绳联，弥望千里”④，出现许多大地主。南宋初期的大将张俊，每年收租米60万斛，淮东土豪张拐腿，每年收谷70万斛，以每亩收租一石计算，他们的田地都有六七十万亩。理宗时，甚至出现每年收租米百万石、占田百万亩的特大地主。明代阁臣严嵩“广市良田，遍于江西数郡”。清朝乾嘉年间有名的奸贪权臣和珅，掠夺兼并农民土地达80万亩。他的两个家丁也仗势掠夺土地6万多亩。

富商大贾对土地也格外青睐，所谓“以末致富，以本守之”是也。他们以其经济势力加入到购买土地的队伍，助长了土地兼并之风。如西汉商人秦杨“以田农而甲一州”。“其余郡国富民，兼业颛利，以货赂自行，取重于乡里者，不可胜数。”⑤就连佛寺、道观也广占田地，侵损百姓。如北魏孝文帝定都洛阳后20多年的时间里，洛阳的500所寺院，“夺民居，三分且一”，其他州郡的寺院也无不“侵夺佃民，广占田宅”⑥。唐代更有“十分天下之财而佛有其七八”之说⑦。

由于皇帝、贵族、官僚、地主、商人五位一体，不断掀起兼并狂潮，因此，土地日益集中，小农纷纷破产。南宋理宗的殿中侍御

---

① 《国榷》卷88。

② 《后汉书》卷18，《吴汉传》。

③ 《三水小牍》卷下。

④ 王迈：《臞轩集》卷1，孙梦观：《雪窗先生文集》卷2。

⑤ 《汉书》卷91，《货殖传》。

⑥ 《魏书》卷114，《释老志》。

⑦ 《唐会要》卷48，《寺》。

史谢方叔尖锐地指出，“豪强兼并之患，至今日而极”，“百姓膏腴皆归贵势之家”①。明代王邦直在一份奏疏中指出：“官豪势要之家，其宇连云，楼阁冲霄，多夺民之居以为居也；其田连阡陌，地尽膏腴，多夺民之田以为田也。”②土地兼并造成的结果是人们熟知的口头禅——“富者有连阡之田，贫者无立锥之地”③。

丧失土地的农民，不为佃户，便为流民。有的学者认为，土地兼并主要是造成和加速了自耕农向佃农的转化过程，不是导致流民潮出现并难以控制的最重要的原因④。其实不然，土地兼并导致了农民的无地化，无地的农民中确实有不少人重新以佃农的身份依附在地主的土地上，如明代于慎行曾说，江南地区“富室大家役使小民，动辄千百，至今佃户、苍头有至千百者”⑤。但我们应当看到，自耕农降为半自耕农、佃农后，土地的经营明显粗放化，正如宋人李觏所说：“贫者无立锥之地而富者田连阡陌。富人虽有丁强而乘坚驱良，食有粱肉，其势不能以力耕也，专以其财役使贫民而已。贫民之黠者则逐末矣、冗食矣，其不能乃依人庄宅为浮客耳。田广而耕者寡，其用功必粗……或地非己有，虽欲用力，末由也。”⑥一般说来，佃农的实际耕地面积较自耕农为多⑦。这样，土地兼并导致佃农人数的增多，而佃农队伍的扩大促使农业走向粗放化，使耕种相同面积土地所需的劳动力减少，失业农民势必与日俱增，另外，佃农所受的剥削明显大于自耕农，同自然灾害作斗争的能力大大削弱。一遇灾害便只有流离失所一条路。池子华先生在《流民问题与社会控制》一书中认为，农民的无地化过程同时也是流民不断

---

① 《宋史》卷173，《食货志》。

② 《明经世文编》卷251，王邦直：《陈愚衷以恤民穷以隆圣治事》。

③ 《新唐书》卷19上，《懿宗纪》。

④ 龚书铎总主编：《中国社会通史》（明代卷），山西教育出版社1996年版，第486~487页。

⑤ 于慎行：《谷山笔麈》卷12。

⑥ 《李直讲文集》16，《富国策》第2。

⑦ 胡如雷：《中国封建社会形态研究》，三联书店1980年版，第318页。

孕育和产生的过程，土地兼并狂潮和农民的无地化，是农民流离失所的强大推力。这是有道理的。有证据表明，流民之中，有70%以上是无地少地的农民。史书中所谓“富者侵占民田，以致贫者流离转徙”①，也说明土地兼并与农民流离失所之间有着紧密的内在关联。

大量农民被强制脱离物质生产资料——土地，不能“安土”，接踵而来的便是政治、社会危机的爆发，这是历代统治者所不愿看到的，也是最为惧怕的。王安石在《兼并》一诗中无情地鞭挞了贵族官僚对土地的兼并、掠夺，云：

三代子百姓，公私无异财；
人主擅操柄，如天持斗魁。
赋予皆自我，兼并乃奸回；
奸回法有诛，势亦无自来。
后世始倒持，黔首遂难裁；
秦王不知此，更筑怀清台。
礼义日已偷，圣经久堙埃；
法尚有存者，欲言时所咍。
俗吏不知方，掊克乃为材；
俗儒不知变，兼并无可摧。
利孔至百出，小人私阖开；
有司与之争，民愈可怜哉！②

其实，为缓释流民对社会的冲击，维护社会稳定，增加财政收入，历代统治者对地主豪强大肆兼并土地并非无动于衷，他们大多把“抑制兼并”作为施政的要项，极力维系农民与土地的亲缘关系。但只要土地私有制存在，土地兼并的狂潮就无法遏止，杜绝流民的

---

① 《元史》卷21，《成宗纪三》。

② 转引自池子华：《流民问题与社会控制》，广西人民出版社2001年版，第19~20页。

生成等于痴人说梦，诚如杜佑所说，“买卖由己，是专地也，欲无流窜，不亦难乎？”①

土地兼并无疑是“大鱼吃小鱼，小鱼吃虾米”的拼杀，在这一血腥过程中，农民不断地走向无地化，走向破产，最终被抛向社会，成为流民。正如唐代宗在《禁富户吞并敕》中指出的：“百姓田地，比者多被殷富之家、官吏吞并，所以逃散，莫不由兹。”②

第二节 自然生存环境的恶化

一、自然灾害——天灾篇

“流民者，饥民也。”③古代有不少人把流民与饥民等量齐观，不难想象两者的关系是何等的密切。尽管在概念上说，我们不能把流民与饥民画等号，因为饥民还不算是流民，“只有当饥民踏上流离之途时，才是真真切切的流民。流民也不完全是饥民，饥民只是波涛滚滚的流民潮流的一个支流”④。但是，从中国历史上看，饥民转化为流民的概率相当高，有“灾”必“荒”，有“荒”必“流”，由饥荒造成的流民是流民队伍的主体。因此，把流民、饥民看作“彼此彼此”，谁都能理解。

饥民是饥荒蹂躏下的农民，而饥荒是自然灾害造成的恶果。自然灾害是不以人的意志为转移的，具有一定的客观必然性。从这一点来说，流民的出现具有不可避免性。实际上，情况并非如此。灾会不会变成荒，荒会不会引发流民潮，这要看灾害的严重程度和政府救荒的力度大小。中国是一个灾荒频仍的国度，在历史上也不乏成功救荒的事例，但十之八九，是有“灾”必“荒”。灾荒的结果是

---

① 杜佑：《通典·食货·田制上》。

② 《全唐文》卷 48。

③ 杨景仁：《筹济篇·辑流移》。

④ 池子华：《流民问题与社会控制》，广西人民出版社 2001 年版，第 23 页。

摧毁社会生产力，人民流离失所，抗灾能力下降，而这又会使灾害愈加频繁，如此形成恶性循环。黄泽苍在《中国天灾问题》一书中说：“西人喻中国之内战为‘秋操’，以其循环不息也。某君则以天灾流行，譬为中国之‘例行故事’。”①一语“例行故事”，昭示出灾荒“莅临”之常。让我们来粗略浏览一下中国古代灾荒的统计。

如西周东周历时 867 年，见于史书的较大自然灾害有 89 次。其中旱灾 30 次，水灾 16 次，蝗虫灾 13 次，地震 9 次，歉饥 8 次，霜雪灾 7 次，雹灾 5 次，疫灾 1 次。平均 9.7 年受灾 1 次。

秦汉两代历时 440 年，较大的自然灾害有 375 次。其中旱灾 81 次，水灾 76 次，地震 68 次，蝗灾 50 次，雨雹灾 35 次，风灾 29 次，霜雪灾 9 次，歉饥 14 次，疫灾 13 次。平均 1.1 年受灾 1 次。

三国两晋历时约 200 年，较大的自然灾害有 306 次。其中旱灾 60 次，水灾 56 次，风灾 54 次，地震 53 次，雨雹灾 35 次，疫灾 17 次，蝗灾 14 次，歉饥 13 次，地沸 2 次，霜雪灾 2 次。平均每年受灾 1.5 次。

南北朝在 169 年中，较大的自然灾害有 315 次。其中旱灾 77 次，水灾 77 次，地震 40 次，霜雪灾 20 次，雨雹灾 18 次，风灾 33 次，蝗灾 17 次，疫灾 17 次，歉饥 16 次。平均每年受灾 1.9 次。

隋唐在 318 年中，较大的自然灾害有 515 次。其中旱灾 134 次，水灾 120 次，风灾 65 次，地震 55 次，雹灾 37 次，蝗灾 35 次，霜雪灾 27 次，歉饥 25 次，疫灾 17 次，平均每年受灾 1.6 次。

五代十国在 54 年中，较大的自然灾害有 51 次。其中旱灾 26 次，水灾 11 次，蝗灾 6 次，风灾 2 次，地震 3 次，雨雹灾 3 次。平均每年受灾 1 次。

北宋南宋在 487 年中，较大的自然灾害有 874 次。其中水灾 193 次，旱灾 183 次，雨雹灾 101 次，风灾 93 次，蝗灾 90 次，歉饥 87 次，地震 77 次，霜雪灾 18 次，疫灾 32 次。平均每年受灾

① 黄泽苍：《中国天灾问题》第 42 页，见李文海等：《近代中国灾荒纪年续编》，湖南教育出版社 1993 年版，第 40 页。

1.8次。

元100余年中，较大的自然灾害有533次。其中水灾92次，旱灾86次，蝗灾61次，雹灾69次，风灾42次，疫灾20次，地震56次，霜雪灾28次，歉饥79次。平均每年受灾5.3次。

明276年中，较大的自然灾害有1011次。其中水灾196次，旱灾174次，地震165次，雹灾112次，风灾97次，蝗灾94次，歉饥93次，饥疫疫灾64次，霜雪灾16次。平均每年受灾3.9次。

清296年中，较大的自然灾害有1121次。其中旱灾201次，水灾192次，地震169次，雹灾131次，风灾97次，蝗灾93次，歉饥90次，疫灾74次，霜雪灾74次。平均每年受灾3.8次。①

上述数字仅是邓云特先生根据有关史书作的一个并不全面的统计。但我们从中已经可以看出其惊人的罹灾率。无怪乎鲍宣要将“水旱之灾”列为七亡之首。灾荒的肆虐，直接造成惨重的生命财产损失，而且导致流民潮的涌起，“大灾大潮，小灾小潮，以致流民潮的潮起潮落，与灾害的消长成正比”②。这里，我们不妨选择几个主要的灾种，进行一番浮光掠影的“扫描”。

先看水灾。

俗话说：“水火无情。”在各种灾害中，水灾称得上“祸首”。水灾大体上可分为雨水型和河溢型两类，前者是指连续不断降雨或暴雨造成的水灾。阴雨连绵，必然导致山洪暴发，发生洪涝灾害。如汉武帝元狩四年(前119年)山东大水，受灾二三千里，流民布满江淮地区。这一时期，关东流民达200万口，与此有着密切关系。成帝建始三年(前30年)夏，发生大水，“三辅霖雨三十余日，郡国十九雨，山谷水出，凡杀四千余人，坏官民庐舍八万三千余所”。后者是指河水的泛滥，当然，这大多也与暴雨有关。河流一旦泛滥，洪水滔滔，一泻千里，无数人将葬身鱼腹，侥幸逃脱者，面对一片汪洋的大地，只好远走他乡。如东汉永兴元年(153年)，

---

① 邓云特：《中国救荒史》，上海书店1984年版，第9~32页。

② 池子华：《中国近代流民》，浙江人民出版社1996年版，第51页。

“郡国三十二，蝗，河水溢，百姓饥穷，流冗道路，至有数十万户”①。元朝元统元年(1333 年)京畿大雨，饥民达 40 余万，二年(1334 年)江浙被灾，饥民多至 59 万；至元三年(1337 年)江浙又灾，饥民 40 余万；至正四年(1344 年)黄河连决 3 次，饥民遍野。在中国人的记忆中，水灾投下了太多太浓的阴影。

“华夏水患，黄河为大”。纵观黄河灾害记载可见，黄河下游是我国历来洪灾严重之地。由于自然的原因和人为的破坏，黄河下游河道从上古以来，一直游移不定。历史上关于黄河改道的最早记载，是在东周定王五年(前 602 年)，当时黄河在荥泽北岸冲开一条新道，折向东北而去，在今天津附近的海河河道出海。据说这里本是大禹治水时黄河的出海口，所以《水经注》卷五说：“河涉故渎。”到新莽始建国三年(11 年)，黄河又一次大改道，由现在黄河的入海口注入渤海。在这之后，黄河河道多次南北摆动。在唐代以前，黄河是由山东丘陵的北边流入渤海。隋代大运河的修通，一方面沟通了南北水道，另一方面为黄河的改道提供了新的出路。北宋神宗熙宁时(1068—1077 年)，黄河的一股水流沿着运河与泗水汇合，注入淮河。于是，黄河有了两个出海口：一条在北方，合济水流入渤海；一条在南方，合淮河流入东海。南宋初年，杜充继宗泽为东京留守，毫无防守之术，却下令决开黄河河堤，以阻挡金兵。结果金兵没挡住，倒害得黄河南岸百姓流离失所。黄河从此浩浩荡荡由泗水入淮。到金世宗大定二十年(1180 年)，黄河完成了它的又一次改道，经过徐州、淮阴，在今江苏省北部夺淮河下游河道，这是有史以来黄河最偏南的河道。此后，经过元代、明代和清代前期，黄河均由淮河下游流入东海。到 1885 年，黄河在兰阳铜瓦厢决口，才又回到山东北部流入渤海。改道意味着巨大水灾的发生，庐舍毁坏，人畜伤亡，迫使大批人口沦为流民。决溢造成的灾害程度也不小。三国两晋南北朝 400 年间，黄河只决溢了几次。五代十国时期，包括人为灾害在内，黄河决溢平均 3 年即有一次。北宋时期，黄河灾害进一步严重，决溢更为频繁，平均两年多即有一次。

---

① 《后汉书》卷 7，《桓帝纪》。

不少灾年，受灾面积广，灾害程度深。特别是河南、山东是黄河水患的重灾区。

元代至正四年(1344年)，黄河发生了历史上著名的白茅决口。《元史·河渠志》说："夏五月，大雨二十余日，黄河暴溢，水平地深二丈许，北决白茅堤。六月，又北决金堤。并河郡邑济宁、单州、虞城、砀山、金乡、鱼台、丰、沛、定陶、楚丘、武城，以至曹州、东明、巨野、郓城、嘉祥、汶上、任城等处皆罹水患，民老弱昏垫，壮者流离四方。水势北侵安山，沿入会通、运河，延袤济南、河间，将坏两漕司盐场，妨国计甚重。"这次决溢泛滥，历时7年未加堵复。《河渠纪闻》说："涨水更迭交浸，荡析天时，民穷于转徙，官穷于智计。"这是一幅多么凄惨的历史景象！

长江流域的洪水，每每都因暴雨所致。流域性水灾，其主要洪水源，一是来自四川盆地，二是来自汉江流域。从史籍记载看，长江流域的水灾主要发生在江汉地区。下荆江蜿蜒型河道，由于水流宣泄不畅，极易决口，史称"长江万里长，险段在荆江"。据《晋书·五行志》和《隋书·五行志》以及方志记载，魏晋南北朝期间长江流域大的水灾有20多次，受灾地区多为长江中下游地区，如湖北、安徽、浙江、湖南、江西、江苏等省。有关长江干流的史料，宋以后逐渐详实。如清乾隆五十三年(1788年)六月，长江支流岷江、沱江和涪江所经地区连降暴雨、山洪奔涌。川水汇入长江后，又与三峡区间和中游洪水遭遇，因而造成了罕见的洪灾，沿江损失惨重。上游忠县、丰都、万县等均被淹，由于上游沿江城镇地势一般较高，受灾范围尚小。中游地区受灾最重，湖北被淹36县，鄂西长阳一带"平地水深八九尺至丈余不等"。江陵因万城堤溃口，城垣倒塌无数，水深一丈七八尺，城厢内外淹死1700多人，房屋倒塌4万多间。不少村落一片汪洋。武昌"学宫水深两丈，二月不退"。汉川"舟楫入市，民漂溺无数"。从历史上看，长江流域的水灾多发生在湖北、四川、江西、安徽和湖南等省。

淮河在古代与长江、黄河、济水齐名，并称为"四渎"。淮河流域地处中原，气候温和，雨量充沛，得灌溉之利，莽莽淮甸，都成沃壤，两岸农民，安居乐业。12世纪以前，淮河独流入海，自然灾害比较少。宋代有“走千走万不如淮河两岸”之说。12 世纪以后，由于黄河夺淮的影响，使淮河水系遭到巨大的破坏，下游入海道逐渐变为地上河，无法排泄淮河洪水，许多支流发生了变迁或淤废，致使淮河流域经常泛滥成灾。特别是明代以后，淮河变成了中国有名的害河。汉代至 1936 年，淮河决溢共 150 次，明代以来就占到 119 次。历代虽有一些治理措施，但未扭转其危害成灾的局面，沿淮、淮北地区因此成为“穷山恶水地瘠民贫”的地区，也因此成为有名的流民输出地之一①。

海河、滦河、辽河、珠江等河流也不安分，也都酿成大大小小的洪涝灾害，泛起规模不等的流民潮。这里就不再详述。

再看旱灾。

旱灾也是历代中国人的“常客”。旱魃为祸之烈，有时较水灾尤过之。天干地燥，烈日如焚，大地龟裂，赤地千里，为大旱之年常见的惨象。旱魃肆虐之下，哀鸿遍野，饿殍满地，饥民荡析流离，相属于道，草木为粮，不堪言状。如《诗 · 召旻》中记载西周的一次大旱灾：“旻天疾威，天笃降丧。瘨我饥馑，民卒流亡，我居圉卒荒。”王莽天凤六年(19 年)，“关东饥旱连年，青、徐百姓流亡日众”。隋开皇五年(585 年)，关中连年大旱，粮食歉收，小民百姓以豆屑杂糠充饥果腹，至洛阳就食者，扶老携幼，道路相属②。唐贞观元年至三年(627—629 年)，关东、关中各地连续发生水旱霜蝗之灾，关中饥馑尤甚，人民卖男鬻女，四处流散；咸亨元年(670 年)，天下四十余州旱及霜虫，百姓饥乏，关中尤甚。诏令任往诸州逐食；永隆二年(681 年)，“河南、河北大水，许遭水处往江、淮就食”。宋庆历三年(1043 年)十二月，韩琦至陕西，属岁大饥……是冬，大旱，河中同、华等州饥民，相率东徙③。元顺

① 池子华：《近代淮北流民问题的几个侧面》，香港《二十一世纪》1996 年第 12 月号；池子华：《从“凤阳花鼓”谈淮北流民的文化现象》，台湾《历史月刊》1993 年第 7 期。

② 《北史》卷 11，《隋本纪》。

③ 《续资治通鉴》卷 46，《宋纪》。

帝至正十四年(1354年)，大河南北连年荒旱，沿岸饥民多达500万人，卖妻鬻子者相踵于道。《金台集·颍州老翁歌》披露了这种悲惨的景象。其中说道："今年灾虐及陈颍，疫毒四起民流离。连村比屋相枕藉，纵有药石难扶治。一家十口不三日，藁束席卷埋荒陂。死生谁复顾骨肉，性命喘息悬毫厘。大孙十岁卖五千，小孙三岁投清漪。"明朝马懋才在《备陈大饥疏》中说："臣乡延安府，自去岁(崇祯元年，1628年)一年无雨，草木枯焦。八九月间，民争采山间蓬草而食。其味苦涩，以延不死。至十月，蓬草尽，则争剥树皮以充饥，以求缓死。迨年终，树皮又尽矣，则掘山中石块(一为白色黏土，俗名观音土)以果腹。石性冷而味腥，少食辄饱，不几日则腹胀下坠而死。最可悯者，如安塞城(在延安城北约25公里)有翳城之处，每日必有一二婴儿被弃其中。有号泣者，有呼其父母者，有食其粪土者。至次晨，所弃之子已无一生，而又有弃子者矣。更可异者，童稚辈及独行者，一出城门便无踪迹。后见门外之人，析人骨以为薪，煮人肉以为食，始知前之人，皆为所食。而食人之人，亦不免数日后面目赤肿，内发燥热而死矣。由是也，死者枕藉，臭气熏天。"旱灾的破坏性很大，一旦发生，往往颗粒无收，于是粮价暴涨，贫苦百姓只好背井离乡，乞讨求生。

最后看蝗灾。

和水灾、旱灾相比，蝗灾更难对付，对民生危害也较大。首先，各地形势有高有低，如果出现了水灾或者旱灾，局部地方还可以在较小程度上免遭灾害。正如农学家徐光启所言："地有高卑，雨泽有偏被，水旱为灾，尚多幸免之处。"若"水而得一丘一垤，旱而得一井一池，即单寒孤子，聊足自救"①。其次，即使有了水、旱灾害，人们尚可依借树皮、树叶和野生植物等各种能够维生的"代食品"超常地坚持下去。蝗灾则不然，其危害的波及面要大得多，蝗虫由子到成虫的周期特别短，约20日，短期内即可大量繁殖。并且蝗虫有成群结队的活动习性，来势迅疾，"其来如风"，破坏也惨烈，一旦蝗虫过后，"数千里间草木皆尽"，"食尽皆去"。

---

① 徐光启：《农政全书》卷44，《荒政·除蝗疏》。

所以，徐光启通过大量历史记载和科学考察之后，认为“其害尤惨，过于水、旱”①。据史籍所载，王莽地皇三年(22年)夏，蝗从东方来，蜚蔽天……流民入关者数十万人，乃置养赡官廪食之②。东汉永兴元年(153年)秋七月，郡国三十二蝗，河水溢。百姓饥穷，流冗道路，至有数十万户，冀州为甚③。晋永嘉四年(310年)“五月，大蝗，自幽、并、司、冀至于秦、雍，草木牛马毛皆尽”④，这次蝗灾祸及六州，不仅庄稼被蝗虫吞噬殆尽，连草木乃至牲畜身上的毛都被吃掉了。唐德宗兴元元年(784年)、贞元元年(785年)、贞元二年(786年)，连续三年发生蝗灾，陕西、山西、山东都因蝗灾而发生饥荒。兴元元年(784年)，先是陕西闹蝗灾，接着，山西出现蝗情，次年灾情进一步扩大。这年夏天，“蝗，东自海，西尽河陇，群飞蔽天，旬日不息，所至草木叶及畜毛，靡有孑遗，饿馑枕道，民蒸蝗，曝，扬去翅足而食之”。到第三年，即贞元二年(786年)，山东仍有蝗虫为虐。持续了三年的蝗灾，使陕西、山西和山东先后陷入了饥荒。后晋天福七年(942年)，山东、河南、关西诸郡蝗害稼，第二年四月，天下诸州飞蝗害田，食草木叶皆尽，“人民流移，饥者盈路”⑤。明代从宣德八年(1433年)到正统十四年(1449年)仅16年的时间里，蝗灾叠见，遭遇过3期规模特大的蝗虫劫难，每次持续三四年的时间，而且一次比一次来得猛烈。在亢旱和蝗灾相继打击之后，呈现出的便是大量的乞讨饥民接踵道途、流落异乡的悲惨景象。如宣德九年(1434年)，由于旱灾、蝗灾的接连袭击，“南畿、山东、浙江、陕西、山西、江西、四川多告饥，湖广尤甚”；正统六年(1441年)，因北直蝗灾，二十六州县大饥⑥。对蝗灾的危害作形象的了解，可以以嘉靖十年(1531年)发生在华北平原的一次蝗灾为例：时值禾苗成熟时节，

① 徐光启：《农政全书》卷44，《荒政·除蝗疏》。

② 《汉书》卷99下，《王莽传》。

③ 《后汉书》卷7，《桓帝纪》。

④ 《晋书·五行志》。

⑤ 《旧五代史》卷101，《五行志》。

⑥ 《明史》卷80，《五行志·年饥》。

“蝗蝻盛生，弥空蔽日，积于地者至三四寸厚，将禾根食之皆尽”①。蝗灾的结果是造成大量贫民无以维生，到处流浪。如熙宁八年(1075年)，京东自夏秋旱蝗相仍，民被灾流徙者十六七②。

除水灾、旱灾和蝗灾三大灾害外，风灾、雹灾、雪灾、潮灾、地震和瘟疫等自然灾害也给古代人民造成了重大的生命财产损失，使五谷不登，引发了大规模的流民潮。如王莽时“饥馑之所夭，疾疫之所及，以万万计。其死者则露尸不掩，生者则奔亡流散，幼孤妇女，流离系虏”。明朝林俊在一份奏疏中描述北方饥荒时说：“陕西、山西、河南连年饥荒，陕西尤甚。人民流徙别郡及荆襄等处，日数万计。甚者阖县无人可者，十去七八。仓廪悬磬，拯救无法……饿殍填路，恶气熏天，道路闻之，莫不流涕。”③1317年，朔漠大风雪，羊马牲畜尽死，人民流散。1461年7月，松江沿海地区受海潮袭击，风雨大作，潮涌数丈，嘉定、昆山、上海三县12500多人被海潮淹死。嘉庆《东台县志》中记载永乐十九年(1421年)江苏沿海地区遭受海潮袭击的诗歌，至今读来仍令人毛骨悚然。诗歌写道：

辛丑七月十六夜，夜半飓风声怒号。
天地震动万物乱，大海吹起三丈潮。
茅屋飞翻风卷去，男妇哭泣无栖处。
潮头骤到似山摧，牵儿负女惊寻路。

四野沸腾哪有路？雨洒月黑蛟龙怒。
避潮墩作波底泥，范公堤上游鱼度。
悲哉东海煮盐人，尔辈家家足辛苦。
频年多雨盐难煮，寒宿草中饥食土。

壮者游离弃故乡，灰场蒿满地无卤。

---

① 《明臣奏议》卷22，杨爵：《请弥灾变以安黎庶奏》。
② 《续资治通鉴长编》卷269，《神宗》。
③ 林俊：《扶植国本疏》，《皇明经济文录》卷3。

招徕初蒙官长恩，稍有遗民归旧樊。
海波忽促余生去，几千万人归九泉。
极目黯然烟火绝，啾啾妖鸟叫黄昏。①

纵观我国古代历史，流民洪波时期往往与自然灾害高发期同步。水灾、旱灾之后，伴随而来的往往是饥荒、瘟疫，人们不得不四处逃荒求食。诚如乾隆帝所说："岁偶不登，闾阎即无所恃，南走江淮，北出口外，揆厥所由，实缘有身家者不能赡养佃户，以致滋生无策，动辄流移。"②

在奴隶制和封建制统治下，灾与荒通常是并行备至的，人民遭受灾荒而流离失所的情况不计其数。当然，灾荒之所以不断来袭，最基本的原因乃是自然环境的作用。不过，自然灾害虽然凶险，但是如果政治清明，赈济救荒措施得力，也不一定酿成民流大祸。所以，遇自然灾害后，民流规模的大小与政府采取措施是否得力有着很大关系。

二、自然灾害——人为篇

纵观我国历代发生的严重灾害，固与自然条件有很大关系，但是深入探索灾荒的最终成因或促发严重灾荒的因素，可知在自然条件以外，人为的社会条件也起着相当重要的作用。邓云特先生在《中国救荒史》中说："水患决非天灾，乃由于治水未努力。"此话虽不无偏激，但却道出了天灾中的社会因素。社会因素主要包括两个方面：一是社会统治阶级疏于管理，甚或故意破坏；另一是人为的生态破坏。

吏治的腐败，政府职能运转失效，统治阶级的残酷剥削与苛敛，能使小灾变成大灾，大灾变成严重灾害。这样的事例很多，如历史上黄河的淤塞泛滥固与自然的土质、雨量及地形之坡度等有

① （清）吴嘉纪：《陋轩诗》，转引自邱国珍：《三千年天灾》，江西高校出版社1998年版，第225~226页。

② 《清高宗实录》卷309。

关，但在封建统治下，人工治理的废弛，当权统治阶级的暴敛侵掠，使农民没有余力作防灾的准备，或完全丧失防灾能力，这实为灾害发生的决定性因素。《天下郡国利病书》引《大名府志》说："弘治以前，岁常丰稔，间有凶荒，亦十之一二而已。正德以来，水旱相仍，斗米百钱者相望。"这决不是天灾的分布在时间上果真有什么前轻后重的变化，而只是反映了弘治以前，土地兼并尚不严重，农民阶级抵御自然灾害的力量较强。正德之后，随着统治者敲骨吸髓的盘剥，农民抵御自然灾害的能力大大削弱。

在古代，因役赋繁重、豪强暴敛侵掠，使农民生活贫困，丧失了抗灾能力，而致流离失所的记载史不绝书。《诗经·雨无正》说："浩浩昊天……降丧饥馑……戎成不退，何以卒岁。"《国语·周语》说："伯阳父曰：周将亡矣……民乏财用，不亡何待……山崩川竭，亡之征也。"《后汉书·殇帝本纪》说："天降灾戾，应政而至。间者郡国或有水灾，妨害秋稼，朝廷惟咎，忧惶悼惧。而郡国欲获丰穰虚饰之誉，遂覆蔽灾害，多张垦田，不揣流亡，竞增户口，掩匿盗贼，令奸恶无惩，署用非次，选举乖宜，贪苛惨毒，延及平民。"《魏书·韩麒麟传》载："顷年山东遭水，而民有馁终；今秋京都遇旱，谷价踊贵……皆由有司不为明制，长吏不恤其本。自承平日久，丰穰积年，竞相矜夸，遂成侈俗。车服第宅，奢僭无限；丧葬婚娶，为费实多。贵富之家，童妾袨服，工商之族，玉食锦衣。农夫餔糟糠，蚕妇乏短褐，故今耕者日少，田有荒芜。"《册府元龟》引唐德宗建中二年(781年)诏说："朕……鉴之不明，百度都缺，伤痍未瘳，而征役荐起，流亡既甚，而赋敛弥繁，人怨上闻，天灾下降，连岁旱蝗，荡无农收。"

有些统治者，在灾荒后甚或灾荒严重之际不仅不蠲免赋税，反而加征倍敛，不称宽假，因而灾荒愈深，农民陷入绝境。《新唐书·李实传》载："实擢拜京兆尹，封嗣道王，怙宠而愎，不循法度，时值大旱，关辅饥，实方务聚敛以结恩，民诉府上一不问，德宗访外疾苦，实诡曰：岁虽不害有秋，乃峻责租调，人穷无告，至彻舍鬻苗输于官。"《宋史·韩维传》说："韩维为学士，承旨入对，帝曰：天久不雨奈何？维曰：陛下忧悯旱灾，损膳避殿，此举行故事，恐不足以应天变……退又上疏曰：近畿内诸县督索青苗钱甚急，往往鞭挞取足，至伐桑为薪，以易钱货，旱灾之际，重遇此苦……朝廷……于蠲除税租，宽裕逋负，以救愁苦之民，则迟而不肯发。”有的统治者甚至在灾荒之际犹谋增税丰财。

封建统治阶级的苛政劣迹，罄竹难书。除了横征暴敛以外，怪事尚多。还有的统治者故意迁延放弃，而致灾害不救。《通鉴纪事本末》记王莽时事说：“初始三年(11 年)，河决魏郡，泛清河以东数郡。先是莽恐河决为元城冢墓害，及决东去，元城不忧水，遂不堤塞。”有的惟图私利，坐视江河泛滥不救。汉文帝时黄河曾在酸枣(今河南延津)决口，武帝元光三年(前 132 年)黄河又自瓠子(今河南濮阳附近)经巨野泽南流，灌入淮泗，泛滥达十六郡。丞相田蚡封地在鄃(今山东高唐)，地在黄河以北，他为了使自己的封地不受水灾，力阻修复故道，所以黄河泛滥越来越严重。

历史上官府豪强与水争地，霸占水利，伐采森林，以致酿成水旱灾害的事例也时有发生。《宋史 · 食货志上》引李光言：“庆历、嘉祐间，多有盗湖为田者……政和以来，创为应奉。始废湖为田，自是两州之民，岁被水旱之患……所失民田，动以万计。”同书引史才言：“浙西民田最广，而平时无甚害者，太湖之利也。近年濒湖之地多为军下侵据，累土增高，长堤弥望，名曰坝田。旱则据之以溉，而民田不沾其利；涝则远近泛滥，不得入湖，而民田尽没。”此外，历朝官吏侵吞水利经费，以致河防废弛，酿成巨大灾害，更是司空见惯之事。如清乾隆末年和珅当政时期，凡为河督的都要先纳贿而后许之任，他们以水患为利，借以侵蚀中饱，致使河防日懈，河患日亟，结果造成嘉庆二年至二十四年(1797—1819 年)间 17 次河决大灾，使两岸民众辗转流离。

灾荒发生之际，有些统治者往往置民众的疾苦于不顾。少量的救济无异于隔靴搔痒，难奏雪中送炭之效。平日处于水深火热中的农民，生活本就难以维持，一遇严重灾荒自然无力抵御，只好走向逃荒之路。一般地说，在王朝中后期，似乎自然灾害发生的频率越来越密，灾害程度越来越重。实际上，这并非自然条件或气候发生了大的变化，而是由于小农经济在封建剥削下，已变得十分脆弱，经不起一点儿风吹草动。另外，各级政府的赈济能力也越来越弱，客观上也加剧了流民问题的严重程度。

人为的生态破坏突出地表现在黄河流域。在唐代以前由于黄河中上游高原地带的森林、草原生态还比较完整，因此黄河基本上是安稳的，没有发生过大的水灾。从唐代后期开始，随着年平均气温的逐渐下降，人口的增加，黄河上中游被大规模开垦，本来就不十分茂盛的原始植被很快遭到破坏，大片原始森林被乱砍滥伐，大片牧场被垦为耕地，水土流失越来越严重。一方面，大量泥沙流入黄河，造成淤积，中下游河床越填越高，水灾也越来越严重，下游经常决溢改道，每次决口或改道，不仅直接毁坏大片农田和财产，还扰乱了水系，淤塞了湖沼，或者抬高了地下水位，加速了土地的盐碱化，造成长期难以消除的后果。另一方面，中游黄土高原因水土流失，沟壑发育，被切割得支离破碎，大片的原、川已不复存在，耕种条件越来越差。在没有原始植被保护、地形更加破碎的条件下，疏松的黄土又以更快的速度流失，形成恶性循环①。

所以说，灾荒固然是自然条件失控导致的社会物质生产和生活的损害和破坏，但在数千年的阶级社会里，人剥削人的社会关系实是引起灾荒的重要原因。在封建阶级统治的古代中国，防灾设施和人民的抗灾能力十分薄弱，灾与荒的确有着十分密切的关系，通常有灾就有荒，而荒重的结果，则又影响甚至摧毁社会生产力，使灾荒愈加频繁，从而导致两者恶性循环，人们被迫四处逃生。

第三节 社会环境的恶化

一、兵灾、匪祸

俗话说：“福无双至，祸不单行。”在流民问题的“激素”中，天灾常与“人祸”携手比肩同行，并称“天灾人祸”。人祸主要包括战

① 葛剑雄等：《简明中国移民史》，福建人民出版社 1993 年版，第 513 页。

争、匪祸、苛政和吏治腐败等。

在古代中国，战争频繁，干戈扰攘，殆无宁日。兵燹，是农民背井离乡的强劲推力。尽管引起战争的原因或战争的性质并不完全一致，或是封建帝王欲实现改朝换代而举国浴血大战，或是统治者为了争权夺利而率军对垒，或是边关武将好大喜功而大开杀戒，或是少数民族入主中原而大动干戈，或是走投无路的饥民求生存而揭竿起义，然而，在一定时间与地域内，都给居民造成巨大灾难，迫使他们离乡逃难。

史书中有关战争的记载俯拾即是。《孟子》说："汤始征，自亳始，十一征而有天下。"罗振玉《殷墟书契考释》谓卜辞中记征伐者凡61次。《春秋》经文记载：春秋242年间，战争达448次，其中书侵的60次，书伐的213次，书围的44次，书入的27次，书败师的16次，书取师的3次，书取国邑的16次，书袭的1次，书追的2次，书戍的3次，书战的23次，书迁的10次，书灭的30次。战国期间，战争更为频繁，仅大规模的战争即达222次。秦汉三国时期，战事更多，规模更大，危害也更惨重。如《墨子》说的那样："庶人数千，信徒四万，久者数岁，速者数月，上不暇听治，士不暇治其官府，农夫不暇治其稼穑，妇人不暇纺绩织。"《三国志·华覈传》说："军兴以来，已向百载，农人废南亩之务，女工停机杼之业。"晋以后，八王之乱，不断杀戮达16年之久，继复有苏峻、桓温等人之乱，兵革未休。南北朝对立，战事接踵，更无宁日。唐初连年兴兵，天宝之后藩镇之战不断。而后五代争霸，烽火连年。宋元明清，屡有军兴，兵戈不息。据梁启超、余天休统计，自秦始皇称帝之年(前221年)到1920年止，其间2140年，内乱160次，历时896年，平均每3年即有一年多处于内乱之中。

战争是无情的，其残酷性和破坏性超乎想象。"兵燹"中最深受其害的是手握锄把的农民。战事一起，征役和赋税勒索不断。如果不幸身处兵马所过之地，那就更是灾祸临头，苛索粮饷，抓兵拉夫，直弄得人财两空。《旧唐书·代宗本纪》载："自顷年以来，西有番夷之寇，南有羌戎之聚，岁会戎事，城出革车，子弟困于征徭，父兄疲于馈饷。赋益烦重，人转流亡，荒田既多，频岁仍敛，户口凋耗，居邑萧然。”《金史·胥鼎传》也说：“河东兵革之余，疲民稍复，然丁牛既少，莫能耕稼。重以亢旱、蝗螟，而馈饷所须，征科颇急。贫无依者，俱已乏食……其憔悴亦已甚矣……而潞州帅府遣官于辽、沁诸郡，搜刮余粟，悬重偿诱人告讦。”

战争不仅使农民遭受繁重的赋税和徭役剥削，丧失抵御自然灾害的能力，间接造成农民四散逃生，而且直接导致流民潮的出现。兵凶战危，人争远之，辗转流移。这样的事例很多。如东汉末年，王允杀董卓后，关中大乱，“强者四散，羸者相食”。三国时，曹操与孙权相持不下后北归，“恐沿江郡县为(孙)权所略，征令内移。民转相惊，自庐江、九江、蕲春、广陵户十余万皆东渡江，江西遂虚，合肥以南惟有皖城”①。安史之乱后，战争最激烈的河南一带，“人烟断绝，千里萧条”②。靖康之乱后，大批北方民众南迁，1206年金兵南进，淮河流域“奔逃渡江求活者，几二十万家”③。元末战争造成的逃亡者也不少，朱元璋攻下扬州时，“城中居民仅余十八家”。湖南武陵等地也是“自丙申兵兴，人民逃散，虽或复业，而土旷人稀，耕种者少，荒芜者多”④。明末清初战争也造成“百里无人，千里无烟”的惨状。时人说：(江右)“自遭诸逆变叛，人民死徙，田土荒芜，伤残蹂躏之状，荡析仳离之惨，什倍他省……杀戮逃亡人丁七十余万口，抛荒田地一十七万余顷。”⑤

另外，在战争相持不下时，有时作战双方会施以决河毁堤等惨无人道的手段，结果出现“哀鸿遍野”、“浮漂屋室”的惨景。早在春秋时期就有水攻的记载，战国时群雄割据，水攻战例更多。如公元前359年，楚国攻打魏国就曾决黄河堤，以水淹长垣城。三国两晋南北朝时期战乱频繁，渠堰堤坝等防灾设施成了常用的杀敌手段。他们或是人为筑坝拦水，然后开口淹灌，或是故意决口河堤。

① 《三国志》卷47，《吴主传》。

② 《旧唐书》卷120，《郭子仪传》。

③ 叶适：《叶适集·水心文集》卷2，《安集两淮申省状》，中华书局1981年版。

④ 《明太祖实录》卷5。

⑤ 康熙《西江志》卷147，《艺文》，王新命：《请除荒疏》。

如《三国志·吴志·孙权传》说："赤乌十二年(250年)十一月，遣军十万作堂邑(今六合县)涂塘，以淹北道。"以断绝北方交通，防止魏人进攻。《三国志·魏志·武帝纪》说：建安三年(198年)冬十月，曹操东征吕布进至下邳，"用荀攸、郭嘉计，遂决泗水、沂水以灌城。月余，布将宋宪、魏续等执陈宫，举城降"。514年萧梁北伐，梁武帝萧衍动用20万人，花了两年时间，筑了9里长的浮山堰，企图用水攻取胜。结果由于淮水暴涨，新筑成的浮山堰被洪水冲毁。决堰之水，其声如雷，传到了300里以外，下游10多万无辜百姓被大水无情地冲入大海。隋唐以后，这样的战例也不少，用水固然可以克敌，然而水火无情，它严重地伤害了平民百姓的生命财产，使无数民众无家可归。这样，当农民不能期待在战火中讨生活时，唯一的出路就是"逃亡"。杜甫的"三吏"(《新安吏》、《石壕吏》、《潼关吏》)和"三别"(《新婚别》、《垂老别》、《无家别》)形象地描述了农民的征戍之苦，其中的《无家别》描写了唐末"安史之乱"后的残破景象：

寂寞天宝后，园庐但蒿藜。
我里百余家，世乱各东西。
存者无消息，死者为尘泥。
贱子因阵败，归来寻旧蹊。
久行见空巷，日瘦气惨凄。
但对狐与狸，竖毛怒我啼。
四邻何所有，一二老寡妻。
宿鸟恋本枝，安辞且穷栖。
方春独荷锄，日暮还灌畦。
县吏知我至，召令习鼓鞞。
虽从本州役，内顾无所携。
近行止一身，远去终转迷。
家乡既荡尽，远近理亦齐。
永痛长病母，五年委沟溪。
生我不得力，终身两酸嘶。

人生无家别，何以为蒸黎！

战乱中老百姓各奔东西逃难，田园庐舍化作荒野，长满了蒿莱乱草，走兽出没，破败不堪，这就是“兵燹”。“闾里为虚，居民流散”，是战争中常见的情形。老子说过：“师之所处，荆棘生焉。大军之后，必有凶年。”从历史上看，确实如此，大军过后往往疫疠丛生。如八王之乱不仅使成百上万家的屋宇倾圮，田园荒芜，而且使各种可怕的天灾接踵而至。公元302年大水，黄河下游以及淮河流域的大部分地带均成泽国。309年大旱，“河洛江汉皆可涉”。310年又发生蝗灾，秦岭南北以及黄河中、下游地区，禾稼林木都被吃得精光，据说连牛马身上的毛也被吃光了。连年的战乱和天灾造成了可怕的灾荒，人们纷纷四处逃散，就是朝廷各府台中也空空如也，官吏十之八九都流亡了。

“盗贼劫略，取民财物”，匪祸也是导致农民流亡的重要原因之一。

中国自古多盗，盗匪为患，甚于他邦，成为一大公害。徐珂在《清稗类钞·盗贼类》中就说：“吾国盗贼多于他国，久为外人所诟病，致谥之曰盗贼国。”盗匪横行，明火执仗之徒，鼠窃狗偷之辈，多如牛毛。

匪盗的猖獗与封建王朝统治的衰微有着很大的关系。一般来说，在王朝统治之初，政治比较清明，小农得到一块土地，能安居乐业，盗匪也较少。到王朝统治后期，政治黑暗，吏治腐败，豪强掠夺，许多人家破人亡，盗匪也就随之猖獗起来。如李延寿在《北史·隋本纪下》中说：“俄而玄感肇黎阳之乱，匈奴有雁门之围，天子方弃中土，远之扬、越。奸宄乘衅，强弱相陵，关梁闭而不通，皇舆往而莫返。加之以师旅，因之以饥馑，流离道路，转死沟壑，十七八焉。于是相聚萑蒲，猬毛而起，大则跨州连郡，称帝称王；小则千百为群，攻城剽邑。流血成川泽，死人如乱麻，炊者不及析骸，食者不遑易子。”唐朝末年由于社会动荡，盗匪横行乡里，尤其是“牙兵”更为跋扈，强买豪夺，人户逃亡现象十分严重。元代至元二十九年(1292年),“江西、福建汀、漳诸处连年盗起,百姓入山以避”①。明代嘉靖年间(1522—1566年),沿海地区因倭寇骚扰,居民纷纷内迁,许多村落为之一空②。清代南方一些地方的“混棍,每于秋收后,聚集匪徒,肆行强割,穷民甚以为苦”③。

这里所说的“匪”实际上包括两类,一类是“强盗”,即我们通常说的土匪强盗;另一类是流氓无赖、地棍刁民。前者如汉代虞诩,他作“朝歌令”,设三科募人,把市井中的一批杀人、伤人、偷盗、游手、游食的人都收来为兵。又如元代天历、至顺年间(1328—1333年),海南有“山寇”之乱。于是,主将“募勇悍无赖子弟为之前驱”,称为“答剌罕军”。明清时期,土匪数量更多。后者主要聚集在偏僻的农村和繁华的城镇。他们捏造事端,扰乱社会,对那些安守本分的贫民百般欺凌,“志在得财”。他们“三五成群,凶如虎狼,十数逐队,恶似鹰鹯。或强夺小民家业,或欺奸贫民妻女。威缚欠债人户,私置牢狱。忘称租田名色,公然诈取。非法犯分,靡所不为”④。且手段多端,使百姓的正常生活秩序受到影响,甚至因此而丧命破家。这些刁诈之人凭恃自己的势力占人田产,掠人子女,抢人家赀,干人婚姻。如永乐末年,苏州府吴江县西北一都越溪葛琬的行事即很典型。据载,葛氏性格“黠桀豪横,膂力过人”,口才雄辩,平时喜欢弄棒舞拳,里中恶少附之为非,“凌虐善类,胁取财物。乡人畏之如虎”。邻人芮姓有女,已至成年,颇有姿容。葛琬托人求婚,芮姓不允,他便于恼怒之下直入相犯,“其家聚头而哭,竟以与之。不敢抗也”。葛琬把持乡党,见人家有死亡者,不让土葬,强为焚尸,先取其家财以为酬费,所以,“小民不以人死为戚,而以家破为忧”,对那些有势力的大家也敢敲勒,往往独自登门,“需索酒食,借贷银米。少不如意则佯

① 《元史》卷17,《世祖纪》。

② 归有光:《备倭事略》,《说郛续》。

③ 《清经世文编》卷34,朱桂:《论南田山开垦状》。

④ 戴金:《皇明条法类纂》卷1,《五刑·去羽翼以抑豪强》。

酗侮骂，声言焚杀等语”，而大户也只得优容忍耐，免得家遭不测①。这些人如同害群之马，为非作歹，搅得百姓无法安宁，使许多人不得不背井离乡。

二、“苛政猛于虎”

“苛政”主要指政府和官吏的横征暴敛。鲍宣的“七亡”之中，横征暴敛占了三“亡”。可见，横征暴敛与流民产生的密切联系。

赋税，指田地税。《汉书·食货志》上：“有赋有税。税谓公田什一及工商衡虞之入也。赋共车马甲兵士徒之役，充实府库赐予之用。税给郊社宗庙百神之祀，天子奉养，百官禄食庶事之费。”徭役，指劳役、力役。国家作为公共事务的管理者，征捐收税理所当然。但一旦征收过“度”，就会适得其反。中国古代历史早已证明了这一点：王朝建立之初，鉴于前车之覆，往往实行轻徭薄赋、与民休养的政策，老百姓能安居乐业。可是到了王朝的末年，苛捐杂税层出不穷，逼得老百姓流亡他乡，接踵而至的便是社会危机，封建政权在流民大潮中“覆舟”。新王朝建立，再走老路，如此循环往复，形成一种“怪圈”。而流民则在这“怪圈”轮回中消消长长。下面，我们就来窥见中国古代农民的负担：

中国农民的负担一般很重，秦朝时，田税是按土地数征收的。“无豤(垦)不豤(垦)”，即不论耕种与否，都要征收地租。口赋是按人头征收的。另外，还有繁重的徭役和兵役。秦始皇为了满足自己的奢侈生活，无休止地征发徭役，大兴土木。据估计，当时修阿房宫、骊山陵等各种劳役的人口不下200万，占全国总人口的十分之一，真是“力罢(疲)不能胜其役，财尽不能胜其求”②。

西汉赋税就田租一项而言还是比较轻的，但人口税相当重，小农地少人多，往往力不能胜，加上政府“急征暴赋，赋敛不时”，

① 莫旦：《弘治吴江志》卷12，《杂记》。

② 《汉书》卷51，《贾山传》。

名为三十税一，“实什税五”①。至于徭役，更使农民不堪重负。成帝时“大兴徭役，重增赋敛，征发如雨……百姓财竭力尽……流散冗食，饿死于道，以百万数”②。据当时著名政治家晁错的估计，五口之家，最起码要有两人外出服徭役，近者数千里，远者过万里，造成农桑失时，大量农民破产流亡。

东汉王朝名义上实行轻徭薄赋政策，实际上农民受着各种侵刻盘剥，出现“农功消于转运，资财竭于征发；田畴不得垦辟，禾稼不得收入，搏手困穷，无望来秋”③的局面。

魏晋南北朝时期，“政繁赋殷”，“所在征税，百端俱起”。晋孝武帝时范宁上表说：“古者使人，岁不过三日；今之劳扰，殆无三日休停。”④以至于人民“流亡相属”。

隋朝，炀帝骄奢淫逸，大兴土木，国用不足，于是苛暴征敛，“长吏叩扉而大曙，猛犬迎吠而终夕”，举国不安，百姓“人愁不堪，离弃室宇”，四处流浪，仅楚州一地，大业年间(605—616年)流户就达数十万口⑤，可谓“天下死于役，而家伤于财”⑥。隋炀帝还穷兵黩武，数次发动了对高丽的战争。军队开拔途中，“逃者相继，获皆斩之，而莫能止”⑦。连隋炀帝本人也不得不承认“近代战争，居人散逸，田畴无伍，郛郭不修”；“兴军不息，百役繁兴，行者不归，居者失业，人饥相食，邑落为墟”⑧。

唐代后期，百役繁兴，赋敛不时，农民负担过重，“逃户”日多。两税法公布后的第三年(建中三年，782年)，每千钱加税200文。贞元八年(792年)，剑南西川观察使韦皋，又奏请加征十分之

① 《汉书》卷99，《王莽传》。
② 《汉书》卷85，《谷永传》。
③ 《后汉书》卷51，《庞参传》。
④ 《晋书》卷75，《范汪传》附子《范宁传》。
⑤ 《旧唐书》卷59，《许绍传》。
⑥ 《隋书》卷24，《食货志》。
⑦ 《隋书》卷24，《食货志》。
⑧ 《北史》卷12，《隋本纪》。

二，两税的加重给人民带来了严重的危害。白居易在《重赋》一诗里揭露说：

> 国家定两税……明敕内外臣：
> 税外加一物，皆以枉法论。
> 奈何岁月久，贪吏得因循。
> 浚我以求宠，敛索无冬春。
> 织绢未成匹，缫丝未盈斤。
> 里胥迫我纳，不许暂逡巡。
> 岁暮天地闭，阴风生破村。
> 夜深烟火尽，霰雪白纷纷。
> 幼者形不蔽，老者体无温。

除了增加两税的剥削外，统治者还巧立名目，横征暴敛，把大量的苛捐杂税强加在人民头上。主要的有，盐、酒、茶、漆、竹、木、金、银、蔬菜、水果、木炭、食粮、布绢、牲畜等税。几乎无物不税，名目繁多，数也数不清。当时，在杂税中对人民生活影响最大的是盐税。德宗以后，盐价日增。贞元四年(788年)，江淮盐每斗增加至370文。再就酒税来说，广德二年(764年)，“定天下酤户，以月收税”。茶税亦十分苛重。贞元九年(793年)，唐德宗正式税茶，十分税一①。史载：“科敛凡数百名，废者不削，重者不去，新旧仍积，不知其涯。百姓竭膏血，鬻亲爱，旬输月送，无有休息。吏因其苛，蚕食于人。富人多丁者，以宦、学、释、老得免，贫人无所入则丁存。故课免于上，而赋增于下。是以天下残瘁，荡为浮人。”②“诸州百姓，多有流亡。”③

五代十国时，税赋更巧立名目，大肆勒索。宋代，赋役“益

---

① 《新唐书》卷54，《食货志》。
② 《新唐书》卷145，《杨炎传》。
③ 《唐会要》卷85，《逃户》。

重”，除了“二税”外，还有丁口之赋和杂变之赋，结果民多“流散”。南宋时，苛捐杂税更重，当时人描述江西、湖南和湖北三路纳税的情况时说：“正税之外，科条繁重……税米一斛，有输及五六斛，税钱一千，有输及七八千者。”①陆游在《农家叹》中描写了农民生活极端困苦的情景：“有山皆种麦，有水皆种粳。牛领疮见骨，叱叱犹夜耕。竭力事本业，所愿乐太平。门前谁剥啄，县吏征租声。一身入县庭，日夜穷笞搒。人孰不惮死，自计无由生。还家欲具说，恐伤父母情。老人傥得食，妻子鸿毛轻。”②

元朝科差、税粮、杂泛差役和雇和买等项，也压得农民透不过气来，“百色横敛，急于星火”，农民“血肉不堪以充赋税”，要想苟延岁月，只有流亡一途，如时论所评，“去家就旅，岂人之情？赋重政繁，驱之致此！”

明中后期，“天下赋敛横流，徭役山压”，当时江南流传一首歌谣：“一亩官田七斗收，先将六斗送皇州，止留一斗完婚嫁，愁得人来好白头。”③小农“收田之入，不足以缓公府之追求，惟有破家去产而已”④。昭示出封建国家苛征暴敛与户口逃亡之间的关系。明代童轩在论及赋役之重时指出，“东南之民恒困于岁办，西北之民恒疲于力役”，“民出什一之赋而有此额外之征，虽欲不困，不可得矣”，“民当里甲之差，而有此分外之役，虽欲不疲，不可得矣”⑤。《成化实录》卷33记载：“孤寡老幼皆不免差，空闲人户亦令出银，故一里之中，甲无一户之闲，十年之内，人无一岁之息。甚至一家当三五役，一户遍三四处。”

清代赋役繁重，除沉重的正额赋银（地丁银和漕粮）外，还有监课、茶税、渔税、牙税、关税等各种名目的杂税。清代著名思想

---

① 《建炎以来系年要录》卷42。

② 《剑南诗稿》卷32。

③ 《广平治略》卷3，《舆地篇》。

④ 《明孝宗实录》卷172。

⑤ 《明孝宗实录》卷107。

家龚自珍的《已亥杂诗》道出了中国农民身上的沉重包袱：

> 不论盐铁不筹河，独倚东南涕泪多。
> 国赋三升民一斗，屠牛那不胜栽禾！

部分自耕农破产流亡后，赋税征收势必受到影响，为确保政府的财政收入，历代统治者往往采取“摊逃”的政策。所谓“摊逃”，就是把流亡农民的赋役负担转嫁摊派到还没有破产逃亡的自耕农民的身上，使他们的负担更加沉重。西汉“中家为之包出，后亡者为先亡者服事”；唐末“凡十家之内，大半逃亡，亦须五家摊税，似投石井中，非到底不止”；元代“见在户替代逃户差发”，以及明代的“陪纳”都是这种情况的具体反映。如十家之中有五家逃亡，另外五家的负担等于增加一倍，“输纳之重，民所不堪”，未逃亡的农民也被迫走上逃亡之路。于是乎，流民愈多则自耕农负担愈重，自耕农负担愈重则流民愈众，流民问题愈严重，形成一个恶性循环。唐代李渤在《请免渭南摊征逃户赋税疏》中记载：“渭南县长源乡，本有四百户，今才四十余户；阌乡县，本有三千户，今才一千余户……其弊所自，起于摊派，约十家内有一家逃亡，即摊赋税，使九家共出。税额长定，有逃即摊……摊逃之弊，户不尽不休。”①将逃户的赋税摊在未逃户头上，使原已重的赋税更为加重，势必使更多的民户出逃，以致竟然逃走了三分之二以上。《明英宗实录》卷66中也说：“逃民既皆因不得已流移外境。其户下税粮，有司不恤民难，责令见在里老、亲邻人等代纳。其见在之民被累艰苦，以致逃走者众。”陆深具体记载了明正德年间江西的情况：“江西大家赖粮，经催之人往往设法取价于小户。有粮不满升者，索银至五六钱，其名曰小包大。”②当时的中产之家，在风调雨顺的年景，一年所获除自家所需外，仅“足供一户之税”；若遇旱涝自然灾害，

---

① 《全唐文》卷712。

② 陆深：《俨山外集》卷18，《豫章漫抄一》。

"疾疠不免，举贷补欠"。所以让中、下户陪纳，势难应承。而强行摊派的结果，只能迫使更多的人逃离土地。只要这种政策不变，人户逃移就不可避免。这正所谓"逃而去者遗下之数日增，存而居者摊与之数日积；存者不堪，又相率以俱逃"①。

唐代安史之乱后，由于人民的大量逃亡和地主阶级大量隐匿人口，国家掌握的户口大大减少。唐王朝为了应付巨大的军费开支，就征收种种苛捐杂税。科敛之名，凡有数名，"废者不削，重者不去，新旧仍积，不知其涯"②。这些苛捐杂税，逃户逃走了征收不到，地主豪强又享有免除课役的特权，于是全都落在了著籍农民的身上。加以"权臣猾吏，因缘为奸"，农民只得"竭膏血，鬻亲爱，旬输月送，无有休息"③，甚至背井离乡，荡为浮人。"逃亡之家，邻、保代出，邻保不济，又便更逃"④。李渤的奏折深刻揭露了摊派产生的弊端："臣出使经行，历求利病。窃知渭南县长源乡本有四百户，今才一百余户……其他州县，大约相似。访寻积弊，始自均摊逃户。凡十家之内，大半逃亡，亦须五家摊税，似投石井中，非到底不止。摊派之弊，苛虐如斯。"⑤宋代欧阳修也看到了类似的情况："百姓贫困逃移而州县例不申举，其本户二税，和籴不与开阁，税则户长陪纳，和籴则村户均摊。已逃者既破其家，而未逃者科配日重。"⑥金元两朝，也有让住户替逃户缴租纳税的规定，"百姓多逃，而逋赋皆抑配见户"⑦，"见在户替代逃户差发"⑧。结果是"人何以堪"，"亡者讵肯复业"⑨。明代同样有"粮存难办，以

① 张萱：《西园闻见录》卷32，《赋役》前引丘浚语。
② 《新唐书》卷145，《杨炎传》。
③ 《旧唐书》卷118，《新唐书》卷145，《杨炎传》。
④ 皇甫璟：《谏置劝农判官疏》，《全唐文》卷397。
⑤ 《旧唐书·李渤传》。
⑥ 《欧阳文忠全集》116，《乞减放逃户和籴札子》。
⑦ 《金史》卷7，《食货志》。
⑧ 胡祗遹：《紫山大全集》卷23，《民间疾苦状》。
⑨ 《金史》卷7，《食货志》。

故丁逃而累及于户，户逃而累及于甲，人不得不尽甲而逃"①的现象。人逃地荒，而赋额差徭仍按旧额征索，"留者输去者之粮，生者承死者之役"②，致使晚明"死亡流离，四野萧条之象，不堪见闻"③。

农民不堪承受徭役负担，除了国家频繁的征发之外，还和地方豪强兼并之家把沉重的徭役转嫁到农民身上有关。据史书记载，五代时，"径州张彦泽为政奇虐，民多流亡"④。金兴定年间，"司、县官贪暴不法，部民逃亡"⑤。唐武宗会昌元年(841年)，"百姓输纳不办，多有逃亡"，"亦有破除逃户桑地，以充税钱，逃户产业已无，归还不得，见在户每年加配，流亡转多"⑥。宋代许多地区"中户以上皆弛役，役归下穷"⑦。明代，"况所领官校，如饿豺狼，甚为民害，以致荡家产鬻儿女，怨声动地，逃移满路"⑧。明代张居正也一针见血地指出："夫民之亡且乱者，咸以贪吏剥下而上不加恤，豪强兼并而民贫失所致也。"⑨明英宗也说："今岁未为荒歉，而民流移如此，盖由府、州、县官尸位素餐，苟且度日。稍有科差，则放富差贫。征收税粮，则横加科敛，或徇势要所嘱，督追私债，甚于公赋。或为豪猾所饵，通同侵渔，无所不至。以致小民不能存活，弃家业，携老幼，流移外境。"⑩

赋税徭役繁重使农民不堪重负。在苛捐杂税的重压下，种田不仅无利可图，反而成了负担。因此，不少农民被逼无奈，只好忍痛

---

① 《天下郡国利病书》原编第1册，引《保定县志》。

② 《明史》卷226，《吕坤传》。

③ 《张忠敏公集》卷4，《请高淳永折疏》。

④ 《新五代史》卷48，《王周传》。

⑤ 《金史》卷16，《宣宗纪》。

⑥ 《唐会要》卷85，《逃户》。

⑦ 《元丰类稿》卷42，《司封郎中孔君墓志铭》。

⑧ 王世贞：《中官考五》。

⑨ 张居正：《张文忠公全集》书牍六，《答应天巡抚守阳山论均田足民》。

⑩ 《明英宗实录》卷127，正统十年三月辛丑条。

割爱，弃田产、背乡井，避“虎”他去。有的学者对《明实录》中从洪武二十四年(1391 年)到正统十二年(1447 年)的 22 条迁徙记载进行统计，发现山西、山东、北直隶、河南、湖广、陕西等处，包括复业和“累年屡招不还”的逃亡之民，计为 898673 户，如按每户 5 口计，总数 4493365 人。逃亡的原因，“赋税浩繁”、“徭役繁重”者占 16 次，“累岁旱涝”者占 3 次，“避兵流移”者占 1 次，未具体说明原因者占 2 次①。这充分说明了“苛政猛于虎”，苛政是农民迁徙流移的主要原因。

对于苛政的危害，封建统治者自己也有所认识。明宣宗就说：浙江海宁“一县几何民，而逃者九千余户。此必官不得人，科敛无度所致”，“人情皆欲安居，谁肯弃业他徙？只缘有司不善抚恤，横征暴敛，致其如此”②。侯方域在《壮悔堂文集·正百姓》中深刻地揭露了明代农民的悲惨生活，他说：“明之百姓，税加之，兵加之，刑加之，役加之，水旱灾祲加之，官吏之食渔加之，豪强之吞并加之，是百姓一而所以加之者七也。于是百姓之富者争出金钱而入学校，百姓之黠者争营巢窟而充吏胥。是加之者七而诡之者二也。即以赋役之一端言之，百姓方苦其积极而无告，而(入)学校则除矣，(充)吏胥则除矣，举天下以是为固然而莫之问也。百姓之争入于学校而争出于吏胥者，亦莫不利其固然而为之矣。约而计之，十人而除一人，而以一人所除者更加之九人，百人而除十人，更以十人所除更加之九十人，辗转加焉而不可穷，争诡焉而不可禁。天下之学校吏胥渐多而百姓渐少，是始犹以学校吏胥加百姓，而其后遂以百姓加百姓也。彼百姓之无可奈何者，不死于沟壑即相率而为盗贼耳，安得而不乱哉！”一个“乱”字道出了苛征暴敛的危害，也道出了流民产生的“根”和“源”。

---

① 林金树：《明代农村的人口流动与农村经济变革》，《中国史研究》1994 年第 4 期。

② 《明宣宗实录》卷 12，洪熙元年十二月丁亥条；卷 68，宣德五年七月丁巳条。

三、吏治腐败

吏治腐败，也是流民生成的重要“温床”，与流民队伍的壮大有着直接的关系。征收各种苛捐杂税和庇护世家大族转移负担于农民，以及贪官污吏的过分盘剥是吏治腐败的重要体现，这一点上文已经提到。邹缉在痛斥贪官之害时就说：“贪官污吏，遍布内外，剥削之患，及民骨髓。”①吏治腐败和官僚“病态”不仅表现在苛政方面，而且表现在奢侈浪费以及玩忽职守，致使水利事业的荒废和预备仓的失效等方面。

陈锋、刘经华先生在《中国病态社会史论》一书中对官僚政治病态发展有一段精彩的表述，谓：“官僚病态则造成危机的逐渐累积。从根本上说，贪官劣吏勒索、攫取财富的对象是自耕农和半自耕农，而自耕农和半自耕农是封建国家社会经济的基石，他们向封建国家承担的赋税‘是行政权力整个机构的生活源泉’，‘是喂养政府的娘奶’。官僚（封建官僚一般是集官、绅、地主于一身）对土地的兼并，对财富的搜刮、中饱，一方面必然使‘生活源泉’和‘娘奶’遭到拦截，影响到国家的财政收入；另一方面，又会使大量的自耕农和半自耕农逐渐破产，沦为佃户或无业流民，为社会的动乱储备着后备军，饥饿、流徙、死亡迫使他们铤而走险，成为农民起义的导因。有人曾对清代后期官吏的腐败（贪污、受贿等）与农民起义、社会动乱的关系作了计量分析，得出吏治腐败曲线和社会动乱曲线，从中可以发现，吏治腐败曲线与农民起义、社会动乱曲线的轨迹，几乎是完全一致的……事实上，国家财政收入越是不足，经济生活就越是混乱，加征、摊派就越是不止，吏治也就腐败，搜刮也就越猖狂，流民队伍也就越壮大，反抗也就随之剧烈；为平息镇压反抗又使军费支出增多，国家财政更趋危机，为筹措军费又加征、摊派……于是，陷入一种恶性循环。在这里，政治、经济、军事、社会的相互关系、相互激荡也就紧紧地交织在一起。”这似“轮

---

① 邹缉：《奉敕陈言疏》，《皇明经济文录》卷3。

回”，又似“怪圈”，中国历代统治者似乎从未“超越”过。

在中国古代，中央集权的统治是依靠庞大的官僚系统进行运转，为此，国家必须豢养大量的官吏和军队，这势必加重劳动人民的赋税、徭役和兵役负担。唐代在国家开支中，“最多者兵资，次多者官俸，其余杂费，十不当二事之一。所以黎人重困，杼轴犹空”①。这里说的是正常情况，如果官僚体制出现病态，出现大量冗官、冗兵，官吏又腐化堕落，那落在农民头上的负担就更重了。如西汉元帝“日日撞亡秦之钟，听郑卫之乐，驰骋干戈，纵恣于野”②，“诸官奴婢十万余人戏游亡事，税良民以给之，岁费五六巨万”③。东汉桓帝、灵帝时，统治阶级过着穷奢极欲、荒淫无耻的生活。桓帝、灵帝后宫彩女都有数千人，衣食之资日费数百金。西晋时，统治集团更为腐朽，以至于有人惊呼：“奢侈之费，甚于天灾。”④北魏孝文帝以后，贪污之风大盛，官府卖官鬻爵，门阀贵族则大肆挥霍，河间王元琛曾自负地说：“不恨我不见石崇，恨石崇不见我。”⑤唐末有些节度使出自禁军，他们以成倍的利息向长安富室贷巨款，贿赂宦官，取得节度使职位。到任后，疯狂搜刮百姓。宋徽宗时期，不仅公开出卖官爵，官职各有定价，使官吏数目增多十倍，政府支出的官俸和兵饷增加四五倍；而且大兴土木，创“花石纲”，以寻找“奇花异石”为名，大肆搜刮。元朝统治者过着淫靡生活，对贵族赏赐无节，为此，尽情搜刮人民，中期以后朝廷课税所入较忽必烈时增加20余倍，并滥发纸币，卖官鬻爵。明朝宦官专权，大小宦官总数达10万人。皇室和各级官吏生活极为奢侈。皇帝在北京西苑养豹一只，竟用240人，占地10顷，每年支粮2800余石。统治者过着如此荒淫的生活，必然使国家财政枯竭，

① 《旧唐书》卷149，《沈传师传》。

② 荀悦：《汉纪》卷22。

③ 《汉书》卷72，《贡禹传》。

④ 《晋书》卷47，《傅玄传》附子《傅咸传》。

⑤ 《洛阳伽蓝记》卷4，《开善寺》。

于是就卖官鬻爵，大肆聚敛。毅宗(朱由检)在一道诏书中承认："或官吏行酷，暗害民生。""或绅衿土豪，骄暴侵霸；或藩王宗室，暴虐恣睢；或勋戚及内外官，肆行扰害。"①结果使民众"处处流散，饥者不得食，寒者不得衣"。

官僚腐败，随之而来的必然是行政机构运转失效。府、州、县操纵基层地方权力的官僚集团，与民众直接接触，地方各种事务均归其管理，对民生有着非常高的重要性。有人云："朝廷设官，自公卿以至驿递，中外职衔不啻百矣，而惟守、令，人称之曰父母。"②这些被称作父母的守、令官，首先应当负责兴修水利、均平赋役、充实仓廪等项事务。"如果知府、知县能做到尽职尽责，地方百姓的生活就会较为安宁。既不受地方恶豪的侵夺，也不畏惧族中刁徒的欺侮；即使有了自然灾害也不用怕，因为仓廪充盈，而且地方川泽之利也广为所用，既没有苛重赋税，也没有频繁差征；交纳赋税时也用不着担心吏书、库子之类的刁蹬作难。然而，在朝政混乱、地方官僚集团正在走向溃败之时，上述描述至多不过是一种良好的愿望"③。实际情况是，地方官吏往往"骄暴侵霸"，"暗害民生"。如明代末年流民问题就与吏治腐败有极大关系，英宗在一个诏令中专门指出："民为国家之本，各司、府、州、县官不知养民之政，往往通同猾吏、豪民侵欺克害，致其无所控诉，甚至逃窜失业。"④清代人也说，明代的缙绅"豪奴悍仆，倚势横行，里党不能安居"⑤。

国家机器运转失灵，首当其冲受影响的是水利设施的建设和赈贷救济政策的落实。纵观历史，不能说各朝各代政府不重视水利建设，历代有识之士也都主张兴修水利以防水旱之灾。《荀子·王制

① 谈迁：《国榷》卷97。

② 吕坤：《实政录》卷1，《明职·知州、知县之职》。

③ 牛建强：《明代人口流动与社会变迁》，河南大学出版社1997年版，第82页。

④ 《明英宗实录》卷179，正统十四年六月己巳。

⑤ 顾公燮：《消夏闲记摘抄》卷上，《明季缙绅田园之盛》。

篇》说:“修堤梁,通沟浍,行水潦,安水藏,以时决塞,岁虽凶败水旱,使民有所耘艾,司空之事也。”明智、勤政的官员也确实兴修了不少水利工程。但政治一黑暗,官吏一贪残,江河就会年久失治,陂塘、堤岸等水利设施就遭废弃而坍塌颓坏。正如顾炎武《日知录·水利》在谈到唐代水利事业时所说:“至于河朔用兵之后,则以催科为急,而农功水道有不暇讲求者欤!”更有甚者,“其原开陂塘,亦多被土豪、大户侵占以为私己池塘养鱼者,有湮塞为私田耕种者”。这样,抵御自然灾害能力便大大下降,一旦遇到水、旱灾,“民无所赖,官无所措”①,破坏程度必将愈益加厉,民众最后等待的只有流亡一途。

赈贷救济方面的失误主要表现在:一是救济不及时,二是贪污、舞弊。前者如王夫之在《读通鉴论》中指出的:“赈饥遣使得人,则民不劳矣;若其不可者,饥非一邑,而生死之命,悬于旦夕,施之不急,则未能速遍,而馁者已死矣。施之急,则甫下车而即发金粟,唯近郭之人得逾一分而沾濡,而远郊不至,且府吏里胥党不籍之游民,未尝饥而冒受。大臣奉使尊高,不与民亲,安能知疾苦之为何人。而以有限之金粟,专肉白骨邪!此徒费国而无救于民之大病也。”饥民嗷嗷待哺,急如星火,而赈灾物资迟迟不能落实,促使大批民众流离失所。后者指地方官员对常平仓、社义仓、预备仓等仓储设施管理不善和贪污、克扣赈灾物资等。关于常平仓、预备仓失效的情况,东汉官僚刘般说:常平仓“外有利民之名,而内实侵刻百姓,豪右因缘为奸,小民不能得其平,置之不便”②。据明永乐元年(1403 年)的报告:“南方官仓储谷,十处九空,甚者谷既全无,仓亦无存。皆乡之土豪、大户侵盗私用,却妄捏作死绝及逃亡人户借用,虚立簿籍,欺瞒官府。”关于贪官污吏利用灾害赈济机会大发其财的情况史书中也多有记载,如东汉兴平元年(194 年),汉献帝令侍御史侯汶用太仓米豆为饥民,然而百姓

---

① 陈子龙:《明经世文编》卷 27,杨溥:《预备仓奏》。

② 《后汉书》卷 39,《刘般传》。

“经日而死者无降”，献帝怀疑“赋恤有虚，乃亲于御坐前量试作糜，乃知非实”①。康熙时举人郑世元在规劝官吏不要发灾荒财时曾叹道：

> 黄须大吏骏马肥，朱旗前导来赈饥。
> 饥民腹未饱，城中一月扰。
> 饥民一箪粥，吏胥两石谷。
> 我皇圣德仁苍生，官吏慎勿张虚声。②

虽说饥民喝一瓢粥，官吏就克扣两石米，是赋诗者的夸张说法，但官吏从饥民口中夺食却是历代的通病。据清代黄懋在《施粥不如散米说》中估计，大约用米一石，到饥民之口的不过六七斗，其他三四成进了官吏的口袋。如此这般，受灾民众在当地无法生存，必然逃离家园，成为流民。正所谓“今政繁役殷，所在凋敝，仓廪空虚，国用倾竭，下民侵削，流亡相属”③。

如唐朝从武则天执政开始，“公私窘迫，贷义仓支用”。自中宗神龙（705—706 年）以后，“天下义仓费用向尽”④。宋代实行“常平法”的原意也是“专为凶荒赈粜”，而事实上仍不免于“州县窘匮，往往率多移用”，政府虽然“差官核实”，法令却“亦不过具文而已”⑤。宋代设立义仓同样是为了“备水旱”，熙宁以后，存米不再留于诸乡，而是“并入县仓，悉为官吏移用”。不久，又“输郡仓，转充军仓，或资他用。故凶年无以救民之死，失古人立法之意矣”⑥。不仅义仓和常平仓如此，就是丰储、广惠等仓也由于“有

① 《后汉书》卷 9，《献帝纪》。
② 《清诗铎》卷 16，《官赈谣》。
③ 《晋书》卷 69，《刘隗传》附《孙波传》。
④ 《通典》卷 12，《食货典》。
⑤ 《救荒活民书》卷 2。
⑥ 《建炎以来朝野杂记》甲集 15，《财赋》2。

司鄙吝”，“往往久不支动，化为埃尘”①。

第四节　多子未必多福：人口压力

一、超载的土地

流民问题是一个人口问题，是“人口爆炸”的衍生物。

根据《帝王世纪》记载，我国早在夏禹时期就有1300万人。战国后期人口增至3000万，西汉平帝元始二年（2年）人口达5900万。此后，从西汉到明朝，人口始终在5000万至6000万上下浮动，东汉桓帝时期人口是5600多万，隋朝炀帝时期人口有4600多万，唐朝玄宗时期人口有5200多万，宋徽宗时期人口有4500多万，元朝顺帝年间人口有5800多万，明朝时期人口有6000多万。清王朝统治时期人口数量有了一个飞跃，乾隆初年人口达到1亿，乾隆末年人口增长到3亿，鸦片战争前夕人口达到4亿。

简单的、纯粹的人口统计数字似乎没有太多的实际意义。但一旦把它与“两种生产”，结合起来进行考察，就有了实际的意义。1884年，恩格斯在他的《家庭、私有制和国家的起源》著名论著中提出了“两种生产”，即物质资料的生产和人的生产的理论，他说：“根据唯物主义观点，历史中的决定性因素，归根结蒂是直接生活的生产和再生产。但是，生产本身又有两种。一方面是生活资料即食物、衣服、住房以及为此所必需的工具的生产；另一方面是人类自身的生产，即种的蕃衍。”②物质资料的生产和人类自身的生产，构成了社会生产的两个基本方面。在社会生产中，应特别强调的是，人既是生产者，又是消费者，因此，作为生产力的首要因素的人在生产时需要与生产资料相结合，要与物质资料的生产保持适当

---

① 《救荒活民书》卷1。

② 恩格斯：《〈家庭、私有制和国家的起源〉第1版序言》，《马克思恩格斯选集》第4卷，人民出版社1972年版，第2页。

的比例，过与不及都会造成社会生态的失衡。在古代中国，绝大多数人与之结合的生产资料是土地，由于农业的生产力水平较低，简单再生产只能在有限的可耕地上重复进行。土地资源的开发利用率低下，产出有限，势必要求人口再生产与之相适应。过（“人满”）与不及（“土满”）①，都有碍于社会的发展和人类的进步。

清朝以前，总体上说，人地矛盾不算突出，但局部地区的或个别历史时期的人满为患现象是存在的。这一点我们在下文中再述。我们先看清朝中叶以后人地关系的紧张情况。由于清朝中叶以后人口的迅猛增长，内地已到“田尽而地，地尽而山”的地步，人们对土地的利用是“见缝插针”，时人描述东南一带时说：“文昌阁居考棚之中，西望远山隐隐，杳与天际。相与论棚民开垦之勤，稻畦竹林与山俱上，桑麻鸡犬如在云端……生齿既蕃，无田可耕，遂至斩山布种，跨岭植松，固缘人力之勤，亦迫谋生之亟也。”②各地的垦山者“刀耕火种，虽蚕丛峻岭，老林邃谷，无土不垦，无门不辟，于是山地无遗利”③。

人地的紧张关系还可以从地价中窥其一斑。顺治初年，“良田不过二三两，康熙年间，涨至四五两不等”。“至乾隆初年，田价渐涨，然余五六岁时，亦不过七八两，上者十余两。今阅五十年，竟也涨至五六十余两矣。”④湖南平江地区，康熙五十七年（1718年）时，“田三十五亩，价银三十五两”，而到乾隆十年（1745年）三月，竟值“银五百四十两”，27年间，地价上涨14倍之多。这个地价上涨的过程，正好和人口激增过程同步。这种情况正如马克思所说：“人口的增长加强了竞争，从而抬高了他的土地的价值。”⑤

据洪亮吉、张履祥、罗尔纲等人估计，人口与土地的比例关系

---

① 管子谓：“地大而不为，命曰土满；人众而不理，命曰人满。”（《管子·霸言篇》）“人满”即人多地少不敷耕种之谓。

② 吴竹庵：《此君园稿》，据李祖陶《东南水患论》引文。

③ 魏源：《古微堂外集》卷6，《湖南水利》篇。

④ 钱咏：《履园丛话》卷2。

⑤ 《马克思恩格斯全集》第1卷，人民出版社1956年版，第609页。

应为1∶4，即每人平均4亩土地方可维持生计①。清代，1661年全国人均土地5.7亩，1753年人均土地4亩，1851年人均土地降至1.7亩。从单个省份看，福建1753年到1887年这130多年间，人口增长了5.3倍，耕地却没有增长，人均耕地由2.89亩下降到0.538亩，安徽1753年至1851年人口增长了15.4倍，土地却始终在3500万亩左右徘徊，人均耕地由14.35亩下降到0.91亩；同期江苏的人口增长了3.5倍，土地数目却常保持在6500万亩左右，人均耕地由5.46亩下降到1.46亩；四川同期人均耕地从33.77亩下降到1.036亩。从这些数字中，我们可以清楚地看出，人地比例的失调，社会所需土地和可供耕种的土地二者严重脱节。地少人多，加之又没有新的生产部门吸收过剩劳动力，必然使社会产生许多流民。“自乾隆以来，官吏士民，狼艰狈蹶，不士、不农、不工、不商之人，十将五六……自京师始，概乎四方，大抵富户变贫户，贫户变饿者。”②

二、人为因素造成的“超载”

当然，人多并不等于“过剩”。人口“过剩”不完全取决于人口数量多少，而主要取决于“人口承载量”，又称“人口容量”，即一定自然资源条件下所能容纳的人口数。人口承载量的多寡，受一定的社会生产方式的制约。封建国家和贵族地主的残酷剥削，大地主的疯狂兼并土地等因素的作用，都使单位耕地面积的人口承载量受到影响。如果从全国总耕地面积与总人口比较看，在清代以前，“人满”问题似乎并不很突出。但在实际生活中，人口“超载”问题不仅存在，而且有时非常严重。这种“过剩”突出地表现在三个方面：

一是开发早且土地肥沃的地区人口过于稠密，这是地区性“人

① 参见行龙：《人口问题与近代社会》，人民出版社1992年版，第47页。

② 《龚自珍全集·西域置行省议》。

口过剩”，属于人口分布不均。如在西汉时期，据司马迁记载，河东、河内、河南，即今山西、河南交界处及黄河以南一些地区人口已十分稠密，“地小人众，故民益玩巧而事末也”①。袁祖亮先生统计后认为今山东和河南两省的人口密度是81人/平方公里②。这在当时的生产技术条件下，已是很高的人口密度，因此，“数被水旱之害”③，民众往外迁移就不可避免了。在唐朝以前，北方人口比较密集，人口大量南移。元、明以后，浙江、江西、江苏等南方省份人口密集了，人口开始向西部、西南部的边远山区流移。到清朝人口“过剩”问题更为突出，已开发的北方三省(直隶、山西、山东)和东南五省(江苏、浙江、福建、广东、江西)的环境容量已达到极限，农业资源已充分开发，生产潜力已基本挖掘出来。因此，北方流民只好“闯关东”，中部湖广流民“填四川”，东南部福建、广东地区流民则出海谋生。当时凡有地可垦的沿海岛屿和三角洲，都有人前去开垦。如浙江温州、台州之间的玉环山，雍正初年聚集了许多开垦土地和挂网采捕、刮土煎盐的人，由于生繁者日众，1728年，清政府设玉环厅(即今玉环县)以治其地。海门厅(今江苏海门县)的产生也是流民开垦的结果。该地原是海天苍茫、四无人烟的沙洲，康熙年间由通州及崇明县人分领垦种，到了乾隆三十三年(1768年)就成为炊烟起如云海的都邑，政府特设海门厅以治其地。

二是王朝中后期由于封建生产关系，特别是土地兼并的作用力，人为地造成人地比例关系失衡，使大批农民被强制性剥夺生产资料，抛向社会，形成周期性“超载”怪圈。美国学者古德诺在《解析中国》一书中，就中国人口增长“规律”作过这样的解析，他说：“家族体制所带来的早婚、纳妾和多子多福的观念，自然为庞大人

① 《史记·货殖列传》。

② 袁祖亮：《中国古代人口史专题研究》，中州古籍出版社1994年版，第184页。

③ 《史记·货殖列传》。

口的产生提供了温床，在中国这样一个农业文明的国家，孩子在经济上是一种财富而不是一种负担，加上儒家伦理的强制作用，人们不顾生活资料到底能养活多少人口，只是一味地追求人丁兴旺。在这种情况下，人口的增长十分迅速，只有自然灾害、饥荒、瘟疫以及战争才会抑制这种增长，中国人的繁殖力是如此强劲，以至于灾难、饥荒和瘟疫也不能把人口控制在生活资料所能允许的范围之内，人口的压力使得即使是在正常的年景，人们的生活水平也非常低，一旦出现灾荒，就会有许多人因无法维持生计便铤而走险，他们组成土匪、强盗团伙，靠打劫守法良民为生。这些人或者是被无情地剿灭，这样会使许多人丧生；或者他们的队伍不断壮大，大量流离失所的灾民汇入了起义的洪流，最后人民就会相信这是因为天子失德，应有新的人取而代之。这样大规模的内战爆发了，内战往往会持续很多年，数以百万计的人会在内战中丧失生命。在战场上取胜而获得统治权的人坐上了龙床，成为新的天子，国家恢复了平静。经过一段时间的休养生息，人口又开始了新一轮的恶性膨胀，人口压力到非常严重的时候，同样的麻烦又出现了，上面所说的过程又要重复一遍，这就是中国漫长的历史中一次又一次循环发生的事情。”①古德诺的“解析”，虽然是一种马尔萨斯主义的论调，但它确实揭示了传统中国人口消长的现实。

我国古代人口数量的变化表面上看好像持续平稳，实际上具有周期性大起大落的特点。大体上说，在王朝初期，人少地多，政府采取与民休养的政策，人口数量迅速增长；中期经济不断恢复和发展，人口数量达到峰值；后期土地兼并剧烈，人地矛盾突出，自然灾害频繁，人口增长出现停滞徘徊局面；新旧王朝更替之际，各方混战，农民起义，人口急剧下降。人口的这种周期性波动实际上是与封建社会的周期性经济危机密切相关的，特别是与土地这种基本生产资料同人口的比例关系密不可分。在中国历史上，伴随着人口

① ［美］古德诺著，蔡向阳、李茂增译：《解析中国》（中译本），国际文化出版公司1998年版，第71~72页。

的大起大落，人口与耕地之间的矛盾就日益突出，分离出大量“流民人口”。

三是自耕农自身的繁衍过快使家产越分越小。传统农业经济的生产方式是广种薄收的超薄型平面垦殖，产量的增加依赖于劳动力的不断追加投入。这种生产方式对劳动者的技术素质要求不高，培养劳动力的成本极低，儿童一旦可以料理自己的生活，就成为劳动力。这样，人口就像不断分裂的细胞，在中国社会盛行的多子继承制度的催化下衍生出来，不断地增生。传统中国的家产继承盛行的是“诸子析产制”，也就是说包括土地在内的家产在各个儿子中平分。这种制度的最大问题就是地产不断地被细分变小。一般地，王朝建立初实行均田制，自耕农人均占有耕地比较多，随着家庭人口的增多，家庭的人均土地面积越来越小。如贞观十三年(639年)，全国民户只有300万，到天宝十三年(754年)已增至900万户。百余年民户增长了两倍。而耕地的开拓却受到自然条件的限制，人均土地占有面积缩小，“一岁之入不足以支一岁之用”，于是被迫向地主租种土地，兼有半佃农的身份。一遇天灾人祸，便只好承担高利贷的盘剥，最后走向破产、流亡。

应当特别说明的是，为了便于分析，上面我们从封建政治的腐败、土地的兼并、天灾人祸以及人口因素的影响等多个侧面对流民的生成机制作了分析和探究。实际上，各种因素、各种力量始终是在总体意义上发挥作用，流民运动的产生、成长和壮大是多种因素交互作用的结果，是很难把它们截然分开的。同时，各种因素随着时间、环境条件的变化和社会经济的发展，所起的作用大小也在发生变化，也就是说，不同时期其主导因素是变动不居的，同一因素也有前后自身变化的过程和对流民运动成长的作用的程度上的差别。总体上说，在这些因素中，贵族、官僚和地主不断掀起的兼并狂潮是流民潮产生的根本原因，天灾人祸是流民产生的直接原因，封建政治的腐败对流民的产生起着关键作用。伴随着封建政治的腐败，整个封建官僚系统这一国家机器的重要组成部分渐渐开始丧失它原有的某些功能；封建显贵特权阶层为追逐小范围的利益可以为所欲为，于国不顾，肆无忌惮；小民遭受各种重负的压迫，政府的地方救护、扶植措施率成具文，抵御自然灾害侵袭的能力下降到小农经济正常运转的临界线之下，使王朝之初苦心经营起来的自耕农队伍变得七零八落、溃败不堪，“浓郁的田园诗意味的自然经济的理想画面被撕得粉碎，抖展开的却是一幅触目生悲的流民图轴”①。

① 牛建强：《明代人口流动与社会变迁》，河南大学出版社 1997 年版，第 106 页。

第三章

路在何方：古代流民的流向

流民一旦离开故乡，踏上迁徙道路、开始流浪生涯，都不约而同地遇到一个问题：流向何方？中国地域辽阔，大批流民有的从北方流向南方，有的从内地流入边疆，有的从平原流进山区，或者是与上述相反的方向。史书上常用“四出”、“奔迸”、“流散”等词汇来描绘流民流动的这种多向性。

但流民的流向从表面上看似杂乱无章，是盲目和无序的，难以一概而论，然而，在作为流民固有的特点及其本质的规定之下，流民的流向也相当有规律。流民对生存目标的追求，绝不是无的放矢，而是具有一定的目的性和有序性，正如池子华先生在《流民问题与社会控制》一书中所说的：“无序与有序，共存于流民的流向之中。”下文就流民在避害、趋利原则之下，在流向上所作的选择作一分析。

第一节　流向丰稔、稳定地区

一、流向丰稔地区

流向丰稔地区主要是就遭受自然灾害而被迫逃离家乡的流民而

言的。中国幅员辽阔，东西南北中地形、气候和土质等自然条件各不相同。此荒彼丰，彼荒此丰，是很寻常的事。当某个地区因遭受风暴、干旱、洪水、虫蝗等自然灾害而粮食歉收发生饥荒时，陷于食不果腹、衣不遮体的饥饿贫困状态的灾民，为了求生，就会蜂拥流向风调雨顺、收成好的地区。

这类逃亡可分为两种情况：一是因为旱涝天灾，没有收成，在本地无法生活，就到外乡逃荒，度过青黄不接之时。灾荒一过，便回到本土，继续生产和生活。这种流动是暂时的。还有一种是在家乡没有耕地，或只有少量土地，官税私租以及高利贷，压得他们喘不过气来，于是，为了获得自己的耕地，或是逃避繁重的赋役，趁灾荒之机，到外乡选找一片乐土，便不再返乡。前者称为"就食"，后者可以称之为流移。前者的移动是暂时的，后者带有永久性。

"就食"又叫就谷、逐熟、趁熟、趁食、乞活等。灾民或逃荒，或佃耕，或佣作，以图苟延残喘。如西汉元鼎六年(前111年)，"山东被河灾，及岁不登数年，人或相食，方二三千里。天子怜之，令饥民得流就食江淮间"①。始元年间(前86—前81年)，"比岁不登，民匮于食"，人民纷纷流出佣作②；阳朔二年(前23年)秋，关东大水，流民纷纷流向函谷、天井、壶口、五阮关③；地皇三年(22年)夏，"蝗从东方来，蜚蔽天……流民入关者数十万人，乃置养赡官廪食之"④。西晋时期，秦、雍、并等州连年发生旱灾、蝗灾和疾疫，各州流民纷纷徙往汉川、郧及梁、益、兖等州"就谷"。北魏神瑞二年(415年)，"又不熟，京畿之内，路有行馑"，"尤贫者就食山东"⑤。延昌元年(512年)，"饥民就谷六镇"⑥。隋开皇五年(585年)，关中连年大旱，粮食歉收，小民百姓以豆屑杂

① 《汉书》卷24，《食货志》。
② 《汉书》卷7，《昭帝本纪》。
③ 《汉书》卷10，《成帝本纪》。
④ 《汉书》卷99，《王莽传》。
⑤ 《魏书》卷100，《食货志》。
⑥ 《魏书》卷9，《肃宗纪》。

糠充饥果腹，至洛阳就食者，扶老携幼，道路相属①。而青、兖、汴、许、曹、亳、陈、仁、谯、豫、郑、洛、伊、颍、邳等州大水，百姓饥馑，“往关东就食”②。开皇十四年(594 年)，关中又遭受大旱灾，人饥，就食山东③。唐咸亨元年(670 年)，40 多州旱及霜虫，百姓饥乏，关中尤甚。诏令任往诸州逐食。永隆二年(681 年)，“河南、河北大水，许遭水处往江、淮就食”④。宋庆历三年(1043 年)，陕西饥。饥民相率东徙，益州知事韩琦发廪赈之，凡活 150 万人⑤。熙宁六、七两年(1073—1074 年)，河东、河北、陕西大饥，百姓流移于京西就食者，无虑数万⑥。乾道七年(1171 年)秋，江东西、湖南十余郡饥，江、筠州，隆兴府为甚，“人食草实，流徙淮甸”⑦。淳熙八年(1181 年)冬，“行都宁国、建康府严、婺、太平州、广德军饥，徽、饶州大饥，流淮郡者万余人”⑧。南宋嘉定年间(1208—1224 年)，今河南、河北、陕西境内连续几年发生严重的蝗灾和旱灾，灾民大批进入淮南，“来归者日以数千万计”⑨。元至元二十三年(1286 年)夏四月，“汉民就食江南者多”；秋七月，“平阳饥民就食邻郡”；“斡脱吉思部民饥，遣就食北京”；“八都儿饥民六百户驻八剌忽思之地”⑩。天历二年(1329 年)三月，蒙古饥民蜂拥聚集京师；四月，“陕西、河东、燕南、河北、河南诸路流民十数万，自嵩、汝至淮南，死亡相藉”⑪。清道光十一年(1831 年)夏，江西、湖南、湖北大水，数万名灾民流

① 《北史》卷 11，《隋本纪》。
② 《隋书》卷 24，《食货志》。
③ 《北史》卷 11，《隋本纪》。
④ 《旧唐书》卷 5，《高宗纪》。
⑤ 《康济录》卷 3 下。
⑥ 魏泰《东轩笔录》卷 5。
⑦ 《文献通考》卷 301，《物异》。
⑧ 《宋史》卷 67，《五行志》。
⑨ 《宋史》卷 407，《杨简传》。
⑩ 《元史》卷 14，《世祖纪》。
⑪ 《元史》卷 32，《文宗纪》。

亡他乡，今日此县，明日他镇，风雨中露宿于荒郊野地。在陕西黄沙滚滚的大路上，饥民成群结队，他们悲天号地，见人就哭诉，一个老翁说家在渭水北边，连遇三年大旱，禾苗枯死，于是十家有五家逃亡①。这样的事例在史书中俯拾可得，这里不再多举。

这类流民是抱着能得到维持生命所必需衣食的希望从灾区流向丰稔地区的。“在家做饥民，不如出外做流民”，到丰稔地区去总比待在家乡饿死略胜一筹。从这个意义上来说，也是没有办法之中的办法了。但是，切莫以为外出就食就一定能找到乐园，从此过上幸福安乐的生活。路途的艰辛，是不难想象的，许多人不免要露宿荒野，以草根树皮为食，受冻挨饿。有许多人就丧命在逃荒路上。明景泰五年(1454 年)，奉命赈济灾民的周忱，有感于路途所见所闻，写了一首反映流民悲惨命运的诗：

萧萧匹马过长安，满目饥民不可看。
十里路埋千百冢，一家人哭两三般。
犬衔骸骨形将朽，鸦啄骷髅血未干。
寄语当朝诸宰辅，铁人闻着也心酸。

然而，虽说同样是去丰稔处的逃荒行为，但因时、因地、因形势不同，有的为政府默认或鼓励，有的则为政府所禁止，其结果就大不相同。如果是前者，在“就食”途中，一般能得到官府的接济。如东汉元和元年(84 年)，章帝下沼：“自牛疫以来，谷食连少。”“其令郡国募人之田，欲徙它界就肥饶者，恣听之；到在所，赐给公田，为雇耕佣赁种饷，贳与田器，勿收租五年，除算三年。”②北魏太和十一年(487 年)，魏全国春夏大旱，代地尤为严重，孝文帝下诏，各地开仓赈贷，并“听民出关就食，遣使者造籍，分遣去留，所过给粮廪，所至三长赡养之”③。金大定三年(1163 年)，金

① 《清诗铎》。
② 《后汉书》卷 32，《樊宏传附准传》。
③ 《通典》卷 1，《食货》。

主谓宰相曰："滦州饥民流散，可移于山西富民赡济，仍于道路计口给食。"①流民若能在迁入地再得到一小块耕地，生活从此可略胜故乡一筹。如果是后者，被统治者禁止外出就食，前有堵截、后有追者，逃荒者随时都有可能被抓住遣返，东躲西藏，如惊弓之鸟，惶惶不可终日。这样的情景在历史上并不少，如明洪武二十三年(1390年)规定："各里甲下或有他郡流移者，即时送县官给行粮，押赴原籍州县，复业。"②宣德三年(1428年)，十几万山西饥民流亡到河南南阳，河南地方官不允许他们在当地居住，饥民死亡的很多③。

"避荒逐熟"是流民的一条重要的求生之路。面对灾荒的袭击，许多人举家流亡，可能一去不复返。但在流移中又一时找不到理想的固定处所，所以，往往"今年在此，明年在彼，甚至一岁之中迁徙数处"④。即使经过长途跋涉，好不容易找到一个五谷丰登之地，但是由于一下子涌入的人很多，也必然会引起土客矛盾，甚至剧烈冲突。有些人受到土著居民的排挤、歧视，不得不再度流浪。

二、流向稳定地区

流向稳定地区主要是就遭受战乱、匪祸而被迫离开家乡的流民而言的。中国农民素来安土重迁，一般不会轻易离开故土。但在古代战乱频仍、干戈扰攘的年代，他们不得不逃离战区，到安定的地区求生。战乱主要包括以下几类：一类是少数民族侵袭，民族的残杀；一类是统治阶级内部争权夺利的混战；一类是农民起义。

少数民族的侵袭主要发生在我国北方，时间多是在王朝更替之时，中原比较空虚之际，特别是像魏晋南北朝和五代十国这样的混乱时期。如天凤元年(14年)，匈奴发兵寇边，王莽复发军屯，边民纷纷流入内郡⑤。东汉初匈奴大举南侵，汉朝的北界一度退至今

① 《续资治通鉴》卷138，《宋纪》。
② 《明会典》卷20。
③ 《明史纪事本末·仁宣致治》。
④ 《三省边防备览》卷11，《策略》。
⑤ 《汉书》卷99中，《王莽传》。

北京西北、太行山中段至五台山、山西偏关、河曲一线，在此以北居民大多南迁。东汉中期西北“羌乱”波及三辅，三辅地区人民大量避乱东迁。据史料记载：灵帝中平年间(184—189 年)，河东、冯翊、京兆三郡人民“皆以奔亡，南出武关，北徙壶口，冰解风散，惟恐在后”①。“定襄、云中、五原、朔方、上郡等五郡并流徙分散”②。曾有 5 万户、17 万口的长陵县，到光和年间(178—183 年)领户不足 4 千。③ 西晋永嘉以后二三百年间，进入中原地区的各少数民族统治者，对汉族人民的压迫和剥削异常残酷，他们对汉族农民不是呼为“汉狗”，就是呼为“贼汉”。在阶级和民族的双重压迫下，汉族人民联合被压迫的各少数兄弟民族人民，从未停止过反抗。同时，他们利用各种机会，冲破各种阻力，越淮渡江，奔向江南。在唐代，南蛮与吐蕃合兵入文川、方维、邛郲，“覆没州县，民逃匿山谷中”④。宋张利一知保州、雄州时，辽征边地民为兵，并在其脸上刺字，民不堪辱，“有大姓举族南迁，慕而来者至二万”。1161 年，金兵大举南侵，淮河一带百姓纷纷南逃。仅隆兴元年(1163 年)、二年(1164 年)淮民流徙江南者分别为数十万和二三十万⑤。1206 年，南宋北伐失败。金军乘胜攻入淮南和信阳军及随州一带，淮河流域人民再次南迁，“入于浙于闽”⑥，“南逃渡江求活者，凡二十万家”⑦。

军阀混战和改朝换代的战争造成的流民潮规模更大。如董卓之乱，《三国志》卷 10《魏书・荀彧传》注引《曹瞒传》说：“自京师遭董卓之乱，人民流移东出，多依彭城间。”关中经过这场大乱，有

---

① 《后汉书》卷 57，《刘陶传》。

② 《晋书》卷 14，《地理志》。

③ 《后汉书・郡国志》，京兆尹长陵县注引蔡邕：《樊陵颂》。

④ 《新唐书》卷 144，《崔宁传》。

⑤ 《宋史》卷 67，《五行志》；卷 62，《五行志》。

⑥ 叶绍翁：《四朝闻见录》戊集，《淮民浆枣》。

⑦ 叶适：《叶适集・水心文集》卷 2，《安集两淮申省状》，中华书局 1981 年版。

数十万难民东迁投奔今江苏徐州一带的徐州刺史陶谦①，数万户流亡至今四川境内投奔益州牧刘焉②，另有十余万户向南出武关，经南阳盆地，流入荆州地区③。建安十六年(211 年)，马超、韩遂与曹操发生战争，迫使数万户居民从关西逃出，经子午谷进入汉中，投奔张鲁④；千余家“避兵入山”⑤；从南阳、三辅流入益州的也达数万家之多⑥。永嘉之乱从秦、雍地区流出的民户，约占原地人户总数的三分之一；从中州流出的“士女避乱江左者十六七”⑦；从并州迁至冀、豫等州的流民，则占原地人户总数的三分之二；从梁、益两州移出者高达二十万户，竟占原地人户总数的十分之九⑧。南朝的宋、齐、梁、陈都是短命王朝，每次王朝的更替难免都要经历动乱，百姓无法安居乐业，再加上南朝各政权的残酷统治和过度剥削，引起了农民的大量逃亡，如永嘉郡民、临海郡民等的逃亡。特别是梁朝时，发生了侯景之乱。在天灾人祸交相煎迫下，江南人口纷纷北逃，社会安定、经济发展的北魏一时成了流民的接纳地。北魏天兴二年(399 年)，陈郡、河南流民万余口内徙⑨；天赐元年(404 年)，江南大乱，流民襁负而奔淮北⑩，流入北魏的人口总计有数十万。

唐朝安史之乱，叛军从幽蓟南下，“所过残杀”，致使河南、关内淮南诸道百姓大量出逃。于邵在《河南于氏家谱后序》中说：“洎天宝末……中原失守，族类逃难，不南驰吴越，则北走沙逆，

---

① 《后汉书》卷 63，《陶谦传》。

② 《后汉书》卷 63，《刘焉传》。

③ 《晋书》卷 26，《食货志》。

④ 《三国志》卷 8，《张鲁传》。

⑤ 《三国志》卷 11，《胡昭传》引《高士传》。

⑥ 《三国志》卷 31，《刘二牧传》注引《英雄传》。

⑦ 《晋书》卷 65，《王导传》。

⑧ 《南齐书》卷 15，《州郡志》。

⑨ 《魏书》卷 2，《太祖纪》。

⑩ 《魏书》卷 2，《太祖纪》。

或转死沟壑。"①靖康之乱使大量流民南迁。此后，宋金对峙，战乱不断，北方流民南迁的浪潮一浪高过一浪，史载"高宗南渡，民从之者如归市"②。后来，一些抗金义军和不堪金朝奴役的百姓继续迁入南方。"江、浙、湖、湘、闽、广，西北流寓之人遍满。"③今陕西汉中地区和四川省境也是"西北遗民，归附日众"④。宋军和蒙古军联合灭金，以及蒙古军南下攻打南宋的四川、襄阳和淮南地区，北方百姓为避战乱纷纷南迁。襄阳一带难民多南迁江陵，四川流民多聚于公安，有的远奔两浙，淮南难民多进入江南⑤。明初经过几十年的战乱，地处南北交接的两淮地区，"沃壤尽为萧疏"，"人民死亡或流徙他郡，不得以归乡里"⑥。

农民起义同样会引起流民的迁徙。如两汉之际，关中沦为战场，起义不断，民众大量外迁。东汉末年，黄巾起义爆发，大批关中人"南出武关，北徙壶关，存者十三四"⑦。黄巾将领郭太攻破河东后，"百姓流转三辅"⑧。明末张献忠发动起义，攻占四川，也使百姓大量流移。清朝川楚白莲教起义，"各省人民避移来滇者日聚日多"⑨。

此外，社会混乱也引起流民潮的出现。如王莽掌权，"用度不足，数横赋敛，民愈贫困，常苦枯旱，亡有平岁，谷贾翔贵。末年盗贼群起，发军击之，将吏放纵于外；北边及青徐地，人相食；洛阳以东，米石二千……流民入关者数十万人"⑩。元嘉二十八年(451年)，"寇贼郡县"，"难及数州"，难民纷纷"流寓江、淮"，

① 《文苑英华》卷737。
② 《宋史》卷178，《食货志》。
③ 《鸡肋编》卷上。
④ 《宋史》卷361，《张浚传》。
⑤ 《宋史》卷412，《孟珙传》；卷415，《程公许传》；卷42，《理宗纪》。
⑥ 《明洪武实录》卷50；《明太祖宝训》卷4。
⑦ 《后汉书》卷57，《刘陶传》。
⑧ 《后汉书》卷72，《董卓传》。
⑨ 江蕴琛：(光绪)《续修永北直隶厅志》卷3，《武备志》。
⑩ 《汉书》卷24上，《食货志》。

彭城与淮西亦有流民万余家①。《隋书·食货志》说："魏自永安之后，政道陵夷，寇乱实繁，农商失业。官有征伐，皆权调于人，犹不足以相资奉，乃令所在迭相纠发，百姓愁怨，无复聊生。寻而六镇扰乱，相率内徙，寓食于齐、晋之郊。"至元二十九年(1292年)，"江西、福建汀、漳诸处连年盗起，百姓入山以避"②。明世宗嘉靖年间(1522—1566年)，沿海地区因倭寇骚扰，居民纷纷内迁③。

天宝十四年(755年)，安史之乱爆发，潼关失守时，"京师大骇，河东、华阴、上洛等郡皆委城而走"；"士庶恐骇，奔走于路"，纷纷避难南方，诚如李白在《永王东巡歌》所说："三川北虏乱如麻，四海南奔似永嘉。"大历十四年(779年)，南蛮与吐蕃合兵入文川、方维、邛郲，覆没州县，百姓逃匿于山谷之中④。北宋靖康元年(1126年)，金兵大举南侵，战祸几乎遍及整个黄河中下游地区，"民多流亡，土多旷闲，遗黎惴惴，何求不获"⑤，"菽粟梨枣，亦无人采刈"⑥。

三、三次大规模南迁浪潮

从西汉末年开始到南宋末年的1200多年里，北方民众不断地在向南迁移。西晋永嘉之乱、唐朝安史之乱和北宋靖康之乱先后引发的三次流民南迁浪潮规模和影响最大。而这其中又可分为若干个阶段，可谓高潮迭起、波澜壮阔。

人口大规模南移，实际上早在东汉末年就已开始。当时由于中原地区群雄割据，战乱频仍，社会经济受到极大破坏。有的人由关中迁入益州，有的人从关中迁入荆州等。从总的情况看，除少数逃往西北地区(鲜卑居地)和渡海赴辽东外，大部分人是南逃。南逃

① 《宋书》卷5，《文帝本纪》。

② 《元史》卷17，《世祖纪》。

③ 归有光：《备倭事略》，《说郛续》。

④ 《新唐书》卷144，《崔宁传》。

⑤ 《金史》卷46，《食货志》。

⑥ 庄季裕：《鸡肋集》卷上、卷中。

路线有三条：一条是关中难民，初奔汉中，继往巴蜀；一条是中州难民逾襄、樊流入荆州；一条是幽、冀、并、青、徐、兖、豫以及齐鲁两淮流民，渡淮南逃，散居江东。这是北方人口大规模南迁的前奏。

据官方人口统计，魏，蜀、吴三国人口合计 808 万，同东汉时期官方登录的最高人口数字——桓帝永寿二年(156 年)的 5006 万相比，锐减了近 85%。人口下降幅度如此之大，除战乱、饥荒、瘟疫等原因导致人口死亡外，主要的是由于相当大数量的流民脱离了政府的户籍控制，造成了官方人口统计上的缺漏。这些流民主要发生在东汉末年至三国鼎立之势确立前，待魏、蜀、吴建国后，彼此各守封疆，人口不能自由流动，流民之势得到遏止。

西晋统一全国后，在人口政策上采取迁徙吴、蜀之民于内地的措施。司马氏为了招抚原来的北方流亡之口尽快返回故里，对吴、蜀的应募者使用了给食粮 2 年、免徭役 20 年的优惠措施，取得了较好的效果。但好景不长，291 年首先在统治者宗室内部发生了历时 16 年的争斗——“八王之乱”。战乱加上秦雍地区连年饥馑疾疫，使百姓不得不到处流徙，有的从今陕西、甘肃、山西、河北等地流入河南、山东和四川，有的从四川流入湖南、湖北、云南。永嘉丧乱后，中原地区更是民不聊生。各少数民族对汉族进行了灭绝人性的屠杀，一时间整个北方变成了一座阴森恐怖的地狱。加上连年不断的旱、水、蝗等自然灾害的袭击，疾疫盛行，人民在天灾人祸的交相侵逼下，纷纷南奔。其中有 5 次大的高潮：

第一次是永嘉年间，晋元帝司马睿当时为琅琊王，受东海王越所遣，由下邳移镇建业，幽、冀、青、并、兖五州及徐州淮北流人跟随其过江，仅来自山东琅琊(今临沂)的就有 1000 多家。

第二次是建兴年间，祖逖北伐失败后，321 年郗鉴自邹山(今邹县)退屯合肥，晋军在祖逖之弟祖约的统率下自谯城退屯寿春，其后遂尽失黄淮之间大片土地，中原百姓多相随南移。

第三次是晋穆帝永和五年(349 年)，由羯人石勒建立的后赵政权传至石虎时，由于穷兵黩武，大兴土木，使汉民相率南逃。再加上冉闵建立的魏政权与胡人之间的相互惨杀，秦雍诸州幸存者几乎全部逃往樊、沔或汉中。

第四次是淝水之战后，北方先后出现了 12 个地方割据政权，黄河中、下游地区再次陷入混乱屠杀之中，中原流民相率渡江。

第五次是东晋安帝义熙十三年(417 年)，大将刘裕率兵北伐，先后攻克洛阳等地，收复河南和关中大片领土。然而刘裕无意经营关中，急于南回争夺帝位，百姓逃离南下者甚众。

这次人口南迁的规模，据史料记载，自 297 年以后，从今陕西、甘肃流至河南、湖北和四川的有 10 余万口，占当地总人口的三分之一；山西百姓迁出者占当地人口的三分之二；从河北迁入山东南部的有五六万户；从四川流入湖北的有 10 余万户。谭其骧认为，从永嘉丧乱至南北朝元嘉年间(424—453 年)的 100 多年里，北方人口南迁数量大约为 90 万①；也有的学者指出，90 万只是政府户籍控制下的编户齐民的统计数字，若加上被地主豪强荫庇、藏匿或无法统计的寄寓流民在内，南迁人口可能达一两百万，甚至更多，约占西晋人口总数的十分之一。具体而言，在侨居江南的近百万流民中，以侨居今江苏者最多，约 26 万以上，山东约 21 万，安徽约 17 万，四川及汉中约 16 万，湖北约 6 万，河南约 3 万，江西、湖南各约 1 万。

综观这次迁徙的大势可以看出，北方的东部流民迁往了南方的东部；北方的西部地区流民迁往了南方的西部。谭其骧根据《宋书·州郡志》、《南齐书·州郡志》及《晋书·地理志》等文献史料，将移民迁入区划分为二大区六小区。即东区：长江下游及淮河流域，移民者以今山东、河北及河南东部的居民为主体。分三个小区：江苏，以山东及苏北地区移民为主，河北和皖北移民次之；安徽及河南南部、湖北东部、江西北部，以河南和安徽北部移民为主；山东南部，以河北及鲁北移民为主。

西区：长江上游及汉水流域，移民者主要来自今甘肃、陕西、山西及河南西部。也分三个小区：湖北江陵、松滋及湖南安乡，以

① 谭其骧：《晋永嘉丧乱后之民族迁徙》，《长水集》上册，人民出版社 1987 年版。

山西移民为主体，河南次之；四川、陕西汉中，以甘肃及陕西北部移民为主体；河南、湖北两省之汉水流域，以陕西、河南西北部移民为主。

南朝时期，北方人口继续南迁。南朝宋文帝元嘉十六年(439年)，北魏统一北方，南北朝的对峙局面形成。梁末陈初，北齐求割广陵之地，于是陈霸先引军还南徐州，江北人随军南迁万余口。北魏太武帝拓跋焘，450年纠集60万大军南下，企图吞并江南，并亲率10万大军进攻宋悬瓠城(今河南汝南)。宋军坚决抵抗，魏军败退。刘宋乘机北伐，结果无功而还。当宋军南撤时，拓跋焘攻下悬瓠、项城，直趋瓜步(今江苏六合)，准备渡江进攻建康。南兖、徐、兖、豫、青、冀六州，惨遭北魏军队蹂躏，备受夺地、杀戮之苦的汉族民众南下逃亡。

宋明帝泰始二年(466年)，宋明帝刘彧称帝后，刘宋皇室中不满者甚多，发生了以晋安王刘子勋率先起兵反对，徐州刺史薛安都、兖州刺史毕众敬、汝南太守常珍奇响应的“三叛”事件。不久，刘子勋兵败被诛，薛安都、毕众敬等投降北魏，淮北的徐、兖、青、冀四州和豫州的淮西地区为北魏所占，于是，淮北士民大量南迁。公元493年，北魏孝文帝举兵南下，南齐的沔北五郡南阳、新野、北襄城、西汝南、北义阳皆被北魏攻占。这一地区的人口又大批南迁。

唐天宝十四年(755年)冬，影响深远的安史之乱爆发了。8年的激战，给全国人口最密集的中原地区带来了极为惨重的破坏。到处是“闾井萧然，百不存一”，“百姓凋残，地阔人稀”。安史之乱平息后，河北、山东长期由藩镇割据，山南、河南、淮南、关中也时常发生节度使或军将叛乱事件，吐蕃东侵更加剧了关中地区的混乱局面。与此相反，秦岭—淮河以南的南方地区，虽也屡有战事，但社会相对稳定，经济发展。而且，南方物产丰富，土地充裕，无疑是躲避战乱的最好去处。于是人们在战争的驱迫下，纷纷向南逃难，出现了“三川北虏乱如麻，四海南奔似永嘉”①的大迁徙

---

① 李白：《永王东巡歌》，瞿蜕园、朱金城校注：《李白集校注》卷8，上海古籍出版社1980年版。

景象。

安史之乱后，北方人民的南迁路线主要有东、中、西三路。东路自华北平原进入淮南、江南，尔后主要经皖南、浙西金衢盆地进入江西。再分二支，一支南下岭南，一支翻越武夷山进入福建。中路自关中和华北平原西部进入今南阳、襄阳一带，尔后南下，穿过湖北南部和湖南全境，进入岭南。西路自关中越秦岭进入汉中地区和四川盆地①。

由于资料不足，要估计出这次南迁移民的确切数字是极其困难的。但据葛剑雄等人估计，“长达一个半世纪遍及南方各地区的北人南迁，规模十分可观，其分布地域远比永嘉后的南迁为广”②。

北宋靖康元年(1126 年)秋，金兵大举南侵，10 余年间战火一直在北方焚烧，女真族的大肆搜刮和民族压迫，使北方人口犹如决河洪峰，汹涌澎湃地奔赴江南，形成我国历史上汉人南迁的第三次高潮。

从波及区域看，此次人口迁移明显超过永嘉之乱后的迁移。迁出地区不只是秦岭—淮河以北地区，由于淮、汉流域成为宋金反复争夺的战场，淮河以南和以襄阳为中心的汉水中下游也成为次重要的人口迁出区。从黄河上游的甘肃到下游的河北、山东都有流民迁出。其中河南、山东、陕西是主要迁出地。

从移民分布地区看，靖康之乱后北方人口的南迁路线可分为东、中、西三线。东线主要自今河北、河南、山东等地经大运河及其两侧南下，渡长江，在镇江、建康、太平州、池州、江州等地上岸，分别进入江南、江西。再分若干分支，主要一分支经浙西盆地入江西，再经建昌军入闽江谷地；另一分支则溯赣江而上，翻越南岭到达广东。中线主要自今山西、河南一带经湖北南下，进入湖南，到达广西及海南岛。西线主要自今陕西、河南进入蜀汉地区。

① 葛剑雄等：《简明中国移民史》，福建人民出版社 1993 年版，第 256 页。

② 葛剑雄等：《简明中国移民史》，福建人民出版社 1993 年版，第 258 页。

三线走向仍大体同于唐安史之乱后的北方人口南迁，不过移民已更加深入南方南部地区，分布也更为广泛①。南逃的移民可以说遍及南方绝大部分府州，上至四川盆地，下至江东，都有流民分布；福建、广东也有南逃者；就连地处边疆、各族杂居的广西路各地都有流民。其中长江中下游是主要迁入地。

这次人口南迁的规模，据吴松弟先生估计，至1141年绍兴和约签订前，大约有500万的北方移民迁入并定居在南方②；绍兴和约签订后，又有数次大规模迁移，直至南宋灭亡后都没有停止。据1159年统计，南方人口1684多万，到1179年已达2950多万，在20年内，人口增加了四分之三，这其中大部分显然是移民带来的。

这三次大规模的人口南迁浪潮，给我国社会经济的发展带来了巨大影响。它改变了人口分布的格局，促进了南方的开发和经济重心的南移。

第二节　流向统治力量薄弱地区

一、避重就轻

“苛政猛于虎”，农民深受繁重徭役、赋税和地租压迫，纷纷远走他乡。流向统治力量薄弱地区的人主要是那些不堪重负的农民。对于他们来说，心中最渴望的是能找到一块负担较轻或根本没有负担的“乐土”，以便休养生息。清初曹溶在《悯荒》诗中这样描述道：“游民轻去乡，担釜卧沟侧。未知何方好，奔走昧南北。无乃吏政苛，聊欲避所逼。”③

但在中央集权的封建统治下，这种能够安居的“乐土”是很难

① 葛剑雄等：《简明中国移民史》，福建人民出版社1993年版，第308页。

② 吴松弟：《北方移民与南宋社会变迁》，台湾文津出版社1993年版。

③ 《清诗铎》。

找到的，正如杜荀鹤在《时世行》诗中写的，“任是深山更深处，也应无计避征徭”①。当然，相对而言的或是暂时的“乐土”还是存在的。

所谓相对而言的“乐土”，是因为由于各地地方官有的清廉，有的腐败，造成赋税征收额和徭役摊派量的轻重不一。有的地方官贪得无厌，大肆搜刮民脂民膏，横征暴敛，闹得怨声载道，农民纷纷逃亡。如五代时期，有人奏“彦泽在郡恶迹二十六条，逃散五千余户”②。宋蒿任镇南节度使时，“起大第，穷极宏丽，场中居人皆使修饰垣屋，民不堪其扰，有逃去者”③。明朝中期，东南沿海地区“宠赂公行，上下相蒙，官邪政乱”，小民迫于贪酷，苦于徭役，困于饥寒，也相率入海成为流民④。与此形成鲜明对比的是，有的地方官两袖清风，政清弊绝，“归附”的流民纷至沓来。如东汉时，汝郁为鲁相，以德教化，流人归化八九千户；第五访任新都令，政平化行，邻县归之，户口十倍；幽州刺史刘虞，勤政爱民，劝督农桑，百姓殷实，“青徐士庶避黄巾之难，归虞者百余万口”。曹魏时，扬州刺史刘馥在辖区，“数年中恩化大行，百姓乐其政，流民越江山而归者以万数”⑤。金城太守苏则“外招怀羌胡，得其牛羊，以养贫老。与民分粮而食，旬月之间，流民皆归，得数千家”⑥。北宋时，韩琦知益州时，岁饥，流民满道，凡抚活流亡人口共 190 万。1043 年，陕西饥。饥民相率东徙，琦发廪赈之，凡活 150 万人⑦。富弼知青州，“劝所部民出粟，益以官廪，得公私庐舍十余万区，散处其人，以便薪水”，“凡活五十余万人”⑧。

总的来看，在宋元以前，北方地区是政治中心所在，土地兼并

---

① 《全唐诗》卷 692。
② 《旧五代史》卷 98，《张彦泽传》。
③ 《新五代史》卷 61，《吴世家》引陆游：《南唐书 · 宋齐邱传》。
④ 王圻：《续文献通考》卷 234，《四夷考 · 东夷 · 日本》。
⑤ 《三国志》卷 15，《刘馥传》。
⑥ 《三国志》卷 16，《苏则传》。
⑦ 《康济录》卷 3 下。
⑧ 《宋史》卷 313，《富弼传》。

剧烈，赋税徭役负担相对也较重。贫苦农民要获得土地、维持生计很不容易。所以即使没有发生什么自然灾害，也会出现大批因逃避赋役、丧失土地、避仇而离家的流民。而南方，特别是在开发不久的地方，赋役负担较轻，获得土地比较容易。所以，流民大量南流。王安石在《河北民》诗中生动地描写了河北一带的农民不堪赋役压迫而奔走他乡的情景。他们终年辛劳而不得温饱，生产品多半缴官向辽纳贡，灾年只能扶老携幼到南方就食。“河北民，生近二边长苦辛。家家养子学耕织，输与官家事夷狄。今年大旱千里赤，州县仍催给河役。老小相携来就南，南人丰年自无食。”元朝初年，北方的赋役特重，加上长期战乱后经济凋敝，民不聊生，流民南迁者络绎不绝。至元二十年(1283年)，“内地百姓流移江南避役者，已十五万户”①，以至官方不得不设立关卡稽查禁止。明清时期情况相反，江南地区农民承担的赋税繁重，致使农民大量逃亡。陶正靖在《徭役考》中说：康熙年间，“三吴田赋，十倍于他省”。清人沈荃就说：“三吴之困于役也，户口傺，渐启逃亡。”②

国家在赋税征收上往往因时因地而异，定额不均必然使流民避重就轻。像唐朝中后期推行两税法，实行各地按旧征户税数，照丁、产定户等，分夏秋两次征税，户税征钱，地税征粮(或征钱)的赋税制度。由于各道、州税收的旧额有轻有重，结果“旧重之处，流亡益多；旧轻之乡，归附益众”③。当时的山南东道、淮南道、江南东道、江南西道、剑南道和岭南道，就是“旧轻之乡”，“旧重之处”的流民，纷至沓来，形成唐后期民户大迁徙的浪潮。两税实行后，“刺史以户口增减为殿最”，即以户口的增减作为考察官员政绩的依据。这样，增减户口关系到各道观察使、各州刺史的切身利益，结果出现了各道、各州之间争夺民户的竞争。如贞元年间，有些“州县行小惠以倾诱邻境，新收者优假之”；而在元和

---

① 《元史》卷173，《崔彧传》。

② 《清经世文编》卷30，沈荃：《均编要略序》。

③ 转引自翁俊雄：《唐后期民户大迁徙与两税法》，《历史研究》1994年第3期，第95页。

年间，各州刺史“招引浮寄，用为增益”。这都说明两税法后地方长吏不仅招引浮寄客户，甚至倾诱邻境的土户，以增加本地的户口数量。这也促使了民户的迁徙。明代，“盖因赋重而流移失所者多矣。今之粮重去处，每里有逃去一半上下者，甚者则不止于是而已”①。

按理说，某一地区有农民流亡，这个地方的赋役负担就应相应减少。但是封建政府的赋役征收往往不是这样，赋役总额是不能减少的。地方官员为避免受罚丢官，只好把逃户的赋税摊到尚未流亡的农民身上。农民流亡越多，尚未流亡者的负担越重。负担越重，农民逃亡越多，形成一种恶性循环。如正统三年（1438 年），户部调查山东、山西、河南三省及顺天、真定等逃户拖欠的税粮共达 300 余万石，请求“停征”，但是以“恐误军饷”为理由，命令“各有司挨究种地人户分收子粒草束输纳，毋得私擅停减”。这 300 余万石的“陪纳”负担，几乎等于把农民负担成倍增加。

另外，封建政权在个别地区实行蠲免税差、安置流亡的政策，也产生副作用，造成各地区间赋役畸轻畸重，进一步引起新的流民潮。唐人陆贽在《均节赋税恤百姓第三条》中深刻地揭示出这一政策的弊端，他说：“顷因兵兴，典制弛废，户版之纪纲罔缉，土断之条约不明，恣人浮流，莫克禁止。纵之则凑集，整之则惊离。恒怀幸心，靡固本业。是以赋税不一，教令不行。长人者又罕能推忠恕易地之情，体至公殉国之意，迭行小惠，竞诱奸甿，以倾夺邻境为智能，以招萃逋逃为理化。舍彼适此者，既谓新收而获宥；倏忽往来者，又以复业而见优；唯怀土安居，首末不迁者，则使之日重，敛之日加。是令地著之人恒代惰游服役，则何异驱之转徙，教之浇讹……所贵田野垦辟者，岂不以训导有术，人皆乐业乎？今或牵率黎烝，播植荒废，约以年限，免其地租。苟农夫不增而垦田欲广，新亩虽辟，旧畬反芜，人利免租，颇亦从令。”清代也有类似的情况。四川地广人稀，地主政权也曾以免租三年诱致湖广、陕西

---

① 《正德松江府志》卷 7，《田赋中》，转引自杜宗桓：《上巡抚侍郎周忱书》。

人民前往垦耕，结果是农民“将田地开垦三年后，躲避纳粮，而又他往”①。

所谓暂时的“乐土”，是统治力量尚未达到或控制比较弱的地区。这样的“世外桃源”在古代并不难寻觅，如深山老林、数省交界的崇山峻岭、海中漂浮的小岛等。这些地方，天高皇帝远，统治者鞭长莫及，是流民理想的“避难所”。这一点在下文中论及。

二、进深山

在历朝历代，都有许多流民流往荒远“瘴疠”之地，暂时逃脱了国家的赋役压迫。《管子·轻重甲》载：“君求焉而无止，民无以待之，走亡而栖山阜。”说明早在先秦时就有小民百姓进入深山避难。

秦朝时，由于战争频繁、徭役繁重，也常有人逃入深山之中。此后，历代皆有“士民亡窜山谷”的记载。但在中国古代，总的来看，流往北方深山中的逃户实例不多，这大抵一是由于黄河中下游地区多为平原，山地不多，即使有高山深谷，也多是无法开垦的瘠地；二是由于北方各州距离统治中心较近。所以，逃户大多是流往江南、山南、剑南乃至岭南一带。江淮之间，有千里之多的幽深山洞、险峻溪滩，“诸境逃人，多掠此洞”②。南朝梁大宝年间(550—551年)，江南连年旱蝗，江、扬尤甚，百姓流亡，相与入山谷湖，采草根木叶菱芡而食之③。唐代，在“蓬、渠、果、合、遂(约相当于今四川南充地区和遂宁、合川、铜梁、大足等县)山林之中”，有“不属州县”的“诸州逃走户”3万余④。河南道的仙州(治今河南叶县西南)由于离治所远，“土地饶沃，户口稀疏，逃亡所归，颇成渊薮”⑤。《全唐文·遣使分巡天下诏》也记载，有大批

---

① 《清通考》2，《田赋考》。

② 《太平寰宇记》卷100，《南剑州尤溪县》。

③ 《资治通鉴》卷163，梁大宝元年。

④ 《全唐文》卷211，陈子昂：《上蜀州安危事》。

⑤ 《唐会要》卷70。

逃户来到江淮间的山洞，“多不属州县，自谓莫徭”。“莫徭”一词已见于六朝和隋代，到唐代不只在江淮间的山洞，在蜀地也是“阆中莫徭，以樵采为事”。安史之乱后，唐代宗曾任命魏少游为江南西道洪、吉、虔、抚、信、袁、江、饶等州团练、守捉、观察、处置及莫徭等使，说明唐代逃避赋役来到南方，自称“莫徭”的民户为数不少。金朝天辅年间(1117—1122年)，奉圣州“逃散人民”也“多逃匿山林”①。明清以后，在南方各省山区依山结棚为居的逃户，被称为“棚民”(在广东被称为“寮民”)。他们散布漫山遍谷，人数众多，如浙江的衢州府，接近福建、江西、安徽等省，雍正年间流民已达数万人②。江西棚民多是福建、广东的流民，康熙末年袁州万载，有3万人③。有人为诗《棚民叹》，云：“终南古陆海，千里望苍茫。板屋几土著？结棚满山梁。扶老携稚弱，鹑结无完裳。昼炊支礁石，夜宿依空桑。远从楚黔蜀，来垦老林荒。”这是对“棚民”生活的真实写照。

在避居山林的流民中，明代的荆襄流民最为典型。荆襄位于川、陕、鄂、豫交界，北有秦岭，南有大巴山，东有熊耳山，中有武当山、荆山、汉水及其支流贯穿其间，“谷深山阻，号称天险”，虽设官分治，但跨连数省，“体统分裂，莫能相治”。这里山青林密，土地肥美，物产丰饶，刀耕火种，易于收获，“既不纳粮，又不当差”，所以，四方流民自发向荆襄地区集结。据统计，从15世纪20年代到60年代，短短几十年间，就有150多万流民汇聚④，他们分别来自山东、陕西、山西、江西、四川、河南、湖北、湖南、广东和广西等十几个省。其中陕西籍流民最多，占了近一半⑤。

在清朝，流民继续向川湖陕交界处的深山老林涌来。长期在陕

① 《金史》卷2，《太祖本纪》。

② 《朱批谕旨·桂性奏折》，雍正六年九月二十八日奏折。

③ 《国朝先正事略》卷52，《施筠瞻明府事略》。

④ 《罪惟录》列传卷11上，《项忠传》。

⑤ 参见樊树志：《明代荆襄流民与棚民》，《中国史研究》1980年第3期。

南做地方官的严如熤在《三省边防备览》中说："附近省民利其地广赋轻，北则取道西安、凤翔，东则取道商州、郧阳，西南则取道重庆府、宜昌，扶老携幼，千百成群，襁负而至。"又说："山南阆夔郧宜，坤舆奥区也，山区深阻，三楚两粤滇黔流徙之民，多寄籍其间，五方杂处。"①在陕西南部的汉中府、兴安府，四川东北部的夔州府、保宁府，湖北西部和西北部的郧阳府、宜昌府的连接部，有来自安徽、湖北、湖南、江西、广东、广西以及云南、贵州各省的人民。川陕边境，百分之八九十的人口是外来人，其中有一半是湖北、湖南人，安徽、河南、江西人约占三四成②。因流民大量涌入，这里人口骤增，如陕西兴安到嘉庆间人口多达数十余万。清政府为了加强管理，在1782年将兴安州改为府，嘉道间又设定远厅、佛坪厅。

各省人到三省的边区，首先是寻找沃土，进行开垦。继而瘠土也成为他们争夺的对象。即使最为贫瘠的川东北地区，外地的流民也愿意去，因为那里"地广赋轻"，可以广开耕地③。安徽南部、浙江西部、江西及江苏南部的丘陵山区也吸引了大量的移民。道光初年，御史郎葆辰奏疏反映，浙江、江苏、安徽等省，"凡深山穷谷之区，棚民蔓衍殆遍"④。他所说的棚民，就是向浙皖等省丘陵地进住的外地居民，因到新地区，尚未建立牢固居室，只是搭盖棚屋栖身。

我们可以从官府检括出来的数量看出逃入山林之地垦荒农民的规模。《元和志》卷29《江南道》汀州条记载："开元二十一年(733年)，福州长史唐循忠于潮州北、广州东、福州西光龙洞，检责得诸州避役百姓共三千余户，奏置州。"同卷福州尤溪县条载："开元二十九年(741年)开山洞置"；古田县"开元二十九年(741年)开山洞置"。所谓开山洞置县亦是因避役百姓投聚之故。《太平寰宇记》

① 《三省边防备览·序》。

② 《三省山内风土杂识》。

③ 《三省边防备览》卷8，《民食》。

④ 《陶文毅公全集》卷26，《查办皖省棚民编设保甲附片》。

卷100《江南道》南剑州尤溪县条载："其地与漳州龙岩县、汀州沙县及福州侯官县三处交界。山洞幽深，溪滩险峻，向有千里。其诸境逃人，多投此洞。开元二十八年(740年)，经略使唐修忠使以书招谕，其人高伏等一千余户，请书版籍，因为县。"《太平寰宇记》卷103《江南道》宣州太平县条又载："本泾县之地。唐天宝十一年(752年)，以地居东南僻远，游民多聚结为盗，邑人患之。按抚使奏：非别立郡邑，无以遏止浇竞。时以天下晏然，立为太平县。"类似的事例还有很多。

流民所逃入的山区大致有两个特点：一是多属各郡县的接壤之地，统治力量相对薄弱；二是多属所谓"山洞幽深、溪滩险峻"的半开发和未开发地区。他们经过辛勤耕作，可以获得一小块土地，并可在短时期内逃脱官府的控制。虽然这类一度摆脱了国家户籍的逃户最终依旧会被检括出来，重新被纳入封建国家的控制之下，但是原则上已不再要求他们迁回原籍。政府通常就地设置州县，他们也就成为移居地合法的居民。这在很大程度上改变了落后山区地阔人稀的状况。

三、赴边陲

赴边陲是指流民向地旷人稀的边疆地区扩散。这是一种"离心运动"。这种"离心运动"之所以发生，一是由于内地兵荒马乱或阶级压迫深重，一些既无力反抗，又不甘忍受的居民，就会选择流向人迹罕至的边疆；二是由于内地人口膨胀而边疆地区人口稀疏，易于获得谋生手段。

流民大规模地赴边陲，始于西汉时期，当时关中土地开发殆尽，人口压力已相当大，一遇灾害便有大批流民。朔方、五原、金城及河西等郡不仅是官方移民和罪人的徙置地，而且也是流民的"渊薮"。永嘉以后，北方农民大批流入慕容鲜卑部，慕容鲜卑设郡以统流民。前凉的张轨父子能盘踞姑臧，和他们极力招诱流民开发当地经济有很大关系。史载"中州避难来者日月相继"①。唐末，

---

① 《晋书》卷82，《张轨传》。

“藩镇骄横，互相并吞邻藩”，造成长期动乱，因而“燕人军士多亡归契丹”①。武则天统治期间，云南的姚州有2000余户，系“剑南逋逃，中原亡命”②。

明代流民向边疆迁徙的规模扩大。山西和陕西沿边一带也不时有人逃往蒙古族游牧地带，“临边幸民，往往逃入虏地”③。如流民丘富、赵全、周原逃入蒙古丰州(今呼和浩特)后，在这里构筑宫殿，开垦水田，“招集亡命”。嘉靖三十八年(1559年)，山西叛卒一次逃入达3000人④。到万历年间，这里“众可十余万，中国百工技艺无所不有”⑤。东北辽东都司东南端和朝鲜接壤处，是辽东地区流民的“乐土”。王之浩在《题为议处东南极边要害、添设兵将、控扼虏冲、预防外患、以安重镇疏》中说：“惟此东南一隅，幅员千里，深山广谷，逋逃渊薮，居民散处，孳畜繁盛，素称乐土。”⑥云南的大理府也有不少汉族流民进入。到清代，赴边陲形成流民空间流向的一股巨流。“闯关东(东三省)”、“走西口(内蒙古)”，是向边疆流动的典型事例。关于他们的情况下文有专论，这里不赘述。

福建、广东沿海流民流向宝岛台湾，也具有代表性。很早以前，大陆居民就已开始前往台湾地区谋生，但在清朝以前只开发了西南部的少数地区，其余多为榛莽之地，被称为“海上荒土”。但宝岛台湾地广人稀，土地肥沃，“一岁所获，数倍中土”，而与之相望的福建、广东，则“人稠地狭”，流民众多。于是，福建、广东大批“无田可耕，无工可佣，无食可觅”的流民，便把目光投向台湾地区，将其“视为乐土”，结伴而行，相率前往，史载“民之渡

---

① 《契丹国志》卷1。

② 《全唐文》卷175，张柬之：《请罢姚州戍表》。

③ 谢肇淛：《五杂俎》卷4，《地部二》。

④ 《明世宗实录》卷478，嘉靖三十八年十一月丙申。

⑤ 王士性：《广志绎》卷3，《江北四省》。

⑥ 《全辽志》卷5，《艺文上》。

台，如水之趋下，群流奔注”①。尽管清政府多次下令封禁，但偷渡者禁而不绝。台湾地区成为福建、广东流民潮的一大“蓄水池”。当时“粤民渡台的主要线路是从潮州府的澄海、南澳、饶平直渡，其中以潮、嘉之人最多”②。到乾隆三十四年(1769年)，在台的“粤人约十余万，而渡台者仍源源不绝”。到乾隆末，在台的粤民占全台居民的十分之三四。

西北的甘肃、宁夏、青海和新疆等省区，也有大量流民汇聚。甘肃流民迁入的主要地区是安西、甘肃等府州。乾隆十九年(1754年)，陕甘总督永常在《筹塞外仓储疏》中就说：安西五卫，“从前户民尚不甚多，兵丁亦鲜有家室……现今五卫民人较前倍众，加以贸易商贾由内地而来者所在云集，合镇兵丁将及万名，搬聚家室者复已十有八九”③。乾隆《武威县志》也记载“山陕客此者恒家焉”，故“今生齿日繁”。从人口增长情况看，咸丰元年(1851年)同乾隆十八年(1753年)相比，甘肃增长了7.23倍④。如此高的人口增长率显然不是人口本身自然繁衍的结果，而是与大批内地流民的迁入有关。新疆地区由于流民的不断增加，乾隆三十八年(1773年)，清政府在乌鲁木齐设置迪化直隶州(先设直隶厅)，后来又在巴里坤设镇西府。嘉庆初，遭贬伊犁的翰林院编修洪亮吉看到沿途的景象，曾为诗道：“今看戈壁外，沃壤庶几弃。”“秦陇多流民，移来就边地。”⑤

西南的云南、贵州、广西等边疆省份，流民数量同样不少。清朝顺治时期，云南曾是南明永历政权的政治中心。后来又成为吴三

---

① 沈起元：《条陈台湾事宜状》，《清经世文编》下册，中华书局1992年版，第2089页。

② 乔素玲：《清代广东的人口增长与流迁》，《暨南学报》1990年第2期。

③ 《皇清奏议》卷49。

④ 据梁方仲：《中国历代户口、田地、田赋统计》，上海人民出版社1993年版，第272页，《清代各直省人口密度表》统计。参见冯尔康等：《清人社会生活》，天津人民出版社1990年版，第328页。

⑤ 《更生斋诗集》卷2，《百日赐环集》。

桂的活动据点。这一时期，就有不少汉民进入。“楚蜀黔粤之民，携挈妻孥，风餐露宿而来，视瘴乡如乐土”①。嘉庆初，云南临安府所辖十土司十五掌地带，“楚、粤、蜀、黔各省携眷世居其地，租垦营生者亦十之三四”②。他们中，“楚人居其七，江右居其三，山陕次之，别省又次之”。改土归流后，他们纷纷迁入湘西土家族、苗族等少数民族聚集区。贵州自明代始设行省，清朝以前，“土瘠民贫，夷多汉少”，流入者很少。乾隆中期以后情况发生了变化，流民纷纷从两湖以及四川涌入。道光十九年(1839年)年初，布政使贺长龄在一份奏折中说：“黔省固多客民，兴义府尤其渊薮。自嘉庆年间平定苗匪(系指湘黔苗民起义)之后，地旷人稀，每有黔省下游……四川客民及本省遵义、思南等处之人仍多搬住，终岁络绎不绝，亦尝出示饬属，严禁而不能止。”③由于流民的纷至沓来，人口增长十分迅速，1741年，政府在册人口240余万，1776年，竟超过500万大关④。广西的流民主要来自广东，两湖和江西等省流入的数量也不少。嘉庆年间，广西梧州、浔州、郁林三府中自广东等省“贸易往来及寄居入籍者，几占土著之半”⑤。从人口增长看，除永宁等11州因“或系苗疆，或系改流，未经编审”外，其余临桂等54州县，1753年在册人口376.7万余，1786年增至629.4万，1812年增至731万⑥。60年时间人口增长了1倍。如此快速的增长，显然与人口流入有密切关系。

边疆地区由于人迹罕至甚或渺无人烟，其贫穷、荒凉、孤独寂寞和劳动艰辛是可想而知的。但对于流民来说，由于避开了统治者的残酷压迫和剥削，免除了灭顶之灾，获得了赖以维生和繁衍后代

---

① 道光《广南府志》卷2。

② 江源：《介亭文集》卷6，《条陈稽查所属夷地事宜议》。

③ 《耐庵奏议存稿》卷5，《复奏汉苗土司各情形折》。

④ 转引自李中清：《明清时期中国西南的经济发展和人口增长》，《清史论丛》第5辑。

⑤ 孙玉庭：《延厘堂集·奏疏》卷上。

⑥ 郭松义：《清代人口流动与边疆开发》，马汝珩等主编：《清代边疆开发研究》，中国社会科学出版社1990年版。

的手段，这点困难就无足称道了。他们利用大自然赐予的气候、土地和水力资源，依靠辛勤劳动，创造了财富，建设了边疆。

四、入蛮夷

蛮夷是古代汉族对少数民族的泛称。虽说汉、蛮在语言、文化和生活习俗上有明显不同，且汉人称呼蛮夷时，偶尔含有轻视之意，但这并不妨碍流民逃难进入蛮夷居住区。无论是西北、东北，还是西南，每个少数民族居住区都有汉族流民的足迹。

有进入南方的蛮族居住地的。如南朝宋元嘉年间(424—453年)，始兴地方居民因不堪忍受赋税徭役，“既遏接蛮、俚，去就益易”①，纷纷逃入蛮、俚族中。南朝宋孝武帝统治时期(454—464年)，“宋民赋役严苦，贫者不复堪命，多逃亡入蛮”②。元至元二十九年(1292年)，“唐兀秃鲁花所部阔象赤及河西逃人入蛮地”③。

有进入大漠中的匈奴人居住区的。汉人流入匈奴人居住区在秦代甚至秦代以前就已经开始。汉代以后，进入匈奴区的流民数量增多。如元狩四年(前119年)，关东连年遭受水灾，流民无法安置，政府“乃徙贫民于关以西，乃充朔方以南新秦中”④，共72.5万人⑤。所谓“新秦中”就是今内蒙古南部、山西西北部、陕西西北部、宁夏南部和甘肃中西部，这里原是匈奴人的居住区。东汉末年，北方混乱，并州匈奴豪右也拥众聚士，“张雄跋扈”，汉族吏民亡叛，“入其部落”⑥。

有进入契丹人居住区的。契丹人源于东胡。北魏以来一直在今辽河上游一带游牧。如五代时期，中原战乱，“幽、涿之人多亡入契丹”⑦。

---

① 《宋书》卷92，《徐豁传》。
② 《宋书》卷97，《夷蛮传》。
③ 《元史》卷17，《世祖本纪》。
④ 《史记》卷29，《平准书》。
⑤ 《汉书》卷6，《武帝纪》。
⑥ 《三国志》卷15，《梁习传》。
⑦ 《新五代史》卷72，《四夷附录》。

有进入鲜卑人居住区的。鲜卑也是东胡的一支。东汉末年，黄河流域战火纷飞，不少汉人为逃避战祸从中原迁往鲜卑地区。史载，公元221年，轲比能将在鲜卑的500余家中原人安置到代郡。第二年，又将在鲜卑的千余家中原人安置在上谷郡①。虽然其中有掳掠去的人，但避难而去的流民不在少数。晋太康年间(280—289年)，慕容廆率领部落迁居大棘城。永嘉以后，“幽冀沦陷，刑政修明，虚怀引纳，流亡士庶多襁负归之”②。其具体的数字虽不得而知，但必不在少数。《晋书·慕容廆载记》说：“九州之人，塞表殊类，襁负万里，若赤子之归慈父，流人之多旧土十倍有余。”

有进入乌桓人居住区的。东汉末，乌桓蹋顿统治辽东、辽西、右北平三郡。他乘中原大乱，掠取或招引了20余万户的汉民，其中肯定有不少是避居者③。

有进入突厥人居住区的。突厥人在隋末唐初控制了河套地区，势力强盛，中原人民纷纷前去避战乱。东突厥立隋皇室杨正道为隋王，居定襄，手下辖有汉人3万④。还有一些人是为逃避繁重的赋役而去的。

有进入贵州和湖南、云南、广西、四川、广东等地的苗族地区的。如明天顺年间(1457—1464年)，麻城人李添保以逋赋逃入苗中⑤。清道光年间(1821—1850年)，流民私佃苗田，因人数多、影响大，以至道光十三年(1833年)采用滇督阮元议，“禁流民私佃苗田”⑥。

有进入广西、湖南、云南、广东和贵州的瑶族地区的。如《明史·王瑾传》载：“亡命者辄入诸瑶中，吏不得问，众至万余人。”清代的庆远府宜山县白土司，在万山之中，“瑶僮所巢，例禁汉民

① 《三国志》卷30，《鲜卑传》。

② 《晋书》卷108，《慕容廆载记》。

③ 《三国志》卷30，《乌桓传》。

④ 《资治通鉴》卷188，武德三年二月。

⑤ 赵翼：《廿二史札记》卷36。

⑥ 《清史稿》卷120，《食货志》。

窜入。乾隆间有广东潮惠客民潜入，盘踞占欺，官弗之禁”①。

总的情况看，汉族进入少数民族地区的人主要是非自愿的、被掳掠而去的，流民进入少数民族居住区的人数不多。特别是隋唐以前，淮河流域、长江流域及以南的广大地区还地广人稀，中原流民迁徙选择的方向主要是南方。无论是由于严重自然灾害、大饥荒，还是由于社会大动乱，也无论是为了逃避赋役，还是因为避罪产生的流民，情况都是如此。西汉元帝时郎中侯应在分析汉人逃亡匈奴时，认为大致有三种情况：一是以往从军去匈奴没有返回，他们的子孙生活贫穷，于是逃去投奔亲人；二是在边区的奴婢，他们境遇极差，听说匈奴那里日子好过而逃去；三是“盗贼”和其他犯法的人避罪而去。实际上，这一概括同样适用于逃往其他少数民族地区的汉族流民。

在汉族流民流入少数民族居住地的同时，也有不少少数民族流民从偏僻的少数民族居住地流到已被汉民族开发、建设的中原地区，形成了民族流亡的对流现象。如东汉章和二年(88 年)，北匈奴蝗灾，降者不断②。西晋太安年间(302—303 年)，并州饥荒，“诸小胡亡散”，深入山东③。后周广顺二年(952 年)，“契丹瀛、莫、幽州大水，流民入塞散居河北者数十万口”④。唐太宗励精图治，社会很快安定，一时中国人自塞外来归及突厥前后内附男女 120 多万口。其中有许多是流民⑤。宋天圣七年(1029 年)，契丹岁大饥，民流过界河上，诏河北转运使，“其令分送唐邓襄汝州，以闲田处之，并令所过日人给米二升”⑥。元朝中叶，大批蒙古族贫民不堪繁重的军役和租赋剥削，逃难到大都、通州等地⑦。历史上这样的事例很多。他们进入文明发展水平领先的汉族地区后，很快就接受了汉族的文

① 民国《怀宁县志》卷 18。
② 《后汉书》卷 89，《南匈奴传》。
③ 《晋书》卷 104，《石勒载记》。
④ 《资治通鉴》卷 291。
⑤ 《旧唐书》卷 2，《太宗本纪》。
⑥ 《救荒活命书》卷 1。
⑦ 《元史》卷 22，《武宗纪》；卷 26，《仁宗纪》；卷 27，《英宗纪》。

化，融合在汉族之中。有的少数民族或是由于民族间冲突、挤压，或是由于自然环境恶化，寻找新的生存空间，而整个部族一起逃难进入汉族地区，如鲜卑、乌桓和契丹等，他们在与汉族的生活和交往中，逐渐丧失了自己的民族特性，融入汉民族之中。

第三节　流向地广人稀地区

一、狭乡流向宽乡

由狭乡向宽乡迁移是流民的可选择性之一。由于政治、经济、自然环境等因素的综合作用，我国人口的分布存在着严重的不平衡性，有些地区人口稠密，生存维艰，形成人口高压区（人口密度大，对生产资料形成巨大压力的地区）；有些地方人口稀疏，谋生较易，形成人口低压区或负压区。如果没有不可逾越的障碍，人口高压区流民通常会选择流向人口低压区或负压区。这种人口从高压区向低压区的迁移，在人口学上被称为“人口压力流动律”，俗称“狭乡流向宽乡”。流民之所以从狭乡流向宽乡，主要是由他们迁徙的目的决定的。流民逃亡无非是为了逃避繁重的赋税徭役、战乱或是选择安身立命的生产资料——一块土地。而这两点在“宽乡”都能得以实现。“宽乡”既能轻易得到土地，同时，统治者往往控制比较松，赋役也相对较轻，流民必然趋之若鹜。

从历史上看，流民就是在这样的可选择性下，从中心地区迁往半中心区，再到边疆地区；从平原迁往丘陵，再到山区。我国人口的分布，在两宋以前，黄河以北地区的人口密度大于其他地区。最初，人口的密集区在黄河中游地区，即历史上所说的关中、关东地区。到西汉后期，这两个地区的土地基本被开发殆尽，有不少地方成了人均土地很少的“狭乡”，在当时的生产力条件下已无法养活那么多的人口，也就是说出现了相对“过剩”人口。但在西北、东北，特别是长江流域以及以南地区，到处是未开发的人烟稀少之地，属“宽乡”。因此，大批流民便从关东、关中地区流向这些地区。在贵族地主阶级疯狂的土地兼并，自然灾害和官府繁重的赋役剥削，以及东汉末年的战乱，西晋末年的永嘉之乱和随之而来的“五胡乱华”、唐代的安史之乱和宋代的靖康之乱等战乱和政治变迁等因素的刺激和催逼下，流民不断地由狭乡流向宽乡。在这种不断的流徙中，从淮河流域到长江流域，再到珠江流域，一块块土地被开垦，一片片森林被砍伐。

从南北方向看，到元代时，长江流域的人口超过了黄河流域，即人口密集区由北方转移到了南方。从东西方向看，人口密集区随着时间的推移，在自西向东转移，最后移到东南沿海地区。

如果分省份看，黄河流域在西汉时期陕西、河南、山东人口众多，后来陕西人口比重下降，山东人口长盛不衰，一直至清代人口密度始终保持在全国各省区的前四位，河南在前七位，陕西处在十三四位；长江流域，南北朝以前，中下游的两湖和两江，荆州（包括今湖北、湖南辖地）人口多于扬州（包括今江西、安徽、江苏、上海辖地）人口；自隋唐起扬州又多于荆州，而在扬州内部，江西人口比江苏发达。明代改变这一状态，南直隶的江苏、安徽人口在全国第一，江西第二（有时第三）；到清代，江西退至第七八位，江苏占据人口密度第一的位置，浙江第二，山东第四，福建第六，广东第九。可见，东南沿海省份人口密集，地处长江三角洲的江苏最为突出，它的密度，以咸丰元年（1851 年）的统计计算，比第二位的浙江高出 45%，比山东高出 99%。而山东是北方唯一可与东南沿海地区相颉颃的人口密集省区。

各省区人口密度如此巨大的变化，显然主要不是由于人口自然增长率方面的不同，而是由于人口流迁的原因，其中很大一部分是流民。当然，流民从狭乡向宽乡的流动并非是绝对的，除非特殊情况，如大规模的战乱，大范围的灾害。一般情况下，干旱缺水、交通不畅，灌溉不易、耕种不便、土地贫瘠的高山峻岭和边远地区，并非是流民首选的理想处所。他们的第一选择是自然条件较好的宽乡。也正因为如此，西北和西南广大地区的人口密度一直较低。如西汉 13 个行政区，凉州、朔方两州人口最少；唐代的 15 道，岭南、黔中、陇右 3 道人口密度最小；元代 9 个行省，人口比重最小的是辽阳和甘肃；明代南北直隶和13个布政司中，以广西、云南、贵州人口最少，其次是广东、福建；至清代，粤、闽人口上升，而内地、边疆人口稀疏的状况一直延续下来，东北、西北、西南边疆地区的广西、甘肃、贵州、奉天、云南、吉林等省人口密度每平方公里在35人以下。

流民从人多地少的狭乡流向人少地多的宽乡的事例史书上记载不少。如西汉，宣帝本始年间(前73—前70年)，流往胶东的“流民自占”者即达“八万余口”①；成帝河平元年(前28年)，“流民入函谷关”②。南朝宋元嘉二年(425年)，“以关中流民出汉川，置京兆、扶风、冯翊等郡”③。齐永明年间(483—493年)，“诸流寓”，“十家五落，各自星处。一县之民，散在州境，西至湖畔，东届海隅”。颍川、汝阳的流民分散在谯、历二境④。唐朝，据《唐会要·州县改置上》河南道仙州条载：仙州“土地饶沃，户口稀疏，逃亡所归，顿成渊薮”。宋朝，《宋史·食货志》记载：神宗时，“江南狭乡百姓”扶老携幼，流往“汙莱弥望，户口稀少”的荆南安、复、岳、鄂、汉、沔等地，“远来请佃，以田亩宽而赋税轻也”。元朝，至元二十二年(1285年)，“巩昌军民站并诸人奴婢，因饥岁流入陕西、四川”⑤。明代，《明臣奏议·巡抚事宜疏》载：汉中府“地方广阔，延袤千里，人民数少”，还有“地土可耕，柴草甚便，既不纳粮，又不当差”之利，因此，河南、山西、山东、四川及陕西所属八府流民10余万人，“或因逃避粮差，或因畏当军匠，及因本处地方荒旱”，大批逃往汉中府金州等处。豫鲁交界处也是流民的汇聚区，这里黄河迁徙无常，经常在泛滥之后，留下大片沃土。“河南之开封、汝宁，山东之兖州，直隶之凤阳、大名，此几府地境相连，往时近黄河，乃湖泊蒲苇之乡。后河浅水消，遂变膏

① 《汉书》卷8，《宣帝纪》。
② 《汉书》卷26，《天文志》。
③ 《宋书》卷5，《文帝纪》。
④ 《南齐书》卷14，《州郡志》。
⑤ 《元史》卷13，《世祖纪》。

腴之地。逋逃潜住其间者尤众。”①凤阳府因有大量陵原地带可以耕种且人口稀少，而成为流民集聚的理想区域。清初，陕南是“荒榛茂草遍城下，虎狼夜食鸡犬”，很多地方的人口较“昔之盛时尚不及十分之二三”②，土地大片荒芜。在清廷的“招徕”声中，大批各省流民蜂拥而至，很快“生齿渐蕃”，“虽蚕丛峻岭，老林邃谷，无土不垦，无门不辟”③。《三省边防备览·民食》载：清代“益州沃野千里，地肥美，民殷富，三楚、三吴流徙之众麇聚其间。川东北边境土沃不及川西，而地广赋轻，开垦易以成业，故流徙亦多。汉川距吴、楚稍远，其地之肥饶较川楚边境为胜，谋食更易，故吴楚之侨居蜀者，又复转徙汉川”。明清时期，福建“人稠地窄”，流民大批向拥有大片荒僻山区的江西迁徙。

其中，明代的流民聚集荆襄，清代的“湖广填四川”、“闯关东”流民现象，是人口高压区流民流向人口低压区的典型例证。下文，我们就这几个典型例证作进一步的分析。

二、明代流民聚集荆襄

以荆州府、襄阳府为中心的川、楚、豫、陕交界山区主要包括河南的南阳府、汝南府南部、汝州府、河南府西部，湖广的荆州府、襄阳府、郧阳府、德安府、黄州府，四川的夔州府东部，陕西的汉中府东部、西安府东南部和豫、楚交界地区。这里地理形势险要，地貌复杂。据载，“荆、襄地连数省，川陵沿蔓，环数千里”④。在流民流入之前，这里是“居民鲜少，郊野荒芜”⑤。据《天顺襄阳郡志》记载，永乐十年(1412年)，襄阳府总户数13058，口数73220⑥。由于土著人口如此稀少，有大量未开垦的山地资

① 陈子龙：《明经世文编》卷24，孙原贞：《天戒疏》。

② 嘉庆《汉阴厅志》卷9。

③ 魏源：《古微堂外集》卷6。

④ 陈子龙：《明经世文编》卷46，项忠：《报捷疏》。

⑤ 《明英宗实录》卷16，正统元年四月甲子。

⑥ 转引自牛建强：《明代人口流动与社会变迁》，河南人民出版社1997年版，第139页。

源，“多平旷田地，可屋可佃；及产银矿、沙金，可淘可采”①。因此，外地客户流入后既可规避赋役，又可轻易得到土地，这对无地的流民来说有着巨大的吸引力。

荆襄地区在明初曾被朱元璋封为禁区，流民不得进入。但随着经济的发展和社会矛盾的尖锐，周围地区被抛向社会的流民越来越多，这一禁区逐渐被冲破。据记载，永乐年间就有流民进入荆襄地区。宣德时期人数逐渐增多，如宣德三年(1428 年)，仅山西一地“饥民流徙南阳诸郡，不下十万余口”②。正统年间，由于连续 10 多年的旱蝗等自然灾害的袭击，邻近省区的流民蜂拥而入，他们“扶老携幼，千百为群，到处络绎不绝。不由大路，不下客寓，夜在沿途之祠庙、岩屋或密林之中住宿，取石支锅，拾柴作饭。遇有乡贯便寄住，写地开垦，伐木支椽，上覆茅草，仅蔽风雨，借杂粮数石作种。数年有收，典当山地，方渐次筑土屋数板。否则仍徙他处，故统谓之棚民”③。如正统二年(1437 年)饥民大量涌向荆襄，《明英宗实录》载，“时有言逃民聚居各处，殆四五万人，先后入山抵汉中府深谷中潜住”。明朝政府阻拦不住，遂发布《挨勘流民令》，要求各地方官清查流民，登记男女大小丁口，挨户在房墙做上标记，10 家编为一甲，互相作保，由地方里长临时管理。为了安抚流民，正统四年(1439 年)又在山东、山西、河南、陕西、湖广五布政司所属及顺天等府州添设佐贰官各一员，抚治流民。这些措施，并未收到明显的效果。史载，1445 年，陕西西安、凤翔、乾州、扶风、咸阳、临潼等州县旱伤，人民饥穷，携妻挈子出湖广、河南各处趁食，动以万计。《明正统实录》载，该年山东、山西、陕西等处“逃户”7 万余户进入荆襄。景泰五年(1454 年)，“各处逃户”20 余万户，“转徙南阳、唐、邓，湖广襄、樊、汉、沔之

① 陈子龙：《明经世文编》卷 81，徐恪：《议处郧阳地方疏》。

② 《明宣宗实录》宣德三年闰四月甲辰。

③ 《三省边防备览 · 策略》。

间逐食”①。成化四年(1468 年)，“四方流民屯聚荆襄者，已二三十万”②。

由于四方流民的迅速汇集，这里人口大增，史载“流贼啸聚山谷，百五十余万，自宣德至今四十余年”。明朝政府采取驱逐政策，流民愤而反抗。成化元年(1465 年)，郧阳地区的几十万人在刘通领导下起义，攻打襄阳、邓州，次年起义失败，明朝采取大屠杀政策。移民不畏牺牲，上百万人于成化六年(1470 年)在刘通部下李原的领导下再度起义，明廷派都御史项忠总督河南、湖广荆襄军务，与湖广总兵官李震率军镇压。项忠平定了流民起义，屠杀了大量流民，“兵入，尽草剃之，死者枕藉山谷”③。其余流民，或被解去湖广、贵州充军，或被强迫还乡，沿路又有大量的人被迫害致死。项忠平定了流民起义，为此竖立了“平荆襄碑”纪功。

项忠的武力镇压并未解决问题，流民仍坚持往荆襄迁移，到成化十二年(1476 年)，荆襄山区又汇集了几十万流民。明朝统治者感到高压政策无济于事，于是接受抚治荆襄都御史原杰的建议：“其(指流民)近诸县者附籍，远诸县者设州县以抚之，置军吏，编里甲，宽徭役，使安生业，则流民皆齐民矣。”④流民中“能治产服贾老子长孙婚嫁姻戚势不可动”的，允许著籍，纳粮当差，新来无产业的勒令回乡⑤。并开设了郧阳府，下辖 7 县，抚辑流民。经过这一番编制管理，荆襄地区的流民大多附籍。但此后各地流民还在继续涌入，“绵延而未之绝”。成化二十二年(1486 年)，湖广镇守太监韦贵报告：陕西、山西、山东、河南、北直隶的“饥民南流，日有万口”⑥。直到清代仍有流民进入，被称为“棚民”、“山民”。清中叶，他们是川、楚、陕、甘、豫 5 省白莲教起义的重要成员。

从流民的来源看，基本上是来自人多地少的已开发地区。据抚

---

① 《明代宗实录》景泰五年十一月辛酉。

② 《明宪宗实录》成化四年春正月甲申。

③ 《明史纪事本末》卷 38，《平郧阳盗》。

④ 《明史纪事本末》卷 38，《平郧阳盗》。

⑤ 《明经世文编》卷 93，原杰：《安置流民疏》。

⑥ 《明臣奏议》卷 5，王恕：《论山陕救荒疏》。

治荆襄都御史原杰说，这些流民“俱山东、山西、陕西、江西、四川、河南、湖广及南北直隶府卫军民等籍”①。《郧阳府志》对境内流民的构成比例作过这样的估计：“陕西之民五，江西之民四，德（湖广德安府）、黄（湖广黄州府）、吴（江苏）、蜀（四川）、山东、河南北之民二，土著之民二。”②这充分反映了流民由人多地少的狭乡向人少地多的宽乡流动的可选择性。大部分进入者在新地方仍继续以往的生活方式，开垦土地，从事农业生产，也有少部分人从事采金炼银的活动。流民的到来，特别是在原杰采取附籍政策后，这一地区社会经济得到了很大发展，户口和耕地数量都迅速增长。

三、湖广填四川

四川的人口密度在宋代以前居全国中等地位。据学者统计，北宋崇宁元年（1102 年），四川人口为 5034174，占全国人口比重 11%。人口密度每平方公里 8.8 人，在各省中排名第 13 位。③ 宋元战争使四川遭受巨大损失，免于杀戮的，“或徙或逃，无复存者”。《元史·世祖本纪》记载，至元十九年（1282 年），即元军完全平定四川后的第三年，四川居民仅有 12 万户。在元代，四川人口恢复很慢，明初有近百万人口迁移四川。据统计，明英宗天顺五年（1461 年），四川有人口 946861，占全国人口比重 2.1%；人口密度每平方公里 1.69 人，在各省中排名第 17 位。④

明末清初，四川再度遭受重创，持续 30 年的战乱，到处是“白骨露于野，千里无鸡鸣”的惨状。康熙初年，张德地在川视察，所到之处，皆疮痍满目，“初至保宁，见民人凋耗，城郭倾颓，早不胜鰓鰓忧悸。迨泛舟遍历，日歉一日。惟重属为督臣驻节之地，哀鸿稍集，然不过数百家。此外州县，非数十家或十数家，更有止

① 《明经世文编》卷 93，原杰：《开设荆襄职官疏》。

② 万历《郧阳府志·风俗》。

③ 袁祖亮：《中国古代人口史专题研究》，中州古籍出版社 1994 年版，第 313~315 页。

④ 袁祖亮：《中国古代人口史专题研究》，中州古籍出版社 1994 年版，第 358~359 页。

一二家者。寥寥孑遗，俨同空谷。而乡镇市集，昔之棋布星罗者，今为鹿豕之场……复自泸西指，乘骑陆行，一步一趋，咸周旋于荆棘丛中，而遇晚止息，结芦为舍。经过圮城败堞，咸封茂草，一二残黎，鹑衣百结……诚有川之名，无川之实”①。据官方统计，1661年，四川人丁数只有16096人，仅占全国人口比重的0.08%，人口密度每平方公里只0.03人（当时四川面积为532980平方公里），可谓“有土无人”。

四川“有可耕之田，而无耕田之民”，这种诱惑对流民来说是无法抵挡的。不管进川的道路多么艰险，也不管人为禁阻多么严密，都难以遏止“湖广填四川”流民潮的勃兴。加上清政府在统一全国后，为医治战争创伤，迅速恢复和发展经济，增加政府赋税收入，施行了一系列鼓励迁移的措施。如规定，四川现任文武官员如招徕流民700名（后降为300名）以上者，不论是否俸满即可升迁；流民凡愿入川垦荒居住者，“将地亩给为永业”、“各省贫民携带妻子入蜀开垦者，准其入籍”等。结果流民潮一浪高过一浪，入川流民前呼后拥。

“湖广填四川”，顾名思义是因为当时四川的移民来自两湖的最多。湖北、湖南被称为“湖广”，源于元朝置湖广行中书省，辖湖南全境及湖北、广东、广西部分地区。明清两朝虽然分省，但人们仍习惯称湖北、湖南为“湖广”。据《四川通志》的记载，湖广宝庆、武冈、沔阳等地流民，“托名开荒，携家入蜀者，不下数十万”。湖南衡、永、宝三府百姓，“数年来携男挈女，日不下数百名口，纷纷尽赴四川垦荒”②。陕西农民也不甘落后，“往四川开垦”者也有不少。

湖广人大批进入四川，早在元末明初就已开始，当时红巾军起义爆发，湖广许多百姓“避乱入蜀”。明末清初再次掀起流民入蜀

① 转引自行龙：《人口问题与近代社会》，人民出版社1992年版，第94页。

② 《康熙朝汉文朱批奏折汇编》第1册，档案出版社1984年版，第923页。

浪潮。如前文所说，这次“填四川”的行动“官办”色彩很浓，很大程度上是官方招徕、官方安插。换句话说，基本属于移民的性质，尽管有流民的自由性流动掺杂其间。但雍正以后，自发性流民运动占据主导地位。《大清会典事例》称：“贫民入川垦地者，听其散居各府州县，佃种佣工，为糊口之计。”当时湖广地区赋役繁重，官吏普遍谎报多报垦田数字，以此来升官发财。康熙初年，湖南巡抚周召南在《痛除湖南三大苦差示》中说：“年来征收无度，差徭滥滥，攫取之术，指不胜屈。”结果，弄得“民不堪敛”。连年的灾荒加剧了农民的破产失业。根据王钢先生的研究，1671 年，湖北石首、武昌、均州、枣阳等 20 个州县先后发生了水灾、旱灾和瘟疫，而湖南邵阳一带则发生了旱灾和螟灾。时人有诗曰：

去年火云飞，乃在五六月。
螟贼复乘之，百里同焚戮。
斗米十数钱，向售何由速。
即令价不高，民穷日以蹙。

1679 年，湖北潜江、蒲圻、大冶、巴东等 20 余州县发生了大水灾、大旱灾，而这一年的湖南长沙、卫州、宝庆、岳州、常德等府州县亦发生了大旱。1685 年，湖北的通城、蒲圻、黄冈等 17 个府州县发生了水灾和雹灾。1690 年，湖北的武昌、嘉鱼、蕲州、荆州等 36 个府州县发生了旱灾。1702 年、1703 年、1704 年、1705 年、1706 年、1707 年、1715 年、1716 年、1718 年等年份中，在湖北、湖南都发生了面积较大的水灾、旱灾、蝗灾和瘟疫，引起了普遍性的饥荒，“死者甚众”。在这样严重自然灾害的打击和繁重赋役的压榨下，湖广百姓被迫大批向外省逃荒。四川地广人稀，路程又较近，正是逃荒的理想去处，所以清前期逃荒到四川的湖广人络绎不绝。据云贵总督张允随在给朝廷的奏疏中称，从 1743 年到 1747 年的 5 年中，广东、湖南二省由贵州转赴四川就食的流民达 24 万余口，由此可见一斑。这种情况，直到嘉道年间还在继续，当时四川已人满为患，得耕地已十分不易，但湖广人还是毫不动摇，仍去四川落户，因为相比较而言，四川还属于土广人稀之地，可以容纳大量“狭乡”地区的民众。

“填四川”的流民，当然不仅是湖广籍的，还包括广东、广西、福建、浙江、江西、贵州、陕西、山西、山东、河南等10多个省份。因流民的蜂拥而至，原来满目创伤的四川一下子变得“攘攘肩摩地”。据梁方仲《中国历代户口、田地、田赋统计》提供的数字，1661年全省人口共16096丁，1685年为18509丁，1724年为409310丁，1749年为2506780丁，1791年为9489000丁，1820年为26259000丁，1840年为38338000丁，至1851年达到44752000丁，跃居全国第一。《道光新都县志》中有“昔之蜀，土满为忧；今之蜀，人满为患”的感慨。另据袁祖亮先生统计，1820年，四川人口约为2802万，占全国人口比重为8.2%，人口密度上升到每平方公里50人①，在全国居中上游水平。

“湖广填四川”从清初开始，历经顺治、康熙、雍正、乾隆、嘉庆五朝，到道光朝终止，前后百余年，规模之大，持续时间之长前所未有。流民“填四川”，“不仅有效缓解了湖广等地的人口压力，避免因流民严重堆积可能引发的社会振荡，而且使人口分布趋向合理，空虚的四川得以充实。可以认为，‘湖广填四川’的流民运动，对中国社会产生了巨大的积极的推动作用”②。

四、“闯关东”

“关东”，指的是吉林、辽宁、黑龙江3省。因东三省位于山海关以东，故有此称。顺治元年(1644年)，10余万清军加上他们的家属庄丁、奴仆入关，造成了辽沈地区人口急剧减少，呈现“沃野千里，有土无人”的荒凉景象。为了迅速恢复经济，清初统治者实行了招徕政策，1653年颁布《辽东招民开垦条例》，宣布开放辽

---

① 袁祖亮：《中国古代人口史专题研究》，中州古籍出版社1994年版，第378~380页。

② 池子华：《流民问题与社会控制》，广西人民出版社2001年版，第75页。

东。规定：有招至百余名者，文授知县，武授守备，60 名以上，文授州同、州判，武授千总，50 名以上，文授县丞、主簿，武授百总；给予所招民一定数量的粮食、种子和耕牛；并实行低赋税的政策。这些政策无疑对流民产生了强大的吸引力，山东、直隶“穷氓闻风踵至”。

1668 年，《辽东招民开垦条例》在颁行 15 年后被宣布作废，清廷对辽东实行封禁政策，“永行禁止流民，不许入境”，山海关大门重新关闭。尽管清廷煞费苦心，但流民潮禁而不止，无以维生的关内流民冲破重重阻力，继续往关外涌。据康熙二十三年(1684 年)孙成等人纂修的《盛京通志》记载，在《辽东招民开垦条例》实施的 15 年里，奉天、锦州两府新增人丁 16643，而 1669 年至 1676 年的 8 年中，新增了 10270 丁。这说明《辽东招民开垦条例》的废止，并未减弱关内百姓“闯关东”的势头。1712 年，仅山东流民进入辽沈地区的就有 10 余万。从顺治末年到康熙中期的 20 余年时间，辽东人口增加了 5 倍多①。关东是清朝统治者的龙兴之地，流民的急剧增加，引起了清政府的忧惧。他们认为，该地区是“国朝开创大业之地”，大量汉民的流入，“关系满洲风俗之地”，也影响对祖宗发祥之地的统治。于是，乾隆五年(1740 年)，首先强化对已经流入辽东的汉族人民的管理，明确规定：凡汉人流民希望加入奉天府籍者，必须立即取保入籍。不愿入奉天府籍的汉人流民限 10 年之内，必须返回原籍。否则，强行“驱逐”。乾隆十五年(1750 年)，严令奉天沿海地方多拨官兵稽查，不许内地再行偷越出口。并令山东、江苏、浙江、福建、广东 5 省督抚，严禁商船夹带汉人流民。同时，于山海关、喜峰口及 9 处边门，皆令该管章京及沿边州县严行禁阻。1780 年，下令对奉天、山东沿海州县官员进行督察，凡对流民渡海失察的，给予罚俸和降级处理。

但随着山东、直隶等关内地区人口的爆炸性增长，抛向社会的流民越积越多，而关东沃野千里，物产丰富，地旷人稀，土著无多。这种“诱惑”岂是关门所能阻挡的。流民像一股巨大的洪流，

① 《盛京通志》卷 23。

以不可阻挡之势，继续涌向关东。事实上，在乾隆朝严厉封禁的半个世纪里，流民入境人数超过前期且四处蔓延。如奉天各属民人丁口乾隆朝较顺治朝，增加了 52 倍以上。"不准入境"的吉林地区，流民猛增 135727 口，与雍正十二年(1734 年)相比上升 10 倍(包括繁衍)以上，民地面积增加 4 倍多。东北人民总数达 79 万口以上，民地面积达 34854 顷①。

闯入关东的以山东省、直隶省人户最多。其中山东又以登州、莱州、青州为多，直隶是乐亭、滦州、保定、天津等地较多。本来山东与辽东眺渤海相望，在明代辽东一度属山东布政司管理，两地来往方便且密切。直隶与东北也只是一条长城相隔，往来得地利之便。他们到奉天(今辽宁)等地垦荒种地，不但自己在这里"安居乐业"，而且呼朋引友，使来此定居者愈来愈多。山东登州府与辽东对峙仅隔海，而"土瘠民无恒业"，不少人流徙关外。宣统《新民府志》称"民人则籍隶山东者为多"。"直隶民人，虽当丰收之年，亦多出关，出口谋生。"②此外，河南和山西等许多其他北方省区也有不少人户流徙到此，甚至南方闽浙一带亦有汉人流往。《三省边防备览·艺文》中载，乾隆三十七八年(1772 年、1773 年)以后，"川楚间有歉收处所，穷民就食前来，旋即栖谷依岩，开垦度日。而河南、江西、安徽等处贫民，亦多携带家室至此，认地开荒，络绎不绝"。乾隆五十六年(1791 年)，奉天、锦州沿海一带，有闽人搭寮居住，渐成村落，"多至万余户"。

流民进入这一地区后，大多数是烧荒私垦，"就地起屋"，成为小自耕农；有的受雇于旗户之下，或投进官庄作佃户；有的流向城镇，从事泥瓦木铁等手工业活动；有的进山伐木、狩猎、采集。其中一些人不顾清政府不准私采的禁令，常常成群结队驮负粮食，深入深山采参，被称作"走山者"。如潜往吉林卡伦一地的流民达 1000 余户之多，他们在那儿砍伐树木，盖房垦地，人口逐渐繁衍

---

① 田志和：《关于清代东北流民》，《社会科学辑刊》1983 年第 5 期。

② 孙嘉淦：《孙文定公奏疏》卷 4，《安插流民疏》。

达 57000 余名①。到乾隆初年，他们已深入到乌苏里江和绥芬河以东地区，这里聚集“偷挖人参”的各色流民估计有“数千人”。

大量流民的到来，无疑加速了这一地区社会经济的发展和土地的开发。袁祖亮先生根据有关资料统计后认为，1461 年，今吉林、辽宁境内共有 95 万多人，其中辽宁的人口密度是每平方公里 4 人，吉林是每平方公里 1.68 人。到 1820 年，人口已增加到 217 万多人，辽宁的人口密度是每平方公里 11.7 人，吉林是每平方公里 2.4 人。② 据不完全统计，1776 年，在关东谋生的华北农民(包括已改变流民身份定居关东者)可达 180 余万人。《清朝文献通考》记载，奉天、锦州二府，1661 年，纳赋田土数为 60933 亩，1685 年为 311750 亩，1724 年为 580658 亩。这只是官方掌握的田土数，如果加上私垦的土地，数量更为可观。1753 年奉天府民田为 252.4 万余亩，1812 年达到 376.3 万亩，60 年时间民田面积增长较大③，道光三十年(1850 年)时人口较乾隆朝时，奉天所属上升 293.6%，吉林所属上升 212.72%。④ 这说明关东地区垦荒开发的速度是非常快的。如果以 1812 年全国各省的人口平均耕地面积计算，奉天府人均近 23 亩，而关内各省最多的也不到 4 亩。这充分地展示了流民由人口高压区流向人口低压区的可选择性。

在流民持续强大的冲击下，清廷逐渐解除了对东北的封禁，山海关的大门重新敞开。嘉庆八年(1803 年)，颁布《订定临时之移民章程》，辽东地区弛禁。咸丰十年(1860 年)，吉林和黑龙江相继解禁，“数百年封禁之地利，遂至荡然无存”⑤。此后，流民便“如怒潮一般涌到满洲去”，掀起流民迁徙的空前之举。

---

① 《吉林通志》卷 3。

② 袁祖亮：《中国古代人口史专题研究》，中州古籍出版社 1994 年版，第 358～359、379～380 页。

③ 朱诚如：《清代中叶以前关内流民迁辽述论》，辽宁师范大学出版社 1985 年版。

④ 田志和：《关于清代东北流民》，《社会科学辑刊》1983 年第 5 期。

⑤ 《清穆宗实录》卷 241。

第四节 流向城镇

一、流迁者的类型

在中国古代，土地兼并等原因使农村出现一批一批的流民，他们除了回归土地，继续在农村寻找谋生手段外，还有相当一部分人选择了“向心运动”，即涌入城市。流民之所以流往城市，主要是因为城市是政治统治的中心，经济发达，聚集着大量的富裕和生活腐化的贵族、官僚和地主，这为下层民众提供了大量的就业机会，因此，比较容易养家糊口。因此，吸引了不少流民徙居城市。像魏晋南北朝时期的建康（今南京市）、唐代的长安（今西安市）、北宋的开封、南宋的杭州、元朝大都（今北京市）、明代的南京、清代的北京等都城，更是流民驻足之所。特别是在遭遇天灾人祸等情况，流民浪潮涌起时，城市就成为流民的天然“蓄水池”、“泄洪口”和临时“避难所”。

流民选择进城无非是为了谋生，获得生存希望。但进一步分析，我们就会发现，进城者的类型是有差别的。一类属于生计型流迁。一般地说，他们是对原居住地——农村的“推力”作出反应的人。这些人以改变居住地点作为维持生存的手段，是农村的贫苦阶层。他们或因丧失土地，或因天灾人祸，而不得不流离失所，是农村土地兼并和沉重赋税负担的受害者，为维持自身的生存而不得不流迁，希望能在城市得到就业机会和获得施舍。对他们来说，第一选择是离开原居住地，因为在那里他们的生存和发展已经受到威胁，无法继续生存下去。其次才是选择流迁的去向，城市寄托着他们求生的希望，他们往往盲目地流向邻近的城市，没有明确的目标。如 1206 年，南宋北伐失败。“奔逃渡江求活者，几二十万家”①，“拥入建康”者，即达“数十万人”②。嘉定元年（1208 年），

① 叶适：《叶适集·水心文集》卷 2，《安集两淮申省状》。

② 叶适：《叶适集·水心文集》卷 21，《徐谊墓志铭》。

"淮民大饥，食草木，流于江、浙者百万人"。嘉定二年（1209年），"流于扬州者数千家，渡江者聚建康"①。元致和元年（1328年），河南被灾，流民至京师②。清顺治、康熙年间，直隶河间府等地因饥荒流至京师就食者，亦多达数万人③。

另一类属于改善型流迁。这些流迁者一般是对目的地拉力因素作出反应的人。迁移者不是非迁移不可，只是因为受城市更加优越的物质和精神生活条件吸引才流入。城市是政治、经济中心，商业繁荣。流民流向城市，有着更多的从业机会，容易谋取一份职业，他们或是打零工、做苦役，或是从事服务性工作，当家内仆役。明清时期，江南市镇的兴起要求农村为它提供劳动力和原材料，从而为人们提供了新的更多的就业与择业的机会，加快了人口流动的频率，使更多农民得以离开农村。史载，嘉靖时，"为工商者三倍于前"④。另外，城市有着更丰富的社会文化生活，对饱尝田耕之苦、过着单调乏味生活的农民，有着极大的吸引力。这类迁移者选择的城市大多与原居地——农村有经济联系，或是在该城市有亲属关系存在。这些人的流徙常常是短距离的，流动是有计划和有目的的。

当然，生存条件的标准是相对的，并无绝对的指标。不同的阶级或阶层、不同的地区、不同的时期，生存临界线可以有相当大的差别。正因为如此，有时就很难确定哪些流迁属于生计型，哪些属于改善型。

流民进城后，采取的谋生手段是多种多样的，有的从事工商业，在官府或私人作坊中谋得一份工作；有的从事小商小贩的买卖，有的做苦工与拉车；有的在酒肆、茶馆和其他服务性场所充当酒保、歌女等；有的在官僚贵族家做仆役和奴婢。他们在城市从事的工作不仅粗贱，而且极不稳定。大量的人甚至流落街头，成为乞

① 《宋史》卷67，《五行志》。
② 《元史》卷30，《泰定帝纪》。
③ 《清圣祖实录》卷215。
④ 《四友斋丛说》卷13。

丐。也有的成为以在农村务农为主，农闲时到城市打工的兼业者；或是以到城市做工为主，农忙时回农村务农的兼业者。

二、流迁规模

与重新回归土地的流向相比，向城镇的流迁在规模上要小得多。在传统中国，虽无城乡隔离政策，但城市化水平低。这是由于封建社会长期维持中央集权的专制体制，实行重农抑商和官买(卖)的政策导致的。城市的军事行政控制职能总是占第一位的，严重制约了城市商业功能的发展。这样，城市对农村流离出来的劳动者的吸纳力非常有限，而农村中自给自足的农民也没有必要过多地依赖城市。城市实际上只是流民的临时“避难所”。

在中国古代，城市一般是政治中心，尽管在唐朝以后，随着人身依附关系逐渐松弛和社会经济的发展，城市工商业也有了一定发展。但中国古代市镇发展的速度和国家推行的“重农抑商”政策，决定了流民不可能太多地流入城市从事工商业，而主要是从一个乡村流到另一个乡村。也就是说，通过封建式农业内部的空间移动，解决失业农民重新与土地结合的社会问题。

人口集中、工商业发达的地方，包括国都、府、州、县等官府所在地。早在《周礼》中就有了关于流民从农村流入城市的记录：“令邦移民就谷。”郑玄注：“就都鄙之有者。”所谓都，指的就是都城、城市。汉朝洛阳，“治本者少，浮食者众”，“浮末者什于农夫，虚伪游手者什于浮末”①。其中的不少浮食者、游手者，原来就是流入城市的流民。隋开皇、仁寿年间，“关中户口就食洛阳者，道路相属”②。宋嘉定年间，“留都繁会之地，四方失所流徙之民往往多聚于此”③。清代，京城北京也仍然是流民俱来就食的逃生主要去处，嘉庆年间，“流民散处城内外者，以万亿计”④。

---

① 王符：《潜夫论·浮侈》。

② 《北史》卷10，《隋本纪》。

③ 《景定建康志》卷23。

④ 《清经世文编》卷36，张士元：《农田议》。

流民涌入城市谋生，在汉代已露出端倪。以后有关记载越来越多。连商品经济最衰退的东晋时期，谢安主政，首都建康还集聚着大批“客寓流离，名籍不立”的流民。随着城市地位的提高、重要性的增强和商品经济水平的提高，城市成为破产人口比较易于生存的场所。北宋时，刘敞发现，“城中近日流民甚多，皆扶老携幼，无复生意”①。南宋初，临安城中近四分之三的人口由北方流民组成。元顺帝年间，黄河两岸的灾民，流入京师的达数十万人。明代嘉靖年间也曾出现过“四方流民就食京城”②的局面。明代，由于苏松地区赋税最重，“流寓者之胜于土著，故相煽成风，接踵而去”，所去方向之一即是城市。据《明神宗实录》卷361记载，苏州有大量“罔籍田业”的流民。他们原本“皆自食其力之良民”，进入城市后靠出卖劳动力为生，与雇主“日取分金以饔飧计”。然而，“朝不谋夕，得业则生，失业则死”。有的人到“两京”，靠乡谊关系，或冒作匠户的义男、女婿，代他们“领牌上工”；或直接“创造房居”，“开张店铺”，从事工商一体的经营。到了清代，流民入城现象更加严重。康熙末年，周祚显说：“奉命巡视北城，习见夫辇毂之下，聚数十万游手游食之徒，昼则接踵摩肩，夜则不知投归何所，是皆著籍之农氓也……或因逋租欠税，则轻离父母，抛弃妻孥，而浪迹于都市。”③这些被统治者诬蔑为“游手游食”的流民，有的顽强地在城市中生存下来，成为市民中的下层成员。

还有一些流民不畏艰险，深入到边疆省区，在那里的城镇从事手工业或开店经商。如贵阳，道光初“五方杂处，江右楚南之人为多”④。镇远府所属施秉县的手工业工人中，“流寓十之九”，商人“湖南客半之，江右客所在皆是”⑤。贵州东北边的松桃厅，也是“城市乡场，蜀、楚、江西商民居多”⑥。直隶口外(长城以北，东

① 《公是集》卷32。

② 《明史》卷77,《食货志》。

③ 《皇清奏议》卷24。

④ 爱必达：《黔南识略》卷1。

⑤ 蔡宗建：(乾隆)《镇远府志》卷9,《风俗志》。

⑥ 爱必达：《黔南识略》卷20。

起辽宁阜新、西抵张家口坝上的地区）的避暑山庄原不过是一个名为“上营”的小村，1703 年兴建山庄后，不数年“聚民至万家”，到乾隆时“俨成大邑矣”①。张家口原本只是一个小城堡，1571 年同俺答汗（驻今呼和浩特的一蒙古首领）统治下的蒙古互市后，经济地位显要，流民闻风而至，遂成为市肆繁华之地。

由于掌握资料有限，我们很难对古代城市的数量和规模作基本的数字统计。但可以肯定的是，由于封建政府始终推行“重农抑商”政策，城市工商业得不到发展，所以，吸收流民有限。城市只充当了社会危机之时流民暂时的蓄水池，而无法为流民提供最终的出路。

第五节 跨出国门

一、向海外流移的源与头

源与头问题实际上包含两个方面的问题，一是流民为何向海外流徙，二是何时开始向海外漂泊。流民到海外避祸逃难的原因很复杂，有的是由于政治迫害，有的是因为地方不宁，有的则是自然灾害使然。

因政治原因避祸逃难到海外的例子，在唐、宋、元、明、清各朝都有发生，史籍中也有不少记载。如唐朝时国内爆发黄巢大起义，起义者在失败后，为逃避朝廷缉捕，许多人逃亡海外。公元 10 世纪，阿拉伯旅行家马苏第在《黄金草原》一书中记载，943 年，他在印度尼西亚的苏门答腊东南沿海地区见到大量“唐人”。这些人可能就是这次起义后移居来的避难者。宋朝遗臣避祸逃亡东南亚地区的也不在少数。据记载，仅越南一地，或仕或婿的文武大臣就有不少。郑所南撰《心史 · 大义略叙》说：“诸文武臣，流离海外，或仕占城，或婿交趾，或别流远国。”如南宋宰相陈宜中先逃亡到

① 乾隆《热河志》卷 3。

占城，占城不敢提供政治庇护，只好再逃到暹罗国(今泰国)。元末是否也有遗臣流离海外，不见记载。明清时期，避祸逃难者人数更多。明朝刚刚覆灭时有明朝的遗臣外逃，在抗清复明活动失败后又有更多的反清人士外逃。如明末清初郑成功举旗入海反清复明，清王朝大肆镇压，1661 年在沿海地区实行“迁界令”，要求福建、广东、浙江、江南和山东 5 省沿海居民内迁 30 里至 50 里，“著令寸板毋入海，粒米毋越疆，犯者死，连坐”①。迁界的结果是，迁民流离失所，死亡枕藉，闽、粤、浙、江南“四省濒海之民，老弱转死沟壑，少壮者流离四方，盖不知几百万人矣”②。其中有许多人经海上逃亡到了东南亚地区。南安石井乡曾氏族谱载：“迨海氛平定复界……家资荡然，不得不涉险经营，爰禀父命，往番邦吕宋生计。”③在“海禁”过程中，由于迁界太甚，沿海居民无法谋生，纷纷逃亡越南、柬埔寨、泰国和缅甸等国，当时“明乡人”往往聚居成村，村曰“望乡台”。还有一些人是由于宗族纠纷而外逃的。在闽粤一带，人以宗族分，宗族间的纠纷往往导致大规模的宗族械斗，胜者为王败者寇，失利的宗族往往举族外逃。

因战乱和地方不宁而流移海外的事例也有很多。如黄巢起义军攻占广州城时，即有许多平民百姓为逃避战火而逃亡海外④。明清时期的“海禁”和“迁界”也使许多百姓外逃。沿海民众既无田可耕，又无家可归，冒着生命危险，相率出洋者不计其数。另一种是地方不靖，明正统以后，由于海防松弛，倭寇猖獗，使沿海民众几无宁日，一部分人为避倭乱而逃往海外。还有一些人，他们之所以逃往海外不同于上面所说的政治避难，而是由于落草为寇后，害怕政府缉拿，而避祸逃难。如明朝“广东大盗张琏，作乱时被官军镇压，

---

① 吴行赐：《清朝政府的华侨政策》，郑民、梁初鸣编：《华侨华人史研究集(一)》，海洋出版社 1989 年版，第 93 页。

② 阮锡撰：《海上见闻录》卷 2。转引自朱国宏：《中国的海外移民》，复旦大学出版社 1994 年版，第 109 页。

③ 庄为玑等：《福建晋江专区华侨史调查报告》，《厦门大学学报》(社会科学版)1958 年第 1 期。

④ 李长傅：《中国殖民史》，商务印书馆 1937 年版，第 60 页。

逃到印尼的巨港，当起蕃舶长，有很多漳州人和泉州人追随。嘉靖末年，闽粤一带海寇逃到浡泥(加里曼丹北部)的有2000多人之众”①。再如，洪武年间逃到印尼巨港的陈祖义等人，在当地充为头目，专事海寇之事，凡有经过的客船都被劫掠②。出海为盗多属不得已。傅元初的《请开洋禁说》这样描述“海盗”：“万历末年，海上久安，武备废弛。遂致盗贼劫掠，兼以红毛番时有猖獗，夺取货船，官府以闻，朝廷遂绝开洋之说。然语云：海者闽人之田。海滨民众，生理无路，兼以饥馑荐臻，穷民往往入海从盗，啸聚亡命。海禁一严，无所得食，则转掠海滨。”

因人地关系紧张而逃往海外的也不在少数。明清时期，人口增长使作为农民主要生产资料的土地人均面积大为缩小，食物供应满足不了需求。这种状况又为地主的大量兼并土地所加甚。1381年，广东人口310万，福建人口384万，但到1491年，广东人口已增长到382万，福建人口增长到509万。到1626年，广东和福建人口分别为414万和563万。与此同时，人口密度也增加了，1381—1491年，广东人口密度从每平方公里14人增加到17人，福建则从每平方公里31人增加到41人③。可见，在明朝广东和福建的人口增长颇为迅速，人口与土地关系大为紧张，尤以福建为甚。《泉南歌》开篇就是，“泉州人稠山谷瘠，虽欲就耕无地辟”。在福建漳州，“尝观漳郡，力农者，散处七闽，深山穷谷，无处无之”。人口增长使得“闽中有可耕之人，无可耕之地”，加之大地主的土地兼并，为了谋求生存，福建人以其与东南亚地区的地理邻近和交通便利之利，相率出海，或贸易或帮佣，就像《厦门志》所描述的，“非细者挟资贩海，或得载而归；贫者为佣，亦搏升米自给”④。清代，福建、广东更是“地狭人稠，仰粟于外”。据梁方仲《中国历

---

① 《明史·外国列传》，婆罗条，三佛齐条。

② 马欢：《瀛涯胜览》旧港国条。

③ 赵文林、谢淑君：《中国人口史》，人民出版社1988年版，第374、376页。

④ 《厦门志》卷8，番市略条。

代户口、田地、田赋统计》记载，从1685年到鸦片战争前夕，广东人口由367万人猛增至1917万人，人均耕地由8.46亩降至1.67亩。同期福建人口由449万人增至1478万人，人均耕地由2.5亩下降为0.9亩，人和地的比例严重失衡，为了谋生，除了在国内(包括台湾)寻找生路外，大量的人选择了流向东南亚。

还有因自然灾害和生计危机等原因而逃往海外的。如明代林道乾，利用1566—1567年的饥荒，纠集饥民数十人，为寇于潮汕海上，后为戚继光、俞大猷等击溃，率众逃往越南、柬埔寨①。

流民何时开始流向海外，很难考证。春秋时代以前是否有流民流向海外，由于缺乏资料，目前还不得而知。但战国时，因遭受自然灾害、战乱或其他原因，为了生存而离开祖国流向海外谋生的活动已有记录。汉初，燕人卫满“聚党数千人”统治朝鲜时，境内有不少人就是“故燕、齐亡在者”②。所谓“故燕、齐亡在者”指的就是战国末年秦灭六国时从燕国、齐国逃到朝鲜去的人。可能还有一些人因避苛政，而逃往朝鲜和日本。朝鲜半岛直接与中国大陆接壤，途中没有高山大海阻隔，前去极为方便，因此，是秦人避役避祸的理想之地。这在史籍中可以找到佐证。《后汉书·王景传》记载，王景的八世祖仲，系琅琊郡人，为避祸远适朝鲜乐浪。当时不仅在中国势力所及的朝鲜半岛北部地区有大量流民，而且在南部同样也有汉人流入。《三国志·魏书·东夷传》记载：“耆老自言，秦之亡人，避苦役适韩国。”《后汉书·东夷传》记载，东汉灵帝末年，“韩、涉并盛，郡县不能制，百姓苦乱，多流亡入韩者”。《晋书·四夷列传》也载：“辰韩在马韩之东，自言秦之亡人避役入韩，韩割东界以居之，立城栅，言语有类秦人，由是或谓之为秦韩。初有六国，后稍分为十二。又有弁辰，亦十二国，合四五万户，各有渠帅，皆属于辰韩。辰韩常用马韩人作主，虽世世相承，而不得自主，明其流移之人，故为马韩所制也。”

---

① 朱国宏：《中国的海外移民》，复旦大学出版社1994年版，第108页。

② 《汉书》卷95，《朝鲜传》。

迁入日本的情况，虽然没有直接的史料证据，但可以从考古资料中得到证实。日本西部海岸出土的公元前3世纪至公元前1世纪的陶器可以看出在制作技术上有飞跃式进步。另外，出土的铜剑、铜矛和铜戈等金属器物也与中国出土的完全一致。这很可能是由中国华北的移民带去。编于公元815年的日本《姓氏录》也载："仁德天皇(约前1世纪)时，秦氏流徙各处。"由此可见，与传说中的徐福东渡同期，即已经有中国流民移徙日本列岛，且人数不在少数。

二、规模与分布

如果说秦朝时，迁出人数还比较少，迁出地主要限于江苏和山东等沿海一带，迁入地主要是朝鲜和日本，那么秦以后，情况发生了巨大变化，无论是迁出人数，还是迁出地和迁入地范围都得到了扩大。迁出地主要集中在广东、福建两省。迁入地有东南亚、朝鲜和日本，后来又扩大到南亚、西亚和美洲地区。尤以东南亚为多。特别是印度尼西亚、越南、柬埔寨、菲律宾、泰国和马来西亚等国。

先看往东的迁移。前文已说，中国人流向朝鲜半岛最迟在秦代就已经开始。《后汉书·东夷列传》载，秦末汉初"燕、齐、赵人往避地者数万口"，其规模是相当大的了。秦以后，中国流民流入朝鲜半岛的势头有增无减。由于当时朝鲜法律简易，民风淳朴，山东、河北、辽宁等地有不少人流入。《汉书·朝鲜传》说："所诱汉之人滋多。"《明史·熊廷弼传》记载：万历年间(1573—1619年)，"时金、复诸卫军民及东山矿徒，多结砦自固，以待官军，其逃入朝鲜者，亦不下二万"。向东迁移者一般先到朝鲜半岛，然后一部分人再迁往日本。这些迁往日本的流民，有的自称是秦始皇的后裔，有的自称是汉高祖的后裔，有的自称是孙权的后裔，有的则自称是南朝司马氏的后裔等等①。

往东南亚的流迁规模更大。逃难东南亚始于何时，不得而知，

---

① 参见张声振：《两晋南北朝时期移居日本的汉族"归化人"及其贡献》，载吴泽主编：《华侨史研究论集(一)》，华东师范大学出版社1984年版，第38页。

从现存史料看，明清以前主要是政治逃亡。清人薛福成在《庸庵笔记》中曾记载：东汉时，定海(今浙江镇海)秀才被南粤“匪寇”抓走，逃出后，租赁一条帆船经商，航行到新加坡，遇风暴漂流至爪哇。他在该岛的南端发现一个村庄叫刘庄，有数千人家，系西汉惠帝(前194—前188年)的后裔。据说吕太后一死，诸大臣杀吕氏人和少帝。少帝之妻张皇后用重金买通宦官，把刚出生3个月的少帝之子送出宫。后来，这个男孩到南粤，南粤王赵佗知道始末后，给他封官赐地。传到几十代，家族破落，流亡到了爪哇。虽然这个记载未必可信，但有人因逃难而远赴南洋的事肯定存在。唐末战乱期间就有大批中国人避战乱而流亡到了东南亚一带。公元10世纪，阿拉伯旅行家马苏第在其所撰《黄金草原》一书中，记载了他在公元943年游历到今印度尼西亚的苏门答腊东南沿海地区，亲眼看到“有许多中国人在此岛耕种，尤以巴邻旁为多”。此处的巴邻旁，就在今巨港附近。据说，这些中国人是唐末黄巢起义军攻占广州城之后逃到这里来避难的。南宋末年，宋朝遗臣为了避难求生，“流离海外，或仕占城，或婿交趾，或别流远国”。这里的占城和交趾均在今越南境内。马欢所撰《瀛涯胜览》一书中记录的关于生活在三佛齐(今印度尼西亚巨港)中国流民的情况尤为详细：“国人多是广东漳、泉州人逃居此地，人甚富饶，地土甚肥……昔洪武年间，广东人陈祖义等，全家逃于此处，充为头目，甚是豪横，凡有经过客人船艘辄便劫夺财物。”明朝灭亡后，一些忠于明王朝的“忠臣义士”也纷纷逃到东南亚一带。譬如朱由榔率众流亡缅甸，朱舜水流亡日本，郑成功部将杨彦迪、陈上川等人率众3000余人逃亡安南、真腊。这些流亡者及其后裔自称“明乡人”。当时逃亡越南、柬埔寨、泰国、缅甸的“明乡人”甚众，往往聚居成村，村曰“望乡台”。

明清时期，除了政治上避祸逃难外，因生计无着而到海外求生的贫民人数大增。如明英宗时期，沿海各省如浙、闽、粤等地的流民，开始冒禁下海到国外谋生。正统九年(1444年)，广东潮州发现由流民65人组成的团体，私自下海去爪哇国的事件。嘉靖时期的倭寇与海盗勾结骚扰东南沿海，其中也有一些流民的败类参加。明末清初，据顾炎武《天下郡国利病书》称，沿海流民“流寓夷土，筑庐舍，操佣贾杂作为生活，或娶妇长子孙者有之，人口以数万计”。

清朝建立后，出于对汉人建立海上抗清基地的防范，厉行“海禁”，片帆不得下海，如有私自出海者，无论贸易经商，抑或海外谋生，一旦捕获，即按“反叛”罪处以极刑，“斩立决”。尽管清廷屡颁禁海之令，但不能也不可能禁止“洋流”潮的涌起。许多流民冒险“偷渡”南洋。清康熙皇帝讲过：“海外如吕宋、噶吧（今雅加达）等口岸，多聚汉人，此即海贼之根。”①1777 年，一部分华人曾在加里曼丹岛西部建立过一个名叫“兰芳大总制”的类似国家机构的组织。19 世纪以来，远渡的人更多。

鸦片战争以前移居海外的人数，朱国宏先生根据华侨人口，对迁移规模作了具体的估算。他认为，在 1567—1840 年，移居印度尼西亚的大约有 30 万；菲律宾约有 10 万；马来西亚约有 8 万；越南、柬埔寨、缅甸和泰国共有 40 万。如果再加上到美洲地区以及日本、朝鲜的移民，总数估计至少有 88 万之多，甚至可能已超过 100 万。②

总之，在中国古代，正如池子华先生在《流民问题与社会控制》一书中所说的：“一个显而易见的流向就是以中原为中心的‘离心’运动。黄河中下游即中原地区，是中华民族的摇篮，开发历史悠久，人口稠密，为人口‘高压区’，在天灾人祸等因素的驱动下，流民潮涌，向外扩散，表现出典型的‘离心’运动，如石投水，激起漩涡，形成波轮，外向层层推进，中原文化因而得以传播。同时，由于北方少数民族不断进犯中原，如两晋、南北朝、宋元时期，压迫汉民族渡江南下，表现出明显的‘北进南退’的特点，使南方逐渐形成全国人口重心。”③

---

① 《明清史料》丁编，第 8 本。

② 朱国宏：《中国的海外移民》，复旦大学出版社 1994 年版，第 123～125 页。

③ 池子华：《流民问题与社会控制》，广西人民出版社 2001 年版，第 60 页。

流民流向上的选择遵循的是“避害”、“趋利”原则，“民，利之则来，害之则去。民之从利也，如水之走下，于四方无择也。故欲来民者，先起其利，虽不召而民自至。设其所恶，虽召之而民不来也”①。避害、趋利既是人本能的自然流露，也是流民的“理智”体现，流民是在这一原则下对流迁的方向作出的判断和选择。

① 赵守正：《管子通解・形势解》。

第四章

困境与抉择：古代流民的生活方式和归宿

流民是一个不稳定的社会阶层，他们很少或根本无法进行正常的生产活动，所以历代政府都不允许他们成为一个数目庞大的队伍在社会中存在。而流民为了生存，也迫不及待地寻找新的谋生方式。在社会和自身生存的双重压力下，流民从夹缝中求生，找到自己的生活方式和归宿。明代宣德年间，苏松巡抚周忱写给户部负责官员的一封信中把苏松流民的去向归纳为七类，即大户庇荫、豪匠冒合、船居浮荡、军囚牵引、屯营隐占、邻境蔽匿和僧道招诱①。对于流民来说，生存是首位的问题，对“职业”选择考虑并不多。在经过一段时间的动荡整合之后，他们大致有以下几种归宿或生存方式：乞讨流浪，打家劫舍，回归故土，沦为豪强的私属、弃农。这些生存方式有的是正当的，与时代的要求相吻合，如进城从事工商业；有的则是不正当的，为法律、习俗等社会准则或价值观念所不容的，如烧杀抢掠、坑蒙拐骗等。

① 《明经世文编》卷22，周忱：《与行在户部诸公书》。

第一节 乞讨与流浪

一、乞讨生活

乞讨流浪是流民生存方式的一种，是一种较为普遍的现象。破产农民选择乞讨是一件迫不得已的事。他们有的是在长途跋涉中受困，不得不靠讨取食品和钱物来渡过难关；有的是在新居住地尚未找到足以养家糊口的工作而被迫临时乞讨；有的是遭遇灾荒或兵祸，暂时逃荒在外，过着乞讨的生活；有的是老弱病残，没有自食其力的能力，只好沿街乞讨，走村串巷，以乞讨为生；还有的是以乞丐身份为掩护从事犯罪活动。所以，流民乞丐是一个复杂的社会群体，里面人鬼混杂，光怪陆离。前四类流民乞丐的境遇令人同情。古吴最乐老人就说："夫乞人者，贫人也，非有刑伤过犯之秽迹也，非如娼优隶卒之污贱也，非若为盗为贼之有干国宪也，苟能自立，仍然清白良民，其不得已而求食者，诚此生之末路仅一线之生机也。"①最后一类乞丐令人深恶痛绝，他们成为社会的一个毒瘤。如北宋李昉所辑的《太平广记》说："至于深坊僻巷、马医酒保、乞丐佣作及贩卖儿童，并是为狗。"朱熹也指出："钞法之行，有朝为富商，暮为乞丐者。"②明清以后，在一些地方，乞讨成了人们谋生的重要途径。如凤台，"无业者辄流散四出，谓之'趁荒'，或弥年累月不归，十室而三四"③。

流民乞丐就其方式看，有单个人行乞的，有一家人一起行乞的，有以团体为单位行乞的。单个人行乞的主要是一些无依无靠的孤儿老母，身体残疾者。他们生活无着，只好以乞讨为生，生活非常艰辛。他们踯躅街头，白天吃的是残肴剩饭，晚上则宿于垃圾箱旁、屋檐下、房角处或弄堂口，以报纸铺地，以牛皮纸及广告盖

① 古吴最乐老人：《详饬求食论》，《申报》同治十一年八月初二。

② 《朱子语录》卷130。

③ 李兆洛：《养一斋文集》卷17，《凤台保甲议》。

身，经常求告无门、乞讨无着。旧时在中国北方，长期流传着一种风俗："凡神祠无庙祝者，虑流丐栖息，多以土墼墐其户，而留一穴置香炉。"①他们乞讨有时不仅得不到接济，还会遭人叱呵，遭狗狂吠。清朝一位在上海乞讨的妇人，背上贴着一首诗。这首诗形象地反映了流民乞丐的不幸生活境遇。诗云：

萧条行李此经过，只为天灾受折磨。
踏破绣鞋埋雨泞，拖残云鬓入风波。
沿门乞食推恩少，掩面求人忍辱多。
遥念故乡何处是，夕阳回首泪滂沱。②

全家人共同行乞的主要是一些因遭突然的变故(如天灾人祸)一时陷入绝境的人。他们抱着乞讨维持生命所必需的衣食的目的到处流浪。他们有的扶老携幼前往城市乞讨，有的流向丰收之地乞食，有的流向边陲要饭。宋人王令的《饿者行》诗深刻地揭示了流民乞讨的痛苦经历。诗云：

风雨不止泥路迂，马倒伏地人下扶。
居者不出行者止，午市不合人空衢。
道中独行乃谁子，饿者负席缘门呼。
高堂食饮岂无弃，愿从犬彘求其余。
耳闻开门身就拜，拜伏不起呵群奴。
喉干无声哭无泪，引杖去此他何如?
路旁少年无所语，归视纸上还长吁!

以团体为单位行乞的主要是一些职业乞丐。以行乞为职业实际上是流民的一种无可奈何的选择。乞丐职业不仅职业结构复杂多

① (清)纪昀：《阅微草堂笔记·槐西杂志四》。
② (清)程趾祥：《此中人语》卷5,《逃荒妇人作》。

样，而且“物以类聚，人以群分”，形成形形色色、光怪陆离的职业行帮——丐帮。中国丐帮始于宋代，据曲彦斌《乞丐史》一书考证，南宋时期出现了名之曰“团”的乞丐行帮组织，首领叫“团头”，是“世袭的”。丐帮是一种以民间职业集团出现的民间秘密社会组织形式，同时也是一种假亲属结构的互助组织。内部有严格的界约，不仅组织严密，有帮主执事人，亦有暗语，平时散居各处以乞讨为生，一有事则相互集结。《东京梦华录》卷 5 载：“至于乞丐者，亦有规格。”表明丐帮在宋代已有严格的帮规。丐帮的执事者叫“团头”，也就是后来所说的帮主。在冯梦龙编的话本小说《全像古今小说》卷 27《金玉奴棒打薄情郎》中，我们可以窥见当时丐帮的情形。“丐头”(丐帮帮主)是丐帮的主心骨，在清代通常由官府任命，负责管理乞丐事务，这就使乞丐职业行帮存在的“合法性”得以确认，号称为“天下第一大帮”。

流民行乞就其手段看，主要有原始型、卖艺型、残疾型、流氓无赖型等。所谓原始型乞丐，就是指以最本能的，也是最本分的哀苦乞讨为主要行乞手段的乞丐。这类乞丐大多为一时落入社会底层的落难者，或者一蹶不振为生活所迫而长期操守此业之人。他们多是天灾人祸后流落他乡的无依无靠的流民，其境遇最悲惨。卖艺型乞丐是指依靠本身的一技之长，来博取众人欢心而得到施舍的人。这类乞丐的境况略微好些，有的以卖唱行乞，如南宋都城临安的瓦舍勾栏中的妓乐，就是这一类型；有的靠弄蛇行乞，清代《古今图书集成·博物汇编·艺术典·乞丐部》中记载了“安陆人姓毛，善食毒蛇，以酒吞之。尝游齐鲁，遂至豫章，恒弄蛇于市，以乞丐为生，积十年余”；有的以卖药行医行乞，其中一部分人是家道衰败的医学世家子弟，有的则是一些一知半解的混混。残疾型乞丐是指因身体有缺陷，无法像正常人一样获取生活必需品，只能依靠唤起他人的怜悯之心来获得施舍，以维持生计的人。这类乞丐在整个流民乞丐群体中虽不占主要成分，但也为数不少。流氓无赖型乞丐是指靠各种歪门邪道获取生存资本的人，他们施展的手法包罗万象，能骗则骗，能勒索就勒索，倚门强乞，偷、劫、掠、淫以及残害生命，危害人身安全的事时有发生，可以说是五毒俱全，无恶不作。如宋代乞丐乘年关喜庆之时到百姓家勒索，宋人称之为“打夜胡”。他们“三数人为一伙，装妇人神鬼，敲锣击鼓，巡门乞钱”①。江南盛行跳灶王，而从事此项活动的往往是乞丐。“杭俗，跳灶王，丐者至腊月下旬，涂粉墨于面，跳踉街市，以索钱米。”有的乞丐还干偷盗、抢劫之事，弄得百姓不得安宁。

如果说单个的乞丐流落社会，干着犯罪勾当，为害尚浅，那么宋代以后，他们纠合成行帮，流氓无赖色彩日渐突出，对社会造成的危害明显加大。如清朝，时人记载：“各属城市乡村有恶丐，名为练子行，年力精壮，强横无赖，到处成群，登门强索。”“各处乞丐多年力强壮之人，强索滋扰。”②

二、流落迁徙途中

流民一旦离开家乡，踏上迁徙之路，实际上就开始了流浪生涯。对于流徙在路途上的流民来说，跋涉的艰辛是可想而知的，前途的渺茫也是不言而喻的。郑侠的《流民图》、蒋兆和的《流民图》就是他们人生遭际的大写真。元朝办理赈灾的长官陕西行台中丞张养浩的《哀流民操》，对此刻画得更是入木三分，诗云：

> 哀哉流民，为鬼非鬼，为人非人。
> 哀哉流民，男子无缊袍，妇女无完裙。
> 哀哉流民，剥树食其皮，掘草食其根。
> 哀哉流民，昼行绝烟火，夜宿依星辰。
> 哀哉流民，父不子厥子，子不亲厥亲。
> 哀哉流民，言辞不忍听，号泣不忍闻。
> 哀哉流民，朝不敢保夕，暮不敢保晨。
> 哀哉流民，死者已满路，生者与鬼邻。
> 哀哉流民，一女易斗粟，一儿钱数文。

---

① 《东京梦华录》卷10。
② 陈钟珂：《先文恭公年谱》。

哀哉流民，甚至不得将，割爱委路尘。
哀哉流民，何时天雨粟，使汝俱生存。①

古代历史上的流民，总是在悲悲切切、戚戚惨惨的仰天长叹中艰难跋涉。明人李松写的《流民叹》描述道："恻恻背乡井，迟迟行道侧。"这是上路时的情形与心理，对熟悉的故土难舍难离，但还是狠狠心告别了。同行的是妻子儿女，一个个因为饥饿，脸上都是焦黄的。往哪儿去呢？"闻道大河南，人家富黍稷。"这是一个黄河以北的农民，听别人讲南方好，就朝那儿奔。肩上挑着破烂家私担子，走不快，但是心里很着急，恨不得立即到理想境界。饥饿时拿出带的干粮啃几口，边走边吃，哪有钱找个饭铺享受一餐呢？道路上风尘扑面，身上的衣服尽是落的土，像个黑泥人。走到天黑，卧在荒郊野外。由于白天奔走的疲劳加上无家可归的烦愁，哼哼叽叽地难以入睡。伤心到了极点，感叹人生固然有许多痛苦，但是以没家为最可怕。第二天爬起来又继续走着，像被飓风刮动的浮云，像没有树林的上空的飞鸟，哪儿是个安身之处呢？还不知道。全家人回头往北望去，离开的老家已经渐渐地远了②。这里描述的是一户流民单独迁徙的情景。一路之上，流民饥肠辘辘，心情沉闷，备尝艰辛，希望能尽快熬到尚不知是不是乐土的新处所。

《晋书》中记载了一个非常凄惨的流民流浪的事例。一个名叫邓攸的人领着一家老小向南流亡。开始逃难时，他们行囊颇丰，还有车马。南下过泗水时，听到石勒率领的胡兵将要杀到的消息，邓攸急忙砍坏车辆，用牛马驮着妻儿加快跑。不久，一家人又遇上了强盗。牛马及财物被他们掠走，幸而并未伤及性命。邓攸被迫把儿子和侄子分别放在挑子的两头挑着前行，但是越是往前行，困难越大。饥饿、过度的精神与肉体的消耗，随时可能发生的危险，使邓攸面临抉择：必须舍弃其中的一个孩子。他对妻子说："我的弟弟

---

① 转引自池子华：《中国近代流民》，浙江人民出版社 1996 年版，第 5 页。

② 《明诗纪事》戊签卷 14。

不幸早死，只有侄子这一根独苗，绝不能让他无后。你我还很年轻，将来有了落脚之地，一定还会生养的。所以，我想把儿子丢掉。”妻子虽然号啕痛哭，但是最终依从了丈夫。第二天一早，他俩趁着儿子熟睡未醒，夫妇俩带上侄子含悲上路了。没想到，晚上休息的时候，儿子哭喊着找到了他们。在新一天的黎明，邓攸狠下心将儿子捆在树上，头也不敢回，继续南下了。若干年后，这三口人在江南终于安顿下来，邓攸和侄子邓绥还做了官，但是每人的心里总不能平衡，骨肉分离的痛苦始终折磨着他们。①

类似的记载在其他的史籍中也能找到。如明人吕坤在《实政录》卷2中记述万历十四年(1586年)一些流民家庭的遭遇，比晋人邓攸状况更惨：邯郸路上，有一妇人，带三个小儿女，路上带累，寸步难行，其夫劝妻舍弃孩儿，妇人恸哭不忍，其夫赌气先走了数十里，又于心不忍，回来一看，这妇人与三个孩子吊死在树上，其夫恸哭几声也自吊死。明景泰五年(1454年)，周忱奉命赈济灾民。他把路途所见所闻写成了一首读之令人心酸的诗：

萧萧匹马过长安，满目饥民不可看。
十里路埋千家冢，一家人哭两三般。
犬衔骸骨形将朽，鸦啄骷髅血未干。
寄语当朝诸宰辅，铁人闻着也心酸。

单家分散迁徙的流民在各朝各代都存在，为数不少，特别是在面临地区性自然灾害或遭遇家庭不幸时，单个家庭往往独自行动，迁徙流浪，寻找活路。但是在发生大的自然灾害或大的战乱时，分散行动的流民家庭不但衣食补给非常困难，人身安全也不能保障，随时会遭到乱兵、胡寇、盗贼的杀掠，或被野兽吞噬，甚至成为饥民啖食的对象。所以，他们往往结伴而行。如两晋之际的大股流民群往往是按地域关系聚合的，以州相称的有“并州流人”、“秦雍流人”、“梁益流人”等，以郡相称的有“河东、平阳、弘农、上党诸

---

①《晋书》卷90，《良吏传》。

流人”、“巴蜀流人”等。小股的流民群则以亲族乡里为纽带，有的以“姻昵及交游数十家”①为一群。他们为了避难求生，希图在路途上有个照应，如“王莽末，南方饥馑，人庶群入野泽，掘凫茈而食之，更相侵夺。新市人王匡、王凤为平理诤讼，遂推为渠帅，众数百人”②。西晋惠帝元康八年(298 年)，“关西扰乱，频岁大饥，(李)特兄弟率流人数万家，就谷汉中，遂入巴蜀”③。《晋书·儒林传》记载：“徐邈，东莞姑幕人也。祖澄之为州治中。属永嘉之乱，遂与乡人臧琨等率子弟并闾里士庶千余家，南渡江，家于京口。”唐末以及北宋末大批南徙的汉人也是举族而迁。宗族乡里关系之所以成为维系流民的纽带，是因为中国农民自古以来就是聚族而居的。东汉以后，由于封建大土地所有制及佃客制的发展，大族豪强利用宗族乡里关系束缚农民，强化封建宗法思想，使宗族乡里观念进一步发展。

第二节 打家劫舍

一、落草为寇

贫困是滋生盗贼、土匪的温床。土匪强盗来源于各种不同的社会阶层，但是不可否认其中有很多人来自流民。农村不断涌现出来的流民队伍是土匪强盗的可靠来源和强大后备军。流民之所以走上土匪强盗之路，主要的或根本的原因是他们被强制性脱离物质生产资料，游离于社会生产之外，在农村失去了正常的生存手段，而城市工商业受到基本“国策”的限制，得不到充分发展，城市化步履蹒跚，社会所能提供的就业岗位太少，不足以吸收、容纳他们，所以流民别无选择，不得不走向这种“越轨”的生存方式。在饥饿面前，人的意志、自尊一一低头。

① 《晋书》卷 72，《郭璞传》。

② 《后汉书》卷 11，《刘玄传》。

③ 《魏书》卷 96，《賨李雄传》。

也许人们会问，为什么同是食不果腹、饥寒交迫、走投无路，有些人选择了苟且逃死，流移他乡，成为流移他乡的流民；有些人则“落草为寇”，做起了土匪或流氓的买卖呢？这是一个极为复杂的社会现象。从个人角度看，与每个人的心理素质、文化程度、性格和对外界信息的接受能力等因素有关。流民中“落草为寇”者一般是身强力壮的，本身极具流氓性，或是经不起外界诱惑。一般地说，在王朝末期，盗匪数量猛增，也特别肆虐。他们为虎作伥，扰乱社会治安，残害百姓，成为社会之大公害。迫于民众的压力，同时也为了维护自己的稳固统治，官府会不辞辛苦屡屡出面镇压，但却是屡“镇”不止。

这里，我们要说的“寇”包括两种人，一种是史书中所说的“逸夫”、“逸民”、“游民”、“流氓”、“强盗”；另一类是土匪。前者是由农村人口分化而来(其中很大一部分来自流民)的一批专事游荡，扰乱社会秩序、为非作歹的不良莠民。如明初这类逸民以松江、苏州二府为多，他们不是在公门中求生活，阿谀奉承那些役吏皂隶，夤缘害民，就是在市闾乡村游逛，不务生理，为非乱法，为害一方。到了明中期，这类事件在城镇开始泛滥成灾，至成化、弘治时达到极盛。其流氓不法活动被龚书铎总主编的《中国社会通史·明代卷》概括为四个方面：一是打架斗殴，行凶杀人；二是横行市肆，强取货物；三是充当揽头，兜揽钱粮，上下其手，掺杂糠土，获取暴利；四是在运河与长江沿岸交通要道，私设关津，打抢货物。如史书载称，上自九江，下至苏州一带，沿江去处，常有一些凶顽之徒，三五成群，驾驶船只，大白天在江上，或自称巡捕人员，或冒称牙行前来接客，邀截官民客商之船，公然撒泼，殴打平民，抢掠财物，致人死亡，肆意凶顽，明火执仗，确实“势如海盗”①。

土匪是指一些占山为王，靠抢劫、绑票为生的无赖匪徒。在一些人的观念中，土匪是“为非作歹、危害人民的人”②。在另一些

① 《皇明条法事类纂》卷 34，《沿江等处殴打平人抢夺财物照在京事例充军为民》。

② 《辞海》，上海辞书出版社 1980 年缩印本，第 168 页。

人的心目中，土匪成了“绿林豪客”，认为他们的活动虽以打家劫舍为特点，对老百姓构成一定的威胁，但他们游荡江湖，抑强扶弱，劫富济贫，并以其主持正义、崇尚个人自由、舍己为他、视金如土的美德而闻名于世①。我们认为，著名社会史学家蔡少卿先生给土匪所下的“定义”最为全面。他认为，土匪是这样一群人：(1)他们来自农业社会，是农村社会周期性饥馑和严重的天灾、战争的直接产物，为了不被饿死，他们结伙武装起来，为所欲为；(2)他们的存在和活动不为国家的法律所允许；(3)他们的行为虽然是对现实的抗议，在客观上具有反社会性，但他们又缺乏明确的政治目的；(4)他们脱离生产，暴力抢劫和勒赎是他们生活的主要来源。概括起来，土匪就是超越法律范围进行活动而又无明确政治目的，并以抢劫、勒赎为生的人②。土匪之危害罄竹难书。土匪“越轨生存方式”的基础靠的是“砸窑”(抢财物)、“绑票”(抓人质)、“插人”(杀人)、“放亮子”(放火)、“别梁子”(劫道)、“挑片”(分钱财)，以满足生理上的需求。池子华先生在《流民问题与社会控制》一书中分析了土匪的性质，认为“土匪生命的延续，是建筑在他人生命财产损失基础上的。尽管有一些‘绿林好汉’有一些劫富济贫的侠义之举，但却无法改变职业土匪狰狞丑恶的整体面貌。他们的存在，使社会动荡不安，严重破坏着社会生产和民众的社会生活”。

流民沦为盗贼的事例很多，如西汉王莽时，“青、徐民多弃里流亡，老弱死道路，壮者入贼中”③。西晋时，“秦州人邓定等二千余家，饥饿流入汉中，保于成固，渐为抄盗”④。隋代赋役苛急，百姓财力俱竭，安居则不胜冻馁，死期交睫，剽掠则犹得延生，遂相率为群盗。唐初也不断有逃户迫于生计相聚为盗的。武后时陈子

---

① 陈宝良：《中国流氓史》，中国社会科学出版社 1993 年版，第 26 页。

② 蔡少卿主编：《民国时期的土匪》，中国人民大学出版社 1993 年版，第 3 页。

③ 《汉书》卷 99 下，《王莽传》。

④ 《晋书》卷 57，《张光传》。

昂作《上蜀川安危事》，云："今诸州逃走户有三万余，在蓬、渠、果、合、遂等州山林之中，不属州县。"其中"游手堕业亡命之徒，结为光火大贼，依凭林险，巢穴其中"①。与之同时代的狄仁杰也说："方今关东饥馑，蜀汉逃亡，江淮以南，征求不息，人不复业，则相率为盗。"②可见这种情况已波及全国许多地区。安史之乱后，官乱人贫，盗贼蜂起，逃户亡命山泽的现象更加严重。时人谓"今山谷江湖，稍多亡命；今所在盗贼，屡犯州县；今天下百姓，咸转徙流亡"③。关中地区有"群盗遍南山"，江淮地区逃户也"相聚山泽为群盗，州县不能制"，湖岭一带有"湖外饥人，相聚为盗"，西南巴、蓬等州人转徙流亡，"去桑梓之重迁，保山林以自活"，益州"夷獠相聚山泽为盗"，盗贼遍布各地。他们抢劫官私物品，甚至抄掠城池，使社会更加动荡。如代宗时，庐、寿二州刺史张万福"送租赋诣京师，至颍州界，为盗所劫"④。苏、常地区盗贼也聚徒阳羡西山，"逼之则鸟散坡谷，缓之则公行寇掠"⑤，令官府无可奈何。特别是逃往山险之地或统治阶级力量相对薄弱地区的流民，他们为了反抗封建统治，一部分从事垦荒，一部分自相结聚形成反抗力量，即所谓"盗贼"。张柬之《请罢姚州屯戍表》提到"剑南逋逃，中原亡命"有 2000 余户，散在姚州，"专以掠夺为业"。则剑南之姚州聚集的逃户一部分是本地人，一部分来自中原地区，形成一股反抗势力。《唐会要》卷 70《州县改置上》河南道仙州条说：仙州(治今河南舞阳)虽无山险，但因远离四面州治，实际上是统治阶级控制较弱的地区；加之西南、西北为豫西山地，因而是逃户聚集之地。这里土地饶沃，户口稀疏，一部分逃户可能从事农耕，也有一部分结成"盗贼"。北宋灭亡后，时人李光讲："国家自靖康以来，因金人内逼，百姓失业，无所得食，弱者转徙乎沟

---

① 《全唐文》卷 211。

② 《旧唐书》卷 89，《狄仁杰传》。

③ 《元次山集》卷 6。

④ 《资治通鉴》卷 225。

⑤ 《册府元龟》卷 695，《屏盗》。

甕，强者结为寇盗。”①南宋嘉泰三年(1203年)，“邵、永州大饥，死徙者众，民多剽盗”②。这类盗贼是社会阶级或民族矛盾空前激化的产物，他们的结聚往往成为农民起义的先声。如唐后期方清起义，先“诱流殍为盗。积数岁，依黟、歙间，阻山自防”③。庞勋起义进军徐、宿，“光、蔡、淮、浙、兖、郓、沂、密群盗皆倍道归之”④。唐末农民大起义也是在黄巢等人领导的盐盗基础上，由星星之火发展为燎原之势。

流民的犯罪有单个人的犯罪、集团犯罪和盗贼型流民组织等多种形式。单个人的犯罪是个人行为，是流民个人走向杀人放火、偷盗抢劫的道路。集团犯罪属于一伙人的行为。流民流亡在外，特别懂得人多势众的道理，集聚一团，有饭大家吃，坏事一起做，形成一股不容忽视的巨大力量。这样对社会的危害要比单个人的犯罪严重得多。梁武帝(502—549年在位)时，“民众流离，邑皆荒毁，由是劫抄蜂起，盗窃群行”⑤。所谓“蜂起”、“群行”，就是指流民组成的犯罪团体的人数众多。再如元朝江浙行省内的流民，“聚集着一二百人，自立头目，骚扰百姓”⑥；黄州等处“流民群聚，持兵抄掠”⑦。元朝还有一个有名的流民犯罪团伙——匾担社，他们“执把刀斧棍棒，夤夜偷斫桑枣树，搬收米麦谷豆，纵捉拿，喝喊拒捕，致伤人命”⑧。这个匾担社在《元史》中作“扁担社”。此社造成的影响很大，泰定三年(1326年)九月政府专门下令：“禁饥民结扁担社，伤人者杖一百，著为令。”⑨盗贼型流民组织是指以抄掠为目的的有组织、有领导、有章程的群体，比一般的群体内部结构更

① 《庄简集》卷11。
② 《宋史》卷67，《五行志》。
③ 《新唐书》卷146，《李栖筠传》。
④ 《资治通鉴》卷251。
⑤ 何之元：《梁典·总论》，《文苑英华》卷754。
⑥ 《元典章》卷57，《刑部·禁聚众》。
⑦ 《元史》卷26，《仁宗纪》。
⑧ 《刑统赋疏通例编年》。
⑨ 《元史》卷29，《泰定帝纪》。

复杂，其破坏性也更大。如南宋时北宋溃兵和普通流亡民众在南方组成盗贼型流民组织。在荆湘地区，“拥众多者十数万，少者亦数万人，跨据州县，递相屠掠”①。南方其他地区，遭遇类似，如“每日十数万纵行江东，恣行杀掠”②。马端临在《文献通考》卷 155 中写道：“建炎(1127—1130 年)绍兴(1131—1162 年)之间，骄兵溃卒，布满东南，聚为大盗，攻陷城邑，荼毒生灵。”《建炎以来系年要录》卷 41 中记载韩璜这样描述流民武装对南方社会的破坏，“自江西至湖南，无问郡县与村落，极目灰烬，所至破残，十室九空”。

毫无疑问，对于流民中的大多数人来说，选择当盗寇、土匪之路是在走投无路情况下的一种无奈之举。如隋末“辽东战士及馈运者填咽于道，昼夜不绝，苦役者始为群盗”③。唐高祖时严甘罗因剽劫为吏所拘。高祖问：“汝何为作贼?”严甘罗对曰：“饥寒交切，所以为盗。”④唐僖宗在一份诏书中也承认，“近日东南州府，频奏草贼结连，本是平人，迫于饥馑，驱之为盗，情不愿为”⑤。当然，也有一些人如前文所说，是经不起诱惑而走上这条歪门邪道的。他们原本是一些好吃懒做之徒，时人称他们为“闲子”、“无赖”。如广明元年(880 年)，黄巢起义军入京师，长安居民多逃至宝鸡避难，这批“闲子”专门掠夺逃难的居民。当然，对盗不可一概而论，隋唐末年的农民大起义都有盗参与其中，甚至成为领袖，对摧毁封建秩序起到了一定的积极作用。如隋末农民起义军领袖刘黑闼，“贝州漳南人，无赖，嗜酒，好博弈，不治产业……隋末亡命从郝孝德为群盗”⑥。此外，还有一些盗以扶危济困、除暴安良为己任，被目为侠盗，成为人们心目中的英雄。

流民的大量出现会使盗匪有可靠的来源，而盗匪数量的增多，

① 《梁溪集》卷 65。
② 《高峰文集》卷 9。
③ 《隋书》卷 3，《炀帝纪》。
④ 《唐语林》卷 1，《政事》。
⑤ 《旧唐书》卷 19，《僖宗纪》。
⑥ 《旧唐书》卷 55，《刘黑闼传》。

烧杀抢掠，又会进一步刺激农民的流亡，将富饶之地变成“闾井萧然”的荒凉之地。土匪取民财物，残害无辜，使农民或是家破人亡，或是为避而远之，“弃家而逃”。池子华先生在考察土匪与流民产生的关系后得出结论说：“土匪与流民之间存在着相当密切的互为因果的关系。”①这是有道理的。流民谋生无门，只好落草为寇。而在流氓盗匪的剥削驱迫下，农民日益贫困化，造就出了更多的流民，形成流民—盗匪—更多流民—更多盗匪的恶性循环。历史上这样的事例俯拾可得，如梁武帝时，人民纷纷“因饥逐食，离乡去土”，武帝对流民逃亡采取高压政策，规定：“一人亡逃，举家质作。”结果不少流民铤而走险，“劫抄蜂起，盗窃群行”，而强盗遍地又进一步加速了“民尽流离、邑皆荒毁”②。

二、建立武装组织

流民有时不仅会走向盗贼、土匪之路以苟且偷生，而且会建立起自己的武装组织或政权组织。西晋灭亡后，北方出现了许多具有军事实力的流民集团，如郗鉴集团、苏峻集团、李矩集团、郭默集团和祖逖集团等。它们“招抚离散，远近多附之”。集团拥有强大的军事力量，组织武装力量抵抗少数民族军队的进攻，防御各种寇贼骚扰。如郗鉴集团在邹山“绥集残余，据险历载，遂使凶寇不敢南侵”③。

北宋灭亡后，北方也同样出现了大量流民武装组织。这些流民组织主要由北宋溃兵和普通流亡民众组成。它们还进入江南地区，如被金兵打败后，以流民形式进入南方的李孝忠、党忠、薛广、祝进、曹端等部宋军。它们都是原开封守将刘延庆的属下。此后，这类南下的溃兵人数越来越多。用马端临的话说：“骄兵溃卒，布满

---

① 池子华：《流民问题与社会控制》，广西人民出版社 2001 年版，第 39 页。

② 何之元：《梁典·总论》，《文苑英华》卷 754。

③ 《晋书》卷 68，《纪瞻传》。

东南。”①也有一些武装组织本是各地的勤王军。宗泽讲：“自敌围京城，忠义之士愤懑争奋，广之东西、湖之南北、福建、江淮，越数千里，争先勤王。当时大臣无远识大略，不能抚而用之，使之饥饿困穷，弱者填沟壑，强者为盗贼。”②溃兵南下时不断有北方流民加入队伍。如建炎三年(1129年)进入江南的丁进部，乃“寿春府军也。逃走遇乱，复归乡里，就苏村团结，聚人作过。初自十、百、至千、万，至有数万”③。当时南宋境内除四川、两广以外的广大区域，一度都有这些武装集团的活动。据吴松弟先生统计，它们的总人数可达百万之众。但是，随着势力的壮大，有的首领开始滋生称孤道寡之心，如李成“有席卷东南之意，使其徒多为文书符谶，幻惑中外，朝廷患之”④。有的流民帅，在宗室中寻找傀儡，“袭黄旗被其身”，以图取代高宗政权。绍兴元年(1131年)，高宗曾忧虑地说：“朕以国难日深，政治未洽，寇虏充斥，污渚于齐、鲁、宋、卫之郊，而盗贼跳梁株连于江、鄂、洪、抚之地，闽中屡扰，淮上多虞，是用大惕于朕心，惧坠祖宗之业。”⑤在高宗眼里，金兵是外患，流民帅为内忧，两者同是政权的严重威胁。明代东南沿海的“倭寇”其中很大一部分人并非日本人，而是“从倭”，即我国东南沿海的流民。《筹海图编》就说：“今之海寇动计数万，皆托言倭奴，而其实出于日本者不下数千，其余则皆中国之赤子、无赖者入而附之耳。大略福之漳郡居其大半，而宁、绍往往亦间有之。”⑥这些贫苦民众由于谋生无路，只好下海为寇。如1626—1627年，福建漳泉一带发生大旱灾，“夏秋亢旱，一望皆赤……乡村草根树皮食尽，而揭竿为盗者十室而五”。

流民武装组织大多以抄掠为目的，破坏性很大。如南宋荆湘地区的流民组织，“拥众多者十数万，少者亦数万人，跨据州县，递

① 《文献通考》卷155。

② 《宋史》卷360，《宗泽传》。

③ 《三朝北盟会编》卷115。

④ 《建炎以来系年要录》卷40。

⑤ 《宋会要辑稿》。

⑥ 《筹国图编》卷11，《经略一·叙寇原》引《御海策要》。

相屠掠"①。南方其他地区，遭遇类似，如《高峰文集》卷9载，"每日十数万纵行江东，恣行杀掠"。《中兴小记》卷8载，孔彦舟所率流民军入鼎州，"遂屠其城，民死十八九，余悉黥为兵"。韩璜这样描述流民武装对南方社会的破坏，"自江西至湖南，每问郡县与村落，极目灰烬，所至残破，十室九空"②。

多亡必然多盗，流民与统治者发生对抗的事件不断发生。流民组织中，有的属于反政府性质的。历代这样的反政府的流民组织很多，春秋鲁季孙氏以"鲁为盗"，曾严词申斥司寇臧武仲，要他"将盗是务去"③。晋国的情况更为严重，甚至国都内也是"盗贼充斥"、"盗贼公行"④。在楚国，许多民户逃亡到云梦之泽，吴军攻入楚都郢，楚王逃入云梦之泽，遭到云梦起义武装的袭击，迫使楚王再度逃窜到郧(今湖北安陆)。比较典型的组织有新莽末年王匡、王凤领导的绿林军流民组织；西晋末年李特兄弟领导的秦雍流民组织，杜弢领导的梁益流民组织和张昌、王如先后在江汉一带领导的流民组织；明代中期刘通、石龙等人领导的荆襄流民组织等。西晋时李特兄弟入川之初，就已有大量私人武装。他们一度依附于益州刺史赵廞，组织了一支4000人的骑兵。以后公开聚众，"同声云集，旬月间众过二万"。抄掠是他们补充给养的主要途径。张昌、李特，或"以抄掠为务"，或"专为盗贼"。唐朝早自宝应(762—763年)、永泰年间(765—766年)，在江淮地区即相继爆发了袁晁、陈庄、方清、许钦等领导的流民起义。至唐晚期，随着封建赋役剥削的日益加重，走上这条道路的"流户"和饥民为数更多。《樊川文集》卷11中《上李太尉论江贼书》即称："今长江连海，群盗如麻。"书中所说的是会昌五年(845年)前后的情况。至懿宗咸通元年(860年)五月，左拾遗内供奉薛调上言，更惊呼"兵兴以来，赋敛无度，所在群盗，半是逃户"。其他的一些农民起义，如秦末的陈胜、吴

---

① 《梁溪集》卷65。

② 《建炎以来系年要录》卷41引。

③ 《左传》襄公二十一年。

④ 《左传》襄公三十一年。

广起义，元末农民起义和明末农民起义，虽然不算是流民起义，但起义主体仍然是流民，有的起义的首领本身就是流民。正如池子华先生所说的“中国历史上农民起义、暴动不绝如缕，差不多都与流民经常的大量的存在有着密切的关系”①。流民是农民起义的主体，是王朝更迭的重要力量，正因为如此，历代统治者无不对流民抱有很深的恐惧心理。

第三节 未离黄土地的生存之道

一、重新成为编户齐民

中国农民对土地有着刻骨铭心的眷恋之情。被抛向社会的流民最终还是希望重新回到土地上，拥有一小块土地。这是传统中国“乡土社会”绝大部分流民对未来职业流向的“理智”选择。古代流民的归宿绝大多数还是回归土地，这其中的大部分又重新成为国家的编户齐民。重新回归土地成为国家的编户齐民的流民主要有以下几类：

一类是回归故土著籍。如有的流民因遭遇水旱灾，逃离家乡，但并没有远离乡土，所以一旦灾情好转，就返回家乡，成为国家的编户齐民。如权德舆《论旱灾表》中说：甸畿因旱灾，“流庸转徙之人，或趋近畿，或抵京西”②，旱情结束后又都回到原籍。有的是因战乱和长吏苛暴、赋役沉重而逃离乡井，战乱停息、良吏当政就重返故土。如李华《临湍县令厅壁记》载：“开元裂此乡三千户为菊潭县。天宝、至德之间，狂虏南侵，南阳为战地，地荒人散，千里无烟。”平昌孟威，充本道节度，“始至户不盈百，为政七月，尽室而归者千余家”③。唐代宗时，崔瓘为澧州刺史，“不为烦苛，人

① 池子华：《中国近代流民》，浙江人民出版社1996年版，第9页。

② 《权载之文集》卷41。

③ 《全唐文》卷316，李华：《临湍县令厅壁记》。

便安之，户流亡还归。居二年，增户万数”①。有的则是响应政府的诏令返乡的。一旦流民出现，封建政府总是频繁下诏，令流民返乡，或是用强制手段遣返，或是以赐爵、免征、分配土地等种种优惠条件招诱，意在使流散的人口重归原属版籍。此类措施虽然在执行过程中困难重重，但仍能达到部分目的。如三国时期，曹操接受卫觊的建议，招诱从关中流入荆州的百姓返乡，前后回归10余万家。西晋时期，秦雍流民被“督移还”，“徙者万余家”。这类事例，历代都有。政府在无力将其驱回原籍时，便会让他们在新居地附籍。

一类是在新居地附籍。流民一旦在流浪途中觅到一块无主荒地，便会毫不犹豫地草草搭建一个遮雨避风之处，拿起最原始的农具，开垦种植。流民开垦的荒地有熟荒、生荒之分。熟荒指“兵燹之后，人亡地弃，久成榛莽”的老荒与“偶值岁凶，人民流散，渐致抛废”②的新荒两类。生荒则指从未经开垦、种植过的荒地，多在崇山峻岭之中或边疆荒无人烟之处。如唐宝应元年(762年)敕文中曾提到自贴买得田地的客户编附上籍，比照原有土户减半承担课役③。说明至少有一部分浮逃客户在现居地通过垦荒或自贴买获得了土地。《唐会要·逃户》载，广德二年(764年)四月敕：“如有浮客，情愿编附，请射逃人物业者，便准式据丁口给授。”其人数都不在少数；金太宗天会年间(1123—1134年)，许多河东流民流入河南开垦荒地④。有时，流民到荒僻无人之地开垦荒地甚至形成巨大的浪潮。如明代大量流民逃往荆襄地区开垦荒地。清代流民掀起“湖广填四川”、“闯关东”、“渡海峡”和“走西口”的浪潮。无论是开垦熟荒还是生荒，最终都或被强制，或被招抚而成为国家的编户齐民。种木未盈十年，垦田未及三顷，即被统治者“收供徭役，责之重赋，威以严刑”。⑤

① 《全唐文》卷459。
② 《清经世文编》卷28，黄文鸿：《养民四政》。
③ 《唐会要》卷85，《籍帐》。
④ 《金史》卷47，《食货志》。
⑤ 《资治通鉴》卷281。

在中国古代，政府直接管辖的人口不只是编户齐民，还有很多身份半自由的国家依附民。汉代，依附人口还只是存在于地主私家，而从三国时起，依附民开始出现于国家掌握的人口之中。魏晋南北朝时期，随着自然经济占据统治地位，人身依附关系不断强化，国家依附民人数越来越多，名目也日益复杂，比较典型的有兵、吏、屯、工、乐、杂等户种。他们受到封建政府的严密控制，虽有户籍，但地位不及编户齐民，只有放免后才取得平民身份。他们被迫到指定的部门去服役。这种服役不但是终生的，并且要世代相袭。国家依附民的来源很多，流民是其中之一。但吏户科役严格，百工、乐伎等户技艺性强，不能滥竽充数，故国家从流民中补充的数目有限。流民沦为国家依附民，多为兵户、杂户和屯田户。

大兴屯田，始于汉代。不过，那时主要是利用士卒、徙民在边境地区屯垦，目的在于节省转输之费。三国时，曹操接受枣祗的建议，在内地实行屯田制度，不但组织军屯，而且普及民屯。史称，曹操"募百姓屯田许下，得谷百万斛。郡国列置田官，数年之中所在积粟，仓廪皆满"①。这些所募"百姓"主要是流民。东晋时，元帝也采纳应詹之策，搜括流民，建置了屯田。唐代屯田又称"营田"，唐宇文融上表说："其浮户(即脱籍的流民)，请任其亲戚乡里相就。每十户以上，共作一坊，每户给五亩充宅，并为造一两口室宇，开巷陌，立间伍，种桑枣，筑园蔬，使缓急相助，亲邻不失。丁，别量给五十亩以上为私田，任其自营种，率十丁，于近坊更供给一顷，以为公田，共令营种……既是营田产，且免征行，安堵有余，必不流散。"开元五年(717年)，营州都督宋庆礼于柳城"开屯田八十余所，招安流散"②。五代时各地营田仍然很多。南宋绍兴六年(1136年)，都督张浚奏改江淮屯田为营田："凡官田，逃田并拘籍，以五顷为一庄，募民承佃。"③得到高宗批准。此后，元、明、清几代皆有招募流民屯田的举措。

---

① 《晋书》卷26，《食货志》。

② 《资治通鉴》卷211。

③ 《宋史》卷176，《食货志》。

杂户中流民人数也不少。北魏初年，政府下令检括逃户、流民，“令输纶绵，自后诸逃户占为细茧縠者甚众。于是，杂营户帅遍天下，不隶守宰，赋役不周，户口错乱”①。

流民应募充兵的记载也甚多，如《华阳国志·大同志》讲，永嘉四年(310年)，巴西郡豪强谯登为对抗在益州造反的六郡流民，到荆州刺史刘弘那里请求军援。刘弘无兵可派，上书朝廷请求委任谯登为扬烈将军、梓潼内史，并从漂泊在荆州的巴蜀流民中招募士兵。同书《后贤志·谯登传》记载此事云：“登凡募巴蜀流士得二千人。”东晋初年，建武将军孔坦也曾受命募江淮流人为军②。在北方，少数民族政权则强令流民组织提供兵源。《晋书·石勒载记》记载，石勒攻陷魏郡顿丘诸流民坞堡，“假垒主将军都尉，简强壮五万为军士”。东晋政府则不断采取措施，把流民帅领导的军队易手到国家那里。唐代府兵制破坏后，兵士大量来源于招募，应募者中不少人是流民。周世宗明令招募“山林亡命之徒有勇者”为禁兵，这些亡命之徒即是隐匿在山林中的流民。北宋时，政府凡遇荒年就招募流民为兵，借以防止他们造反。清顺治九年(1652年)，一些官员建议“凡遇降寇流民，择其强壮者为兵，其余老弱悉令屯田”，得到顺治帝批准③。

此外，在历史上还有一些流民投靠在军卫的军官名下，混入屯堡，从事耕种。军官乐于获得劳动人手，流民也可托庇于军卫的保护，里甲不敢追究。

流民不管流浪多少时间，不管以何种方式，也不管在什么地点，只要重新成为国家的编户齐民，又得纳税服役，接受封建政府的剥削和压迫。

二、沦为豪门大户的私属

在历史上，流民投靠大户，以求保护，脱免国家赋役负担的情

---

① 《魏书》卷110，《食货志》。

② 《晋书》卷78，《孔坦传》。

③ 《清世祖实录》卷67。

况十分普遍。这种大户拥有政治特权，可以“以威力强夺人子”，又是高利贷者，可以“私债准折人丁”，是流民的一个大“窝主”。在汉代，就有失去土地的流民投靠大户豪强。当时被称作“客”。流民投靠豪强，耕种他们的土地，因此也被称为“佃客”、“私客”或“家客”。他们往往冒籍于主人之家，不过直到东汉末年，仍是非法的。如《后汉书·梁冀传》讲，当时豪门因“遣私客籍属县富人”，被处有罪。随着依附关系的强化，汉政府控制力的松弛，佃客同主人的关系开始有新的变化。

汉末社会动乱，流民投靠豪强大族请求保护。大户在屯坞自守、筑堡相保的过程中，采用军事建置，来部勒私客，要求他们在力田的同时，也承担保卫坞堡的军事义务，故私客又被称为“部曲”。晋代有大量租种地主、豪强土地的佃客。《晋书·食货志》：“又得荫人以为衣食客及佃客。”“其应有佃客者，官品第一第二者佃客无过五十户，第三品十户。”北魏时叫做荫户。《魏书·食货志》：“魏初不立三长，故民多荫附。荫附者比无官役，豪强征敛，倍于公赋。”作为荫户的流民，无事时进行生产，一旦发生突发事件，还要执戈作战。佃户又称为浮客。《通典·丁中》：“高睹流冗之病，建输籍之法。于是定其名，轻其数，使人知为浮客，被强豪收太半之赋，为编甿奉公上，蒙轻减之征。”杜佑注：“浮客，谓避公税、依强豪作佃家也。”

魏晋以后，上述依附关系开始公开化，并逐渐得到政府的承认而合法化。当时，世家豪族地主在社会上占据着统治地位，这个阶级吞噬劳动人口的能力非常惊人，它不但占有大量完全没有人身自由的奴婢，而且占有大量身份半自由的部曲、佃客等依附人口。这些附属于大户的佃客、部曲，不向国家承担任何义务，只向大户交租服役，其赋役负担要比国家编户轻些，特别在战乱中更是如此。所以“惮役”而亡的流民，多愿意投向“贵戚之门，动有百数”，甚至“多者千数”①。东晋元帝时，“流民多庇大姓以为客”。以至于政府不断“诏禁募客”，避免过多的劳动人口流入私门。西晋王朝

① 《晋书》卷93，《外戚传》。

颁布了占田荫客令，东晋颁行了给客制度，对权豪占客作出人数上的限制。西晋中山王司马睦曾派人到封国内四处搜寻流民，把他们变易姓名，隐冒在自己门下，总数有700户之多。十六国时期，前燕的王公、贵戚也把流民占为荫户，以致“国之户口，少于私家”。以后国王慕容暐下令清查，一次就“出户二十余万”。慕容德割据青州，一共只有十余万户，一次搜括人口就清出5.8万户。东魏丞相高欢曾在境内“分括无籍之产，得六十余万。于是侨居者，各勒还本属”①。《南齐书·州郡志》讲东晋初，“百姓遭难，流移此(南兖州)境，流民多庇大姓以客”。唐代许多流民被地主“招携安置”，为其“守庄农作”。陈子昂《上蜀川安危事》中说：“今诸州逃走户，有三万余，在蓬、渠、果、合、遂等山林中，不属州县。土豪大族，阿隐相容……其中游手惰业、亡命之徒，结为光火大贼，依凭林险，巢穴其中。”②这三万余户的逃人逃至诸州山林之中，同样受到土豪大族的荫庇。杜甫在《东西两川说》论蜀川逃亡时也说：“流冗之辈……大抵只与兼并豪家力田耳。”③至五代时，佃客和浮户称作佃户。《新五代史·周行逢世家》：“岁时衣青裾押佃户送租入城。”当然佃户并不等于流民，但其中确有许多佃户是由流民充当。宋代有一种叫“客户”的人口，他们原是流民，在侨居地“佃人之田，居人之地”，靠租佃地主土地为生。他们被豪门大户争夺，“豪民之家，地大业广，阡陌相接。募召浮客，分耕其民，鞭笞驱使，视以奴仆”④。明代流民沦为大户私属的也不少，据史料记载，太仓(今属江苏)王锡爵家有奴婢仆从千余人，湖北麻城刘、梅、田、李四家奴婢仆从达三四千人，河南褚、苗、范、曹等家各有仆从千人以上。其中大多从事生产。广东韶州等府，“逃民以万计，俱依附土民佃田耕作”⑤。江西万载等县佃民“多系抚、瑞等府，

① 《隋书》卷24，《食货志》。

② 《全唐文》卷211，《陈伯玉集》卷8。

③ 《全唐文》卷360。

④ 苏洵：《嘉祐集》卷5。

⑤ 阮元：《广东通志·前事略》，广东人民出版社1981年版，第168页。

宁州、上高、新高等州县，杂以闽、楚，易来易去"①。清代在旗户下作佃户，或沦为大地主田产上庄丁的流民数量也不少。

这些流民"依托豪强，以为私属，贷其种食，赁其田庐，终年服劳，无日休息"②，要将收获量的一半左右交给地主，还时常承担筑墙、盖房等无偿劳动，即使灾荒之年也是如此。农民若交不出租子，只有又一次离开土地流亡。譬如流落川湖陕老林之中的江、广、黔、楚、川、陕流民，给地主数千钱，即可租种数沟数岭。其土地贫瘠，只宜种植包谷、荞豆、燕麦，"岁薄不收则徙去"③。

三、当雇农、成"浮户"

当一贫如洗的流民，面临既无荒地可供开垦，又无钱财、农具、粮种以租种他人的土地时，只得退而求之，以仅有之劳力，受雇于人，实现与土地的重新结合。在历史上，他们被称为佣工、佣耕、雇农、流佣、雇工、杂户、浮客、浮食游民等。

流佣在汉代已大量出现。《汉书·昭帝本纪》载："比岁不登，民匮于食，流佣未尽还。"颜师古注："流佣，谓去其本乡而为人佣作。"以后历代不乏其人。两晋时，不少流民在侨地"为人佣力"④。唐刘禹锡的《谢分司东都表》中有"闾里获安，流佣尽复"之说。《宋书·何偃传》中说："流佣未归，创痍未起。"《明史·赵锦传》也说："淮兖数百里，民多流佣。"清代流佣数量更多。当时河南农村每年都有大批农民，成群结队往山西去，多数当雇农，少数租地耕种。

流佣或雇农有长工和短工(月日工、季节工)之别。他们地位低下，备受雇主的压迫和剥削，"富民之家，地大且广，阡陌连接，募召浮客，分耕其中，鞭笞驱役，视以奴仆"⑤，干的活儿很重，做牛做马，衣食却非常朴素而简单。伙食虽由雇主供给，然雇

---

① 同治《万载县志》卷29，《艺文》，载韦明杰：《吁天四议》。

② 《陆宣公奏议》卷4，《均节赋税恤百姓六条》。

③ 《三省边防备览·艺文》。

④ 《晋书》卷120，《李特载记》。

⑤ 苏洵：《嘉祐集》卷5，《田制》。

主率多啬吝……四季衣履，全由雇农自备，以收入极微故，所以皆褴褛不堪，补绽堆积数层，视为常事。无被褥，冬日则卧于喂牲口之草堆中，俗谓之“钻草屋”。夏日则只需一条苇席而已。树阴场上，随处尽可安眠。俗话说：“打长工，不要提，手中草帽一条席。”其生活简单可想而知。另外，他们在现住所没有亲戚熟人，得不到帮助和支持，势孤力单，雇主或恶势力往往任意欺凌他们，甚至施暴于其妻女，若有反抗或不从，轻者解雇赶走，重者活活打死。王梵志在《天下浮逃人》诗中写道：“天下浮逃人，不啻多一半。南北踯纵横，诳他暂归贯。游游自觅活，不愁应户役。”①这类人漂游南北，自觅生路，可能主要是做雇佣。“闻苦即深藏”、“惊即当头散”，他们没有获得合法地位，随时受到检括。

到隋唐五代时，雇工虽已摆脱依附民的身份而上升到庶民最底层，但其社会地位仍然低微，他们过着“转徙他土，佣假取给，浮窳求生”②的生活。为雇主守庄农作，“抚恤恒类家僮，好即薄酬其庸，恶则横生构架”③，遭受雇主的歧视和虐待。

流民中还有一部分人，他们逃往深山和荒僻之地，暂时逃避国家的赋税负担，成为“浮户”。《资治通鉴》卷281载：“浮户，谓未有土著定籍者；言其蓬转萍流，不常厥居，若浮泛于水上然。”历史上对“浮户”的记载很多，如东晋时，海陵县青蒲湖泽有大量浮户流民，他们逃避了国家的赋役，东晋政府派兵围剿，四面放火，逼出逃亡者近万户。北朝西魏时，“百姓多离旧居，阙于徭役”④。唐朝戴叔伦《聊书》诗记郴州北岭山谷中有逃亡农民在此耕种的情形说：“不记逃乡里，居然长子孙，种田烧险谷，汲井凿高原。”⑤《柳河东集》卷29《钴鉧潭记》称：永州之钴鉧潭旁有不堪“官租私契之委积”而迁移来的逃亡农民。他们在这里开垦了田地，暂时逃

① 《王梵志诗校辑》卷5。

② 《唐大诏令集》卷111，《听逃户归首敕》。

③ 《全唐文》卷804，刘允章：《直谏书》。

④ 《隋书》卷24，《食货志》。

⑤ 《全唐诗》卷274，戴叔伦：《桂阳北岭偶过野人所居聊书即事呈王永州邕李道州圻》。

避了官府和债主的追逼。李峤在证圣元年(695 年)的上表中也说："或违背军镇，或因缘逐粮，苟免岁时，偷避徭役。此等浮衣寓食，积岁淹年，王役不供，簿籍不挂。或出入关防，或往来山泽……逃亡之户，或有简察，即转入他境，还行自容。所司虽具条件，颁其法禁，而相看为例，莫肯遵承。"①显而易见，这部分逃户并未在移居地落下脚来，似乎也没有投靠当地的豪强。明代荆襄和南方其他山区、清代四川和东北等地都有许多流民成为"浮户"，"既不纳粮，又不当差"。不过，他们只是暂时逃离官府户籍的控制，随时有被检括出来的危险。"任是深山更深处，也应无计避征徭。"在封建统治下，从来没有人民得以安居的"乐土"，对于大部分人来说，最终难逃官府的检括，而不得不承担政府的赋役，但是其中确实有一部分流往荒远"瘴疠"之地的流民是封建政权一时无力搜刮的。

第四节 弃农趋末

一、在城镇从事工商业

在农村失去生产资料的流民，有一部分流入了城镇，在城镇从事工商业和服务业。战国时代，豪民经营的大手工业迅速发展，如战国时猗顿以煮盐起家，魏国的孔氏、赵国的卓氏和郭纵以冶铁致富。依附贫民、雇工和奴隶是大手工业的直接生产者。这些生产者中，来源于流民者占相当大的比例。唐代《长安志》卷 10 西京条原注称：长安县"浮寄流寓不可胜计"，则所领编户之外，另有大量的"浮寄流寓"之人。至于直接从农村流入市镇的流民究竟有多少，由于资料阙如，难以精确估算。冻国栋先生在《唐代的商品经济与经营管理》一书中，根据唐代诗文所记对当时的都市人口作了初步统计：其中长安、洛阳、金陵达百万户，江陵 30 万户，成都、魏

① 《册府元龟》卷 486，《邦计部・户籍》。

州、苏州、河中、豫章、杭州各在10万户上下。这个统计当然不尽准确，因为诗人所写的诗文多有夸大。但是，这些数字也并非诗人信口开河，如果说仅就这些城市的编户而言，绝不会如此之多，这只要一看《通典》、《元和志》、两唐书即可知道。不过，若将大量的贵族、官僚、兵吏、工商业者、侨寄衣冠和无业浮游人口一并计算在内，诗文所言也大抵合乎事实。无业浮游人口大部分应来自农村的破产农民。

纵观古今，流民进入城镇以后，所从事的工作五花八门，为了生存，他们无所不做，一部分可能从事商业领域内的经营活动，即成为小商小贩，或走街串巷，或开铺设摊，从事小规模经营；一部分在贵族官僚家中或酒肆、茶馆等从事服务性工作；更多的是继续沦为无业游民或佣作坊的待受雇之人。如唐代都市中大多有佣作坊，官僚、富商、大作坊主可以随时于此雇佣僮仆或脚力。这些人绝大多数是无业的流动人口。

在城市经营小买卖，是流民进城后的一个理想选择。《太平广记》多处记有长安的所谓"客户坊"，如卷263飞骑席人条引《朝野佥载》称："则天之废庐陵也。飞骑十余人，于客户坊同饮。"卷348牛生条引《会昌解颐录》："乃至京，止客户坊，饥贫甚，绝食……自客户坊至菩提寺，饥困，且雨雪；乘驴而往。"卷480《无双传》："(塞)鸿曰，'某已得从良，客户有一小宅子，贩缯为业。今日已夜，郎君且就客户一宿'。"客户坊以客户所居而得名，内既可饮茶，又可止宿，又有"贩为业"者，说明至少有一部分客户于此从事商业经营。唐朝中期李翱在《进士策问》中指出："百姓日蹙而散为商以游，十三四矣。"①明代中后期，随着商品经济的发展，长江中下游和东南沿海地区从事工商业的人数大量增加。如江西临江府，因"土瘠民贫"，故其民"仰食旁郡，或弃农远服贾矣"②。福建漳州府的海澄县，"农贾参半，走洋如适市"③。延平府沙县，

① 《全唐文》卷634。

② 嘉靖《临江府志》卷1，《郡域志》第一。

③ 《东西洋考序》。

“商贾工技之流，视他邑为多”①。惠州府海丰县，“粟米鱼盐卷握之资，铸山煮海之利，甲于他邑……贫民亦能忍嗜欲，远服贾，操尺寸之料，以游于深山海国”②。山东济南府武定州，邢侗说：“频年贫者，转徙渔盐之利，富者多挟贸数计之布至千百出都城塞上。”③浙江绍兴府的山阴、会稽、余姚“生齿繁多，本处室庐、田土，半不足供……敏捷者入都为胥办……次者，兴贩为商贾，故都门西南一隅，三邑人盖栉而比矣”④。清代，北京城内，从他处流入的串街走巷谋生的小手工业者特别多。铁匠业者“三四人推一篓小车，载风箱、炸煤、打铁各具”，“到处以锤敲砧”；瓦木工人，“多为京东之深、蓟州人”。⑤

流入城市的这些破产农民，如果手中拥有一定的资本，且经营得当，那么能做到不愁吃穿，积攒起一笔钱财。但拥有资本的人毕竟是流民中的少数，大多数人所经营的主要限于一些不需要多少资本的行业，如卖饼、卖菜、贩易杂货、修锁补锅等。他们生活水平很低，正如吕坤在《去伪斋集》卷1中说的，他们是“饥肠瘦面，破帽烂衣，或给贴充斗秤牙行，或纳谷作粜籴经纪，皆投身市井间，日求新合之利，以养妻孥”。一遇风吹草动，生产或生活有了波折，他们往往破产垮台，或变卖资产，或改业，或出为雇工，更有甚者沦为游民乞丐。

有的流民受雇于官方或私营手工作坊。如汉武帝管盐铁之前，豪强大家冶铁煮盐，“大抵尽收放流人民”为之⑥。唐朝，长江流域经济发达地区的关津要道，馆驿、渡口附近兴起了许多“草市”。据杜牧说，江淮一带的草市“富室大户，多居其间”。所谓“富室大户”即富商或作坊主乃至与商业有不同联系的地主。在这里做工的有不少附近或由外地来聚的破产农民，当然也包括浮逃客户。明代

① 嘉靖《沙县志》卷2，《疆里·风俗》，引《府志》。
② 嘉靖《海丰县志》卷上，《舆地志·物产》。
③ 万历《武定州志》卷2，《地理志》上。
④ 《广志绎》卷4。
⑤ 枝巢子：《旧京琐记》卷9。
⑥ 《盐铁论》卷1，《复古篇》。

洪武时河北宣化，“其土木工自山西来，巾帽工自江西来，及他匠出自外方者种种有之”①。16 世纪，景德镇人口已达 10 万，当时“镇上雇工，皆聚四方无籍游徒，每日不下数万人”②。正德时，南京兵仗局手工工场，制造兵器，任务很重。官工匠人共计 655 名，尚不敷用，只好“外雇工匠”。他们的工银就达 2850 余两，如以每人工银一两计算，外雇工匠就是 2800 多人③。清代北京有不少官方和私营手工作坊，特别是以供应官僚生活和国家军需而设的官方手工业，生产并不固定，从业者多从外地临时雇佣。户部宝泉局匠役，“皆属无籍顽民”④。扬州、苏州、汉口、杭州、湖州、景德镇等地的作坊中也都有大量外地流入的劳动力。如苏州府城仅染踹业的踹匠就有 1 万多人，“均非土著，悉系外来”⑤。景德镇也是“五方群萃，商贾纷驰”，工匠“率多别籍异民”。

有一些流民进城后，成为贵族、官僚家内服侍的奴婢、仆役，如充当车夫、厨役、水夫、轿夫和婢女、丫鬟等，从事打杂工作。有的则成为酒肆中的佣保、歌女、舞伎，直接或间接地为城市贵族官僚服务。他们没有人身自由，生活凄惨。

为人佣力也是流入城市的流民的一个重要选择。他们或佣力驱驮，或充当船夫。流民充当船夫、纤夫的也不少。《陈伯玉集》卷 8《上军国机要事》称：“江南、淮南诸州租船数千艘，已至巩洛，计有百余万斛……其船夫多是客户、游手、惰业、无赖杂色人。”很明显，那时在运河沿岸充当船夫的大多是逃户和其他无业之人。纤夫则更为辛苦，他们肩背纤绳，赤脚行走在陡峭的山岭上。

二、从事矿产开采

还有的流民虽然没有进入城市，但他们从事矿产的开采和治河

① 《古今图书集成·职方典》卷 155。
② 康熙《西江志》卷 146，《艺文》，肖近高：《参内监疏》。
③ 《明经世文编》卷 78，倪岳：《会议疏》。
④ 《康雍乾时期城乡人民反抗斗争资料》下册。
⑤ 《江苏省明清以来碑刻资料选集》，三联书店 1959 年版，第 43 页。

筑陵，实际上已走向了弃农趋末的道路。矿山大多在深山僻野之地，奔向矿山也是流民所能选择的重要出路之一。

中国古代社会的前期，矿山主要是官营，劳动者为百工、匠户或刑徒。私营的大商贾，则主要使用“奴僮”进行矿冶。但间或也有招募流民采矿的。《汉书·景帝纪》、《沟洫志》及陈汤、栾布、司马相如等传记载流民从事采黄金珠玉、治河筑陵等营生。后汉时“耒阳县出铁石，佗郡民庶常依因聚会，私为冶铸，遂招来亡命”①。后汉还有关于流民入山为炭工的记载。宋代，在地主豪绅经营的铁矿中干活的，也大多是所谓的“流亡”和“逋逃”。元代中统年间，敕撒吉思招集益都逃民，“以漏籍户一万一千八百、附籍户四千三百于各处起冶，岁得铁四百八十万七千斤”②。可见元朝流民成为工人的数量也不少。

明代中叶涌入山区开矿的流民人数较以前更多。如福建浦城地区，坊长大户所开的铁冶坛中，每一炉“无赖之徒”多达五七百人③；浙江省淳安县山区发现铁矿，闻风而至的流民多达“百余人”④。明朝虽然制定了严厉的监矿禁令，但是仍无法阻止流民入山以求一条生路。矿业不同于其他手工业，它既可容纳大批劳动力，又不像其他行业需要那么高的技艺，因而非常适合刚刚离开土地的流民参加。当时的矿山遍布闽、浙、鄂、豫、陕、川诸省，其中以福建的银矿最多。各地矿山都招诱流民开采，如海阳新溪商人朱云沾到福建“佣人”铁冶，矿场佣工达千余人。正统年间，福建政和县民招诱浙江处州流民秘密开采银矿⑤。明廷发现后，一方面封矿，另一方面派兵剿捕盗矿者。但是流民无以为生，不少人仍然冒死进入封区“盗采”。福建秘密开矿的流民数量最多，仅一次被明朝政府“招抚”的“窃矿小民”就有1150余户⑥。为了自卫，他们

① 《后汉书》卷106，《循吏传》。

② 《元史》卷5，《世祖纪》。

③ 《明经世文编》卷95，章懋：《与许知县》。

④ 叶权：《贤博编》。

⑤ 《明英宗实录》正统七年五月庚午条。

⑥ 《明英宗实录》正统十一年八月条。

“常不下五六百人，刀刃器仗悉具”①。后来，浙江庆元流民首领叶宗留，还发动过以流民为主体的矿工起义。

清朝在贵州有许多流民在山区从事开矿业。乾隆十三年(1748年)，按察使介锡周就说贵州“银、铜、黑白铅厂，上下游有十余处，每厂约聚万人数千人不等”②。根据该说法，可以估计这里的矿工至少有10万人，其中绝大部分是流民。川湖陕交界的深山老林之中，也聚集了许多流民在各类工厂干活，“山内营生之计，开荒之外，有铁厂、木厂、纸厂、耳厂各项。一厂多者恒数百人，少者亦数十人”③，其中仅略阳黑河张口石一地铁厂七八座，鸳坝铁厂三四座，常家河、红羊河圆木厂、黄圪塔等幽暗之处兼有硝磺厂④。厂里的工人几乎清一色都为流民。云南冶铜业的工匠也大多来自长江流域等地的“无业之人”⑤。东北辽东也有不少汉人流民入山开矿。据史料记载，当时仅辽阳等处煤窑从事挖煤的流民就有一千余人。在辽东开矿炼硫(硫黄)和煎盐的更多。雍正十二年(1734年)前后，汉人流民田秀曾率领一批汉人在辽东私开硫矿炼硫。康熙二十年(1681年)，准许汉人流民“有情愿煎盐发卖者，听其自行贸易”，于是大批汉人流民在沿海搭棚架锅煎盐⑥。

三、农村的职业转移

在明代以前，大多数流民的迁徙是从一个农业区迁到另一个农业区，或是未开垦的边远地区。空间流动后农民依旧是农民，基本上没有改变职业。虽然其中有部分流民流入了城市，但他们带有很大的盲目性，大多数人在城市中成为无业游民，或流浪乞丐。明朝中期以后，情况发生了变化，随着社会经济的发展，农村人口流动

① 《广平县志》卷9。

② 《清高宗实录》卷311。

③ 《三省边防备览·策略》。

④ 《三省边防备览·险要》。

⑤ 《清经世文编》卷52，王太岳：《铜政议上》。

⑥ 转引自朱诚如：《清代中叶以前关内流民迁辽述论》，《辽宁师范大学学报》1989年第4期。

的形式和性质发生了新的变化。东南沿海许多地区的农村逃亡之民纷纷有目的地流入城镇从事工商业，或者直接在农村弃农“迁业”。

流入城市的情况前文已提到，这里不再赘述。在农村，大量人口弃农“迁业”，这是明代后期出现的新现象。由于社会、历史、政治、经济、文化诸因素的制约，由农村流入城镇定居的农民毕竟是少数，多数人还是不可能离开农村的。但留在农村的人口同样处于经常流动之中，一类是完全脱离(或部分脱离)农作，长期(或短期)离村外出，不固定居处，辗转东西南北，为工、为商。笔记《五石脂》的作者陈去病的祖先，原籍居于浙东，“自胡元之乱，中原涂炭，遂由金华、兰溪间避难来吴，居长洲县东南之周庄，以锤薰炉为业”①。如清江县，“俗多商贾，或弃妻子徒步数千里，甚有家于外者。粤、吴、滇、黔，无不至焉，其客楚尤多。贫家子自十岁以上即驱之出，虽老不休”。

另一类是在农闲时流迁。明朝南直隶“人皆食力，市廛之民，布在田野”②。辽州之民，于务农之余，也“多佣力他乡，担负经营，以苟全朝夕”③。泽州沁水县，因耕桑不足办税，故小民“强半糊口于外”④。广东新宁县，嘉庆时，“工商虽各职业，多行于农隙”。

还有一类是没有离村，就地“迁业”，从事手工业和商业，或从“种田”改为“治地”，专门种植经济作物。“从空间上看，他们没有流动。而从生产的内部观察，实际上已经流动了。”⑤明朝中叶以后，由于地理环境得天独厚、人稠地狭、封建赋税沉重、市镇勃兴和新作物引进等多种因素的推动，东南沿海农民弃农他业蔚然成风。如江西奉新县“农务耕桑，民多商贾”。又丰城县，“民勤耕

① (清)陈去病：《五石脂》。

② 《名山藏》卷60，《货殖记》。

③ 《古今图书集成·职方典》卷367，《辽州部·风俗考》。

④ 《古今图书集成·职方典》卷361，《泽州部·风俗考》。

⑤ 林金树：《明代农村的人口流动与农村经济变革》，《中国史研究》1994年第4期。

稼，而更务商贾”①。又如福清县，由于户口最繁，“食土之毛，十才给二三”，故其民“半逐工商为生”②。明代苏松巡抚周忱所说的“船居浮荡”即属此类小商小贩。他说：这些船居的流浪者“近年以来，又因各处关隘废弛，流移之人，挈家于舟，以买卖办课为名，冒给邻境文引及河泊由贴，往来于南北二京、湖广、河南、淮安等处停泊，脱免粮差。长子老孙，不识乡里。暖衣饱食，陶然无忧”③。由于一些经营地主和富裕农民不再像从前那样种田产粮，而是全力投入经营商业性农业，因此，在江、浙等地，许多破产或即将破产的农民纷纷充当地主和富裕农民家的帮工或佃客，由种田流入植棉、栽桑、纺纱、织布，“尽逐绫绸之利”。福建、广东等地，大批劳动力则主要由种田流入种蔗、种烟和栽果树。江西，主要是改田种烟，加工、推销烟草。这些人虽然没有离开农村，但所从事的职业发生了变化，他们的职业流动促进了社会结构的改变和新生产关系的出现。

第五节 僧道及其他

一、遁入空门

在中国古代，特别是南北朝和隋唐五代佛道盛行，寺观林立。寺庙能享受一些特权，不需要交赋税、服徭役。于是，走投无路的流民或为了有一歇脚求食之处，或为了求得清闲，也往往会投入寺庙，做和尚或尼姑。

佛教是在东汉时期传入我国。南北朝时期，破产流民投身僧尼的情况就已十分严重。当时，佛教寺院的僧尼享受免除国家赋役的特权，因而对于流民颇具吸引力，他们纷纷购买度牒，以规避徭

① 嘉靖《临江府志》卷1，《郡域志》第一。

② 《古今图书集成》，《食货典》卷101，《荒政部·艺文》，叶向高：《论本邑禁籴仓粮书》。

③ 《明经世文编》卷22，周忱：《与行在户部诸公书》。

役。同时，在政府的大力扶植下，寺院地主经济迅速发展。为了吸纳信徒和劳动人手，寺院开始广度僧众。于是，寺院也成为流民的一个避难之所。如北魏灵太后时调役繁苛，百姓流亡，有绝户而为沙门者，当时有僧尼200万人①。南朝梁代仅首都建康，就有僧尼10余万人。

隋唐时期，情况仍然如此。唐高祖讲："浮惰之人，苟避徭役，妄自剃落，托号出家。"②武则天时，"丁皆出家，兵悉入道"③，《旧唐书》卷89《狄仁杰传》载，仁杰上疏谏武后造大像事称："逃丁避罪，并集法门，无名之僧，凡有几万，都下检括，已得数千。"睿宗朝"度人不休，免租庸者数十万"④，其中自然有不少流民。安史之乱后，国家财政困窘，遂开始大量出售度牒。肃宗在灵武时，因为军用不足，宰相裴冕奏请售卖僧道度牒，以充军用，名之曰"香水钱"，成为官卖度牒的开始。节度使见度僧有利可图，也开始度僧。如武宗时徐州节度使王智兴在淮泗置坛度人为僧，"愿度者，人输钱二千"，消息传出后，"四方辐凑，江淮尤甚"。李德裕时任浙西观察使，遂奏请制止，他说："自淮而右，户三丁男，必一男剔发，规影徭赋，所度无筭。臣阅渡江者日数百，苏、常齐民，十固八九，若不加禁遏，则前至诞月，江淮失丁男六十万，不为细变。"⑤官私度牒的盛行，使隋唐五代僧道数量庞大。隋开皇和仁寿年间(581—601年)，"所度僧尼二十三万六千二百人"⑥，唐代两税法颁行以前寺院占有人口的数字难以推定，根据大历末年彭偃所说已有相当大的数量。《旧唐书》卷127《彭偃传》载，偃献议说："今天下僧道，不耕而食，不织而衣……一僧衣食，岁计约三万有余，五丁所出，不能致此。举一僧以计天下，其费可知。"因而他主张"僧道未满五十者，每年输绢四匹；尼及女

① 《魏书·释老志》。
② 《广弘明集》卷25。
③ 《新唐书》卷123，《李峤传》。
④ 《旧唐书》卷101，《辛替否传》。
⑤ 《新唐书》卷180，《李德裕传》。
⑥ 《辩证论》卷3。

道士未满五十者，每年输绢二匹；其杂色役，与百姓同”。彭偃的建议虽然未被采纳，但由此可知当时寺院拥有的僧侣之众，已成为统治阶层所关注的问题。两税法之后，寺院经济进一步膨胀，托避于寺院的人口大量增加。李德裕时为浙西观察使，奏言江淮之人闻之，户有三丁者，必令一丁往落发。李德裕认为，若不特行禁止，一年之内，计江淮以南，即当“失却六十万丁壮”。清朝乾隆即位之初，欲对僧道数量加以限制，但很快他便明白“为僧为道，亦不过营生之一途”，是许多破产者的一种无奈选择。乾隆三十九年(1774 年)，山西道御史戈源奏：“乾隆元年(1736 年)至四年(1739 年)，僧道之无度牒者已有三十四万余人。自四年迄今，其私自簪剃者恐不下数百万众。”①

流民入寺，除为僧尼外，更多的是充当不剃度的依附人口。南朝称“白徒”、“养女”，北朝叫“僧祇户”，或泛称为“行者”、“寺产”。他们一般被寺院地主“驱役田舍”，从事农田耕作②。唐代，这些依附于寺院的人被称为“使人”。《樊川文集》卷 10《杭州新造南亭子记》载：“武宗皇帝始即位……始去其山台野色，四方所冠其徒，几至十万人……凡除寺四千六百，僧侣笄冠二十六万五百，其奴婢十五万，良人枝附为使令者，倍笄冠之数。良田数千万顷，奴婢口率与百亩，编入农籍。”这些“良人枝附”者不一定都是逃亡者，其中可能有本地人投充，但大多数应是逃亡者。

流民不断投奔寺院，使国家失去了纳税服役的人口，也使统治者感到政权的稳定受到了威胁，因此，历史上发生了多次禁佛事件。东晋时，桓玄欲沙汰僧众，曾指出：“避役踵于百里，逋逃盈于寺庙，乃至一县数千，猥成屯落。邑聚游食之群，境积不羁之众，伤治害政，尘滓佛教。”③唐武宗毁佛，一次沙汰僧尼 26 万人，解放依附寺院的奴婢 15 万人。僧尼以外，还有道士、女冠，数目亦不减 10 万。二者相加占当时全国人口的五十分之一左右。

---

① 乾隆《东华录》卷 75。

② 《广弘明集》卷 6，《列代王臣滞惑解》杨炫之条。

③ 《弘明集》卷 12。

二、沦为奴婢及其他

有一些流民为生活所迫，不得不当奴为婢。虽说奴婢社会地位低下，为人们所轻视，但在走投无路时，流民们甚至也趋之若鹜，一时蔚然成风。战国年间，秦“百姓不聊生，族类离散，流亡为臣妾，满海内矣”①。汉代有破产农民在逃亡前鬻妻卖子的记载。西汉天凤元年(14年)，许多边民流入内郡，也“为人奴婢”②。东汉永初五年(111年)，“旱蝗饥荒，而驱蹙劫掠，流离分散，随道死亡，或弃捐老弱，或为人仆妾，丧其大半”③。西晋末年，“饥疫荐臻，戎晋并困，朝廷不能振，诏听相卖鬻”④。其中“中原子女鬻于江东者，不可胜数”⑤。甚至有皇室贵族在流亡中遭掠，被卖为奴。晋惠帝第四女临海公主，羊皇后所生，永嘉之乱时尚未出嫁，遇乱遭掠，被人转卖，最后到了长城县百姓钱温家里⑥。明万历年间，平凉、固原地区连年大旱，流民遍野，“有一富家女子，父母都饿死，头插草标，上街自卖；又有一男子将他妻卖钱一百文，离别时，夫妻回头相看，恸哭难分”⑦。《渭南县志》记载，崇祯十三年(1640年)，百姓馁毙流亡无数。“邑西关有人市，年少妇人价不及千钱，有饭一餐易一妻，米一斗易一婢者。”

从明代中后期情况看，城市权贵、富户蓄养奴婢的现象极为普遍。如家在湖州的礼部尚书董份，“家畜僮仆不下千人”⑧；家在松江华亭的大学士徐阶，“家人多至数千”⑨。顾炎武在《日知录·奴仆》中也说：“人奴之多，吴中为甚，有至一二千人者。”这些奴

---

① 《战国策·秦策》。
② 《汉书》卷99中，《王莽传》。
③ 《资治通鉴》卷49，《汉纪·汉孝安皇帝上》。
④ 《晋书·五行志》。
⑤ 《晋书·殷仲堪传》。
⑥ 《太平御览》卷152。
⑦ 《实政录》卷2。
⑧ 范守已：《御龙子集·曲洧新闻》卷2。
⑨ 于慎行：《谷山笔麈》卷5。

婢大多源自农村的破产农民，他们在主人的驱使下，从事各种艰苦的劳动。有的干家务劳动，如纺织、缝纫、洗衣、做饭、洒扫等；有的从事杂役，如打更、守夜、看门、抬轿、喂马、养花等；有的还为主人经商放债。他们终日辛劳，“力疲于奔走而不暇”，过着牛马不如的生活。

还有一些逃难妇女，为了谋生，或为人诱骗，堕入风尘，以卖淫为生，丧尽人格，任人糟蹋、凌辱。她们在城市中大多充当低级的私妓。如谢肇淛在《五杂俎》中说：“有不隶于官，家居而卖奸者，谓之土妓，俗谓之私窠子，盖不胜数矣。”《梅圃余谈》则描述说：“外城子民度日难者，往往勾引丐女数人，私设娼窝，谓之窑子。室中天窗洞开，择向路边屋壁作小洞二三。丐女修容貌，裸体居其中，口吟小词，并作种种淫秽之态。屋外浮浪子弟，过其处，就小洞窥，情不自禁，则叩门入，丐女队裸而前。择其可者投钱七文，便携手登床，历一时而出。”她们大多是因为贫困而自卖为娼的。《宋史·列女传》记载的郝节娥即是因家贫被逼为娼。小说《卖油郎独占花魁》就讲述了杭州名妓莘瑶琴在北宋灭亡、金兵占据中原时，从北方逃难至杭州，中途与家人失散，遂为歹徒所骗掠，卖于青楼为娼。她们被侮辱，被作践，被人们鄙视唾弃，其生活真是太悲苦、太艰辛。

清代著名文人俞樾所作的《流民谣》这样写道：

不生不死流民来，流民既来何时回？
欲归不可田污莱，欲留不得官吏催。
今日州，明日府，
千风万雨，不借一庑。
生者前引，死者臭腐。
吁嗟乎！流民何处是乐土？

的确，流民的境遇是十分悲惨的，他们是一群在苦海中漂泊的叶舟，难以找到得以安居的“乐土”。他们是怎样被社会所“吞食”的，我们很难用数字精确地估算出，哪一种出路容纳了多少流民，或者说有多少流民选择了某一种生存方式，但我们可以约略地说，流民垦荒复业，又一次在土地再分配的条件下回到土地上去的占流民总数的大部分。被贵族地主吸收或从事工商业，特别是矿业，占有一定比例。死于饥饿疾病或政府的屠刀下的，也占相当大部分。其余则被社会的流浪人群、通向海外谋生之路等“海绵体”所吸收。

从表面上看，在流亡中，流民选择求生方式是一种相当自由的个人行为。其实，他们的选择是不由自主的。对于这些在农村失去生产资料、被排挤出来的人来说，选择职业的机会并不多，职业选择流民的现象更为普遍，他们的选择只是一种无可奈何的选择。影响中国古代流民就业的因素很多：有机遇方面的原因，如流亡路线、地点的不同，对流民的择业有着很大的影响；有个人素质方面的原因，如果流亡者掌握有一技之长，往往能够方便地择业；有年龄方面的原因，年老且无一技之长者，往往难以找到职业，年轻力壮者容易被人雇佣；有性别方面的原因，女性多从事服役性的职业，而男性则多担当需要体力、较为艰苦的劳役。

第五章
无序与整合：古代流民的影响

流民是一个复杂的群体，其对中国社会的影响也是多元而复杂的，既有正面的效应，也有负面的效应。从正面效应说，流民是中国土地资源的开发者，是民族融合的促进者，是文化传播的载体。从负面效应看，流民通过各种各样的“越轨”生存方式冲击和腐蚀着社会，造成了社会的危机和动荡。

第一节　生产力布局的调整及其代价

一、人口地理分布的改变

在隋唐以前，我国人口主要集中在黄河流域。根据司马迁的记载：“夫三河在天下之中，若鼎足，王者所更居者也，建国各数百千岁，土地小狭，民人众。”从梁方仲先生《后汉永和五年各郡国人口密度表》①

① 梁方仲：《中国历代户口、田地、田赋统计》，上海人民出版社 1993 年版。

提供的资料看，当时山东(黄河中下游的华北平原)、关中是全国人口密度最高的地区。其中，司、豫、冀、兖、徐、青6州的很多郡国，人口密度已接近或超过每平方公里100人，而荆、扬、交等江南诸州人口密度只在每平方公里10人左右，东北的平州平均数为4.4人，西北的凉州平均数仅为1.3人①。葛剑雄先生根据有关资料推算，认为西汉元始二年(2年)，在其正式设置政区的郡、国的范围内，以郡为单位，人口密度最高的为济阴郡(约当今山东菏泽、定陶、东明等地)，密度最低的为郁林郡(今广西西部)，两者相差468倍②。60%的人集中在面积仅占11%的关中，这一地区的人口密度平均约77.6%；长江以南大部分地区却人口稀少。北方和南方的人口比约为8比2③。但此后由于持续不断的和突发性的流民潮与其他多种因素交互影响，逐渐重新塑造了人口分布的格局。

东汉时期，由于豪强地主依恃其政治特权，肆无忌惮地兼并土地，再加上社会的动乱，北方流民大量南徙，人口布局发生了明显的变化，关中平原和西北地区的人口数量较西汉时期显著减少，人口密度大幅度下降。今河南南部及长江流域地区，人口在全国人口中所占比重有所上升，某些地区的人口甚至呈数倍增长。

两晋之际，社会的动乱引发了北方汉人南下的第一次高潮。在这次大潮中，30万户、150万口的流民大军从当时中国经济最发达、文化最先进的关中、山东地区流出，严重地消耗了这两个地区长期建设所积聚起来的物质文明，损伤了社会元气。《晋书·慕容廆载记》称："永嘉之乱，百姓流亡，中原萧条，千里无烟，饥寒流陨，相继沟壑。"晋愍帝即位时，"长安城中户不盈百"④，而在

---

① 曹文杜：《两晋之际流民问题的综合考察》，《历史研究》1991年第2期。

② 葛剑雄：《西汉人口地理》，人民出版社1986年版，第100页。

③ 葛剑雄等：《简明中国移民史》，福建人民出版社1993年版，第655~656页。

④ 《晋书》卷5，《孝愍帝纪》。

西晋盛年，这里的人户远逾5000①。两相比较，人口损失高达98%。流民大潮之后，人口分布大势发生了较大的调整。黄河流域人口下降严重，东北、西北和江南的人口密度呈上升趋势。凉、平二州，人口密度提高的幅度都在10倍以上。从史书记载看，慕容廆招诱流民到慕容皝承位其间不过20多年，"僻在荒远"的平州竟人满为患，"流人之多旧土十倍有余，人殷地狭，故无田者十有四焉"②。番和县，西晋时属凉州武威郡，人户不足800；到南凉时，仅秃发傉檀前后从这里掠走的人户就超过8000③。长江流域接收的流民数量也不少，截至刘宋中叶，共吸纳外来人口约90万，占司、豫、冀、青、徐、并、兖、雍北方8州800万人口的近十分之一。

但我们应当看到，这次大规模的流民潮只是部分地改变了南北人口分布的格局，人口重心仍然在黄河中下游地区。隋朝北南的户口比是7比3。隋末战乱后，由于大规模的北人南迁，北方户口所占的绝对优势地位第一次出现了倾斜。当然，这次南方户口比重的相对上升并不意味着北方作为人口重心的优势业已丧失，北方仍拥有经济发展和人口增长的巨大潜力。

唐朝开元和天宝时代(713—755年)，北方各道州的户口仍然盛于南方。北南的户口比大致是6比5。安史之乱的爆发以及由此而展开的镇压与反叛的残酷战争，不仅使大批平民死于非命，而且开启了北方人口大规模南迁的第二次浪潮，从而给中国人口重心的南移加上了最后一块沉重的砝码，彻底改变了秦汉以来中国腹地人口分布北多南少的基本格局。虽然文献中对安史之乱爆发后南迁人口的数量没有确切的记载，但北方从此在经济发展和人口增殖上无可挽回地失去了原有的优势却是无法否认的事实。据葛剑雄先生估计，"西晋末年至南朝的南迁人口累计超过200万。自北宋末年靖康之乱至南宋绍兴三十二年(1126—1162年)间，估计有500万人

① 据《晋书》卷15，《地理志》京兆郡户数推算。

② 《晋书》卷109，《慕容皝载记》。

③ 见《晋书》卷15，《地理志》和《十六国春秋辑补·南凉录》。

即100余万户南迁，约占北方人口的八分之一至七分之一。唐安史之乱后南迁人口的数量虽难以推算，但其占北方人口的比例大概不会比第三次低”①。

衡量人口重心转移的标尺固然有许多，但我们只需从人口数量的多寡和州县的置废两个方面便可看得很清楚。自中唐以后，无论是总的人口数字，还是州府一级的人口密度，南方均占优势。而从州县置废的情况看则更为显著。“自唐开元年间直至五代宋初，全国各道州新置县计120个，其中属北方各道州的只有20县，而在南方的却达100县之多。”②南方各道州新置县的增多表明了该地区人口的持续增长，而这种增长与北方民户的大量南迁是分不开的。江南道之汀州、福州之尤溪县、古田县，宣州之太平县，鄂州之唐年县；山南道之随州唐城县；剑南道之渝州璧山县，合州铜梁县等史志明确记载是检括、招诱“逃户”或“侨户”所置，其他新置县有的是所谓招降“夷蛮”所置，有的史书上虽然没有言明设置的理由，但必与当地人口的增多，特别是外地逃户移入有关。如苏州在唐初只有4县，唐末五代增加到8个。梁肃的《吴县令厅壁记》记载，安史之乱后“衣冠南迁，寓于兹土”的占编户的三分之一。有的州郡辖县数虽然没有变化，但辖乡数却大大增加。如饶州开元、元和年间辖县数均为4县，而辖乡数却由开元的20乡增为元和的69乡；该州的户数开元时1.4万余，元和时达4.6万余。而北方广大地区在天宝以后的200余年间新置县只有10多例。还有不少的县由于户口减少而并省，人户的减耗非常普遍。北宋初，北南户口之比已成为4比6。

北宋靖康年间，随着金兵的大举南侵，战火很快遍及整个黄河中下游地区，北方民众纷纷向秦岭—淮河以南地区迁徙，形成我国历史上汉人南迁的第三次高潮。同前两次相比，此次人口南迁，历

① 葛剑雄等：《简明中国移民史》，福建人民出版社1993年版，第571页。

② 冻国栋：《唐代人口问题研究》，武汉大学出版社1993年版，第299页。

时久，波及范围广。迁出地除了秦岭—淮河以北地区以外，淮河以南和以襄阳为中心的汉水中下游成了这次南迁重要的人口迁出区。据葛剑雄等人估计，1141 年“绍兴和约”签订以前，大约有 500 万的北方人迁入并定居于南方①。如此大规模的北方人口南迁，加强了唐朝后期五代时期形成的全国人口分布南重北轻的格局。据《元史·世祖本纪》记载，至元二十八年(1291 年)的户口数字，北方各省只占全国总人口的 14.8%。

明朝初年，由于政府组织了大规模的迁移，江南和江西的人口北迁，洪武末年北南户口之比恢复到 3 比 7。此后逐步提高到 4 比 6。明代人口密度最大的地区是长江中下游的南直隶、浙江和江西。南直隶每平方公里 63.4 人，浙江每平方公里 62.5 人，江西每平方公里 40.7 人。② 这里已是人满为患，从流民输入地转变成了流民的输出地。江苏南部，浙江、安徽南部，江西和湖北东部等地的流民大量流入苏北、湖北西北、湖南和四川，特别是流入人烟稀少的荆襄山区。与此同时，部分流民开始迁入西南、西北等边疆地区。

清代前期，流民迁移中影响最大的当属湖广流民“填四川”。“湖广填四川”使因战乱遭受严重破坏的天府古国，重新焕发出了勃勃生机，抛荒的土地得到开发，社会经济得以恢复和发展。同时，流民“填四川”，也有效缓解了湖广等地的人口压力，使人口分布趋向合理，“空虚”的四川得以充实。另外，清代向山区和边疆迁徙的力度加大，大大缓解了中心地区土地与人口的紧张关系。向山区的迁徙主要有：向皖、浙、苏、赣丘陵地流动，向川、陕、鄂边境大山区进军。如雍正年间，安徽、江西南部的流民多达数万人；嘉庆年间，陕西南部兴安的人口已有数十万人③。向边疆地区的迁徙，一般来说，北方的直隶、山东、河南、山西、陕西等省的

---

① 葛剑雄等：《简明中国移民史》，福建人民出版社 1993 年版，第 311 页。

② 袁祖亮：《中国古代人口史专题研究》，中州古籍出版社 1994 年版，第 359 页。

③ 冯尔康、常建华：《清人社会生活》，天津人民出版社 1990 年版，第 329、330 页。

流民多向内蒙古和东北地区迁徙。史称“闯关东”、“走西口”。尽管清政府对蒙古和东北实行封禁政策，但由于关内烽火连年，自然灾害频仍，不甘坐以待毙的破产农民便不顾一切，违禁进入这些地区。有人估计，进入内蒙古地区的汉族流民最少有百万①，进入东北地区的有200万之多。据梁方仲《中国历代户口、田地、田赋统计》，吉林(清朝时地域比现在要大)1791年人口密度为每平方公里0.20口，1812年上升为每平方公里0.41口。在南方，流民多向云南、贵州、广西等西南少数民族地区迁徙，也有的向台湾地区和各省边远山区移动。在康熙年间云南只有10万余丁，乾隆朝以后，由于湖北、广东、四川、湖南等地流民的大量涌入，人口迅速增加，到道光年间，已达600万人。贵州清朝初年人丁仅有2万②，道光时，已经达到600万③。广西在清初只有几十万人，到道光朝，已达到700多万。台湾地区汉人的迁入人数也不少，清初总人口不足30万，19世纪初猛增到200余万④。

袁祖亮先生根据有关数据，计算出了我国古代人口重心点的运动轨迹。从其计算结果我们可以看出，人口重心明显在向东向南移动。公元2年(西汉)，重心在东经113°26′，北纬34°58′；到1461年(明朝)，已移到东经115°14′，北纬31°42′⑤。这样，由于人口的迁移(流民是其中的重要组成部分)，到清朝时，各区域人口分布更趋均衡，在人口密度上只存在东西方的差别。东部地区本身在人口密度上只有平原和山区的差别。这种差别主要是自然环境原因造成的，与开发程度差异的关系越来越小。

---

① 姜涛：《中国近代人口史》，浙江人民出版社1993年版，第211页。

② 石方：《中国人口迁移史稿》，黑龙江人民出版社1990年版，第389、394页。

③ 行龙：《人口问题与近代社会》，人民出版社1986年版，第106页。

④ 赵文林：《中国人口史》，人民出版社1988年版，第452、457页。

⑤ 袁祖亮：《中国古代人口史专题研究》，中州古籍出版社1994年版，第391页。

二、土地的开垦与耕地面积的扩大

流民迁徙的主流是从人口稠密区流向人口稀疏区，从经济文化发达的中心区流向较落后的边远地区。这些因灾荒、土地兼并、战乱、苛征暴敛、"人口爆炸"而失去土地的流民，在来到新地方后，首先要做的就是如著名社会学家费孝通先生在《乡土中国》一书中所说的，负起锄头去另辟新地，"像是从老树上被风吹出去的种子，找到土地的生存了，又形成一个小小的家族殖民地，找不到土地的也就在各式各样的命运下被淘汰了"。

他们首先是在平原、肥沃之地开垦种植，继而以中原为中心向周边扩展。当平原荒野被垦辟殆尽，出现"有可耕之人，无可耕之地"的局面时，从社会中游离出来的流民，又以惊人的毅力发动了"上山下海"的经济运动。

秦汉时期，流民基本上是在北方中原地区扩展空间。虽然据史料记载，对山区、丘陵的局部利用早在东汉末年就已开始，《三国志·魏书·田畴传》说："营深险平敞地而居，躬耕以养父母。百姓归之，数年间至五千余家。"但是，人们一般还是主要在平原从事农业生产。魏晋至唐宋时期，流民流动的大势是从黄河流域向长江流域迁徙。永嘉之乱、安史之乱，北方人口大量南迁，使江南土地得到较大的开发，形成一处处鱼米之乡。五代时期，占据长江三角洲及太湖平原的南唐与吴越，招募流民，开垦了大批荒地。吴越还在浙东沿海地区修筑了拦海石塘，以抵御海潮的冲击，长江三角洲从此成为最富庶的地区。成都平原也被广事耕垦。大约自北宋末年起，北方流民的再次大规模南迁，使今天成为沃野的珠江、韩江三角洲、宁绍平原、浙南平原和福建各沿海平原得到了开发，时人称："闽浙之帮，土狭人稠，田无不耕。"①"江东、西无旷土。"②元朝以后，南方的平原沃野被占满，甚至缓坡地和低丘地都基本上被利用了，流民便向荒山老林进军，攀坡开田。

① 许应龙：《东涧集》卷13，《初到潮州劝农文》，《四库全书》本。

② 陆九渊：《象山集》卷16，《与章德茂书》，《四部丛刊》本。

明清两代，流民不仅继续深入深山老林，而且围湖拦海，向海滩沙地、盐碱沼泽进军。明代流民主要一是进入荆襄等山区，二是进入边疆地区。流民向山区聚集，归因于山区地旷人稀、统治力量薄弱，即所谓“地土可耕、柴草甚便，既不纳粮、又不当差”①。以荆襄山区为例，流民进入前是人烟稀少、刀耕火种的状况，“有蛮夷之风，无兵戈之患”②。流民进入后，情况发生了变化，“昔日土浮于人，又山多田少，水田十之一，旱田十之九。近则五方杂处，渐至人浮于土，木拔道通，虽高岩峻岭皆成禾稼”。郧阳府从洪武到万历年间(1368—1619年)，耕地增加了31倍多③，至成化七年(1471年)，已屯聚流民938000余人④，成为全国最大的流民聚居区。南赣山区、闽浙山区也备受流民青睐。边疆的开发，明朝的成绩也很显著，如今呼和浩特地区，明代称为丰州川，嘉靖时，中原地区的一些逃军和破产农民以及反对明朝统治的秘密宗教势力，因“草地自在好过”，而千百成群地流向塞外，“开云田丰州地万顷，连村数百”⑤。清代，在东北，18世纪30年代吉林纳税的民田只有31872亩，到1748年增至454055亩，为原额的14倍多⑥。奉天、锦州二府开发速度更快，仅就官方掌握的数字看，顺治十八年(1661年)时，纳赋田土数为60933亩，1685年增加到311750亩，1724年增加到580658亩⑦。在西北，清初南方客户大量迁徙到陕南，也使大片荒地得以开垦。顺治七年(1650年)、八年(1651年)，清廷先后两次豁免西安、延安、凤翔、汉中、兴安等属府州无着荒地共141182顷，康熙二十二年(1683年)又“旨豁

① 《明经世文编》卷105，梁林：《议处郧阳逋疏》。
② 天顺《襄阳郡志·建置沿革·风俗形势》。
③ 樊树志：《明代荆襄流民与棚民》，《中国史研究》1980年第3期。
④ 《明宪宗实录》卷93。
⑤ 瞿九恩：《万历武功录》卷8，《俺答列传》。
⑥ 冯尔康：《清人生活漫步》，中国社会出版社1999年版，第175页。
⑦ 朱诚如：《清代中叶以前关内流民迁辽述论》，《辽宁师范大学学报》1989年第4期。

免汉、兴荒地8383顷17亩”①。而经康熙到乾隆，流民不断迁入，使“生齿渐蕃”，“虽蚕丛峻岭，老林邃谷，无土不垦，无门不辟”②。山阳县“近来各省客民渐来开山，加至十倍之多”③。在北部，据《口北三厅志》记载，张家口、独石口二厅，雍正时新旧垦地为6004顷，乾隆时增垦4707余顷。《清仁宗实录》卷226中说：“热河迤北一带，系蒙古外藩游牧处所，自乾隆四十三年(1778年)改设州县以后，民人集聚渐多，山厂平原尽行开垦。”在南方和西南地区，山地和一些河谷坝区得到开发。如云南开化、广南、普洱等府的许多“深山密箐”，就是由湘、鄂、川、黔等省的流民开垦的。贵州的古州厅，乾隆五十年(1885年)后才有流民进入，但很快这里“有可开垦水田者，一丘一壑，纤悉无余；无水之地种植荞麦、大麦、燕麦、包谷，以裕旨蓄”④。

这样，流民们以“见缝插针”、“寸土必争”的“垦荒精神”，用勤劳的双手，把一块块荒土变为良田沃野，使中国的耕地面积不断增长。“一部中国土地资源开发史，就是一部流民垦荒史。”⑤从耕地面积看，1381年为36677万亩，1542年为43606万亩，1661年为54936万亩，1812年为75153万亩，1887年达到91198万亩。到清朝中期，耕地面积进一步扩大，已到了“四海之内，高山绝壑，耒耕亦满”的程度。

流民的迁移还促进了生产技术的进步。因为流民的涌入会“使迁入地的人口以大大超过正常的速度增加，按照常规扩大耕地往往难以满足人口的粮食需求，这就促使农业转向通过精耕细作提高单位面积产量，越来越多的人投入手工业和商业”⑥。我国封建农业

---

① 民国《汉阴县志·大事记》。

② 魏源：《古微堂外集》卷6。

③ 卢坤：《秦疆治略》。

④ 林溥：《古州杂记》，《小方壶斋舆地丛钞》第7帙。

⑤ 池子华：《流民问题与社会控制》，广西人民出版社2001年版，第68页。

⑥ 葛剑雄等：《简明中国移民史》，福建人民出版社1993年版，第559页。

向精耕细作方向发展始于唐宋之际，与唐后期五代北人的南迁有关。还有的学者认为，南宋时期福建商品经济的较大发展，也是北方人口涌入增加了当地人口压力的结果①。但同时我们应看到，流民从事的一系列非理性的开垦活动，围淤促田、毁林开荒、掠夺性使用地力等，也导致了森林覆盖面积减少，水土流失，沙漠化和土地效益递减，结果使生态环境恶化。如北永定河一带濒河淀泊，“本所以潴水，乃水退一尺，则占耕一尺”，结果“每遇潦涨，水无所容，甚至漫溢为患”。荆襄一带湖泊广延千余里，每遇涨水，“必藉余地容纳”，但由于当地百姓“因于岸脚湖心，多方截流以成淤，随借水粮鱼课四周筑堤以成垸”，结果洪水期至，堤塍城郭都被冲毁，数万人被淹死②。浙江一带的湖泊“民间占垦甚多”，“殊妨水利”③，湖南巡抚杨锡绂在《请严池塘改田之禁疏》中尖锐地指出：“(湖南)不独大江大湖之滨，及数里数顷之湖荡日渐筑垦，尽失旧迹，即自己输粮管业，数亩之塘，亦培土改田，一湾一涧，亦截流种稻。”“此弊不独湖南，大约东南各省无处不然。”④

三、经济中心的南移

西晋末年以后，流民的大规模南迁，极大地推动了南方社会经济的开发。江南地区本有着相对优越的自然地理环境，但其经济开发的历史进程在一个很长的时期内却远远落后于北方的黄河流域，无论是科学技术、文化教育，还是农耕种植、家禽畜牧业，北方都要比南方先进。当汉代黄河流域推广牛耕、耧耕和代田、区种等先进农业工具和农业技术时，江南还基本停留在火耕水耨的阶段。《史记·货殖列传》载，“关中之地，于天下三分之一，而人众不过什三，然量其富，什居其六”，三河(今山西西南部和河南黄河两

---

① 吴松弟：《宋代东南沿海丘陵地区的经济开发》，《历史地理》第7辑，上海人民出版社1990年版。

② 《清高宗实录》卷911，卷1312。

③ 《清史稿·潘思榘传》。

④ 《清经世文编》卷38。

岸地区、河北南部)“土地小狭，民人众”，邹、鲁(今山东西部)“颇有桑麻之业……地小人众”。和北方经济高度繁荣相比，当时南方的大多数地区尚未开发，“地广人稀，饭稻羹鱼，或火耕而水耨，果隋蠃蛤，不待贾而足”；“无积聚而多贫”。这种北强南弱的局面，随着秦汉以后北方流民的不断南移，特别是西晋末年以来先后发生的三次大规模的北人南迁浪潮而逐渐得到改变。一浪高过一浪的流民潮打破了长期以来山东、关中独居经济重心地位的格局，推进着传统经济由黄河流域向江淮、珠江、闽江流域的逐步扩展、南进。

在秦朝以前，南方只有长江流域的部分地区得到了初步开发。秦朝统一全国后，由于大批北方民众为避乱迁入南方，带来了先进的生产技术，使南方经济得到较快的发展。但到汉朝时南方社会经济发展还很落后，总体经济发展水平还远远逊色于北方先进地区。东汉永和五年(140 年)，南方人口 1609 万，占汉朝户口总数的 33.6%①。东汉末北方大乱，流民开始大量涌入南方，南方得到进一步开发。三国时期，蜀吴两国为了能与占据中原主要经济区的魏国对抗，非常注重经济的建设，移民较多的成都平原、太湖流域和淮南地区经济发展相当迅速。成都平原的“绵(今绵竹)与雒(今广汉)各出稻稼，亩收三十斛，有至五十斛”②，这在当时无疑是相当高的亩产量。

西晋统一后仅二三十年便爆发了永嘉之乱，形成历史上北方汉人南迁的第一次高潮。战乱和人口大流失，严重地消耗了山东、关中等地区长期建设起来的物质文明，极大地损伤了其社会元气。此后，北方的经济呈现出退化和衰落的趋向，在全国的重心地位逐渐丧失。相反，流民浪潮不仅给江南带来了大量的劳动力，而且带来了先进的生产工具和生产技术。这是上述地区经济在短时间内得以发展的重要条件。在南方，一时间北方来的迁移人口竟占到了总人

① 葛剑雄等:《简明中国移民史》，福建人民出版社 1993 年版，第 565 页。

② 《华阳国志》，刘琳校注本，巴蜀书社 1984 年版，第 259~260 页。

口的六分之一。由于这里土地肥沃，气候温暖、湿润，河网密布，交通运输便利，适合工农业生产的发展，加上南下北人带来的先进农耕工具与农业技术，南方的农业生产在质和量两方面均有显著进步①。江南地区开发的范围不断增大，由孙吴政权经营的江左一隅，扩展到了整个长江流域，继而又发展到岭南地区。在流民迁入较多的地区，已推行先进的区田法和轮作复种制，麦和菽等北方旱田作物南移，在江南的广大地区开始推广栽植。江南的农业从原来比较单一的水田农业，向水陆兼营、稻麦兼济的农业结构转变②。适宜于旱作的区种法也开始在吴兴、余杭一带的山区推行，牛耕逐渐得到推广。由于广泛兴修水利，有些地方还初步形成了可排涝、可灌溉的农田水利网。在手工业方面，西晋之后，江南地区的采盐和冶铁业相当发达，银的开采也比较普遍。织锦业，由于关中锦工的迁入，江南织锦业逐步推广。此外，造船业、造纸业、陶瓷业、采盐和冶铁业等手工业，也都有了很大的发展，特别是冶炼业中出现了“灌钢法”、“横钢法”和“百炼钢”等新技术。在农业和手工业发展的带动下，商业及运输业也逐渐活跃起来，丹阳、吴、会稽、宣城、东阳诸郡发展成为繁盛的商业都市，建康成为全国最大城市。南方经济实力的不断提高，使南贫北富的局面逐步得到扭转。《宋书》卷54传末沈约《论》说：“自晋氏迁流，迄于太元之世，百许年中，无风尘之警，区域之内，晏如也。及孙恩寇乱，歼亡事极。自此以至大明之季，年逾六纪，民户繁育，将曩时一矣。地广野丰，民勤本业，一岁或稔，则数郡忘饥。会土(今浙江)带海傍湖，良畴亦数十万顷，膏腴上地，亩直一金。鄠、杜之间不能比也。荆城跨南楚之富，扬部有全吴之沃，鱼盐杞梓之利充仞八方，丝绵布帛之饶，覆衣天下。”沈约这段话显然有些夸大其辞，但东晋南朝时期江南农业和手工业有了很大进步却是事实。不过，这一

---

① 童超：《东晋南朝时期的移民浪潮与土地开发》，《历史研究》1987年第4期。

② 黎虎：《北方旱田作物的南移》，《北京师范大学学报》1988年第2期。

时期，北方人口仍多于南方，经济发展水平亦远高于南方。江南人口最为集中的地区是太湖流域诸州郡及赣、湘、汉诸水流域的少数州郡，其他边远地区和广大山区仍然是土旷人稀，因而社会经济的开发也主要集中于江东吴会一带和赣水流域的豫章郡、湘水流域的长沙郡、汉水流域的荆州等地。也就是说，唐朝以前江南的开发主要体现在点和线上。

唐安史之乱后，出现北方人口南迁的第二次高潮，南方经济在深度和广度上得到进一步开发。北方民户的大批南移，使南方诸道州人口普遍大幅度增长，劳动力数量大增，经济开发步伐大大加快。首先表现在土地开发规模扩大，以前开发基础较好的地区进一步扩大了土地的面积和提高了土地利用率，长江中下游平原、江汉平原和洞庭湖畔、湘水流域的河洲湖渚，到处可见土地的垦发和水稻等农作物的种植。江南、淮南通过精耕细作和水利灌溉等措施，水稻亩产量迅速提高，唐中后期“江、淮田一善熟，则旁资数道，故天下大计，仰于东南”①；以前开发较差的区域也得到了开发，耕地面积增加。不少逃户移至山林野泽之地辛勤垦耕，向丘陵、山地和沼泽湖渚进军。《旧唐书·地理志》说：“自至德后，中原多故，襄、邓百姓，两京衣冠，尽投江、湘，故荆南井邑，十倍其初。”戴叔伦在《桂阳北岭偶过野人所居聊书即事呈王永州邕李道州圻》诗中说：“不记逃乡里，居然长子孙，种田烧险谷，汲井凿高原。”表明江南土地的垦辟已扩展到密林山地，进入了全面开发阶段。元结诗称：“长松亭亭满四山，山间乳窦流清泉。洄溪正在此山里，乳水松膏常灌田。松膏乳水田肥美，稻苗如蒲米粒长。”形象生动地反映了江南农业生产的繁荣景象。

北方流民的大量南下，还促进了南方手工业、商业的发展。他们带来了先进的手工业生产技术，如制墨技术，唐开元、天宝贡墨州仅河北道的易州一地，唐末五代，江南歙墨的声誉已跃居全国之首，追其渊源，乃与人口南迁相关。苏易简《文房四谱》卷 5 载：“江南黟歙之地有李廷珪墨尤佳。廷珪本易水人，其父超，唐末流

① 《新唐书》卷 165，《权德舆传》。

离渡江，睹歙中可居制墨，故有名焉。”再如纺织业中的丝织技术，六朝时，江南地区已有初步发展，刘裕灭后秦后，将关中的锦工迁至江南，并在丹阳斗场设立锦署，促进了丝织业生产技术的进步。但这时南方的丝织业生产水平还远远赶不上北方。唐开元、天宝之交，东南各州丝织业崭露头角，获得了迅速发展。《新唐书·地理志》、《元和郡县图志》载，润、苏、湖、杭、睦、越、明、处、婺、衢、泉等州上贡的丝织品名目甚多，不下数十种，其中越、苏二州尤为突出，不仅种类繁多，而且织作精细，其纺织技术甚至为关陇地区所仿效。南方丝织业之所以获得如此快的发展，在某种意义上说，与北人的南迁有关，在安史之乱后众多的北方移民中以及持续不断的以逃亡为主体的移民队伍中，必然包括一部分民间的纺织工匠和少数官府工匠。他们的到来推动了江南社会经济的发展。《新唐书·食货志》载，“凡银、铜、铁、锡之冶一百六八”，分布在陕、宣、润、饶、衢、信等州，除陕州外，其余皆在南方。造船业、瓷器业、造纸业、印刷业无不以南方量多质好，最称发达。①由于北方丝织业衰落，朝廷所需的大量丝织品依赖于江淮。②

安史之乱前，北方人口占全国总人口的58.3%，南方占41.7%；安史之乱后，北方人口剧减，南方人口增加。元和时(806—820年)，南方人口占全国总人口的比例上升到68.3%③。朝廷的财赋转而开始主要依赖南方。总之，经济的发展不仅改变了南方的社会经济面貌，也使全国的经济格局发生变化。唐后期，南方经济逐渐赶上并超越北方，实现了中国经济重心的南移。唐后期和五代时期，淮南和蜀地的成都平原及其附近已是全国经济最发达的地区。史称：“天宝之后，中原释耒，辇越而衣，漕吴而食。”“唐世盐铁转运使在扬州，尽斡利权，判官多至数十人，商贾如

① 傅筑夫：《中国封建社会经济史》第4卷，人民出版社1981年版，第364~372页。

② 白居易：《白氏长庆集》卷4，《阴山道》。

③ 据费省：《论唐代的人口分布》，《中国历史地理论丛》1989年第2期。

织，故谚称扬一益二，谓天下之盛，扬为一，而蜀次之也。”①

北宋以后，南方经济持续发展，北方则由于自然环境恶化和宋与辽、西夏对峙与战乱的不利影响，经济进一步衰退，经济与人口分布的南重北轻的趋势有增无减。北方在农业方面大大落后于南方，唯手工业的某些方面尚有可称道之处。如北宋时，定州(治今河北定州)尚有不少名匠，在丝织、制瓷方面，靡不精绝。

靖康之乱后出现了第三次人口南迁浪潮，南方获得更进一步的开发，经济发展速度加快。北方因战争破坏和人口减少，经济发展缓慢。南宋初年，江南、江西、湖南等地因有大批北方人口迁入，很快弥补了因战乱造成的人口损失，恢复了经济。史载：南宋时，福建和四川盆地西部“民勤耕作，无寸土之旷”②，农业已开始向海拔较高的山区发展。时人说：“闽、浙之盛，自唐而始，且独为东南之望。然则亦古所未有也。”③江南东、西(相当于今江西和皖南及苏南西部)“川泽沃衍，有水物之饶……冶铸、金帛……之利，岁给县官用度，盖半天下之入焉”④。南方手工业的发展得益于靖康以后北方“群工南渡”⑤。据学者考证，宋、元以后，陶瓷业已以南方龙泉窑和景德镇为好。唐天宝十四载(755年)，安史之乱以后，北方丝织业进一步衰落，丝织业中心已移到了江南，北方即使还有名产，产量亦已有限，朝廷所需的丝织品完全依赖于江淮地区。

明清时期，北方人口不再南迁，南部地区人口分布通过内部调整使经济向纵深发展。在平原和低山丘陵地区大体开发殆尽的情况下，流民大量涌向海拔较高的丘陵和山地。在明代，湖北、湖南、河南、陕西和四川5省交界的荆襄地区是流民的主要集聚地。明末这里已是“山坞之中，居庐相望，沿流稻畦，高下鳞次，不似山陕

---

① 洪迈：《容斋随笔》卷9，《唐扬州之盛》，商务印书馆1959年版。

② 《宋史》卷89，《地理志》。

③ 《叶适集·水心别集》卷2，《民事中》。

④ 《宋史》卷86，《地理志》。

⑤ 朱启钤：《髹饰录弁言》，谢国桢：《明代社会经济史料选编》中册。

间点”①。在清代，岭南的广东、广西得到了开发，嘉庆二十五年(1820年)，这两个地区的人口数量分别比洪武二十六年(1393年)增长了6倍和4倍。1820年，广西的人口密度达到了每平方公里39.7人②，人口稀少的局面得到初步改变。明末清初遭到浩劫而地广人稀的四川在清朝由于流民的大量迁入，人口增长也很快，1820年人口2804万，1850年达到4416万③。南方绝大多数地方都已被开发，“山顶已殖黍稷，江中已有洲田，川中已辟老林，苗洞已开深箐”④。

总之，宋元以后，无论人口还是经济，南方都占了绝对优势。北方自魏晋以后在全国人口和经济中所占地位的逐步下降，除了自然环境恶化方面的原因外，频繁而剧烈的战乱造成大量人口死亡和流民南迁避难是一个重要原因。

四、山区和边疆的开发

流民从受灾地区或人口繁庶地区逃往人迹罕至的荒山和边疆，促进了这些地区的开发。历代不断新设州县，大多是由于流民迁入的缘故。西北、西南乃至东北的开发，到处都留下了无数流民披荆斩棘的足迹，他们是这些地区经济开发的一支重要力量。

首先，流民向山区的迁徙，加强了山区与外界的联系，使山区获得了先进的技术。山区交通闭塞、开发较晚，人丁稀疏、经济落后。流民徙入后，山区人口密度明显上升，人口分布由河谷盆地向山地、由海拔较低地区向较高地区延伸，为山区经济开发提供了较为丰富的人力资源。流民多来自生产力水平、社会经济关系、教育文化水平等比较先进的地区，如明代荆襄的流民主要来自南北直隶、山东、山西、陕西、河南、江西、四川、湖广等地，南赣流民

---

① 《徐霞客游记·游太华山日记》。

② 葛剑雄等：《简明中国移民史》，福建人民出版社1993年版，第577~578页。

③ 葛剑雄等：《简明中国移民史》，福建人民出版社1993年版，第579页。

④ 汪士铎：《乙丙日记》卷3。

则多是江西平原、福建、粤北的破产百姓，他们带去的不仅仅是劳动力，而且有先进的耕作工具、技术、经验和文化生活模式等，因此，极大地推动了山区社会经济的发展。如康熙初年，一些流民到东北乌拉、宁古塔一带去挖掘人参，往往东行数千里到赫哲族居住的森林地带或乌苏里江定居。流民在开垦荒山野岭之时，还带去了故乡的农业技术，发展了当地的多种经营。乾隆以前，陕南最基本的经济活动是单一的粮食种植，以麦和粟谷杂粮为主要栽培作物。流民大规模移入后，普遍种植玉米、马铃薯，栽培生漆、茶叶、桐油等经济林木以及商品性的药材，还利用秦巴山区丰富的矿藏、森林和其他野生植物资源，发展多种类型的经济活动，在山内开厂，“一厂多者恒数百人，少者亦数十人”，合计可达数十万之多①。另外，封建政府为了加强对流民的管理控制，在其聚居区增设行政区划，修筑道路。如明政府曾在荆襄地区增设郧阳一府并竹溪等7县。以郧阳为中心，开辟三条驿道，分抵西安、南阳、汉中，这在客观上也密切了山区与外界的联系。

其次，流民的汇聚加速了山区的经济开发。流民入山后或结聚屯耕，或单独营生，或依附土著充当承佃户。他们辛勤劳作，开荒辟地，使山区垦殖面积倍增。如明代仅郧西一地迄成化十三年(1477年)就已新辟耕地14300多顷②。随着耕地面积的增加，粮食作物的迅速发展，郧西地区“其谷产较胜洵阳、山阳诸邑”③。明中叶以后，湖广地区经济迅猛崛起，成为“湖广熟，天下足”的全国重要粮食供应地，其重要原因就是流民的大量汇入。流民对山区的深入开发，不仅改变了当地的种植结构，而且推动了山区多种经营的发展。流民们以山区丰富的矿产资源、森林及其他野生植物资源为依托，因地制宜，相继开辟茶园，种植生漆、油桐、蓝靛等经济作物，采集培育菌种、药材等，有的则从事矿业开发。汉中山区“成化年间以来，各省逃移人民，聚集栽植茶株数多……户口日

① 《三省边防备览·策略》。

② 《明宪宗实录》卷167。

③ 严如熤：《三省山内风土杂识》。

繁，茶园加增不知几处”①。南赣山区流民则“搬运谷石，砍伐树木及种靛栽杉、烧炭等项，所在有之”②。尤其是蓝靛的种植，成化弘治时期自闽汀传至泰和县，正德时期推广至南赣地区，明末时，该地区成为靛蓝的主要生产基地。至于矿业生产也十分发达，正德时浙江庆元人叶宗留在浙闽山区招募流民，“开矿大作，官不能禁”③。荆襄流民也“以窃矿聚，巡矿官吏莫敢谁何”④。广东韶惠地区“无主官山产生铁矿，先年节被本土射利奸民号山主矿主名邑，招引福建上杭等县无籍流徒，每年于秋收之际，纠集凶徒百千成群，越境前来分布各处山岗创寮住扎，每山起炉，少则五六座，多则一二十座，每炉聚集二三百人，在山掘矿，煽铸取利”⑤。由于流民数量的增多，新经济活动的出现，带动了山区手工业、商业的发展。从事生漆、茶叶、桐油、药材等农副产品的再加工和贩运的人逐渐增多，在山区、平原交界地带，工商业市镇已零星出现。

流民流散到边疆，参与了边疆的开发、建设。在中国历史上，影响最大的莫过于清代山东流民进入东北地区，对东北进行开发和建设。乾隆初年，清统治者为了防止汉族流民取得东北耕地的所有权，曾实行过所谓“京旗屯垦”的政策。然而，坐食成性的京旗人，始终视屯垦为畏途，耗费重金而来，最终却相继逃去。此后，清朝统治者又强迫士兵屯垦，也因“兵惰不耐耕”而未有结果。然而，山东流民对于东北的开垦和建设却得到了意想不到的成功，大面积的荒地得到了开垦。东北地区经过山东等省流民的开发，扩大了耕地面积，粮食产量不断增加，生产的粮食不但足够供给本地食用，而且可以大量外运。嘉道之际，“关东豆、麦每年至上海者千余万石”⑥。

在北部和西北地区，至迟到汉代就有汉人迁入。永嘉以后，北

---

① 《明经世文编》卷115，杨石综：《为修复茶马旧制第二疏》。

② 《西江志》卷146，《艺文》，周用：《乞专官分守地方疏》。

③ 《西园闻见录》卷92。

④ 《项襄毅公集》卷1。

⑤ 嘉靖《广东通志初稿》卷30。

⑥ 包世臣：《安吴四种》卷1。

方农民大批流入慕容鲜卑部，士大夫前去避难的也不少。起自“幽漠射猎之乡”的慕容鲜卑也极力招诱中原流民，设郡以统流民，重用士人以建立政治制度，传授经学和文学。前凉的张轨父子能盘踞姑臧，“尽有陇西之地，士马强盛”，和他们极力招诱中原流民开发本地区经济关系极大。史载“中州避难来者日月相继”①。唐末，“藩镇骄横，互相并吞邻藩”，造成长期动乱，因而“燕人军士多亡归契丹，契丹日益强大”②。很显然，这些汉人不仅为契丹增加了人丁、军卒，而且将汉人的军械制造技术带了过去。由此契丹成为宋王朝的主要威胁力量。蒙古地区到明清时期得到进一步开发。清康熙“巡行边外，见各处皆有山东人，或行商，或力田，至数十万人之多”③。新疆在清朝时流民迁入进行民屯，得到迅速开发。

在西南地区，唐朝中后期有数十万俘虏和流民进入云南，使洱海和滇池地区得到开发。元代又有不少流民迁入云南屯田，各主要地区都已置州县。至明朝，随着明王朝对西南地区统治的加强，大量汉人向云贵等地迁移，他们往往全家迁来落户，其中有的是随军而来的军户，更多的则是逃避赋役的民户④。他们之中的许多人以后就住在瑶区、彝区，成为瑶户、彝户。贵州等地卫所的士兵，因为躲避兵役，也往往逃入苗寨⑤。在琼州的“熟黎”中，有一半是从闽广各地逃亡来的汉人⑥。他们把进步的生产工具和技术带到这里，进行垦荒、种植、采矿和兴修水利等生产活动，对于这些地区的开发起了很大的作用⑦。关于云南的开发情况，明代万历末，谢肇淛在《滇略》中称：“其人土著者少，寄籍者多，衣冠礼法，言语习尚，大率类建业(今南京)。二百年熏陶渐染，彬彬文献，与中州埒矣。”道光二十年(1840年)，云南人口已达700余万。贵州在

---

① 《晋书》卷82，《张轨传》。

② 《契丹国志》卷1。

③ 《清圣祖实录》卷230。

④ 谢肇淛：《滇略》卷4；谢肇淛：《五杂俎》卷4，《地部》。

⑤ 《苗防备览》。

⑥ 《明史》卷319，《广西土司》三附。

⑦ 翦伯赞：《中国史纲要》下册。

道光二十年(1840年)已有541万人。耕地面积康熙二十四年(1685年)有9597顷，嘉庆十七年(1812年)达到了27660顷，增长了近两倍①。

在东南地区，台湾地区自古以来就是中国的领土，但大规模的开发却是在17世纪以后。满族入关，东南沿海诸省居民和一些反清人士只身或携带家属逃往台湾地区。清统一台湾地区后，那里成为福建沿海地区流民向往之所。雍正年间，“漳、泉内地无籍之民，无田可耕，无工可佣，无食可觅”，而“一到台地，上之可以敛富，下之可以温饱”，故“民之渡台，如水之趋下，群流奔注”②。当时，每年偷渡赴台的流民达数千人。后来禁渡律令放宽，渡海的流民迅速增加，18世纪中叶自大陆流入台湾地区的人口，已达数十万。

第二节 城市的发展与社会经济的兴衰

一、城市的发展

土地兼并、自然灾害和繁重赋役使农村产生一批批流民，其中相当一部分涌入城市谋生，促进了城市人口的增长、商品经济的发展和新市镇的兴起。而城市的发展又反过来要求农村为它提供劳动力和原材料，从而为人们提供了更多的就业机会，进一步诱导农民脱离土地，进入城市。

一般地说，市镇的发展直接取决于所在地区的经济发展状况。农业经济不甚发达的地区，市镇较少。农业经济发达，能够提供充足的食粮和手工业原材料，市镇就能获得较快发展，数目就会增加。如西汉随着社会经济的发展，形成了遍布全国的大小城市、集市等商业网点，除都城长安外，洛阳、邯郸、临淄、宛和成都经济

① 葛剑雄等：《简明中国移民史》，福建人民出版社1993年版，第581~582页。

② 《清经世文编》卷84。

也很发达，被时人称为“五都”。唐代城镇总数在1000个以上。西京(长安)和东京(洛阳)是政治、军事和经济中心。此外，西南有成都、桂林；南方有广州、交州；西北有兰州、凉州；黄河流域及以北有开封、太原、定州、滑州；沿海地区有泉州、杭州、扬州、登州，以及内陆的荆州、相州、幽州、汴州和宋州等。宋代城市中“坊”“市”不再分区，都城开封是最繁华的城市，市内手工业作坊众多，街道两旁商店、旅馆、货摊林立，人来人往，十分热闹。市内有“瓦子”(或叫“瓦肆”)，里面有“勾栏”(歌舞场所)、酒肆和茶楼，还有说书、演戏的，成为娱乐的中心。明代随着商品经济的发展，在原有城市继续保持繁荣的同时，又兴起了一批工商业市镇，如南直隶应天府的上元、江宁、江浦、六合；凤阳府的怀远、寿州、蒙城、霍邱、泗州、盱眙、天长、灵璧、颍州、太和、亳州等县，在嘉靖、万历年间市镇都有了很大发展。江南地区市镇的发展尤为显著，据有关材料统计，苏、松、嘉、湖四府有市76个、镇140个，二项合计216个，总计约86万户，432万人。城镇上的居民是从哪里来的？答案只有一个，绝大多数是从农村流入的。以制瓷闻名的江西景德镇为例，仅制瓷业，在嘉靖时招用雇佣工人万余，万历时镇上佣工多达数万人。这些雇佣工人主要来自各地的流民，即史志上所谓的“四方无籍之人”。冶铁业闻名的广东佛山镇，仅冶铁业就拥有大量工匠。全镇炒铁肆就有数十处，人有数千。如果将各行工匠人数统计起来，工匠数目也相当可观。其他各市镇也多拥有大量的工商业者。可以这样说，中国城镇的每一步发展，都与农村人口的不断流入分不开。假如没有农村人口源源不断地流入，为其提供劳动力，城镇的迅速发展是不可能实现的。

城市社会经济的繁荣，促使了大量农民离开土地，进入城市谋生。在这些进城者中，流民占了很大比例。李潮在大历四年(769年)撰《苏州嘉兴屯田纪绩颂碑》中指出：“自羯戎乱常，天步多艰，兵连不解，十有四年……(流)亡者惰游……归耕之人，百无其一。”①揭示了逃户多从事工商业。长庆年间(821—824年)，沈亚

① 《全唐文》卷430。

之在《周至县丞厅壁记》中指出："周至，道巴汉、三蜀……而三蜀移民游手其间，市闾杂业者，多于县人十九。"①兴元(784年)中，扬州"侨寄衣冠及工商等多侵街衢造屋，行旅拥蔽之"②。明嘉靖时，何良俊对农民离开本业，从事工商业，进入市镇有很好的描述，他说，明中叶以前，农民十分之九从事农业，"十九在田"，安于农业生产。正德以后，由于赋役日增，农民失去了土地，涌入了城市，转向了工商业。"昔日逐末之人尚少，今去农而改业为工商者三倍于前矣；昔日原无游手之人，今去农而游手趁食者又十之二三矣。大抵以十分百姓言之，已六七分去农。"③这虽有些夸大，但大致反映了农民涌向市镇的趋势。明朝江南巡抚周忱也说："苏松人匠，丛聚两京。乡里之逃避粮差者，往往携其家眷，相依同住。或创造房居，或开张铺店，冒做义男女婿，代与领牌上工。"④

胡如雷先生在《中国封建社会形态研究》一书中认为："中国封建城市的起伏兴衰，既与商品经济的繁荣和萧条有关，也与阶级斗争的激化同缓和有关。"⑤这是非常有见地的。在明朝中叶以前，我国城市的迅速发展往往是在王朝的末期，即在社会经济发生危机之时。这是一种病态的发展。究其原因，一方面是由于危机时期，贵族地主阶级在土地兼并的过程中日益富裕和腐化，不但迫切地要求城居，而且具备了城居的条件；另一方面是在危机阶段，阶级矛盾极度尖锐化，贵族地主感到乡居不如城居安全，因为郡县城市是封建国家统治和镇压人民的政治、军事据点，于是纷纷迁居城市。贵族、官僚、地主和军队大量进入城市，使城市商品经济出现病态发展，奢侈品行业和服务业迅猛繁荣。随着农村经济的危机加深和衰落，大量农民破产失业，也纷纷涌入城市，使城市人口畸形地膨胀起来。如六朝都城建康，东晋时只有4万户，到梁朝时发展到28

① 《全唐文》卷736。

② 《册府元龟》卷678，《牧守部·兴利》。

③ 何良俊：《四友斋丛说》卷13。

④ 《明经世文编》卷22。

⑤ 胡如雷：《中国封建社会形态研究》，三联书店1979年版，第376页。

万户。这与社会动乱、贵族地主与流民大量流入有很大关系。唐朝后期，长江流域城市的发展也与北人的南迁有着密切关系。荆南各州，在安史之乱后，由于“襄邓百姓、两京衣冠”的南流，“井邑十倍其初”①。宋朝仁宗时，“城中近日流民甚多，皆扶老携幼，无复生意”②。南宋隆兴年间(1163—1164年)，大量“流民聚城郭，待赈济”③。明代嘉靖年间(1522—1566年)，“连岁大祲，四方流民就食京师，死者相枕藉”④。清代土地兼并的严重程度超过了以往任何历史时期，康熙统治时实行了税制改革，推行“摊丁入亩”政策，但并未遏制住流民入城的狂潮。时人周祚显说：“臣奉命巡视北城，习见夫辇毂之下，聚数十万游手游食之徒，昼则接踵摩肩，夜不知投归何所，是皆著籍之农氓也。或因赌博输负，或因逋租欠税，辄轻离父母，抛弃妻孥，而浪迹于都市。在家仅遗鳏寡老弱佃种田地。”⑤乾隆时，危机因素有增无减，流民入城情况更加严重，“乡村流户扶老挈幼，纷纷至京”⑥。

贵族、官僚和地主集聚城市必然增加城市的消费，为农村中一部分失去生产资料的劳动者提供了进城就业的机会。清人朱泽就说：“自井田毁，限田之制累朝不能行，非通都大邑财货聚积之所，则取财之途不广。”⑦城市是各级封建政府的所在地，是官僚、富人聚居的场所，流民在这里易于找到糊口的机会，自然吸引了不少流民徙居城市。社会危机之时往往也是官僚贵族生活奢侈、腐朽之时，所以，此时奢侈品的生产和贩卖生意尤为兴隆。正如黄梨洲在《明夷待访录·财计》中说的：“今夫通都之市肆，十室而九，有为佛而货者，有为巫而货者，有为优倡而货者，有为奇技淫巧而货者，皆不切于民用。”另外，城市中官僚、贵族、地主人数的增多，

① 《旧唐书》卷38，《地理志》。
② 《公是集》32，《上仁宗论水旱之本》。
③ 《救荒活民书》3，《赵令良赈济法》。
④ 《明史》卷77，《食货志》。
⑤ 《皇清奏议》24，周祚显：《驱游惰以归本业疏》。
⑥ 《皇清奏议》54，顾光旭：《请除赈灾通弊疏》。
⑦ 《清经世文编》28，朱泽：《养民》。

也为进城的流民在服务业找到了就业机会，如当家内服侍的奴婢、仆役，在茶馆、酒肆当佣保、歌女和舞伎等。还有一些流民进入城市后，由于找不到谋生的途径，在城市中沉淀下来，渐渐沦为流氓、赌徒、乞丐、小偷、娼妓和杀人越货者。

二、城市社会问题的出现

城市是流民的“避难所”，是流民摆脱农村实现梦想的乐园。千百万流民怀揣着各种各样的动机，“向心”射向城市。他们中有的是来避难的，有的是农闲季节单身进城找零活的，有的是务工经商而根仍在农村的，还有许多人是不顾一切全家搬入城市别图发展的，可谓形形色色，构成一支庞大而复杂的流动大军。

城市作为一个工商业中心，是一个开放的社会大系统，确实拥有宽阔的胸怀接纳来自各地的“淘金者”。但城市绝非是一个天堂。伴随着大量流民的盲目进入，城市出现了各种各样的社会问题。恩格斯在谈到工业化时期的伦敦时曾说：“在集中了财富、欢乐和光彩的……现代精美的建筑艺术消灭了一切穷人的茅屋的地区，在似乎是专门给阔佬们享乐的地方，在这里竟存在着贫穷和饥饿、疾病和各种各样的恶习，以及这些东西所产生的一切惨状和一切既摧残身体又摧残灵魂的东西，这确实是骇人听闻的！”①这种概括同样也适用于古代中国的城市。在中国古代，市镇在重本抑末的阴魂之下，长期低度发展，没有做好接纳、安顿流民的准备，结果市镇只能成为流民聚集的场所，而不能为他们提供出路。因此，出现了一系列社会问题。具体地说主要有以下几个方面：

贫困与社会秩序问题。城市是经济、政治和精神生活的中心。在危机时期，流民往往流入这里，寻找生存机会。但他们进入城市后大多处于社会下层，生活十分艰难。有许多人找不到工作，成为“游手者”。汉代王符就已指出：“今察洛阳，浮末者什于农夫，虚伪游手者什于浮末……天下百郡千县，市邑万数，类皆如此。”②

---

① 《马克思恩格斯全集》第2卷，人民出版社1957年版，第312页。

② 《潜夫论·浮侈篇》。

"仓廪实而知礼节，衣食足而知荣辱。"他们由于离开了原居住地，被抛出惯常的生活轨道，失去了原先享有的地方性保护，在谋生无门、走投无路的情况下，常常被迫组成各种帮派，从事偷窃和抢劫等活动，有的为反对地方官员的压榨甚至发动大规模武装暴动，直接地对社会公共治安秩序构成严重威胁。另外，流民进入城市这个新的生活环境，必然有一个心理上、文化上和生活习惯上的痛苦和折磨的过程。少数没有获得就业机会且无法调整心态顺利度过适应期的人容易发生病变，走向偷盗、抢劫、卖淫等犯罪道路。

有的流民进入城市后，成了流氓恶棍，使城市流氓恶势力猖獗。宋人陈世崇就对杭州游手好闲之徒的诈骗生涯作了生动的描述："钱塘游手数万，以骗局为业……稍稔，邀至其家，妻妾罗侍，宝玩充案，屋宇华丽。好饮者，与之沈酣，同席者，或王府，或朝士亲属，或太学生，狎戏喧呼。忽诈失钱物，诬之赔偿。好游者，与之放恣衢陌，或入豪家，与有势者共骗之。好货者，或使之旁观，以金玉质镪，遂易为瓦砾，访之则封门也。或诈败以诱之，少则合谋倾其囊，或窃彼物为证，索镪其家，变化如神。如净慈寺前，瞽妪揣骨听声，知贵贱。忽有虞候一人，荷轿八人访妪曰：'某府娘子令请登轿。'至清河坊张家匹帛铺前少驻，虞候谓中曰：'娘子亲买匹帛数十端。'虞候随一卒荷归取镪，七卒列坐铺前候久不至，二卒促之又不至，二卒继之。少焉，弃轿皆遁矣。有富者揖一丐曰：'幼别尊叔二十年，何以在此?'引归，沐浴更衣，以叔事之。丐者亦固以为然。久之，同买匹帛数十端，曰：'叔留此，我归请偿其值。'店翁讶其不来，扶丐者物色之，至其所，则其人往矣。有华衣冠者买匹帛，令仆荷归，授钥开箧取镪。坐铺候久，晚不来，店翁随归，入明庆寺如厕，易僧帽裹僧衣以逃。戴生货药，观者如堵。有青囊腰缠者，虽企足引领，而两手捧护甚。至白衫者抬地芥，衔刺其颈，方引手抓，则腰缠失矣。有术士染银为药，先以水银置锅内，杂提此药，水银化烟去，银在其中。或者欲传之，欺以药尽，重需市药，则堕其计矣。殿步军多贷钱出戍，令母氏妻代领衣物，出库即货以偿债。有少年，高价买老妪绢，引令坐茶肆内，曰：'候吾母交赐。'少焉，复高价买一妪绢，引坐肆外，指曰：‘内吾母也，钱在母处。’取其绢又入，附耳谓内妪曰：‘外吾母也，银在母处。’又取其绢，出门莫知所之。”①明代小说《机闲评》中描述道：“个个手提淬筒，个个肩着粘竿，飞檐走线棒头栓，臂挽雕弓朱弹。架上苍鹰跳跃，索牵黄犬凶顽，寻花问柳过前湾，都是帮闲蠢汉。”他们在城市中，浪迹妓院娼门，饮酒作乐，不仅神通，可以买通官府，专门替人打官司，好管闲事，挑弄是非，从中渔利；而且无孔不入，以各种手段横行霸道。更有甚者，在城市结成团伙，以打砸抢为业。以唐代长安的“闲子”为例，每一京兆尹上任之始，均要杀若干作恶多端者以儆其余，然而收效甚微，以至盗贼公然蔑视京兆尹的无能。

娼妓业泛滥问题。娼妓问题在我国很早就出现了。史载，管子治齐，设女闾三百，以便行商，是为中国娼妓之始。此后，随着城市的发展，娼妓业也“昌盛”起来。

隋唐时期，娼妓分为宫妓、官妓、家妓和私妓等不同类型。宫妓是在皇宫里服务的妓人。官妓又称营妓，是名列各级官府乐籍的妓女，主要为各级官僚陪酒侍宴之用。家妓是达官贵人、富商巨贾以及文人骚客私人蓄养的妓女。私娼在城市自行开业，以色相事人。她们一般在城市有固定的聚居地。如隋唐时期，长安的平康里为“妓女所居之地，京都侠少，萃集于此”。时人谓此坊为“风流薮泽”。平康里又有南、中、北三曲，其中南、中二曲为较高级妓女聚居之处，而北里则多是下层妓女。其他城市如扬州、洛阳地区也有类似的妓女街区。城市私妓多由假母(即后世鸨母)蓄养。假母对待妓女十分苛刻，“初教之歌令，而责之其赋甚急，微涉退怠，则鞭扑备至”。私妓的来源，孙棨的《北里志》记载说：“诸女自幼丐育，或佣其下里贫家，常有不调之徒潜为渔猎；亦有良家子，为其家聘之，以转求厚赂，误陷其中，则无以自脱。”

明朝妓女业更为“发达”，以南京、北京为中心，大同、扬州等地的娼妓更加泛滥，至有娼妓遍天下之势。谢肇淛在《五杂俎》一书中说：“今时(指万历时)娼妓布满天下，其大都会之地动以千

① 陈世崇：《随隐漫录》卷5。

百计，其他穷州僻邑，在在有之。”对扬州娼妓业的状况，张岱在《陶庵梦忆》卷4中有较生动形象的描述：“广陵二十四桥风月，邗沟尚存其意。镀钞关横亘半里许，为巷者九条。巷故九，凡周旋折旋于巷之左右前后者什百之。巷口狭而肠曲，寸寸节节有精房密户，名妓歪妓杂处之。名妓匿不见人，非向导莫得入。歪妓多可五六百人，每傍晚，膏沐熏烧，出巷口，倚徙盘礴于茶馆酒肆之前，谓之‘站关’。”

环境问题。城市不仅在社会生活方面藏垢纳污，散发着腐烂的气息，在自然环境方面也不很理想。由于流民的大量流入，超出了城市社会经济发展的承受能力，居住条件恶劣，卫生条件极差，结果造成严重的环境问题。当时的城市垃圾堆积问题严重。街道大多没有铺砌，地面坑坑洼洼，下雨后，形成一些水坑，垃圾堆的污水流进水坑里，产生恶臭。大多数城市缺乏供水设施，居民们从河流和水井取水。可是，由于没有排水管道，只有明沟把污水引进河里，所以河水常常受到严重污染。

帮会组织空前兴盛。帮会组织就其实质而言，就是流民组织。成员包括流民、失业工匠、散兵游勇、匪盗和迷信职业者等。流民进城以后，之所以要建立或加入帮会组织，主要是因为他们迁入城市以后，传统的社会纽带被削弱或割断，这些习惯于在家族保护下过日子的人，为了得到集体保护，以在激烈的生存竞争中幸存下来，需要秘密会社这样一种假亲属结构给他们提供保护和互助。

三、农村经济的变革

农村自耕农和佃农大量破产，转化为流民，大规模外流，对农村地区也产生了巨大的社会经济效应。首先，加速了农村土地所有权的变更。流民相率逃亡，其土地势必易主。有的人外逃前就已“货卖田宅”，有的是被人“影占”，更多的则是将小块田宅遗弃，“拆屋毁砖”，甚至“伐其桑枣，撤其庐舍，杀其耕牛，委其良田。累世之业，一朝破之”。① 这对该地区社会生产是一种巨大破坏，

---

① 《司马温公文集》36，《赈赡流民札子》。

使农村呈现出一片荒芜景象。他们到新地方定居后，有的开垦一块土地，有的租佃土地，有的“自贴买得田地”，这造成了农村土地所有权的剧烈转换。流迁造成的结果是，在原来地少人多的狭乡地主获得了更加方便的进行土地兼并的机会，土地所有权日趋集中。宋代有“兼并之家乘时贱市流民田”①的记载。唐人皮日休也说：“今之宅树花卉犹恐不奇，减征赋惟恐不至。苟树桑者，必门嗤户笑……今之田，贫者不足于耕耨，转而输于富室，富者利广占而不利广耕。”②在地广人稀的宽乡则由于大量流民的迁入，荒地得到了开发利用。

其次，造成迁出地农村社会经济的萧条。在以农耕为主的社会，劳动力的多寡与经济的发展有着密切的关系。由于流亡的多为身强力壮的青年，留下的是老弱病残、妇女儿童，一定时期内，或多或少会使迁出地农村产生劳动力不足。地主阶级在大量兼并土地之后，往往把一部分土地闲置起来。如明代翼城县农民逃亡，“遗下田地，俱为荆棘”③。福建延平(南平)等府“千里一空，良民逃避，田地抛荒，租税无征”④。清人陈用光也指出：“其买田者大率客户，然田虽买而无人为耕，大率买二十顷田而所耕者不过二顷，以客居之人，非游宦则商贾，不能涂体沾星以从事南亩，而本地之人，则已死亡过半矣。”⑤而流民到新居住地后并不能马上耕种。金人完颜匡说：“边民连岁流离失所，扶携道路，即望复业，过此农时，遂失一岁之望。”⑥这样，一方面是相对过剩的劳动力，一方面又因农民的逃亡而产生劳动力不足；“一方面耕田者失去土地，一方面兼并土地的地主又使相当数量的土地成为非生产性的闲置土地。这种地力、人力的巨大浪费对社会生产造成的破坏是非常

① 《韩魏公集》16，《家传》。

② 《皮日休文集》7，《请行周典》。

③ 《明英宗实录》卷26。

④ 《明英宗实录》卷175。

⑤ 《清经世文编》41，陈用光：《论营田水利折子》。

⑥ 《金史》卷98，《完颜匡传》。

严重的"①。至于集体的大规模的逃亡，更是造成大片土地的抛荒。如永嘉之乱后，"百姓流亡，中原萧条，千里无烟，饥寒流陨，相继沟壑"②。

再次，促进了农村商品经济的发展。失去土地而破产的农民，虽然主要部分是"扶老携幼，千百成群"地逃亡到未开发地区或地广人稀地区，重新附着土地，最终成为纳粮当差的编户齐民。但也有相当一部分人发生了职业的变换，成了工商业者或商品生产者。由于社会、历史、政治、经济等诸方面的制约，他们中的许多人没能离开农村，迁往城市，但他们在农村或完全脱离或部分脱离农作，或长期或短期离村外出，不固定居处，辗转流动，从事工商业。

这种方式的"迁业"流动，史书上记载不少。如《太平广记》卷29《李卫公》载："苏州常熟县元阳观单尊师，法名以清。大历(766—779年)中，常往嘉兴。如船中……遍目舟中客，皆贾贩之徒。"唐朝后期更是成帮结伙地从事工商业。《太平广记》卷289《张守一》载："张守一者，沧景田里人也……乃负一柳筐，鬻粉黛以贸衣食，流转江淮间……遂来广陵。"明清时期，转向工商业的人数更多。南直隶和浙江的苏、杭、淮、扬、徽、宁、绍以及江西的浮梁、抚州等地，外出人数占相当大的比重。尤其是苏州，转向工商业的人口成倍增加。《武备全书》说："江西之民……弘治以来，赋役渐繁。土著之民，少壮者多不务穑事，出营四方。"③嘉靖时，萧近高说："江右土瘠民贫，无他奇产，民皆仰食餬口于四方。"④南昌府的进贤县，有的记载说这里"地窄民稠，多以手艺教书为生，趁食四方"⑤。清江县，"俗多商贾，或弃妻子徒步数千里，

---

① 胡如雷：《中国封建社会形态研究》，三联书店1979年版，第320页。

② 《晋书》卷109，《慕容皝载记》。

③ 弘治《武备全书》卷1，江西；又《皇明经济文辑》卷9，《地理》，桂萼：《江西图叙》。

④ 康熙《西江志》卷26，《风俗》，郑晓：《地理述》。

⑤ 嘉靖《进贤县志》卷1，《风俗》。

甚有家于外者。粤、吴、滇、黔，无不至焉，其客楚尤多。贫家子自十岁以上即驱之出，虽老不休”①。福建地区，谢肇淛说“什五游食于外”②。沿海之民“皆以船为家，以海为田，以贩番为命”。“商贾工技之流，视他邑为多。”③广东“人多务贾与时逐，以香、糖、果、箱、铁器……诸货，北走豫章、关、浙，西北走长沙、汉口、南走澳门”④。这些材料虽然还只限于部分地区，而且有些材料可能有夸大成分。但是，工商业人数在增多却是不可否认的事实。

明代，荆襄地区多山，自然资源丰富，流民的陆续进入，使不少商人挟资来此开设木耳厂、香蕈厂、笋厂、药材厂、木厂、纸厂、铁厂、炭厂、金厂等，雇佣廉价劳动力。商人向政府“写地数十里”之后，雇佣流民为其栽种黄连，“须十年才成，常年佃棚民守连”，一家药材厂常雇佣棚民数十家之多。这类棚民生产的产品纯系商品，他们的口粮往往也是由厂商提供的商品粮。所以，“必山内丰登，包谷值贱，则厂开愈大，人愈聚益众”⑤，这种生产已卷入商品经济的漩涡中，不同于传统的小农经济。

总之，如果说从内地农村到边远农村的流动，促进了落后地区的开发，调整了人口与土地布局；从农村到城市的流动，有助于城市社会经济的发展，那么，农村流民的“迁业”流动冲击了自然经济形态，调整了农村的经济结构，促进了经营方式的转变。

第三节 民族的融合与文化的整合

一、民族的融合与统一民族国家的发展

中华民族是一个以汉族为主体、由56个民族组成的多民族的

---

① 崇祯《清江县志》卷1，《舆地·风俗》。
② 谢肇淛：《五杂俎》卷4，《地部》。
③ 嘉靖《沙县志》卷2，《疆里·风俗》，引《府志》。
④ 屈大均：《广东新语》卷14，《食语·穀》。
⑤ 《三省边防备览·山货》。

共同体。在历史上，各民族之间也曾发生过各自划地为王、边境骚扰的情况，甚至发生过大举发兵的激烈战争。但是，与此同时，各民族间的交流、团结从未间断，呈现出发展的状态和趋势。其中，各民族流民的流出和迁入，为增进民族之间的交流、团结和融合起到了十分重要的积极作用。共同的生活，相互间的通婚，给兄弟民族间的相互了解提供了极好的便利和时机，发展了各民族人民之间的友谊，奠定了民族团结的基础。

作为中华民族主体的汉族，大约形成于两汉时期。在先秦，她的前身被称为华夏，华夏族历经夏、商、周三代，到秦统一时最后形成。但这时秦发祥地的关中与黄河中下游的齐鲁三晋以及南方的楚越在文化上还存在较大差异，楚越还受到北方人的歧视。秦末农民战争以及由此带来的人口迁徙，使南北隔阂逐渐被打破。两汉时期，流民不断地迁徙，主要方向是由北向南，如东汉末年就有10余万家关中流民下荆州。这样，随着中央集权封建国家的建立和强大，楚越文化与中原文化融合，华夏民族完成了向汉民族的转化。

东汉以后，西北边陲的少数民族陆续向内地迁徙。到西晋前期，在辽西、幽并和关陇等地，他们已“与华人杂居”。汉族统治者一方面贪恋这些劳动人口，竭尽其力对他们进行奴役、剥削和掠夺，如三国时期，魏、蜀两国都征发羌人为兵，让他们做割据战争的无谓牺牲品；西晋的并州刺史司马腾竟“执诸胡于山东卖充军实，腾使将军郭杨、张隆虏群胡将诸冀州，两胡一枷”①。另一方面，汉族统治者又固守“非我族类，其心必异，戎秋志态，不与华同”②的民族歧视观，对内迁各族实行限制、监督和戒备的政策。曹操曾乘南匈奴单于觐君之机，“因留之于邺，使右贤王去卑监其国。单于岁给绵、绢、钱、谷如列侯，子孙传袭其号。分其众为五部，各立其贵人为帅，选汉人为司马以监督之”③，不但将其原有的社会结构分化瓦解，置于汉人的监控之下，而且隔绝部众与领袖

① 《晋书》卷104，《石勒载记》。
② 《晋书》卷56，《江统传》。
③ 《资治通鉴》卷67。

的联系，使单于徒有虚号而无实权。不过，从总体上说，“汉魏时期的整个民族分布形势并未打破传统的‘内诸夏而外夷狄’的格局”①。

由中原向南方迁移是中国古代流民的一个最基本流向。王莽末与东汉末，北方人民曾两度南下，但规模都不大。西晋末年永嘉大乱后，流民南下的规模之大，时间之久，都超过以往。据谭其骧先生对《宋书·州郡志》的统计，侨州郡县户口约90万人，占南方总人口的六分之一，北方总人口的八分之一。这些南下人口，侨居今江苏者约26万口，安徽17万口，湖北6万口，江西、湖南各1万口，总共51万口。唐代安史之乱时，“三川北虏乱如麻，四海南奔似永嘉”(李白诗)。如荆州在安史之乱前，不过3万户，由于北方流民的涌入，很快成为江汉、江湘地区首屈一指的大州，仅江陵一处就有户30万。如临安(今杭州)，据《乾道临安志》记载，乾道五年(1169年)有户26万，其中土著民户只有7.1万，剩下皆是北来人口。时人也描述说，临安府“自累经兵火以后，户口所存，裁十二三，而西北人以驻跸之地，辐辏并集，数倍土著”②。江西、湖北等长江沿岸的其他地区，情况与此类似。陆游入蜀经荆南时听人谈论：“沿路居民大抵多四万人，土著才十一也。”宋代靖康之乱引发的流民洪波也不小。到元代，北方流民经常流动的方向仍为南方，有“流民如云过江来”之说。③

大量北方汉族人口的南下，不仅带来了新的种植物品种、劳作方式和先进的生产工具与技术，使北方旱田作物在南方大量种植，这就使江南地区的农业从原来比较单一的水田农业，向水陆兼营、稻麦兼济的农业结构转变，极大地促进了南方经济的发展，而且使南北汉人的民族整体感大大加强。首先，南北方上层开始共同掌握政权。孙吴时期，南方最高统治集团中虽然也包括江北的南渡大

① 龚书铎总主编：《中国社会通史》秦汉魏晋南北朝卷，山西教育出版社1996年版，第620页。

② 《建炎以来系年要录》卷173。

③ 《李仲公集》卷1。

族，但是江南土著大族始终占据着政权中的最核心位置。两晋之际，北方流民的南下，改变了这一构成。这次南渡人口的上层分子集中了大量中原高门士族，他们是原西晋中央政府的高级官吏，南下后仍掌握着部分国家军队和私人部曲。优越的社会地位和强大的政治、军事实力，使北方侨姓大族迅速地在南方建立起以他们为核心的东晋政权。东晋一朝，牢牢掌握国家实际权力的侨姓大族，始终把土著大族置于附庸地位。东晋一朝，北人就任尚书令 22 人，仆射 31 人，中书监令 20 人，侍中 55 人，吏部尚书 24 人，刺史 245 人；而南人就任尚书令的只有 4 人，仆射 10 人，中书监令 1 人，侍中 17 人，吏部尚书 5 人，刺史 34 人①。从统计数字看，南人尚不及北人的五分之一，这一状况持续到齐梁时期未变。周一良先生在《南朝境内之各种人及政府对待之政策》一文中指出：“东晋尚书令与仆射尚有南人。宋尚书令 15 人、仆射 31 人、中书监令 24 人中，无一南人。齐尚书令 11 人中亦无南人，仆射 16 人中南得其一，中书监令 22 人中南得其一。皆北人占绝大优势。”南宋初期的政权体制也类似东晋南朝。建炎四年(1130 年)四月，宋高宗下令从来自河北、河东、陕西、京西、京东、淮南等地的流亡官吏中，选员充备各官府。同年九月，再次下令对北方流亡官员，“许破常格”录用。绍兴二年(1132 年)四月，“诏内外侍从、监司、守臣，各举中原流寓士大夫三二人，以便任使”②。同年六月，又诏令从河北、京东的流亡上层人士中，选拔官员到枢密院等机构任职。南宋初期，在政坛中唱主角戏的是北人。至于军队，由于主要由北方人构成，北籍将领势力极大。时人叶适认为：“国家无明具之威信，以驱使强悍，而诸将自夸雄豪。刘世光、张俊、吴玠兄弟、韩世忠、岳飞，各以成军，雄视海内……当是时也，廪稍惟其所赋，功勋惟其所奏。将校之禄多于士卒之数，朝廷以转运使主馈饷，随意诛剥，无复顾惜，志意盛满，仇嫉互生，而上下同以为患

① 曹文柱：《中国流民史》，广东人民出版社 1996 年版，第 123 页。
② 《宋史》卷 32，《高宗纪》。

矣。”①南宋中后期，南方在经济、文化很多方面已优于北方，南宋政权注意顾及南人的利益，逐渐调整政策。结果，大量南人通过科举登上仕途，到南宋中期，朝廷官吏中的南人比例大大超过北人，有些北籍人士感叹今不如昔：“我宋用人，亦杂南北。维南多士，栉比周行。北客凋零，晓星相望。”②以至宋廷“公卿将相大抵多江、浙、闽、蜀之人”③。南宋一朝，宰相62人，就有20人属浙江籍。此后，元明清各朝，南方籍人数所占比例越来越大。

其次，北方流民的南下改变了长江流域的人口类型。在上古，华夏人与吴越人的分界线是长江。由于西晋永嘉之乱、唐代安史之乱和宋代靖康之乱所引发的流民洪波，北人的大规模南下，使北方籍人口在长江南岸地区逐渐占据优势。特别是集中在长江沿线的苏南浙北、皖南赣北、鄂南湘西北。梁肃《吴县令厅壁记》载：“自京口南被于浙河，望县十数，而吴为大。国家当上元之际，中夏多难，衣冠南避，寓于兹土，叁编户之一。”④当时苏州地区的流民占当地户口总数的三分之一。韩漙有诗云：“太湖渺茫浸苏台，云白天青万里开，莫道吴中非乐土，南人多是北人来。”⑤北方人在人口中所占比重越来越高，最终使这一地区在南宋以后人口属于北方集群。

再次，南北地域被进一步打破。波涛汹涌的长江是隔绝中国南北的一道天堑，加上农业文化人口往往安土重迁，所以南北之间的联系和交往有限。两晋之际到南宋末，大量北人迫于来自异族的军事压力或内部的动乱成为流民，历经千难万险渡过长江，打破了地域上的隔绝，使黄河流域、长江流域更加牢固地形成一个整体。

最后，拥有先进文化的北人南迁，与南方土著大族的频繁交

---

① 《叶适集·水心别集》卷12。

② 《陈与义集》附《祭陈参政去非文》。

③ 《宋史》卷436，《陈亮传》。

④ 《全唐文》卷519。

⑤ 转引自曹文柱：《中国流民史》，广东人民出版社1996年版，第11页。

往，使风格各异的南北文化逐渐融合。如东晋南朝时，南方土著上层普遍鄙夷自己的母语，改操中原洛阳之音。作洛生咏，后来竟成为南士标榜身份的一种方式。明代，湖广、陕西、四川交界的荆襄山区是流民集聚之地。流入这里的陕西人较多，他们将秦方言传播进来，并与当地的荆楚方言发生融合，形成一种混合式的新地域方言，“厥声近秦，厥歌好楚”，“民多秦音，俗沿楚歌”。在岁时礼俗方面，也表现出秦陇文化、巴蜀文化和荆楚文化的交互融合①。

在汉民族南北融合的同时，与汉族“混淆”、“杂错”的南北少数民族也以不同方式被汉族同化。两晋之际，中原地区汉族流民的大量外迁，为少数民族人口南下东进提供了空间。匈奴、鲜卑、羯、氐、羌等北方和西北方少数民族入主中原，先后建立政权。“胡旌飏月，朔马腾风，埃尘淮浦，虓号河宫。”②再加上各族统治者不断地争夺人口，迁徙民户，使山东、关中地区的民族构成发生明显变化。冉闵之乱，距愍帝被杀仅 30 年，原西晋王朝统治的腹心地带已胡汉杂错。《晋书·石季龙载记》说：“司、冀大饥，人相食。自石季龙末年而(冉)闵尽散仓库以树私恩，与羌胡相攻，无日不战。青、雍、幽、荆州徙户及诸氐、羌、胡、蛮数百余万，各还本土，道路交错，互相杀掠。”拓跋鲜卑建魏后，进攻南方，曾对敌下书曰：“今所遣斗兵，尽非我国人。城东北是丁零与胡，南是三秦氐、羌。设使丁零死，正可减常山、赵郡贼；胡死，正减并州贼；氐、羌死，正减关中贼。”③这说明并州胡人，常山及赵郡的丁零人，关中的氐、羌人，都是当地人口的重要组成部分。入主中原的“五胡”先后摒弃原来落后的传统，转而接受汉人的先进文化和生产、生活方式，逐渐演变成汉民族的新成员。在汉化过程中，某些统治集团的杰出人物，主动采取措施，功不可没。如前秦君主苻坚、北魏孝文帝元宏都为加快本民族向汉族同化的速度，起过重

① 萧放：《明清川陕楚边区风俗文化论》，《湖北大学学报》1990 年第 5 期。

② 《晋书》卷 103，《刘曜载记》。

③ 《宋书》卷 74，《臧质传》。

要的作用。在南方，东晋南朝政权将南方境内的少数民族变为编户、依附民等，直接由国家控制起来，最终导致部分南方少数民族向汉族的同化。其结果，汉民族在同化南北少数民族的同时，不仅被输进新鲜的血液，而且被注入了新的活力。在物质生活方面，胡食、胡服、胡床逐渐成为汉民族日常生活中的重要组成。在精神生活方面，北方地区汉族的音乐、舞蹈、民歌受少数民族影响尤深，有的部分干脆就是胡汉文化交融的结晶。如北朝乃至隋唐的燕乐完全为胡汉的混合乐。在脍炙人口的民歌《木兰辞》中的主人公身上，既能反映出传统汉族妇女"当户织"的勤劳品质，又能体现出生活于马背上的胡族妇女的勇武气概。木兰是北朝时期胡汉风习融会合一的中原妇女形象。就语言而言，少数民族在汉化时，也把自己母语中的很多词汇融入汉语，正如《颜氏家训·音辞》所云，当时通行的汉语已"南染吴越，北杂夷虏"。少数民族在牲畜饲养、兽医及畜产品加工等方面的成就，更是极大地丰富了汉族的生产技能和科学知识。

隋唐以后，突厥、回鹘、粟特、党项、吐谷浑、契丹和高丽等民族先后进入中原，逐渐被汉化。到明代，留在长城以南的北方各非汉族人口，除回族保持了本民族的身份外，其他民族已丧失了自己的民族身份。

在历史发展的长河中，汉民族就是这样在吸收和融合这些非华夏族人口的过程中，逐渐发展壮大起来的。其中流民起了十分重要的作用。葛剑雄等人在《简明中国移民史》一书中作了这样的概括："没有早期汉族向周边地区的移民，没有其他民族向汉族地区的移民，就没有今天的汉族，就没有今天的汉族在中华民族中的主体地位。"①

二、"客家人"的形成

客家人是中华民族大家庭中一个颇具特色的群体，他们以粤、

① 葛剑雄等：《简明中国移民史》，福建人民出版社 1993 年版，第 548 页。

赣、闽交界的山区为中心，主要分布在南方各省(区)乃至海外。客家人从来不承认自己是非汉族，但又与一般汉族人口在文化属性上有很大区别。

从客家人的语言和习俗看，他们有自己独特的风格。所使用的语言与北方和南方汉语均有差异，保留古代中原汉语的音韵最多。在日常生活上，他们的住房采用围拢的合院形式，服饰为“唐装”。女人历来不缠足，除从事家务劳动，还参加农业生产、搬运等重体力劳动。客家人一般聚族而居，重视祖先，春秋两季都要祭祖，迁徙时必携带先人骨骸。他们多内部通婚，礼俗沿袭中原古习，并崇尚文化，重视教育。客家人有很强的内聚力，即使侨居海外，也要建立社团，保持相互间的特殊关系。

客家人之所以具有如此特点，是与其特殊的流迁过程密切相关的。他们是北方汉人南迁的一支，是伴随着中国古代流民活动而凝聚成的特殊民系。他们原本居住在黄河流域以南、长江流域以北、淮河流域以西、汉水流域以东的地区，客家人的族谱对此提供了大量的证据，其中，历史上三次流民洪波时期的资料，最为丰富。客家人的流徙，最早可以追溯到汉代。如惠阳《六桂亭方氏家谱》载：“方氏世居沂南，有曰纮者，遭新莽乱，过江择居。自是江左之方，祖于纮。”永嘉之乱后，南迁规模更大。他们沿汝水而下长江，渡江后，分布于江西的鄱阳湖地区，或顺流而下，达皖苏中部；有一小批人则上溯赣江，进至粤闽交界地。如广东兴宁《刘氏族谱》记载，刘氏先祖永公，原居洛阳，“自永嘉沦覆，晋祚播迁，衣冠南徙。永公之裔，亦迁居于江南”。嘉兴、汀州、韶州等地的客家人，有不少家族的先辈是这一时期南下的北方人。

安史之乱，又造成大量客家先民从北方流亡到南方。《蕉岭汤氏族谱》讲其族是唐期“从中原南迁”而来的。《彭氏重修通谱》讲，彭氏原籍河间，“避天宝之难，家江左”。这次迁徙由唐末延续到五代。起因是南诏(百越和西羌的苗裔混合后在西南边陲云南建立的一个割据政权)的内侵和黄巢起义。这两支力量先后横扫了湖南、河南、江西、福建、安徽、广西、湖北和陕西等十数省。第一次逃难到此的客家先民只好再次奔避。据著名客家学学者罗香林先生研究，这次客家先民流亡，远者已达惠、嘉、韶等地，其近者到福建宁化、长汀、上杭、永定等地，最近者也在赣东、赣南一带。这就为客家的聚居、民系的形成奠定了空间基础。

宋元之间，属于客家先民的流民姓氏最多。《崇正同人系谱》称："陈氏郡望称颍川，宋末，中原士族纷纷南随帝室播迁。有陈魁者率其族众九十三人，移居福建汀州府之宁化、上杭。"在《客家史料汇编》和《客家姓氏渊源》等书中，有大量家族在这一时期迁徙的记录。当时的迁徙有两种类型：一类是直接由北方流亡而来的；另一类是先辈原为北人，靖康之乱前已迁到南方，因先后起兵勤王抗金、抗元，事败，复又转而流徙。宋元易代之际，客家人居住区开始集中。当时由于"元兵残暴，所过成墟。粤之土人，亦争向海滨各县逃避。其闽、赣、湘、粤边境，毗连千数百里之地，常有数十里无人烟者，于是客家遂相率迁居该地焉。西起大庾、东至闽汀，纵横蜿蜒，山之南，山之北，皆属之……所居既定，各就其地，各治其事，披荆斩棘，筑室垦田，种之植之，耕之获之，兴利除害，休养生息，曾几何时，遂别成一种风气矣。粤之土人，称该地之人为客，该地之人亦自称为客人"①。研究者认为，这一时期客家先民或因其后裔被逼入赣南、闽赣以至闽粤赣山区，走上了独特发展的道路，形成一个具有特殊文化特征的区域。

经过元明两代的生息繁衍，至明末清初时期，客家人人数大增。而江西东南部、福建西南部以及广东东北部等客家人集中的地区，山多地少，向有"八山一水一分田"之说，耕植所获，不足供养，遂开始向外流动。客家人流动方向，一是向沿海地区迁徙。清初，为了隔离沿海人民与退居台湾地区的郑成功和其他反清力量的联系，统治者在1661年颁布了"禁海"、"迁县移民"的命令，强迫山东、江苏、浙江、福建、广东、河北6省沿海及各岛屿的居民限日内迁15~25公里，在沿海一带形成一个无人区。在郑成功的反清行动被平定后，清廷又明令尽复闽粤濒海居民的旧业。苦于人多

---

① 罗香林：《客家史料汇编》，香港中国学社1966年版，第297~299页。

地少的闽粤赣山区的客家人便乘机南下。如一部分闽赣客家人，"举家徙垦于广州府属之新宁，肇庆属之鹤山、高明、开平、恩平、阳春、阳江等州县，多与土著杂居"①。二是向四川、广西等地迁徙。清初，天府之国的四川屡遭祸乱，户口凋零。清廷谕示各地民众入川开垦。很多客家人趁此机会辗转迁来。至于广西各县，客家人分布甚广。考其源，多是清代流亡而来的。三是向台湾地区、海南岛迁徙。在唐代迁台的大陆流民中，就有相当一部分是"粤人谓之客人"的人口。四是向海外迁徙。主要迁徙方向是"南洋各地，如安南、暹罗、缅甸以至马来半岛，并今日(指20世纪60年代初)南洋英属各地，印尼各地，皆已分布了很多客家侨民"。

三、各民族文化的碰撞与整合

以汉文化为主体的中华文明之所以长盛不衰，原因是多方面的。其中，流民活动对于它的保存与传播，作出了不可磨灭的贡献。

人口流动是文化传播的重要方式。古代流民的流向，如果从民族居住区域角度看，可以概括地分为四类：即汉民族流民流入少数民族居住区，汉民族流民流入汉民族居住区，少数民族流民流入汉民族居住区，少数民族之间流民的流出或迁入。无论是哪类流迁，流迁者与新居地的土著人之间，必然存在着文化差异。他们在新居住地定居下来后，模仿、学习当地民族的语言、发式、服装、风俗习惯，也以本民族或原居住区的文化和风俗习惯去影响当地民族，使不同文化之间发生了碰撞、冲突、交互渗透，最后融会合流。

首先，我们来看汉民族流民对少数民族文化发展的影响。从中国民族文化交流史的整体看，汉民族流民对移入地少数民族的发展所起的积极和促进作用要更大一些，在历史上留下了不可磨灭的功绩。早在汉朝，就有一些征战失散军人、官私奴婢及拒捕之盗贼流入匈奴地区②。当时，匈奴所处大漠南北，自然条件恶劣，汉族地

① 《赤溪县志》卷1。

② 《汉书》卷94上，《匈奴传》。

区的生产力水平较匈奴为高，汉人逃到匈奴后，传播了中原文化，对民族交流起了很大作用。东汉末，自“袁绍据河北、中国人多亡叛归鲜卑轲比能部”。这些汉人向当地人民“教作兵器铠盾，颇学文字，故其(轲比能)勒御部众，拟则中国”①。而迁至并州(今山西中、北部)的南匈奴，在与汉族士大夫的交往中也逐渐受到汉族文化的影响，成长起了一批精通《五经》、熟知典章的知识分子。西晋灭亡后，统一北方的鲜卑拓跋部则完全接受了汉族文化，孝文帝的改革，在服装、语言、籍贯、葬俗、姓氏、官制、产业等各方面全盘汉化。另外，在东汉末三国初、西晋末十六国时期、隋末唐初、唐后期五代、明末和清初，都有不少汉人为躲避战乱迁到边远地区，其中不乏文化程度高的学者士人。他们在这些地区生产和生活，对少数民族地区文化水平的提高起了重要作用。

其次，流民对汉民族之间文化交流的促进。就汉族流民在内地的迁徙而言，其主流是从经济、文化相对发达的地区迁往落后的地区。这样，流民的迁移必然推动迁入地文化的发展。同时，不同区域间、不同类型的文化也会随着流民的到来而发生碰撞、交融和提高。如西晋末年永嘉之乱后，不少北方冠冕缙绅的南迁，使江南的文化获得了较大发展。《隋书·儒林传序》曾对南北儒学的不同做过分析，认为“自晋室分崩，中原丧乱，五胡交争，经籍道尽……南北所治章句，好尚互有不同。江左《周易》则王辅嗣(王弼)，《尚书》则孔安国，《左传》则杜元凯(杜预)，河洛《左传》则服子慎(服虔)，《尚书》、《周易》则郑康成(郑玄)，《诗》则并主于毛公，《礼》则同遵于郑氏。大抵南人约简，得其英华；北学深芜，穷其枝叶”。南人经学所承的正始之统，曾对汉儒章句之学作过突破与改造，南学具有“约简”和“得其英华”的特点，正是掌握了儒学精髓和要领的结晶，也是儒学玄化的积极成果。唐代，自《五经正义》颁行后，儒学一尊的地位重新得以确认，南学备受推崇，成为唐代经学的主流。

从人才分布的变化也可以证实流民南迁所带来的影响。人所共

---

① 《三国志》卷30，《魏书·鲜卑轲比能》。

知，魏晋南北朝时期，有着深厚文化传统的黄河中下游地区是全国最重要的文化中心。关东、江东和凉州三大区域是当时文人学士荟萃之地。地处长江中游的襄阳一带曾一度成为汉末的文化中心，但为时不久便人物星散。《三国志·吴书》所载有原籍可考的列传人物有60人来自黄河流域和江淮之间，南方人只占少数。《三国志·蜀书》的列传人物，土著仅16人，而客籍达40人，占总数的十分之七①。永嘉之乱使江淮吴会地区文化得到了发展，但“广大的长江上、中游地区包括山南、剑南、江南道西部、南部诸道州可以称道的人才为数甚少，岭南道则基本上是空白”②。《旧唐书·儒学传》录唐代前期有籍可查的较为著名的儒学人物28人，主要集中在河北、河东、河南、关内、江南和淮南诸道，其中关内道3人，河北道7人，河南道3人，河东道5人，江南道7人，淮南道3人，山南、剑南、岭南和北方的陇右道全为空白。江南、淮南两道又主要集中于苏、润、常、扬、滁、和等州。《旧唐书·文苑传》录唐代前期文人50人，以河南道分布最多，达15人，关内、河北、江南三道同为8人，河东5人，山南3人，淮南2人，剑南1人，岭南、陇右两道仍是空白。安史之乱以后，情况发生了变化，文化特别是人才分布的南北差异缩小。《旧唐书·儒学传》录中唐后期著名的儒学人物4人，关内、江南两道各居其半。《新唐书·文艺传》录中唐后期文人学士共12人，北方5道6人，江南道6人③。日本学者平冈武夫、市原亨吉、今井清等人，对《全唐诗》、《全唐文》、《唐文拾遗》和《唐文续拾》等书所载诗文作者进行统计，发现籍贯可考约1000人的分布，唐前期北方5道229人，南方5道78人，北方占有明显优势；后期北方5道330人，南方5道363人，南方的人数超过北方。散文作家1091人籍贯可考，前

---

① 葛剑雄等：《简明中国移民史》，福建人民出版社1993年版，第592页。

② 冻国栋：《唐代人口问题研究》，武汉大学出版社1993年版，第308页。

③ 转引自冻国栋：《唐代人口问题研究》，武汉大学出版社1993年版，第309~310页。

期北方5道319人，南方5道82人；后期北方5道499人，南方5道191人①。南方虽然在人数上没有超过北方，但增长的速度很快。

从科举考试情况看，安史之乱前，从荆州解送进京应考者中，从无一人上榜，时人号为“天荒”。然而由于北人的南下，带来了新鲜的学术风气，荆州士子的素质大为提高。到唐宣宗大中四年（850年），刘蜕则“破天荒”，首次以荆州解及第。随后余知古、关图等人相继得中进士，荆州渐有“衣冠薮泽”之美誉。至于江浙，更是由于云集了大量北来文人名士，成为一块文化重地。

北宋时期，富于思辨性、哲理性，兼收释、道二家之长的理学大兴，其中心本在北方的关中和洛阳。靖康之乱后，在流民洪波的裹挟下，很多著名的理学家参与南迁。在南方，他们或应诏入朝，或著书立说，或兴办书院，通过不同途径阐发理学，使理学中心南移。在福建、江西、浙江等地先后形成了闽学、陆学、吕学、永康和永嘉等重要学派，理学得到发扬光大。到南宋中期，南人朱熹集诸家之大成，对儒家的文化精神进行重新整合，成为继孔孟之后的一代儒学大师。

随着人口南重北轻局面的形成和经济重心的南移，江南地区逐渐成为文化最为发达的地区，尤其在吴地表现得更加显著。明清两代，这里状元辈出。这从一个侧面反映出了当地文化水平的高度。明代全国有据可查的状元为89人，以南京为中心的南直隶占到23人，其中吴地有16人，约占全国的五分之一；清代全国有据可查的状元114人，江苏一省占到49人，而吴地有44人，约占全国的五分之二②。

再次，少数民族文化对汉民族的影响。中国历史上，从总体上说，汉民族文化比少数民族先进，但是少数民族也有其独特的文化和某方面先进的技艺，丰富和补充了汉族的文化、技艺。譬如，匈

① 转引自冻国栋：《唐代人口问题研究》，武汉大学出版社1993年版，第312~313页。

② 曹文柱：《中国流民史》，广东人民出版社1996年版，第128页。

奴族畜牧业甚为发达，一些流入汉民族的匈奴流民，把养马、驴、螺等技术，以及制造弓、矢、刀、剑、铜镞等兵器用具和车辆的技艺传入中原地区，对汉族农业、畜牧业、军事骑兵和驿站事业的发展起了一定的作用。贾思勰著《齐民要术》中记载了牛、马、骡、驴、羊等牲畜的饲养和役使方法，以及兽医术、相马术和畜产品加工技术，如制毡法、做酪法、做酥法等，有不少就是由少数民族流民带入汉民族区的。在农业方面，也传入了胡谷(又名竹叶青)、虏小麦等。胡服、胡床等的普遍制作和使用，对汉民族的衣、食、住等方面有很大影响。

少数民族流民还将琵琶、胡琴等乐器以及胡乐番曲带入了中原地区。一些城市的“街巷鄙人，多歌番曲，名曰《异国朝》……《蓬蓬花》等，其言至俚，一时士大夫亦皆歌之”。胡歌、胡乐、胡舞、胡戏等在北方流行，给以汉族为主体的中原文化增加了新鲜色彩，创造了一个新的文化环境①。

最后，流民的迁徙还起了保存先进文化的作用。如“永嘉之乱的战火，不但毁灭了中原地区大量的物质文明，而且也使传统的汉族先进文化受到摧残。汉族流民的北上、西进和南下，特别是许多有家世之学的名门大族和知识分子的卷入，使得千百年来所凝聚起来的精神文明成果，得以保存和传播扩大”②。史学大师陈寅恪先生征引大量史料，论证了河西地区在这方面的历史功绩。他讲：“刘、石纷乱之时，中原之地悉为战区，独河西一隅自前凉张氏以后尚称治安。故其本土世家之学术既可以保存，外来避乱之儒英亦得就以传授。历时既久，其文化学术逐渐具地域性质。”“其文化上续汉魏西晋之学风，下开魏齐隋唐之制度，承前启后，继绝扶衰，五百年间延绵一脉，然后始知北朝文化系统中，其由江左发展变迁

① 张冠梓：《试论古代人口南迁浪潮与中国文明的整合》，《内蒙古社会科学》1994年第5期。

② 曹文柱：《两晋之际流民问题的综合考察》，《历史研究》1991年第2期。

输入者之外，尚别有汉魏西晋之河西遗传。”①

在东北地区，慕容廆以“平原刘赞儒学该通，引为东庠祭酒，其世子皝率国胄束脩受业焉”②。这对于传播先进文化，促进鲜卑上层人物的汉化，具有重要意义。

在江南，南渡大族多出身于名门儒士，可谓人才济济，学者如林。因此，江左的典章文物虽不及西晋之盛，但保留最多，绝非他地可比。后来不但被“中原士大夫望之以为正朔所在”③，并为受到汉文化熏陶的异族统治者(如北魏孝文帝)所仰慕。唐长孺先生认为：“晋室东迁，以洛阳为中心的中原文化便移到建康，改变了江南所固有的较保守的文化风俗。”④南方的学术文化，在继承传统之余，又多所创新，逐渐演变成南北不同的学术风气。

流民的迁移流动还促进了地区间人们社会观念与生活方式的融合。如魏晋时期，佛教在江南地区影响有限。永嘉之乱后，随着流民洪波的南涌，不少僧侣也相率渡江。南渡的名僧康法畅、支道林等人通过用更准确的汉语词汇解经和根据当时盛行清谈玄学的情况，以佛理入玄言，杂糅佛玄，使佛教很快被南方的上层人士接受。而佛教在南方的流布，又促成了江南地区传统群体心理结构的改变。

北方流民对南方社会的影响，波及面相当广泛。比如在日常生活方面，南方人同样因流民的存在而受到北方风俗的侵蚀。如北宋时，河东、京畿等北方地区盛行火葬。有一些寺院专门从事火葬，被人称为“焚化院”，寺内设有“化人亭”；有的寺院还建造有存放骨灰的殿堂或设置了盛放骨灰的水池。南宋时，由于南下的北方流民在侨地沿用，火葬被当地人接受，逐渐在南方大兴起来。北宋时，北方妇女出门戴盖头。这是北朝唐代，由胡人传至汉地的风习。西北多风沙，妇女骑马出行，为保护面部和身体，故制作面

---

① 陈寅恪：《隋唐制度渊源略论稿》第2节，中华书局1963年版。

② 《晋书》卷108，《慕容廆载记》。

③ 《北齐书·杜弼传》。

④ 唐长孺：《魏晋南北朝史论丛》，三联书店1955年版，第361页。

帽。进入南宋，南方妇女受到由北方流亡来的妇女影响，也开始戴盖头。时人曾作诗云："田家少妇最风流，白角冠儿皂盖头，笑问旁人披得称，已遮日色又遮羞。"妇女裹足之风也本兴于北方，南宋初年始从北方传到南方。南宋时的戏剧、说唱、杂艺等，不少是源于北方的。羊肉、奶酪、牛乳等北方食品也成为南人食桌上的佳肴。在服饰方面，北方汉民不仅带来了北方汉人的生活习惯，而且也带来了部分女真人的习俗，其中包括身着"胡服"。张家驹先生在《两宋经济重心的南迁》一书中，通过对吴自牧《梦粱录》所记南宋末杭州地主阶级社会风俗与孟元老《东京梦华录》所记北宋汴京情况对比后，发现"几乎看不见这两者之间有什么很大的区别。说明经过长期的糅杂以后，南北风俗已趋融合"。这种社会风俗的融合并不限于城市和繁华地区，只要有北方流民的地方就可能存在。如偏远的宾州，"渡江以来，中原士大夫避地留家者众。俗化一变，令衣冠礼度并同中州"①。

第四节 治安恶化与社会危机

流民是"人类生活中最不安定者"②，他们缺乏生产资料，无以谋生，因此，往往铤而走险，越轨犯禁，导致社会的动乱不安。在中国历史上，流民问题的严重程度历来被看做世之治乱兴衰的一个重要标志。一般地说，王朝末期政府对社会失去控制，吏治腐败，苛捐杂税沉重，土地兼并加剧，自耕农纷纷破产，流民问题就特别严重和突出。我们这里所说的流民的大量存在严重扰乱社会治安，是指流民在流亡途中，或流落到了一方土地之后，与他人发生的种种矛盾或激烈冲突，对社会治安产生不利的影响，而绝不是封建统治阶级所说的"犯上作乱"。毋庸讳言，流民中确实有一部分人因遭遇坎坷、绝望人生，从而扭曲了人性，走向了杀人害命的歧

① 《舆地纪胜》卷104。

② 毛泽东：《中国社会各阶级的分析》，《毛泽东选集》第1卷，人民出版社1996年版，第8页。

途，制造了一起起鲜血淋淋、惨不忍睹的事件。但这只是支流，而非主流。

一、土客间的冲突

流民之所以四处逃亡转徙，目的在于避难、求生。有一部分流民流亡到荒无人烟的偏僻之地，开垦新荒，这当然不会发生土地所有权的争执，不会出现“土客”冲突。但多数流民没有这么幸运，他们来到新居住地，尽管这个新地方可能比原居地人口稀少，但毕竟有了“土著”居民在繁衍生息。他们的到来必然与“土著”居民接触和交往，从而引发种种社会问题。当然，这并不是说土著、客民一定会相互敌视，而没有友好相处的时候。但较多的情况是，随着大量流民的涌入，给所在地区带来了混乱，干扰了土著人口的正常生活。正所谓“流民垦荒，必与土著之民错壤而处。土著者，挟有余之势，以虐使流民；流民怀攘利之心，以阴伺土著。其弊也，弱者屈伏而受其害，强者忿起而与为难，流民不安，土著亦不安”①。结果势必造成土客矛盾激化，进而发展为暴力冲突和血淋淋的屠杀。西晋六郡流民同巴蜀土著居民的纷争，以及东晋初年巴蜀流人与荆湘土人发生对抗而引起的统治者大规模屠杀流人的事件，就是其中较为典型的事例。

西晋末年，由于政治的日益腐败和天灾的流行，造成了各民族的大流亡。当时陕甘地区的天水、略阳、扶风(治今陕西泾阳)、始平(治今陕西兴平)、阴平(治今甘肃文县)、武都(治今甘肃成县)六郡豪强和巴氐首领李特率汉、氐等各族人口数万户十余万口，经汉中流入巴蜀地区“就谷”。结果大批流民入蜀，与巴蜀地区的土著居民产生矛盾。西晋政府派罗尚为益州刺史，并下令流民限期还乡。罗尚入蜀后，立即催逼流民上道，巴蜀土著也支持这一遣返流民的举措。六郡流民造反后，巴蜀民户结村自保。流民领袖

---

① 储方庆：《帆民垦荒议》，黄辅辰：《营田辑要·内篇下·土客不安之弊》。

李特“使六郡流人分口入城，壮勇督领村堡”①，强行接管了各村堡，引起土著民户极大不满。有人为罗尚出谋划策：“(李)特既凶逆，侵暴百姓，又分人众，散在诸村，怠忧无备，殆天亡特之秋也。可告诸村，密战日，内外击之，破特必矣。”在地方官和诸村土著的响应下，罗尚“如期出军讨特，诸村亦起，大杀特众。破退，追及于繁之官桑，斩特及兄辅、远等”②。不久，流民复起，土著居民为逃避报复，纷纷奔逃出境，使原居地人口流失达90%。而巴蜀民众流入荆、湘、宁诸州后，同样面临着新的土客之争。一时间，他们逃入荆湘地区的人数达五六万家之多，生活无着，又受当地豪强地主的欺侮，处境十分悲惨，并经常与土著居民在土地所有权、租佃权和风俗习惯方面发生冲突，互相仇视。谁是谁非，很难断定。结果，一些巴蜀流人“为旧百姓之所侵苦，并怀怨恨”，又以为地方官吏袒护土著居民，欺负和压迫流民，在李骧等人的领导下起来反抗，他们杀死县令，屯兵乐乡(今湖北松滋)，拥众数百人，土客矛盾发展为流民与政府间的冲突。“王澄使成都内史王机讨之。贼请降，澄伪许之，既而袭之于宠洲，以其妻子为赏，沉八千余人于江中”，残酷地杀害了无辜的流民。如此这般，土客矛盾不仅没有解决，反而更趋激烈。“蜀人杜畴、蹇抚等复扰湘州”，湘州刺史荀朓扬言要尽诛流人，更激起了流民的义愤。一时声势浩大，“益梁流人四五万家一时俱反”③。

明清以后，随着人口的剧增，人们对土地的利用已到了见缝插针的程度，土客矛盾也更为尖锐。如嘉庆年间的江苏铜、沛两县，“自黄河退涸，变为荒田，山东曹、济等属民人陆续前往，创立湖团，相率垦种。铜、沛土民因客民占垦，日相控斗”④。乾隆年间，大量汉族流民，即“客民”涌入苗区，他们“始则以贸易而利其财，继则因账债而占其地，在客民侵占日见其多，则苗疆田亩日见其

① 《晋书》卷120，《李特载记》。

② 《华阳国志》卷8，《大同志》。

③ 《晋书》卷43，《王澄传》；卷100，《杜弢传》。

④ 《清史稿》卷120，《食货志》。

少。是以积忿相仇，猝然烧杀起事”①。

土客冲突的血腥事件在史书上俯拾即是，这里不再赘述。究其原因，一是客民的大量迁入加剧了迁入地人口与耕地之间的紧张关系，引发了双方的矛盾。如永嘉丧乱之后，“百姓流亡，中原萧条，千里无烟，饥寒流陨，相继沟壑……九州之人，塞表殊类，襁负万里，若赤子之归慈父，流人之多旧土十倍有余，人殷地狭，故无田者十有四焉”②。土著居民为了维护自己的经济利益，担心自己的“领地”被客民抢占，于是由不满、猜疑发展到仇视、冲突、争斗。二是客民的流入导致粮食的紧缺，引起当地粮价大幅度上涨，使土著利益受损。如清朝前期，陕西、河南流民入襄阳“逐熟”，也使地方官叫苦说：“今流民就食益众……来者益多，粟日益少，价日益增，粟日且尽。昔不忍于外省之民饥，今深忧夫本境之民馁矣。”③又如陕西之西安、同州等地，每逢饥馑，“流播之民，踵接道路”，纷纷流往商州，“以千百计”。康熙六十年(1721年)，“阖境秋收，可云中岁”，但由于大量流民的徙入，在冬春之际，“米价腾涌，斗值制钱五百五十文，民以大困”。在土著人看来，他们经济状况的恶化与外来人的大量涌入有着密切的关系，遂心怀不满。三是文化上的差异。池子华先生提出，土客冲突“实在是一种文化冲突”④，根源在于土著与客民在民情、言语、风俗习惯、宗教迷信等方面的差异。这是非常有见地的。本来有些小的矛盾是可以通过正常途径化解的，但由于双方语言上的差异，风俗习惯各异，而使矛盾不仅得不到缓解，反而进一步激化。四是流民“良莠不齐，亦因以多故”。流民是一个成分构成十分复杂的群体，不排除其中存在一些不良分子，他们在新居地不思进取，扰乱土著居民安宁的生活，引起土著居民的憎恨，进而导致土客之民相互冲突。

---

① 《凤凰厅志·天章》。

② 《晋书》卷109，《慕容皝载记》。

③ 俞森：《郧襄赈济事宜》。

④ 池子华：《中国近代流民》，浙江人民出版社1996年版，第175页。

总的说来，土客冲突既有文化方面的摩擦，也有经济利益方面的争夺。有时前者是双方矛盾激化的首因，有时后者是双方冲突的根源。如果一些豪强地主为了从中渔利，再别有用心地进行挑拨，土客冲突的伤口就更难愈合了。

二、治安的恶化

贫困是罪恶之源。早在先秦时期，孟子就说过："若民则无恒产因无恒心。苟无恒心，放辟邪侈，无不为已。"流民是因遭遇自然灾害、社会厄运或其他原因而流亡在外之人，是一群生活无着者，如果不能得到社会的有效救济和安置，出现食不果腹、衣不遮体的境况，极易走向违反人情的犯罪道路。这一点其实封建的统治者也看得很清楚。如荆州刺史刘弘面对晋末的流民潮曾忧心忡忡地说："益梁流人萧条猥集，无赖之徒，易相扇动，飙风骇荡，则沧海横波，苟患失之，无所不至。"所以，他尽量采取措施，安抚流民。"流人在荆州十余万户，羁旅贫乏，多为盗贼，弘乃给其田种粮食，擢其贤才，随资叙用。"①

流民的犯罪从形式看，有奸淫妇女、强取豪夺、偷盗抢劫和抢人杀人等。奸淫妇女、发泄兽性是少数流民惯为的营生，历史上这样的事例很多。强取豪夺是流民集聚一起，名讨实抢，你给也得给，不给也得给，直扰得人心惶惶，社会不得安宁。偷盗抢劫是一部分流民求生的手段。如汉朝建始年间(前32—前29年)，"民弃城郭流亡为盗贼，并州、平州尤甚"②。天凤年间(14—19年)，"五原、代郡尤被其毒，起为盗贼，数千人为辈，转入旁郡"③。元朝淮东道内"流民张德至等老少一千五百余人，抢夺米货等物"④。明代荆襄地区，一些漂泊者"动辄千百为群，暗藏器仗，骑坐驴马，经过州县，散布乡村，非理骚扰。所至之处，任从作

---

① 《晋书》卷66，《刘弘传》。

② 《汉书》卷99中，《王莽传》。

③ 《汉书》卷99中，《王莽传》。

④ 《元典章》卷57，《刑部·流民聚众扰民》。

践，鸡犬为之一空。甚至检括财帛，毁坏屋宇，斗殴杀伤，紊烦官府”①。乾隆年间，山西大同府旱饥，府中多关中、直隶来就工作之民，粮价腾涌，工不通，无往无食，归无资，“辄百十辈之富家横索，至攫饮食财物，而土著之隐民，无所取食者随之，蜂屯蚁聚，城乡被扰”②。抢人杀人也是常见的流民犯罪手法，较之以上诸多犯罪手法的危害性更有过之，给被害者的危害也更大。流民犯罪杀人，除了抢劫、强奸时残害被害者之外，还趁灾荒之年，食物缺乏，杀人卖肉赚钱。如宋嘉熙四年(1240年)，都城大荒，饥饿流亡者“夺食于路，盗于隐处掠卖人以徼利。市中杀人以卖，日未晡，路无行人”③。元仁宗延祐年间(1314—1320年)，“河南流民群聚渡江，所过扰害”④真是丧尽天良。

有的流民走向盗贼土匪之路，结成团伙，有自己的组织系统、号令、活动范围和地盘，无恶不作，破坏性极大。这些人的活动形式五花八门，概而言之，主要以打、抢、诈和骗为主。打：动辄拳脚相加，打人是流氓的家常便饭。如明代成化年间(1465—1487年)，在长江沿岸的九江至苏州一带，就有一伙凶恶流氓，公然殴打平民百姓，抢夺财物，伤人性命，其凶顽无忌，犹如强盗一般，无法无天，毫无畏惧。抢：明代江南有“假人命，真抢掳”之谣。诈：就是讹诈，指利用威胁恫吓向人强行索取财物。手法花样极多，常见的有：栽赃诬陷，蓄意讹诈；小题大做，任意讹诈；借人急难，乘机讹诈；捏人把柄，恐吓讹诈。骗：招摇撞骗，拐卖人口是流氓惯用的伎俩。其骗术更是五花八门，无所不用，有假冒宗室、官爵行骗的；有利用宗教迷信行骗的；有制造假象，欺骗良善的；有巧设机关，一骗再骗的；有以女性婚嫁为骗局行骗的；还有拐骗妇女、儿童的。他们拐骗妇女或供自己淫乱奸辱，或出卖给妓院、远方之人赚取钱财，或两者兼而有之，奸污后再去卖钱，可谓

① 张光大：《救荒活民类要》。

② 《清经世文编》卷41，汪志伊：《荒政辑要附论六条》。

③ 无名氏：《宋季三朝政要》卷2。

④ 《元史》卷25，《仁宗纪》。

毫无天理人伦可言。

流民走上土匪之路，不仅危害社会，不齿于人类，而且极容易搭上身家性命。所以流民沦为盗匪完全是一种万般无奈的抉择。在生活所迫，特别是在灾荒之年，无以谋生的情况下，不甘坐以待毙者只好选择到“绿林”世界去讨生活。“土匪之生活，杀人放火之生活也；奸淫掳掠之生活也；吃惊受吓，朝不保夕之生活也；饿死饱死，忽苦忽乐之生活也；东奔西窜，飘忽靡常之生活也；见弃社会，不齿人类之生活也；只图利已，不顾他人之生活也；虽生存于现社会，而不与社会合作之生活也。简言之，即与人类共存原则极端背驰之生活也。”①流民一经选择土匪为职业，便逐渐丧失理性，泯灭人性，人格扭曲，沉湎而不能自拔，成为无法无天的玩世狂徒。

总之，流民中一些人的犯罪行为和流民异化为流氓、土匪后的犯罪活动，严重扰乱了社会治安秩序，干扰了人民的正常生活，同时也影响了社会经济的发展。正如台湾学者萨孟武先生所指出的：“贫穷的普遍化就是暗示中国社会秩序快要发生大乱了。历史都可以证明：因贫穷而作乱的，多由流氓发动。他们没有‘身家性命’而生活又不安定，生的快乐既未尝过，死的痛苦也不恐怖。他们最肯冒险，由九死一生之中，突然地置身于云霄之上。他们个人虽然没有势力，而成群结队之后，就可以横行江湖。绅士怕他们捣乱，农民怕他们鱼肉，他们在中国社会上，乃是化外之民，隐然成为一个势力。”②在中国历史上，流氓曾扮演过重要的角色。陈宝良先生在《中国流氓史》一书中分析说：“在作为社会基础的农民极端贫困化之后，流氓就会蠢蠢欲动，甚至变为‘流寇’。如宋代的方腊，手下就不过是一些无赖之徒。在明末，孙弘之叔某，也是‘不务本业，交游无赖，私通贼党’。至清代，在陕西岐山被雇佣‘伐木作薪’者多是‘无赖子’。嘉庆时，因发生饥荒，这些人纷纷停业。这

---

①　何西亚：《中国盗匪问题之研究》，泰东书局 1925 年版，第 41～42 页。

②　萨孟武：《水浒与中国社会》，岳麓书社 1987 年版。

些失业‘无赖子’就纠众3000余人，终‘持器械掠食’。在近世，尤其是明清两代，流氓与民间秘密宗教与帮会的关系极为密切，而这些组织，对统治者来说，始终是一个极大的隐患，一旦时机成熟，它们都有力量摧毁旧的统治秩序，改朝换代。”①

三、冲击政权体制

如果说单个的流民或流民家庭只会影响正常社会秩序，扰乱社会治安，那么流民群体组织的出现则会冲击国家的政权体制。流民群体一般是在迁徙过程中形成的，它们有的是以血缘亲族关系为纽带聚合而成，如《晋书·儒林传》记载："徐邈，东莞姑幕人也。祖澄之为州治中。属永嘉之乱，遂与乡人臧琨等率子弟并闾里士庶千余家，南渡江，家于京口。"有的是以地域关系为依托组成，如两晋之际的"并州流人"、"秦雍流人"、"梁益流人"和"巴蜀流人"，明代的"荆襄流民"等。避难求生、"流移就谷"和反抗压迫是这些流民群体的共同目标。为了能尽快得到理想的生存条件，他们往往把原有的地域、乡里观念带到新居住地。一遇政治压力，生存受到威胁，或是经过舆论鼓动、组织引导，这种流民群体往往会转化为不同类型的流民组织。曹文柱先生按其组织目标、政治态度把它们划分为6种类型，即反政府的流民组织、反抗异族的流民组织、名义上归附政府而又具独立性的流民组织、政治上"两属"的流民组织、盗贼型的流民组织和隐逸型的流民组织。

反政府的流民组织不只是冲击政权体制，而是要推翻政府的统治，这一点我们在下文中论述。盗贼型的流民组织主要是扰乱社会治安，不至于影响政权体制。前文已述，这里不再赘述。其他几种流民组织都程度不同地冲击着封建政府的政权体制。反抗异族的流民组织一般出现在民族矛盾比较尖锐的时期，如两晋之际和宋元之际，政府军队转化而来的"乞活"和相同乡党组成的坞堡就属于此类。这类组织对政权体制的冲击最为激烈。周一良先生指出："元

① 陈宝良：《中国流氓史》，中国社会科学出版社1993年版，第388页。

熙元年上溯惠帝光熙元年凡一百一十三年，以三十年为一世，计亦几及四世。此吾所以谓流民之中团结最坚，活动地域最广，历时最久者为乞活者也。”①曹文柱先生在《中国流民史》中就认为：“两晋之际的流民活动对北方政权的影响，主要反映在基层体制方面。”十六国时期，各少数民族政权对滞留在北方的流民坞堡组织，最初总是企图凭借武力歼灭他们，结果，既消耗大量的人力、物力，又收效甚微。后来，胡族政权改变策略，采用招纳的方式，只要坞主堡帅承担出兵输粮的义务，就默许他们对土地和人口的分割，这种做法，逐渐被固定为一种传统的政策。从石赵时起，以后凡入主中原的少数民族政权如前燕、前秦和后燕等，全都用给予坞堡在政权、经济方面的某些特权，来换取对方有条件的合作，除少数流民集团坚持“勿事胡”外，绝大多数坞堡陆续接受了这一现实。通过土地所有权、政权、军事权和族权的紧密结合，“坞主”和“堡户”之间的封建依附关系更加牢固。他们“或百室合户，或千丁共籍”②，构成了北方举足轻重的地方政权体系。直到北魏前期，统治者仍承认坞主们权力的合法性，并在辖区的中原地带，把它当作国家的地方政权，即宗主督护制度。在宗主督护制度之下，宗主掌握着大批荫户，“五十、三十家方为一户”③，“荫附者皆无官役，豪强征敛，倍于公赋”④。魏孝文帝改革，在实行均田制的同时，采取李冲的建议，强化县以下的地方机构，废除宗主督护制度，“初立党、里、邻三长，定民户籍”。这种由流民坞堡组织演变而来、影响北方多年的地方政权体系，才终于消失掉了。

名义上归附政府而又具独立性的流民组织也以两晋之际最为典型。东晋政权建立后，把有军事势力的北方流民帅都拒之在长江以北，并按照他们原有的地位高低和兵力多寡，委以太守、刺史、将军之号，划分大致的地盘。这些流民组织在名义上依附于东晋王

① 周一良：《魏晋南北朝论集》，中华书局1963年版，第21页。

② 《晋书》卷127，《慕容德载记》。

③ 《魏书》卷53，《李冲传》。

④ 《魏书》110，《食货志》。

朝，在政治上保留了相当大的独立性。如祖逖、郗鉴等就是这类流民帅的代表。司马睿征祖逖为军谘祭酒，但他仍“居丹徒之京口”，不离部众。他首倡北伐，乃将“本流徙部曲百余家渡江”，以后“士马日滋”，成为连权臣王敦也甚感畏惧的强藩①。他死后，其弟祖约充任平西将军、豫州刺史，领祖逖之众。郗鉴受羯人石勒之逼，退保合肥。他虽然应征入京，却依旧统率着驻扎在合肥的旧部。他死后，侄子郗迈被司马睿委任为兖州刺史。

政治上“两属”的流民组织主要存在于两晋之际，它们在胡、晋对峙的夹缝中依附双方，以求得生存。它们也保持某种特权和独立性。

隐逸型的流民组织实际上脱离或半脱离了政府的管制和统治，如两晋之际以庾衮为首的坞堡。他们以“绝尘避地，超然远迹，固穷安陋，木食山栖，不与世同荣，不与人争利”为组织宗旨，选择绝险之地，“峻险厄，杜蹊径，修坞堡，树藩障”，以期“安保亲尊”。

如果流民的反抗升级为起义，那么就不只是冲击政权体制的问题了，而可能是推翻封建政权。《三国志·吴书·骆统传》说：“夫国之有民，犹水之有舟，停则以安，扰则以危，愚而不可欺，弱而不可胜，是以圣王重焉，祸福由之，故与民消息，观时制政。”打家劫舍、杀人放火的“匪祸”固然是社会动乱的“搅拌器”，但农民暴动、农民起义(暴动、起义的农民被历代统治者污蔑为“盗”“贼”“匪”，与真正意义上的土匪、强盗等量齐观，这是应当注意的)则是更为剧烈的社会震荡。农民暴动、农民起义(统称“民变”)的主体，毫无疑问，是被强制脱离物质生产资料的无所依归的流民。他们“啸聚山林”，演出了一幕幕声势浩大、悲哀壮丽的历史剧。

秦末，“乱政虐刑，残灭天下”，“赋敛无度，竭民财力”，弄得“亡逃相从”，流民遍地，陈胜、吴广振臂一呼，“天下从之如流水”，最终推翻了秦王朝的残暴统治。

西汉末年，“法禁烦苛”，“连年雨雪蝗旱，五谷不登”，于是

---

① 《晋书》卷62，《祖逖传》。

流民“饥寒穷愁，起为盗贼”。“绿林军”、“赤眉军”很快击败王莽的军队，推翻了西汉王朝。

东汉末年爆发的“黄巾起义”，被称为中国历史上第一次有组织、有准备的农民起义。实际上，流民是起义的基本力量。

西晋末年，政治腐朽、战乱频仍、天灾不断，使大量农民失去赖以生存的土地，成为流民。他们没有“饭”吃，没有房屋住，起义此伏彼起，主要有310年杜弢领导的起义和301年李特领导的起义等。

隋末，炀帝“环四海以为鼎，跨九垠以为炉，爨以毒燎，煽以虐焰。沸涌灼烂，号呼腾蹈”，民不堪命，流亡相聚，暴动四起，形成以窦建德为首的河北起义军，以杜伏威为首的江淮起义军和以翟让为首的瓦岗军，给隋朝的统治以毁灭性的打击。

唐代在广德、永泰年间(763—766年)，流民起义就此起彼伏，前后持续十多年。唐朝末年，由于政府横征暴敛，加上灾荒饥馑频仍，“百姓流离无所告，所在相聚为盗”，最后汇合成由盐贩子王仙芝、黄巢领导的轰轰烈烈的农民起义，闹得唐王朝“王业于是荡然”。

北宋末年，“不抑兼并”政策激发的兼并狂潮导致大量农民丧失土地，流离失所，加上“花石纲”的苛扰，东南地区“民不胜其苦，挈妻子散而之四方”。流落青溪县的歙县流民方腊于1120年聚集流亡民众，在青溪发动起义，队伍一度发展到近百万人，“东南大震”。

元朝民族矛盾、阶级矛盾交织，流民问题异常严重，流民总数竟达总人口的三分之一，以致民变迭起，暴乱时闻，形成元末韩山童、刘福通、郭子兴、朱元璋等群雄并起的局面，最终结束了元朝的统治。

明代也是中国历史上流民起义频繁的朝代。特别是中后期，“天灾流行，饥馑荐臻，政繁赋重，外讧内叛”，土地日益集中，赋税徭役日益加重，农民衣不遮体，食不果腹，成群结队流亡，以流民为主体的大规模农民起义在全国范围内接连不断地发生。如正统十二年(1447年)，叶宗留领导的闽浙山区的流民起义；英宗天顺八年(1464年)，刘通(刘千斤)和石龙(石和尚)、刘长子等人，在郧阳地区发动流民起义；正德时期(1506—1521年)，四川、湖广、江西、福建以至河北、山东等地爆发的流民参加的农民起义；明朝末年，李自成领导的农民起义军，不仅流民占了很大的比例，成为其中的生力军，而且有许多将领，如李自成和张献忠等人原来都是流亡四方的流民。

清代，随着人口的爆炸性增长以及其他因素，流民问题更为严重，“民变”更为频繁。规模较大、影响较深远的白莲教起义，其中的许多成员其实也是失去土地、四处流亡的流民。

第五节 政府的财源、兵源萎缩

自耕农和官田上的佃农等是国家赋役的主要承担者，他们的破产直接后果就是影响封建国家的赋税收入和徭役征发以及兵源。这是历代政府所不愿看到的现象，也是一直困扰他们的问题。

一、国家户籍管理失控

在中国古代，国家为了保证自己的财源和兵源，对户籍的管理和编户齐民的控制十分重视。历代政府不仅实行严格的户籍登记和管理，而且推行严密的里甲制度，把农民牢固地束缚在土地上，并规定有田则有赋，有丁则有役的原则。按理说，中国农民本就安土重迁，有着很深的“恋土情结”，加上这么严格的限制，如果有一块土地供其耕种，能使家人温饱，自然安居乐业，老老实实地纳税。这实际上只不过是一种空想。因为苛政猛于虎，各级贪官污吏的重重盘剥以及豪强地主的大肆兼并，很快打破了这种平静局面，再加上天灾人祸，大量农民走向破产就成为不可避免的事情了。他们有的投身豪强地主之家，为地主阶级从事服务性劳动。宋人罗大经说：“今之富者，大抵皆奸富也，而务本之农皆为仆妾于奸富之家矣。”明人赵完璧也说：“上富之家，待而举火者五六十人，最下者亦不减二三十人。”有的是“预卖其力而募升斗”；有的是“托身于佣作而为依”；有的前往城市，在茶楼、酒肆中充当佣保，或成为富家的走狗、击筑、歌舞的游手等；有的则成为地主土地上的佃农。他们都不再向封建国家交税。还有更多的成为流民，逃至穷山僻野，脱离了国家的户籍控制，过着“食地利而不输租赋，旷丁力而不应差徭”的生活。这样，国家的财政收入自然大幅度减少。

封建政府不敢触及豪强地主的利益，但对流民绝不会心慈手软，让他们“逍遥”于赋役之外的，总是千方百计地要让流民重新套上赋役的枷锁。在古代，在籍人口数量的起伏很大，与某一时期民户大量流亡脱籍，或某一时期流民大量返本附籍有很大的关系。如西汉初年，政府面对因秦末战乱所造成的人口大量减耗局面，采取减轻赋役、招抚流亡等措施，到武帝初期全国人口约为3600万，超过战国时期的水平。但到武帝末年，人口锐减，出现了“户口减半”的奇特现象。有的学者研究，这一时期人口实际减少约400万，“户口减半”主要原因是武帝死后昭帝重新核定的户口数不包括未归的流民①。武帝元封年间(前110—前105年)，关东流民达200万，无名数(无户籍者)40万②，当时关东总人口约2000万，则流民占10%，无户籍者已占近20%。所以经过昭、宣诸帝招抚，不久人口即猛增到5969万，其主要原因就是大量流民附籍和无籍人口重新登记。宣帝时，胶东国人口原仅有20万左右，而胶东相王成却创造了招集流民8万口的记录，附籍流民与在籍人口的比例约为1∶2.5。汉末三国，人口减幅更加剧烈，由5648万猛跌至767万，人口损失高达七分之六。战乱死亡、大户“隐占”是人口损失的重要原因，大量流民存在的因素也不可忽视。西晋统一后，人口又迅速回升到1600万，这和西晋政府实行流民附籍后可以得到土地的占田制度有着直接的关系。东晋咸安至太元年间(371—375年)，逃亡人口占总人口的十分之三。南朝陈时疆域和孙吴时差不多，但在籍人口仅200多万户，反比孙吴为少(吴注籍人口有230

① 葛剑雄：《西汉人口地理》，人民出版社1986年版，第76~78页。

② 《汉书》卷46，《石庆传》。

万户)。唐朝后期，“天下户口，亡逃过半”①。据统计，760 年，国家控制的人口仅 1699 万，其中纳税人口 237 万多，与 755 年相比，国家控制的编户齐民人数减少 3593 万，纳税人口减少了 521 万，只约为天宝末年的三分之一②。明朝英宗时，许多地区“千里一空，良民逃避，田地抛荒，租税无征”③。这样，国家的收入大为减少，造成严重的财政危机。因此，封建国家总是千方百计地减少户籍人口的损失，并将已经脱离户籍的人口，特别是赋役人口重新加以控制。

晋末各地割据政权设立侨郡县，目的也是为了使流民在侨居地著籍，接受封建赋役剥削。《宋书·州郡志》秦州刺史条：下辖有“西京兆太守，晋末三辅流民出汉中，侨立。领县三，户六百九十三，口四千五百五十二……西扶风太守，晋末三辅流民出汉中，侨立。领县二，户百四十四”。在这些侨置郡县里，流民最初虽登记于享受优复待遇的白籍之册。但一经入籍，便成为编户，置于政府的管理之下。以后经过“土断”(打破侨、土界限，以居土断定新的籍贯)，白籍不再是临时户籍，本质上已与黄籍无殊。白籍人口同土著一样向政府承担赋税徭役。《晋书·慕容皝载记》记有慕容同臣僚封裕的一段对话。封裕建议慕容皝：“省罢诸苑，以业流人。人至而无资产者，赐之以牧牛。人既殿下之人，牛岂失乎?”慕容皝接受封裕建议，“以给百姓无田业者”。显然，流民一经政府安置，便归属了当地政权的版籍。

二、流民与财源的萎缩

人户的增减，特别是国家掌握的“编户齐民”数量的多少，直接影响到政府的税收，关系到国力的强弱，事关社会的稳定。在隋唐以前，税收的主要对象是人丁，唐朝实行两税法后，户税也依然占有重要地位。只是到了明朝实行“一条鞭法”，人头税才取消。

---

① 《旧唐书》卷 88，《韦思谦传》附子《韦嗣立传》。

② 《通典》卷 7，《食货·历代盛衰户口》。

③ 《明英宗实录》卷 175。

因此，历代政府对户籍的管理与编户齐民的数量都有深刻的认识，而且非常重视。如《三国志·吴书·骆统传》中说："君国者……财须民生，强赖民力，威恃民势，福由民殖，德俟民茂，义以民行，六者既备，然后应天受祚，保族宜邦。"唐武周证圣元年(695年)，李峤上表称："今天下之人，流散非一，或违背军镇，或因缘逐粮，苟免岁时，偷避徭役。此等浮衣寓食，积岁淹年，王役不供，簿籍不挂，或出入关防，或往来山泽。非直课调虚蠲，阙于恒赋，亦自流动愚俗，堪为祸患，不可不深虑也。"①

一般地说，封建王朝在建立之初，由于有前车之鉴，统治者还比较明智，往往能"发政施仁"，想方设法招徕流亡，使流民著籍，增加国家的税收，增强国力。但是到王朝中后期，统治集团的腐败，土地兼并的加剧，赋役的加重，自耕农纷纷破产，一部分佃农也在残酷的剥削下嫁妻卖子，先后逃亡，于是"安土重迁"的"编户齐民"就转化成了"易动难安"的流民。如《后汉书·和帝殇帝纪》载：延平元年(106年)，"天降灾戾，民多散亡"。永嘉之乱后，"百姓流亡，中原萧条，千里无烟，饥寒流陨，相继沟壑"②。晋愍帝即位时，"长安城中户不盈百"③，"城邑皆空，野无烟火"④。晋元帝执政，"百姓遭难，流移此境"，"江北荒残，不可检实"⑤。东魏元象、兴和年间(538—542年)，"百姓多离旧居，阙于徭役"⑥。人民逃走，土地荒芜了，国家税收减少了，随之而来的巨大问题，就是阙于财税。如晋朝，"天下千城，人多游食，废业占空，无田课之实。较计九州，数过万计"⑦。北齐农民大量逃亡，使"户口租调，十亡六七"⑧。唐朝中后期也是"兵戎屡动，荒沴荐

① 《唐会要》卷85，《逃户》。

② 《晋书》卷109，《慕容皝载记》。

③ 《晋书》卷5，《孝愍帝本纪》。

④ 《资治通鉴》卷85。

⑤ 《南齐书》卷14，《州郡志》。

⑥ 《隋书》卷24，《食货志》。

⑦ 《晋书》卷51，《束皙传》。

⑧ 《隋书》卷24，《食货志》。

臻，户口流亡，财征减耗”①。北宋时期，“势官富姓，占田无限，兼并伪冒，习以成俗”②。政府控制的纳税土地日益减少，到英宗以后，仅占全国耕地面积的十分之三左右。明朝嘉靖八年(1529年)，霍韬在奉命修《会典》时指出：“窃见洪武初年，天下田土八百四十九万六千顷有奇，弘治十五年(1502年)，存额四百二十二万八千顷有奇，失额四百二十六万八千顷有奇，是宇内额田存者半，失者半也，赋税何从出，国何从足耶!”还说：“由洪武迄弘治百四十年，天下额田已减强半，再数百年，减失又不知何如也?”③清朝统治者面对日益严重的流民问题，也惊呼：“图役之逃亡日众，将来国赋何由而足，兵饷何由而应乎!”④

自耕农是国家赋税最主要的承担者。随着土地兼并的严重化，自耕农大量破产转化为流民，佃农无力纳税，而地主阶级又采取飞洒、诡寄等手段千方百计逃税，国家税源枯竭，财政收入大为减少就不可避免了。流民的出现之所以影响国家的财政收入，究其原因，一是由于流民在路途中因饥饿疾疫大量死亡，减少了国家控制的人口。二是一些人流移到新地方后逃避了国家的赋役。三是“人户逃移”引起迁出地农村劳动力严重不足，田地荒废。宋人钱彦远说：“唐开元年有户口八百九十余万，定垦田二千四百三十余万。国家(指宋)有户九百五十余万，定垦田一千二百一十五万余顷。其间逃废之田(指人户逃亡而抛弃之田)，不下三十余万顷，不及开元三分之一。”⑤但更为主要的原因是由于大量流民投靠了豪强地主，充当豪强地主田庄上的依附农民，从而使国家直接控制的纳税民户大为减损。如永嘉之乱后，南渡的许多流人在流移过程中，就依附于一个较有威望的大姓或官僚，推他为行主。如胶东人苏峻，先被推为坞主，后在北方无以自存，乃率数百家从海路南渡，到了

① 白居易：《省官并俸减使职》。
② 《宋史》卷173，《食货志》。
③ 《明经世文编》卷187，霍韬：《修书陈言疏》。
④ 李复兴：《均田均役议》，《清经世文编》卷30。
⑤ 庄绰：《鸡肋编》卷下引。

广陵(今江苏扬州)。东莞姑幕(今山东诸城)人徐澄之，率子弟及邻里士庶千余家南渡，寓居京口(今江苏镇江市)。高平金乡(今山东金乡县北)人郗鉴，在洛阳陷落后，率千余家保于峄山(今山东邹县东南)，后发展到数万人，被晋元帝任命为兖州刺史，进位扬州都督、太尉，成为东晋政府重要的依靠力量。凡是跟随大姓豪强或官僚一同南渡的人，到了南方，自然成了官僚、豪强的部曲或佃客。而分散南下的流人，到了人生地疏的南方后，无依无靠，生活无着，被掠卖或自卖为奴婢的很多，所谓“中原子女鬻于江东者不可胜数”①。最后，大多数人也不得不投靠豪强大族以为佃客、部曲，所谓“南北权豪，竞招游食”②，流民多庇大姓以为客③。

这么多的劳动人口为权豪所占有，影响国家的税源和役源，无论是从眼前着想，还是为长远打算，政府都是不会坐视不管的。在古代历史上，政府通过“限田”、“检户”和各种变法措施来限制地主阶级的过分膨胀。这种统治集团内部瓜分劳动人手和社会财富的斗争一直比较激烈。曹魏末年的“赐公卿以下租牛客户”，孙吴实行赐客、复客制，西晋的荫客、荫亲属制，都与政府同豪强大族争夺劳动力有关，政府想在承认他们特权的同时给予某种限制。东晋王朝建立后，为了安抚、控制北方流民，陆续设立了许多侨州郡县。侨民著侨籍后，仍然享受减免国家赋役的优待。这样，虽然北方南下的人口在不断增加，但是于国家兵源、财源无补。随着内乱的接连发生和北伐战争不断进行，东晋政府越来越感到对北方流民这一兵、财之源充分利用之重要。因此，除了局部的、零星的括户外，又采取的一项重要措施，就是“土断”，即让流民以所居之“土”为断，人在哪里便在哪里著籍，便算作哪里的编户民，同原住民一样纳课服役。依法检出豪强占有的隐户，称为“括户”。如东晋初，山遐做余姚(今浙江余姚市)令时，依法惩处隐藏户口的不法豪强，不到80天，便检出隐户万口。

---

① 《晋书》卷84，《殷仲堪传》。

② 《晋书》卷88，《颜含传》。

③ 《南齐书》卷14，《州郡志》。

流民逃隐山林以避赋役的人数也不少。这样，他们脱离了封建管理系统，不纳钱粮，不承担赋役，也导致了国家“税源”枯竭，严重地影响封建政权的赋税收入。封建政府为了增加国家纳税人户，保证足够的财政收入，对脱离户籍、隐居荒野山林的流民实行惩治与招抚的两手政策。如东晋时，海陵县青蒲湖泽中有大量流民，政府派兵围剿，四面放火，逼出近万户。据记载，东晋南朝共进行了十次土断。土断的成果当然十分显著，如东晋王彪之做会稽内史8年，“亡产归者三万余口”①。当然，其中不全是隐蔽山林者，但逃隐者肯定不在少数。唐朝时李峤曾提出：“逃亡农民，应自首者，以符到百日为限，限满不出，依法科罪。”同时又提出，“殷富者令还，贫弱者令住”的区别对待措施②。玄宗开元九年(721年)到开元十二年(724年)，针对逃户未息、邦赋不入的情况，任命宇文融等人大规模括户，制称：“州县逃亡户口，听百日内自首，或于所在附籍，或牒归故乡。”如“过期不首，即加检括，谪徙边州”。同时规定新附客户免6年赋调的原则，以劝诱逃亡呈报户口③。明朝政府面对严重的流民问题，多次下令禁山，并派兵镇压。

封建政府还把民户逃附与官吏考核直接挂钩，督促各级官吏劝课农桑，招抚流散。如唐宣宗时就规定：“观察、刺史交代之时，册书所交户口，如能增至千户，即与超迁，如逃亡至七百户，罢后三年内不得任使。”④历史上有不少精明能干的、招徕和安置流民有方的官员，但也有一些地方官吏为了逃避上司责罚，“采获虚名”往往“多张垦田，虚张户口”，把逃亡人户的赋税摊派到未逃亡人户的头上。为了满足统治者奢侈生活所需费用和庞大的军费开支，封建政府也往往以强制的方式，规定逃户的租税由其他一些丰收之地的农民或没有逃亡的农民代付。结果，未逃户的赋役负担成倍增

---

① 《晋书》卷76，《王彪之传》。

② 《唐会要》卷85，《逃户》。

③ 《资治通鉴》卷212。

④ 《旧唐书》卷18，《宣宗纪》。

加，于是也相继逃亡，转化为流民。正所谓“逋逃皆在大家，吏正畏惮，不敢督责，刻急细民。细民不堪，流亡远去，中家为之色出。后亡者为先亡者服事。录民数创于恶吏，故相仿效，去尤甚而就少愈多”①。

由此可见，重税引起流民，流民逃亡产生的财政阙收被转嫁到未逃户身上，未逃户的赋役随之加重，乃至也不得不逃亡，形成了流民—代赔—流民潮的恶性循环，流民集团就像雪球一样越滚越大，阶级矛盾也日趋深刻化，国家的财政状况陷入恶性循环，封建王朝陷入无法自拔的困境中。

三、兵源的枯萎

中国兵制自三代起到清代发生了巨大变化，但总体上说，兵源主要来自于自耕农。如果自耕农大量破产，转化为流民，兵源就会发生危机。这是因为，流民的流徙会因路途艰辛而大量饿死或疾疫死亡，造成国家控制的编户齐民的减少，使服兵役人口数量下降。即使是没有死亡的流民，有许多在逃亡后，也脱离了国家的户籍控制。他们或是隐居山中，或是依附豪强，不再属于“编户齐民”，也逃避了服兵役义务。

纵观中国古代兵制的演变，核心问题是如何解决军队的兵源问题。西汉以前，各朝采用的农兵制和隋唐的府兵制都是以自耕农为征兵对象。军队由农民组成，无事耕田，有事从军，政府要组织军队，强制征召。对兵员的年龄有明确规定，达到服役年龄者称为傅籍，超过年龄的称为免老。秦朝傅籍为15岁，免老为56岁。汉昭帝置“正卒”之制，民年23岁服兵役，56岁免。隋和唐前期实行府兵制。隋文帝时规定，“凡是军人，可悉属州县，垦田籍账，一与民同”②，实现了兵民同籍，寓兵于农。唐代沿袭隋制，实行府兵制，辅之以募兵制度。不论是府兵还是募兵，都征自于均田农民，兵士的主要来源是自耕农。这种兵制的优点是，能节省国家的开

---

① 桓宽：《盐铁论》卷3，《未通篇》。

② 《隋书》卷2，《文帝纪》。

支，不致出现骄兵悍将的现象。但封建社会存在的一个痼疾是土地兼并问题。官僚地主的大肆兼并，小农纷纷破产沦为流民，必然使兵源经常出现严重的不足。如三国时期，蜀国沿袭汉制，以征兵为主，募兵为辅；魏吴则以世兵制为主，兵有单独的户籍，父子相承，世代为兵。元朝实行军户制，军户一经入籍，必须世代为兵。

世兵制免除了国家年年向民户征兵的麻烦，有了专门承担兵役的兵户。世兵制虽然是为避免土地兼并造成兵源危机而出现的，但有军籍的屯田兵户也非生活在世外桃源，随着封建统治的腐朽和贵族地主私欲的膨胀，兵户的土地也不能逃脱土地兼并的厄运。他们或因为失去土地，或因为徭役过于繁重，无暇耕种土地，而走向破产，进而逃亡。历代的流民中，有不少就是兵户。明代宣德初年范济曾感慨地说："比者调度日繁，兴造日广，虚有屯种之名，田多荒芜。"①"役之苦者莫甚于军，则乐逃者亦莫甚于军。"②另外，势豪大族也经常大量侵吞屯田并私自役使士兵，许多士兵实际上沦为他们的私家佃户或奴仆。明朝中后期，北边军士因马匹陪补竞相逃亡，江南军士因漕运而倾家荡产。至于屯军逃亡则更多。正统三年(1438年)天下都司卫所发册坐勾的逃军竟高达120万之多③。这样，在兵源不能得到保证时，政府不得不实行招募制。

募兵制最早出现在西汉后期，当时由于土地兼并激烈，国家控制的编户齐民减少，兵源严重不足。于是，募兵制应运而生，作为征兵制的补充。东汉时期，社会环境进一步恶化，募兵制全面取代了征兵制，开始大规模实行。唐朝后期兵制改革后，也实行职业化的募兵制。宋代基本上继承了唐朝的募兵制，军队的绝大部分是招募而来的。明代是军兵(由军户产生)和民兵(由招募产生)并存。清代的八旗兵是世袭兵制。募兵制虽然能缓解因自耕农破产而出现的兵源不足问题，但士兵的粮廪和薪饷皆由官方提供，其巨大的开支成为政府的沉重经济负担。为了确保军队的兵员，封建政府有时

---

① 《明史》卷164，《范济传》。

② 《天下郡国利病书》原编第8册，《江宁·庐安》。

③ 《明英宗实录》卷46。

还采用调发奴客、谪补罪人及家属、料简逋亡和招募亡命无赖以及盗匪等手段来补充。如晋康帝时，庾翼欲大举北伐，“于是并发所统六州奴及车牛驴马”①。唐朝彰义节度使吴少阳也“招四方亡命，以实其军”②。为了防止这些士兵逃跑，将领们竟想出了在他们脸上刺字的毒招。

在大规模流民出现之际，将流民招募入伍经常成为封建统治者解决流民问题的一个重要手段。这样，既可以缓解社会压力，又能加强国家的统治力量，可谓一举两得。将流民募入军伍始于东汉末年，当时，军阀混战，南阳、三辅民数十万户流入益州。刘焉为益州牧，焉悉收以为众，名曰“东州兵”③。此后，各朝沿袭。唐朝康承训，出金帛募兵，游民多从之④。在宋代，招募流民为兵的情况更为严重，有时甚至整军整营都由流民组成。

---

① 《晋书》卷73，《庾翼传》。
② 《新唐书》卷214，《吴少阳传》。
③ 《后汉书》卷25，《刘焉传》。
④ 《新唐书》卷148，《康承训传》。

第六章

治标与治本：政府的对策

流民问题是中国封建社会最严重的社会问题之一。因为在一个以农立国的国度，农民的安居乐业，关系到国家的安定和社会经济的发展。农民一旦脱离物质生产资料，成为无所依归的流民，不仅国家赋役无着，而且极易转化为对抗官府的力量，使社会震荡，国无宁日。因此，各封建王朝政府对流民问题都十分重视，煞费苦心地采取了一系列措施，如抑制土地兼并，减轻农民负担，建立和完善防灾备灾机制，强化户籍管理，严厉镇压和强制遣返流民，灌输“父母在，不远游”的伦理责任观念以及其他有利于农民安居乐业、控制流民流动的政治、经济、社会、文化等方面的措施。在这些措施中，有些抓住了问题的“症结”，是治本的对策；有些是临时的应对举措，是治标的对策。

第一节　均田限田、整顿吏治——治本对策之一

一、抑制兼并

以农为本，重农抑商，是我国历代统治者遵行的基本国策。农

民是国家赋税和徭役的主要承担者，保持农业人口的稳定，使他们“安土重迁”，是封建国家稳定的基础。土地兼并，历来是流民生成之“原”。不管土地是自己所有，抑或是租佃而来，任何一个家庭，若要生存，必须想方设法附着在一块固定的土地上。为此，历代统治者总是煞费苦心，实施均田限田、抑制土地兼并等措施，稳定农民队伍。

西汉硕儒董仲舒在著名的《限民名田疏》中，喊出了“限田”的第一声，提出“限民名田，以赡不足，塞并兼之路”的主张。此后，抑制土地兼并的呼声不绝于耳。王莽上台后，颁布“限田令”，规定“更名天下田曰王田，奴婢曰私属，皆不得买卖。其男口不满八，而田过一井者，分余田与九族乡党”。但这个“限田令”，并不能做到令行禁止。豪强地主为了满足骄奢淫逸的生活，总是千方百计兼并农民的土地，造成“民困饥流散，豪右多有占夺”的局面。后世实行的限田、均田等政策，都有限制兼并的目的，但也只是起一时之效。

一般来说，王朝建立之初，鉴于前代官僚地主对土地巧取豪夺带来的严重后果，大多会采取一些抑制兼并的土地政策，充分照顾到农民的经济利益，使他们能够“安居乐业”。如东汉光武帝建武十五年(39年)曾下令“度田”(清丈田亩)，结果遭到豪强地主的反抗。北魏和隋唐时代也实行了“均田制”。北魏均田制内容主要有：15岁以上的男子受露田40亩，桑田20亩，妇人受露田20亩，年满70还官，桑田永为世业；土不宜桑的地方，男子给麻田10亩，妇女减半，露田不得买卖。这个均田制为隋文帝杨坚所继承。隋初均田制规定，男子受口分田80亩，女子减半。据《隋书·食货志》的记载，文帝为推行均田制，“发使四出，均给天下之田”，成效显著。唐朝建立后，因袭隋制，继续实行均田，规定：18岁以上的中男和丁男，每人受口分田80亩，永业田20亩(丁女不授田)，不是户主的老男、笃疾、废疾各给口分田40亩，寡妻妾给口分田30亩。百姓迁移和无力丧葬者，准许出卖永业田，迁往人少地多的宽乡和卖充住宅、邸店、碾硙的，并准许卖口分田，买田的数量不得超过本人应占的法定数额。租庸调制规定：丁男每年向国家纳租粟二石，纳调绢二丈、绵三两或布二丈五尺、麻三斤。丁男每年服役20天，如不服役，每天折纳绢三尺或布三尺七寸五分，称作庸。此后直到唐玄宗时期，屡颁均田令。口分田禁止买卖，严禁兼并。《唐律》规定，私卖口分田者，“一亩笞十，二十亩加一等，罪止杖一百”；“诸占田过限制一亩笞十，十亩加一等，罪止徒一年”；“诸在官侵夺私田者一亩以下杖六十，三亩加一等，过杖一百，五亩加一等，罪止徒二年半”。这些政策法令，对抑制土地兼并起了一定的作用。

辽代兴宗为解决户等不实、赋役不均问题，即位后下令在全国通括户口，核实户。诏曰：“力办者广务耕耘，罕闻输纳；家食者全亏种植，多至流亡。宜通检括，普遂均平。”①北宋时，王安石实行变法，推行方田均税法，清丈土地，抑制兼并，解决土地税负担不均问题。

南宋面对日益严重的土地兼并形势，也采取了措施。从高宗开始，就在部分地区推行以清丈土地为目的的“经界法”。理宗时又实行“公田法”，但都因豪强地主的反对无果而终。

明太祖朱元璋登基后，吸取元亡的教训，一方面极力遏制原来的大土地所有者的再生，同时也密切注视新土地兼并者出现的可能，并力图加以限制。即位之初，即诏告天下：“以兵革之后，中原民多流亡，临濠地多闲弃，有力者遂得兼并焉。乃谕中书省臣曰：‘古者井田之法，计口而授，故民无不授田之家。今临濠之田，连疆接壤，耕者宜验其丁力，计亩给之，使贫者有所资，富者不得兼并。若兼并之徒多占田以为己业而转令贫民佃种者，罪之。’”②国家依靠强力实行土地的再分配，通过这种方式在更大范围内重新肯定了封建土地的个人私有权，创造出更多的自耕农家庭，调整了元末不合理的生产关系，激发广大民众自觉投身到农村经济复兴的大潮之中。清代康熙八年(1669年)下令停止圈地，“自

① 《辽史》卷59,《食货志》。

② 《明太祖实录》卷62。

后圈占民间房地，永行停止，其今年所已圈者，悉令给还民间”①，并对庄头土豪的无故增租夺佃等种种暴行，加以限制。

统治者抑制豪强，是因为豪强过度兼并土地，吞噬小农，会造成封建国家赋役收入的减少，引起社会的不稳定。封建国家同个别地主分子之间的利益冲突，有时表现得相当激烈。如汉武帝起用酷吏，严惩“豪猾”，大者族灭，小者身死。一般地说，统治者在开国之初比较注意“对症下药”，抑制土地兼并，效果也是比较明显的，但王朝中后期，土地兼并如惊涛骇浪，一发不可收拾，这几乎是历代王朝的一个“通病”。

土地兼并是封建土地私有制的必然产物，这种土地制度不铲除，再严厉的抑制政策，也不可能持久，只能收效于一时。因此，不可能从根本上杜绝流民的出现。再者，兼并土地者是豪强、地主、官僚之流，他们是国家统治集团的成员，很难设想他们会真正去执行有损于自身利益的经济政策。况且，皇亲国戚几乎无一例外地扮演着土地兼并急先锋角色，如《旧唐书》记载，唐高祖李渊长子李建成与“诸公主及六宫亲戚，骄恣纵横，并兼田宅”，就是一个典型的例子。明朝皇族兼并尤凶，据统计，明末宗室庄田远在20万顷以上。历代所谓“皇庄”，连阡累陌，都是通过兼并农民土地而形成的，上行下效，土地兼并愈演愈烈，不可遏制也就不足为怪了。

二、兴修水利、奖励农耕

兴修水利，未雨绸缪，应该说是“抚之于未流之先”的根本保证。我国历史上水旱灾害频仍，历代政府都很重视水利工程建设。

春秋战国时，各诸侯国就开始兴建水利工程，如成都平原的都江堰、关中的郑国渠，灌溉面积都达数百万亩。

秦汉以后灌溉事业更加发达。秦统一后修建了秦渠和灵渠。西汉较大的工程有漕渠、六辅渠、龙首渠、成国渠、白渠、六门陂等。东汉在会稽(今浙江绍兴)开镜湖300里，在今安徽寿县整治

---

① 王先谦:《东华录》康熙八年。

了芍陂水堰等灌溉工程。特别是对黄河做了较好的治理，水利专家王景率领10万劳动人民治理黄河，从荥阳到千乘海口，筑堤千余里。由于这次对黄河的治理，再加上西汉末年以来在黄河中、上游移民垦荒的减少，以至停止，所以在此后的800年间，黄河长期安流，没有改道，水灾也减少了。

三国时期，魏、蜀、吴各政权都很重视水利工程建设。魏国相继修了白马渠、鲁口渠、睢阳渠、讨虏渠等众多沟渠。西至关、陕，北至幽、冀，都有引河溉田的农业经营，而从洛阳到淮南的灌溉系统，尤具规模。吴国兴修的水利兼有军事意义，如东渠和破冈渎。

两晋南北朝时期，国家动荡分裂，但江淮之间和长江以南地区的农田灌溉事业仍很发达，兴修了不少水利设施。

隋代主要开了广通渠，引渭水直达潼关，还开渠引杜阳水灌三畤原。

唐朝也很重视农田水利灌溉，在中央工部置水部郎中和员外郎各一人，“掌天下川渎陂池之政令”。据记载，在唐前期的130多年中，共修建水利工程160多项。五代时，南方各国也都重视水利灌溉，注意改土治水，提高抗御自然灾害的能力。如吴越政权在各州设都水营田使，置撩湖兵、营田兵，“专为田事，导河筑堤，以减水患”①。

宋代，每年春天都要投入大量人力修缮河堤，并诏令沿河两岸居民以户等种植榆柳树。此外，宋室投入大量人力物力修浚黄河，清理漳河、漳沱河、御河等，既免除了数十年的水灾，也使两岸几千顷良田获得丰收。

元代也很重视水利建设。为兴修水利、修理河堤，中央设有都水监，地方上设置河渠司。忽必烈即位的第二年(1261年)，就凿成了沁河渠。郭守敬任都水少监时，曾亲自到华北、西北等地进行水利规划，疏浚了西夏中兴府(今宁夏银川)的唐来渠和汉延渠以及灵州(今宁夏灵武)、应理(今宁夏中卫)、鸣沙(今宁夏中宁)等

---

① 《范文正公集·政府奏议》卷上，《答手诏条陈十事》。

地的干渠10条，增辟可灌溉耕地9万余顷。在北方疏浚了滦河、卢沟河、浑河等；在西北修筑了洪口渠，整修了关中地区的泾渠；江南的吴淞江、淀山湖、练湖，浙东的塘坝，也都得到了治理。这些水利工程的兴修，大大便利了农业的恢复和发展。

明代对黄河进行治理时，调动了大批的劳动力，投入了大量物资和资金。明洪武八年(1375年)，黄河冲决开封太黄寺堤，共用3万人堵塞决口；永乐八年(1410年)，开封段大堤再次决口，又用10万人塞堤。为避免黄河的一再决口，弘治三年(1490年)，在阳武一带修筑了黄河大堤，用民工25万人。弘治八年(1495年)，修筑了大名府长堤860里，另起新堤160里。嘉靖年间的治黄工程最大，嘉靖八年(1529年)，黄河沿线共修筑各种堤坝580里，其中大坝两道，减水石坝四座，大型水闸一个。嘉靖十三年(1534年)，为修浚庙道口，共动用了14万劳动力。嘉靖二十年(1541年)，将抢淮河河道入海的黄河收回故道，实现了黄、淮分流。明代还治理淮河、白塔河、泗河、卫河等众多的河流。洪武时，对灵渠、都江堰、洪渠堰等加以修复或疏浚，使其继续发挥效益。此外，还新修了大量的灌溉工程，据洪武二十八年(1395年)的统计，明朝在开国后的20多年时间里，新开塘堰40987处，疏浚河道4162处，修陂渠堤岸5048处。明代建造的宁夏卫新灌渠，可灌田万顷，工程相当大。

清代非常重视黄河的治理，堵塞决口，使其恢复故道。康熙在位时，把三藩、河务和漕运这三件事列为亲政的头等大事，认真挑选靳辅治理黄河，治河经费达岁费白银300多万两。在河套地区则引黄河水灌溉，使宁夏成为著名的产粮区。在汉水流域修了班公堰、马湖堰等。

为了防止“粟少则人贫，人贫则轻家，轻家则易去”①现象的出现，历代政府都非常重视农业的发展，实行重农富民政策。自秦商鞅变法以来，统治者一直奖励农耕，实行重农抑商政策。秦始皇统一中国后，采纳李斯的建议，把上农除末作为基本国策。西汉建

① 《管子·治国》。

国之初，首先下诏恢复百姓的故爵田宅，作为稳定天下的根本大计。惠帝四年(前 191 年)，举民孝悌力田者，免本身徭役。汉武帝“南征北伐，东巡西幸，奢靡无度，大司农告竭”时，采取了“卖爵、更币、算车船、租六畜、告缗、均输、盐铁、榷酤”等额外敛财办法，“独于田租，不敢增益，虽至季世，此意未泯”。

为了鼓励耕作，帝王往往亲事农桑，以为天下倡。如汉文帝二年(前 178 年)，下诏“夫农，天下之本也。其开籍田，朕亲率耕，以给宗庙粢盛”。汉景帝曾连续下诏强调重农政策：“朕亲耕，后亲桑，以奉宗庙粢盛祭服，为天下先。不受献，减太官，省徭赋，欲天下务农桑，素有蓄积，以备灾害。”①魏晋南北朝时期，虽然兵戈扰攘，但各朝帝王仍十分重视农业生产，不乏重农之诏。如北魏太祖初定中原，鉴于“接丧乱之弊，兵革并起，民废农业”的情况，“躬耕籍田，率先百姓”②。南朝梁普通四年(523 年)，武帝“躬耕籍田”，并下诏说：“耕籍之义大矣哉，粢盛由之而兴，礼节因之以著。”所以他要求官僚“班下远近，广辟良畴，公私田亩，务尽地利”③。唐贞观三年(629 年)，太宗指出：“籍田所以助人力，既义率乎下，而敬在其中，是为先农存乎大典。”④仪凤二年(677 年)正月，高宗亲耕籍田于北郊。开元十九年(731 年)，玄宗籍田于龙地。宋代仁宗对此举甚为重视。史载：仁宗“敦本务农，屡诏劝劭，观稼于郊，岁一再出；又躬耕籍田，以先天下”⑤。明道元年(1032 年)，宋仁宗对身旁宰臣说：“朕观古之兴王，皆重农桑以为厚生之本，朕欲躬耕籍田，庶驱天下游食之民尽归南亩。”⑥明代朱元璋为了督促百姓服力田野，于洪武二年(1369 年)行籍田礼⑦。

为保证农业生产秩序，历朝帝王还亲派劝农官于各地，招徕百

---

① 《汉书》卷 5,《景帝纪》。
② 《魏书》卷 100,《食货志》。
③ 《梁书》卷 3,《武帝纪》。
④ 《唐大诏令集》卷 24,《典礼》。
⑤ 《宋史》卷 173,《食货志》。
⑥ 李攸:《宋朝事类》卷 15。
⑦ 《皇明宝训》卷 2,《礼让》。

姓，劝导农桑，督察农事，考核地方官员。汉代拥有数量众多的农官，有时还在各州遍设农官进行督察。如高后元年(前 187 年)，“初置孝弟力田二千石者一人”①。平帝时“置大司农部丞十三人，人部一州，以劝农桑”②。东汉建初元年(76 年)，章帝指出：“比年中多瘟疫，垦田减少，谷价颇贵，人以流亡。方春东作，宜及时务，二千石勉劝农桑，弘致劳来。”③晋时，司徒负责“督察州郡播殖”，后因其职责过大，人手不足，武帝令“增置掾属十人”④，以便扩大督察面。唐玄宗时，根据御史宇文融建议，设“劝农判官十人”。这些人“并摄御史，分往天下，所在检畴，招携户口”⑤。唐太宗时，任陈靖为京西劝农使，计其“按行陈、许、蔡、颍、襄、邓、唐、汝等州，劝民垦田”。元中统元年(1260 年)，世祖命各路宣抚司择通晓农事者，“充随处劝农官”。中统二年(1261 年)，置“劝农司”，以八人为使。中统九年(1268 年)，世祖命劝农官举察勤惰⑥。这些措施对于农业人口生产环境的改善具有一定作用。此外，中央政府还通过奖勤罚惰来发挥地方官的作用，要求他们以农务为理政之本务，中央则以此作为考核其政绩的依据，以便使更多的人口依附于田亩之上，从事农业生产。如曹魏政权对官吏的考核，按户口、垦田面积的增减，决定升降。清朝顺治六年(1649 年)定州县以上官“咸以劝垦多寡，催督勤惰为殿最”⑦。顺治十四年(1657 年)又明确规定，省道府州县各级地方长官以垦荒成绩的好坏，作为升降或奖惩依据。

三、轻徭薄赋

宋人董曾提出：“流民如水之流，治其源则易为力，遏其末则

① 《汉书》卷 3,《高后纪》。
② 《汉书》卷 12,《平帝纪》。
③ 《后汉书》卷 3,《章帝纪》。
④ 《晋书》卷 33,《石苞传》。
⑤ 《旧唐书》卷 105,《宇文融传》。
⑥ 《元史》卷 93,《食货志》。
⑦ 《清朝通典》卷 1。

难为功。若本处地方赋敛稍宽，自然安土重迁，谁肯移徙……至于一动之后，中途官司禁遏抑勒，使之复回，此又非所宜也。”①强调“治其源则易为力”，这是有道理的，许多统治者也确实这么做了。

一般地，战火刚息或灾害刚过，统治者往往能够及时为惊魂未定、食不果腹的百姓寻找一个安定的居处，同时以免税或减税、免徭或轻徭来吸引游荡于他乡异境的百姓回归土地，促使社会经济的恢复。如汉刘邦在立国第二年(前 205 年)，正值百废待兴之际，即把吸引人们进行农耕作为首要任务。《汉书·食货志》载：刘邦“约法省禁，轻田租，什五而税一”。汉文帝即位后继续执行薄赋轻徭政策，前元二年(前 178 年)、十二年(前 168 年)前后，两次免当年农民田租之半②。并“偃武修文，丁男三年而一事”③。景帝二年(前 155 年)，“令民丰出田租三十而税一也”④。汉代的轻徭薄赋政策，特别是文景时期大幅度地减免赋税政策，对于百姓务农之心的稳定，经济的恢复和发展起到重要作用。

东汉初年，轻税政策继续执行。建武六年(30 年)，光武帝刘秀下诏指出：“顷者师旅未解，用度不足，故行什一之税；今军士屯田，粮储差税，其令郡国收见田租三十税一，如旧制。”⑤除此之外，东汉皇帝巡行时，常把免除沿途地方租税作为一项惠政。章帝元和三年(86 年)出巡时下诏指出：“今肥田尚多，未有垦辟，其悉以赋贫民……所过县邑，听半入今年田租，以劝农夫之劳。”⑥

魏晋南北朝的税制较两汉不同。魏时规定：国家“收田租亩四升，户出绢二匹，绵二斤而已，他不得擅兴发”⑦。东晋咸和五年(330 年)，成帝“始度百姓田，取十分之一，率亩税米三升”⑧。如

① 《救荒活民书》2。
② 《汉书》卷 4，《文帝纪》。
③ 《文献通考》卷 10，《户口》。
④ 《汉书》卷 24 上，《食货志》。
⑤ 《后汉书》卷 1 下，《光武帝纪》。
⑥ 《后汉书》卷 3，《章帝纪》。
⑦ 《三国志》卷 1，《魏书·武帝纪》。
⑧ 《晋书》卷 26，《食货志》。

果3升相当于十分之一的话，那么，4升显然为十分之一强(因为魏晋两朝相距很近，亩产量不会有什么差异)。这表明，魏晋时的赋税额要大大高于两汉的轻税标准。但是，客观地看，这个租额并不高，百姓还是能够承受的。晋哀帝时"乃减田租，亩收二升"。因而，一直到晋末，"天下无事，时和年丰，百姓乐业，谷帛殷阜，几乎家给人足"①。这一政策广为南朝各政权所采用，即"田亩税米二升"②。

隋代开皇年间(581—600年)，文帝统一全国后，"以江表初定，给复十年"③。开皇三年(583年)，文帝令成丁"岁役功不过二十日，不役者收庸"④。开皇十五年(595年)，"又以宇内无事，益宽徭赋，百姓年五十者，输庸停防"⑤。

唐初也实行轻徭薄赋政策，太宗时规定："亩税米二升，粟、麦、粳稻，随土地所宜，宽乡敛以所种，狭乡据青苗簿而督之，田耗十四者免其半，耗十七者皆免之。"⑥在役方面，"凡丁岁役二旬，无事则收其庸，每日三尺"⑦。然而至代宗大历四年(769年)，唐低税政策有了变化。代宗敕令："京兆府税宜分作两等，上等每亩税一斗，下等税六升，能耕垦荒地者税二升。"⑧

宋代初年，一般按照亩输一斗的标准收取谷物，有的地区达到二三斗⑨。乾德四年(966年)，宋政府规定："民能树艺、开垦者不加征，令、佐能劝来者受赏。"⑩在役方面，宋代建隆三年(962

---

① 《晋书》卷26，《食货志》。
② 《通典》卷4，《食货》。
③ 《通典》卷5，《食货》。
④ 《北史》卷1，《隋本纪》。
⑤ 《通典》卷5，《食货》。
⑥ 《新唐书》卷5，《食货志》。
⑦ 《大唐会典》卷3。
⑧ 《旧唐书》卷11，《代宗纪》。
⑨ 沈括：《梦溪笔谈》卷9。
⑩ 《宋史》卷1，《太祖纪》。

年)，太祖下诏："郡国不得役道路居民。"①

元代的租税是比较低的，最低时地税上田仅为每亩 3 升，中田每亩 2 升半，下田每亩 2 升，水田每亩 5 升②。元世祖时下令减轻佃户的私租，规定："田主所取佃客租课，以十分为率，减免二分。"③

明朝建立后，朱元璋实行了轻徭薄赋、与民休息的经济政策。在赋的方面，为使战后农村经济迅速恢复和发展，朱元璋给予归乡和迁移的农民以各种优惠条件，免征若干年赋税。为鼓励农民的桑、棉种植，政府将农桑起科固定化。洪武十八年(1385 年)规定："今后以定数为额，听从种植，不必起科。"④并采取了额田以外开垦田地永不起科的举措。在役的方面，按照"验田出夫"的原则，规定：每田一顷出丁夫一人，不足一顷者用别田补足，在"农隙用之"，称为"均工夫"。这种做法既使徭役负担均平，又不占用农民的农作时间⑤。各府、县治所设税课司、局的巡栏，"止取市民殷实户应当，不许佥点农民"⑥。

清代以明万历时旧籍为准，编纂《赋税全书》，总载地亩、人丁、赋税定额及荒亡、开垦、招徕之数等，作为征赋的准则。同时，通过丈量土地，编审户口，使钱粮征额比较符合实际数。凡抛荒土地之田赋，不管有主无主，一律免除。人口逃亡，见在丁口不必包赔⑦。后来实行"摊丁入亩"。虽然由此增加了有田农户的田亩税赋，但却因而使有田者与无田者都可享受免役的待遇，保证他们有更多的时间从事农业耕作。

轻徭薄赋对于减轻农业人口的负担，增强他们在土地上的固着力起到了十分积极的作用。但同时也要看到，一旦经济恢复，王朝统治基础稳定，正税之外的额外加派就会不断增加，使农民难以承

① 《宋史》卷 1，《太祖纪》。
② 《元史》卷 146，《耶律楚材传》。
③ 《元典章》卷 3，《圣政二 · 减私租》。
④ 《正德会典》卷 19，《户部四 · 事例》。
⑤ 《明太祖实录》卷 30。
⑥ 《万历会典》卷 20，《户部七 · 户口二 · 赋役》。
⑦ 《明清史料》丙编。

受。如唐代在两税法外，有“盐税”、“酒税”、“茶税”等，明代有“三饷”加派和“火耗”(政府将征收的散碎银两进行集中冶炼成形时的损耗摊派到百姓身上)。清代则有“养廉银”(以提高地方官员待遇而征收的银两)。赋役的日益繁重又驱使百姓逃避他乡。

四、整顿吏治

很多朝代，特别是在王朝建立之初，也很注重整肃吏治，这对避免流民之患有一定的作用。如西汉政府为了防止贪官酷吏嚣张跋扈，早在惠帝时就制定了9条监郡的办法。武帝时又制定了6条问事。文帝曾因旱蝗而“损郎吏员”①。汉武帝元封四年(前107年)颁行《流民法》，目的主要在于整肃吏治。史称，“惟吏多私，征求无已，去者便，居者扰，故为流民法，以禁重赋”②。公元前106年，分全国为13部(州)，每部(州)派刺史1人，于每年秋天巡行郡国，按“六条问事”，监察郡国动态。

东汉光武帝曾下令：“今百姓遭难，户口耗少，而县官吏职所置尚繁。其令司隶州牧各实所部省减吏员。县国不足置长吏可并合者，上大司徒、大司空二府。”结果，“并省四百余县，吏职减省，十置其一”③。

北魏时，太武帝下诏：“守牧之徒，各励精为治，劝课农桑，不得妄有征发。”④孝文帝也下诏说：“今牧民者与朕共治天下也，宜简以徭役，先之劝奖，相其水陆，务尽地利……若轻有征发，致夺民时，以侵擅论。”⑤

西魏、北周时期，宇文泰颁布“先洗心、敦教化、尽地利、擢贤良、恤狱讼、均赋役”六条诏书，让地方官遵照执行。

隋朝面对“民少官多，十羊九牧”的状况，采取了合并州县、裁

---

① 《汉书》卷4，《文帝纪》。
② 《汉书》卷46，《石庆传》。
③ 《后汉书》卷1，《光武帝纪》。
④ 《魏书》卷4，《世祖纪》。
⑤ 《魏书》卷7，《高祖纪》。

汰冗官的措施。规定地方长官及其重要属僚每年年终到中央“上考课”(报告工作)。中央还常常派使臣出巡各地，考察州县官政绩好坏。

唐太宗在谈到流民问题时也意识到，“民之所以为盗者，由赋役繁重，官吏贪求，饥寒切身”，因而“朕当去奢省费，轻徭薄赋，选用廉吏，使民衣食有余，则自不为盗，安用重法耶!”①他对各级官吏严格管理，严格考课，严格监督，黜贪奖廉，大倡勤政廉政之风。他还把各地的都督、刺史的名字写在屏风上，“得其在官善恶之迹，皆注于名下，以备黜陟”。唐中宗时，大肆卖官，以致有些官员人数甚至超过常额 10 倍。官吏的激增，造成国家财政负担加重。玄宗即位后，“大革奸滥，十去其九”。唐律规定：官吏“诸差科赋役违法及不均平，杖六十”，擅自加重赋敛的以坐赃或枉法论罪等②。

至正年间，因灾异不断，顺帝派使臣宣抚巡行天下，并下诏说：“遣官分道，奉使宣抚，布朕德意，询民疾苦，疏涤冤滞，蠲除烦苛。体察官吏贤否，明加黜陟，有罪者四品以上停职申请，五品以下就便处决。民间一切兴利除害之事，悉听举行。”③

明太祖朱元璋时，严格要求各级官僚约己持身，利物济人，关心民瘼，兴利除病。谆谆教诲，反复提醒。对基层官僚规定了严格的考绩制度和考核内容，“凡内外官给由，三年初考，六年再考，并引请九年通考”④。而外官任期一般为 3 年，秩满赴京，接受考察。并规定凡贪污钱财 60 两以上者，一律斩首示众，还要剥皮实草。他命令把各府、州、县、卫衙门左面的土地庙改为剥人皮的场所，称之“皮场庙”。在官吏公座两旁，各悬挂一个填草的人皮袋，使官吏触目惊心，有所警戒。此外，他还设挑筋、剁指、刖足、断手、刑膑、钩肠、去势等酷刑，对付贪官污吏。他还发动“良民”，

---

① 《资治通鉴》卷 192。

② 《唐律疏议》卷 13，《户婚》。

③ 《元史》卷 41，《顺帝纪》。

④ 《明史》卷 72，《职官一·吏部》。

对地方官吏进行广泛的监督和制约。他在论说如此做法时云，“良民自辨是非，奸邪难以横作”，企图以此达到“逼成有司以为美官”的目的。这种努力暂时遏制住了官员贪污腐化的势头，使官僚队伍得到了一定程度的整肃，但是，由于这些办法治标不治本，故只能收一时之效。待朱元璋去世后，贪污之风反而更加炽烈。

为了避免官吏们在收税时任意增减，清朝顺治三年(1646 年)重修了《赋役全书》。顺治十四年(1657 年)又颁布了《官吏督垦荒地劝惩则例》，以垦荒多少作为考核官吏的一项内容。

各朝整顿吏治的措施，暂时打击了官吏飞扬跋扈的气焰，减少了部分冗员，抑制了贪污之风，有助于节约国家的财政开支，最终减轻人民的赋税负担，减缓农民破产的速度。但封建社会官吏腐败是其制度本身所决定，是一大顽症。明君统治时，吏治清明，官僚队伍得到整肃，官员贪污腐化势头得到遏制，人民生活就相对安定。昏君统治时，吏治腐败，官吏假公济私，陷害忠良，使“强凌弱，众暴寡，富者不得自安，贫者不能自存”，农民的破产逃亡就不可避免了。

第二节 整顿版籍、强化户籍管理——治本对策之二

一、户籍登记

户籍登记在中国有源远流长的历史。《周礼·秋官》中说：“司民掌登万民之数，自生齿以上皆书于版。”春秋中晚期，各诸侯国为扩大兵源，增加赋役，稳定社会秩序，纷纷建立严格的户籍制度，即“书社制度”和“上计制度”。“书社制度”的内容是：百姓 25 家为 1 社，“社之户口，书于版图”。“上计制度”是：郡、县长官每年于年底前将下一年度的农户和税收的数目作出预算，书之于木券上，呈送国君。如商鞅变法规定“四境之内，丈夫女子皆有名于上，生者著，死者削”。与户籍登记制度建立的同时，政府又将民户按五家为比，十家为联，五人为伍，十人为联的制度编制起来，

“定什伍口数，别男女大小”，“使民无得擅徙”①。

随着封建制度的日趋成熟，户籍管理制度也日趋完善。周知民数已成为立国之本。秦始皇十六年(前231年)规定，男子不论成丁与否，一律登记年龄。人口迁居，应请求地方官吏“更籍”。这说明秦朝的户口登记制度已很健全。

汉代，户籍至少三年一造(有的学者认为是年年更造)，县、道官吏负责对户口的验查和登记，时称“案户比民”，简称“案比”。案比的时间在当年仲秋之月(八月)。届时，老百姓必须扶老携幼，前往县府，聚集廷中，待接受主吏的验阅。户籍的载入者主要是20~60岁的男子。为了防止人们为逃避苛役而瞒报、虚报，政府还特意制定了临时性的查察措施。

魏晋南北朝时期，沿袭了秦汉时期的户籍登记制度，实行黄籍、白籍制，黄籍记载服役年龄的人口，白籍记载流亡江南的北方人口。东晋南朝时期，由于战争频繁，户口流徙严重，为了整理户籍，实行了多次“土断”，将北方侨居人口和浮浪人口，统一登入当地户籍，加强对他们的控制，同时增加国家的财政收入。

隋唐时期，实行“输籍定样”制，规定：民始生为黄，4~15岁为小，男子16~20岁为中，21~59岁为丁，60岁为老。唐玄宗时改18~22岁为中，23岁为丁。国家每年一造计账，三年一造户籍。户籍簿一式三份，一份留县，一份送州，一份送户部②。编制户籍时，“县司责手实计账，赴州依式勘造，乡别为卷，总写三通。其缝皆注某州某县某年籍，州名用州印，县名用县印”③。唐代仍实行“案比”制度。唐代人李贤为《后汉书》作注，称汉代的“案比”，在唐代叫“貌阅”。敦煌文书唐代籍账残卷中，关于被登记人的面貌特征和疫疾情况的记载很多，如某人“右足跛”、“耳下小瘤”等。案比之后，正式造籍，其原则是自生齿以上，人皆著籍。根据北朝西魏大统十三年(547年)敦煌地区的计账文卡看，从黄(1~3岁)、

① 《商君书·垦令》。

② 《通典》卷3,《食货》3。

③ 《唐会要》卷85。

小(4~9岁)到老(60岁以上)、疾(残疾、废疾、笃疾)，从家庭成员到奴婢、养子都登记在册。此外还有资产和土地的记录。这种户籍格式，一直延续到明清时代。

宋代户口的编造时间间隔也是三年，每隔三年(逢闰年)，重新编造一次五等丁户簿。重点是评估和确定户等。

元代是“三年一大比，造户籍、上计账。每造凡三本，一留县，一送州府，一申省部”。将其作为赋役征收的依据。

明朝，朱元璋于洪武三年(1370年)下诏，户部籍天下户口，并置户贴，“各书户之乡贯、丁口、名、岁”四项内容。为防止假冒、伪造，政府将户贴“以字号编为勘合，用半印钤记，籍藏于部，贴给于民，令有司点闸比对，有不合者发充军，官吏隐瞒者处斩”①。上报方式是地方基层组织将当地户口“取勘明白”，汇集后到县，“县报于州，州类总报之于府，府类总报之于布政司，布政司类总呈报本部立案，以凭稽考”②。

清朝基本继承了明代的户口登记制度。最初是三年一编审，后来变为五年一编审。“每遇造册之时，令人户自将本户人丁，依式开写，付该管甲长；该管甲长并十户造册，送坊厢里各长；坊厢里各长将甲长所造文册攒造送本州县；该州县官将册照先次原册，攒造类册，用印解送本府；该府依式别造总册一本，书名画字，用印分申解本省布政使司”③，最后解送中央。乾隆三十七年(1772年)，取消五年一次的户口编审制度，代之以通过“岁计”了解各地户口增减情况。

以上可知，封建社会各王朝对户籍登记是十分重视的，特别是在新旧王朝更替之际，新统治者为了巩固自己的统治，保证赋税收入，总是率先对国家的户籍进行整顿和制定。如东魏自丧乱之后，“户口失实，徭役不均”。孝静帝下令括户，“得无籍之户六十余

① 万历《明会典》卷19。

② 万历《明会典》卷20。

③ 光绪《大清会典事例》卷157，《户部》。

万”①。隋王朝建立后也进行过两次较大规模的户口检核②。明洪武元年(1368年)初，下令整顿户籍，规定：“凡各处漏口、脱口之人，许赴所在官司出首，与免无罪，收籍当差。”“凡军、民、医、匠、阴阳诸色户，许各以原报抄籍为定，不得妄行变乱。违者治罪，仍从原籍。”③

二、什伍编制

为了强化对百姓的管理，封建政府不仅严格户籍登记，而且利用社区组织加强控制，进行什伍编制，实行“连坐制度”。

“什伍之法”——十家为什，五家为伍，“什伍皆有长”。这种“保甲制度”在秦汉魏晋时期称之为乡里制。《册府元龟》记载，秦朝曾实行“户籍相伍”之政。西汉时，乡间居民“十里为一亭，亭有长；十亭一乡，乡有三老、有秩、啬夫和游徼。三老掌教化，啬夫职听讼、收赋税，游徼徼循禁贼盗。县大率方百里，其民稠则减，稀则旷，乡、亭亦如之”④。东汉时，“里有里魁，民有什伍，善恶以告”，“里魁掌一里百家，什主十家，伍主五家，以相检察，民有善事恶事，以告监官”⑤。北魏孝文帝时实行三长制，其内容是：“五家立一邻长，五邻立一里长，五里立一党长；长取乡人强谨者。”⑥唐朝实行乡保制，“诸户以百户为里，五里为乡，四家为邻，五家为保。每里置正一人”⑦。“同伍保内在家有犯，知而不纠者，死罪，徒一年；流罪，杖一百；徒罪，杖七十。”宋朝实行都保制，“十家为一保、选主户有力者一人为保户；五十家为一大保，选一人为大保长；十大保为一都保，选为众所服者为都保长”。同保中如发生“强盗、杀人、放火、强奸、略人、传习妖教，

---

① 《资治通鉴》卷158，《梁纪》。
② 《隋书》卷24，《食货志》。
③ 《大明令·户令》第1条、第14条。
④ 《汉书·百官公卿表》。
⑤ 《东汉会要》卷20，《职官》。
⑥ 《魏书》卷110，《食货志》。
⑦ 《通典》卷3，《食货》。

造畜蛊毒”，同保诸家“知而不告，依律伍保法”①。元朝实行村社制，五十家立为一社。明朝是里甲制或称保甲制，“以一百十户为一里，摊丁粮多者十户为长，余百户为十甲。甲凡十人。岁役里长一人，甲首一人”②。清朝称为保甲制，规定“城乡十户立一牌头，十牌立一甲头，十甲立一保长，给印牌一张，备数姓名丁数，出则注明所往，入则稽其所来”③。“户有迁移，随时报明，换给门牌”。

封建政府编制什伍的目的是要被编制者善恶以告，脱漏户口，自占年龄不实，逃离本土不承担田租赋役，属于恶，同伍者事前未加阻止，事后未行告发之责，要连坐，包赔逃户的田租徭役。如汉朝规定：“细民不堪，流亡远去，中家为之包出，后亡者为先亡者服事。”西晋政府规定，举家流亡，一旦被捉，家长斩首；北周时颁布《刑书要制》，规定“正、长隐五户以上，隐地三顷以上者，至死”。隋朝时，《隋书·刑法志》规定连坐之法，“缘坐则老幼不免，一人亡逃，则举家质作”。唐朝建立后，制定颁布《唐律》，规定“脱户者，家长徒三年”；“诸里正不觉脱漏增减者，一口笞四十，三口加一等，过杖一百，十口加一等，罪止徒三年”；“诸州县不觉脱漏增减者，县内十口笞三十，三十口加一等；过杖一百，五十口加一等；州随所管县多少，通计为罪”。宋沿唐制，对脱户的流民，同样严惩不贷，主管户籍的官吏也受到牵连。元朝对流民实行“连坐”，株连更广，“一家犯禁，余并连坐”。明朝法律规定：“凡民户逃往邻境州县，躲避差役者，杖一百，发还原籍当差。其亲管里长，提调官吏鼓纵及邻境人户隐蔽在己者与罪。”在颁行的“逃户周知册”和“挨勘流民令”中更规定：凡流民男妇大小丁口，皆须登记，并在门墙刷上标记，十家为一甲，互相识保，由所在里长带管。凡有犯禁者，“正犯处死，户下编发边卫充军”。洪武十九年(1386年)四月，朱元璋命户部榜谕天下，“其令四民务在各守本业。医、卜者土著，不得远游。凡出入、作息，乡邻必互知之。其

---

①　《宋史》卷192，《兵志》。

②　《明史》卷77，《食货志》。

③　光绪《大清会典事例》卷158，《户部》。

有不事生业而游惰者及舍匿他境游民者，皆迁之远方”①。洪武二十七年(1394年)三月又颁布榜文：“今后里甲邻人、老人所管人户，务要见丁著业，互相觉察。有出外，要知本人下落，作何生理，干何事务。若是不知下落及日久不回，老人、邻人不行赴官首者，一体迁发充军。”②清朝，世祖一入关，就下了“编置户口牌甲之令”。规定：“城乡十户立一牌头，十牌立一甲头，十甲立一保长，给印牌一张，备数姓名丁数，出则注明所往，入则稽其所来。”③来路不明者，就要“捉”去治罪。摊丁入亩实施后，户籍的编审停止，保甲制度越来越得到重视。

封建政府通过户籍的整顿和严密的“什伍相保”、“什伍连坐”制度强制百姓，力图把农民牢牢束缚在土地上。这种政策的确能收到一时之效。但它的成效是以百姓具备相对稳定的生产和生活环境为前提的。正如池子华先生指出的：什伍之法“只能见微效于平时，在横征暴敛的驱逼下，在天灾人祸的打击下，在贫困的煎熬下，在饥寒的交迫下，任何禁令，都将成为一纸具文”④。

第三节 备荒救荒——抚之于未流之先

一、备荒

导致百姓不得安业、舍弃庐墓的原因有很多，而水旱蝗螟等自然灾害所造成的荒歉无收是其中一个非常重要的因素。自然灾害是人力所无法抗拒的，但是人们可以通过自己的努力减灾防灾。所以，自古以来，许多王朝比较关注灾荒问题，设法于未荒时积极预防，灾荒时妥善处理，灾害后百计扶植，从而构成荒政的三大内

---

① 《明太祖实录》卷177。

② 《南京刑部志》洪武二十七年三月初三日榜文，转引自黄彰健：《明清史研究丛稿》卷2。

③ 光绪《大清会典事例》卷158，《户部》。

④ 池子华：《流民问题与社会控制》，广西人民出版社2001年版，第156页。

容，即备荒、救荒和济荒。《礼记》中说："国无九年之蓄曰不足，无六年之蓄曰急，无三年之蓄曰国非其国也。三年耕必有一年之食，九年耕必有三年之食。虽有凶旱水溢，民无菜色。"①这是积极备荒的主张。同时在救荒方面也总结出一套经验。《周礼》中所列大司徒职掌之一就是负责荒政。在凶荒之时，以12种直接的或间接的救灾方法，实现万民聚合而不流散的目的。一是散利；二是薄征；三是缓刑(饥民犯禁或出无奈，缓之免激他变)；四是弛力(息减徭役)；五是舍禁(弛山林川泽之禁)；六是去几(关市不讥)；七是眚礼(省祭礼，节财用以厚赈恤)；八是杀哀(省凶礼)；九是蕃乐("蕃"通"藩"，意为闭止，凶荒宜止乐)；十是多昏("昏"通"婚"，大抵谓婚用六礼，因岁荒而减礼)；十一是索鬼神(古人相信鬼神存在和阴能助人的观念，故搜索祭之)；十二是除盗贼(凶荒之时除去盗贼以防为乱)。② 可见，在先秦时我国就有比较系统的荒政思想了。

荒政实施的基础是备荒，如果没有足够的粮食储备，救荒和济荒就无从谈起。明臣汪文义所上《旱灾疏》对备荒的意义说得很清楚，"能积于不涸之仓，藏于不竭之府者，可御水旱之来。当患而为之备，既灾而为之捍者，可免流离之苦"。

我国仓储起源很早，司马光视之为"三代圣王遗法"。从史书记载看，至少到汉代已形成定制，之后，各种名目的仓廪相继建立。

常平仓。首倡之人为汉宣帝时的大司农中丞耿寿昌。当时"岁数丰穰，谷至石五钱，农人少利"。耿寿昌请边郡皆筑仓，以谷贱时增其价而籴以利农，谷贵时减价而粜，"名曰常平仓，民便之"③。此后，常平仓的设立在各朝时有断续，到隋唐时逐渐成为国家常设性的仓储手段，诸州普遍设立常平仓，积储粮食，以备荒年。其办法是：政府拨库银买粮储存，在荒年或常年青黄不接时平

① 《礼记》卷12，《王制·冢宰制国用》。

② 《周礼》卷10，《地官司徒第二·大司徒之职》。

③ 《通典》卷12，《食货》。

粜，秋后利用所收价银再行采买存积。该项工作由县官直接管理，作为政绩内容。如隋朝西京长安有太仓，东都洛阳有洛口仓、子罗仓和回洛仓，华州有永丰仓，陕州有常平仓，储量都十分丰富。

义仓，始创于北齐，是官民合办的粮食调配机构。粮谷由百姓以“义租”的形式额外交纳，由官府贮藏管理，故名“义仓”。又因其立足于乡社，由乡社自主管理，所以又称“社仓”。开皇五年(585年)五月，隋文帝令天下诸州百姓及军人“劝课当社，共立义仓”。义仓的具体组织方式是：收获之日，随其所得，劝课出粟及麦，于当社造仓窖贮之，即委社司，执账检校，每年收积，勿使损败。若时或不熟，当社有饥馑者，即以此谷赈给。义仓和社仓的粮谷一般由地方豪富或一般民众自动输供，取之于民，用之于民。在青黄不接时平粜出贷，或大灾荒时散赈施粥，或供贫民贷用。史称隋文帝以后，诸州义仓粮食委积，在关中连年大旱及山东、河南连年大水时，对救济灾民发挥了一定作用。故有“终于文皇，得无饥馑”之称。

除常平仓、义仓、社仓之外，还有始于五代后周的惠民仓、始于唐朝的广惠仓、始于明代的预备仓等。设立常平仓和义仓，统治者公开宣布的目的和办法是：“王公以下，垦田亩纳二升。其粟麦粳稻之属，各依地土。贮之州县，以备凶年。”①仓储制度的建立，对防灾减灾，缓解百姓的生活压力，减少百姓的流亡，恢复社会经济确实也起了一定的积极作用。但流民潮一旦出现，嗷嗷待哺的饥民则往往遍地都是，仓中存谷不免是杯水车薪，受惠者寥寥无几。宋人袁燮就曾说：“长民之吏，虑蠲放太多，未必能以实告。故饥民不可胜计而济粜不能遍及。”②再加上官吏的贪污中饱，实际效果大打折扣。

二、救荒

“救荒”就是临灾赈济。有了必要的储备，灾荒之年，政府就

---

① 《通典》卷12，《食货》。

② 《絜斋集》1，《论对陈人君法天札子》。

能实施救荒。赈济效果如何，对控制灾民变为流民至关重要。也就是说“辑之于既流之后，不如抚之于未流之先”。在我国，救荒的历史非常久远。《礼记·月令》载：“天子布德行惠，命有司发仓廪赐贫穷，振乏绝，开府库，出币帛，周天下。”战国时期，魏文侯就曾采纳李悝提出的“平籴法”，视一年中大、中、小饥的不同，定粜出之多寡：“小饥则发小熟之所敛，中饥则发中熟之所敛，大饥则发大熟之所敛，而粜之。故虽遇饥馑水旱，籴不贵而民不散，取有余以补不足也。”①救荒之法，因时因地因灾而异。其中比较常见的有开仓赈济、调粟和蠲缓等。

开仓赈济是指政府将位于灾区的官仓打开，向灾民发放粮食、衣物。此种方法是封建政府最普遍采取的救济措施。如《汉书·文帝纪》记载，后元元年(前 163 年)，遇旱蝗之灾，下诏发仓廪之粮赈济灾民。《史记·汲郑列传》记载，武帝时“河南贫民伤水旱万余家”，汲黯“发河南仓粟，以赈贫民”。《汉书·王莽传下》记载：地皇三年(22 年)，“枯旱霜蝗，饥馑荐臻，百姓困乏，流离道路，于春尤甚”，于是，王莽下诏：“使东岳太师特进褒新侯开东方诸仓，赈贷穷乏。太师公所不过道，分遣大夫谒者并开诸仓，以全元元。”《后汉书·和帝纪》记载，东汉永元五年(93 年)，和帝遣使者“分行贫民，举实流冗，开仓赈廪三十余郡”。《三国志·魏明帝本纪》记载：景初元年(237 年)，“冀、徐、兖、豫四州民遇水，遣侍御史循行没溺死亡及失财产者，在所开仓振救之”。北魏太和十六年(492 年)，州镇十五大饥，“诏所在开仓赈恤”②。《宋史·食货志》记载：“诸州岁歉，必发常平、惠民诸仓粟。”明代规定：“凡遇岁饥，先发仓廪赈贷，然后具奏。”③这表现出政府对救灾的急迫性有了进一步认识。

灾害发生后，除开仓散粮外，当局还通过各种途径筹集款、物等赈灾物资，运抵灾区，赈济灾民。《后汉书·和帝纪》记载，东

① 《汉书》卷 24，《食货志》。

② 《北史》卷 3，《魏本纪》卷 77。

③ 万历《明会典》卷 17。

汉和帝永元十二年(100年)，“舞阳大水，赐被水尤贫者谷，人三斛(东汉一斛约合现在12公斤)”。《后汉书·桓帝纪》记载，永寿元年(155年)南阳发大水，“坏败庐舍，亡失谷食”，对尤贫者，政府给廪，“人二斛”。《魏书》记载，北魏宣武帝延昌二年(513年)夏，河南大饥，宣武帝以绢15万匹赈恤；《资治通鉴》记载，开皇五年(585年)，关中大旱，隋文帝令官员买牛驴6000余头分发给灾民①。据统计，唐朝289年间，遭受各种自然灾害共达493次之多，其间，高祖武德元年(618年)至文宗开成五年(840年)220余年间，《册府元龟·惠民》记载，朝廷赈贷共计136次，其中高祖时期4次，太宗26次，高宗9次，中宗10次，睿宗1次，玄宗30次，肃宗1次，代宗3次，德宗14次，宪宗16次，穆宗3次，敬宗1次，文宗18次。赈贷基本上是通过义仓或常平仓实行的，赈贷总数为106次，占赈贷总次数的80%。此外，太仓赈济18次，转运仓赈济4次，正仓赈济6次，其他仓赈济2次②。《旧唐书·德宗纪》记载，贞元八年(792年)十二月，德宗下诏，“赐遭水县乏绝户米三十万石”。《旧唐书·宪宗纪》记载，宪宗初即位敕令：“申、光、蔡、陈、许两道比遭亢旱，宜加赈恤。申、光、蔡，赈米十万石，陈、许五万石。”《册府元龟·帝王部·恤下》记载，显庆元年(656年)七月，宣州泾县山水暴涨，漂荡村落，溺杀二千余人，高宗制赐死者物各五段，庐舍破坏者，量为营造，并赈治之。《宋史·太祖纪》记载，太祖建隆元年(960年)，政府赈济扬州饥民，“人米一斛(宋代一斛约合现在40公斤)，十岁以下者半之”。《元史·世祖本纪》称，至元五年(1268年)，益都路饥，以米318000石赈之；至元六年(1269年)，大名等路饥，赈米10万石；东平路饥，赈米41300余石；东昌路饥，赈米27590石；济南饥，以米128900石赈之；高唐、固安二州饥，以米20600石赈之。《续文献通考·国用》记载，洪武二十七年(1394年)，明政府

① 《资治通鉴》卷136。

② 孟昭华编著：《中国灾荒史记》，中国社会出版社1999年版，第301~302页。

制定《灾伤去处散米则例》，规定“灾伤去处，散粮则例大口六斗，小口三斗，五岁以下不与”(大口六斗约为38.5公斤，小口三斗约为18.5公斤)。《明宣宗实录》卷18记载，宣德元年(1426年)六月，直隶保定府涞水县、真定府新河县、河间府兴济县、广平府威县奏报“去岁水、旱，薄收，今夏新谷未登，民多乏食”，宣德帝下诏开仓验口赈济。《大清会典事例·户部》记载，雍正八年(1730年)规定，“山东省被灾，动谷散赈，大口月给谷三斗，小口月给一斗五升，各给三月”。

在清代，赈济灾民有“正赈”、“加赈”、“补赈”等名目。“正赈”，又称“普赈”，当灾害突如其来时，地方官开仓放粮，为灾民发放一个月的钱米，以救燃眉。“加赈”，按清政府户部《灾伤蠲赈办法》规定，灾害发生后，各地应在45天之内查明民田受灾分数，并查清极贫、次贫应赈人口，分别加赈，被灾十分者，极贫加赈4个月，次贫加赈3个月；被灾九分者，极贫加赈3个月，次贫加赈2个月；被灾七分者，极贫加赈2个月，次贫加赈1个月；被灾六分者，极贫加赈1个月；被灾五分者，酌借来春口粮。“补赈”，如灾情异常严重，可根据具体情况，展延赈期。这里所提到的受灾分数是按毁伤程度特别是庄稼、人畜等财产毁伤情况来确定；而极贫、次贫是按受灾人口的家庭财产来估算。

“赈恤”同开仓放粮一样，是“抚之于未流之先”的重要举措，能在较短时间内实行，使灾民得到救济，效果之著是显而易见的。史书中，“民沾实惠”，“全活”数万、数十万、上百万人的记载，不乏其例。但前提条件是，灾区有可供赈济的粮食，或政府能迅速筹集到钱粮，否则将会是无米之炊、无源之水。如果是这样，那就只好借助于其他补救办法。调粟是政府常用的补救方法之一。

“调粟”，主要包括移民就粟和移粟就民两种。在中国，“调粟”思想出现得很早，《周礼》中就有“令邦移民就谷”的记载。《孟子》中也说：“河内凶，则移其民于河东，移其粟于河内。河东凶亦然。”

所谓移民就粟，就是大灾之年，灾区粮食奇缺，储粮不足，从外地调集粮食又有一定困难，为了避免更多的人因饥饿死亡，作为一项临时举措，统治者被迫允许灾民离开家乡，外出流亡或亲自组织民众到外地接受粮食救济。如《汉书·高帝纪》记载：汉高祖二年(前205年)，“关中大饥，米斛万钱，人相食”，于是刘邦下令灾民“就食蜀汉”①。山东常遭黄河水患，“及岁不登数年，人或相食”，刘邦又下诏：“江南火耕水耨，令饥民得流就食江淮间。”②《魏书·宣武帝本纪》载：“延昌元年(512年)，诏河北民就谷燕、恒二州。辛未，诏饥民就谷六镇。”隋朝开皇五年(585年)，关中大旱，隋文帝令官员买牛驴分给灾民，让他们前往“山东就食”③。因而使移民就粟成为一种制度。《新唐书·食货志》记载，总章三年(670年)，全国40余州发生旱灾和霜虫灾，“百姓饥乏”，高宗下诏，灾民可“任往诸州逐食”。《宋史·太宗本纪二》载，雍熙二年(985年)，“江南民饥，许渡江自占”。《金史·世宗纪》载，大定三年(1163年)滦州饥民，“流散逐食，甚可矜恤”。世宗命地方官员将灾民“移于山西，富民赡济”，并“于道路给食”。《元史·世祖纪》载，至元二十六年(1289年)，移八八部曲饥民就食甘州；同年十二月，徙瓮吉剌民户中贫乏者就食六盘。移民就粟政策的实施，史书中摭拾即是。有时，统治者为了尽可能减轻受灾地区的灾情，还会主动命令灾民以家庭为单位按比例外出逃荒。如明朝有一年，遇着荒歉之岁，上司发下明文，着居民分房减口，往他乡外府趁熟④。《筹济篇》载：“康熙二十一年(1682年)，议准直隶、河南两处乏食穷黎，移家觅食。”移民救济在隋唐以前规模较大，明清时期规模变小，次数减少。这说明，明清两朝交通运输条件得到了较大改善，同时也表明这两朝政治统治的加强。

移粟就民就是从产粮区或无灾区调运粮食等物品到灾区。《周礼》郑注说：“移民避灾就贱；其有守不可移者，则输之谷。”《后汉书·安帝纪》记载：初元元年(前48年)，“关东郡国十一大水”，

① 《汉书》卷1，《高祖纪》。

② 《史记》卷30，《平准书》。

③ 《资治通鉴》卷136。

④ 《初刻拍案惊奇》卷33。

"饥，或人相食，转旁郡钱谷以相救"。又载："七年(前 42 年)九月，调零陵、桂阳、丹阳、豫章、会稽租米，赈给南阳、广陵、下邳、彭城、山阳、庐江、九江饥民。"《晋书·宣帝纪》载，魏青龙二年(234 年)，关东大饥，明帝运长安粟 500 石斛输于京师洛阳。《南朝宋会要·民政》载，南朝宋文帝元嘉十二年(435 年)，丹阳、淮南、吴兴、义兴大水，"京邑乘船"。文帝以徐、豫、南兖三州，会稽、宣城二郡米数百万斛"赐五郡遭水民"。《旧唐书·元宗本纪》载，"开元十五年(727 年)，河北饥。转江淮以南租米万石，以赈给之"。《宋史·哲宗纪》载，宋朝的救济程序首先立足于本地仓储，如果不足，再"遣使驰传发省仓，或转漕粟于他路"。《元史·世祖本纪》载，"至元二十四年(1287 年)闰二月，以女真水达达部连岁饥荒，移粟赈之"。明朝以后，移粟就民的情况逐渐减少，代之以截漕作为一项迅速便捷的措施。"截漕"就是将正在行进中的运粮船队拨往距灾区最近的口岸，再转给灾民。据清朝官员统计，康熙年间共截漕粮 240 万石，雍正时为 290 余万石，乾隆前 23 年达 1320 余万石①。数目相当可观。

"蠲缓"，是减免或缓交田赋钱粮。邓云特在《中国救荒史》中所列"周代之薄征"、"汉代之轻敛"、"魏晋之免租"、"南北朝之除赋"、"隋唐之免租庸调"、"五代之除放"、"宋代之蠲租"、"元代之免税"、"明代之蠲税"等，均属蠲缓之列。具体的实例很多，如汉宣帝本始三年(前 71 年)大旱，诏郡国受旱灾特别严重者，民勿出租税。次年(前 70 年)地震，又下诏免租。晋武帝太康三年(282 年)，令四方遭受水旱严重者，可免田租；五年(284 年)，雨雹伤秋稼，减天下户课三分之一。

南齐高帝建元初年(479 年)，因二吴、义兴三郡遭水灾，下诏减除田租。北魏文成帝和平四年(463 年)，因定、相二州降霜，庄稼受损，免民田租。

唐代赋税令规定："凡水、旱、虫、霜为灾害，则有分数：十分损四以上免租，损六以上免租、调，损七以上课、役俱免。若桑

① 《清高宗实录》卷 555。

麻损尽者，各免调，若已役已输者，听免其来年。"①

辽代穆宗应历三年(953年)，南京发生水灾，诏免当年租②。

金代规定：遭受水旱灾害，损失80%者可全免租税，70%者免所损之数，损失60%以下者不免征。世宗大定九年(1169年)，中都等路遭受火灾，免征租税③。

元代成宗大德三年(1299年)正月，"诏遣使问民疾苦，除本年内郡包银、俸钞，免江南夏税十分之三，增给小吏俸米"④。

明洪武元年(1368年)，朱元璋下令"水旱去处，不拘时限，从实踏勘。实灾税粮，即与蠲免"⑤。后又规定"凡遇岁饥，先发仓廪以贷民，然后奏闻"⑥。

清代，统治者根据地方勘灾，按"被灾分数"(根据田地的收与不收和收多收少分为十个等次)，即"十分"实施蠲免。一般规定，被灾十分者，蠲正赋70%；被灾九分者，蠲正赋60%；被灾八分者，蠲正赋40%；被灾七分者，蠲正赋20%；被灾六五分者，蠲正赋10%。缓征则通常是对灾区(成灾五分以上及五分的州县)成熟地亩银粮当年不征，缓至次年，或分作两年、三年带征。一般来说，被灾十分、九分、八分者，分作三年带征；被灾七分、六分、五分者，分作二年带征。换句话说，蠲余部分分二、三批随次年，第三年以至第四年应征的地丁钱粮一起征收，是为"缓征"。据统计，清前期(1840年鸦片战争以前)，全国共灾蠲15713州县次，平均每县次免银8000两，每年免银60余万两，196年中总计约免银1.2亿两⑦。

---

① 《唐六典》卷3，《户部尚书》。

② 《辽史》卷，《穆宗纪》。

③ 《金史》卷，《世宗纪》。

④ 《元史》卷20，《成宗纪》。

⑤ 《正德会典》卷19，《户部四·事例》。

⑥ 《明太祖实录》卷227。

⑦ 李向军：《清代救灾的制度建设与社会效果》，《历史研究》1995年第5期。

三、济荒、农贷

在救济的同时，政府也采取措施帮助灾民重建家园，恢复生产。如受灾之地享有蠲免赋役的优待，这一点前文已述。重要的济荒措施还有：

政府向灾民发放粮种等物品，使其不误农时，尽快恢复生产和正常的生活。如辽开泰元年(1012年)，圣宗宣布："朕惟百姓徭役烦重，则多给工价，年谷不登，发仓以贷，田园芜废者，则给牛种以助之。"①元末流民到明洪武初年尚未最终稳定下来，朱元璋采用各种屯垦优惠政策吸引他们回归故土。有时还从远方购调畜力以推动他们的土地开发。如洪武二十二年(1389年)四月，命户部将山东因灾荒造成的流民移居京师南京，每人赐钞20锭使经营生业②。洪武二十三年(1390年)，山东兖州府所属州县，因河决，小民"荡析离居，难于衣食"，他立即派官员前往赈济。次年，又"令山东灾伤去处，每户给钞五锭"③，让其购置一些必备用品，以加速恢复往昔的生产和生活。

发放救灾物资和赈款。如唐朝显庆元年(656年)七月，宣州泾县山水暴涨，漂荡村落，溺杀2000余人，高宗制赐死者物各五段，庐舍破坏者，量为营造，并赈给之。永隆元年(680年)，河南、河北诸州大水，高宗令"屋宇破坏者，劝课乡间，助其修葺"④。明朝万历十四年(1586年)，神宗命户部选派5名历练老成的官员，领太仓银两分赴受灾地区赈恤，计固原镇赈银6万两，甘肃、延绥各3万两，山西6万两，辽东、真、顺、广、大及河南各5万两，淮扬、凤阳及山东各3万两⑤。《清史稿·圣祖本纪》记载：康熙十八年(1679年)七月，"京师地震，诏发内帑十万赈恤"。

---

① 《辽史》卷59，《食货志》。

② 《明太祖实录》卷196。

③ 《正德会典》卷19，《户部四·事例》。

④ 《册府元龟》卷147，《帝王部·恤下》。

⑤ 转引自池子华：《流民问题与社会控制》，广西人民出版社2001年版，第160页。

“农贷”，又称“农赈”，是统治者为使灾民恢复生产而采取的赈灾措施。农贷是政府向灾民贷给种子、耕牛和农具等生产要素，帮助他们发展生产，加强其自养能力，农民于生产生活恢复正常后偿还本息。按照《宋史·刘敞传》的说法，农贷至少有三大功能：“一则接济困乏，免令逃散；二则以新换陈，不乏军储；三则流布恩惠，固结民心。”其中“免令逃散”即控制灾民的流动，位于三大功能之首，可见农贷与流民产生的重要关系。

农贷产生于周代，《周礼·地官司徒》中所说的“荒政十有二”中的散利即是贷种食。恤贫即向贫民无产业者廪贷。《孟子·告子下》云：“春省耕而补不足，秋省敛而助不给。”西周以后，在救灾活动中并且屡屡施以借贷。《春秋左传·文公十六年》记载：公元前611年“宋饥，竭其粟而贷之。年自七十以上无不馈诒也”。此后，农贷为历代政府所奉行。西汉本始四年（前70年），因粮食减产，宣帝遣使者到各地“赈贷困乏”。为解决官仓谷物之不足，宣帝号召“丞相以下至都令丞上书入谷，输长安仓，助贷贫民”①。西汉永光元年（前43年），元帝即位下诏，大赦天下，令百姓“励精自新，各务农亩，无田者假之，贷种食如贫民”②。东汉永元十六年（104年），和帝下令“贫民有田业而以匮乏不能自农者，贷种粮”。同年，和帝遣三府掾分行4州，“贫民无以耕者，为雇犁牛直”③。南朝政权特别对那些欲附农而无资本者给以支持。南朝宋文帝元嘉二十年（443年），“诸州郡水旱伤稼，民大饥。遣使开仓赈恤，给赐粮种”。第二年又令：“去岁失败者，畴量申减。凡欲附农，而种粮匮乏者，并加给贷。”④梁普通四年（523年），武帝也有同样诏令：“若欲附农而粮种有乏，亦如贷恤，每使优遍。”隋开皇元年（581年），政府“发官牛五千头，分赐贫人”。唐宪宗元和六年（811年），“以京畿民贫，贷常平仓粟二十四万石，诸道府州

---

① 《汉书》卷89，《宣帝纪》。
② 《汉书》卷9，《元帝纪》。
③ 《后汉书》卷4，《和帝纪》。
④ 《宋书》卷5，《文帝纪》。

依次赈贷”。元和七年(812 年)，宪宗下诏“其元和六年(811 年)春赈百姓粟二十四万石，并宜放免”①。宋代地方荒歉时，“或平价以粜，或贷以种食，或直以赈给之，无分主客户”，或言“粜给借贷责之常平”②。宋淳化二年(991 年)，太宗下诏：“永兴、凤翔、同、华、陕等州岁旱，以官仓粟贷给百姓……人五斗。”③明代规定：“凡岁灾，尽蠲二税，且贷以米，甚者赐米布若钞。”④明朝洪武年间，孝感发生饥荒，朱元璋令地方官以预备仓赈贷，并派特使赶往监督。同时指示户部“自今岁饥，先发仓庾以贷，然后闻，著为令”⑤。清代规定，凡歉收之后，春季缺乏籽种贫不能耕，或旱禾初插，夏遇水旱及既雨既霁民贫不能耕种，速命州县开常平仓或社仓出谷放贷，以使耕种有资而待秋熟。

农贷政策多行于荒乱之初，百姓家业荡尽，只能借助外界力量来培植生产条件之时。它对灾后农村经济的复兴，提高灾民的生存能力，避免他们沦为流民，起了相当大的作用。但借债还钱，农贷这种惠民之政更容易贻下“病民”、“累民”的后患。正如清人杨景仁在《筹济篇》中针砭农贷流弊时所说：“借贷所以惠民，而时或累民，方其贷也，寄之里胥而多诈冒；及其征也，责之里胥而急追呼；或里胥与土豪勾结，非取息于倍称，则久假而不归。有借止一石，偿至十数石而不足；借止一年，征至十数年而未完者!”

第四节 救助与控制——辑之于既流之中

尽管历代政府对流民问题都采取了一系列“防患于未然”的对策，但由于种种原因，无法达到预期目的。流民的产生很难控制住，流民潮是禁而不绝，此起彼伏。这一点统治者也有充分的认

---

① 《旧唐书》卷 14，《宪宗纪》。
② 《宋史》卷 178，《食货志》。
③ 《文献通考》卷 26，《国用》。
④ 《明史》卷 78，《食货志》。
⑤ 《明史》卷 78，《食货志》。

识，一旦流民出现，他们就会采取一些应急措施。虽然这些措施仅仅及于表而未及里，但也能收到一时之效。救助与控制相结合的软硬兼施政策，便是政府用以限制流民的迁徙和流动的常用对策。

一、对流民的赈济与留养

一旦政府赈济不力，灾民马上就演变成了流民。流民身处异乡，食宿缺乏是他们面临的头等问题。特别是大批流民涌入外境，仅靠乞讨很难维持生存。如果政府不采取救助措施，流民就会失控，出现一发而不可收的局面。

对于流民的救济，历代政府都很重视。不少封建王朝颁布法令，规定流民所经过地区的官吏负有赈济流民的职责。皇帝也频频下诏令其行事，如《汉书·宣帝纪》说：地节三年(前67年)诏曰，“流民还乡者，假公田贷种食，且勿算事”。《文献通考·国用》记载，西汉河平四年(前25年)，因黄河水患，成帝下诏：“水伤不能自存者，避水他郡国，所在冗食之。”东汉永元六年(94年)，因灾而出现大量流民。和帝下诏：“流民所过郡国皆实廪之，其有贩卖者勿出租税。”①《后汉书·桓帝纪》记载，永兴元年(153年)秋，东汉32个郡国发生蝗灾，黄河泛滥成灾，“百姓饥穷，流冗道路，至有数十万户”。汉桓帝下诏：“所在赈给乏绝，安慰居业。”《后汉书·章帝纪》载：元和元年(84年)“二月甲戌诏曰：自牛疫以来，谷食连少……其令郡国募人，无田欲徙他界就肥饶者……到在所赐给公田”。《宋史·神宗纪》记载，北宋元丰元年(1078年)，神宗令青、齐、淄三州给流民粮食。《辽史·道宗纪》记载，大安三年(1087年)四月，诏出户部司粟赈诸路流民及义州之饥。《宋史·哲宗本纪》说：元祐八年(1093年)十二月丁巳，“出钱粟十万，振流民”。《续文献通考·国用》记载，南宋嘉定元年(1208年)，临安知府受皇帝之命发米30万石赈粜与江淮流民。元至元十九年(1282年)，真定以南地区大旱，百姓流移甚多，世祖令地方官，流民

① 《后汉书》卷4，《和帝纪》。

“流移江南者，给之粮，使还乡里”①。《元史·世祖纪》记载，至元二十七年(1290年)，汉阴、宁国等路发生大水灾，百姓流移达458470户之多，世祖要求地方官速赈，共出粟582889石。至正十二年(1352年)规定，流民还乡者官给“行粮”②。《续文献通考·国用》记载，明英宗正统十年(1445年)下诏：“所在有司饲逃民复业及流移就食者。”大约同时，河南布政使年富亲历豫东流民所在州县，对流落河南的流民加以安辑，“尽数编成老人里甲，使之各相统属，不能为非”，抚绥的流民达20万③。景泰四年(1453年)，巡抚南直隶北部和淮、徐等府州的王竑，面对纷至沓来的流民群，打开徐州广运仓的漕粮进行赈济，因蒙惠而全活者达185万余④。《清经世文编·户政》记载，雍正八年(1730年)，世宗规定“凡外出流民有应冬月留养者，可动用常平仓谷，大口日给一升，小口五合，按日动支”。乾隆十二年(1747年)，高宗又规定：“凡被灾最重地方饥民外出求食，各督抚善为安辑，俟本地灾浸平复，然后送回。”⑤

由于流民四散逃亡，赈济的难度很大。实际上，要控制住奔进四散的流民，首先必须将他们聚拢在一起，加以“留养”。魏禧在《救荒策》中说：“大荒之时，有他郡流民走徙就食者，若处之不得其道，则流民立死。”⑥这非常深刻地道出了留养的紧迫性。所以，每逢灾荒，统治者一般在主要城镇、水陆咽喉要地设有留养机构。

“留养”实际上包括“留”和“养”两个方面。“留”是提供栖身之所。早在西汉时就曾有为流民建宅之举。元始二年(2年)夏，郡国大旱，“青州尤甚，民流亡”。平帝因此下令，“起五里于长安城中

---

① 《续资治通鉴》卷18。

② 《元典章》，《典章》5，《圣政》3。

③ 陈子龙：《明经世文编》卷59，叶盛：《提督军务疏》；《明史》卷177，《年富传》。

④ 《明史》卷177，《王竑传》。

⑤ 《清朝政典类纂》卷379，《刑·户律》。

⑥ 《清经世文编》卷41。

宅二百区，以居贫民"①。而在多数情况下，政府并没有力量为众多流民建新宅，只能暂借闲置屋舍、户绝之屋、庙宇及其他公用住房作临时安置。南朝齐文惠太子萧长懋建有六疾馆、梁武帝萧衍普通二年(521年)建有孤独园，以及隋唐时期设立的悲田养病坊和普救病坊，唐贞观十一年(637年)，太宗令"废明德宫及飞山宫之玄圃院，分给遭水之家"②。但其规模都不大，解决的流民数量有限。至宋朝，富弼在青州，曾择公私庐舍10余万区，散处流民以廪之，凡活50余万人③。庆历八年(1048年)，仁宗帝"出内藏钱帛赐三司，贸粟以济河北，流民所过，官为舍止之，所赍物毋收算"④。南宋淳熙十年(1183年)，孝宗令江浙沿海郡县流民，"许于寺观及空闲官舍居住"⑤。可见，宋朝"留"的规模较前有所扩大。元代以后政府对此项工作更为重视，元至大二年(1309年)，武宗下诏要求"诸处流移人民仰所在官司详加检视，流民所至之处，随即系官房舍，并劝谕士官之家，寺观庙宇，权与安存"⑥。明代在冬天还以铺房收留流民，查其来历，以官糈养之，至春遣返原籍收管，驱以为农；其远方来者，仍留铺中，听其行乞⑦。清乾隆七年(1742年)，高宗令各省督抚严饬地方官，"凡遇江南灾民所到之处，即随地安顿留养，或借寺观，或棚厂，使有栖止之所"⑧。还在清江浦、扬州、镇江、江宁等处设留养局、栖流所(官方出资、管理的专门提供给流民居住的临时住所)等机构，一有淮北灾民南下，地方官即多方设法，力求将流民堵截在长江以北，就地留养，并派员分期分批将灾民资遣递解还籍就赈。《清会典事例·都察院·栖流所》记载："顺治十年(1653年)覆准，每城建造栖流所，交五城管

① 《汉书》卷12，《平帝纪》。
② 《旧唐书》卷3，《太宗纪》。
③ 《宋史》卷178，《食货志上》。
④ 《宋史》卷11，《仁宗纪》。
⑤ 《续文献通考》卷32，《国用》。
⑥ 《元典章》卷3。
⑦ 刘宗周：《保民训要》，《说郛续》。
⑧ 《清经世文编》卷41，《户政·荒政》。

理，俾穷民得所……如遇无依流民，及街衢病卧者，令总甲扶入所内，报明该司。”每城建造栖流所，可知数量之多。当然，栖流所对于流民并非兼收并蓄，而是有选择的，“外来流丐，保正督率丐头稽查，少壮者递回原籍安插，其余归入栖流等所管束”①。一些地方官对这项工作也有较高认识，在他们看来，为流民提供住所不仅是流民生活所需，而且也可为官方对流民进行管理提供客观条件。因此，“多置空所，所以处流民而严其法，大荒之时有他郡流民走徙就食者，若处之不得其道，则流民立死，且或生乱。有司当择寺观，公廨，一切空所，分别安插，每处设一人管其事，立法以绳之。诸如卧所有定，出入有时”②。

“养”是提供食物等方面的保障。开办粥厂是封建政府解决流民给养的最常用手段。粥厂是荒年或隆冬时官府施粥以赈济流民或饥民的场所。流民多为过路之人，身处外乡，缺乏柴薪锅灶等物品，设粥厂于大道旁和城镇中，可免去其煎煮之劳。在我国设立粥厂的历史由来已久，《礼记·檀弓下》中就有这方面的记载。《康济录》中提到：卫国发生灾荒，夫子曾煮粥施给国中饥饿之人③。此后，开办粥厂为历朝的政府所重视，并相沿成习。北魏太和七年(483年)正月，因冀、定二州发生饥荒，孝文帝下诏，“郡县为粥于路以食流民”，由此冀州“为粥所活九十四万七千余口”，定州“为粥所活七十五万一千七百余口”④。宋天禧元年(1017年)，真宗下令“作淖糜济怀卫流民”。明万历二十二年(1594年)，“中州贫民，半无家室”，神宗谕令各府州县正官“遍历乡村，集甲里老，举善良以司粥厂，就便多立厂所，每厂收养饥民二百，不拘土著、流移，分别老幼妇女给粥”⑤。清康熙四十三年(1704年)，山东流民进入京城求食，圣祖命大臣设饭厂数十处，“分行赈煮”。清代

① 《清史稿》卷120，《食货志》。
② 《清经世文编》卷41，《户政·荒政》。
③ 《康济录》卷3上，《开粥厂以活垂危》。
④ 《北史》卷3，《魏本纪》。
⑤ 钟化民：《赈豫纪略》。

京城的粥厂在平时也有设立，接受粥厂救济者中有相当一部分是流民。如道光三年(1823 年)，五城十厂领赈贫民共二万数千人，流民为十之三四，多为顺天府各属及保定、河间、天津等地百姓①。

二、以工代赈

以工代赈，简称“工赈”，是灾赈措施之一。它通过兴办工程将灾民“凝聚”到工程，为流民佣工求食提供条件，减轻流民对社会的冲击。

工赈实施的情形史书中记载颇多。通常认为，大灾之年，人民流亡，国家必须省工罢宴，节俭用度。实际上并非如此，适当兴建一些工程项目，可以解决灾荒之年一部分灾民的生计问题。兴工济贫，以工代赈，早已有之。《晏子春秋·内篇杂上》记载：“齐景公之时，饥。晏子请为民发粟，公不许，当为路寝之台，晏子令吏重其赁，远其兆，徐其日，而不趋。三年台成，而民振。故上悦乎游，民足乎食。”其后各朝纷纷效仿。工赈的手段各朝也不尽相同。

史书中有关工赈的记载颇多。如《宋史·神宗本纪》载：熙宁六年(1073 年)“九月壬寅，置两浙和籴仓，立敛散法”，发常平钱粟。“戊申，诏兴水利”，募饥民修农田水利。《文献通考》说：“六年诏，自今灾伤，用司农常法赈救不足者，并预具当修农田水利工役募夫数及其直上闻。乃发常平钱斛，募饥民兴修。不如法赈救者，委司农劾之。”《康济录》说：“熙宁七年(1074 年)正月，河阳灾伤，开常平仓赈济，斛斗不足，乞兼发省仓，诏赐常平谷万石，兴修水利，以赈饥民。”《宋史·食货志》说：熙宁八年(1075 年)夏，“吴越大旱，赵清献公僦民完城四千一百丈，为工三万八千，计佣与钱粟”。《康济录》载：“欧阳修知颍州，岁大饥，公免黄河夫役，得全者万余家。又给民工食，大修民诸陂，以溉民田，尽赖其利。”《朱子大全集·奏救灾画一事件状》说：“检准常平免役令诸兴修农田水利，而募被灾饥流民充役……其工值粮食，即以常平钱谷给……令逐州计度，令兴修处雇募作役。”北宋范仲淹是用纵民

① 《许乃济奏议》，中华书局 1989 年版，第 214 页。

竞渡和修建仓库等措施赈济流民①。明朝陈霁岩是兴工修筑城墙②。《开封志》载："弘治时，孙需为河南副都巡抚，河溢……民流离载道，乃役以筑堤，而予以佣钱。趋者万计，堤成，而饥民饱，公私便之。""明嘉靖时，佥事林希元疏云：凶年饥岁人民缺食，而城池水利之当修在在有之，穷饿垂死之人，固难责以力役之事，次贫稍贫人户，力能兴作者，虽官府量品赈贷，安能满其仰事俯育之需，故凡圯坏之当修，涸塞之当浚者，召民为之，日受其值，则民出力以趋事，而因可以免饥，官出财以兴事，而因可以赈民，是为一举而两得也。"万历年间，御史钟化民兴工救荒的名目更为繁多，有修学、修城、浚河、筑堤等，计工招募以兴工作，每人每日给米三升，急需之工养枵腹之众，公私两利③。清政府要求各地方"相时地之宜，庀材鸠工，或架城垣，或浚沟渠，或固堤防，或治仓廨，俾坠于修，而民就庸，赁得食以免于阻饥。事竣则疏报所济饥民与所费工筑之数，由部覆而奏销之"④。康熙三十一年(1692 年)，还利用流民搬运粮食。当时，陕西流民多至襄阳等地，清政府规定"有情愿运送潼关米石者，即给价令其运送"，使流民就庸以济转输，顺便俾之回籍⑤。《筹济篇》说："乾隆二十五年(1760 年)，直属有司有应修河道沟渠等工，将上来截留北仓漕米所存十万石，作为修浚河渠，以工代赈之用。""嘉庆十五年(1810 年)，以上年直隶通州等处被淹，凡坐落永定河两岸并切近大道……宛平、良乡等十余州县，有应疏浚牛河淤浅及挑挖大道两旁沟渠等工，动用赈余银两，以工代赈。"等等，例子举不胜举。道光初年，直隶先是大旱，继而是大水，受灾州县多达 120 个，总督蒋攸铦请出帑银 180 万两，修治永定河，以工代赈⑥。

以工代赈实际是一项有偿性劳役。从救济角度来讲，它有值得

---

① 《增广智囊部》卷下，《术智 · 范仲淹》。

② 《增广智囊部》卷上，《明智 · 陈霁岩》。

③ 《康济录》卷 3 下。

④ 乾隆《大清会典》卷 19。

⑤ 《清经世文编》卷 41，《户政 · 荒政》。

⑥ 《绳斋年谱》，《清史列传》卷 34。

肯定的一面。但是仔细看来，它并不是一种好的救济方式。因为政府所兴之役多为繁重的工程，只有年轻、体壮的人才有可能参加，从而获得政府赈济的物品。而流民队伍却由男女老幼组成，其中大部分是老弱病残。所以，“这种做法实际把不具有劳动能力的人排除在救济之外。它暗含着政府借此减轻救济负担之意”①。

三、控制与镇压

在统治者看来，流民是社会的不安定因素，流民的流动，极易造成政治统治的不稳固，引起社会治安的混乱。大量流民的出现甚至是大规模农民起义即将爆发的指示器。统治者只要看到农民逃亡、流民成群，就知道自己已经坐在火山口上了。因此，对待流民，统治者一方面采取积极的抚恤、救济和安置政策，另一方面实行强制或武力镇压的手段禁止其迁徙流动。早在战国时期，管子就提出了“禁迁徙，止流民”的治国方策。此后，禁止流民迁徙流动政策历代相沿，封建统治者往往禁与堵双管齐下，即在流出地实行禁止出境政策，在流入地进行封堵，禁止入境。而一旦流民潮出现，对不服从安置的流民，封建政府就予以残酷镇压，毫不留情。

为了达到对流民的控制，封建政府首先采取的最简单办法，是用行政法令把农民强制束缚在某一地区，严禁其出境流徙。如西晋惠帝永康年间，秦雍六郡流民南下，晋廷立即下诏禁止流民入蜀，并命令益州备关隘严格执行。还派遣侍御史李苾持节到事发地监察地方官，不许放流民进入剑南。流民进入梁益后，晋廷又紧急“符下秦雍州，凡流人入汉川者，皆下所在召还”，并派御史冯该到秦雍二州，督促地方政府，将本地流民召还，梁益地方政府也受命对流民围抄阻截，驱赶他们限期上道还乡②。元朝至元二十年(1283年)，北方之民转徙南方，朝廷“遣使与汴梁官属会宪司于河上以

① 王跃生：《中国人口的盛衰与对策》，社会科学文献出版社 1995 年版，第 333 页。

② 《晋书》卷 36，《张华传》。

扼之"①；至元二十二年(1285 年)，"以汉民就食江南者多"，"设置脱脱禾孙于黄河、江淮诸津渡"②。清朝有一年饥民南逃，河南巡抚下令禁河，不许妄渡一人。二三日之间，流民群聚黄河边，哀号遍野③。

封建政府不仅限制流民出境，而且设立特殊的"禁区"，封禁流民。如汉代在函谷关设立关卡，禁止民众任意出入。只有在灾荒年景，才允许流民进出。明代禁止百姓迁入荆襄地区。因为荆襄"地连河南、川、陕，延蔓数千里，山深地广，易为屯聚"，使政府无法有效统治。清代设置的禁区更多。东北作为清王朝的发祥地，是最大的禁区。内地民人不得进入其中开垦。为了拦截可能的迁移者，清政府在古北口、喜峰口、山海关等地设有边卡，修筑柳条边，派重兵把守，盘查过往之人。对由他途闯入者，官兵要予以驱逐。

朝廷和官府颁布的禁令、设置的障碍，具有相当大的威慑力，也增加了流民逃亡的难度。但是，一旦流民的生命受到威胁，为了求得一丝生存希望，他们就会无视这些禁令，将其视为一纸空文，毅然离乡他去。对此，朝廷和官府大为恼怒，为了使流民在外得不到任何接济而乖乖就范，返回故乡，统治者规定，各地不准收留外来流民，并对敢于收留、接济的人以严惩。汉代有"舍匿(首匿)法"，防止窝藏逃户逃人。金世宗大定二十一年(1181 年)规定："避役之户举家逃于他所者，元贯及所寓司县官同罪。"④泰和年间(1201—1208 年)又实行首出法，即课役全户逃者，徒二年，赏告者钱五万；先逃者以百日内自首，免罪⑤。明初严格规定："若有逃移者，所在有司必须穷究，所逃去处，移文勾取、赴官，依律问罪，仍令复业。"⑥朱元璋于洪武二十三年(1390 年)，遣派监生同

① 《程公神道碑》，《元文类》卷 67。

② 《元史》卷 14，《世祖本纪》。

③ 《清经世文编》卷 44，胡煦：《上隆太宰买米备赈书》。

④ 《金史》卷 46，《食货志》。

⑤ 《金史》卷 46，《食货志》。

⑥ 《明会典》卷 22。

各地府州县官“拘集各里甲人等审知逃户，该县移文差亲邻里甲于各处起取；其里甲下或有他郡流移者，即时送县，给行粮，押赴原籍州县复业”。《明律》对逃户制定了具体的处罚措施，规定“凡民户逃往邻境州县，躲避差役者，杖一百，发还原籍当差。其亲管里长，提调官吏故纵及邻境人户隐蔽在己者，各与同罪”①。宣德年间(1426—1435年)规定，不回原籍逃民及窝家，俱发所在卫所充军，照例拨与田地耕种，办纳子粒。②《唐律》规定，“诸部内容止他界逃亡浮浪一人，里正笞四十”。元朝普遍地对流民采取”封廪不发，驱之出境”的办法，甚至规定：“停留逃民，资给饮食者，皆死律论”③。明代，大批流民在荆襄山区集结，朝廷视若“腹心之疾”，立即在山西、山东、河南、直隶等地设置“抚民官”捕捉流民，强制其返回故里。

封建社会强制性的流民政策深刻地反映了统治者对流民的不满和不安心理。但这种强制不但无效，反而会激起流民进一步的反抗，甚至发展成武装起义。西晋末年，地主政权下令“召还”秦、雍等州流民入汉川者，进行强制性“逼遣”，这次事件成了流民起义的导火线。因而流民一旦形成规模，封建统治者就会神经质般地敏感和警觉，往往把他们和暴力、作乱联系在一起，施以武力的手段。而为了顾全生命，保住禄位，地方官员往往对流民的活动任加夸大，怂恿皇帝下令镇压，以推卸责任。《晋书·王如传》记载，晋廷诏令漂泊在宛的关中流民返还乡里，不肯受命者，遭到严厉镇压。李特兄弟为流民“频请求停”，被地方官吏视为祸首，“遣人分榜通逵，购募特兄弟，许以重赏”。《晋书·王澄传》记载，荆州刺史王澄捕捉流民加以迫害，竟“沉八千余人于江中”。《唐律疏议·杂律》载：“诸非亡而浮浪他所者，十日笞十；二十日加一等，罪止杖一百。即有官事，在他所事了，留住不还者，亦如之。”《元史·成宗本纪》载，成宗下诏“逃亡者各处镇守官及万户府并遣人

① 《明律》卷4，《户律·逃避差役》。

② 《明会典》卷22。

③ 王士禛：《池北偶谈》卷8，《元法》。

追捕”。《金史·食货志》载，兴定元年(1217年)，宣宗“欲悬赏募人捕亡户，而复虑骚动，遂命依已降诏书，已免债逋，更招一月，违而不来者然后捕获治罪”；四年(1220年)，又规定，“所亡户令有司招之，至明年三月不复业者，论如律”。明初规定：“若有逃移者，所在有司必须穷究所逃去处，移文勾取、赴官，依律问罪，仍令复业。”①特别是对荆襄山区实行封禁政策，卫国公邓愈率兵到房县清剿，“空其地，禁流民不得入”。并颁布《挨勘流民令》，要求各地方官清查逃民，登记男女大小丁口，挨户在房墙上做上标记，10家编为1甲，互相作保，由地方里长临时管理②。凡有犯禁者，“正犯处死，户下编发边卫充军”。为惩治荆襄流民，统治者特别加强对该地区的控制，天顺八年(1464年)，添设湖广布政司参议一员，专管荆、襄、南阳三府逃亡农民。在阻止无效后，便派兵进山围剿。成化元年(1465年)，荆襄流民被迫反抗，很快遭到官兵的残酷镇压，被杀流民达万余人，被俘“男子十一岁以上者，皆斩之”。几年之后，明廷又派都御史项忠统精兵25万再度入山。项忠极端残忍，所到之处，男女老幼皆不能幸免③。他还掠万余名流民将其迁到湖广、贵州充军，其余流民被强迫还乡。类似的例子史不绝书。

尽管封建政府采用杀、戍、逐等血腥手段来残酷地控制和镇压流民暴动，但农民并没有被严刑峻法吓倒，如明代成化十年(1474年)以后，晋陕豫等地不堪重负的百姓再次掀起涌入荆襄山区的浪潮，“入山就食，势不可止”④，迫使明政府不得不改变流民对策。成化十二年(1476年)，祭酒周洪谟著《流民说》：“引东晋侨置郡县之法，使近者附籍，远者设州县以抚之”⑤。周洪谟的主张就当时实际情况来看，不失为明智务实之策。

① 《明会典》卷22。
② 《续文献通考·户》。
③ 《明史纪事本末》卷38。
④ 《明史纪事本末》卷38，《平郧阳寇》。
⑤ 《明史》卷77，《食货志》。

第五节 流民的还籍政策——善后举措

赈济只是解决流民的一时生计问题，流民不可能总是依靠救济度日，对于大多数人来说，总要找个地方安顿下来。同时，流民不附版籍，游离于政府管理体系之外，既影响自身自给能力的恢复，又导致国家失去纳税服役人口，使封建王朝的治安秩序得不到保证。因此，封建政府总是千方百计促使流民返乡，竭力想尽快将流民重新纳入其统治力量所及范围，或是以食物救助和减免赋役等政策吸引，或是以强制的方式促使流民附籍，加快他们与土地重新结合的进程，迅速恢复社会秩序。

一、吸引还籍

赈济只能解决流民一时的生计问题。一旦社会局势稳定，灾情得到控制，政府就会设法促使流民返回家乡，以便将其重新纳入国家控制中，成为纳税服役人口。而流民漂泊在外，大多是迫不得已，中国农民有很重的恋土情结，一旦家乡灾情减退或战乱停息，有许多人就想返回故乡。正如《汉书·元帝本纪》中说的："安土重迁，黎民之性；骨肉相附，人情所愿。"因此，只要统治者因势利导，组织流民返回家园，往往是能有收效的。

流民身处异乡，一贫如洗，为他们提供返回原籍所需的口粮、路费等物质上的帮助，是封建政府推动流民返回的首要措施。

如东汉永元十五年(103 年)，和帝诏令："流民欲还归本而无粮食者，过所实廪之。"疾病加致医药①。这意味着，流民所过州县，官方负有向其提供食物之责。宋熙宁七年(1074 年)，神宗下诏：流民所在，令州县晓谕丁壮，各愿归业者，并听保结，经所属给银，每程人给米豆一升，幼者半之。妇女准此。②

元代至元十九年(1282 年)，真定以南地区大旱，百姓流移甚

① 《后汉书》卷 4，《和帝纪》。

② 《救荒活民书》卷 1。

多。世祖令地方官：流民“流移江南者，给之粮，使还乡里”①。元朝至正五年(1345年)，“大都流民，官给路粮，遣其还乡”②。至正十二年(1352年)规定：流民还乡者官给“行粮”③。明代景泰三年(1452年)，河南流民复业者，政府计口给食。据《续文献通考》载，明朝成化六年(1470年)，为使流民还乡务农，宪宗特颁诏令：流民愿归原籍者，地方政府给予印信文凭。沿途军卫有司，每口粮3升，原籍无房屋者，地方衙门要设法为他们盖草屋4间并不分男女，再给其口粮，每大口给3斗，小口1斗5升，优免粮差五年，给帖执照。④ 嘉靖八年(1529年)改为一次性发放。“各灾伤地方守巡官查审流民，大口给谷二三斗，小口一二斗，令各还原籍。”⑤清代对流民的资送规定更为细致，雍正元年(1723年)世宗谕令：直隶、山东、河南流民有就食京师者，著五城御史察询口数，量给盘费，送本籍。具体银两为，“每口每程给银六分，老病不能行走者加给三分”，作为脚力费，并派官护送。地方官要逐程出具收结，转送至原籍。中途如患病，令地方官留养医治，“病痊日再行转送”⑥。乾隆初，清政府作出全面的规定：“嗣后送流民路费，每大口日给制钱二十文，小口减半，老病者照例给脚力三分，水程照大小口应给之数减半给与船价。”⑦

封建政府吸引流民回乡复业的主要经济措施有：

一是给复。也就是减免赋税。流民逃离家乡，失去了生产的基础，自然也就不具备纳税交租的能力，况且有的流民就是为逃避重租苛税而离家的。免租税既为流民生产的恢复创造了条件，又消除了他们的后顾之忧。

“给复”之法，汉代即已行之，之后历代仿行不辍。“给复”之

---

① 《续资治通鉴》卷18。
② 《元史》卷41，《顺帝纪》。
③ 《元典章》卷3，《圣政》。
④ 《续文献通考》卷32。
⑤ 《明会典》卷21。
⑥ 《清经世文编》卷41，《户政·荒政》。
⑦ 《清经世文编》卷41，《户政·荒政》。

制，有免一年、三年、五年赋役者，有减旧赋之半、十分之八者，不一而足。如西汉地节三年(前67年)，宣帝下诏："流民还归者，贷种、食，且勿算事"①。东汉和帝永元六年(94年)规定，流民"就贱还归者，复一岁田租、更赋"②。南朝梁天监十七年(518年)，武帝下诏："凡天下之民，有流移他境，在天监十七年正月一日以前，可开恩半岁，悉听还本，蠲课三年"③。唐大历元年(766年)制称："逃亡失业，萍泛无依，时宜招绥，使安乡井。其逃户复业者，宜给复二年，无得辄有差遣。如有百姓先货卖田宅尽者，宜委本州县取逃死户田宅量丁口充给。"④宋代淳化四年(993年)以前，流民免租税政策较宽：流民"回归五年始令输租调如平民"；淮南、两浙等处，流民在五年之外"只令输十分之七"。淳化年(990—994年)后，政府认为，宽限促使百姓"谋于转徙"，而"国计亏损"，所以决定"革顽嚣"，"特给复一年，限满不复"⑤。但在个别地方仍实行给复二年之制。南宋由于战乱频仍，流亡者众，为安抚他们，政府制定了更为宽限的政策："两淮之民未复业者，复其租十年"⑥。这可能是封建社会对流民期限最长的免租税政策。辽、金政权对其境内流民也多采取免租税一年之策。辽太康二年(1076年)"免西京流民租赋一年"⑦。大安十年(1094年)，辽政府免除玉田、密云流民租赋一年⑧。金宣宗贞祐三年(1215年)诏："免逃户租税。"⑨元代中统二年(1261年)规定，凡逃户复业，元代以来抛弃的田地，不管何人耕种，一律给还本主，应交差税一年之内全免，次年减半，然后依例验等地征收税粮。至元二十二年

---

① 《汉书》卷8，《宣帝纪》。
② 《后汉书》卷4，《和帝纪》。
③ 《梁书》卷2，《武帝纪》。
④ 《唐会要》85，《逃户》。
⑤ 《宋大诏令集》卷185。
⑥ 《宋史》卷31，《高宗纪》。
⑦ 《续文献通考》卷33，《国用》。
⑧ 《续文献通考》卷33，《国用》。
⑨ 《金史》卷47，《食货志》。

(1285年)又规定:"民户或困于公役,或逼于私债,逃窜失业,谅非得已。"只要愿意复业,除将原所抛事产尽行给复外,还免除一切拖欠差税,如有私债,可以在3年之后依数归还。大德十年(1306年)规定,流民复业者可免差税3年①。明代的免税政策颇严。《明史·食货志》载,"凡逃户,明初督令还本籍复业,赐复一年";宣德五年(1430年)规定:凡复业小民,饥窘者免二年租税②。

有时,政府为了吸引流民返乡,实行赋役并免政策。实际上,差役繁重对百姓形成的压力较之赋税更严重,如南朝梁大通元年(527年)下诏,"凡因事流移他境者,并听复宅业,蠲役五年;尤贫之家,勿收三调"。后唐天成三年(928年)规定:"每逃户归业后,委州司各与公凭,二年内放免两税差科。"③后晋天福八年(943年)规定,流民中天福五年(940年)已逃移者,放一年夏税一半租税,并放一年杂差遣④。宋代仁宗时的政策是:民被灾而流者,"优其蠲复,缓其期招之"⑤。元朝至元元年(1264年)下诏:"逃户复业者免差税三年。"至元十九年(1282年),"免诸路逃移户明年差税"。皇庆二年(1313年),"以保定、真定、河间民流不止,悉免今年差税"⑥。明初规定:凡是逃亡民户,官府"督令还本籍复出,赐复一年"⑦。永乐六年(1408年),太宗下诏,"流民来归者复三年"。宣德五年(1430年),改为一年⑧。

减免流民的租税,本是一项十分有效的政策,能在很大程度上减轻生存压力,为生产发展创造条件,特别是对那些为逃避重租苛税而离家者来说,吸引力更大。但不少王朝对流民差税的减免并没

① 《元典章》卷2,《恤流民》。
② 《明宣宗实录》卷68。
③ 《五代会要》卷25。
④ 《五代会要》卷20。
⑤ 《宋史》卷173,《食货志》上。
⑥ 《续文献通考》卷17,《职役》。
⑦ 《明史》卷77,《食货志》。
⑧ 《续文献通考》卷17,《职役》。

有统一的政策性规定，而多是对某种特殊情况的考虑，减少比例大小，减免时间长短，完全取决于流民的形势，“流民问题严重，则予以宽大之政；反之则苛刻些”①，这不能不使其效果大打折扣。

二是给田。包括发还原本属于流民的田产和赐给官田两个方面的内容。前者指流民弃田逃亡，土地抛荒，流民回乡后，原业田地，验明给还。如元朝规定：“民户或困于公役，或逼于私债，逃窜失业，谅非得已，今后如有复业者，将原抛事产尽行给付，仍免一切拖欠差税。”②后者指官府对无地的流民，赐给公田，使之能够安居乐业。如东汉的“假民公田”把国有的荒地借给流民进行生产。

“给田”之法，始于汉代，此后历代因袭。此外，当局还为回归故土的流民提供耕牛、种子等，以便使他们顺利“复业”。如曹操以官盐销售所得钱币购置犁牛等生产资料吸引流民。因此，“流民果还，关中丰富”。建安初年（196—219年），“益市犁牛，百姓归者以供给之”③。宋代，洛阳官吏“招农户，令自耕种，流民渐归”④。《元史·世祖本纪》载，至元十三年（1276年），皇上诏谕浙东西、江东西、淮东西、湖南北府州军县官吏军民：“昔以万户、千户渔夺其民，致令逃散，今悉以人民归之元籍州县。凡管军将校及宋官吏，有以势力夺民田庐产业者，俾各归其主”。

明代英宗时设抚民佐贰官，流民“归本者，劳徕安辑，给牛、种、口粮”⑤。成化六年（1470年）又规定：流民返乡，“每户给牛二支，量给种子，审验原业土地给与耕种，化免粮差。五年，仍给下贴执照”⑥。

邓云特先生在《中国救荒史》一书中说，“欲安辑之能获实效”，还应具备两个“前提”：一是“除积欠”，“前代政府往往有安流之诏

---

① 王跃生：《中国人口的盛衰与对策》，社会科学文献出版社1995年版，第337页。

② 《元典章》，《典章·圣政》。

③ 《晋书》卷26，《食货志》。

④ 张齐贤：《洛阳缙绅旧闻记·齐王张令公外传》。

⑤ 《明史》卷77，《食货志》。

⑥ 万历《明会典》卷21。

令，而流民多不敢归，其故即在于有司追索积欠”。除积欠也就是将流民所欠国家租税免除。东汉永初四年(110 年)，安帝下诏指出：“三辅比遭寇乱，人庶流冗，除三年逋租、过更、口算、刍缟。”①南宋绍兴二十九年(1159 年)，高宗下令：除湖州、平江、绍兴流民公私逋负②。明洪武二十年(1387 年)，朱元璋规定，自今“逃亡复业者，积年所负粮刍等物，悉与蠲免”③。清朝政府曾大规模地普蠲全国积欠钱粮，因而对流民也不例外，康熙二十年(1681 年)，山西太原、大同灾民多流亡，圣祖下令“除逋赋二万四千四万两”④。对流民的免役是政府在特殊情况下所采取的措施，有时并不能得到很好的执行。如明朝宣德元年(1426 年)二月，山西巡抚张政指出：“各处民人，先有逃徙，荒废田土。逋欠税粮，近奉诏书赦宥，令其复业，所有积逋，悉为蠲免。欢腾远迩，莫不来归。”他还说：“臣往山西，经历定兴诸县，所见民人，多复愁泪。盖是初逃之时，有司惧罪，未曾申达。户部不开豁，仍征前所逋租。”⑤二是“宽禁捕”，因“灾民于饥荒严重之时，强者多铤而走险，流为盗贼。灾后虽闻抚辑之令，亦惧罪不敢归。故历代善为政者，必设法宽一时之禁捕，以招抚之”。流民拖欠钱粮，脱离户籍，仅从这一点，封建国家就可以治其罪。不过，流民之罪更多的是其中一些人加入与政府对抗的队伍，以致落草为寇。为减少这批人的对立情绪，促使其附籍于家乡，因而赦免其反叛之罪也成为封建政府惯常的做法。南朝梁天监十七年(518 年)，武帝下诏规定：“遁叛之身，罪无轻重，并许首出，还复民伍。”⑥北魏世祖时屡次发令：“自今以后，亡匿避难，羁旅他乡，皆当归还旧居，不问前罪。”⑦唐代肃宗在“安史之乱”末年，为缓和与流民的矛盾，宣布

---

① 《后汉书》卷 5，《安帝纪》。
② 《宋史》卷 31，《高宗纪》。
③ 《明太祖实录》卷 124。
④ 《清朝文献通考》卷 45，《国用》。
⑤ 《明宣宗实录》卷 14。
⑥ 《南朝梁会要·民政》。
⑦ 《魏书》卷 4 上，《世祖纪》。

"天下流人皆释之"①。宋代也曾规定，"饥民劫窖者，薄其罪"。张全义为河南尹，对于返乡的流民，"唯杀人者死，余俱笞杖而已"。这样，封建政府网开一面，声明亡匿避难、羁旅他乡的流民，一旦回乡，既往不咎，"不问前罪"，打消了流民回籍的顾虑。

流民的返乡效果如何，与地方统治者能否切实兑现"安辑"措施有关。实际上，有许多流民就是因为吏治腐败而出逃的，所以吏治的改善本身就能吸引大批流民返乡。如唐代独孤及典濠州，"招携亡者，辑柔存者。庶经秋之后，顿获安集"②。韩愈《江南西道观察使赠左散骑常侍太原王公墓志铭》记："元和初，婺州大旱；人饿死，户口亡十七八，公居五年，完富如初。"③柳宗元《零陵三亭记》称零陵原先"政庞赋扰"，后薛存义"来临兹邑，逋逃复还"④。据李华《衢州刺史厅壁记》载，衢州"去年江湖不登，兹境稍穰，故浙右流离，多就遗秉，凡增万余室而不为众"⑤。这样的事例很多，不胜枚举。

二、强制还籍

对于颠沛流离、没有固定生活来源的流民来说，一旦获悉家乡生活环境改善，在政府优惠政策的鼓动下，马上会踏上归途。但有些流民在流动过程中寻找到了一块自然条件好于家乡的地方，得以安顿下来。这里官府的控制力量薄弱，赋役很少或者几乎没有，因此，他们宁愿在新居地生息繁衍。这样，官府利益导向的返乡政策不能收到预期效果。尽管流民定居有助于当地经济的开发，但在统治者看来，这与统治秩序的长期稳定并无裨益。中国的传统政治最讲求"固本"，即编户齐民，配户当差。而流民游离于户口编审之外，"始因躲避粮差，终至违背德化。食地利而不输租赋，旷丁力

① 《新唐书》卷56，《刑法志》。

② 《全唐文》卷385，独孤及：《谢舒州刺史兼加朝散大夫表》。

③ 《全唐文》卷563。

④ 《全唐文》卷581。

⑤ 《全唐文》卷316。

而不应差徭”①，这与封建固本政策尖锐对立，于是政府必然采取强力措施。

一般地说，在王朝建立之初，流民数量尚少，政府基本上是采取强制复业的政策。如北魏世祖时在利益诱导政策实行的同时，也有强制性规定。其中有：“流道之民，皆令还本，违者配徙边镇。”②金代在宣宗之前，“军旅不息”，“所在为虚，户口耗减”。宣宗即位后，于兴定元年(1217年)招逃户复出，限时一月，“违而不来者，然后捕获治罪，而以所遗地赐人”。兴定四年(1220年)，河南因饥荒，百姓逃亡，官方下令招徕，并限定期限。“至兴定五年(1221年)三月不复业者论如律。”③元延祐七年(1320年)，江东流民“扰害百姓”，官府“委官分拣”，分别处理。“如因缺食趁熟少壮有头匹气力者，每起不过三十人，官为应付行粮接送，转发本乡。于内若有鳏寡孤独不能自存之人，官给口粮养济。或似前抢夺钱物，扰害百姓，所在官司捉拿取问，痛行断罪，递发元(原)籍。”致和元年(1328年)，元朝政府“遣官分护流民还乡”④，所谓“遣官分护”，就是在官员监督下强迫回乡。在强制遣返的同时，还规定“擅徙者斩，藏匿者杖之”⑤。明代洪武二十三年(1390年)规定：“各里甲下或有他郡流移者，即时送县官给行粮，押赴原籍州县，复业。”⑥明永乐十九年(1421年)政府下令，要求流民原籍的地方政府核审逃户。对那些“有税粮无人办纳”的逃户和“无人听继军役”的军户均要发回原籍⑦。正统元年(1436年)，政府公布了一项紧急处置流民法令，“命令山西、河南、山东、湖广、陕西、南北直隶等地攒造逃户周知文册，详细开列逃民的乡里、姓名、男

---

① 《明经世文编》卷24，孙原贞：《大戒疏》。

② 《魏书》卷4，《世祖纪》。

③ 《续文献通考》卷12，《户口》。

④ 《元典章》卷57，《刑部十九·禁治聚众作会》。

⑤ 转引自陈高华：《元代的流民问题》，《元史论丛》第4辑，中华书局1992年版，第146页。

⑥ 万历《明会典》卷20。

⑦ 《正德会典》卷21，《户部六·事例》。

女口数、户籍类别、遗下田粮数目原籍有无人丁承当”，军籍则写明应某卫军役、有无缺伍，送各处巡抚和清军御史，“督令复业”①。成化年间(1465—1487年)，陕西平凉、延庆、庆阳等府百姓，“因年荒贼扰，逃移外郡十有七八”，由此导致了国家赋役征派的困难。明政府因而规定：“逃民近而知所向者，让原籍府县派人押还”；“远而无定在者”，通知该地区巡抚官员“勘实遣回”②。

流民被追捕，轻者遣送原籍，重者要被罚做苦役。如《云梦秦简释文》载，“有为故秦人出，削籍，上造以下为鬼薪，公立以下列为城旦”③，或发边充军，如《凤书·帝语篇第七》载，对于移民，要按里甲编制起来，严禁逃跑，“逃者发边充军”，或杀头处死。战国初年，李悝的《法经》，规定一人越城者诛。西晋初年规定，家长“是逃亡之主，斩之”；“举家逃亡，家长斩”④。

流民外逃，不仅本人受罚，家人、亲属甚至邻居都要作质、受罚。《隋书·刑法志》载，梁武帝统治时期颁布法律，“其缘坐则老幼不免，一人亡逃，则坐家质作”。《宋律·户婚律》载，“诸脱产者，家长徒三年”。元朝的流民株连更广，不仅影响家庭，还牵连到城郭保社，“一家犯禁，余并连坐”⑤。

第六节 招抚政策——控制流民的影响

封建政府吸引和强制流民返回原籍的政策往往不能完全奏效。迫于流民的反抗，或是原籍人口压力过大等原因，政府有时会采取招抚的政策，即在流入地将流民就地安置，或选择有荒芜土地的州县让流民前往开垦，或组织他们参与其他谋生活动。对那些无地、少地的流民，或来自自然条件较恶劣地区的人来说，这项政策具有

① 《正德会典》卷21，《户部六·事例》。
② 《明宪宗实录》卷50。
③ 《云梦秦简释文》，《文物》1976年第7期。
④ 《晋书》卷30，《刑法志》。
⑤ 王士禛：《池北偶谈》卷8，《元法》。

很大的吸引力。流民的招抚政策使国家重新获得编户齐民，为灾后的恢复提供了人力条件。

一、附籍安置与招募入伍

一味地对流民采取强制返乡措施，往往取得适得其反的效果。明人周洪谟很了解此点，他说："余惟流民若流水也，在顺其性而导之耳；使或逆之，则泛滥而壅溃矣。"①因此，统治者有时也允许流民就地安顿，继而著录其户口，使其成为当地的正式居民。《周礼·地官·旅师》中就有"凡新甿之治皆听之，使无征役"的记载。

汉代流民的入籍政策较宽。这和当时的土地问题并不严重，各地尚有大批荒芜土地未尽开垦有一定关系，同时也与统治者的务实政策有关。汉鸿嘉四年(前 17 年)，关东地区"水旱为灾"，流冗者众。成帝下诏："流民欲入关，辄籍内。"②东汉永平二年(59 年)和元初元年(114 年)，政府以诱赏方式让流民自占。颜师古在《汉书》中解释说："占者，调自隐度其户口而著名籍也。"③实际就是让流民在流入地入籍为编户。和帝永元十五年(103 年)"诏流民欲还归本而无粮食者，过所实廪之，疾疫加致医药；其不欲还归者，勿强"④。永初二年(108 年)政府甚至有"流民欲占者人一级"的规定⑤。这是鼓励流民入籍的措施。顺帝永建二年(127 年)也"诏廪贷荆、豫、兖、冀四州流冗贫人，所在安业之，疾疫致医药"⑥。

历史上大规模的流民附籍安插有两次，一次是两晋之交的北人南迁，在流入地设置侨县；另一次是两宋之交的北人南下。这两次都是为政治局势所逼迫。历史上，其他时期也采取过附籍安插政策。南朝梁对流民入籍与否采取完全任其自愿的态度。天监十七年

---

① 《三省边防备览》13，《文艺》引周洪谟《创治郧阳府记》。
② 《汉书》卷 10，《成帝纪》。
③ 《汉书》卷 8，《宣帝纪》。
④ 《后汉书》卷 4，《和帝纪》。
⑤ 《后汉书》卷 5，《安帝纪》。
⑥ 《后汉书》卷 6，《顺帝纪》。

(518年)规定：流民“有不乐还者，即使著土籍为民，准旧课输”①。元代政府下令：“汉民趁食他乡，不能还业者，所在官司常加优恤。有官田愿种者，从便给之，并免差税五年。”②明代，政府的流民入籍政策比较复杂。明初宣德五年(1430年)就制定了附籍政策，当时称为“寄籍”，“已成产业，每丁种有成熟田地五十亩以上”的逃户允许“告官寄籍”，承担其相应的军、民、匠、灶等差。对于“远年迷失乡贯，见住深山旷野、未经附籍者”也允许当地政府“取勘见数，造册送部查考”③。宣德七年(1432年)，在敕谕中重申了对待逃移军民的政策：“即令所在府、州、县官用心招抚，令归复业。有不愿归本乡者，听于所在有司附籍为民，给与荒闲田地为业，免差役三年”④。英宗正统元年(1436年)规定：“乞命都布按三司，躬亲验丁入籍，拨与绝户荒田耕种，纳粮当差，仍移文原籍勘实。”⑤后又重申：“凡逃民离乡年久，产业已成、不愿回还者，许就所在官司报籍，三年一体当差。”⑥对荆襄流民镇压无效后，再次被迫实行附籍政策。成化十二年(1476年)，宪宗命都御史原杰往荆襄等处抚治流民。原杰采纳周洪谟的建议：“听其附籍，而设州县以抚之，置官吏，编里甲，宽徭役，使安生理。”⑦他又选委湖广、河南、陕西都布按三司官员遍历山谷，取勘流民共113317户，男女共438644丁口，其中附籍者96654户，占85%；男女392752丁口，达89%⑧。清代政府也组织过流民的附籍，初年曾规定：“饥民转徙，得入籍占田。”⑨顺治十一年(1654年)又规

---

① 《梁书》卷2，《武帝纪》。

② 《元典章》卷3。

③ 《正德会典》卷21，《户部六·事例》。

④ 《明宣宗实录》卷88，宣德七年三月庚申。

⑤ 《明英宗实录》卷16。

⑥ 《明英宗实录》卷89。

⑦ 嘉庆《郧阳志·地理·沿革》，周洪谟：《创治郧阳府记》。

⑧ 陈子龙：《明经世文编》卷93，《续文献通考》卷13，《户口》2；《明史·原杰传》。

⑨ 嘉庆《四川通志》卷66。

定："凡外省新旧流民俱编入册籍，与土著一体当差。"但由于清政府在关内实行严格的保甲措施，对流民入籍予以限制；而在边疆地区，对自我组织前往开发的百姓，清政府也视为流民加以驱赶，因此，流民的附籍并不顺利。

总的来说，中国封建社会对流民的入籍存在着前松后紧的特征。唐宋以前，各地荒芜土地较多。鉴于流民在农业发展中的作用，政府比较重视对流民的组织，对其入籍不甚控制。明清以来，在流民入籍问题上，统治者更多地着眼于社会秩序的维护。即使有些地方仍存在大量未开垦荒地，政府也设法予以限制。如明朝对荆襄山区的封禁；清初以保护"旗人生计"为名，对东北的封禁。

如果流民附籍的是一个原没有政权机构或政权机构松散的地方，官府就会另立机构，加强管理，使他们"纳粮当差"。早在西汉平帝元始二年(2 年)，政府罢废安定的呼池苑，命名为"安民县"，以安置流民。三国时期，曹魏政府把辽东沓县渡海到达山东半岛齐郡的流民，安置到故纵城，并命名为"新沓县"。以后，又有一批从辽东汉县、北丰县的流民到达齐郡，曹魏政府分割诸县土地，另立新汶、南丰两县，安置流民。但是，大规模地安置流民，还是以西晋之际各地割据政权设立侨置州郡县制度，最具典型。"侨置郡县"一词，首次出现于《隋书·食货志》中，"(晋)元帝寓江左，百姓自拔南奔者，并谓之侨人。皆取旧壤之名，侨置郡县"。当时，洛阳、长安相继失陷，西晋中央政府土崩瓦解。连最高统治集团中的不少人物都沦为了流民，他们在新地方各行其政，设立侨置郡县。在西北凉州一带，张轨"合秦、雍流移人于姑臧西北，置武兴郡，统武兴、大城、乌支、襄武、晏然、新鄣、平狄、司监等县。又分西平界置晋兴郡，统晋兴、枹罕、永固、临津、临鄣、广昌、大夏、遂兴、罕唐、左南等县"①。在东北，由于慕容廆"刑政修明，虚怀引纳，流亡士庶多襁负归之。乃立郡以统流人。冀州人为冀阳郡，豫州人为成周郡，青州人为营丘郡，并州人

① 《晋书》卷 14，《地理志》。

为唐国郡”①。在南方，东晋政权在侨居地保留了大量中原州、郡、县的名称，如东晋元帝大兴三年(320年)，琅琊(今山东临沂)流民在建康侨立怀德县。不久，又有部分琅琊流民在江乘(今江苏句容县)境内侨立琅琊郡，为和北方旧土相别，特称南琅琊郡。这是东晋侨郡县设置之始。以后，以北方旧壤之名新置的州郡县越来越多，“侨州至十数，侨郡至百，侨县至数百”②。唐朝也新设了不少州县，据《新唐书·泉男生传》记载：“仪凤二年(677年)，诏安抚辽东，并置州县，招流冗，平敛赋，罢力役，民悦其宽。”唐贞观年间(627—649年)，庆州(今甘肃境)8县仅7917户，自属地广人稀之区。开元年间(713—741年)新置2县，其中之一即怀安，因逃户所置。该州开元户17981，天宝年间(742—755年)达23949户。明朝原杰在招抚荆襄地区流民附籍的同时，新设置了郧阳府和南阳府等，析置了竹溪、郧西、白河、山阳、南召、桐柏和伊阳等县③。

将流民募入军伍也是封建政府对流民实施利用与控制相结合的一项政策。所谓利用，就是说封建政府用流民弥补国家军事力量的不足；所谓控制，就是借此束缚流民中的桀骜之辈，缓和流民与政府的对立情绪，缓解社会危机。从史料记载看，将流民募入军伍始于东汉末年，当时，军阀混战，南阳、三辅民数十万户流入益州。益州牧刘焉“悉收以为众，名曰‘东州兵’”④。此后，各朝沿袭。晋扬烈将军、梓潼内史谯登荆州招兵，“凡募巴蜀流士得二千人”⑤；建威将军孔坦也曾受命“募江淮流人为军”⑥。在北方，少数民族政权强令流民组织提供兵源。石勒攻陷魏郡、顿丘诸流民坞

① 《晋书》卷110，《慕容廆载记》。

② 《东晋疆域志序》。

③ 《万历郧阳志》卷1，《建置·郡县》；陈子龙：《明经世文编》卷93，原杰：《开设荆襄职官疏》。

④ 《后汉书》卷25，《刘焉传》。

⑤ 《华阳国志·后贤志·谯登传》。

⑥ 《晋书》卷78，《孔坦传》。

堡，一次便“简强壮五万为军士”①。在南方，东晋政府不断采取措施将流民帅统领的军队易手到国家手中。唐朝开元以后，许多农民破产，沦为流民，单京城一地，就有数十万家，于是统治者改征为募。如康承训出金帛募兵，游民多从之②。府兵制破坏后，兵士大量来自于招募，应募者中不少是流民。各地的藩镇也尽收社会上的流民为兵。

宋朝统治者对这一政策尤为重视。流民中的青壮年大量被招入禁军，老弱者则被募入厢军。他们“平居食俸廪，养妻子，备征防之用，一有警急，勇力者战斗，弱者给漕挽”③。如熙宁元年(1068 年)十二月，神宗令京东路招募河北流民，置教阅厢军二十指挥。元符元年(1098 年)因河北发生大水灾，宋政府招募流民，在大名府等二十二州“创置马军广威、步军保捷”两军④。另外，富弼任青州知州时，河朔大水。流民至京东，有数十万。富弼除采取救济措施外，从中为朝廷“募而为兵者又万余人，天下传以为法”⑤。淳祐四年(1244 年)，“招江淮失业人，置武胜军”⑥，数量不少。南宋嘉熙二年(1238 年)，理宗接受吴潜之言，利用流民力量抗击元军，从 10 余万流民中择强壮 2 万为兵⑦。金朝也大量将流民募入军伍，如大安之年(1209—1211 年)，完颜永济令山西流民少壮者充军。贞祐年间(1213—1216 年)，皇帝谕“田琢留山西流民少壮者充军”⑧。明朝，1379 年，朱元璋命吴王左相靖海侯吴祯“籍温、台、庆元方民遣兵及兰秀山流民凡十一万一千七百五十人，分成各卫”⑨。清朝虽然没有专门的募流民入军伍的记载，但

① 《晋书》卷 104、105，《石勒载记》。
② 《新唐书》卷 148，《康承训传》。
③ 《文献通考》卷 153，《兵考四》。
④ 《宋史》卷 187，《兵志》。
⑤ 《宋书》卷 178，《食货志》。
⑥ 《宋季三朝政要》卷 2，《理宗》。
⑦ 《宋史》卷 42，《理宗纪》。
⑧ 《金史》卷 14，《宣宗纪》。
⑨ 《国榷》卷 457。

肯定有此现象。咸丰时人乔松年就曾说：士卒“多系无籍游民，平时不守纪律，临阵辄行溃散，甚或纷纷投贼，流弊不可胜言”①。

在封建时代，流民从军的一个重要目的是获得食粮。流民没有生活来源，加入兵伍未尝不是一个暂时摆脱饥饿困境的办法。而对统治者来讲，从流民中募集士卒要较平时在地方招募容易得多。

二、组织迁移与招徕

流民问题更多地出现在传统耕作区。这些地区往往也是人口稠密区，由于人均占有土地的减少，生计压力大，百姓日常生活常有不虞之感，仓储更显不足，一遇自然灾害，他们要想生存只能逃往他境。对此，一些王朝的政府也有认识。他们采取因势利导之策，或采取迁移政策，将其迁至荒芜土地比较多的宽乡，或是采取招徕政策，以提供较为丰厚的经济利益为诱饵，刺激流民自愿前去安居垦田。尽管同是迁移政策，但前者带有一定的强制性，后者属于自愿性质。

对流民的迁移，与“徙民”不同。“徙民”本生活在故土，是被强制迁徙离开家乡的。流民是离乡者，他们在侨居地无有定业，政府将他们徙往宽乡，既有利于侨居地的社会安定，也使流民生计有了着落，并可使国家人口稀少地区的居民得到充实。西汉元狩四年(前119年)，关东连年水灾，于是徙数十万“贫民于关以西，及充朔方以南新秦中”②。北魏延和三年(434年)，杨难当克汉中，也送“雍州流民七千家于长安”③。东汉章帝时，政府允许流民“欲徙它界就肥饶者，恣听之。到在所，赐给公田。为雇耕佣，赁种饷，贳与田器，勿收租五岁，除算三年。其后欲还本乡者，勿禁”④。这个条件对流民相当优厚，既可得到土地、粮种、田器，还可免除

---

① 《清文宗实录》卷301。

② 《汉书》卷6，《武帝本纪》。

③ 《魏书》卷4，《世祖本纪》。

④ 《后汉书》卷3，《章帝纪》。

5年的租税。东晋时，政府曾“徙流民之在淮南者于晋陵诸县”①。清初，鉴于四川人口锐减的事实，顺治、康熙年间多次发布上谕，鼓励流民进入四川，并允诺5年不征。

招徕政策更为历代政府所采纳。组织流民耕垦既可提高他们的生活自救能力，又可使国家以新的方式获得服役纳税人口。在宋元以前，各地普遍存在荒芜土地，因而，组织流民耕垦也成为封建国家采用最多的招抚政策。

汉代每遇大的灾害，总会引起大批百姓离乡谋生。汉政府在无力将其驱回原籍时，便把国有的荒地和苑囿以及山林川泽租借给流民进行生产，吸引其归业，即所谓假民公田。接受假田的人，在头三五年可以享受免除租税的待遇，国家甚至可以向假借公田的农民贷给种子、食粮和耕具。但是过了几年以后，农民就要向国家缴纳40%以上的“假税”，此外还要向国家承担其他封建义务。如果要用公家的牛耕种，那就要交更多的假税。这种方式最早开始于西汉武帝时期，是在募民实边时采取的一项措施，以后逐渐扩展于内地。元凤二年(前79年)春正月，汉昭帝下诏：“罢中牟苑，赋贫民。”②这些“贫民”实际是流民。初元元年(前48年)春正月，汉元帝令“以三辅、太常、郡国公田及苑可省者振业贫民，赀不满千钱者赋贷种、食”③。这年四月，关东“年谷不登，民多困乏”。元帝下诏：“江海陂湖园池属少府者以假贫民，勿租赋。”④东汉王朝继续贯彻这一政策，使之成为安置流民的主要措施。建初元年(76年)，安帝“以广城游猎地及被灾郡国公田假与贫民”⑤。元和二年(85年)，章帝指出：“今肥田尚多，未有垦辟，其悉以赋贫民，给以粮种，务尽地力，勿令游手”⑥。据史书统计，从公元66年到

① 《宋书》卷35，《州郡志》。
② 《汉书》卷7，《昭帝纪》。
③ 《汉书》卷9，《元帝纪》。
④ 《汉书》卷9，《元帝纪》。
⑤ 《后汉书》卷5，《安帝纪》。
⑥ 《后汉书》卷3，《章帝纪》。

公元105年的40年间，东汉政府假民公田近20次①。有大量的流民被安置在国有土地上。据《后汉书》卷73《刘虞公孙瓒陶谦列传》记载，东汉末年，刘虞官任幽州刺史。他勤政爱民，劝督农桑，百姓殷实，结果“青徐士庶避黄巾之难，归虞者百余万口”。他“皆收视温恤，为安立生业，流民皆忘其迁徙”。由此可见，招抚流民耕垦荒闲土地是两汉政府社会救济的重要内容。

三国时期，各国政府也非常注意安置流民。曹魏扬州刺史刘馥在辖区，“数年中恩化大行，百姓乐其政，流民越江山而归者以万数”②。金城太守苏则“外招怀羌胡，得其牛羊，以养贫老。与民分粮而食，旬月之间，流民皆归，得数千家”③。蜀刘备听从诸葛亮的建议：“语刘荆州，令凡有游户，皆使自实，因录以益众可也。”④

晋代，江西一带拥有大量良田，因灾歉，原有耕作者投奔他处。晋元帝“简流人，兴复农官”，并实行“功劳报赏，如魏氏(即曹魏)故事。一年中与百姓，二年分税，三年计赋税以使之，公私兼济”⑤。同时在寿春一带“绥集流散，使人有攸依，专委农功，令事有所局”⑥。可见，组织流民参与耕垦已成为晋代农业生产发展的重要措施。

后晋天福八年(943年)，石敬瑭下诏：“自灾以来，户口流散，如归业者，切在抚安，其浮客人户，有桑土者，仍收为正户”⑦。后周时，沿边百姓，“适因灾，遂至流亡”。他们“抛弃乡园，扶携老幼，未有安泊之地”。因而官府规定：“沧、景、德管内，甚有河淤退滩之土，蒿莱无主之田，颇多膏腴，少人耕种，可令新来百姓，量力佃莳。”并且令“所在关津口岸不得阻滞”⑧。

---

① 《后汉书》卷2，《明帝纪》；卷3，《章帝纪》；卷4，《和帝纪》。
② 《三国志》卷15，《刘馥传》。
③ 《三国志》卷16，《苏则传》。
④ 《增广智囊补》卷上，《明智·益众》。
⑤ 《晋书》卷26，《食货志》。
⑥ 《晋书》卷26，《食货志》。
⑦ 《五代会要》卷20。
⑧ (后)周太祖：《抚恤沿边民数敕》，《全唐文》卷123。

唐开元十六年(728年)十月敕称："诸州客户，有情愿属缘边州府者，至彼给良沃田安置，仍给永年优复。宜令所司，即与所管客户州计会，召取情愿者，随其所乐，具数奏闻。"①开元二十五年(737年)下诏，命诸军充足数额之健儿，至二十六年(738年)正月已经完成，乃命见在镇兵之非出自招募者一切放还。招募的对象包括大量逃户。其中的丁壮之人情愿充健儿者常任边军，还准许健儿携带家口同去，分给田地屋宅，屯戍边防，充实边郡②。贞元元年(785年)，德宗《冬至大礼大赦制》文中即言："天下应荒闲田，有肥沃堪置屯田处……以诸色人及百姓情愿者营佃。"③徐申在昭州"募人假牛犁垦发"，顾少连在东都"募耕以便民"，韩重华在振武"募人为十五屯"④，李复在容州"率浮堕，辟污莱，开垦屯田五百余顷"⑤，殷侑在沧州"流民襁属而还，遂为营田"⑥等，所募对象包括大量流民。为了吸引流民前去，统治者往往采取一系列优惠政策，如筑居室以招流亡，或减免租税等。

北宋、南宋荒芜土地甚多。因而招抚流民垦殖也成为一项重要的经济政策。至道年间(995—997年)，太宗下诏："逃民复业及浮客请佃者，委农官勘验，以给受田土，收附版籍"。同时，所附州县"未得议其差役；乏粮种者，令司农收官钱给借"，5年后计其租，"余悉蠲其课"⑦。这表明，宋政府试图通过此途将流民和浮客变为国家的佃户，以达到直接增加其赋役人口的目的。宋仁宗时，"天下废田尚多，民罕土著，或弃田流徙为闲民"⑧，所以天圣

① 《唐会要》卷84，《移民》。

② 《册府元龟》卷124，开元二十五年五月诏；卷135，开元二十六年正月迎气诏；《唐六典》卷5，《兵部尚书》注。

③ 《陆宣公奏议》卷2。

④ 《新唐书》卷142，《徐申传》；卷162，《顾少连传》；卷53，《食货志》。

⑤ 《文苑英华》卷776，于邵：《唐容州刺史李公去思碑》。

⑥ 《新唐书》卷164，《殷侑传》。

⑦ 《宋史》卷173，《食货志》。

⑧ 《宋史》卷173，《食货志》。

年间(1023—1031年)，“帝每下赦令，辄以招辑流亡、募人耕垦为言”①，并且这些措施也收到一定成效。如京西唐、邓一带地区“尚多旷土，入草莽者十八九”。后经地方官招集，“流民自归，及淮南、湖北之民至者二千余户，引水溉田几数万顷，变硗瘠为膏腴”②。

元代虽然加强了对人口迁移流动的控制，但对流民归业仍有支持性政策。元大德九年(1305年)二月成宗下诏：“往年流民趁食他乡，不能还业者，所在官司常加优恤，有官田愿种者，以便给之，并免差税三年。”③

明清时期，随着人口的增加，荒芜土地减少，因而统治者对流民于外乡归业不甚支持。不过，在明清两朝统治初期，仍贯彻了招民耕垦的政策。洪武二十四年(1391年)，朱元璋甚至表现出很宽宏的举动。他说：“今逃移之民，不出吾疆域之外，但使有田可耕，足以自赡，是亦国家之民也，即听其随地占籍，令有司善抚之。”④清朝顺治年间规定，凡州县卫所荒地，分给流民及官兵屯种，官给牛、种，3年起科。“凡各处逃亡民人，不论原籍别籍，必广加招徕，编入保甲，俾之安居乐业。”⑤

“组织流民于外乡耕垦，在一定程度讲，是把这种流动性人口变成迁移性人口。”⑥与迁移不同之处在于，政府并不是把百姓从其原籍有目的地组织至荒芜地区开发，而是拦截流民于道途，以此作为解决流民问题的手段。同时，这种利用政策也包括了对一些流民在某些地区自发性垦殖行为的承认。

① 《宋史》卷173,《食货志》。

② 《宋史》卷173,《食货志》。

③ 《元典章》卷3,《圣政》。

④ 《明太祖实录》卷208。

⑤ 王先谦:《东华录》顺治朝卷12。

⑥ 王跃生:《中国人口的盛衰与对策》，社会科学文献出版社1995年版，第352页。

结语

反思与启示

流民问题是困扰中国的一大社会问题。流民如“洪水猛兽”，一旦失去控制，就会形成爆炸性的冲击波。为了控制流民的生成、流动及其社会影响，封建统治者可谓费尽心思，甚至不遗余力。在历史上，我们经常可以看到，统治者往往把流民问题的控制程度作为考察官吏政绩和黜陟的重要依据。如《三国志》记载，魏国考核官吏“以户口率及垦田之多少，及盗贼发兴，民之亡叛者，为得负之计”。《元典章》记载，忽必烈即位之初，就“逃户复业”问题，令“中书省出榜立限，明设赏罚，勒各处管民官司招抚”。清人刘献廷在《广阳杂记》中记载：“顺治十年(1653年)定例，内在盛京招民一百名者，文授知县，武授守备；百名以下六十名以上者，文授州同、州判，武授千总；五十名以下者，文授县丞、主簿，武授把总。若数外多加，每百名加一级。其辽东地方广阔，田地最多。招去官民，任意耕种，俱照开荒之例。一百名，每户给播种牛一只，并犁具等给银五两，雇觅人工银二两，不论旗民，文授知县，武授守备。招徕七十户，给以播种牛只、犁具、谷种、雇觅人工银两者，文授州同、州判，武授千总。招徕五十户，给与播种牛只、雇觅人工银两等，文授县丞、主簿，武授把总。”《大清会典》记载：康熙五年（1666 年）“题准：地方官招集流民一万名者，纪录一次”。康熙七年（1668 年）“复准：现任文武大小各官，有能捐资迁四川流民归籍，每一百家以上者纪录一次，四百家以上者加一级，五百家以上者加二级，六百家以上者加三级，七百家以上者不论俸满即升”，足见封建统治者殚精竭虑的良苦用心。

但无论统治者如何煞费苦心，流民问题始终未能得到很好的解决。问题的症结在于：产生流民的表面原因是重赋、灾荒以及人口的压力，实际上，更重要的根源是土地兼并、吏治腐败。而土地兼并和吏治腐败以及由此引起的社会经济危机是封建社会本身所无法克服的。土地的兼并、赋役的沉重必然引起小农的破产，加速其贫困化，从而大大降低他们抵御自然灾害的能力。虽然历代统治者对土地兼并、吏治腐败的危害也有所认识，看到“自阡陌之制行，兼并之祸起，贫者欲耕而或无地，富者有地而或乏人，野夫有作惰游，况邑居乎！沃壤犹为芜秽，况瘠土乎！饥馑所以不支，贡赋所以日削”①。很多人有鉴于此，也纷纷议论兼并之害，大唱其限田高调。但唱者自唱，土地兼并依然自行其是，根本无法禁断。吏治腐败更是封建社会的一大顽症。正如池子华教授所说的：“流民问题严重与否，在传统中国法制不健全而以‘人治’为主导的社会，很大程度上取决于控制主体的贤能与否。这实在是一个值得注意的‘中国特色’。”②

在全面的社会危机无法克服的前提下，封建统治者采取的任何小修小补的改良政策和措施，都不能真正解决流民问题。从历史的经验看，统治者所采取的赈灾救荒、减免赋役、吸引还乡和附籍安插等对策即便行之得法，也只能发挥“短期效应”，而不可能持之以恒，同时对策本身也存在局限性。

第一，政府制定的措施没有有效的监督机制加以保障，随意性很大，不可能做到严格执法。明君圣主、清官廉吏居安思危，比较

① 《李直讲文集》6，《国用》第 4。

② 池子华：《流民问题与社会控制》，广西人民出版社 2000 年版。

注意“重农”、“安民”，流民问题的压力相对较轻。而昏君佞臣、贪官污吏当道，吏治腐败，情形大不一样。西晋惠帝执政时期，天灾流行，哀鸿遍野，这位昏聩无能的皇帝竟然说：饥民没饭吃“何不食肉糜乎”？唐朝乾符二年(875年)，飞蝗害稼，文武百官竞相向皇帝祝贺，谓之僖宗登基后五谷丰登的预兆，僖宗满心欢喜。结果招致王仙芝、黄巢领导的农民大起义。再如“减负”问题，历代减负法令不断，但收效不大。最典型的是汉武帝执政时，制定了目前我们所见的中国历史上仅有的一部流民专门法——《流民法》，旨在“禁重赋”，让流民“复业”。但西汉中后期，“重赋”恰恰成为农民大量逃亡的驱动力。

第二，封建政府在处理流民问题上更多的不是从民生角度出发，而是从维护统治秩序方面着眼。因而其政策表现是重在控制而轻于疏导。封建政府对流民的招抚重在让其重新成为国家的纳税服役之民。这就决定了它不可能从根本上解决流民问题。对那些逃避赋役的流民尤其如此。虽然有些措施触及流民问题的根本，如抑制土地兼并、轻徭薄赋和备荒救荒等，但无法彻底执行。如土地兼并是流民生成之“原”，抑制土地兼并，无疑是“治本”之方，但土地兼并是封建土地所有制自身无法割除的痼疾，只要土地私有制——封建统治基础存在，土地兼并的狂潮就无法遏制。再如轻徭薄赋也很难维持长久，唐朝在经历“安史之乱”后，唐德宗为医治战争创伤，改变政散民流的状况，实行“两税法”，将所有赋税杂徭并入两税中征收，地方官有敢额外诛求者“以枉法论”。两税法的实行，袪除了产去税存的怪现状，在某种程度上减轻了农民的负担，但施行不久，各种附加税纷纷登场，农民负担反较前沉重。这一点就连一些帝王也不得不承认。明洪熙元年(1425年)，直隶保定府博野县流民“初复业者诣阙言：有司督征所逋粮刍甚急，无所措办，乞姑缓期”。宣宗指出：“此下诏，凡逃民复业者，令有司绥抚，免其征徭，乃不体朕意，又督责之；不能安生，乌得不逃？”①

第三，封建政府对流民问题的解决能力也十分有限，采取的对

① 《明宣宗实录》卷11。

策更多的是临时抱佛脚。就拿临灾赈济来说，灾害猝发，饥民嗷嗷待哺。临灾赈济，急于星火，若赈济及时，当可收“抚之于未流之先”之效。但政府的仓储能力往往不足，一旦灾荒发生，饥民只好离家出走，而流民在外乡，政府所能提供的救助物资更为有限。所以，不少流民或颠仆于道途，或埋骨于荒野，而真正获得救助生还家乡者是其中一小部分人。灾荒发生除了无法抗拒的自然因素外，水利不修乃是一大要因。水利是农业的命脉。照邓云特先生在《中国救荒史》一书中的话说，兴修水利“乃消弭水患之根本办法。水患既弭，则农民可安于畎亩，而努力生产；所产既多，自有积蓄，即遇有亢旱蝗雹等其他灾害，亦可免饥荒流离，不至受殃”。如果说临灾赈济是治标之策的话，那么兴修水利可谓治本之法。在这些治本之策上封建统治者往往心有余而力不足，更不用说封建官吏在执行中存在着贪污中饱、贿赂公行、营私舞弊、欺上瞒下、吃灾卖荒等种种劣迹。“人祸”加重“天灾”，控制流民不啻为痴人说梦。

第四，在封建社会，天灾所造成的流民常有不可避免性。而赋役沉重使流民逃亡，其责任则完全在政府一边。从这一角度来讲，封建政府也是流民的制造者。宋代仁宗康定元年(1040年)，欧阳修上奏指出：“今天下之土不耕者多矣，臣未悉言。请举其近者，自京以西，土之不辟者不知其数，非土之瘠而弃也，盖人不勤农与夫役重而逃尔。”①明代隆庆元年(1567年)，户部尚书葛守礼奏言：“直隶、山东等处，土旷民贫，流移日众者，以有司变法乱常，起科太重，而征派不均也。夫田亩制赋，按籍编差，国有常经。今不论籍之上下，惟计田之多寡，故民弃田以避役。”②因而可以这样说，由自然灾害所形成的流民问题较容易解决，而由社会矛盾所造成的流民问题却很难在短时期解决。

最后，将流民驱回原籍是政府采用最多的形式，即使那些已在他乡寻找到新的生存之地者也不例外。在政府看来，流民出走他乡，既减少了其原居地的户口，使国家失去了服役人丁，又增加了

① 《续资治通鉴》卷129，仁宗康定元年十二月。

② 《明穆宗实录》卷7。

外境户口控制的难度，形成人口管理上的混乱。所以，只要有可能，政府总是把驱逐流民返回家乡作为最终目的，甚至不惜采取强硬措施。而这种驱逐又形成了新的社会矛盾，即政府与流民之间的矛盾。一旦矛盾激化，就会演变为武力的对抗，流民为求得生存机会组织力量进行反抗，政府为维护自己的统治则选将遣卒前来镇压。因此，酿成了中国历史上流民与政府一次又一次的冲突。

附录

主要参考文献

司马迁等：《二十四史》，中华书局点校本。

王利器：《诸子集成》(全八册)，上海书店 1986 年影印版。

阮元校刻：《十三经注疏》，中华书局影印本 1980 年版。

郑樵：《通志·二十略》中华书局点校本 1995 年版。

李焘：《续资治通鉴长编》，中华书局点校本 2004 年版。

赵尔巽等：《清史稿》，中华书局 1977 年版。

徐珂编：《清稗类钞》，中华书局 1984—1986 年排印本。

贺长龄、魏源等编：《清经世文编》，中华书局 1992 年版。

司马光：《资治通鉴》，中华书局 1956 年版。

杜佑：《通典》，中华书局 1988 年版。

杨子慧主编：《中国历代人口统计资料研究》，改革出版社 1996 年版。

董诰等：《全唐文》，中华书局 1983 年版。

梁方仲：《中国历代户口、田地、田赋统计》，上海人民出版社 1993 年版。

陈彩章：《中国历代人口变迁之研究》，商务印书馆 1946

年版。

翦伯赞、郑天挺主编：《中国通史参考资料》，中华书局1962—1966年版。

罗彤华：《汉代的流民问题》，台湾学生书局1989年版。

周谷城：《中国社会史论》，齐鲁书社1988年版。

葛剑雄等：《简明中国移民史》，福建人民出版社1993年版。

葛剑雄：《中国人口发展史》，福建人民出版社1991年版。

赵文林、谢淑君：《中国人口史》，人民出版社1988年版。

胡如雷：《中国封建社会形态研究》，三联书店1979年版。

胡焕庸：《中国人口史》，中国财政经济出版社1991年版。

葛剑雄：《西汉人口地理》，人民出版社1986年版。

胡焕庸：《论中国人口之分布》，华东师范大学出版社1983年版。

傅筑夫：《中国经济史论丛》，三联书店1980年版。

邓云特：《中国救荒史》，上海书店1984年版。

漆侠：《宋代经济史》(上)，上海人民出版社1987年版。

漆侠等：《辽夏金经济史》，河北大学出版社1987年版。

翦伯赞：《秦汉史》，北京大学出版社1983年版。

傅筑夫：《中国封建社会经济史》，人民出版社1981年版。

吴泽主编：《华侨史研究论集》，华东师范大学出版社1984年版。

龚书铎总主编：《中国社会通史》(秦汉魏晋南北朝卷，隋唐五代卷，宋元卷，明代卷，清前期卷)，山西教育出版社1996年版。

胡焕庸、张善余：《中国人口地理》，华东师范大学出版社1984年版。

何清涟：《人口：中国的悬剑》，四川人民出版社1988年版。

李剑农：《先秦两汉经济史稿》，中华书局1962年版。

王育民：《中国人口史》，江苏人民出版社1989年版。

行龙：《人口问题与近代社会》，人民出版社1992年版。

池子华：《中国近代流民》，浙江人民出版社1996年版。

石方：《中国人口迁移史稿》，黑龙江人民出版社1990年版。

姜涛:《中国近代人口史》,浙江人民出版社 1993 年版。

李衡眉主编:《移民史论集》,齐鲁书社 1998 年版。

朱绍侯主编:《中国古代史》,福建人民出版社 1985 年版。

王明阁:《先秦史》,黑龙江人民出版社 1983 年版。

陆德阳:《流民史》,上海文艺出版社 1997 年版。

牛建强:《明代人口流动与社会变迁》,河南大学出版社 1997 年版。

[法]谢和耐著,黄建华、黄迅余译:《中国社会史》,江苏人民出版社 1995 年版。

曹文柱:《中国流民史》,广东人民出版社 1996 年版。

牛建强:《明代人口流动与社会变迁》,河南大学出版社 1997 年版。

王跃生:《中国人口的盛衰与对策》,社会科学文献出版社 1995 年版。

傅筑夫、王毓瑚:《中国经济史资料》(秦汉三国编),中国社会科学出版社 1982 年版。

詹子庆:《先秦史》,辽宁人民出版社 1984 年版。

高尚志、冯君实:《秦汉魏晋南北朝史》,辽宁人民出版社 1984 年版。

吴枫、陈伯岩:《隋唐五代史》,辽宁人民出版社 1984 年版。

赵靖主编:《中国经济思想通史》第 1 卷,北京大学出版社 1991 年版。

冻国栋:《唐代人口问题研究》,武汉大学出版社 1993 年版。

高敏:《魏晋南北朝社会经济史探讨》,人民出版社 1987 年版。

朱国宏:《中国的海外移民》,复旦大学出版社 1994 年版。

袁祖亮:《中国古代人口史专题研究》,中州古籍出版社 1994 年版。

冯尔康、常建华:《清人社会生活》,天津人民出版社 1990 年版。

张国雄:《明清时期的两湖移民》,陕西人民教育出版社 1995

年版。

邱国珍：《三千年天灾》，江西高校出版社 1998 年版。

袁林：《西北灾荒史》，甘肃人民出版社 1994 年版。

陈宝良：《中国流氓史》，中国社会科学出版社 1993 年版。

段纪宪：《中国人口造势新论》，中国人口出版社 1999 年版。

韩大成：《明代城市研究》，中国人民大学出版社 1991 年版。

[法]索维：《人口通论》，商务印书馆 1978 年版。

曲彦斌：《乞丐史》，上海文艺出版社 1990 年版。

[美]珀金斯著，宋海文等译：《中国农业的发展(1368—1968)》，上海译文出版社 1984 年版。

郑肇经：《中国水利史》，上海书店 1984 年版。

麦高温：《中国人生活的明与暗》，时事出版社 1998 年版。

孟昭华编著：《中国灾荒史记》，中国社会出版社 1999 年版。

黄宗智：《华北的小农经济与社会变迁》，中华书局 1986 年版。

赵文林主编：《旧中国的黑社会》，华夏出版社 1987 年版。

王书奴：《中国娼妓史》，三联书店 1988 年版。

葛剑雄：《秦汉时期的人口迁移与文化传播》，载《历史研究》1992 年第 4 期。

李洵：《试论明代的流民问题》，载《社会科学辑刊》1980 年第 3 期。

罗贤佑、任崇岳：《元代流民问题浅探》，载《郑州大学学报》1988 年第 3 期。

程贤敏：《论清代人口增长率及"过剩"问题》，载《中国史研究》1982 年第 3 期。

王跃生：《试论清代游民》，载《中国史研究》1991 年第 3 期。

张冠梓：《试论古代人口南迁浪潮与中国文明的整合》，载《内蒙古社会科学》1994 年第 4 期。

乔素玲：《清代广东的人口增长与流迁》，载《暨南学报》1990 年第 2 期。

林金树：《明代农村的人口流动与农村经济变革》，载《中国史研究》1994 年第 4 期。

朱诚如：《清代中叶以前关内流民迁辽述论》，载《辽宁师范大学学报》1989 年第 4 期。

曹文柱：《两晋之际流民问题的综合考察》，载《历史研究》1991 年第 2 期。

曹树基：《明清时期的流民和赣南山区的开发》，载《中国农史》1985 年第 4 期。

樊树志：《明代荆襄流民与棚民》，载《中国史研究》1980 年第 3 期。

翁俊雄：《唐后期民户大迁徙与两税法》，载《历史研究》1994 年第 3 期。

林仁川、王蒲华：《清代福建人口向台湾的流动》，载《历史研究》1983 年第 2 期。

池子华：《中国农民的"恋土"和"离土"》，载《光明日报》1993 年 7 月 19 日。

池子华：《从"凤阳花鼓"谈淮北流民的文化现象》，载《历史月刊》(台)1993 年第 7 期。

池子华：《中国古代流民综观》，载《历史教学》1999 年第 2 期。

胡果文：《论清代的人口膨胀》，载《华东师范大学学报》1984 年第 2 期。

田志和：《关于清代东北流民》，载《社会科学辑刊》1983 年第 5 期。

郭松义：《清代人口流动与边疆开发》，载马汝珩等主编：《清代边疆开发研究》，中国社会科学出版社 1990 年版。

王纲：《"湖广填四川"问题探讨》，载《社会科学研究》1979 年第 3 期。

后　　记

流民问题是一个涉及面很宽的问题。笔者在接受国家教委的这一课题后，不敢有丝毫的懈怠，熬过了无数日夜，稿子终于拿出来了。但笔者没有感到丝毫的轻松。因为笔者深知，奉献给读者的这本书对中国古代流民史的研究是很肤浅的，只能算是一部抛砖引玉之作。因此，真诚地欢迎学者专家提出宝贵意见。

本书由孙洪涛负责总体章节设计和构思，具体写作分工为：赵玉洁撰写了第一章的第五节和第四节的第三部分；孙洪涛撰写了引言和第一章的其余部分；其余章节由江立华撰写。

在本书写作过程中，借鉴了许多学界同行富有启发的研究成果，但由于多方面的原因，虽经努力，仍有不少论著没有查阅到。对于参考和引用诸多学者的研究成果，有的已注明，有的在参考书目中列出，有的可能由于疏忽而未注出，还望同仁海涵。这里需要特别提到的是池子华先生，作为学兄，他不仅对本书的写作提出了许多宝贵意见，而且无私地将其刚完成、尚未出版的大作《流民问题与社会控制》拿给我们阅读，使我们从中吸取不少“营养”，其中第二章有不少继承成分。此种谢意仅靠文字是无法表达的。中国社科院王跃生先生也给本书的写作提供了指导和帮助，在此也表示感谢。

借本书出版之际，还要感谢武汉大学出版社的责任编辑们，他们为本书的出版付出了辛勤劳动。

作　者

2015 年 8 月

中国专门史文库

（第一辑）

中国政制史（修订版）
中国俸禄制度史（修订版）
中国家族制度史
中国民族史（上、下册）
汉民族发展史
中国科学技术史纲（修订版）
中国交通史
中国城市史
中国宗教史
中国佛教史
中国帮会史
中国新闻史
中国史学史
中国舞蹈发展史
中国旅游史
中国姓名史
中国丧葬史
中国书院史（增订版）
中国逻辑思想史
中国边疆经略史
中国认识论史
中国文化生成史（上、下册）
中国救荒史
中国婚姻史
中国社会福利史
中国戏曲史
中国法制史（上、下册）
中国土地制度史
中国相声史
中国通俗小说史
中国社会风俗史
中国古代造船史
中国话剧通史
中国火器通史
中国古代气象史稿
中国流民史（古代卷）
中国流民史（近代卷）
中国流民史（现代卷）
中国皇权史
中国性文化史
中国围棋文化史
中国禁忌史